统计学原理

主　编　郭国峰　左宇晓　江求川
副主编　刘　洋　张小波　王嘉祯

中国统计出版社
China Statistics Press

图书在版编目(CIP)数据

统计学原理 / 郭国峰，左宇晓，江求川主编. 北京 ：中国统计出版社，2024. 10. —— ISBN 978－7－5230－0534－7

Ⅰ. C8

中国国家版本馆 CIP 数据核字第 2024B2C709 号

统计学原理

作　　者/郭国峰　左宇晓　江求川　主编
　　　　　刘　洋　张小波　王嘉祯　副主编
责任编辑/熊丹书
封面设计/李　静
出版发行/中国统计出版社
通信地址/北京市丰台区西三环南路甲 6 号　邮政编码/100073
发行电话/邮购(010)63376909　书店(010)68783171
网　　址/http://www.zgtjcbs.com
印　　刷/河北鑫兆源印刷有限公司
经　　销/新华书店
开　　本/880×1230mm　1/16
字　　数/710 千字
印　　张/24.25
版　　别/2024 年 10 月第 1 版
版　　次/2024 年 10 月第 1 次印刷
定　　价/69.00 元

前　言

大数据时代的到来，统计学愈加重要。2015 年，党的十八届五中全会提出“实施国家大数据战略”；2017 年，党的十九大报告提出“推动互联网、大数据、人工智能和实体经济深度融合”。“十四五”时期是我国工业经济向数字经济迈进的关键时期，对大数据发展和统计学提出了新的要求。新时代，随着现代科学技术，尤其是信息通信技术的发展，为统计学学科建设与发展带来了前所未有的机遇，同时也对传统的统计学理论与方法提出了严峻挑战。如何在大数据背景下用统计学来解释经济社会现象？统计学需要融入大数据思想，传统的统计学和数据科学的交叉，使得统计学课程的与时俱进显得更加重要。大数据时代，经济统计的使命是什么？北京师范大学国民核算研究院院长邱东认为，目前的时代背景下，统计的中心工作从数据分析转到数据处理和预处理，数据整理方法比分析方法显得更为重要。从“随机不确定性”谈到“模糊不确定性”，他认为从解决不确定性问题来说，模糊不确定性是社会经济统计更需要重视的。清华大学经济管理学院教授、国家统计局原副局长许宪春针对新时代经济统计的理论和实践问题需要开展更加广泛和深入的研究，推动经济统计的创新与发展，使之在微观企业决策、国家治理体系和治理能力现代化方面发挥更大的作用。

统计学作为经济管理类专业的专业基础课程，统计学教学团队也深感教材与时俱进的必要和迫切。本教材尝试引出思政案例，从提出统计任务，设计调查方案，统计调查，统计整理，统计分析为主线进行教材内容的设计。与以往的教材相比，一是加入了统计史的内容和新中国的统计实践活动。二是在统计调查部分，加入了统计调查方法、问卷设计和量表设计，为学生参加市场调查大赛提供统计方法。三是在回归分析部分加入 Logistic 回归，并通过 SPSSAU 软件进行实现，因为在市场调查中更多的变量是分类变量或顺序变量，一般的线性回归难以满足学生的研究需要。

本书编写的特点：第一，每一章有一个名言名句，用于揭示本章的统计主题。第二，通过引例引起学生对本章主题的关注，带着问题学习，激发学习的积极性。第三，编写的过程中尽量减少公式推导，引入的例子形象生动。第四，每章课后都有小结，对本章的内容进行快速的回顾。第五，线上资源的优势，中国大学 MOOC 平台郑州大学《统计学》配套的线上资源，每章节有配套单选、多选、填空、判断、简答等题型和习题集，用于课堂内容的巩固和提升。

本书的编写和出版是集体智慧的结晶，二十余年授课经验的总结。本书由郑州大学商学院郭国峰、左宇晓和江求川共同主编，刘洋、张小波和王嘉祯作为副主编，同时庞玉萍、杜文胜和郭敬老师也提出了宝贵的意见。郭国峰负责全书的统筹安排，左宇晓负责全书的统稿以及第一章总论、第二章统计调查和第六章假设检验的编写工作，江求川负责与出版社沟通事宜以及第八章相关和回归分析和第九章时间序列分析章节的编写工作，副主编刘洋负责第三章统计数据的整理和第四章综合指标的编写工作，张小波负责第五章抽样估计和第十章统计指数的编写工作，王嘉祯负责第七章方差分析和第十一章国民经济统计基础知识的编写工作。本书在编写过程中也得到了郑州大学商学院的大力支持和帮助，同时也参阅了许多同行专家、学者的著作，在此表示诚挚的感谢。感谢学生在上课过程中给予我们动力，感谢家人在撰稿过程中鼎力支持，感谢中国统计出版社的罗浩主任和熊丹书编辑的诚恳建议和大力支持，感谢你们！由于水平有限，书中存在的错误和不足之处在所难免，恳请广大读者批评指正。

目　录

第一章　总　论

在终极的分析中，一切知识都是历史；在抽象的意义下，一切科学都是数学；在理性的基础上，所有的判断都是统计学。

——C. R. 劳《统计与真理》

引例：统计无处不在

在日常生活中经常碰到各种统计数据。

●《2022 年国民经济和社会发展统计公报》(节选)：初步核算，全年国内生产总值 1 210 207 亿元，比上年增长 3.0%。其中，第一产业增加值 88 345 亿元，比上年增长 4.1%；第二产业增加值 483 164 亿元，增长 3.8%；第三产业增加值 638 698 亿元，增长 2.3%。第一产业增加值占国内生产总值比重为 7.3%，第二产业增加值比重为 39.9%，第三产业增加值比重为 52.8%。全年人均国内生产总值 85698 元，比上年增长 3.0%。

●《2022 年国民经济和社会发展统计公报》(节选)：2022 全年社会消费品零售总额 439 733 亿元，比上年下降 0.2%。按经营地统计，城镇消费品零售额 380 448 亿元，下降 0.3%；乡村消费品零售额 59 285 亿元，与上年基本持平。2022 年，全国网上零售额 137 853 亿元，比上年增长 4.0%。其中，实物商品网上零售额 119 642 亿元，增长 6.2%，占社会消费品零售总额的比重为 27.2%。网络购物交易规模继续保持较快增长，成为推动消费扩容的重要力量。

●《第七次全国人口普查公报》(节选)：全国人口为 1 443 497 378 人，其中大陆 31 个省、自治区、直辖市和现役军人的人口共 1 411 778 724 人；香港特别行政区人口为 7 474 200 人；澳门特别行政区人口为 683 218 人，台湾地区人口为 23 561 236 人。全国人口中，0－14 岁人口为 253 383 938 人，占 17.95%；15－59 岁人口为 894 376 020 人，占 63.35%；60 岁及以上人口为 264 018 766 人，占 18.70%，其中 65 岁及以上人口为 190 635 280 人，占 13.50%。

下面是统计研究得出的一些结论：

吸烟有害健康；

明天下雨的概率是 70%；

生孩子的女性衰老得更快；

戴口罩可以有效阻止新型冠状病毒入侵；

红楼梦的前八十回是曹雪芹所写，后四十回为高鹗所续；

生活水平的提高和医疗条件的改善，人口预期寿命不断提高。

……

这些结论是正确的吗？你相信这些结论吗？

理解这些统计结论，你需要具备一些统计学知识。比如，外出旅游时需要关心未来的天气；在投资股票时需要了解股票市场价格的信息；在观看世界杯足球赛时，需要了解各支球队的技术统计，等等。

第一节 统计的产生和发展

统计最开始是为国家管理提供服务的，比如人口统计、土地统计、财富统计等。统计作为一种社会实践活动，已有四五千年的历史。但学术上作为一门学科的统计学的历史却没有那么长。一般认为，统计学产生于17世纪中叶的欧洲，从古典统计学、近代统计学到现代统计学有三百多年的历史。统计实践活动、统计理论发展和完善二者相互促进、相互影响，孕育了统计思想。特别是大数据时代的到来，为统计的理论和实践发展提供了前所未有的机遇和挑战。

一、统计实践的产生和发展

(一)早期的统计实践活动

统计活动是随着社会经济发展和国家管理的需要而产生和发展的。统计起源追溯到原始社会末期。最早的统计活动是人们简单计量狩猎品和采集野果的数量。

1. 我国早期的统计实践活动

《周易·系辞》中写道"上古结绳而治，后世圣人易之以书契。"这说明上古时代人们已有分类记数的概念了，简单的统计分组(大事、小事)和简单的分组总量指标(大事件数、小事件数)，形成了中国统计的萌芽。在奴隶社会，由于课税、征兵、徭役的需要，出现了人口和土地统计活动。春秋时齐国政治家管仲曾拟定有一份极其详细的国情调查提纲，所列问题共69项，都是有关基本国情国力的调查项目，其中人口方面的37项、经济方面的25项。在2500年之前，即有如此系统、周密、具体的国情调查提纲，在世界统计史上也属创举。"上计"一称产生于战国时期，是指将包括统计与会计在内的经济核算资料逐级上报中央政府。上计制度是中国古代考核官吏政绩的制度，也是历代统计报告制度的一种主要方式。

据史料记载，夏禹时代(约公元前21世纪)分中国为九州，人口1 355万人，土地2 438万顷。西汉平帝元始五年(公元5年)，也进行过一次全国性"人口普查"，《汉书·地理志》说，当时全国共有居民12 222 062户，59 594 978人。《元和国计簿》，唐宪宗元和二年(公元807年)由中书侍郎李吉甫编著，共十卷(今已失传)。其内容包括人口、赋役、财政、税收等方面的资料，是中国古代官方编制的第一部会计统计资料汇编，在中国统计史上占有重要地位。

宋代《会计录》是继唐代《国计簿》之后的会统资料汇编，其基本内容：一是统计资料，包括户籍、记账资料，及当年财政收支实绩；二是统计分析，采用了本期与前期比较、本期与某朝某年比较等统计分析方法。宋淳化四年(公元993年)，改三司(即盐铁司、度支司、户部司)为总计司，总管全国统计核算，令各州(府、军)岁计金、银、钱、缯帛、刍粟等统计报告，逐级汇总上报总计司。虽仅行一年，但足为中国统计组织史上的一项创举。

洪武三年(1370年)11月，明太祖朱元璋曾对全国人口进行过一次声势浩大的清查，给每户编制户帖，帖上首印"钦奉圣旨"，填写户主及家庭成员基本信息，还备附注"事产""户别"等专项内容，记载这家人的身份和经济来源等信息，譬如注明其是"军户""民户"抑或"匠户"等等，这种"户帖"被称为世界上最早的"户口本"。

清初的人口普查，只普查"丁"(年满十六岁的男子)，未普查"口"(女子和未满十六岁的男子)。其真正对全国人口进行普查统计，是从乾隆六年(公元1741年)开始的。据《清史稿·高宗本记》记载，乾隆五十七年(公元1792年)人口普查结果是"民数三万万七百四十六万有奇"。这是中国人口首次突破3亿。到了道光二十九年(公元1849年)，全国人口已经突破4亿，达到"四万万一千二百九十八万六千六百四十九口"。

2. 国外早期的统计实践活动

世界上,古代埃及、希腊、罗马的历史中,也有类似的记载。古代埃及在公元前3000年已经有人口、居民财产统计;古代希腊据说公元前600年就进行过人口普查;古代罗马在公元前400年建立了人口普查和经常性人口出生、死亡登记制度。这些就是原始形态的统计。

进入封建社会后,随着人类社会生产的发展,统计的范围逐渐由人口、土地发展到社会经济生活的各个方面。但由于自给自足的自然经济占主导地位,生产力低下,经济落后,长期的封建生产关系阻碍了社会生产力的发展,相应地也阻碍了统计实践的发展。到了中世纪、西欧各国便有了人口、军队、领地、职业、财产等方面的统计。封建社会由于经济十分落后,统计发展缓慢。当时的统计工作还只是一些原始的调查、登记和简单的计算。

统计实践的广泛发展始于资本主义社会。从16世纪开始,欧洲各国经济进入了工厂手工业时代,工业、商业、交通运输、通信等行业得到了迅速发展,各部门都要求提供更多的统计资料,统计实践从国家管理领域扩展到社会经济活动的许多领域。为了适应资本主义经济发展对统计工作的客观要求,从18世纪起,各资本主义国家都先后设立专业的统计机关,制定有关统计工作的法律法规,收集各方面统计资料,定期或不定期举行人口、工业、农业、贸易、交通等各项调查,出版统计刊物,建立国际统计组织,召开国际统计会议。统计实践的发展不仅提出了创立统计科学的要求,而且也为统计学的创立准备了社会条件。

(二)世界近期的统计实践活动(19世纪以来)

概率论与数理统计作为研究随机现象分布特征和规律的科学理论,到19世纪中叶已经达到了实用阶段。1895年,国际统计学会第五届会议在伯尔尼召开,挪威统计局局长凯尔提出了应用抽样法调查挪威人口的论文,受到了与会统计学家的广泛注意。凯尔和汉森合作,用抽样方法研究城乡各阶层居民的家庭收入和生活费问题。凯尔所使用的方法叫做“代表性”抽样方法,即我们称之为“划类选点”的办法,属于“有意抽样”,而非随机抽样。1924年5月,国际统计学会执行局任命一个委员会来专门研究代表性方法在统计方面的应用。受委员会的委托,德国统计学家詹森和英国统计学家鲍莱于1926年向国际统计学会提交了报告:肯定通过少数样本单位调查推算总体的可靠性,第一次对随机抽样和有意抽样进行了研究比较,指出有意抽样虽然可以获得卓越的结果,但这种方法也包含着危险性,可能发现在抽样时看似对总体有代表性而实际调查结果并不能代表总体;同时提出随机抽样要按照概率原理使每个单位有同等被抽中的机会。随机抽样方法到了20世纪30年代已经为各国所普及,这些方法不仅解决了统计描述方面的问题,而且利用样本数据进行统计推断以及统计分析和预测等方面。

统计质量管理产生于20世纪20年代,开创性的工作是由在贝尔电话实验室工作的休哈特(W. A. Shewhart)和道奇(H. F. Dodge)在1925年分别提出的休哈特控制图和计数抽样检验方案,当时只在少数工厂中应用。60年代初美国费根鲍姆(A. V. Feigenbaum)又提出全面质量管理(Total Quality Management,简称TQM)概念,即依靠统计方法控制生产过程外,还需要一系列的组织管理工作,要对设计、制造、生产准备以及产品使用等所有环节都进行产品质量管理。

20世纪50年代以来,统计应用进入到一个全面发展的阶段。以国民经济整体为研究对象的国民经济账户体系和投入产出分析法的推广应用,新的数学方法的介入,极大地丰富了统计方法体系。随着社会、经济和科学技术的发展,统计在现代化国家管理和企业管理中的地位,在社会生活中的地位越来越重要了。从1946年第一台电子计算机诞生,到1958年集成电路研制成功,拉开了人类社会步入电子时代的序幕,引领了世界性的新技术革命。计算机不断更新迭代,计算硬件变得越来越便宜,而软件则越来越容易获得,使统计数据的搜集、处理、分析、存储、传递、印制等过程日益现代化,减轻了统计人员大量的手工劳动,加快了统计数据的处理、分析与提供,提高了统计工作的效能,同时也更加着重于把统计思想转化为计算机软件。纵观统计数据处理手段发展史，经历了手工、机械、机电等数个阶段，数据处理手段的每一次飞跃，都给统计实践带来了革命性的发展。计算机运行能力的提高，使得大规模统计调查数据的处理更加准确、充分与快捷。随着计算机应用越来越广泛，每年都要积累大量的数据，大量信息给人们带来方便的同时也带来了一系列问题，数据挖掘和知识发现技术应运而生。

21 世纪以来，随着电子计算技术不断完善，一方面大大提高了统计数据的获取效率和准确性，另一方面也为统计信息的储存、更新、检索、加工、反馈以及进行统计分析和预测创造了条件。海量数据的存储、互联网与云计算等科技的发展，与此同时，生物、医学、工业、商业、农业等领域都离不开统计实践活动。

(三)中国的统计实践活动

1. 新中国成立前的统计实践活动

毛泽东在 1926 年通过调研了解佃农生活的整体状况，形成了一篇较早完整的调研报告《中国佃农生活举例》，调查报告为后期从事农民运动提供了很好的材料。1929—1930 年间，毛泽东在中央苏区进行了大量调查研究。1930 年 5 月，毛泽东和寻乌各个阶层的 11 名代表进行了为期 20 天的访谈，详细了解了寻乌的商业状况、人口结构、土地关系、交通运输等问题，这就是著名的“寻乌调查”。在进行寻乌调查的同时，毛泽东写了《调查工作》一文，提出“没有调查，没有发言权”的科学论断。1931 年，毛泽东利用战斗间隙，把在寻乌调查中得来的第一手资料整理成 8 万多字的调查报告，这就是《寻乌调查》。1941 年，毛泽东将他在江西赣南苏区撰写的 11 篇调查报告整理成《农村调查》一书，阐述了调查研究的重要性和基本方法，提出“要了解情况，唯一的方法是向社会作调查”。1941 年 8 月，中共中央发出《中央关于调查研究的决定》和《关于实施调查研究的决定》。中央设立了调查研究局，担负国内外政治、军事、经济、文化及社会阶级关系各种具体情况的调查与研究；各种类型的调查团先后成立，广泛深入开展调查研究活动。

2. 新中国成立到改革开放之前(1949—1978 年)

新中国成立以来，中央人民政府政务院财政经济委员会即成立统计处。1952 年 8 月中央人民政府决定成立国家统计局，着手创建全国统一的统计工作。在国民经济恢复的 3 年里，组织开展了第一次全国工业普查，摸清了解放初期全国工矿企业的基本情况；进行了工农业总产值和劳动就业两项调查；在国民经济的主要领域开始建立统计报表制度。统计工作为国民经济恢复和编制“一五”计划作出了重要贡献。

为适应国家大规模经济建设的需要，1953 年 1 月，政务院决定加强各级政府及各业务部门的统计机构和统计工作，并统一制定全国性的统计制度和统计方法。从中央到地方各级政府，迅速建立了统计机构，逐步建立健全主要专业统计制度。开展了第一次全国人口普查和其他多项普查，1953 年首次发布统计公报。统计工作与计划工作密切配合，按照党的过渡时期总路线的要求，收集统计资料，开展统计分析，为国家编制和检查计划提供了重要依据。《英法美德日百年统计提要》(1958 年)由世界经济统计资料编辑委员会编著，汇编了英、法、美、德、日五国 1851—1955 年的主要统计指标，并编制了中、苏、美、英、法、德、日工业生产发展速度比较表。“文革”期间，统计工作遭到严重破坏。1967—1969 年，政府统计机构被撤销，大批统计人员下放劳动，国家统计几乎陷入停顿。直到 1970 年 4 月，统计工作才逐步恢复。统计人员在极端困难的情况下，很快地补齐了“文化大革命”期间中断的全国重要统计数字，初步恢复基本统计报表制度，为国家制定“四五”计划提供了基础数据。

3. 改革开放到 20 世纪末(20 世纪 80 年代—20 世纪末)

改革开放初期，全面开展统计调查，高质量地完成第三次全国人口普查，恢复发表统计公报，首次公开出版《中国统计年鉴》，统计国际交往逐步扩大，统计机构全面恢复，统计力量发展壮大。1983 年

12月颁布的《统计法》和1984年1月国务院发布的《关于加强统计工作的决定》，为新时期统计工作指明了方向，统计工作开始走上法治轨道。20世纪80年代初逐步恢复普查与抽样调查，1983年颁布《统计法》，1984年组建农调队和城调队，1996年组建企调队，2000年成立普查中心。

进入20世纪90年代，国务院批准实施新国民经济核算体系和改革统计调查体系，全国人大常委会修改《统计法》。1993年我国组织实施新的具有较强组合功能的国家统计报表制度和统计调查体系。根据《中华人民共和国统计法》的规定和国务院关于建立国家普查制度、改革统计调查体系的要求，国家统计局于1994年正式建立了周期性的普查制度。普查项目包括人口、农业、工业、第三产业和基本单位。人口普查、第三产业普查、工业普查、农业普查每10年进行一次，分别在逢0、3、5、7的年份实施；基本单位普查每5年进行一次，逢1、6的年份实施。国家于1994年7月提出建立“以周期性普查为基础、经常性抽样调查为主体、以综合分析、重点调查和科学估算为补充的多种方法综合应用的国家统计调查方法体系”。统计部门以提高数据质量为中心，科学、高效地组织统计调查，大力推进统计改革，加强信息工程建设、法治建设、基层基础建设和队伍建设。

4.2000年至今

跨入新的世纪，统计部门不断推进观念创新、方法创新、手段创新、体制创新，努力建设高素质统计队伍，积极应对新的挑战。

统计法的多次修订和完善。第十一届全国人大常委会于2009年6月27日再次修订《统计法》，其中第二条明确规定“统计的基本任务是对经济社会发展情况进行统计调查、统计分析，提供统计资料和统计咨询意见，实行统计监督”。

国民经济核算体系改革。为全面准确地反映我国国民经济运行状况，增强国民经济核算在总体框架、基本原则、计算方法上与国际标准的一致性以及指标的国际可比性，2000年以来，我们对1992年颁布实施的《中国国民经济核算体系(试行方案)》做了重大修订，形成了《中国国民经济核算体系(2002)》。2009年，联合国等五大国际组织颁布了国民经济核算新的国际标准——《国民账户体系2008》。我国在此基础上形成了《中国国民经济核算体系(2016)》，使之与新的国际标准相衔接，提高国际可比性。

周期性普查制度的改革。为了更好地发挥周期性普查在中国统计调查体系中的作用，国家统计局在总结第一轮普查经验的基础上，提出了对新一轮普查的初步改进意见。从2000年开始的周期性普查包括3项普查，即人口普查、经济普查、农业普查。人口普查和农业普查每10年一次，分别在逢0、6的年份进行；将工业普查、第三产业普查和基本单位普查合并为经济普查，每10年进行2次，安排在逢3、8的年份。为了加强统计法治建设，2003年周期性普查制度调整后发布了《全国经济普查条例》(2004)、《全国农业普查条例》(2006)、《全国人口普查条例》(2009)，系统规范我国普查的组织管理和质量控制工作，有助于国家准确搜集有关经济社会发展的数据信息。新的周期性普查制度建立后，成功组织实施了三次全国人口普查(2000年、2010年和2020年)、四次全国经济普查(2004年、2008年、2013年和2018年)和三次全国农业普查(1997年、2006年和2016年)。

国家调查队的体制改革。2005年国家统计局直属的三支调查队分别是农村社会经济调查队、城市社会经济调查队和企业调查队，三支调查队在各省、自治区、直辖市分别设立省级调查队。体制改革后，将以前的国家一级“农调队”和“城调队”改成了两个调查司，将企业调查总队改为“服务业调查中心”。在地方一级，则将三支调查队合并为“调查总队”，在全国各省(区、市)、市(地、州、盟)和部分县(市、区、旗)设立了国家统计局直属调查队。

统计调查生产方式的变革。党的十八大以来，充分利用大数据、云计算、移动互联、物联网等新技术，推动统计调查生产方式变革。积极变革统计生产方式，建设基本单位名录库、企业一套表制度、数据采集处理软件平台和联网直报系统等统计四大工程，极大地提高了统计现代化水平。持续推进“三新"统计调查体系建设和三大核算改革，切实加强统计分析和预测预判，精心组织实施普查调查，第三次全国农业普查、第四次全国经济普查和第七次人口普查圆满完成；加强多边双边国际交流与合作，统计对外开放迈出新步伐。

"十四五"时期，党的十九届五中全会作出推进统计现代化改革重大部署：完善统计标准和指标体系、健全统计调查制度体系、优化统计数据采集体系、完善国民经济核算体系、健全统计监测服务体系、健全统计法治监督体系、深化统计体制改革和对外开放、推进统计信息化建设、健全统计工作保障机制。

二、统计学的产生和发展

在统计活动发展到一定阶段，人们开始总结统计实践的经验，逐渐形成了比较系统的统计理论知识，这就是统计学的起源。由于统计学者们所处的历史环境不同，对统计实践的理解不同，从而所总结出来的经验和概括出来的理论也就有所区别，这就产生了不同的统计学派。从统计学的进展过程来看，可以大致分为三个阶段。

（一）古典统计学时期

1. 政治算术学派

这个学派的创始人是英国的威廉·配第（William Petty），其代表作是1690年出版的《政治算术》。这里的"政治"是指政治经济学，"算术"是指统计方法。该书首次运用大量数字对英、法、荷三国的"财富和力量"从整体上进行分析，并最后概括出政治结论：英国的国际地位并不悲观。他利用数字、重量和尺度来说话的方法，为统计学的创立奠定了方法论基础。对此，马克思称他是"政治经济学之父，在某种程度上也可以说是统计学的创始人。"恩格斯在《反杜林论》中也指出："配第创造'政治算术'即一般所说的统计。"

政治算术学派的另一创始人是英国的约翰·格朗特（John Graunt）。他的代表著作是《对死亡表的自然观察和政治观察》（1662年出版）。当时，英国首都伦敦人口集中，疫病流行，死亡情况严重，社会对较高的死亡率甚为关心。格朗特收集、整理了1603年以来的死亡表，对伦敦人口的出生率、死亡率、性别比例和人口发展趋势，作了分类计算和预测，证明没有悲观的必要。这本书所用的具体数量对比分析方法，对统计学的创立，与《政治算术》起了同等重要的作用。这个学派以后还有许多统计学家和统计著作，但一直没有采用"统计学"这一科学命名，因此，该学派被认为是有统计学之实，而无统计学之名。

2. 国势学派

国势学派亦称记述学派或国情学派。该学派的创始人是海门尔·康令（Hermamn Conring），继承者主要有阿亨瓦尔（Gottfried Achenwall）和路德维格·施廖采尔（Ludwing von Schlozer）等。他们在大学中开设了一门课程，最初叫"国势学"，因为在外文中"国势"与"统计"词义相通，以后正式命名为"统计学"。他们认为统计学是就国家重要事项的记述，如人口、土地、政治、军事、经济、艺术、宗教等。这个学派的特点是以文字记述为主，他们始终没有把数量对比分析作为这门科学的基本特征。但在统计学说发展史上，"统计学"这个学科名称是由这个学派定名的。

这两个学派的共同点，均以社会经济作为研究对象，均认为自己这门科学是具体阐明国情、国力的社会科学。不同点在于是否把数量方面的研究作为这门科学的基本特征。这两个学派共存了两百年，互相影响，互相争论，总的来讲政治算术学派的影响要大些。政治算术学派对统计学的主要贡献：①不仅满足于社会经济现象的数量登记、列表、汇总、记述等过程，还要求把这些统计经验加以全面系统地总结，并从中提炼出某些理论原则。②在搜集资料方面，提出了"大量观察法""典型调查""定期调查"等思想。③在处理资料方面，广泛运用了分类、制表以及各种指标来浓缩与显现数量资料的内涵信息。

3．概率论学派

概率论学派以法国的学者为主。这一学派最早起源于对赌博中投骰子输赢问题的研究。其创始人是法国布莱斯·帕斯卡(B. Pascal)和法国数学家费马(Pde Fermat)，他们以通信的方式讨论赌博时的概率问题。惠更斯(C·huygens)著有《骰子赌博理论》。法国数学家伊夫斯·棣莫弗(A·de Moivre)发现正态方程式，正态分布概念是由他在1733年首次提出的。英国学者贝叶斯(Thomas Bayes)1763年在《论有关机遇问题的求解》中提出一种归纳推理的理论，他首先将归纳推理法用于概率论基础理论，并创立了贝叶斯统计理论，后组成数理统计学中的贝叶斯学派，对于统计决策函数、统计推断、统计的估算等现代概率论和数理统计都有很重要的作用。

同一时期，瑞士数学家贝努里(I·Bernoulli)提出二项分布理论。此后，法国的拉普拉斯(P. S. Laplace)在1814年发表《概率分析论》一书，构筑了古典概率理论的完整体系，并用于自然和社会现象的研究。拉普拉斯是第一个把概率论引进统计学领域的，他是一位天文学家、数学家、统计学家，他对统计学的贡献有：阐明了统计学的大数法则，进行了大样本推断的尝试。

1837年由法国数学家泊松(Simeon-Denis Poisson)首次提出泊松分布，以后发现很多取非负整数的离散随机变量都服从泊松分布。德国数学家高斯(Gauss)率先将正态分布应用于天文学家研究，故正态分布又叫高斯分布(Gaussian distribution)。后来提出最小平方法，他还从观察天象中发现误差正态曲线。

由于历史的原因，概率论的产生和形成在16—18世纪与统计学关联性不大，统计学也很少将概率论应用到自己的领域。经过17世纪法国的帕斯卡、瑞士的贝努里，18世纪法国的棣莫弗和拉普拉斯、英国的贝叶斯，19世纪的德国高斯等数学家对概率论的研究，使得古典“概率论”到了19世纪已经形成。

(二)近代统计学时期

1．数理统计学派

将统计学与概率论真正结合起来的则是19世纪比利时的凯特勒(Adolphe Quetelet)[①]。他创立的数理统计学派产生于19世纪中叶，他的代表作是《社会物理学》。凯特勒在统计学的发展中最重要的贡献是把法国的古典概率引入统计学，开始把作为社会科学的统计学转变为一门研究自然与社会现象规律的通用科学，使统计学开始进入到更为丰富发展的新时期。国际统计学界有人称凯特勒为“近代统计学之父”，就在于他发现了大量现象的统计规律性和开创性地应用了许多统计方法，他把统计学发展中的三个主要源泉：国势学派、政治算术学派、古典概率学派加以统一和改造，进而融合成具有近代意义的统计学。

数理统计学的名称创始于德国的韦特斯坦(T·Wittstein)。他在1867年发表了一篇论文《关于数理统计学及其在政治经济学和保险学中的应用》。1872年，英国的斯波拉吉(T·B·Sprague)译为英文，发表在保险统计师学会会刊第ⅩⅦ(第17期)上。从此，这个名词被广泛应用。当时数理统计学的名词虽已产生，但作为一门独立学科的数理统计学则尚未形成。从数理统计学的发展史来考察，它的发展顺序是这样的：数理统计学名词→数理统计科学→数理统计学派。自从凯特勒把概率论引

① 凯特勒，1796年出生于比利时，1819年获得博士学位。1823年为筹建天文台，他被派往法国巴黎学习天文学。在学习期间，他与皮埃尔—西蒙拉普拉斯、泊松、傅里叶等人相识，并跟从拉普拉斯学习概率论。1827年游学英国伦敦，1829—1830年先后到德国、法国、瑞士、意大利等国考察。1841年成立比利时中央统计委员会，由他任终身主席，在此后的5年中他开始有关人口和犯罪问题的统计学研究。1857年凯特勒在第三次国际统计会议上，论证了概率论方法对于统计价值测定的必要性。1867年在第六次国际统计会议上，他又提出希望能成立一个特别小组委员会来处理直接与概率论有关的统计问题。凯特勒不仅把概率统计的方法应用到人口、政治、农工商等社会领域，还把概率统计的方法引入到天文、气象、物理等自然领域。

进到统计学以后，数理统计学便在通用统计学的母胎中孕育成长起来。

旧数理统计学派即生物统计学派的代表人物是英国学者高尔顿（F·Golton），他发现百分位数，还从研究遗传学和优生学中创立了回归分析的概念。卡尔曼·皮尔逊（K·Pearson）是英国生物学家、统计学家和数学家。他致力把生物统计中体现出来的变化规律扩展到其他领域，他提出经验分布函数、相关分析、动差法、卡方检验和大样本的抽样理论，公认的统计学之父，是现代统计学的创立者。

自19世纪中叶到20世纪20年代以后，描述统计学和推断统计学相继产生，数理统计学才开始分化为一门独立的学科，并在英美形成了数理统计学派，把统计学由通用科学逐渐演变为通用的方法论科学。目前，数理统计学已成为欧美统计学的主流，并在世界各国统计学界产生了极其广泛的影响。

在学术观点上，数理统计学派认为：统计学就是数理统计学，是通用于研究自然现象和社会现象的方法论体系，是现代应用数学的一个重要分支。

2. 社会统计学派

产生于19世纪后半叶的社会统计学派是用统计学方法研究社会经济现象的数量方向及其规律的统计学派。它融合了国势学派与政治算术学派的观点，认为统计学是一门社会科学，是研究社会现象变动原因和规律性的实质性科学。由德国经济学家、统计学家克尼斯（K. G. A. Knise）创立，主要代表人物有乔治·逢·梅尔（Georg Von Mayr）和厄恩斯特·恩格尔（Ernst Engel）等。该学派的先驱者克尼斯把统计学的性质规定为“具有政治算术内容的社会科学”。他在《作为独立科学的统计学》（1850年）一书中，提出了“国家论”与“统计学”科学分工的主张。他认为国家论是用文字记述的国势学的科学命名，统计学则是用数值研究社会经济规律的政治算术的科学命名。梅尔是社会统计学派的创始人，他的统计学代表著作主要有：《统计学与社会学》和《社会生活中的规律性》。恩格尔的统计学代表著作主要有《关于统计学是独立科学或方法问题之我见》和《比利时工人的家庭的生活费》。

在学术观点上，社会统计学派认为：统计学的研究对象是社会现象，目的在于明确社会现象内部的联系和相互关系；统计应包括资料的搜集、整理以及对其分析研究。他们认为在社会统计中，全面调查，包括人口普查、工业普查、农业普查都处于重要地位。研究方法限定于大量观察法，主张统计学是一门独立的实质性社会科学，数理统计则是一门应用数学。

（三）现代统计学时期

1. 国外的现代统计学发展

19世纪末和20世纪初的统计学主要是描述统计学。采用频率概率的统计和概率的理论由费雪（Ronald Aylmer Fisher），埃贡·皮尔逊（Egon Pearson，卡尔·皮尔逊之子）和内曼（Jerzy Neyman）在20世纪上半叶发展起来。20世纪30年代由费雪（R. A. Fisher）创立的推断统计学促使数理统计进入现代统计范畴。内曼对于统计学的贡献巨大，1934年提出分层抽样方法被誉为开创了现代科学抽样理论。1934年引入了“置信区间”概念至今仍是统计推断的重要内容。1926—1938年，与埃贡·皮尔逊提出了假设检验理论，现已成为各个学科公认的研究方法。英国人戈赛特（W·S·Gosset），他于1908年以笔名“Student”发表了论文《平均数的概率误差》，创立了小样本检验代替大样本检验的理论，即 t 分布和 t 检验法，这是小样本抽样理论的基础，为多元分析理论的形成和应用奠定了基础。

博雷尔（E·Borel）奠定了现代概率理论的基础。英国人费雪在1915年发表论文《无限总体样本相关系数值的频率分布》，被称为现代推断统计学的第一篇论文。并于1923年发展了显著性检验及估计理论，提出了 F 分布和 F 检验。1918年费雪在《孟德尔遗传试验设计间的相对关系》一文中首创“方差”和“方差分析”两个概念。并于1925年提出随机区组和正交拉丁方试验设计，提出“随机化”原则。1938年费雪和耶茨（Yates）合编了 Fisher Yates 随机数字表。美国学者尼曼（Neyman）和戴明（William Edwards Deming）提出抽样调查法，对质量控制及生产管理贡献很大。美国数学家维纳

(N·Wiener)的控制论和美国数学家香农(C·E·Shannon)的信息论,使推断统计学的理论更加健全。

现代统计学另一个分支是贝叶斯统计学,它认为未知的模型或者参数是不确定的、符合某个概率分布。特别的,我们会首先根据主观判断或者过去的经验,对这个概率分布有一个猜测,称为先验分布;然后根据越来越多的观测值来修正对该概率分布的猜测,最后得到的概率分布称为后验分布。掌握贝叶斯统计并且使用它做推断,即贝叶斯推断(Bayesian inference)。贝叶斯统计框架的核心无疑就是贝叶斯定理(Bayes' rule)。贝叶斯定理的推导始于条件概率。

从20世纪50年代起,统计学受计算机、信息论等现代科学技术的影响,特别是近二十年来海量数据的存储、互联网与云计算科技的发展,新的研究领域层出不穷,如现代时间序列分析、贝叶斯统计、数据挖掘等。现代统计学是以指数式加速度发展的,统计方法在各学科领域的应用又进一步促进了统计学研究的深入和发展。

2. 国内的统计学发展

(1)早期的统计学及其代表人物

中国统计学是20世纪前期形成和发展起来的。19世纪末,西学东渐,近代科学包括统计学被引入中国。20世纪前半期,传入我国的主要是两个不同学派的统计思想和理论:一是德国和日本的社会统计学,主张探寻社会发展规律的实质论;一是英美的数理统计学,坚持通用方法论。对于运用统计方法研究社会经济现象的重要性,二者的看法趋于一致。后来我国的一批学者展开了科学意义上的统计调查和研究,涉及人口、物价、统计、农业和工业等专门课题。另一些学者则取得了被国际学术界公认的理论研究成果。1913年,北洋政府专门学校的顾澄教授翻译了英国统计学家尤尔的著作《统计学之理论》(1911年),之后又有一些英美统计著作被翻译成中文。1930年,中国统计学会成立,标志着我国最早的统计学术族群的形成。1935年王绶编著出版的《实用生物统计法》是我国出版最早的生物统计专著之一。1942年范福仁出版了《田间试验技术》等,这些对推动我国农业生物统计和田间试验方法都产生了很大影响。

(2)新中国成立后的统计学及其代表人物

1956年,在周恩来总理主持制定的第一个科学技术发展规划中,概率统计被列为数学学科的重点发展方向,统计学界也召开了"统计科学规划"会议。会议的重要成果之一是把统计学分为自然科学(应用数学分支、数理统计)和社会科学(社会经济统计学)。1956年北京大学成立全国第一个概率统计教研室。1983年北大建立统计实验室,《数理统计与管理》和《应用概率统计》杂志分别于1982年和1985年创刊。国家统计局、中国统计学会先后创办发行了《中国统计》《统计研究》《调研世界》等学术刊物,发表了大量颇具影响力的学术论文。

许宝騄是我国最早从事数理统计和概率论研究工作的,并达到了世界先进水平。他对数理统计和概率论,特别是对多元分析、极限分布论、试验设计等方面做出了杰出的贡献。对于推动这些学科在我国的发展起了重要作用。许宝騄被公认为在数理统计和概率论方面第一个具有国际声望的中国数学家,有《许宝騄全集》(英文)出版。

数理统计学和生物统计学的带头提倡人之一,杨纪珂先生所推广的数理统计起源于人口统计、社会调查等各种描述性统计活动。主要研究如何有效地收集、整理和分析受随机因素影响的数据,并对所考虑的问题做出推断或预测,为采取某种决策和行动提供依据或建议。

陈希孺是中科院院士、国际著名数理统计学家,主要从事线性模型、U统计量、参数估计与非参数密度、回归估计和判别等研究,他是中国线性回归大样本理论的开拓者,他在参数统计领域以及非参数统计领域都作出了具有国际影响的工作。1980年他参与创建了中国概率统计学会,并被推选为第一届理事长,1985年加入国际统计学会成为会员。20世纪80年代以后,陈希孺先后在武汉、开封、广州、九江、屯溪、成都、郑州等地开办统计讲习班，引进和推广若干重要领域的研究成果，带领、培养和联系了一批人投入统计研究工作中。

20 世纪 70 年代末，在改革开放浪潮冲击下，我国统计学面临来自理论和实际两个方面的挑战。我国统计围绕一门统计学还是两门统计学的问题展开了一场空前的大争论。“大统计”思想在 20 世纪 90 年代中期应运而生，“大统计”的思想内核是：统计学既不是经济学，也不是数学。现代统计框架内，存在数理统计学与应用统计学的分支。大统计思想超越了传统理论的历史局限，为中国统计学在 20 世纪的建设和发展奠定了一个理论性前提，标志着中国本土统计思想的一次历史性飞跃。

20 世纪 90 年代至今，中国统计学会先后派代表团到多个国家进行考察和访问，并邀请其他国家的统计官员和学者来华访问和讲学。广泛的国际交流提高了国内统计科研和学术水平，展示了我国统计工作和统计科研的各项成果，为我国统计学科的建设和发展作出了重要贡献。2021 年 9 月 10 日，第 7 届中国—东盟统计论坛、中国—东盟统计学院战略合作协议签署暨学院成立揭牌仪式在广西南宁举办，在中国—东盟政府统计机构间架起了一座友谊和合作之桥。2022 年 1 月 12—13 日，由中国国家统计局、联合国统计司联合举办的“联合国 2030 年可持续发展目标统计监测国际培训班”以线上方式召开，主会场设在中国国家统计局六里桥办公区。2022 年 3 月 2 日及 4 日，联合国统计委员会第 53 届会议通过视频方式召开，国家统计局率领中国代表团出席并参加议题讨论。本届会议讨论和审议了《2030 年可持续发展议程》数据和指标、数据管理、统计委员会的工作方法、区域统计发展、人口和住房普查、气候变化统计、国民账户、性别统计、大数据、国际统计分类等 25 个议题。

三、统计学的发展趋势

统计学作为一门通用方法论的科学，是一种定量认识问题的工具。一方面，统计学逐渐呈现出与其他实质性学科结合的趋势，从统计方法的形成历史来看，现代统计方法基本来源于一些实质性学科的研究活动，例如最小平方法与正态分布理论则来源于天文观察误差分析。另一方面，统计学呈现出与计算机科学融合的发展趋势，纵观统计学的发展历程，几乎每一次的计算机科学革新，都带动了统计学的应用与发展。总的来说，统计学的发展有三个明显的趋势：

（一）统计学与数学的结合更加密切

统计学是处理数据的方法论科学，由于数学具有简明、严谨、抽象的优势，因此研究者常常采用数学模型来刻画统计学的数量规律。数学是统计理论形成的理论工具和方法工具，现代统计学运用了大量的数学方法，如概率论、模糊数学、线性代数和微积分等。概率论中的大数定律、正态分布理论、中心极限定理等就是理论工具，而线性代数和微积分等则称为方法工具。模糊数学与统计学的结合，产生了模糊统计，如模糊综合评价法将模糊数学与多元统计方法相结合，产生模糊多元统计。概率论融入统计学中，数理统计学就是数学和统计学的完美结合。

（二）统计学与实质性学科结合更加深入

统计学作为一门方法论科学，只有与实质性学科相结合，才能够发挥其数量分析能力，否则统计方法就成为无源之水，无本之木，无用之器。例如，高斯的最小平方法与正态分布理论均源于天文观察误差分析，皮尔逊的相关与回归源于生物学的研究，抽样调查方法源于政府统计调查资料的搜集。一些著名的统计学家同时也是实质性科学领域的专家，如皮尔逊、费雪等既是统计学家，又是生物学家。统计学与实质性学科之间的关系不是并列的，而是相交的。所以经济统计学、计量经济学不仅属于统计学，同时属于经济学。有数据的地方就有统计的应用价值。

（三）统计学与计算机科学结合更加复杂

随着统计学与计算机结合程度的加深，统计学的数据挖掘和分析功能日益增强。随着数据挖掘技术的发展，越来越多的统计学家与计算机专家开始关注从海量信息中提取有效信息的技术，大数据技术应运而生。机器学习和深度学习也需要计算机算法提供支持。作为统计学来说,充分利用现代计算机技术,一方面学好统计方法,一方面要学好计算机基本程序设计,能够将统计模型通过编程来实现。因此,要善于利用相应软件进行数据分析解决问题,将复杂的统计方法变得简单。可以预见,计算机和统计的深度融合将会成为未来统计的一个大趋势。

第二节 统计的含义和统计学

一、统计的含义和作用

(一)统计的三种含义

何为统计?实际上统计已经渗透到工作生活的方方面面。在现实生活中,我们所面临的事物大都具有一定程度的不确定性。如明天的天气怎样,某种产品今后的销量如何等。对于这些情况,我们一时无法给出确切的答案。人们从报纸杂志、电视新闻中获取的数据,例如我国 GDP 的年度增长速度、居民消费价格指数等,进而根据数据信息来认识客观现象。当我们为了某种目的需要了解和认识这些现象并判断它们的结果时,我们便要通过调查研究,收集大量的有关数据,并对这些数据进行科学的整理和分析,以说明现象的本质,回答现象的主要特征。这种收集大量的不确定的数据,并对其进行加工、整理、分析以说明不确定现象的数量关系、数量规律性的学问就是统计学。

在不同的场合,人们赋予统计不同的含义。

一般来说,统计包括三个含义:统计实践活动(统计工作)、统计资料和统计学。

1. 统计工作。统计实践活动是搜集、整理、分析和运用统计资料的实际工作过程。统计工作作为一种认识社会经济现象总体和自然现象总体的实践过程,一般包括:确定统计调查任务、统计调查方案设计、统计调查(获取数据)、统计整理、统计分析、为管理决策提供依据(撰写调查报告)六个环节。

2. 统计资料。也称统计信息,是统计部门或单位进行工作所搜集、整理、编制的各种统计数据资料的总称,它是进行国民经济宏观调控的决策依据,是社会公众了解国情国力和社会经济发展状况的信息主题。人们通过统计实践活动所得的各项数字资料及有关情况的总称为统计数据,统计实践活动与统计数据的关系是工作过程与工作成果的关系。

3. 统计学。由前述可知,统计学是一门很古老的科学,它起源于研究社会经济问题,在两千多年的发展过程中,统计学至少经历了“城邦政情”“政治算数”和“统计分析科学”三个发展阶段。统计分析科学,即统计学是一门关于数据的搜集、整理、分析、解释数据的方法论科学。其中,数据搜集就是取得统计数据,数据整理是将数据用图表等形式展示出来,数据分析则是选择适当的统计方法研究数据,并从数据中挖掘有价值的信息进而得出结论并作出解释。

统计工作、统计资料、统计科学三者之间的关系是:统计工作的成果是统计资料,统计资料和统计学的基础是统计工作,统计学既是统计工作经验的理论概括,又是指导统计工作的原理、原则和方法。

(二)统计学的研究对象及其特点

统计的研究对象应是所研究现象数量方面的统计方法论。这是统计工作的实践要求所决定的。统计工作要反映和研究社会经济或自然现象的数量方面,并探讨其发展规律在具体时间、地点、条件下的数量表现,那就必然要求统计学在理论上阐述如何搜集、整理和分析研究社会经济或自然现象数量方面的原理、原则和方式方法。统计科学作为一门研究方法论的科学,既可以为统计工作提供理论和方法论,又可以在不断总结统计工作实践经验基础上得到发展。所以,统计学的研究对象是统计实践活动的规律,即搜集、整理和分析统计数据的方法,是一门方法论科学。

统计是对社会经济或自然现象的一种调查研究活动。对社会经济或自然现象进行调查研究有许多种方法，统计是其中的一种。和其他调查研究活动相比，它具有以下特点：

1. 数量性

从数量方面认识客观事物，是统计最突出的特点。统计的对象是研究现象的数量方面，包括：数量的多少、现象间的数量关系、现象的质量互变的界限。统计的目的，就是要反映这些数量方面的现状和它们的发展变化过程。

唯物辩证法告诉人们，任何现象都具有质和量两个方面。统计是对现象数量方面的研究，属于对现象的定量认识。但必须指出，这种定量认识要以定性认识为基础，因为只有对现象的性质、特点、运动过程有一定的认识，才有可能进行定量认识。例如，要了解和研究人口的数量、构成及其变化，首先必须了解人口理论及其自然变动规律，然后才能根据这种认识去确定人口数量的计算范围和方法。

2. 总体性

统计是以现象总体的数量方面作为自己的研究对象的。例如，人口统计不是要了解和研究个别的人，而是要反映一个国家或一个地区的人口总数、自然构成、社会构成、经济构成、地域构成、自然变动、机构变动等。

但是，统计对现象总体数量方面的认识，是以对个体数量方面的认识为基础的。例如，人口统计必须从了解每个人的情况开始，然后经过分组、汇总、计算等工作，才能过渡到说明总体数量方面的情况。

3. 具体性

统计的认识对象是具体事物的数量方面，不是抽象的量。这是统计和数学的一个重要区别。数学所研究的量是脱离了具体对象的抽象的数量关系，统计所研究的量是具体事物在一定时间、地点条件下的数量表现，它总是和现象的本质密切结合在一起的。但是，统计毕竟是反映和研究社会经济现象量与量的关系的，因此，它还要遵守数学原则，在许多方面使用数学方法。

4. 变异性

统计上把研究对象由于随机因素引起的个体特征的差异称为变异。统计研究的是同质总体的数量特征，但是总体各单位的特征并非完全相同，而是存在着差异性。例如，要了解一个城市的居民的消费水平，其收入水平、消费结构、储蓄习惯、从业情况存在着一定的差异，因此要从整体上了解居民的消费水平、收入水平等的一般水平及其变动趋势，以及各层次的结构变异等状况，如果居民消费水平和收入水平不存在差异，也就不需要统计了。

(三)统计的作用和职能

统计的作用可归纳为认识和服务两个方面，其中认识作用是基本作用。人们要改造世界，首先要认识世界。统计在我国经济建设中发挥着了解国情国力、为国民经济和社会发展提供决策支持的重要作用。统计的认识和服务作用具体体现为它同时具有信息、咨询和监督三种职能。

1. 信息职能。统计部门根据科学的统计指标体系和统计调查方法，灵敏、系统地采集、处理、传输、贮存和提供大量的以数据描述为基本特征的社会经济信息。

2. 咨询职能。利用已经掌握的丰富的统计信息资源，运用科学的分析方法和先进的技术手段，深入开展综合分析和专题研究，为科学决策和管理提供各种可供选择的咨询建议与对策方案。

3. 监督职能。根据统计调查和分析，及时、准确地从总体上反映经济、社会和科技的运行状态，并对其实行全面、系统的定量检查、监测和预警，以促使国民经济按照客观规律的要求，持续、稳定、协调地发展。

这三种职能是相互联系、相辅相成的。统计的三种职能中信息职能是最基本的职能，是统计咨询和监督职能得以发挥的基础。统计信息职能是保证咨询和监督职能有效发挥的基础；统计咨询职能是统计信息职能的延续和深化；而统计监督职能则是信息、咨询职能基础上进一步拓展并促进统计信息和咨询职能的优化。

由于具备上述功能，决定了统计的基本任务。《中华人民共和国统计法》第二条规定：统计的基本任务是对国民经济和社会发展情况进行统计调查，提供统计资料和统计咨询意见，实行统计监督。这是《统计法》对我国政府统计基本任务的法律规定。

（四）统计的电算化

统计电算化是指利用电子计算机进行统计数据处理。统计在调查、整理、分析的各个阶段所用到的不同研究方法都离不开计算机的使用。利用电子计算机可以对统计数据进行确认、编辑、编码、录入、汇总及计算，同时可以进行数据传输、储存、更新、输出等处理。在计算机处理条件下，可以根据不同的需求对统计资料按照不同方式进行加工处理，实现统计数据的一源多用、信息共享以及数据的优化管理，从而大大提高统计工作的效率，拓宽统计工作的广度与深度。

选择合适的统计软件是实现统计电算化的关键。目前，比较成熟的统计软件有 SPSS，Excel，R 等。其中 Excel 的应用最为普遍，它具有电子表格、图表和数据库管理三大功能，并且具备安装方便、界面直观、操作简便、技术智能化、绘图灵活简便及强大的数据分析能力等特点。它在描述统计和推断统计中具有广泛应用，通过 Excel 提供的公式、函数及数据分析工具等三种方式都可以实现对统计数据的分析和处理，特别是数据分析工具可以完成统计指标的计算、相关分析、时间序列分析等，同时可以进行多种图形的绘制，后续的章节有介绍其应用。

SPSS（Statistical Product Service Solutions）软件为 IBM 公司推出的一系列用于统计学分析运算、数据挖掘、预测分析和决策支持任务的软件产品及相关服务的总称。SPSS 是世界上最早采用图形菜单驱动界面的统计软件，它最突出的特点就是操作界面极为友好，输出结果美观漂亮。SPSS 采用类似 Excel 表格的方式输入与管理数据，数据接口较为通用，能方便地从其他数据库中读入数据。它有两个窗口——数据窗口和变量窗口。首先在变量窗口完成变量的定义（变量类型、宽度、标识、测量尺度等），然后在数据窗口录入数据。SPSS for Windows 是一个组合式软件包，它集数据录入、整理、分析功能于一身。SPSS 的基本功能包括数据管理、统计分析、图表分析、输出管理等等。①

SPSSAU 作为"在线版 SPSS"操作更为简单，三步就可以完成分析。配合网站提供的案例数据，多操作几次基本就能掌握，分析结果有智能分析帮助解读。涉及的数据研究方法包括：（1）通用方法，有比如 T 检验、方差分析、相关分析、回归分析等。（2）进阶方法，有比如因子、聚类分析、事后检验、分层回归、logistic 回归等。（3）问卷方法，包括多重响应、信度分析和效度分析、多选题、中介效应、调节效应、结构方程模型等。（4）医学实验方法，有比如重复测量方差、Cox 回归、Ridit 分析、正交实验等。（5）计量经济研究方法，有比如 OLS 回归、ARIMA 模型、ADF 检验、面板模型等。（6）综合评价方法，有比如熵值法、AHP 层次分析法、模糊综合评价、灰色关联法、耦合协调度等。（7）机器学习。有比如决策树、随机森林、支持向量机、神经网络等。（8）可视化。有比如散点图、词云图、帕累托图、核密度图等。

二、统计学的主要研究方法

统计学在分析研究现象的数量关系时利用各种各样的专门统计方法，其中主要的研究方法有：

（一）大量观察法

大量观察法是统计学所特有的方法。大量观察法是指对研究对象中全部或足够多的单位进行调查并进行分析的方法。统计研究社会经济或自然现象和过程，要从总体上加以考察。现象总量是复杂的，是在诸多因素的错综复杂的作用下形成的，各单位的特征及其数量表现有很大差异，不能任意

① 详见，薛薇，《SPSS 统计分析方法及应用（第 4 版）》，电子工业出版社，2017 年。

抽取个别或少数单位进行观察。必须观察全部或足够多的调查单位，借以从中认识客观现象的规律性。统计调查中的许多方法，如统计报表、普查、抽样调查等，都是观察研究对象的大量单位，来了解客观事物及其发展规律的。

（二）统计分组法

统计分组法是在对所研究的现象进行定性分析的基础上，选择反映现象本质特征的标志，把研究现象划分为若干部分或若干组的一种统计方法。通过统计分组可以区分现象的类型，研究现象的内部结构，分析现象间的依存关系。统计分组法是统计调查、统计整理和统计分析中常用的一种方法。

（三）综合指标法

综合指标法是运用各种综合指标对大量社会经济或自然现象的数量方面进行分析研究的方法。对大量的原始资料进行整理汇总，计算各种综合指标，可以显示出现象在具体时间、地点条件下的总量规模、相对水平、平均水平和变异程度等。现象总体的综合指标概括地描述了总体各单位在数量方面的综合特征和变动趋势。

综合指标还可以用来探讨总体内部的各种数量关系，有利于揭露矛盾，发现问题，寻找解决问题的方法。综合指标法主要包括总量指标分析法、相对指标分析法、平均指标分析法、变异指标分析法、指数综合评价法等。

（四）归纳推断法

统计是一个归纳思维的过程。归纳是指由个别到一般，由事实到概括的推理方法。归纳法可以使我们从具体事实得出一般知识，所以是统计研究中常用的方法。统计归纳法是根据某类对象的样本具有某属性推出某类对象的全体都具有某种属性的推理方法。所谓样本就是从总体中抽选出来的那一部分对象。

使用这种方法时，首先要选好样本，处理好样本的代表性与样本数量之间的关系。一般来说样本的数量越大，样本的代表性就越大。以一定的把握程度，根据样本指标来推断总体数量特征的归纳推理方法，称为统计推断法。例如，以 100 名大学生上个月的网购支出额推断某学校全部大学生平均每个月的网购支出额；以抽查的产品合格率推断全部产品的合格率等。

（五）统计模型法

统计模型法是根据一定的专业理论和假定条件，用数学方程或方程组去模拟客观现象相互关系的一种研究方法。利用统计模型可以进行数量依存关系及其发展变化的评估和预测。统计模型包含变量、基本关系式和模型参数三个基本因素。将总体中一组相互联系的统计指标作为变量，其中有些变量被描述成其他变量的函数，这些变量称为因变量，它们所依存的其他变量称为自变量。现象的基本关系式通常用一组数学方程来表示，方程可以是线性的也可以是非线性的，可以是二维的也可以是多维的。模型参数表明方程式中自变量对因变量的影响程度，它由一组实际观察数据来确定。

（六）文本分析

文本分析是一种自然语言处理技术，旨在从文本数据中提取有用的信息和知识。它是文本挖掘、信息检索的一个基本问题，涉及对文本的表示及其特征项的选取。在文本分析中，从文本中抽取出的特征词被量化来表示文本信息。文本是由特定的符号或符码组成的信息结构体，这种结构体可以采用不同的表现形态，如语言的、文字的、影像的等。文本是由特定的人制作的，因此其语义不可避免地反映了人的特定立场、观点、价值和利益。

文本分析的应用广泛，可以帮助人们对大规模文本数据进行快速、准确的分析和解释，从而支持决策制定和业务创新。在大数据时代，海量文本的积累在各个领域不断涌现。从人文研究到政府决策，从精准医疗到量化金融，从客户管理到市场营销，海量文本作为最重要的信息载体之一，处处发挥着举足轻重的作用。它涵盖多个子领域，如文本预处理、分词、词性标注、命名实体识别、情感分析、主题分析、聚类分析、分类分析等。

三、统计学的分科

(一)描述统计学和推断统计学

根据统计方法的构成,可将统计学分为描述统计学和推断统计学。

1. 描述统计学(Descriptive Statistics)。是研究如何取得反映社会经济现象的数据,并通过图表形式对所搜集的数据进行加工处理和显示,进而通过综合、概括与分析得出反映宏观现象的规律性数量特征。其内容包括统计数据的搜集方法、数据的加工处理方法、数据的显示方法、数据分布特征的概括与分析方法等,将在第二章、第三章和第四章进行详细介绍。

2. 推断统计学(Inferential Statistics)。是研究如何根据样本数据去推断总体数量特征的方法,它是在对样本数据进行描述的基础上,对统计总体的未知数量特征作出以概率形式表述的推断。例如,要了解大学生的考研意愿,不可能也没必要对所有的大学生进行调查,这时需要抽取一部分大学生即样本进行调查,获取调查数据,进而根据样本的数量特征对大学生群体的考研意愿即总体进行推断。这部分将在第五章到第九章进行系统的学习。

描述统计学是整个统计学的基础,推断统计学则是现代统计学的主要内容。它们反映了统计方法发展的前后两个阶段。

(二)理论统计学和应用统计学

根据统计方法的研究和应用,可将统计学分为理论统计学和应用统计学。

1. 理论统计学(Theoretical Statistics)。是把研究对象一般化、抽象化,以概率论为基础,从纯理论的角度,对统计方法加以推导论证,中心的内容是统计推断问题,实质是以归纳方法研究随机变量的一般规律。例如,统计分布理论、统计估计与假设检验理论、相关与回归分析、方差分析、时间序列分析等。

2. 应用统计学(Applied Statistics)。是从研究的领域或专门问题出发,根据研究对象的性质采用适当的指标体系和统计方法,以解决所需研究的问题。例如,人口统计学、社会统计学、经济统计学、管理统计学、金融统计学、医学统计学等。

四、统计学与其他学科的关系

(一)统计学与数学的关系

统计学与数学都是研究数量的关系和数量的规律,都要与大量的数字打交道。现代统计学运用了大量的数学方法,如概率论、数理统计、模糊数学、线性代数和微积分等。有人认为统计学是数学的一个分支,这是一个误解。统计学与数学有密切的联系,但两者存在本质的区别,这两个学科各有独立的研究领域和研究特点。

统计学和数学都有利用各种数学公式进行数字演算,但两者研究的数是存在差别的。统计学的数据总是与所研究的客观对象联系在一起的,统计的过程就是从客观对象中抽取出其数量表现,得到有关的数据。统计数据是有具体的实际含义的,它反映着某一现象的质。数学所研究的数字,是抽象的数字,它并不反映现象的质。

统计学和数学都是研究数量规律的,统计学研究的是具体的实际现象的规律,它从客观实际中搜集数据,进行统计处理后又将这些处理结果返回到实际中,并解释这些结果的意义。而数学研究的是抽象的数量规律,它撇开具体的对象,以最一般的研究探索数量的联系和空间的形式。

从研究方法看,统计学和数学的研究方法不尽相同,统计学根据实验或调查,观察大量的个别现象,对所观察的个别现象加以归纳,并判断总体的情况,实质上,统计学的研究方法是归纳与演绎相结合的方法,其中归纳占主要地位。数学的研究方法主要是逻辑推理和演绎论证的方法。

数学与统计学各自成体系,两门学科各有自己的研究对象、研究方法,但两者关系密切,数学为统计学提供了数量分析方法论的基础,尤其是数学中的概率论,研究的是随机现象的数量关系和变化规律,它从数量方面揭示了偶然与必然、个别与一般、局部与总体之间的辩证关系,为现代统计学奠定了基础。

(二)统计学与数据科学的关系

统计学是与数据打交道的方法论科学。一般包括描述统计、参数估计、假设检验、回归分析、生存分析、因子分析、时间序列、非参数统计等。

数据科学(data science)在 20 世纪 60 年代已被提出,只是当时并未获得学术界的注意和认可,1974 年彼得·诺尔出版的《计算机方法的简明调查》中将数据科学定义为:处理数据的科学,一旦数据与其代表事物的关系被建立起来,将为其他领域与科学提供借鉴。其目标是通过从数据中提取出有价值的部分来生产数据产品。它结合了诸多领域中的理论和技术,包括应用数学、统计、模式识别、机器学习、数据可视化、数据仓库以及高性能计算。

一方面数据科学会大量运用统计学的模型,但它更偏向于运用现代的机器学习(machine learning)模型,比如支持向量机、决策树、深度学习等,更偏向解决大样本(如互联网、人工智能)的问题,计算量非常庞大,通常借助于图形处理器 GPU 等手段。数据科学方法的另一个重要方面是提取和解释数据的过程。当数据被提取时,我们会从提取的数据中培养可能性。在数据科学中,这些可能性是通过统计学来解释的,这个术语被称为统计分析。检测数据中的异常,借助统计方法将数据分为准确、可观察和挖掘领域。统计方法也被引入机器学习和数据分析领域,进行数据可视化和表示,统计有助于识别依赖于空间和时间的不同数据结构,数据是因素和变量之间的交互作用,要使用图形和网格的统计方法。①

(三)统计学与计量经济学的关系

计量经济学是经济学、数学和统计学的综合,但又是独立于这三门学科的一门学科。计量经济学利用计量方法论述经济关系。在计量经济学中,大量地运用统计方法去研究经济及其相关领域的问题。

统计学和计量经济学是相互独立的两门学科。统计学侧重于数据的搜集、整理、归纳和分析,而计量经济学则侧重于经济理论的验证、经济政策的评议和经济发展未来的预测。从研究目的看,统计学对变量的描述,其目的是从统计数据中认识所要研究的现象,解释现象,寻找现象的规律,并在不同的事物间、不同的时间上、不同的空间中进行评判、比较、推算。计量经济学利用联立方程"回归"模型,目的是研究多个经济变量之间的相互作用关系或递推关系。从研究过程看,统计学的研究过程经历了统计设计、统计调查、统计整理、统计分析和统计资料的积累等阶段。计量经济学的研究过程从经济对象的定性分析、确定测量经济现象的模型,求出模型的参数估计值,对估计值进行评价,对模型预测的有效性进行评价。对于计量经济学的研究方法,正如诺贝尔经济奖得主劳伦斯·克莱因(Lawren Robert Klein)所说的,"计量经济学的百分之九十是回归"。

(四)统计学与会计学的关系

统计学和会计学各自都是一门独立的、完整的学科,它们各有自己的理论体系,自己的研究对象、研究方法。统计学与会计学这两门学科不能互相替代,但两门学科又互相联系,互相渗透。

从两门学科的理论体系分析,由于两门学科的目标、职能不尽相同,两门学科围绕各自的目标建立自己的理论体系。会计学的理论体系是以会计目标为起点,会计的目标主要是对会计主体的活动

① 《统计学的重要性:统计学与数据科学的关系如何?》,https://www.xianjichina.com/special/detail_493397.html

进行核算，提供会计主体活动的信息。围绕这一目标，确定会计核算范围、核算内容，搜集会计信息的途径、会计信息处理与加工的程序和方法，即它是在会计原则的指导下对某一经济业务或会计事项进行确认、计量与报告的会计技术方法，并明确会计信息的提供对象。统计学的理论体系是在明确统计学研究对象的基础上，建立搜集统计数据的调查体系，阐明数据整理、推断和显示的理论与方法，提供统计分析的理论与方法。

从两门学科的研究对象分析，两者虽然都是研究事物的数量特征，但两者的具体研究对象并不一致。会计学具体研究的对象是会计主体的资本运动的数量方面，会计对象的具体化为会计主体的资产、负债、所有者权益、收入、费用和利润六大会计要素。统计学具体研究的对象是社会现象的数量特征和数量关系。尽管两门学科的研究对象存在着差异，企业核算体系还是由会计核算、统计核算与业务核算三者所组成，该核算体系分别从不同侧面为企业生产管理和经营决策提供数量依据。在企业核算体系中，会计核算占据比较重要的位置。而在宏观核算中，统计核算占据比较重要的位置。

从会计与统计的活动过程看，两者都经过数据的搜集、处理和分析诸阶段。会计核算的依据是各类原始凭证，其核算的最终成果是以表格（会计报表）形式体现的。实质上，企业会计核算搜集的资料是该会计主体的全面资料，对每一笔业务的处理必须以原始记录或凭证为依据，一般不能采用推算或估计的方法，并以表格的形式描述企业生产经营、投资理财等活动状况。从这一活动过程看，会计的处理技术与统计描述有着非常相似之处。

第三节　统计学的基本概念

统计学中的概念比较多，其中有些是常用的基本概念。准确地理解这些概念的含义，将有利于本书以后各章的学习。下面介绍几个最基本的概念。

一、总体与样本

(一)总体和总体单位

总体(population)是根据一定的研究目的所确定的研究的事物的全体，它是由客观存在的、同一性质基础上结合起来的许多个别事物的整体，总体规模用 N 表示。例如，当研究商业经营情况时，全部商业企业是一个总体，因为商业企业是客观存在的，每个商业企业的经济职能都是相同的，即都是从事商业经营活动的基层单位。

总体单位是指构成统计总体的个别事物，如上例中的每个商业企业就是总体单位。再如，要对全国的人口进行普查，则全国人口构成总体，而每一个人则是总体单位。根据统计研究目的的不同，作为总体单位，可以是一个地区、一个部门、一个单位，也可以是一个人或一个物。

总体按其单位数是否有限，分为有限总体和无限总体。如果总体包含的总体单位为有限个，称为有限总体；如果总体中的单位是无限的或无法计数的，称为无限总体。例如，人口总数、企业总数、商店总数、土地数、各种设备数等，都是有限总体；在连续大量生产的某种小件产品中，总产量是无限总体。

在统计调查中，有限总体既可进行全面调查，又可进行非全面调查；无限总体不能进行全面调查，只能进行非全面调查。在社会经济现象中，统计总体大多是有限总体。一个统计总体可以有多个指标。统计总体一般具有三个特征：①同质性。构成总体的各个单位必须具有某一方面的共性，这个共性是我们确定总体范围的标准；②大量性。总体是由许多单位所组成的，而不是只有个别单位。③差异性。总体单位之间，除了必须在某一方面有共性之外，在其他方面必然存在差异。

总体和总体单位的概念不是固定不变的，随着研究目的的不同，二者是可以相互转化的。例如，要了解工业企业的生产经营情况，全部工业企业构成一个总体，每个工业企业是这个总体中的一个单位。但是，如果我们要研究某个典型企业的生产经营情况，则上述总体中的某一个单位（该典型企业），就又变成总体了。

（二）样本和样本单位

样本（sample）是从总体中抽取一部分总体单位构成的集合，样本是由样本单位构成的。一个样本单位也一定是一个总体单位。构成样本的个体的数目称为样本容量，用 n 表示。

样本具有一定的随机性，总体是唯一的，样本有很多。总体规模 N 很大时，要了解总体的数量特征，就需要从总体中随机抽取一部分个体组成样本，进而根据样本单位提供的有关信息去推断总体。可以采用重复抽样，也可以采用不重复抽样。例如，要了解所有中小学生的近视率，每一个中小学生是总体单位，所有的中小学生是总体，从中抽取一部分中小学生，通过样本单位的信息，可以推算全国中小学生的近视率。但是样本毕竟只是总体的一部分，由于抽取样本的随机性，因此用样本去推断总体的特征时也就存在一定的误差，即抽样误差。如何科学地抽取样本，怎样控制样本对总体的抽样误差，如何根据样本的数量特征去推断总体的数量特征，这是推断统计学研究的重要问题，有关抽样方式、抽样误差、参数估计和假设检验等推断统计学的内容会在后面抽样估计章节进行介绍。

二、标志与变量

（一）标志和标志表现

标志是说明总体单位特征的名称，有品质标志与数量标志之别。品质标志表示事物的质的特性，一般是用文字表示的，如人的性别、民族、文化程度、健康状况，企业的经济类型、隶属关系等；数量标志表示事物的量的特性，是可以用数值表示的，如人的年龄、身高、体重，企业的产值、利润等。

标志表现是标志名称之后所表明的属性或数值，分为品质标志表现（属性、变异），数量标志表现（标志值、变量值）。例如某个学生的性别是女，民族是汉族，文化程度是高中，健康状况是良好。这里“女”“汉族”“高中”和“良好”是品质标志名称“性别”“民族”“文化程度”和“健康状况”的属性，是品质标志的具体表现。又如，该学生的年龄是 20 岁，身高是 160 厘米，体重是 55 公斤，则“年龄”“身高”和“体重”是数量标志的名称，而“20 岁”“160 厘米”和“55 公斤”是数量标志的数值表现。

（二）变异和变量

在一个总体中，各单位的品质标志或数量标志的标志表现具有差异性。如性别标志表现为男、女，婚姻状况标志表现为未婚、已婚、丧偶、离异，学历标志表现为小学、初中、高中、大专、本科、研究生等。这种差别都称为变异。变异又分为属性变异和数值变异。属性变异只限于品质标志，数值变异则限于数量标志。变异是统计的前提条件，有变异才有统计，没有变异也就没有统计的必要了。

变量（variable）是说明现象某种特征的概念，会呈现一定的差异性。在统计中，可变的数量标志和指标均称为变量，变量的数值表现称为变量值。变量可以分为确定性变量和随机变量。确定性变量是指受确定性因素影响的变量，也即影响变量值变化的因素是明确的，可解释的或可人为控制的，因而变量的变化方向和变动程度是可确定的。随机性变量指受随机因素影响的变量，也即影响变量值变化的因素是不确定的，偶然的，变量受随机因素影响的大小和方向是不确定的。

按变量值是否连续，又可以分为离散型变量和连续型变量。离散型变量（discrete variable）的各变量值之间都是以整位数断开的，如人口数、企业数、设备台数等，都只能按整数计数，不可能有小数；连续型变量（continuous variable）的数值是连续不断的，相邻值之间可作无限分割，例如，身高、体重、年龄等都是连续性变量。年龄从理论上讲应按出生时间起算，实际上是以整数计数的。

按变量的计量尺度来分，分为定类变量、定序变量和数值型变量。定类变量又称为品质标志，例如性别、民族等。定序变量是在定类的基础上又包含顺序的变量，例如受教育程度、满意度等。数值型变量是可以直接用数值度量的变量,例如年龄、身高、体重、收入、支出等。数值型变量可以是数量标志,也可以是指标,例如国内生产总值、网购消费支出、新冠疫情感染人数等。

三、统计指标与指标体系

(一)统计指标

1. 统计指标的概念及其构成要素

对统计指标的含义,一般有两种理解和两种使用方法,这是人们从不同角度去理解和应用形成的。第一种理解,统计指标是反映客观存在的社会总体现象数量特征的概念。例如国内原煤产量、人口自然增长率、劳动生产率等。按照这种理解,统计指标包括三个构成要素:指标名称、计量单位和计算方法。这种含义一般用以统计理论研究。这时的统计指标只涉及它的名称、单位和计算方法等方面,一般不涉及它的具体数值。

第二种理解,统计指标是反映客观存在的社会总体现象数量特征的概念和具体数值。例如,2021年我国国内生产总值 1143670 亿元;2021 年末我国大陆总人口数为 14.1178 亿人;2020 年全国共投入研究与试验发展(R&D)①经费 24393.1 亿元。与前者不同的是,这种统计指标含义中包括了指标数值。按照这种理解,统计指标除包括上述三个要素外,还包括时间限制、空间限制和指标数值。这种含义的统计指标一般是统计实际工作中使用的。在实际工作中,仅仅知道指标名称、计量单位和计算方法是不够的,没有具体的指标数值就无法准确全面地反映社会经济现象的数量特征,也就无法达到统计研究的目的。

以上两种理解方法都是成立的,合理的。它们分别在不同的场合中使用。我们认为,第二种理解方法更全面,更适合于应用。

这里所讲的指标和前面学过的标志是密切相关的两个概念,它们之间既有联系,又有区别。其联系主要表现在:①许多指标的数值是根据标志的标志值汇总得到的;②随着研究目的的改变二者是可以互相转化的。其区别主要表现在:①标志是反映总体单位特征的,而指标是反映总体特征的;②标志有能用数值表示的数量标志和不能用数值表示的品质标志之分,而所有的指标都是可以用数值表示的。

2. 统计指标的作用

每一个具体的统计指标都有不同的作用,概括地讲,统计指标有两方面的作用:

(1)从认识角度讲,统计指标就像机器设备上的仪表反映机器运转情况一样,它能用数字表明社会经济活动中的各种事实的现状及发展过程,起到一种社会“指示器”的作用。

(2)从管理和科学研究的角度讲,统计指标是进行国民经济管理和科学研究的基本根据之一。无论是进行宏观决策、微观决策还是进行科学研究,都要从客观的现实状况出发。统计指标提供的就是用数字表现的事实。

3. 统计指标的种类

统计指标从不同的研究目的,不同的角度出发可以分为不同的种类。

(1)数量指标和质量指标

按统计指标说明的总体现象的内容不同,可以分为数量指标和质量指标。

数量指标是说明现象总体绝对数量多少的指标,它反映的是总体外延的规模及其发展成果的总

---

① 研究与试验发展(Research and Development,简称 R&D)指为增加知识存量(包括有关人类、文化和社会的知识)以及设计已有知识的新应用而进行的创造性、系统性工作,包括基础研究、应用研究和试验发展三种类型。国际上通常采用研究与试验发展(R&D)活动的规模和强度指标反映一国的科技实力和核心竞争力。

和。它用绝对数来表示，并有计量单位。例如人口总数、国内生产总值、企业利润总额等都是数量指标。数量指标受总体范围的影响。它的数值随总体范围的大小而增减，是认识总体现象的出发点。

质量指标是说明总体内部数量关系和总体单位水平的指标，用来说明总体的质的属性。例如劳动生产率、生产成本、价格、人口的性别和年龄构成等都属于质量指标。质量指标的数值不随总体范围的大小而增减。

在实际工作中，要把数量指标和质量指标结合起来应用。在研究总体现象时，不仅要用数量指标了解总体的绝对数量多少及其发展变化，而且还要用质量指标了解总体内部的数量关系及其发展变化，二者不可偏废。

(2)总量指标、相对指标和平均指标

按统计指标的作用和表现形式不同，可以分为总量指标、相对指标和平均指标。

总量指标是反映总体现象规模的统计指标，是说明总体现象广度的。它表明总体现象发展的结果。总量指标的数值随总体范围的大小而增减，并具有可加性。总量指标可以反映一个国家和地区国情国力的基本情况，是制订政策、编制计划的基本依据，如人口总数、土地面积、粮食产量等。

相对指标是两个有联系的总量指标相比较的结果，反映总体之间或总体内部各组成部分之间的数量关系，如产品产量的计划完成程度、人口密度、人口的年龄构成等。相对指标在数值上与总体范围的大小无直接的相关关系，不具有可加性。

平均指标是按某个数量标志表明同类社会经济现象在一定时间、地点条件下所达到的一般水平，例如平均工资、平均计划完成程度、平均劳动效率等。同相对指标一样，平均指标在数值上与总体范围大小无直接的相关关系，不具有可加性。

由于事物的内容决定其形式，因此，我们所说的总量指标是数量指标的表现形式，相对指标和平均指标是质量指标的表现形式。

(3)描述指标、评价指标和预警指标

统计指标按管理功能作用不同，可以分为描述指标、评价指标和预警指标。

描述指标主要是反映社会经济运行的状况、过程和结果，提供对社会经济总体现象的基本认识，是统计信息的主题。如：反映社会经济条件的土地面积指标、自然资源拥有量指标、社会财富指标、劳动资源指标、科技力量指标；反映生产经营过程和结果的国内生产总值指标、工农业总产值指标、固定资产投资指标、流动资金指标、利润指标；反映社会物质文化娱乐设施等的指标、医疗床位数指标等。

评价指标是用于对社会经济运行的结果进行比较、评估和考核，以检查工作质量或其他定额指标的结合作用。包括国民经济评价指标和企业经济活动评价指标。

预警指标一般是用于对宏观经济运行进行监测，对国民经济运行中即将发生的失衡、失控等进行预报、警示。通常选择国民经济运行中的关键性、敏感性经济现象，建立相应的监测指标体系。

(二)统计指标体系

1. 统计指标体系的定义和特点

统计指标体系是根据不同研究目的的要求和研究对象的特征，把若干个相互联系、相互作用的统计指标组成的整体，科学地加以分类和组合形成的指标体系。用以说明所研究社会经济现象各方面相互依存和相互制约的关系。

指标体系的特点有四个：一是目的性。任何指标体系都是为实现一定的目的而加以设计的。二是理论性。指标体系的设计是建立在一定的理论和指导思想基础之上，起着至关重要的作用。三是科学性。客观上要求指标体系必须能够真实反映客观实际情况，同时符合科学理论。四是系统性。构造指标体系的过程实质上就是将总目标进行层层分解的过程，分解过程从粗到细、从宏观和微观、从一般到具体。

2. 统计指标体系的表现

统计指标体系通常表现为两种情况：

(1)可以通过数学公式形式表现出来的统计指标体系

例如，工业总产值=工业产品产量×产品价格

商品销售额=商品销售量×商品价格

农作物收获量=播种面积×单位面积产量

(2)指标之间不存在数学公式形式的关系，而只是存在着一种相互联系、相互补充的关系

例如，随着5G网络和千兆光网建设力度加大，新型基础设施建设取得成效，信息通信服务能力明显提升，互联网、大数据、人工智能等产业不断壮大，数字经济与实体经济深度融合，新型消费模式不断涌现。网络经济指数是指固定互联网宽带接入用户数、移动互联网用户数、移动互联网接入流量、电子商务平台交易额、跨境电子商务交易额、实物商品网上零售额占社会消费品零售总额的比重、网购替代率等为主要内容的统计指标体系，用来反映网络经济发展的趋势和进程。

3. 统计指标体系的作用

由于统计指标体系反映了指标之间的相互联系，因此，它比统计指标更重要，应用更广泛。其作用主要表现在：

(1)可以认识现象的全貌和发展的全过程。社会经济现象的数量方面虽然是通过统计指标来反映的，然而单一的统计指标只能说明总体的某一个侧面，要想对总体现象进行全面的了解和研究，依靠某一个统计指标是不行的，还需要建立一套相互联系的指标，从不同的角度对总体进行反映。只有这样，才能达到正确、全面地认识客观总体的目的。

(2)可以反映总体的内部联系，分析各个因素对现象总体的影响。任何社会经济总体都是一个相互联系的有机整体。一个企业是许多有机联系的部分组成的整体，一个部门是由许多有机联系的企业或单位组成的整体。生产、分配、流通、消费是连续不断地有机联系的复杂过程。人类所进行的各种社会活动也是相互联系的。社会经济现象这种互相联系的性质，运用个别统计指标是反映不出来的，必须运用统计指标体系来描述。

第四节　统计数据

一、统计数据的种类

统计数据(data)是统计工作活动过程中所取得的反映国民经济和社会现象的数字资料以及与之相联系的其他资料的总称，是对现象进行测量的结果。例如，对某个地区的经济活动总量进行测量可以得到地区生产总值数据，对空气质量进行测度可以得到空气质量指数数据，对人口抽样调查可以得到男女性别比数据。

下面从三个角度说明统计数据的分类：

(一)定类数据、定序数据和数值型数据

按计量尺度不同，统计数据分为定类数据、定序数据和数值型数据。

定类数据(categorical data)，又称为分类数据。它是对事物类别进行记录的结果，数据表现为类别，用文字来描述。例如性别、民族、政治面貌等。为便于统计处理，一般用数字代码来表示各个类别。比如性别，用0表示男性，1表示女性。

定序数据(rank data)，又称为顺序数据。它是对某种类别进行排序记录的结果。比如考试成绩分为优良中差，受教育程度分为小学、初中、高中、大学及以上，产品的满意度分为很满意、一般、不满

意，等等。

数值型数据(numeric data)是用数字尺度测量出来的观测值，其结果表现为具体的数值。例如某个运动明星的身高、体重、奖金、获奖次数等。数值型数据又可以称为定量数据或数量数据(quantitative data)。分类数据和顺序数据是说明事物品质特征的，其结果表现为类别，统称为定性数据或品质数据(qualitative data)。

(二)观测数据和实验数据

按搜集方法不同，统计数据分为观测数据和实验数据。

观测数据(observational data)是通过调查或观测事物搜集的数据，有关社会经济现象的统计数据几乎都是观测数据。

实验数据(experimental data)是在实验中通过控制实验对象搜集得到的数据。比如对某种抗病毒药物的疗效进行实验的数据，对新的农作物品种的产量的实验数据等。自然科学领域大多数数据是实验数据。

(三)截面数据、时序数据和面板数据

按现象与时空的关系，统计数据分为截面数据、时间序列数据和面板数据。

截面数据(cross-sectional data)是在相同或近似相同的时间点上、不同的空间点上搜集的数据，用于描述事物在某个时刻的空间变化情况。例如，为了考察我国房价的地区差异，采集2021年我国各地区房地产价格数据就是截面数据。

时间序列数据(time series data)是在相同的空间点上、不同的时间点上搜集的数据，能够反映现象随着时间变化的情况。例如，为了考察改革开放以来我国房价的变动情况，1978—2021年历年房价的数据就是时间序列数据。

面板数据(panel data)又称为混合数据，是在不同的时间点上和不同的空间点上搜集的联合数据，能够反映现象随着时间和空间的变化情况。例如，改革开放以来我国各地区(31个省、自治区、直辖市)历年(1978—2021年)房价的数据，就是面板数据。

(四)大数据和小数据

按照数据量的大小，分为大数据(big data)和小数据(small data)。

“大数据”这一概念自从被提出之后，得到了业界广泛的关注和讨论。维基百科对大数据的定义是“所涉及的数据量规模巨大到无法通过传统方式，在合理时间内进行截取、管理、处理，并整理成为人类所能解读的信息”。这个概念主要在描述大数据体量大这一特征。目前，大数据的概念没有一个权威而统一的定义，但普遍认为大数据具有四大特征(简称4V)：一是体量大(Volume)，事无巨细的数据记录，过程数据远多于结果数据；二是速度快(Velocity)，数据稍纵即逝，需要实时采集；商机时不再来，必须实施应用；三是多样化(Variety)，多种数据来源，内容五花八门，多种数据结构，标准无法统一；四是价值密度低(Value)，以视频为例，一小时的视频，在不间断的监控过程中，可能有用的数据仅仅只有一两秒。

大数据就是结构化的传统数据再加上非结构化的新数据。传统数据就是IT业务系统里面的数据，如客户资料、财务数据等。这些数据是结构化的，量也不是特别大，一般只是TB级。对比传统数据，还有一种叫“新数据”，是来源于社区网络、互联网等渠道，包括文本、图片、音频、视频等非结构化的数据。目前全世界75%以上都是非结构化数据，而且还一直呈现爆炸性的增长。如何从各种各样类型的数据中，快速获得有价值的信息，成为大数据技术的关键。

大体上来说，小数据或者传统数据，和大数据相比，体量比较小；实时性偏低，离线采集数据比较多，如问卷数据；没有大数据多源异构的特征。一方面，小数据基本采集于单一数据源，例如家庭收支调查，而大数据倾向于采集多种数据源，打破信息系统之间存在的数据孤岛。另一方面，小数据基本以结构化数据为主，而大数据涵盖了更多的非结构化数据，如图片数据、客服系统的语音留言、网站日志数据、视频数据等。

二、数据的来源

所有的统计数据都来自调查或实验，从使用者的角度看，统计数据的搜集主要有两种：一种是对原始资料的搜集；一种是对次级资料的搜集。

（一）直接获取的数据

直接获取的数据就是直接采集原始资料，又称为一手数据、原始数据。它是指通过访谈、询问、问卷、测定等方式直截了当获得的，通过收集一手数据可以解决待定问题。因此一手数据是直接向调查单位搜集的，尚待进一步汇总整理，需要从个体过渡到总体的统计资料。对于社会经济管理和决策而言，主要是通过统计调查的方式获取数据，如国家统计局通过统计报表、抽样调查、普查等直接获取数据。再如客户满意度调查、居民收支状况调查、电视收视率调查、居民休闲时间利用调查、居民科普素养、金融素养调查等。统计调查的根本目的就是搜集到丰富的，能够反映社会经济总体现象及其各部分间相互联系的原始统计资料。数据获取的主要方式有抽样调查、普查、网络获取、科学实验等，统计调查将在第二章进行详细的阐述。

那么大数据是如何获取的呢？比较常见的几种采集大数据的手段主要有以下几种：一是外部数据库导入。外部数据库是一个重要的数据来源。尤其电商平台对这种数据来源渠道非常常用。用于分布式文件系统（HDFS[①]）和外部数据库中导入导出数据的工具比较常用的是 Sqoop[②]。二是日志文件。日志文件也是一个非常常用的数据来源。而用于自动化迁移日志文件到 HDFS 上的工具是 Flume。三是前端埋点。前端埋点是指在前端系统中将用户的一些动作行为部分或者全部上传到后台以供分析使用的。用户在前端的某些操作是不会被记录到传统日志中，更不会被保存到后台数据库中的。但这些动作行为往往又代表着用户的心理状态，对于分析用户行为与刻画用户画像而言还是非常有参考价值的。为了得到这些数据，就有了前端埋点的操作。四是爬虫。爬虫获取数据的方式通常只会出现在某些特定性质的企业里。另外，社会上其实还有一些企业本身就拥有大量数据，并且他们会将部分数据开放出来，供全社会使用。这就是所谓的“大数据开放平台”。

（二）间接获取的数据

间接获取的数据即二手数据是对次级资料搜集得来的。所谓次级资料，是指已经经过加工整理，由个体过渡到总体，能在一定程度上说明整体现象的统计资料。但是次级资料都是通过对原始资料的加工，从原始资料过渡而来的，所以，这些统计资料都来源于原始资料。

在科学研究和管理决策中，要善于利用各种现成的数据。这种数据既可以从图书、杂志、统计年鉴、网络报纸等渠道获得，也可以通过专门的市场调查公司或数据库公司等地方购买。例如，国家统计局通过国家统计局官方网站、国家统计局数据发布库、《中国统计年鉴》等统计出版物、新闻发布会和两微一端（微博、微信和手机客户端）等发布统计数据，满足不同用户群体获取统计数据的多样化需求。近些年随着互联网的发展，互联网资源成为获取数据来源的重要渠道，几乎所有的政府机构和大公司都有自己的网站，访问者可以从中获得有用的数据。下面举出一些权威的数据来源网站，如表 1.1 所示。

---

① 分布式文件系统（Hadoop Distributed File System，简称 HDFS）是指文件系统管理的物理存储资源不一定直接连接在本地节点上，而是通过计算机网络与节点相连。分布式文件系统的设计基于客户机/服务器模式。一个典型的网络可能包括多个供多用户访问的服务器。

② Sqoop（发音：skup）是一款开源的工具，主要用于在 Hadoop 与传统的数据库间进行数据的传递，可以将一个关系型数据库中的数据导进到 Hadoop 的 HDFS 中，也可以将 HDFS 的数据导进到关系型数据库中。

表 1.1　提供统计数据的部分政府网站

分类	相关网站	数据内容
国内的部分权威网站	国家统计局网站	统计年鉴、统计月报、普查数据等
	国务院发展研究中心信息网	宏观经济、财经、货币金融等
	中国经济信息网	经济信息及相关的数据信息
	中国人民银行网站	金融相关的统计年鉴数据
	三农数据网	三农信息、论坛及相关网站
	华通数据中心	专门提供数据咨询服务的网站
	中证网	提供证券、股票、基金、期货、保险等信息
国外权威的数据网站	https://www.imf.org	国际货币基金组织数据公布标准(GDDS)
	http://www.census.gov	提供美国人口和家庭等人口普查数据
	http://www.fedstats.gov	美国政府 100 多个部门数据
	http://data.un.org	联合国各国际组织数据

三、统计数据的质量

统计工作是统计信息的加工生产过程,统计数据是统计工作活动的核心产品。因此,统计数据质量可以看作是统计工作的生命线。1980 年以来,我国学术界对统计数据质量问题开展了广泛的理论研究,与此同时,政府统计部门从统计法治建设、统计体制改革、统计工作方法等多个环节开展了推进统计数据质量的实践工作,有力地促进了我国政府统计数据质量的稳步提高。市场经济主体的多元化也使得社会各界对统计数据质量给予了更多的关注,提出了更高的要求。

(一)统计数据质量的内涵

统计数据作为统计工作的产品,从统计工作过程来看,统计数据质量是“符合标准”,要准确反映客观现实;从统计数据的使用来看,统计数据质量要“满足需求”,即满足服务对象的需求。因此,统计数据质量首先表现为与真实情况接近程度的误差,即准确性;其次,表现为统计工作所要满足的需求,即适用性。准确性是统计数据质量的核心,及时性是统计数据发挥信息功能的必要条件,经济性和保密性是统计数据质量的外在约束机制,可比性是统计数据质量的内在本质要求,而可得性和适用性则是针对统计数据的最终使用提出的特性。这些要素共同构成了统计数据质量的完整内涵,充分体现了统计的科学性。

统计数据质量从统计数据的形成过程上看,取决于其搜集数据、加工整理、存储保管、分析等环节的质量。统计数据(原始统计资料)的搜集质量是基础和前提;高质量的原始统计资料数据经过高质量的加工整理才能形成高质量的统计数据;在提供给需求者使用之前,有一个存储和妥善保管的过程,高质量保存统计数据;统计数据质量将不仅直接影响到政府宏观调控政策的制定和决策,而且统计部门定期公布的年鉴、专业刊物、大众传播媒介等形式的数据,为企业和个人对投资、消费环境形势的判断有广泛影响,同时科研机构和研究人员也会使用相关的统计数据。因此,分析数据的质量对使用者来说关系重大。

(二)政府统计数据质量管理

统计数据质量管理研究是我国政府统计体制改革研究的重要方向,接下来就政府统计数据质量管理的实践历程进行简要回顾。

1. 加入国际统计数据公布系统的历程。随着统计发挥宏观经济决策职能的重要作用,2002 年 4

月 15 日，我国政府正式加入数据公布通用系统（GDDS），遵循国际规则，自此提高政府统计数据质量成为我国统计工作的重心。各部门统计数据的编制和发布工作更加规范、透明、公正，统计工作质量得到大大提升，与国际接轨进程进一步加快。2015 年 10 月 6 日，中国正式采纳数据公布特殊标准 SDDS①，采纳 SDDS 标志着我国的统计能力有了很大的提高。但是，我国数据公布现状与最高级别的国际数据公布标准 SDDS 增强版（SDDS Plus）还有较大的差距，我国的统计能力有待进一步提高。

2. 数据的发布和对公众的服务更加开放。随着信息技术的发展，国家统计局逐步建立起对月度、季度数据的定期发布制度，提高我国统计数据的及时性。近些年来，针对国家和省级年度统计数据以及各种普查、专项调查数据，发布统计公报，出版相应的国家、地方、专业统计年鉴，提高数据的完整性和可比性。另外，建立国家及地方统计信息网站，出版电子版统计年鉴，进一步提高我国统计数据的及时性、可得性和适用性。

3. 现代信息技术的应用。以统计调查登记改革为契机，变革统计数据生产方式，全面清理与登记制度改革不符的法规规章和规范性文件，及时改造升级统计信息化系统，为登记制度改革提供技术支撑，确保统计部门及时获取各类单位登记和变动信息，使基本单位名录库维护更新拥有可靠的数据来源。推进互联网、大数据、云计算等现代信息技术在统计工作中的应用。传统数据上报、审核等流程包含了诸多工作环节，增加了工作难度，可能存在的行政干预降低了统计数据质量和政府统计公信力，利用现代信息技术如联网直报平台，可以减少中间环节，实现真正意义上的超级汇总，降低统计数据出现差错的概率，大大增强统计数据的抗干扰能力。

（三）国家统计质量保证框架（2021）

为进一步加强和改进我国政府统计质量管理工作，不断提高统计能力、统计数据质量和政府统计公信力，根据《中华人民共和国统计法》《中华人民共和国统计法实施条例》，借鉴《联合国官方统计国家质量保证框架手册》，发布的《国家统计质量保证框架（2021）》用于指导各地各部门开展统计工作。

1. 统计质量评价标准（九标准）

本框架基于统计数据生产全过程，从真实性、准确性、完整性、及时性以及适用性、经济性、可比性、协调性和可获得性等九个方面，对统计数据质量进行综合评价。

（1）真实性。要求统计源头数据必须符合统计调查对象的实际情况，确保统计数据有依据、可溯源。侧重于对基础数据质量的评价。

（2）准确性。要求统计数据的误差必须控制在允许范围内，能够为形势判断、政策制定、宏观调控等提供可靠依据。侧重于对统计数据生产科学性的评价。

（3）完整性。要求统计数据应当全面完整，统计范围不重不漏，统计口径完备无缺。侧重于对统计数据全面系统反映客观实际程度的评价。

（4）及时性。要求统计数据生产应当在符合统计科学规律的前提下，尽可能缩短从调查到公布的时间间隔。侧重于对统计数据生产效率的评价。

（5）适用性。要求统计数据能够最大限度为用户所用，统计指标紧跟时代发展、切合统计需求。侧重于对统计用户满意度的评价。

（6）经济性。要求统计数据生产应当尽可能降低成本，统计调查、行政记录、大数据等数据资源得到充分利用。侧重于对统计数据成本效益的评价。

（7）可比性。要求统计数据应当连续、可比，不同时间、空间数据生产使用规范统一的统计标准和统计原则。侧重于对统计工作标准化、规范化程度的评价。

① SDDS（Special Data Dissemination Standards，数据公布特殊标准）是国际货币基金组织制定的数据公布特殊标准，主要涉及实际、财政、金融、对外四大经济部门，包括数据特征、统计范围、频率、及时性、数据质量、透明度和对公众的开放度等内容。

(8)协调性。要求统计数据结构严谨、逻辑合理,各总量数据、结构数据相互之间高度匹配。侧重于对统计数据间逻辑关系的评价。

(9)可获得性。要求多渠道、多方式公布统计数据,同时公布相应的统计制度方法,加强数据解读,满足社会需求。侧重于对统计服务质量的评价。

2. 统计质量全过程控制(十环节)

统计质量的全过程控制是指对统计业务流程的各环节进行质量管理和控制,确保各环节质量标准得到满足。包括对确定需求、调查设计、核准备案、任务部署、数据采集、数据处理、数据评估、数据公布与传播、统计分析、项目评估等十个环节的质量控制。

(1)确定需求环节的质量控制

①准确把握用户需求。分析和权衡现有和潜在的各种统计需求,在资源约束条件下,评估用户需求的必要性和重要程度,确保优先满足最重要的统计需求,并及时向用户反馈评估结果。

②深入分析数据来源。根据统计需求,对现有统计调查数据和行政记录、商业记录、地理空间信息以及各类大数据等其他数据来源进行梳理和评估,分析现有数据来源能够满足用户需求的程度,针对数据缺口研究提出统计调查项目的初步设想以及经费预算需求等,并与相关部门沟通协商。

③科学制定项目计划。根据拟新增调查项目的调查目的、调查任务、进度要求、职责分工以及人财物和技术等保障条件,科学制定统计调查项目计划。

④定期开展计划评估。建立与统计用户的交流和沟通机制,及时反馈计划执行情况,广泛征求用户意见,根据新情况、新需求及时调整调查项目计划。

(2)调查设计环节的质量控制

①准确确定统计调查范围。根据统计目的合理划分统计调查范围,严格执行统计标准和统计原则,保证调查单位概念清晰、定义准确,基本单位名录库、抽样框全面完整。

②合理设计统计调查内容。根据统计需求设计统计调查指标表式,坚持简约、易取得、可核查的原则,保证指标名称规范统一,指标解释通俗易懂,指标计算方法科学合理;保证调查表式(问卷)结构合理、内容简洁、便于填报。

③综合利用多种调查方法。坚持科学性和可操作性相结合,合理安排调查频率、调查时间和调查方式,注重成本效益,减轻调查负担。现有统计调查数据和行政记录、商业记录、地理空间信息以及各类大数据等其他数据来源能够满足需求的,不开展新的调查。抽样调查、重点调查、典型调查等能够满足需求的,不开展全面调查。坚持必要性、可行性相结合的原则,科学设计抽样精度和调查网点,合理安排样本轮换工作,保证抽样调查的科学性、稳定性、连续性。

④统一搭建数据采集处理平台。积极运用现代信息技术,变革统计生产方式,改进统计生产流程,提高统计调查效率和数据质量。能采用联网直报方式直接获取调查对象基础数据的,不采用传统的逐级上报方式。数据采集处理平台设计应遵循科学的软件开发规范,符合国家信息安全标准,满足统计调查制度需求,保证性能稳定、功能完善、操作方便、界面友好。

⑤科学制定数据评估办法。借鉴国际通行规则,立足统计工作实际,针对数据真实性、准确性、协调性等,制定数据评估办法。广泛征求有关专家意见,对数据评估办法进行研究论证,保证评估办法科学严谨、有理有据、系统配套,评估过程科学、公正、合理,评估结果可追溯、可核查。

⑥统筹安排数据公布工作。秉持用户第一的理念,制定和公开数据发布日程表,明确发布内容、发布时间、发布地点和发布方式等。拓展统计数据传播渠道,注重新媒体的开发利用,积极采用可视化、智能化等方式展示统计数据,保证用户方便、及时获取统计数据。

⑦明确统计调查相关要求。基于统计业务全流程各环节,明确工作任务、职责分工、质量要求和进度安排,保证统计调查工作顺利推进。加强对各环节统计元数据和相关资料的分类管理,保证储存

安全。

(3)核准备案环节的质量控制

①依法申报统计调查项目。国家、地方、部门统计调查项目要依法依规办理核准备案手续。申报材料包括申请核准项目的公文、项目申请书、配套的统计调查制度、拟公开的统计调查制度主要内容等。

②准确把握项目基本要求。制定统计调查项目要有充分的立项依据,符合本部门职责,与其他统计调查项目不重复矛盾,服务对象明确,资料用途合理,调查内容清晰,有必要的经费保障,并按会议制度集体讨论决定。重要统计调查项目应当进行试点。

③规范开展核准备案工作。管理机构要严格按照统计法律法规审查统计调查项目,在规定时限内,对符合条件的统计调查项目作出予以批准的书面决定,对不符合条件的统计调查项目退回修改或作出不予批准的书面决定。特殊情况应当简化核准备案程序,缩短期限。

④及时公布核准备案项目。统计调查项目管理机构应当将核准备案结果及时告知申请部门。通过本级统计机构官方网站和其他媒体及时公布经核准备案的统计调查项目及其统计调查制度的主要内容。涉及国家秘密的统计调查项目除外。

⑤及时检查项目执行情况。统计调查项目管理机构应当定期开展统计调查项目核准备案和执行情况的监督检查。未办理核准备案手续或擅自变更统计调查制度内容的统计调查项目,一经发现责令停止,并依据统计法及其实施条例的有关规定处理。

(4)任务部署环节的质量控制

①印发统计调查工作文件。经核准备案的统计调查项目,项目申请单位必须按规定正式印发开展统计调查工作的通知及配套的调查制度,调查表(问卷)应标明文号、表号、有效期等法定标识。

②落实统计调查保障条件。调查开始前,财务部门应将相关工作经费拨付到位;设备采购部门完成设备购置并分发到位;信息技术部门将软硬件系统配置到位;相关业务部门将工作人员安排到位,明确职责分工,完成操作手册、调查表和调查问卷等相关资料的印发。向社会购买统计调查服务应按相关规定签订合同协议。

③确定统计调查对象。相关职能部门及时更新和维护基本单位名录库、行政区划代码库等统计调查基础信息库,并按要求提供给相关业务部门。业务部门严格按照调查制度规定的统计范围,划定调查区域,确定调查对象。

④开通数据采集处理平台。完成平台验收部署,分配数据管理权限,做好调查对象身份认证,及时加载历史数据,保证数据采集上报平台按时开通。

⑤做好人员培训。根据实际情况采用会议、网络、视频等方式开展业务培训,培训内容应全面系统、有针对性,保证基层业务人员能够准确理解调查制度,熟练操作软件和硬件设备,灵活运用各种调查技巧。

(5)数据采集环节的质量控制

①事前告知调查。数据采集部门在调查前向调查对象发送统计调查告知书,包括调查主要内容、相关注意事项和调查对象的权利义务等,可以通过电话、网络、微信、电子邮件、公告、会议等方式进行。

②规范数据采集。严格按照确定的调查对象发放调查表和调查问卷,指导调查对象独立正确填报调查数据、修改差错数据、补充不完整数据,及时解答调查对象的问题和咨询。如遇调查对象发生变更、消亡、不配合等情况,按相关规定处理,并将调查对象变化情况反馈给名录库管理等相关部门。

③审核原始数据。按照随报随审的原则,及时接收调查对象的原始数据,对数据完整性、逻辑性等进行审核,经核实确属调查对象填报错误的,应退回原调查对象修改后重新上报,保留修改记录和

相关说明。

④开展数据质量核查。根据统计调查制度和调查领域、行业特点制定数据质量核查计划，采取有效方式和方法，选择一定数量、不同层次的地区和调查对象进行核查，及时处理核查中发现的问题。

(6)数据处理环节的质量控制

①审核接收数据。采用统一的数据采集处理平台或规定的软件，在确保数据安全的工作环境下，对调查数据汇总结果进行计算机审核，保证逻辑性、完整性、准确性。同时进行人工审核，保证数据协调匹配、趋势合理。对其他来源数据进行验收、清洗、转换和整合。

②反馈处理问题。在规定时间内查明数据的疑点和问题，如属下级机构数据差错，应按规定及时退回下级机构核实修正；如属调查对象填报错误，应及时退回调查对象核实修正。保留修改痕迹。

③依规处理数据。当统计标准、统计口径发生变化时，依据相关制度进行调整，保证数据的可比性和协调性，并作出解释说明。

④按时完成任务。配备充足的力量进行数据加工处理，制定切实可行的进度表，强化对数据加工处理每一个环节的时间管理，保证数据处理的时效性。

(7)数据评估环节的质量控制

①明确评估职责。数据评估自上而下逐级开展。原则上国家统计局和国务院有关部门负责对全国和分省数据的评估，省级以下负责对下一级数据的评估，及时反馈评估结果。

②开展数据评估。数据评估按照国际惯例进行，综合运用历史数据比较、横向数据比较、数据偏差分析、相关性分析等多种方法对各种综合数据进行评估，准确把握数据之间的相关性、匹配性和逻辑性。对于评估中发现的问题，依据相关规定处理。评估过程规范统一。

(8)数据公布与传播环节的质量控制

①把握工作要求。依据统计法及其实施条例和其他相关规定公布统计数据。除依法应当保密的外，应当及时公开，供社会公众查询。部门统计调查所取得的有关数据资料及时提供统计调查项目管理机构。数据公布前，不得违反国家有关规定对外提供。国家统计数据以国家统计局公布的数据为准。

②按时公布数据。严格按照统计数据发布日程表定期公布统计数据。因特殊情况变更日程的，应提前向社会公告，保证数据的时效性。

③规范公布内容。严格执行数据公布的有关规定，在公布统计数据的同时，还应公布数据来源、统计方法、统计口径、统计标准、指标概念等，保证社会各界正确理解和使用统计数据。

④做好数据解读。做好公布数据变动情况及原因等的分析和解释。统计数据按照有关规定需要进行修订的，应当及时公布修订结果，并对修订依据和情况作出说明，避免数据误读。

⑤拓宽公布渠道。要充分运用发布会、官方网站、统计出版物、微信客户端等多种渠道及时公布统计数据，保证用户获取统计数据的公平性和便捷性。要健全综合数据查询系统，及时更新、加载最新可公开的综合性数据，逐步完善微观数据开放平台，保证最大限度开放统计数据。

⑥加强舆情监测。通过网站、电话、信箱、微信客户端等多种渠道开展舆情监测，及时纠正对统计数据的错误解读和不当使用，及时妥善应对统计舆情突发事件。

⑦深化联系沟通。多渠道向调查对象和统计用户普及统计知识，宣传统计工作的价值和统计数据的用途，主动征求和搜集关于统计数据和统计工作的意见和建议，定期回应用户的统计咨询和数据需求。

(9)统计分析环节的质量控制

①选好分析题目。根据各级党政领导、有关部门、社会公众等统计用户的需求，紧紧围绕经济社会发展情况，以及重点、热点和难点问题，特别是一些趋势性和苗头性问题，确定统计分析题目和用于

分析评价的主要指标，保证统计分析满足用户需求。

②深度挖掘数据。综合利用统计调查数据和其他来源数据进行深度分析，运用决策树、聚类分析等数据挖掘分析方法，寻找数据特征、相关关系和变化规律，进行数据汇总和统计推断，衡量经济社会现象的规模、水平、速度、比例关系，预测预判变化趋势，保证统计分析的科学性。

③写好分析报告。注重用数据分析问题，深入开展调查研究，提出解决问题的对策建议。报告要使用来源可靠的相关资料，分析方法科学合理、观点清晰、结论明确、文字流畅、形式灵活，保证统计分析报告的质量。

(10)项目评估环节的质量控制

①科学制定项目评估计划。按照统计调查项目执行情况评估的有关要求，结合工作实际，制定评估计划，确定评估内容、流程和职责分工，积极推进第三方评估，保证评估的科学性和可操作性。

②规范开展项目评估工作。针对统计调查全流程各环节，采用事中与事后评估、定性与定量评估相结合的方式，从统计人员、调查对象、统计用户等多个角度，对统计调查项目执行情况进行评估，保证评估过程科学严谨。

③客观评价项目执行效果。按时完成项目评估报告，对统计调查项目质量作出客观评价，指出制度方法、管理规范、业务流程和技术支持等相关工作中存在的问题，提出改进、继续或停止调查的建议，重新进入确定需求环节，保证评估结果科学实用。

3. 统计质量保障措施

健全完备的统计质量保障措施是贯彻落实统计质量保证框架的基础，必须加强统计法治建设、完善统计体制机制、规范统计制度方法、优化统计资源配置、夯实统计基层基础、强化信息技术支撑，弘扬质量为核心的统计文化，推进统计质量的科学治理、综合治理。

本章小结

1. 统计有三种含义：统计实践活动、统计数据和统计科学。统计学是对统计实践活动规律性的科学总结，是数据的搜集、整理、分析和解释客观现象的一门方法论科学。统计实践活动是统计工作的过程，统计学与统计实践活动是理论与实践的关系。统计数据是统计实践活动的成果。

2. 统计学的研究对象是客观事物的数量规律。统计学的研究对象具有数量性、总体性、具体性和变异性四个特征。统计学的主要研究方法有大量观察法、统计分组法、综合指标法、归纳推断法等。

3. 统计数据是对现象进行测量的结果。按计量尺度不同，统计数据分为分类数据、顺序数据和数值型数据。按搜集方法不同，统计数据分为观测数据和实验数据。按现象与时空的关系，统计数据分为截面数据、时间序列数据和面板数据。按数据量的大小，统计数据分为大数据和小数据。

4. 总体是根据一定的研究目的确定的所要研究的事物的全体，它是由客观存在的、同一性质基础上结合起来的许多个别事物的整体。构成总体的基本单位称为总体单位。统计总体可分为有限总体和无限总体。从总体中抽取一部分单位所组成的集合称为样本，样本具有随机性，一个样本所包含的样本单位的个数称为样本容量。

5. 标志是反映个体数量特征的，可分为品质标志和数量标志。标志表现是标志名称之后所表明的属性或数值。变量是说明现象某种特征的概念，会呈现一定的差异性。变量可以分为分类变量、顺序变量和数值型变量。数值型变量按变量值是否连续，又可以分为离散型变量和连续型变量。

6. 对统计指标的含义，一般有两种理解和两种使用方法。统计指标是反映客观存在的社会总体现象数量特征的概念。统计指标是反映客观存在的社会总体现象数量特征的概念和具体数值。

7. 统计指标体系是由若干个相互联系、相互作用的统计指标组成，用以说明所研究社会经济现象各方面相互依存和相互制约的关系。一是可以认识现象的全貌和发展的全过程。二是可以反映总体的内部联系,分析各个因素对现象总体的影响。

思考与练习

1. 什么是统计学？怎样理解统计学和数据的关系？

2. 统计学的产生和发展分为几个时期？

3. 什么是统计总体？它的特点是什么？

4. 统计的三个含义是什么？它们之间存在怎样的关系？

5. 标志和指标有何区别与联系？

6. 统计数据的数据来源有哪些？常见的数据类型有哪些？

7. 统计数据质量的内涵是什么？

8. 统计学的主要研究方法有哪些？请举例说明每种方法。

9. 直播带货作为一种新兴商业模式和互联网业态,近年来发展势头迅猛。2020年以来在疫情的冲击下,直播电商模式全面爆发,“直播＋电商”的新零售业态加速兴起,预计未来直播电商有望成为经济发展的重要引擎。据网经社数据显示,2017至2021年,国内直播电商市场规模从196.4亿元增长至23615.1亿元,年均复合增长率高达231.14%,预计2022年中国直播电商市场规模将超过3.4万亿元,年增长率超过53%。为什么直播电商“带货”越发火爆？而消费者作为买单的最后一环,消费满意度究竟如何？2020年中国消费者协会基于12个直播电商平台的5333份消费者样本,编制发布了《直播电商购物消费者满意度在线调查报告》。报告显示,消费者对直播电商产业总体感受较好,但有37.3%的受访消费者在直播购物中遇到过消费问题,仅有13.6%的消费者遇到问题后进行投诉。

要求:(1)描述总体;(2)描述研究变量;(3)描述样本;(4)描述推断。

案例资料:20世纪统计方法对质量改进的三大贡献

20世纪质量改进的第一次贡献起始于1908年英国戈塞特提出的小样本t统计量理论。这一理论应用到质量改进过程中就使得原来的全部质量检验可由部分样本质量检验所代替,不仅可以节省大量的成本,极大地改进了产品质量。

能否在生产过程中就及时发现隐患、及时处理,减少不合格品的发生呢？在20世纪20年代中期,美国贝尔实验室的休哈特(Walter Shewhart)等人作出了20世纪过程中最重要的突破。他们研制出一种简单的图形技术——控制图,用以确定生产过程是否正常还是可能出现了异常。如果过程出现异常,可以及时调整,简称统计过程控制。日本在二战后为了振兴工业,聘请美国质量管理专家戴明(W. E. Deming)、朱兰(Joseph M. Juran)等多次去日本讲学,传授质量改进的经验。在学习先进技术和管理理念的基础上,能否将事后检验和过程中的控制进一步推向事前的管理,即事前的试验设计呢？田口玄一教授在原来费歇尔试验设计基础上,提出了系统设计、参数设计和容差设计的三次设计思想并应用于实践,使得日本产品质量成倍地得到改进。

当企业的成熟度处于很低水平的时候,这时可能有一定的可接受抽样方法的应用。当组织成熟度增长时,可接受抽样的方法使用会逐渐增多。当组织成熟度达到比较高的水平时,统计过程控制和实验设计就成为了企业常用的方法,而可接受抽样反而被较少地使用。

思政元素：大数据发展战略

继党的十八届五中全会2015年首次提出“实施国家大数据战略”后，《“十三五”规划纲要》要求将大数据作为基础性战略资源，全面实施促进大数据发展行动，助力产业转型升级和社会治理创新。近年来，在国家大数据战略引领下，贵州先行先试，一系列可喜变化悄然发生。从建数据中心走向云服务运营。地处西部内陆的贵州，地质稳定、气候凉爽、电价便宜，对建数据中心来说是一个优势，意味着安全、绿色、节能。2014年以来，三大电信运营商及苹果、华为、腾讯等国内外知名企业纷纷把数据中心业务布局于此。

党的十九大报告提出，要加快建设制造强国、网络强国、数字中国，推动互联网、大数据、人工智能和实体经济的深度融合，要抢抓新一轮工业革命机遇，围绕核心标准、技术、平台加速布局产业互联网，构建数字驱动的产业新生态。通过数字化转型驱动管理提升，利用新技术和商业模式进行创新，使数字化转型从局部规划和设计向全局规划和顶层设计转变。当前，我国正处于从网络大国迈向网络强国，成为全球互联网发展引领者的关键窗口期，也是数字技术与经济社会深度融合、传统产业数字化的转型升级期。

中共中央政治局2017年12月8日就实施国家大数据战略进行第二次集体学习。中共中央总书记习近平在主持学习时强调，大数据发展日新月异，我们应该审时度势、精心谋划、超前布局、力争主动，深入了解大数据发展现状和趋势及其对经济社会发展的影响，分析我国大数据发展取得的成绩和存在的问题，推动实施国家大数据战略，加快完善数字基础设施，推进数据资源整合和开放共享，保障数据安全，加快建设数字中国，更好服务我国经济社会发展和人民生活改善。

中共中央政治局2021年10月18日下午就推动我国数字经济健康发展进行第三十四次集体学习。中共中央总书记习近平在主持学习时强调，近年来，互联网、大数据、云计算、人工智能、区块链等技术加速创新，日益融入经济社会发展各领域全过程，数字经济发展速度之快、辐射范围之广、影响程度之深前所未有，正在成为重组全球要素资源、重塑全球经济结构、改变全球竞争格局的关键力量。要站在统筹中华民族伟大复兴战略全局和世界百年未有之大变局的高度，统筹国内国际两个大局、发展安全两件大事，充分发挥海量数据和丰富应用场景优势，促进数字技术与实体经济深度融合，赋能传统产业转型升级，催生新产业新业态新模式，不断做强做优做大我国数字经济。

党的二十大报告提出加快建设网络强国、数字中国。国务院办公厅印发《全国一体化政务大数据体系建设指南》，这是深入贯彻落实习近平总书记关于网络强国的重要思想，加快数字中国建设的重要举措。《指南》立足政务数据在调节经济运行、提升政务服务水平、促进营商环境优化、创新社会治理模式等方面的现实需求，研判政务数据体系建设中的统筹管理、供需对接、共享应用、标准规范、安全保障等方面问题，提出全国一体化政务大数据体系建设的总体要求。要针对当前发展问题和企业群众的现实需求，使政务数据更好地服务于企业和群众。

“十四五”时期是我国工业经济向数字经济迈进的关键期，对大数据产业发展提出了新的要求。《中华人民共和国国民经济和社会发展第十四个五年规划和2035年远景目标纲要》围绕“打造数字经济新优势”，做出了培育壮大大数据等新兴数字产业的明确部署。为深入落实党中央、国务院决策部署，凝聚各方共识，敏锐抓住数字经济发展的历史机遇，更好地推进大数据产业高质量发展，特制定出台《“十四五”大数据产业发展规划》，作为未来五年大数据产业发展工作的行动纲领。

第二章 统计调查

“调查研究是谋事之基、成事之道。没有调查，就没有发言权，更没有决策权。”

——习近平

引例 大兴调查研究之风

调查研究是我们党的传家宝。党的十八大以来，以习近平同志为核心的党中央高度重视调查研究工作，习近平总书记强调指出，调查研究是谋事之基、成事之道，没有调查就没有发言权，没有调查就没有决策权；正确的决策离不开调查研究，正确的贯彻落实同样也离不开调查研究；调查研究是获得真知灼见的源头活水，是做好工作的基本功；要在全党大兴调查研究之风。

在全党大兴调查研究，必须坚持党的群众路线，从群众中来、到群众中去，增进同人民群众的感情，真诚倾听群众呼声、真实反映群众愿望、真情关心群众疾苦，自觉向群众学习、向实践学习，从人民的创造性实践中获得正确认识，把党的正确主张变为群众的自觉行动。必须坚持实事求是，坚守党性原则，一切从实际出发，理论联系实际，听真话、察实情，坚持真理、必须坚持问题导向，增强问题意识，敢于正视问题、善于发现问题，以解决问题为根本目的，真正把情况摸清、把问题找准、把对策提实，不断提出真正解决问题的新思路新办法。

在全党大兴调查研究，分为 6 个步骤。

1. 提高认识。学习习近平总书记的重要讲话和重要指示批示精神，继承和发扬老一辈革命家深入基层调查研究的优良作风，增强做好调查研究的思想自觉、政治自觉、行动自觉。

2. 制定方案。各级党委(党组)要围绕调研内容，结合本地区本部门本单位实际，广泛听取各方面意见，研究制定调查研究的具体方案，明确调研的项目课题、方式方法和工作要求等，统筹安排、合理确定调研的时间、地点、人员。党委(党组)主要负责同志要亲自主持制定方案。

3. 开展调研。县处级以上领导班子成员每人牵头 1 个课题开展调研，同时，针对相关领域或工作中最突出的难点问题进行专项调研。要坚持因地制宜，综合运用座谈访谈、随机走访、问卷调查、专家调查、抽样调查、统计分析等方式，充分运用互联网、大数据等现代信息技术开展调查研究，提高科学性和实效性。要深入农村、社区、企业、医院、学校、新经济组织、新社会组织等基层单位，掌握实情、把脉问诊，问计于群众、问计于实践。要转换角色、走进群众，了解群众的烦心事操心事揪心事，发现和查找工作中的差距不足。要结合典型案例，分析问题、剖析原因，举一反三采取改进措施。要加强督查调研，检查工作是否真正落实、问题是否真正解决。

4. 深化研究。全面梳理汇总调研情况，运用习近平新时代中国特色社会主义思想的世界观、方法论和贯穿其中的立场观点方法，进行深入分析、充分论证和科学决策。

5. 解决问题。对调研中反映和发现的问题，逐一梳理形成问题清单、责任清单、任务清单，逐一列出解决措施、责任单位、责任人和完成时限。

6. 督查回访。各级党委(党组)要建立调研成果转化运用清单，加强对调研课题完成情况、问题解决情况的督查督办和跟踪问效；领导干部要定期对调研对象和解决问题等事项进行回访，注意发现和解决新的问题。

大兴调查研究之风可以追溯到20世纪60年代。1961年，在毛泽东的倡导下，中国共产党自上而下地兴起了一场新中国历史上规模空前的调查运动。这场调查运动，是我们党在探索社会主义建设遭遇严重困难和挫折时重新振作和奋起的关键。通过调查研究掌握实际情况后所制定的一系列政策，初步扭转了农业农村的困难局面，促进了国民经济的恢复和发展。

统计数据是统计分析的基础。数据从哪里来？统计调查作为一种重要的数据获取方式，常见的统计调查形式有哪些？统计调查方案如何设计？问卷设计的依据是什么？如何测量？李克特量表如何设计？

第一节　统计调查的概念和组织形式

一、统计调查的概念和分类

（一）统计调查的概念

统计调查就是按照预先规定的要求和科学的方法，有计划、有组织、科学地、系统地向被研究现象搜集统计数据的工作过程。

统计调查是统计工作的重要环节，是整个统计工作的基础。在整个统计工作过程中，它担负着提供基础资料的作用。只有准确及时地搜集到内容丰富、合乎客观实际的统计数据，才能经过统计整理、统计分析等一系列统计处理方法，使统计研究得出正确的结论。为经济管理和经济决策部门提供可靠的信息，更好地发挥统计信息、统计咨询和统计监督的职能。

（二）统计调查的分类

社会经济现象是一个错综复杂的有机整体，要对其进行全面细致地了解，必须从不同的侧面，用不同的方法进行调查。统计调查可以选择不同的标志进行分类。

1. 按调查对象包括的范围不同，可以分为全面调查和非全面调查。

全面调查是指对构成调查对象总体的所有个体，逐一进行登记的调查方式方法。例如，要了解全国卷烟生产量，就要对全国所有卷烟厂的生产量都进行详细调查。普查和全面统计报表都是全面调查。

非全面调查是指对构成调查对象总体的部分个体进行调查登记的调查方式方法。例如，对农产品的调查就不需要对每块农田都进行调查，只要选出一部分地块进行调查就可以了。重点调查、抽样调查、典型调查以及非全面统计报表均属于非全面调查。

2. 按调查登记的时间是否连续，可以分为经常性调查和一次性调查。

经常性调查是指随着客观现象的不断变化，随时将变化了的情况进行连续不断的登记。其主要目的是获得现象全部发展过程及其结果的统计资料。例如，产品产量的统计，商品销售额统计等等。

一次性调查是指对现象进行不连续的调查登记。其主要目的是获得现象在某一时点上的水平状况的资料。例如人口普查，生产设备数量调查等等。这类现象短时期内变化不大，不必连续登记，只需每经过一段时间登记其某一时刻的数量。

3. 按调查的周期不同，可以分为定期调查和不定期调查。

定期调查是指按相对固定的时期进行的调查，如企业产品产量日报、季报、年报，定期反映农业生产情况的农产量抽样调查等。

不定期调查是指相邻两次调查的时间间隔不等的调查。如大学生在校人数的调查，我国过去进行的七次人口普查等。

4. 按调查的组织方式不同，可以分为统计报表和专门调查。

(1)统计报表是指在原始记录的基础上,按照一定的表式和要求,自上而下统一布置,自下而上提供统计资料的一种调查方式方法。例如,农业统计报表、工业统计报表等。

(2)专门调查是指为了某些特定的目的而专门组织的调查。例如,普查、抽样调查、重点调查、典型调查等。

5. 按搜集资料的方法不同,可以分为文献调查法、实地观察法、采访法、问卷调查法和网络调查法等。

(1)文献调查法就是采用科学方法搜集文献资料、摘取有用信息、进行整理分析的调查方法。用于了解已有的调研成果、有关的理论和方法、历史和现状以及相关的政策法律等。

(2)实地观察法可分为直接观察法和间接观察法。直接观察法是指统计人员亲自到现场对调查对象直接观察和计量以取得资料的一种调查方法。如商品库存盘点,工业企业期末在制品调查,对农作物收获量的实割实测等。间接观察法又称为实物观察,就是为追寻、探求曾经出现过的社会现象而对物化社会现象的观察。例如,通过观察汽车轮胎磨损程度可以间接推测汽车使用情况。

(3)采访法是指调查人员向被调查者提问,根据被访问者的答复来取得资料的一种调查方法。如个别询问法、被调查者自填法、开调查会法等。

(4)问卷调查法也称问卷法,是调查者运用统一设计的问卷向受调查者了解情况或征询意见的调查方法。根据问卷传递方式不同分为报刊问卷调查、邮政(快递)问卷调查、网络问卷调查和送发问卷调查。

(5)网络调查法。通过网络开展的调查活动,泛指在网络上发布调研信息,通过网络收集、记录信息,并在此基础上开展分析、研究的调研方法。网络互动调查的问卷设计尽可能简短,简明易懂,尽可能立即显示调查结果。

(6)实验调查法即实验者按照一定实验假设,通过改变某些自然、社会条件或环境的实践活动,来检验某种理论假设,认识实验对象的特征、内在本质及其发展规律的调查方法。

应该说明,以上各种分类不是相互排斥的而是相互交叉进行的,只是从不同的角度对同一调查对象进行的不同分类。这就使调查方法显得更多种多样,统计人员可以根据不同的需要,选择自己所需要的调查方法,以使调查出的资料达到最佳效果,后面会详细介绍统计调查的组织形式和统计调查方法。

(三)统计调查的要求

为了更好地完成统计工作的任务,发挥它的作用,统计调查必须达到如下基本要求:

1. 准确性,是指搜集的资料要符合客观实际。统计调查所取得的资料的准确与否是衡量统计调查工作质量的重要标志。统计调查必须准确地反映社会主义市场经济建设的实际情况,保证调查资料真实可靠。

影响调查资料准确性的,有调查者原因,也有被调查者原因;有主观原因,也有客观原因。这就要求各地区、各部门、各单位及个体劳动者都要依照《统计法》的规定,准确地提供统计资料,不允许虚报、瞒报,更不允许伪造篡改。统计工作者要把维护统计数字的准确性,作为自己神圣的职责,在提高自身素质,业务水平的同时,要敢于同各种不良倾向和错误行为进行坚决的斗争,为维护调查资料的准确性而努力奋斗。

2. 及时性,是指及时上报各项统计调查资料,以满足宏观决策和市场管理的需要。及时性关系到统计资料使用价值大小,如果统计调查资料提供得不及时,即使统计资料准确可靠,也会失去它应有的效用。同时,及时性还关系到统计工作的全局,一项统计任务的完成,往往是许多单位协同工作的结果,其中任何一个调查单位统计资料上报不及时,都会影响整个统计工作的过程,贻误良机。因此,要求统计工作者必须树立严格的时间观念,统计调查者要有全局观念,按时完成任务。但是,必须强调统计调查的准确性和及时性是辩证统一的,不能顾此失彼。

3. 全面性，是指统计调查提供的资料要全面，即在规定的时间内对调查的单位和项目资料毫无遗漏地搜集起来。统计调查资料的全面性是反映大量社会经济现象总体数量特征的基础。统计研究的目的，就在于从事实的全部总和中去掌握其内部联系的事实，从而认识社会经济现象的规律性。如果资料不全面或不系统，就会给统计整理和统计分析带来困难，更达不到统计认识事物的目的。

综上所述，统计调查资料的准确性、及时性和全面性，是对统计工作的基本要求，它们之间存在着有机的联系，准确性是统计调查工作的基础，要在准中求快，准中求全。

二、统计调查的组织形式

在我国，统计调查的组织形式有统计报表、普查、抽样调查、重点调查、典型调查等。1992 年，为适应社会主义市场经济的要求，《统计法》规定，我国统计调查“以必要的周期性的普查为基础，经常性的抽样调查为主体，以必要的统计报表、重点调查、综合分析等为补充，搜集、整理基本统计资料。”

国家统计调查项目是由国家统计局制定，或者由国家统计局和国务院有关部门共同制定的统计调查项目，是反映全国性基本情况、对基本国情国力情况进行统计的统计调查项目，调查目的主要是为了满足国家管理和宏观决策的需要。国家统计调查的调查对象和调查范围较广，包括全国各地区、各部门及其所属的单位，既可以是覆盖全国的统计调查项目，也可以是针对部分地区、行业开展的统计调查项目。

目前由国家统计局组织实施的国家统计调查项目主要包括三类：①重大国情国力普查项目。每隔 10 年开展一次的人口普查、农业普查，每隔 5 年开展一次的经济普查。②常规统计调查项目。目前国家统计局组织实施的常规统计报表制度有 40 多项，包括国民经济核算、基本单位、农林牧渔业、工业、建筑业、批发和零售业、住宿和餐饮业、房地产开发、服务业、能源和环境、固定资产投资、劳动工资统计等，基本覆盖了国民经济各个行业。③专项统计调查项目。为及时反映国家重大政策、改革措施落实情况，以及一些经济社会热点、难点问题，组织实施的一些专项统计调查项目，如 2017 年国家统计局组织开展了农民工市民化进程动态监测调查、“四众”平台专项统计调查等。

(一)统计报表

统计报表是按照国家统一规定的表格形式，统一规定的指标内容，统一的报送程序和报送时间，自上而下统一布置，自下而上地逐级提供基本统计资料的一种报表制度。国家利用它定期地取得全社会的经济和社会发展的基本统计资料。执行统计报表制度，是各地区、各部门、各基层单位必须向国家履行的一种义务。

1. 统计报表的特点和种类

(1)统计报表的特点

①统计报表的指标内容、口径范围、计算方法、报送程序和报送时间都是由国家统一规定的，这就保证了搜集资料统一性和有效性。

②各级领导部门可以通过统计报表，经常全面了解经济和社会发展变化情况，我国运用的大多数统计报表是全面统计报表，具有全面性。

③在调查进行前把报表布置到基层填报单位，以便他们根据报表的要求，及时建立健全各种原始记录，使统计报表的资料来源建立在可靠的基础上，做到资料准确，报送及时。

④统计报表是定期地连续观察登记的，因而便于完整地积累资料，系统地分析经济和社会发展变化的规律性。

(2)统计报表的种类

①按调查范围不同分为全面统计报表和非全面统计报表。

全面统计报表要求调查对象中每一个单位都填报。目前，我国采用的统计报表绝大多数都是全面的统计报表。

非全面统计报表只要求调查单位中的一部分单位填报。它要结合重点调查、典型调查和抽样调查来运用,如工业主要技术经济指标就采用重点调查方式,农村经济调查就用过抽样调查或典型调查选出调查单位,将统计报表布置给基层填报。

②按报送周期长短不同,分为日报、旬报、月报、季报、半年报和年报等。

报送周期越短花费的人力、物力、财力愈多,因此,报送周期短的,指标项目应该少一些,粗一些,时效性要强一些。报送周期长的,指标项目可以多一些,细一些,内容也要更详尽些。一般情况下,日报和旬报只能限于填报生产中最主要指标,凡是年报、半年报能满足需要的,就不要用季报、月报;季报、月报能满足需要的,就不要用旬报、日报。

③按报送的单位不同分为基层报表和综合报表两种。基层报表是指由基层企事业单位填制的报表,综合报表是由主管部门或统计部门根据基层报表逐级汇总填制的报表。

④按报表内容和实施范围不同,分为国家统计报表、部门统计报表和地方统计报表。

国家统计报表是由国家统计部门统一制发,用来搜集工业、农业、交通运输、基本建设、商业、劳动、物资、科研等方面最基本的统计资料。

部门统计报表是根据有关的部门统计调查项目和统计调查计划相应制订的统计报表,一般用来搜集各级主管部门所需的专业技术资料,在各级主管部门系统内施行。

地方统计报表是根据有关的地方统计调查项目和统计调查计划相应制订的统计报表,用来满足地方的专门需要。部门和地方统计报表都是国家统计报表的补充。

2. 统计报表制度的内容

①表式。表式是国家统计部门根据研究的任务与目的,而专门设计制定的统计报表表格,它是统计报表制度的主体,统计调查资料是通过这些表式的填报而取得的。表式的主要内容是:主栏项目、宾栏指标以及补充资料项目等。此外,每张报表还列出表名、表号、填报单位、报送日期以及报送单位负责人和填报人的签署等。

②填表说明。它是对统计报表的统计范围、指标等作出的规定。主要包括:填报范围、指标解释、分类目录、其他事项、填表说明等。

一是填报范围。即实施范围,它要求明确每种统计报表由谁填报,即填报单位或称为报告单位;各级主管部门和统计部门的综合范围,即汇总时应包括哪些单位。明确规定填报范围,可以避免填报单位遗漏,同时在填报范围发生变动时,便于调整统计资料,保证统计资料的可比性。

二是指标解释。即对列入表式的统计指标的概念、计算方法、计算范围以及其他有关问题具体说明。有了统一的指标解释,填报单位才能正确填报,保证统计数字的准确性和统计资料的可比性。

三是分类目录,即统计报表主栏项目一览表,它是填报单位进行填报的主要依据。

四是对其他有关事项的规定,如报送日期,受表机关和报送份数等。

五是正确编制填表说明,是基层单位能否正确填报,统计部门能否正确取得统计数字的关键之一。如果对有关问题交代不清,就会使填报单位理解不一,难于统一,影响统计数字质量。

3. 制定统计报表制度的原则

制定统计报表制度一般应遵循以下原则:

一是适用与精简。在满足党政领导和有关部门了解情况、宏观管理和监督的需要这一前提下,表式和指标要力求精简,避免烦琐重复。

二是选择合适的报告期。根据实际需要合理确定各种统计报表的报告期,分情况不同按月、按季、按年进行填报,不可任意增加或压缩报告次数。

三是基层报表应逐步做到统一配套。应由统计部门牵头,会同有关主管部门共同制订出一套基层企业统一使用的统计表式；可分别不同报表，由统计部门和主管部门分别制订，并最终配成一套基层企业统一使用的统计表式。这种表式要力求若干年内不变。

四是结合地区性特点，地方综合报表在满足上级部门需要的前提下，可以增加地方需要的指标和分组。

五是国家、部门和地区的统计报表制度必须适当分工，互相配合。凡在国家统计报表的基层表中能取得的资料，部门和地方统计报表不应再要求基层单位重复填报。

4. 统计报表的资料来源

统计报表资料来源于基层单位的原始记录。从原始记录到统计报表，中间还要经过统计台账和企业内部报表。因此，建立健全原始记录制度、统计台账和企业内部的统计报表制度，是保证统计报表质量的基础。

(1)原始记录。原始记录是基层单位通过一定的表格形式，对生产经营活动的过程和成果所作的第一手的数字或文字记载，是未经任何加工整理的初级资料。

原始记录的内容，要因各个基层单位不同情况而定，不求千篇一律。但总的来说，一套完整的原始记录，应包括以下内容：①记录项目和记录表格。将需要记录的具体内容表格化，使记录的各项内容体现在表格上。②负责记录的人员。对每个原始记录表格，要明确规定负责记录的人员。③各种原始记录表格每次记录的份数，传递的路线和报送的时间。

(2)统计台账。统计台账是基层单位根据填报统计报表和本单位经营管理的需要而设置的一种系统积累统计资料的表册。

统计台账的基本形式，大体上有以下两种：①多指标的综合台账，这种台账是在一个表册上，按时间顺序，同时登记若干有关指标数值的发展变化情况。如企业或车间为检查各项主要指标完成情况而设置的主要指标完成情况台账。②单指标分组台账。这种台账是在一个表册上，按时间顺序，同时登记各个下属单位某一指标数值的发展变化情况。

(3)内部报表。基层单位的内部报表，大致有两类：一类是为向单位领导提供资料而编制的；一类是为填报上级规定的统计报表而布置的。这两类报表的内容有相同的地方，也有不同的地方。但都要求本单位内的各个有关科室、班组、车间或有关人员填报，按一定的传递程序，最后集中到主管统计工作的科室。由原始记录到统计台账到统计报表的程序如下：

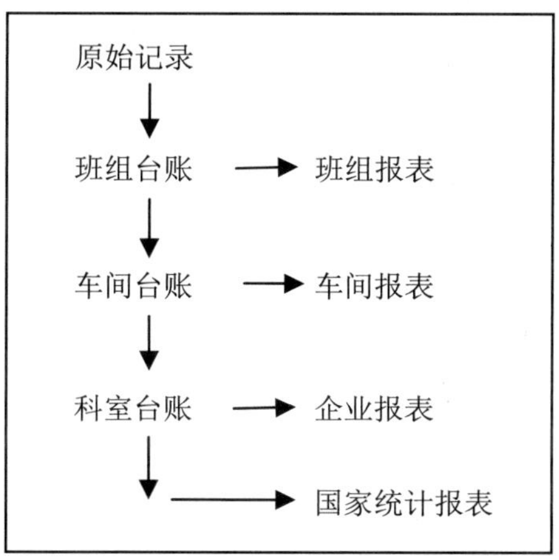

(二)普查

1. 普查的意义

普查是一种专门组织的、一次性的全面调查。它主要用来搜集某些不能够或不适宜用定期的全面统计报表搜集的统计资料，以搞清重要的国情、国力，一般用来调查属于某一时点上的社会经济现象的总量，但也可以用来反映时期现象。

普查是一种很重要的调查方式。通过统计报表，虽然可以搜集全面的基本统计资料，但它不能代替普查。因为有些社会经济现象，如人口增长及其构成变化、耕地面积、工业设备等情况不可能也不需要组织经常性的全面调查而国家又必须掌握这些方面比较全面详细的资料，这就需要通过普查来解决。为了搞清某些有关国情、国力的重要数字，要分期分批地进行专项普查。普查为各类常规统计调查提供基准数据、基本抽样框和单位字典库，是我国政府统计调查体系的基础。如通过经济普查取得的单位名录库资料是统计部门开展抽样调查的基础。

相比其他调查形式，普查更能掌握大量、详细、全面的统计资料。普查得到的资料与经常性的全面调查相比，指标更细、单位更多、准确性更高。这对于编制长期的经济和社会发展计划，制定重大决策具有重要意义。

2. 普查的组织方式

普查的组织方式按搜集资料的具体方法不同一般可分为两种：一是组织专门的普查机构配备一定的普查人员，对调查单位进行直接登记，如全国的七次人口普查和全国的三次农业普查都采用这种方式。二是利用调查单位的原始记录和核算资料，颁发一定的调查表格，由填报单位进行填报，或在这些资料的基础上结合实际盘点的情况进行登记。如历次物资库存普查就是这种形式。

普查按其资料汇总特点的不同，又可分为一般普查和快速普查两种组织形式。一般普查就是采取逐级布置和逐级汇总上报的办法，它需要花费较长的时间，不适应紧急任务的需要。快速普查就是从布置任务到报送资料，都要越过中间环节，由普查的最高组织把任务直接布置到基层，并由基层单位直接把资料报送给普查的最高组织机构，进行越级上报，集中汇总。但快速普查有其局限性，即普查内容一般要简单，否则不宜采用快速普查方法。

3. 普查遵循的原则

普查是一次性全面调查，要求统一领导和统一行动，因此，组织普查工作就要遵循以下原则：

一是规定统一的标准时点(也称调查时点)。所谓标准时点是指对被调查对象登记时所依据的统一时点，这个标准时点一经确定所有调查资料都要反映这一时点上的状况。如我国第七次人口普查反映的就是 2020 年 11 月 1 日零时我国人口的实际状况。规定标准时间是为了避免搜集资料时由于自然变动或机械变动而产生的重复或遗漏。

二是尽可能在短期内完成。在普查范围内各调查单位或调查点尽可能同时进行调查，并尽可能在最短期限内完成，以便在方法上、步调上取得一致，保证资料的准确性和时效性。

三是尽可能按一定周期进行。同类普查要尽可能按一定周期进行，以便对历次普查资料进行动态对比分析，认识客观发展规律。

四是统一规定调查项目。调查项目一经统一规定，不能做任意修改或增减，以免影响资料的汇总综合。

4. 普查的准备工作

各种组织形式的普查工作，由于调查规模大，涉及面广，必须通盘考虑进行普查的全过程，充分做好普查的组织和准备工作：①建立健全统一的普查领导机构，并对群众进行广泛的宣传和动员。②设计普查方案，应根据具体目的确定普查对象和单位、普查项目、普查时间、汇总方案等。③训练普查人员。④组织试点，总结经验，借以修订普查办法和工作细则，有时还应制订阶段工作进程图，编制从登记、复查、编码、数据录入直到分析的各个环节工作流程图。试点的过程也是修改和完善普查方案并从中培训干部的过程，为由点到面开展普查工作奠定可靠的基础。⑤物质准备，主要包括汇总工具，印发普查文件和经费预算等。准备工作为普查的全面展开提供了条件。接着进行正式调查登记，将调查资料及时报送受报机关;汇总分析普查资料报送有关部门;公布资料,总结普查工作。

5. 普查的法律法规和工作流程

为科学、有效地组织开展周期性普查,保障普查数据的准确性和及时性,我国依次颁布了《全国经济普查条例》《全国农业普查条例》和《全国人口普查条例》。

普查是一项庞大的系统工程,也是一次重大的社会动员,一般前后耗时两至三年左右。包括机构组建、宣传动员、方案研制、普查试点、人员培训、小区划分、单位清查(入户摸底)、现场采集数据、数据集中审核、事后质量抽查、汇总评估、数据发布、资料开发应用等环节。

第七次全国人口普查小知识

普查的意义:定期开展人口普查,是《中华人民共和国统计法》和《全国人口普查条例》的明确规定。第七次全国人口普查是在中国特色社会主义进入新时代开展的一次重大国情国力调查,具有重要而深远的意义。中国特色社会主义进入新时代,开展第七次全国人口普查,全面查清我国人口数量、结构、分布等方面的最新情况,既是摸清我国人口家底的重要手段,也是制定和完善未来收入、消费、教育、就业、养老、医疗、社会保障等政策措施的基础。

普查对象:普查标准时点在中华人民共和国境内的自然人以及在中华人民共和国境外但未定居的中国公民,不包括在中华人民共和国境内短期停留的境外人员。在境内居住的港澳台居民和外国人也属于普查对象,需要进行普查登记。

普查表:根据不同的普查对象分为四种普查表,《第七次全国人口普查短表》《第七次全国人口普查长表》《第七次全国人口普查港澳台居民和外籍人员普查表》《第七次全国人口普查死亡人口调查表》,不同的普查表,普查内容有所不同。

普查主要内容:主要调查人口和住户的基本情况,包括姓名、公民身份号码、性别、年龄、民族、受教育程度、行业、职业、迁移流动、婚姻生育、死亡、住房等情况。为了提高普查数据质量,首次采集普查对象的身份证号码。

普查时间安排:这次人口普查的标准时点是 2020 年 11 月 1 日零时。普查工作分三个阶段进行:准备阶段(2019 年 10 月—2020 年 10 月)。组建各级普查机构,制定普查方案和工作计划,进行普查试点,落实普查经费和物资,开展普查宣传,选聘培训普查指导员和普查员,普查区域划分和制图,进行户口整顿,开展摸底等。普查登记阶段(2020 年 11 月—12 月)。普查员入户登记,进行比对复查,开展数据质量抽查等。这是整个普查工作中最为关键的环节,也是工作量最大、动员力量最多、直接决定普查数据质量的重要阶段。数据汇总和发布阶段(2020 年 12 月—2022 年 12 月)数据处理、评估、汇总,发布主要数据公报,普查资料开发利用等。

在普查主要工作完成后,普查机构要充分开发普查数据和资料,包括以公报的形式及时向社会发布普查主要成果,公布普查指标解释等信息;建立和完善相关普查数据库;回应各级党委和政府以及社会各界所关心的热点问题,进行专题分析研究;开展普查研究课题招标、定标和具体研究、评审工作,编印普查年鉴等普查资料。

(三)重点调查

1. 重点调查的意义

重点调查(key-point investigation)是指在调查对象范围内,只选择一部分重点单位进行调查,借以了解总体基本情况的一种非全面调查。所谓重点单位,是指在总体中举足轻重的那些单位。这些单位虽可能数目不多,但就调查的标志值来说,它们在总体中却占有很大的比重,能反映出总体的基本情况。例如,要了解全国钢铁生产的基本情况,只要调查占全国钢产量比重很大的鞍钢、上钢、包钢、太钢、宝钢、首钢、武钢等几个钢铁企业就可以了。重点调查较之全面调查省时省力,而且能更加及时了解总体的基本情况。在调查对象中确实存在着重点单位,而且调查的任务只要求了解总体的基本情况而不是总体的准确数值时,进行重点调查是比较适宜的。它将是我国今后统计调查方法体系中一种重要的辅助方法。

2. 重点单位的选择

重点调查可以是经常性调查，也可以是一次性调查。组织重点调查的首要问题是确定重点单位。对重点单位的选择应满足以下要求：

(1)重点单位选多选少，要根据调查任务确定。一般说来，选出的单位应尽可能少些，而其标志值在总体中所占比重应尽可能大些。

(2)选中的单位，管理应比较健全，统计力量应比较扎实，这样才能准确，及时的取得资料。

3. 重点调查适用范围

和抽样调查不同的是，重点调查取得的数据只能反映总体的基本发展趋势，不能用以推断总体，因而也只是一种补充性的调查方法。主要是在一些企业集团的调查中运用。如为了掌握"三废"排放情况，就可选择冶金、电力、化工、石油、轻工和纺织等重点行业的工业进行调查。重点调查的优点是花费力量较小，但能及时提供必要的资料，便于各级管理部门掌握基本情况，采取措施。如大中型企业环境保护基本情况调查和全国工业污染源调查就是重点调查。因此，重点调查目前主要是在针对部分行业、企业的统计调查中使用。再如国家统计局组织开展的网上零售交易平台调查，预先确定了40 多家重点网上零售交易平台名单，针对这 40 多家重点网上零售交易平台开展调查，从而掌握网上零售交易的基本情况。

(四)典型调查

1. 典型调查的意义和作用

典型调查(typical investigation)就是根据调查的目的和要求，在对研究对象进行全面分析的基础上，有意识地选择部分有代表性的单位进行调查，以认识事物发展变化的规律性的一种非全面调查。

典型调查是一种比较灵活的统计调查方法，它既可以注重现象的量的方向和数量关系的分析，也可以从质的方面分析数量和数量关系形成的原因；可以是对某一问题纵向方面进行研究，深入少数单位了解问题的历史和现状，也可以是就某一问题从横向方面进行探讨，了解问题在不同条件下的不同表现。

典型调查有以下几方面的作用：

(1)补充全面调查的不足。这可以从两方面来理解，一是对于不需要或不可能通过全面调查和其他非全面调查取得的统计资料，用典型调查来弥补。例如，为了研究“清退令”①对高龄农民工的影响，不需要进行全面调查，只要运用典型调查方法，取得有代表性的高龄农民工或建筑工地进行调查就可以了解大概；二是对全面调查中发现的问题，可深入有关单位进行典型调查，弄清问题所在的实质原因。

(2)在一定条件下，验证全面调查资料数字的真实性。例如，从全部基层单位填报的数字中抽出一部分基层单位的数字进行检查，看其是否有弄虚作假现象，从中发现一些规律性的东西。

(3)可以研究新生事物，了解新情况、新问题。新生事物在开始时往往是少数，无法进行全面调查，只有运用典型调查方法，抓住典型把握事物发展方向，才能为正确处理问题提供依据。

2. 典型调查方法

(1)典型调查的首要问题是正确选择典型。选择典型应根据调查的目的和任务，但最基本的要求是选中的单位对总体具有充分的代表性。

如果是为了近似地估算总体的数值，可以按“划类选典”方法选择典型单位进行调查。如果是为了了解总体的一般数量表现，则可以选择中等的典型作为调查单位。如果是为了总结成功的经验和

① 清退令(retirement order)是指在建筑施工行业中，已明确规定：施工单位对男性超过 60 周岁、女性超过 50 周岁的不得签订劳动合同。清退 60 岁以上的农民工，超龄农民工正在逐步告别建筑工地。

失败的教训，则可以选择先进的典型和后进的典型作为调查单位。选择典型应该从全局着眼，分析、掌握调查对象的全面情况和平均水平，然后对比各个可供选择的调查单位的具体情况和具体水平，从中选出几个代表性较大的单位。

(2)典型调查要制定调查方案。调查方案可详可略，但最起码搜集数字资料的表式和了解具体情况的提纲要有，免得在实际工作中有些问题被忽视，而致使几个调查组调查结果对不上口，无法进行比较分析。

(3)要取准、取全表式所要求的统计数字。凡是有原始记录可资利用的，一定要充分利用。无原始记录利用的，可采用调查询问的方法取得。

3. 典型调查法的特征

典型调查法有以下几个特征：

(1)典型调查主要是定性调查。典型调查主要依靠调查者深入基层进行调查，对调查对象直接剖析，取得第一手资料，能够透过事物的现象发现事物的本质和发展规律。它是一种定性研究，难以进行定量研究。

(2)典型调查是根据调查者的主观判断，选择少数具有代表性的单位进行调查。因此，调查者对调查单位的了解情况、思想水平和判断能力对选择典型的代表性起着决定作用。

(3)典型调查的方式是面对面的直接调查。它主要依靠调查者深入基层与调查对象直接接触与剖析，因此，对现象的内部机制和变化过程往往了解得比较清楚、资料比较全面、系统。

(4)典型调查方便、灵活，可以节省时间、人力和经费。典型调查的对象少，调查时间快，反映情况快，调查内容系统周密，了解问题深，使用调查工具不多，运用起来灵活方便，可以节省很大的人力、财力。

4. 重点调查和典型调查的区别

(1)选择调查单位的标准不同。典型调查是选择同类事物中具有代表性的单位作为调查单位，重点调查时选择同类现象中具有集中性、大型单位作为调查单位。

(2)调查的主要目的不同。市场典型调查的主要目的是认识同类事物的本质及其发展规律，即主要是定性调查；重点调查的主要目的是对某种市场现象总体的数量状况做出基本估计，即主要是定量调查。

(3)调查的具体方法不同。典型调查只能是面对面的直接调查，重点调查则可以是直接调查，也可以通过电话、问卷、表格等方式进行的间接调查。

(五)抽样调查

抽样调查，是在现代统计学和概率论基础上发展起来的一种调查方法，它是对普查、统计报表、典型调查、重点调查的逻辑补充和发展，是市场调查中使用频率最高的一种非全面调查方式。

抽样调查是按照一定的程序，从调查对象中抽取部分单位作为样本进行调查，并在一定的条件下根据样本资料对总体的数量特征作出科学的估计或推断。抽样调查是非全面调查，但它的目的却在于取得反映全面情况的统计资料，在一定意义上可以起到全面调查的作用。抽样调查是非全面调查中最完善，最有科学根据的方式方法。根据样本抽取方法不同，抽样调查可以分为概率抽样和非概率抽样。

1. 非概率抽样方法

市场非概率抽样方法是指抽取样本时并不按照随机原则，而是根据主观判断或客观条件限制所进行的有目的的挑选，或是按照方便、快捷的原则抽取。常见的非概率抽样方式有以下几种。

(1)方便抽样。又称为偶遇抽样或便利抽样。调查者使用对自己来说较为方便的方式抽选样本。最典型的方式就是街头拦截式调查，即在街边、地铁站内或居民小区内拦住行人进行调查。例如想要了解新冠疫情放开后居民的心理变化问题，可以在居民小区或者公园里进行样本的抽样。想要了解消费者对某大型商场服务状况的看法，可以在该商场门口向进出的顾客询问调查问题。

（2）判断抽样。又称为立意抽样，就是调查员根据对实际情况的了解和经验，人为确定样本单位，或由了解情况的专家确定样本。样本单位的确定，取决于调查目的。通常有几种情况：一种是选择平均型样本，就是在调查总体中选定的样本可以代表平均水平，其目的是了解总体平均水平的大概位置；另一种是众数型，即在调查总体中选取能够反映大多数单位情况的个体作为样本；再有一种是特殊型，如选择很好（高）或者很差（低）的典型单位作为样本，目的是“解剖麻雀”，分析研究造成这种异常的原因。

（3）配额抽样。配额抽样又称为定额抽样，是将总体中的各单位按一定标准划分为若干个类别，将样本数额分配到各类别中，在规定的数额内由调查员任意抽选样本。可以按单一变量控制，也可以按交叉变量控制。

例如，在一个城市中欲采取配额抽样抽取一个样本量为500的样本，控制变量有年龄和性别，配额是按照单个变量分别分配的，如按照年龄段的配额和按照性别的配额。这种配额抽样比较简单，但可能出现偏斜，例如年龄低的均为女性，年龄高的均为男性。如表2.1所示。

表2.1　单一变量控制配额分配表

年龄	人数
20岁以下	50
20～30岁	150
30～45岁	150
45～60岁	100
60岁以上	50
合计	500

交叉变量配额控制可以保证样本分布更加均匀，更具有代表性，但现场调查中操作的难度要大一些。如表2.2所示。配额抽样不需要抽样框，又能保证样本结构与总体结构的一致，所以在市场调查中得到广泛应用。

表2.2　交叉变量控制配额分配表

年龄	男	女	合计
20岁以下	20	30	50
20～30岁	70	80	150
30～45岁	80	70	150
45～60岁	40	60	100
60岁以上	20	30	50
合计	230	270	500

（4）自愿样本。市场资源样本不是经过抽取的，而是由自愿接受调查的单位组成的样本。例如在有些饭店的餐桌上有调查表或者二维码，就餐者可以自愿填答；飞机上也不时有乘务员发放调查表，乘客自愿参与调查。网络调查是构造自愿样本的另一个例子，调查人员将调查问卷或者二维码粘贴到相关内容的网页上，比如问卷星。上网读者可以自愿参与。还有一些调查，采用将问卷刊登在报刊

上这种方式进行，这类调查得到的样本都可以视为自愿样本。

（5）滚雪球抽样。以“滚雪球”的方式抽取样本，即通过少量样本单位以获取更多样本单位的信息。这种方法运用的前提条件是样本单位之间具有一定的联系，是在不了解总体基本的情况下去了解总体的一种方式。

滚雪球抽样的步骤是：首先找出少量样本单位，其次通过这些样本单位了解更多的样本单位，再次通过更多的样本单位去了解更多的样本单位；以此类推，如同滚雪球，调查的样本单位越来越多，使调查结果也越来越接近总体实际情况。

例如，某研究部门在调查某市劳务市场中的保姆问题时，先找到并访问7名保姆，然后请她们再提供其他保姆的名单，逐步扩大到近百人。通过对这些保姆的调查，比较全面地了解保姆的来源地、从事工作的性质、经济收入状况等方面的资料。这种方法的优点是便于有针对性地找到被调查者，而不至于“大海捞针”。其局限性是要求样本单位之间必须有一定的联系并且愿意保持和提供这种关系，否则将会影响这种调查方法的进行和效果。

2. 概率抽样方法

概率抽样也称为随机抽样，是指在抽取样本时排除主观意识，总体中的每个单位都有一定的机会被抽中。如果每个单位被抽中的机会相同，称为等概率抽样；如果每个单位被抽中的机会不同，称为不等概率抽样。无论等概率抽样还是不等概率抽样，抽取时都需要通过一定的随机化程序来实现，每个单位的入样概率也是通过随机化程序得到认定。使用较多的市场概率抽样方法主要有简单随机抽样、分层抽样、系统抽样、整群抽样和多阶段抽样。

（1）简单随机抽样。简单随机抽样又称纯随机抽样，它是按随机的原则直接从总体 N 个单位中抽取 n 个单位作为样本，保证总体中每个单位在抽选时都有相等的机会。简单随机抽样是抽样中最基本也是最简单的方式，它适用于总体单位标志值之间差异不大，而且总体单位分布比较均匀的总体。简单随机抽样抽取样本的具体方法主要有抽签法和随机数表法。

简单随机抽样分为重复抽样和不重复抽样。在重复抽样中，每次抽中的单位仍放回总体，样本中的单位可能不止一次被抽中。不重复抽样中，抽中的单位不再放回总体，样本中的单位只能抽中一次。社会调查采用不重复抽样。

它只适用于总体单位数量有限的情况，否则编号工作繁重；对于复杂的总体，样本的代表性难以保证；不能利用总体的已知信息等。在市场调研范围有限，或调查对象情况不明、难以分类，或总体单位之间特性差异程度小时采用此法效果较好。

（2）分层抽样。分层抽样又称类型抽样。是将总体按照一定的原则或标志划分成若干个子总体，每个子总体称为层，抽取样本时在每个层内分别进行，分层抽样可以提高抽样设计的效率。

设总体由 N 个单位组成，把总体划分为 L 组，使 $N=N_1+N_2+N_3+\cdots+N_L$。然后分别从 N_1，N_2，N_3，…，N_L 中抽取 n_1，n_2，n_3，…，n_L 个单位构成样本容量为 n 的样本总体，使 $n=n_1+n_2+n_3+\cdots+n_L$。通过分类，可以把总体中标志值比较接近的单位归为一组，使各组的分布比较均匀，而且保证各组都有中选的机会，这样计算的抽样平均指标变异程度也就比较小。所以在总体各单位标志值大小悬殊的情况下，运用分层抽样比简单随机抽样可以得到比较准确的结果。分层随机抽样的特点是先对总体各单位按主要标志加以分组，然后再从各组中按随机的原则抽选一定单位构成样本。

（3）整群抽样。整群抽样是将调查母体先分为若干群，然后按随机原则抽取群单位，对抽中的群内所有单位进行调查的一种抽样组织形式。在缺乏总体抽样框的情况下，适宜采用整群抽样方式。整群抽样的组织工作比较简单，节约费用，一般都采用不重复抽样，但抽样误差往往较大。例如，欲对郑州市小学生的视力状况进行抽样调查，全市小学生名单的抽样框没有，但有全市小学学校的抽样框，可以根据该抽样框抽取小学，在抽中的小学，所有的班级参与调查，这时可以把每所小学看做群。

对中选小学的所有学生进行视力测试。

整群抽样的局限性是由于抽样的样本单位比较集中，群内各单元之间存在相似性，差异比较小，而群与群之间的差异往往比较大，使得整群抽样的抽样误差比较大。为了达到一定的精度要求，就有必要扩大样本量。

(4)等距抽样。等距抽样又称为机械抽样或系统抽样，它是事先将全及总体各单位按某一标志排列，然后依固定顺序和间隔来抽选调查单位的一种组织形式。排队时所根据的标志有无关标志和有关标志之分。系统抽样的突出特点是操作简便，因为它只需要随机确定一个(或少数几个)起始单位，整个样本就自然确定了。例如，对某地区树木进行抽样，了解病虫害影响情况，可以将树木所处的位置视为顺序排列，每隔一定间隔，抽取一棵树。

设全及总体有 N 个单位。现在需要抽取一个容量为 n 的样本，可以将总体单位 N 按一定标志排队，然后将 N 划分为 n 个单位相等的部分，每部分都包含 k 个单位，即 $\frac{N}{n}=k$。并在第一部分顺序为 $1,2,\cdots,k$ 个单位中随机抽取一个单位 i，而在第二部分中抽第 $i+k$ 单位，第三部分中抽取第 $i+2k$ 单位…在第 n 部分抽取第 $i+(n-1)k$ 单位，共 n 个单位组成一个样本，而且每个样本的间隔均为 k。等距抽样的随机性表现在抽取第一个样本单位上，第一个单位确定后，其余各单位的位置也就确定了。

(5)多阶段抽样。在许多情况下，特别在复杂的、大规模的市场调查中，调查单位一般不是一次性直接地抽取到的，而是采用两阶段或者多阶段抽取的方法。即在总体很大时，可把抽样过程分成几个阶段，抽样时先抽总体中范围较大的一级抽样单位，再从抽中的一级大单位中抽取范围较小的二级抽样单位，逐次类推，最后抽到样本单位。例如农产量调查一般采用多阶段抽样，第一阶段从省抽县，第二阶段从中选县抽乡，第三阶段从中选乡抽村，最后再从中选村抽地块。多阶段抽样的组织工作比较复杂，但样本的代表性较高，可节省人力、物力和财力，在实践中应用十分广泛。

以两阶段抽样(two-stage sampling)为例。首先将总体划分为 R 组，每组包含 M_i 个单位。抽样第一阶段从 R 组中抽取 r 组，第二阶段再从中选的 r 组中分别从 M_i 单位抽取 m_i 个单位，构成一个样本。总体单位数 $N=M_1+M_2+\cdots+M_R$，各组的 M_i 可以相等，也可不等。抽样单位数 $n=m_1+m_2+\cdots+m_r$，各组抽取的单位数可以相等，也可不等。两阶段抽样在组织技术上可以看成是整群抽样和分层抽样的结合。每一阶段类似整群抽样，第二阶段类似分层抽样。

多阶段抽样的特点：一是对抽样单位的抽选不是一步到位的，至少要两步；二是组织调查比较方便，尤其对于那些基本单位数多且分散的总体，由于编制抽样框较为困难或难以直接抽取所需样本，就可以利用地理区域或行政系统进行多阶段抽样。多阶段抽样可以和整群抽样、分层抽样、等距抽样、简单随机抽样等抽样方法结合起来使用。

三、主要的调查方法

(一)文献调查法

文献调查法就是采用科学方法搜集文献资料、摘取有用信息、进行整理分析的调查方法。

1. 文献调查法的作用

(1)了解与调查课题有关的已有调研成果。任何调研课题都应该以前人和他人的调研成果为基础。通过文献调查，了解前人的研究，特别是了解当前理论和实际工作者正在调研的现状，对于正确选择调查课题具有重要参考价值，是避免盲目性和重复研究、提出创新性的重要步骤。

(2)了解与调查课题有关的理论和方法。通过文献调查，充分了解与调查课题相关的各种理论观点和调研方法，以及正在发展着的社会环境和调查工作面临的主客观条件，可为提出研究假设、设计调查方案、确定调查方法等提供必要参考。

(3)了解调查对象的历史和现状。通过查阅档案、登记表和其他文献,了解调查对象的基本情况和有关问题,以及它们所处环境的历史、地理、政治、经济、文化、社会、风俗习惯等资料,对于顺利开展调研工作具有重要作用。

(4)了解与调查课题有关的政策和法律。通过查阅文献,了解与调查课题有关的各种方针、政策和法律、法规,是确立调研工作指导思想,加强调研工作的政策性和法律性,保证调研工作顺利进行的必要条件。

总之,文献调查是一般统计调查的基础和前导,往往贯穿于社会调查的全过程。在准备阶段,文献调查是选择调查课题、提出研究假设、确定指标、设计调查方案的前提。在调查阶段要顺利开展调查工作,在研究阶段要深入理论探讨,在总结阶段要撰写具有创新性的调研报告和科学评估调查结果,都离不开文献调查。

2. 文献的搜集和注意的问题

(1)搜集文献的基本要求

文献调查首先是从广泛搜集文献开始的,文献资料浩如烟海,搜集文献要按照一定要求,有目的、有计划地进行。搜集文献资料的基本要求有六点:

一是有用性。紧密围绕调查课题搜集有用的文献资料。

二是可信性。主要是指作者的可信性和内容的真实性。

三是代表性。主要是指作者的代表性和文献的代表性。

四是全面性。所搜集的资料内容应尽可能全面,既要有历史文献,又要有最新文献;既要有国内文献,又要有国外文献;既要有典型资料,又要有综合资料;既要有正面材料,又要有反面材料。

五是多样性。凡是与调查课题有关的各种形式的文献,都要千方百计地搜集。

六是连续性。围绕调查课题搜集文献在时间上要有连续性和累积性,尽可能不要中断。

(2)搜集文献应该注意的问题

①确定搜集文献的重点。实践证明,不分主次、漫无目的永远是查找文献者最易犯的毛病。因此必须确定重点,始终围绕调研主题搜集文献。

②明确搜集资料的范围。主要包括内容范围、时间范围和地域范围。只有与调研主题设计的范围一致,才能达到搜集文献的目的。

③注重搜集文献的质量。不能采取通盘全收的态度,应进行必要的评估,只有符合搜集文献基本要求的文献,才应成为搜集的对象。

④整理搜集文献的目录。许多调研者在搜集文献时,只注重搜集和保存文献,而不注重整理搜集文献的目录,结果要使用文献时却找不到文献了。而且搜集的文献越多,寻找文献越困难。因此,搜集文献的同时及时整理、分类编制文献目录。

(3)信息的摘取

搜集文献的目的,是摘取与调查课题有关的信息。一是定向性。摘取信息要紧紧围绕调研课题,有针对性地摘取信息。二是准确性。对摘取的信息反复核实和检验力求准确无误。三是规范性。规范摘取信息,对数据资料、重要观点、特色语句应原文引用摘抄。四是评述性。要融入自己的思考,及时记下自己对资料的理解、困惑、提问和评估,使资料"活"起来。五是有效管理。对摘录的信息要通过列出主题、标出关键词等方式建立索引和交叉参考文献,进行有效管理。

摘取信息的一般程序是:浏览、筛选、阅读和记录。

①迅速浏览。浏览要有明确的目的,大致了解文献内容,初步判断文献价值;浏览要抓重点,看它的长度、层次、大小标题、主要观点、论证和数据等;浏览速度要快,不断调整阅读速度,上下联系,了解

作者基本思路，脑眼配合，加强训练。

②慎重筛选。在浏览基础上根据调查课题的需要，将文献分为必用、应用、可用和不用等几个部分。筛选的依据是文献中有用信息的数量和质量。筛选的关键是比较，在时间上选不同时期的代表作，特别是最先的论述和最近论述，在内容上选择那些引用不同事实、阐述不同观点的代表作等。

③认真阅读。阅读是摘取信息的前提。阅读可分为粗读和精读两个阶段。阅读一般包括认读、理解、联想、评估四个方面。粗读文献是掌握文献基本内容，明确该文献与调查课题的关系，以决定是否需要进一步精读。精读要摘取信息过程中最关键的一步。通过精读不仅要全面掌握文献的实质内容，而且要明确挑选出有价值的信息。

④及时记录。记录是摘取信息的一道重要工序。许多人阅读文献都曾有这样的教训，即只注重阅读而忽视了及时记录，这样阅读过程中发现的许多有用的信息、产生的灵感，到用的时候找不到了。

3. 文献调查法的评价

文献调查是对人类以往知识的调查，是一种间接的、非介入的调查。

(1)文献调查法的优点

①可以超越时间、空间的限制，通过对古今中外文献的调查可以研究极其广泛的社会情况。

②主要是书面调查。这些用文字、数据、图表、符号等形式记录下来的文献，都是历史上遗留下来的。

③一种间接的、非介入性调查。只对各种文献进行调查和研究，不与受访者接触，避免了可能产生的反应误差。

④一种非常方便、自由、安全的调查方法。受外界因素制约较少，只要找到了必要文献，就可随时随地研究。

⑤省时、省钱效率又高。文献调查是前人和他人劳动成果基础上进行的调查，是获取知识的捷径。

(2)文献调查法的缺点

①获得的主要是书面信息，不是活生生的现实，即使文献内容全部都是真实、可靠的，仍然缺乏具体性和生动性。

②客观性和真实性往往难以保证。任何文献内容都会打上一定时代、社会条件的印记，会受到撰写者个人种种因素的影响和制约，与客观真实情况总会存在一定差异。

③文献永远落后于现实。文献是对过去现象的记载，社会是不断运用、变化、发展的，新事物、新现象、新问题不断涌现，要对现状进行研究不能局限于文献调查。

④文献调查经常会发生文献资料难以找寻，有效文献难找齐的缺憾。搜集系统、全面、高质量的文献比较困难。

总之，文献调查法是一种重要的调查方法，也是一种先行调查方法。但是文献调查法所获得的知识都是过去的信息，都不能作为调查结论的现实依据。要真正了解社会真实情况，还必须深入实际、深入群众，采取实地观察、访谈等调查方法。

(二)实地观察法

实地观察法就是观察者有目的、有计划地运用自己的感觉器官或借助科学观察工具，能动地了解处于原始状态下的社会现象的方法。

1. 实地观察法的种类

(1)根据观察者是否参与被观察者的活动，分为参与观察和非参与观察。

参与观察是观察者参与到被观察者群体中，通过与被观察者共同活动，从内部观察。又分为完全参与和不完全参与观察。其中，完全参与观察就是观察者隐瞒自己的真实身份，作为其中一员进行活动，并在这个群体的正常活动中观察。例如，动物学家长期生活在动物世界并对其进行观察。不完全参与观察就是观察者公开自己的真实身份，作为一个可信任的“外人”参与到被观察者群体之中，以半“客”半“主”身份参与他们的部分活动，并通过这些活动来观察。例如与工人、农民同吃同住同劳动，并实地观察。

非参与观察是观察者不参与被观察者群体及其活动，完全以旁观者、局外人身份观察。例如，大学生利用节假日到工厂、农村、红色旅游基地参观，就是非参与观察。实施起来比较简便，只要得到被观察者及其群体允许就行，可获得许多感性知识，因而其应用范围极为广泛，是社会调查中使用得最多的一种观察方法。

不完全参与观察和非参与观察的最大缺陷在于无法完全排除观察者及其观察活动对被观察者的影响。实践证明，由于观察者的参与、观察活动的进行，被观察者及其群体的原本状态都会自觉不自觉地产生某些反应性心理或行为，从而改变了被观察者及其群体的原本状态。

(2)根据观察对象的不同，实地观察法分为直接观察和间接观察。

直接观察，又称为现场观察，就是对当时正在发生的社会现象所进行的观察。

间接观察，又称为实物观察。就是为追寻、探求曾经出现过的社会现象而对物化社会现象所作的观察。例如，通过观察张择端的《清明上河图》可以间接了解北宋汴京的市井风情。损蚀物、累积物、遗留物也具有重要观察价值。20世纪初，美国社会学家查尔斯巴林在芝加哥进行垃圾调查，后演变成一种“垃圾学”，即通过对垃圾的观察与记录来了解家庭消费情况。

(3)根据观察活动是否有统一标准，实地观察法分为标准观察和非标准观察。

标准观察，又称为控制观察，就是观察者根据观察目的，设计统计观察项目和要求，印制统一观察表格或卡片，规定统一观察程序和记录方法的观察。可获得统一、系统、翔实的观察资料，可对观察数据做定量分析和对比研究。

非标准观察，也称为无控制观察，就是观察者只有一个总的观察目的和要求，一个大致的观察内容和范围，而没有统一观察项目或标准的观察。比较灵活，简便易行，但获取的材料比较零碎、分散，缺乏系统性，难以进行定量分析。

2. 实地观察的实施

(1)实地观察的一般原则

一是客观性原则。坚持观察的客观性，从实际出发。

二是全面性原则。任何客观事物都有多种多样的内在属性和表现形式，都有多方面的外部联系。

三是深入性原则。社会生活纷繁复杂、千变万化，需要做深入、细致的观察。

四是持久性原则。对于许多复杂的现象，要得到正确观察结论，需要坚持数日、数月、数年甚至更长的时间。

五是法律和道德原则。一定要遵守宪法和其他法律的有关规定，以及当地的风俗习惯，决不可强迫被观察者做事。

(2)实地观察中的主观因素

实践证明，观察者的主观因素对实地观察的质量、效率和结果往往具有决定性作用。一是观察态度的影响。积极主动、自觉观察可能观察到许多真实的情况，甚至有可能发现一些新情况、新问题。二是观察能力的影响。只有认真细致的观察，才能发现事物的真相，看到事物的全貌。三是知识准备的影响。观察者知识储备越丰富越好。四是思维能力的影响。只有目的明确、理论正确、知识广博、经验丰富又积极思维的人，才能获得良好的观察效果。

(3)观察过程中应该注意的问题

①选好观察对象和环境。要使实地观察结果具有典型意义，就应该选择那些典型环境中的典型

对象作为观察重点。

②选准观察时间和场合。观察时间、场合选得准、选得好，观察结果就可能比较真实、具体、准确，根据这样的观察材料写出的调查报告，就可能具有较强说服力。

③与被观察者建立良好人际关系。这是一件最重要、最困难、也最费时间的工作。应反复说明来意，使他们认识到调查的意义和对他们的好处，参与被观察者的某些活动，广交朋友，尊重当地的风俗习惯，在力所能及的范围内帮助被观察者解决某些问题。重点选择若干有威信、有影响、有能力的当地人作为依靠对象，首先与他们建立良好关系，然后再通过他们去做好其他被观察者的工作。

④及时做好观察记录。记录的方法最好是同步记录，即在观察的同时记录下观察情况。

3. 对实地观察法的评价

(1)实地观察法的最大优点是它的直观性。

观察者直接感知客观对象，所获得的是直接、具体、生动的感性认识，特别是通过观察掌握大量第一手资料。另一个优点是可靠性。观察者亲自到现象直接观察，被观察者很难造假。

(2)实地观察法的最大缺点是表面性和偶然性。

对实地观察的结果做判断、下结论要慎重，决不能仅仅根据观察到的部分事实就轻易作出肯定或否定的结论。另一个缺点是受时间、空间等客观条件的限制。只能做微观调查，不能做宏观调查。只能对当时当地情况进行观察，而不能对过去的和外面的社会现象进行观察。

实地观察法是人们获得第一手感性资料的可靠来源，是发现问题的重要途径，是建立理论假说的客观基础，是验证调查结论的有效手段。因此，实地观察法是认识和科学的真正起点，是最基本的方法，是一切直接调查法的共同基础和前提。往往与文献调查法等其他调查方法相结合。

(三)访问调查法

1. 访问调查法的概念及特点

访问调查法，也称为访谈法，就是访问者通过口头交谈等方式直接向受访者了解社会经济情况或探讨社会经济问题的调查方法。它的特点有：

①它是访问者与受访者面对面的直接调查。能够了解到更多、更具体、更生动的情况。

②它是通过交谈方式进行的口头调查。它不仅能通过口头交谈反复询问某些社会情况，而且能通过深入交谈来探讨某些社会问题。

③它是访问者与受访者之间的双向互动调查。一方面访问者通过提问等方式作用于受访者的过程，另一方面是受访者通过回答等方式反作用于访问者的过程。在访谈过程中，访问者不是尽量减少对受访者的影响，而是积极地、有目的的影响受访者，努力掌握访谈过程主导权，尽可能使受访者按照预定计划回答问题。

④它是需要一定访谈技巧的有控制的调查。访问调查的对象都是有思想、有感情、有心理活动的人，先是人与人之间的交往过程，建立起受访者的信任和一定感情，然后再采取恰当的方式进行访谈，才能使受访者积极提供他所掌握的信息。

2. 访问调查法的种类

(1)按照对访问调查的控制程度，可分为标准化访问和非标准化访问。

标准化访问又称为结构性访问，就是按照统一设计的、有一定结构的问卷所进行的访问。优缺点：优点是便于对访问结果进行统计和定量分析，便于对不同受访者的回答进行对比研究。缺点是缺乏弹性，难以灵活反映复杂多变的社会经济现象，同时也不利于充分发挥访问者和受访者的积极性、主动性。

非标准化访问，也称为非结构性访问，就是按照一定调查目的和一个粗线条调查提纲进行的访问。优缺点：优点是有利于适应千变万化的客观情况，有利于调查原来设计方案中没有考虑到的新情况、新问题，有利于对社会问题进行较深入地探讨。缺点是对访问者要求较高，调查结果往往因人而异，而且难以进行定量分析。

(2)按照访问调查的方式，可分为直接访问和间接访问。

直接访问就是面对面访谈，可分为“走出去”和“请进来”两种方式。“走出去”就是访问者走到被访者中间去，就地进行访问；“请进来”就是将受访者请到访问者安排的地方来，然后再进行访问。

间接访问就是访问者通过电话、问卷、网络等工具对受访者进行访问。

(3)按照访问内容的深度，可分为浅度访问和深度访谈。

浅度访问是指访问内容比较简单、浅显，回答方式比较单一、规范的访问。例如人口普查、户籍调查中的访问，以及一般问卷调查中的访问，大都属于浅度访问。

深度访谈是指访问内容比较复杂、敏感、深入的访问。访问者与受访者大多围绕一个主题或问题进行比较自由、深入的探讨，目的不仅是了解一般情况，而且是深入探讨因果关系、发展规律和应对策略，多应用于各种因果性调查和对策性调查。

(4)按照访问对象的人数，可分为个别访问和集体访问。

个体访问，就是访问者与受访者一对一单独进行访问。由于时间比较充足，环境比较单纯，访问者可询问较多、较深入、较敏感的问题，受访者可在较单纯的环境下较充分地回答问题，甚至可能回答一些敏感性、隐私性问题。

集体访问，就是访问者邀请若干受访者通过集体座谈方式进行的访问。它实质上是访问调查的一种扩展形式，整个访问过程不仅是访问者与受访者的互动过程，而且是受访者之间的互动过程。访问者不仅要有熟练地访谈技巧，而且要有驾驭集体访谈的能力。

3. 对访问调查法的评价

(1)访问调查法的优点

①能广泛了解各种社会经济现象。作为一种口头调查，既可了解当时当下正在发生的社会现象，也可询问过去和外域曾经发生过的社会经济现象；即可调查事实、行为方面的问题，游客询问观念、感情方面的问题。

②能深入探讨各类经济社会问题。既有利于了解比较复杂的社会现象，又有利于深入探讨社会现象之间的因果关系和内在本质。

③能灵活处理访谈过程中的各种问题。访问者可以根据受访者和访谈过程的具体情况，采取灵活多样的方法，排除各种可能出现的干扰，有效控制访谈过程。

④有利于提高访谈的成功率和质量。访问者不仅可以及时回答受访者提出的问题，对受访者进行必要的引导和解释，促使受访者更放心、更顺利、更完整、更准确地回答问题。

(2)访问调查法的缺点

①带有一定的主观性。访谈的结果和质量在很大程度上取决于访问者的素质和驾驭会议的能力，取决于受访者的合作态度和回答能力。

②不能匿名，有些问题不宜于当面访谈。对那些敏感性、尖锐性、保密性和隐私性问题，都会对调查结果产生不利影响。

③无法排除社会心理因素的影响。特别是集体访谈，能说会道的人往往会垄断会场的发言权，其他人则很难充分发表意见，出现从众心理。

④获得的调查资料有许多需要进一步查证、核实。调查多获得的都是口头信息，它们的真实性和准确性都有待进一步证明。特别是那些重要的事实和数据，一般都需要做必要的检验、查证或核实。

(四)网络调查法

随着网络的发展和普及，网络调查已成为一种越来越重要的社会调查方法。网络调查这里指的是网络上发布调研信息，通过网络搜集、记录信息，并在此基础上开展分析、研究的调研方法。

按照调查方式和信息来源的不同，网络调查可分为网络互动调查和网络信息调查。网络信息调查是调查者对网络上贮存的信息单元或信息集合进行搜索、筛选，下载和分析研究，并做出调查结论的方法。接下来重点讲述网络互动调查。

1. 网络互动调查的概念和分类

网络互动调查是调查者在网络上设计问卷或提出问题，受调查者通过网络填写的问卷或回答问题，然后调查者对反馈信息进行研究，并做出调查结论的方法。常用的有网上问卷调查、网上讨论、网上测验等。

①网络问卷调查法。就是调查者在网上发布问卷，受调查者在网上填答、提交问卷，调查者对调查信息进行分析研究后得出结论，并在网上公布调查结果的方法。

②网上讨论法。就是调查者在网上提出问题，组织参与者在网上讨论，通过网上讨论搜集信息和数据，经分析、研究后，在网上发布讨论结果的方法。

③网上测验法。就是调查者通过网络发出含有测验内容的问卷或信件，受测者回答问题或信件，然后调查者对测验信息进行分析、研究，并做出测验结论的方法。测验内容非常广泛，可以是产品试销，可以是网络购物，可以是各种社会热点问题，也可以是受测者的主观素质、态度等方面的问题。

2. 网络互动调查的步骤

(1)制定调查计划，主要包括调研目标、调查对象、调查内容、调查方法、调查载体、调查时间等。

(2)设计调查问卷。网络问卷大体有三种形式：一是简单方式，通常只询问1个问题，设计3～5个答项。对社会热点、突发事件进行调查一般采用此种方式。二是组合方式，即将调查主题分解为若干个子题，每个子题设计3～4个问题，每个问题设计3～5个答项，共同组成一份问卷。对某些较为复杂或较为专业的问题，多采用这种组合方式。三是完整方式。问卷内容一般包括：调查对象的基本情况(如性别、年龄、文化程度、职业等个人或家庭的背景情况)，按一定逻辑关系展开的询问问题及其答项，对填答问卷的意见或建议等。但是问卷内容不能过多，篇幅应大大小于书面问卷，否则就会影响参与回答的人数或回答质量。

(3)问卷的网络发布和开始调查。问卷的网络发布是将设计的调查问卷放置到网络上，便于网民参与调查。

(4)数据收集和统计分析。调查结束后，根据研究需要对调查数据做统计分析，一般简单的统计分析可以直接得到。如果要进行较复杂的统计分析，就必须使用专业的统计分析软件，如SPSS、R等进行统计分析和建模。

(5)撰写并提交调查报告。撰写调查报告是网络互动的最后一步，主要是在分析调查数据基础上，对调查结果所作的系统论述或说明。

3. 网络调查法的评价

(1)网络调查法的优点

①开放性广。网络调查完全不受时空限制，它的开放性和广泛性是传统调查方法所无法比拟的。

②自由性大。参与调查完全自觉、自愿，参与调查者一般都能自由地反映客观情况，坦诚地表达主观看法，自主地采集各种网络信息。

③隐匿性高。调查在虚拟环境中进行，一般都以无记名方式参与，隐匿性极高，有利于调查敏感性、神秘性的问题。

④形式多样。网络调查可以充分发挥电脑和网络技术优势，综合运用图像、声音、文本、视频等多种形式开展网络互动调查和信息调查。

⑤方便快捷。只需要通过网络就能完成调查任务，调查速度优于传统调查。

(2)网络调查法的缺点

①信息质量的不确定性。网络互动调查的反馈信息，其真实性、准确性难判断。

②调查对象的代表性不充分。截至 2021 年 12 月，我国网民规模达到 10.32 亿元，互联网普及率达 73%。由此可知网络调查对象覆盖面不完全，代表性不充分，很难反映深层次诉求。

③调查对象不明晰。网络互动调查参与者的数量、社会背景以及结构难以了解和控制，因而对调查结果的代表性、适用性也难以正确评估。

(五)实验调查法

实验调查法是一种最重要的直接调查方法，也是一种最复杂、最高级的调查方法。“实验”与“试验”，是两个含义相近，但又有区别的概念。实验是指检验某种理论或假设而进行的某种操作或活动。试验则是指为了某种事物特性或某种结果而进行的尝试性活动。不同点则是实验一般都有一定理论、假设为前提，试验则不一定有这一前提。社会经济调查一般都以一定的理论假设为指导，其目的都是为了正确认识实践活动的对象，因而我们把这种调查方法称为实验调查法。

1. 实验调查法的程序和特点

实验调查法，就是实验者按照一定实验假设，通过改变某些自然、社会条件或环境的实践活动，来检验某种理论假设，从而认识实验对象的特性、内在本质及其发展规律的调查方法。

(1)实验调查法的一般程序

实验调查法的一般程序：实验者根据需要确定实验主题→提出需要实验的理论假设→以理论假设为指导设计实验方案→选择实验对象和实验环境→对实验对象实施前检测→通过实验激发改变实验对象所处的自然、社会条件或环境→产生实验效果→对实验对象实施后检测→整理前检测和后检测的对比资料→进行统计分析和思维加工→做出实验调查的结论→写出实验调查报告。

(2)实验调查法的特点

①调查活动的实践性。实验调查是通过某些实践活动有计划地改变实验对象所处的自然、社会条件或环境，并在实践活动基础上对实验对象的因果联系、特殊本质及其发展规律进行调查和研究。

②调查对象的动态性。由于实践活动的不断进行，自然、社会条件或环境不断变化，实验对象也必然发生运动和变化。

③调查环境的可控性。由于实验调查要通过某些实践活动有计划地改变实验对象所处的自然、社会条件或环境，因而实验条件和环境必须是可控的、可改变的。

④调查目的的因果性。调查目的是揭示实验对象的变化与实验激发之间的因果关系，而且这种因果关系都是经过实践检验了的结论。

⑤调查方法的综合性。在实验调查过程中，除了改变实验对象所处条件或环境的实践活动外，一般都要采用实地观察、口头访问或集体访谈等直接调查方法，有时还要采用文献调查、问卷调查等间接调查方法。不仅如此，实验调查过程不仅是不断搜集材料的过程，而且是不断研究材料的过程，是各种调查方法和研究方法综合使用的过程。

⑥实验结果的可检测性。由实验活动(实验激发)而引起的实验对象的变化，必须是可以检测的、可以度量的，只有如此才能说明实验激发的效应，才能做出实验调查的结论。

⑦调查过程的可重复性。实验调查法作为一种科学的社会调查方法，其调研过程和结论，必须是可以重复、可以被实践检验的，否则就不称其为科学的调查方法。

2. 努力减少实验误差

(1)产生实验误差的原因

①来自实验者自身的误差。急于求成的心理，例如实验者为了早出成果，往往给予实验对象一些优惠条件和特殊照顾；替代补偿心理，由于控制组得不到某些实验措施的实惠，实验者不自觉地给予

控制组的实验对象一些补偿性关怀，从而使控制组失去了对照作用。

②来自实验对象的误差。一是实验对象的选择缺乏代表性。二是实验对象对实验活动不适应、不合作或不认真。三是实验对象自身的不断成熟和变化。四是实验对象由于种种原因中途退出实验活动。五是实验对象受实验活动“污染”，而产生某些反应性心理或行为。六是实验对象受群体性心理效应影响，对实验激发形成某些相同或近似的心理或行为反应。

③来自实验环境的误差。自然环境变化的干扰或是经济环境变化的干扰等。

3. 实验调查法的评价

(1)实验调查法的优点

①最大优点是它的实践性，即调查结论是通过亲手干、通过实验激发改变实验条件或环境促使实验对象发生变化而得来的。因此，一切科学的实验调查，其调查结论都是经过实践检验了的，都具有相对客观真理性质。

②实验调查是一种可控的、动态的调查，它能够直接掌握大量第一手资料。

③实验调查是一种因果性调查，它有利于揭示实验激发与实验对象变化之间的因果联系，有利于认识事物的本质及其发展规律。

④实验调查有利于探索解决社会问题的途径和方法。凡是经过实验检验、证明了的解决社会问题的有效途径和方法，一般都具有重要指导意义。

(2)实验调查法的缺点

①最大缺点是实验对象和实验环境的选择难以具有充分代表性，特别是实验组和控制组中实验对象和实验环境的选择难以做到相同或相似。

②人们很难对实验过程进行充分有效控制，特别是在现场试验中无法完全排除非实验因素的干扰。

③受时空条件限制较大，受政治、经济、文化、社会等条件影响较多，许多涉及隐秘性、敏感性的课题，不能进行实验调查或者不宜采用实验法调查。

第二节　统计调查方案设计

统计调查是一项复杂而又细致的工作，一个规模较大的统计调查项目往往需要动员成千上万人协同工作才能完成。为了在统计调查过程中统一认识，统一内容，统一方法，统一步调，顺利完成任务，在调查前必须有一个统一的统计调查方案(统计调查手册)。例如，每年进行的人口抽样调查，每个调查员都有一本《人口变动情况抽样调查工作手册》。切实可行的统计调查方案是保证统计调查有计划，有组织地进行的首要步骤，是统计设计在调查阶段的具体化。

一、方案设计的重要意义

(一)市场调查方案设计的含义

市场调查方案设计是根据调查研究的目的和调查对象的性质，在进行实际调查之前，对调查工作总任务的各个方面和全部过程进行的通盘考虑和安排，已提出切实可行的调查实施方案，制定合理的工作程序。

市场调查方案是执行营销调研项目的整体框架。因此，市场调查方案设计需要考虑调研行动的全过程。这里的全过程指的是，调查工作所需要经历的各个阶段和环节，即调查资料的搜集、整理和分析。

（二）方案设计的重要意义

1. 从认识上讲，市场调查方案设计是从定性认识过渡到定量认识的开始阶段。任何调查工作都是先从对调研对象的定性认识开始的，没有定性认识就不知道调查问题是什么，应该调查什么和怎样调查，也不知道要解决什么问题和如何解决问题。后续市场调查所收集的许多资料都是定量资料，都是以定性认识为基础展开对研究对象的定量关系的认识。

2. 从工作上讲，调查方案设计起着统筹兼顾、统一协调的作用。现代市场调查可以说是一项复杂系统的工程，在调查中会遇到很多复杂的矛盾和问题，例如抽样调查中样本量的确定，调查经费、调查时间的限制，各个环节之间的衔接等，只有通过调查设计，设置调查流程，才能有序展开统计调查工作。

3. 从实践要求上讲，调查方案设计能够适应现代市场调查发展的需要。调研机构要想在中标中获胜，就需要拿出一套完整的市场调查方案，如何将决策者的问题转化为调研方案的问题，在有限的约束条件下如何实现最优的样本量确定，方案的设计和实施，调查报告的撰写等，做到万全的准备才有可能胜出。

二、调查课题的确定

（一）调查课题的概念

调查课题是指一项调查研究所要解决的具体问题的概括。它具有层次性，即一般的调查课题都包括主要问题和主要问题下的分支问题。由企业单位或其他客户提出的市场调查问题，由于客户的认知水平，刚开始大多数是没有经过细致深入的考虑提出的，因此问题范围会比较广泛，针对性不强。甚至只是停留在表层和概念层面。这就需要将调查问题逐层分解为若干个层次的分支问题，从而确定研究调研课题。只有在清楚准确地界定了市场调查课题之后，才能顺利进行调研方案的设计和实施。

（二）如何确定调查课题

1. 根据用户信息需求确定课题

根据用户提出的信息需求及其分类（知识型、消息型、数字事实与资料型、咨询服务型）确定相应的调查课题，每类课题的特点、要求各不相同。

知识型课题多为理论性调查课题，客户一般为一些非营利组织如政府机构、大学、学术团体等。消息型、数据事实与资料型、咨询服务型则为应用型调查课题，客户一般为企业。在有些情况下，某一市场信息可能是数据性资料信息，同时也是一种消息型信息。具体归类时，市场调查组织者和实施者要根据实际情况做出相应的分类。

2. 自我确定的调查课题

（1）课题的价值

在实际选题时要考虑课题的价值，包括理论价值和应用价值。有的时候会偏重一个，有的时候二者兼而有之。

（2）课题的创造性

这不仅仅是市场调查课题的要求，也是任何科研课题都遵循的规范，是一种作为课题立项的基本要求。否则就会成为重复劳动，毫无价值。

（3）课题的可行性

调查者要善于区分调查目的和调查性质，明确为什么开展调查以及如何有效开展调查，选择的调研课题是否符合委托人的意愿和需要。

3. 基于研究假设的调查课题

研究假设是指从调查对象的特征及有关现象之间的相互关系所作的推测性判断和推想。从某种意义来说，任何一项课题的研究都是从定性认识开始，从一些假设开始的。因此，在确定调查课题时，做一些研究性假设很有必要，这也是进行下一步的调查问卷设计的前提和基础。

建立研究假设的方法有：一是根据已有的理论和实践经验，或研究论证演绎产生；二是通过社会经济现象之间联系的观察和分析而形成。比如说我们要做一项关于大学生心理健康的调查，这个命题就隐含了一个潜在的假设命题：大学生心理健康状况不太理想，大学生心理存在很多问题。然后我们的研究要做的工作就是找出这些问题，并分析其原因，以便有针对性地为大学生提供心理咨询和心理调适等方面的指导。

（三）确定调查课题的基础程序

由于市场调查方案的制定是一种事前决策，需要调查者在实地调查之前就必须提前设计好。而选定调研课题需要遵循以下基本程序（见图 2.1）。围绕着选择的研究课题，去制定和完善调查方案。

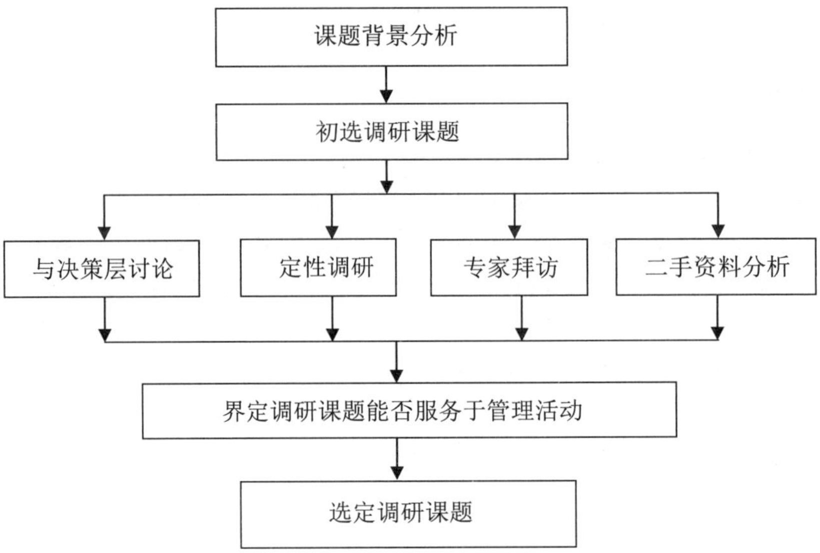

图 2.1　调查课题确定过程图

1. 课题背景分析

调研人员必须了解客户及所在行业，特别是那些对确定调研课题有较大影响的因素，其中包括问题的环境背景，如所属行业和本企业的历史背景和发展限制条件、决策目标、购买者行为、法律环境、经济环境及公司的营销能力和技术手段等。

2. 初选课题

为了方便准确确认课题，调研人员事前与决策者进行交流，采访专业人士、分析二手资料等渠道，做定性研究，初选调研课题。

(1)与决策者交流。调研者需要了解决策者所面对的问题，以及他们希望通过调研获得什么，要将决策者的问题转变为调研的问题。

(2)采访专家。通过采访行业专家也是十分必要的。为了获得专家指点，采用个人访问的方法是较为可取的。采访专家的目的是确定调研课题，而不是为了寻求结论性答案。

(3)分析二手资料。二手资料是指前人为其他目的收集的资料和历史数据。二手资料还包括国家的宏观经济政策、法律环境、行业环境、企业已有的资料、文献资料等。二手数据包括来自政府、企业、商业性调研机构、数据库等。其特点在于方便，经济和快捷。分析二手资料是调研的基本环节，只有在二手资料被充分分析后仍然不足时我们才会考虑采集一手数据。另外,注意二手资料的时效性。

(4)定性研究。有时候为了从根本上理解课题及其影响因素,还必须进行定性调研。在进行定性调研时,调研人员常采用一些探索性技术手段,如小规模的实验性调研。

3. 界定调研课题是否服务于管理活动

只有确认好管理者想作何种决策后,我们才能最后确认市场调研的课题。那么何为管理决策?何为最后应做的市场调研决策呢?要将二者区分开来。

例如,管理决策课题是:应该推出新产品吗?

将它转化为市场调研课题可以是:确认顾客对这类新产品的偏好和购买意愿。

市场调研课题的选择在一定程度上服务于管理决策,根据决策需要对社会或企业所需要了解的问题进行信息资料的收集、加工、整理和分析,最后通过调研课题的实施,以反映管理现状,发现营销问题,提出改进对策,提高企业的市场竞争力。

(1)二者解决问题的侧重点各有不同。管理决策课题主要与决策者要做什么有关,而市场调研课题主要与需要什么信息,以及如何以最佳方式获取这些信息有关。

(2)此二者研究导向不同。管理决策课题是以行为为导向,它与决策者可能采取的行动有关,比如如何遏制市场份额的损失?而市场调研课题是以信息为导向,它的主要内容是确定需要什么信息,以及如何有效获取信息。例如,假定某企业的某产品正在失去市场份额,决策者面临的决策课题是怎样挽救这一损失?假设决策者和调研人员都认为问题是由于不适当的市场细分引起的,并都希望市场调研能够提供这方面的信息,市场调研课题就可以确定为对市场细分进行评估。

4. 选定市场调研课题

最后选定市场调研课题的过程中,调研人员常犯两类错误。一是选择课题过于空泛,以至于不能为整体调研方案提供清晰的指导。比如增强企业竞争力,塑造企业的良好形象等。二是课题被界定得过于狭窄,以至于不能充分体现实际情况,不能有效服务于决策的需要。

为了在选定调研课题时避免这两类错误,在选定时应遵循两个原则:一是允许调研人员收集设计管理决策课题所需要的全部信息;二是在制定调研方案时将以上信息用以指导调研人员选定调研课题。

三、市场调查方案的主要内容

一个完整的调查方案,应包括以下几个方面的内容:确定调查目的和任务、确定调查对象、调查内容、调查方式和方法的确定、抽样方法、调查的组织与实施、数据分析方案等。

(一)确定统计调查的目的和任务

明确统计调查的目的和任务是制订统计调查方案的首要问题。对任何社会经济现象的研究,可以根据不同的目的、不同的任务从不同的角度去搜集资料。如对电商直播带货的调查研究,可以从电商平台去研究,可以从电商直播的供应链去研究,还可以从电商主播的知名度进行研究,也可以对电商直播带货的消费者进行调查。调查的目的和任务不同,调查的内容和范围也就不同。目的不明任务不清,就无法确定向谁调查,调查什么,以及用什么方式方法进行调查。这就会使调查工作带有很大的盲目性,调查到的资料可能是不需要的,需要了解的情况而又得不到充分的反映,这样不仅会造成人力、物力、财力的大量浪费,而且还会延误工作。

要明确确定统计调查的目的和任务,必须根据党的方针政策和当前形势出发,立足于统计工作的整体需要,抓住实际上最重要最急迫的问题,并要认真分析制订的计划和调查对象的实际情况,把需要与可能结合起来。

“商品质量参差不齐;虚假宣传、虚标价格屡见不鲜;主播素质良莠不齐;售后服务存在不足。

2022 年 5 月至 7 月，湖北省消费者委员会通过问卷调查及体验式购物等形式对抖音、京东、快手、拼多多、淘宝、天猫、小红书等平台中直播带货量较大的湖北省内及省外商户开展了体验式消费调查。”

再例如，随着经济的发展和生活水平的提高，中小学生接触电子产品的机会增多，受疫情影响，上网课加上户外互动减少，近视的中小学生也在攀升，甚至更加低龄化。为此，通过调查某市中小学生视力情况，调查目的就是通过调查了解中小学生近视的原因，为视力保护和提升提供建议。

（二）确定调查对象和调查单位

确定调查对象和调查单位是回答向谁调查和由谁来具体提供统计资料的问题。调查的任务和目的明确以后，就要确定调查对象和调查单位。调查对象就是需要调查的社会现象的总体，它是由性质上相同的许多调查单位所组成。调查单位就是构成社会现象总体的个体，是调查项目的具体承担者，也就是在调查对象中所要调查的具体单位。

在统计调查阶段除了规定调查单位外，还要规定填报单位。调查单位是调查项目的承担者，而填报单位则是负责向上报告调查内容的单位。调查单位和填报单位在多数调查中是一致的，偶尔也会不一致。例如，全市中小学视力调查中，全市的每一所小学是调查单位，每个班级是填报单位。确定调查对象使我们知道所要了解的总体界限，确定调查单位使我们知道从哪里去取得有关标志的具体资料，确定填报单位使我们知道由谁提供具体资料。

（三）确定调查内容

调查内容是指所要调查的具体项目，在进行调查之前，必须根据调查的目的，明确规定统计的调查项目。一般说来，确定调查项目应注意以下几点：

第一，确定调查项目，要有取得资料的可能性。凡是列入调查表，确定为调查内容的项目，必须能够取得确切的资料。否则，即使需要，但没有条件取得确切资料的项目，也不该列入。同时，对每一个调查项目都应该有确切的含义和统一的解释，以免因为调查人员理解不同而致使调查结果不一致。

第二，被确定为调查内容的每个项目间，应该彼此衔接，以便对现象的相互联系从整体上了解，也便于有关项目相互核对，提高调查资料的质量。

第三，调查项目之间时间上要有可比性，即本次调查项目和过去同类调查项目之间要互相衔接，以便进行动态对比。

第四，确定的调查项目必须与调查目的有关。只登记与问题有关的标志，不应包括可有可无、备而不用的标志。

例如，“直播带货消费服务调查从四个方面：直播宣传营销方面、商品质量方面、售后服务方面、消费者投诉维权方面展开，从接触直播宣传营销，到购买商品后对商品质量进行评价，再到售后服务中的退换货，最后消费者投诉维权，逐层递进。”

（四）设计调查表或调查问卷

调查的内容明确以后，就要根据一定的目的，把拟确定的调查项目按照一定的顺序排列成表格的形式，这就是调查表。它包括需要向调查单位了解的有关品质标志，数量标志和其他情况。它是回答向有关单位调查什么的问题。调查表是调查方案的核心部分。必须紧紧围绕调查目的，从现象间的相互联系，从现象的过去、现在和发展趋势等方面出发，提出所要调查的项目，拟定调查表。

1. 调查表的内容

调查表的内容一般有表头、表体和表脚三部分组成。

①表头用来表明调查表的名称以及填写单位（填报单位）的名称、性质、隶属关系等。这些资料是核实和复查各调查单位时必不可少的内容。

②表体是调查表的主要部分，包括统计调查所要说明的社会现象的项目和这些项目的具体表现；栏号，目的是便于在整理调查资料和编写填表说明时引用；计量单位等。

③表脚包括调查者(填报人)的签名和调查日期等,以便明确责任,如果发现问题,也便于查询。调查表确定以后,需要编写填表说明和指标解释,这是为了保证调查资料的科学性和统一性必备的调查文件。

2. 调查表的形式

调查表的形式一般有单一表和一览表两种。

单一表每份表上只登记一个调查单位,它可以容纳较多的调查项目,在整理和汇总时便于利用调查表按各种标志分组计算。如工业企业的产品产量,产品成本等定期报表都采用单一表形式。

一览表是在一张调查表上登记若干个调查单位,它所容纳的调查项目要少一些,我国人口普查表一般是这种形式。一览表的好处是每个调查单位的共同事项只需登记一次,节省人力和时间,表中有关单位和资料可以相互核对检查。

在统计调查表中采用哪种表格形式,一般可考虑两种情况:①看调查项目的多少。在调查项目较多时,可采用单一表,调查项目不多时,可采用一览表。②看调查单位和报告单位是否一致,如果一致时采用单一表,否则,可采用一览表。

3. 调查问卷的设计

调查问卷是搜集资料的又一种形式和载体。调查问卷是调查者根据调查目的和要求所设计的,由一系列问题、备选答案、说明以及代码表组成的一种调查形式。

不同的调查问卷在具体结构、题型、措辞、版式等设计上会有所不同,但在结构上一般都由以下几个部分组成:①开头部分。它一般包括问候语、填表说明和问卷编号等内容;②甄别部分。甄别也称为过滤,它是先对被调查者进行过滤,筛选掉不需要的部分,然后针对特定的被调查者进行调查;③主体部分。该部分是调查问卷的核心内容,它包括了所要调查的全部问题,主要由问题和备选答案所组成;④背景部分。它通常放在问题的最后,主要是有关被调查者的一些背景资料。关于问卷的设计会在下一节进行详细阐述。

(五)明确调查的方式和调查方法

在市场调查活动中,调查者采用的调查方式、调查方法是否适当,会直接影响到调查结果的精确度,影响着调查活动的具体安排,也决定着调查费用的高低。

1. 根据调查表的内容和要求,确定调查样本抽取方式。在调查方案中,应事先确定采用何种组织方式和方法取得调查资料。

2. 确定具体的实施方式。主要看是选择全面调查、重点调查、典型调查还是抽样调查的形式。其选择评价的标准主要是看此方式是否客观反映调查实际情况。一般来说,抽样调查是主流的获取数据的方式。

3. 选择市场调研的方法。市场调研的方法主要包括面访调查、电话调查、观察调查、网络调查等市场调查方法。常用方法的分类还有探索性调研、描述性调研、因果性调研和预测性调研等调查类型与上述方法的有机结合,而形成诸多种类的调查方法。也就是说这些调研方法的设计并不是绝对性地独立进行的,实际上,由于调查目的不同,相应的调查方法也会不同。目前,大多数市场调研中往往会采用两种以上的调查方法来收集资料。当我们对要调查研究的问题一无所知时,可考虑采用探索性调研法。在大多数情况下,探索性调研是整个调查研究框架中最初的步骤,为了得出科学准确的结论,我们还应采用描述性调研或因果性调研进行更深一步的研究。

(六)设计抽样方案

抽样方案的设计涉及样本数、取样的比例分配、取样的范围等问题。抽样方式分为概率抽样和非概率抽样。如果采用的是概率抽样的方式,我们需要根据总体方差、抽样误差等因素来确定最优的样本量。这和我们采用的概率抽样方法有关,简单随机抽样、分层抽样、系统抽样、整群抽样、多阶段抽样等。如果采用的是非概率抽样,我们没有办法控制抽样误差,因此样本量的确定带有一定的主观性,可以结合以往类似的研究,结合时间、费用等约束条件确定合适的样本量即可。非概率抽样又可以分为偶遇抽样、判断抽样、配额抽样、滚雪球抽样、自愿样本等。更多的关于抽样方案的设计可以参考类似《抽样技术》书籍。

(七)制定数据分析方案

由于实地调查方法得到的原始资料大多是零散的、不系统的,一般只能涉及事物的表象,无法深入事物的本质和规律,因此需要对大量的原始资料进行加工处理显得十分必要。目前这种工作大多采用计算机进行,在问卷设计中应加以考虑,包括采用何种软件,使用何种统计技术。

从统计整理到统计分析,构成了数据分析的核心内容。统计整理包括数据审核、统计分组、制作统计图和统计表等,对研究对象进行汇总分析,初步了解事物的全貌。统计分析是通过相关分析、模型构建、因子分析、聚类分析等方法对研究对象及其影响因素深入研究的过程。

(八)调查的组织实施

调查的组织实施计划是调查工作顺利开展的重要保证,一个完整的组织实施计划应包括以下几方面的内容:

1. 确定调查时间和调查期限

调查时间是指调查资料所属的时间。如果所要调查的是时期现象,就要明确该现象是从何年何月何日起到何年何月何日止。例如调查我国工业企业 2017 年的利润额是从 2017 年 1 月 1 日到 2017 年 12 月 31 日。如果所调查的是时点现象,就要明确规定统一的标准调查时点,例如调查 2021 年年末人口数,标准调查时点是 2021 年 11 月 1 日零时。

为了保证统计资料的及时性还必须规定调查期限。调查期限是指进行调查工作的时限,包括搜集资料和报送资料的整个工作所需的时间。规定调查期限要考虑调查项目的复杂性和调查资料的时效性。一般调查期限不宜过长。例如,2021 年的人口抽样调查,调查期限是 11 月 1 日到 11 月 15 日。

2. 确定调查地点。调查地点是指登记调查资料的地点。通常,调查地点和调查单位所在地是一致的。但是在二者不一致的情况下必须明确规定调查的地点。如进行人口普查时,如果按"常住人口"登记,不论被调查者是否暂时外出居住,都应在每个居民的常住地点进行登记。

3. 做好严密细致地组织工作。这是统计调查顺利实施的保证。调查工作的组织主要应包括以下内容:调查工作的组织领导机构和调查人员的组织;调查的方式方法;调查前的准备工作,包括宣传教育,干部培训,文件印刷等;调查资料的报送办法;调查经费的来源,开支办法;提供或者公布调查成果的时间,等等。制定合理的统计调查方案后,还需要进行试点调查。通过试点,检验调查方案是否合适,积累组织实施的经验。

四、调查方案的可行性评价

可行性研究是科学决策的必要阶段,也是科学设计调查方案的重要环节。在对复杂的市场经济现象进行调研研究时,调查方案的设计通常不是唯一的,市场调查组织者和实施者一般要从多个备选方案中选取最优的一种方案。同时,所设计的调查方案也不可能一次完成的,而是需要对调查方案进行试点和修改完善,并进行可行性研究来完成。对调查研究工作而言,事先对调查方案进行科学的可行性研究是非常必要的。对于一个待评价的方案而言,我们一般选用调查信度和效度、调查费用、调查时间、调查难易程度等评价指标对调查方案的优劣进行综合评价。

可行性研究方法有很多,常用的有逻辑分析法、经验判断法和试点调查法等。其中,逻辑分析法是看方案是否符合逻辑和合乎情理。经验判断法是通过组织一些具有丰富市场调查经验的专家对设计出的市场调查方案进行初步研究和判断。试点调查法是通过在小范围内选择部分单位进行试点调查，对调查方案进行实地检验，发现调查方案或者调查问卷中的问题并进行修改。

第三节　问卷与量表设计

问卷调查是访问调查的一种特殊形式。问卷调查法也称为问卷法，它是调查者运用统一设计的问卷向被访者了解情况或征询意见的调查方法。问卷调查法与访问调查法一样，都是通过受访者的回答来了解情况或征询意见，但又和访问调查法不同。问卷调查是标准化的书面调查，有一定结构的问卷为基础。它一般是间接调查，受访者直接填答问卷；也是定量调查，可以通过样本来推断总体，大多数受访者是通过抽样调查得来的。问卷调查用途十分广泛，既可用于描述性调查、因果调查和预测性调查，又可以用于对策性、检验性、评估性研究。

一、问卷结构及其设计

问卷设计是根据调查目的和要求，将所需要调查的问题具体化，使得调查者能够顺利地获取必要的信息资料，以便于统计分析的一种手段。设计一份完善的问卷不是一件容易的事情，问卷设计人员除了要具备统计学、社会学、经济学、心理学、计算机软件等多方面的知识外，还需要掌握一定的技术，可以说问卷是科学与艺术的结合。

（一）问卷的分类

问卷调查根据问卷填答者不同，可分为自填式问卷和代填式问卷调查。自填式问卷调查按照传递方式不同，可分为报刊问卷调查、邮政（快递）问卷调查、网络问卷调查和送发问卷调查。代填式问卷调查按照被访者交谈方式不同，可分为访问问卷调查和电话问卷调查。目前采用较多的是网络问卷调查和访问问卷调查，这两种采集问卷的效率要高一些。

问卷根据结构不同分为结构型问卷和无结构型问卷。结构型问卷是指问卷不仅包括有一定数目的问题，而且问卷的设计是有组织的，既要按照一定的提问方式和顺序进行安排。主要适用于大规模的或正式的市场调查中。无结构型问卷中所提到的问题没有在组织结构中的严格设计与安排，只是围绕研究目的来提问问题，此种问卷适用于较小规模的深层访谈调查。

（二）问卷的一般结构

问卷一般有标题、卷首语、问题说明、被访者基本情况、调查的主题内容、编码和其他作业证明的记载组成。

1. 问卷的标题。概括说明调查的研究主题，使被访者对所要回答什么方面的问题有一个大致的了解。标题应简明扼要，易于引起被调查者的兴趣。例如，“河南省居民科普活动参与意愿调查”，“关于居民健身意愿及参与情况调查”等。

2. 卷首语。它是问卷调查的自我介绍信。卷首语一般包括：调查目的、意义，调查的主要内容，选择受访者的途径和方法，填答问卷的方法和应该注意的问题，保密或匿名原则，调查单位的名称、时间等。语气要谦虚、诚恳、平易近人，文字要简明、通俗、可读性强，填答方式的说明要具体，一般应放在问卷第一页上部。

3. 被调查者基本情况。这是指受访者的一些主要特征。例如，在消费者调查中，消费者性别、年龄、民族、家庭人口、婚姻状况、文化程度、收入、职业、所在地区等。通过这些项目便于对调查资料进行统计分组、分析。在实际调查中，列入哪些项目，列入多少项目，应根据调查目的、调查要求而定，并非多多益善。

尊敬的先生/女士：

您好！我们是市民生活质量课题组成员，今天来了解您家的生活情况，目的是研究市民生活有哪些得到改善，存在哪些问题，您有哪些建议，为政府制定有关政策提供依据。按照随机原则，在居委会抓阄时，您家被抽选为调查对象。这次调查不记名，对您的回答将严格保密，调查数据仅用于统计分析，而不单独使用，不会给您带来任何麻烦。填答时，请选择符合您家情况或您看法的答案，在旁边的方框"□"内或横线"——"上打"√"，或填写有关文字。为了更好地改善居民生活质量，希望您能如实反映情况，坦率表达看法和建议，与我们共同做好这次调查工作。

谢谢合作！您对这次调查有任何看法，除了向调查员说明外，还可通过下列方式反映。

联系地址：××××××××

联系电话：××××××××

邮箱：×××××××

联系人：×××、×××

××市市民生活质量课题组

2021 年 10 月

4. 调查的主题内容(调查项目)。调查的主题内容是调查者所要了解的基本内容，也是调查问卷中最重要的部分。它主要是以提问的形式提供给受访者。这部分内容涉及的好坏直接影响着整个调查的价值。主要内容包括：一是对人们的行为进行调查，包括对受访者本人行为进行了解或通过受访者了解他人的行为。二是对人们的行为后果进行调查。三是对人们的态度、意见、感觉、偏好等进行主观调查，这里可以借助量表进行测量。量表如何设计接下来会讲述。从哪几个维度进行主观态度的调查，需要借助于理论模型来从多个维度展开设计。这个在方案设计部分通过查阅文献资料，找到适合本课题研究的理论模型，将模型中的维度变量转化为问卷当中的变量，再通过设计成李克特量表的形式进行测量，为后续结构模型的构建和模型的检验打下基础。

5. 编码。编码是将问卷中的调查项目变成代码数字的工作过程，大多数市场调查问卷均需加以编码，以便分类整理，易于进行计算机软件处理和统计分析。所以，在问卷设计时，应确定每一个调查项目的编号和为相应的编码做准备，与此同时每份问卷还必须有编号，即问卷编号。此编号除了顺序号外，还应包括与该样本单位有关的抽样信息。

6. 作业证明的记载。在调查表的后面，常附上调查员的姓名、访问日期、时间等，以明确调查人员完成任务的性质。如有必要，还可写上受访者的姓名、单位或家庭住址、电话等，以便于审核和进一步跟踪调查。但对于一些设计被访者隐私的问卷，上述内容则不宜列入。上述记录还需得到受访者的同意后方可进行。

(三)问卷设计的原则和程序

1. 问卷设计的原则

(1)目的性原则。问卷必须围绕调查目的和研究假设设计询问的问题。如果是描述性调查，设计的问题就围绕被访者基本情况展开；如果是因果性调查，设计的问题就应该包括因果两方面的指标，否则无法达到调查目的，无法证明或证伪研究假设。

(2)针对性原则。问卷要针对调查对象最关心、最感兴趣的内容设计询问的问题。不同时期、不同调查对象，最关心、最感兴趣的问题是不一样的。要多询问那些调查对象最恼火、最烦心的现象，最迫切、最希望反映的问题。

(3)客观性原则。问卷要符合调查对象的客观情况。例如，调查居民拥有耐用消费品情况，不仅要设计电动车、冰箱、洗衣机、空调等，还应包含汽车、三轮车、自行车等。

(4)相称性原则。问卷设计问题必须与调查主题相对称。问题过少、覆盖面过窄，无法说明调查主题；问题过多，覆盖面过宽，既增加工作量，提高调查成本，降低回复率，有效回答率，不利于说明主题。目前，设计问题过多是一个相当普遍的现象。

(5)可能性原则。问题必须适应调查对象回答问题的能力。凡是调查对象难以理解、记忆、计算、回答的问题，都不应该提出。例如，问卷中出现“您的价值观是什么？”“您家每个月的消费支出是多少？”等问题，即使调查对象勉强回答了，也不可能正确反映真实情况。

(6)自愿性原则。必须考虑调查对象是否自愿真实回答问题。凡是调查对象不可能自愿真实回答的问题，特别是那些敏感性、隐私性、威胁性等问题，都不应该正面提出。例如“您家是否偷税漏税？”“你考试作过弊吗？”“您受到过网络诈骗吗？”对于这类问题，调查对象不可能真实回答，因而一般都不宜正面提出。比如你可以问，“你身边的同学有作弊行为吗？”“您周围是否有人遭受过网络诈骗？”

2. 问卷设计的程序

(1)做好准备工作。一是确定调查问卷纲要，根据调查主题、目的和研究假设，起草一份问卷纲要；二是了解基本情况，通过多种途径了解调查对象的基本情况，它是设计调查问卷的客观依据；三是研究相关问卷，即搜集、研究前人使用过的相关问卷，它是设计调查问卷的重要参考资料。

(2)设计问卷初稿。通常采用两种方法，一是卡片法。首先设计出一批问题，每个问题写一张卡片；然后对卡片分类、排序，形成有一定逻辑结构的问卷雏形；最后将调查后的卡片记录下来，完成问卷初稿。二是框图法。首先根据研究假设画出问卷各部分的框架图；然后，按照框架图设计每一部分需要询问的调查指标及答项；最后，将检查、调整、修改、补充后的结果打印成问卷初稿。这两种方法的设计程序相反，前者是从个别、到部分、最后到整体，后者是从整体、到部分最后到个别。它们各有优缺点，在实践中可根据调查目的、问卷内容、设计者的思维习惯做好选择或结合使用。

(3)评审和试调查。问卷初稿设计出来后，一般都应该经过主观评审和客观调查的检验。主观评审就是将设计出来的问卷初稿拿给专家、有经验的工作人员以及代表性的受访者进行评审，请他们提出批评、修改、补充意见。客观调查是将设计出来的问卷初稿，对某些有代表性的调查对象进行试调查，并从中发现问题，为下一步对问卷进行修改和补充完善提供意见。

(4)修改和定稿。根据主观评审意见和客观调查检验出来的问题，对问卷进行修改和补充，形成较为完善的调查问卷后才能最后定稿。只有经过试调查检验和修改、完善后的问卷，才能送去印刷，并在调查中使用。

二、问卷主体的设计

问卷的设计水平主要体现在问卷主体的设计上，它对于问卷调查的成败具有关键性作用。问卷的主体主要包括两个部分：询问的问题和回答的方式。

(一)问题的种类和表述

1. 根据调查所要询问的问题，问题可以分为背景性问题、客观性问题、主观性问题和检验性问题。

(1)背景性问题。主要是受访者个人的基本情况，例如性别、年龄、文化程度、职业、家庭人口、收入等。它们是对问卷进行分析研究的重要依据。

(2)客观性问题。是指受访者除却个人(或家庭)基本情况之外，已经发生和正在发生的事实或行为方面的问题。例如，“您购买的小轿车是什么牌子？”“您上个月网购支出额大概有多少？”这些是事实方面的问题。又如，“您有考研的打算吗？”“您今年外出旅游到了哪些地方？”这些都是行为方面的问题。

(3)主观性问题。是指受访者的思想、感情、态度、愿望等主观世界方面的问题。例如，“您对医疗改革有何看法？”“您希望孩子将来从事什么职业？”“您对新冠疫情常态化下核酸检测有何看法？”等等。

(4)检验性问题。是指为检验问题回答是否真实、准确而设计的问题。如在问卷前面先问“您今年多少岁？”在问卷后面又问，“您是哪一年出生的？”又如先问收入，再问支出，或者先问支出再问收入等。这类问题一般安排在问卷的不同位置，通过互相检验来判断回答的真实性和准确性。

2. 根据问题答案是开放还是封闭型，分为开放型问题和封闭型问题。

(1)封闭型问题。是指调查者事先已经设计好了问题的各种可能答案，被调查者只能从中选定一个或几个现成的答案的一种提问方式。常见的形式有二项选择式、多项选择式、排序式、过滤式、矩阵式、表格式等。

①二项选择式又称是非题，只允许受访者在给定的两个答案中二选一。例如，“您的性别？A. 男 B. 女”。

这种提问方式便于受访者选择，易于数据处理。但无法把握受访者对所选答案的认同程度，因而这种提问方式常常需要有其他形式的询问作为补充，才能使提问更深入，使得对问题的回答更明朗。

②多项选择式，这种选择题需要事先给出三个或三个以上的备选答案，被调查者根据要求，结合实际情况从中选择一个或几个答案来回答。

例如，您每月的收入是：A. 2000 元以下　B. 2000～3000 元　C. 3000～4000 元　D. 4000～5000 元　E. 5000 元以上。

这是一到单选题，受访者可以从五个备选答案中选择其中的一个。

再如，您选择××牌子手机的主要原因是(在选择的方框后划“√”)？

A. 价格实惠 □　B. 存储容量大 □　C. 耐摔 □　D. 质量好 □

E. 外观漂亮 □　F. 保修期长　□　G. 别人推荐 □　H. 其他 □________

这是一道多选题，被访者从多个备选答案中选择一个或多个，这类多选题由于所设的备选答案不一定能恰当地表达出受访者的所有看法，所以一般在最后加一个备选答案“其他”，后面画上横线，以便受访者能够有机会表达出自己的真实看法和实际情况。

③排序式。要求被访者根据自己的偏好判断所列答案的重要程度，并按照顺序排列答案。

例如，您选择考研的主要原因中，最重要的是(　)，其次是(　)，再次是(　)。

A. 继续深造提升自己　B. 不想太早就业　C. 父母想让我读研

D. 换一个自己喜欢的专业　E. 周围很多人打算读研　F. 学院鼓励考研

G. 将来找个更好地工作

这类问题也可以通过让受访者打分的形式来完成。如设定每个原因应得的最高分为 10 分，最低分为 0 分，受访者在原因后面填上自己打的分数，最后把受访者所打的分数进行平均。

④过滤式。问卷应是针对所有被调查者设计的，但这并不意味着每一个问题都必须适用于全体被调查者。对于只适合于或只需对部分受访者提问的问题，必须要事先过滤调查对象。即在要问的问题之前设置一个过滤性问题，对于回答“是”者，回答一类问题；对于回答“否”者，回答另一类问题。

例如，三胎政策放开，请问您是否结婚？A. 已婚　B. 未婚(过滤出已婚的)

婚后有几个孩子？A. 0 个孩子　B. 1 个孩子　C. 2 个孩子　D. 3 个孩子(过滤出 2 个孩子的家庭)

是否会考虑三胎？A. 会考虑　B. 不考虑

⑤等级式。列出不同等级的答案，由受访者根据自己的意见或感受选择不同等级的回答方式。

您对您所在社区治安工作是否满意？(请按照您的感受在方框内画“√”)

A. 很满意□　B. 比较满意□　C. 无所谓□

D. 不满意□　E. 很不满意　F. 不知道□

您是否赞成目前正在进行的养老保险改革？

A. 非常赞成□　B. 赞成□　C. 中立□

D. 反对□　E. 坚决反对□　F. 拿不定主意□

常用的表现等级的词语还有：非常喜欢，比较喜欢，无所谓，讨厌，非常讨厌；完全同意，同意，中立，不同意，完全不同意。此外还可以用数字表示等级。如，不赞成到赞成，1—5分，不满意到满意，1—5分。

⑥矩阵式(双向列联式)

矩阵式是指有多个问题，同时又有多个备选答案，且当每个问题可以用相同的答案时，就将其设计成矩阵的格式。

例如，您认为当前下述社会问题的严重程度如何？请在适当的方格内打“√”。

	非常严重	比较严重	一般	不太严重	无所谓	不知道
劳动就业问题	□	□	□	□	□	□
医疗改革问题	□	□	□	□	□	□
贫富分化问题	□	□	□	□	□	□
社会治安问题	□	□	□	□	□	□
官员腐败问题	□	□	□	□	□	□
社会公德问题	□	□	□	□	□	□

⑦表格式，即将同类问题的几个问题和答案列成一个表格，由受访者依次填答，它实际上是矩阵式的一种变形。

如果研究目的是对某一事物的若干个特征进行程度比较，则可将特征与反映特征的程度排列成表格的形式，由被访者在表格中确定得分。最终汇总时只需要将每一特征的分数和项数统计出来，就可知道该特征的程度。

很多产品或事物对受访者的印象不能仅用简单的喜欢与不喜欢表达出来，比如对食品、酒类、茶叶等味道的回答；对电视节目、广告、产品包装等不同喜好的回答。不同的消费者有不同的判别标准，即使说味道好的消费者，对好的感受也不会完全相同，所以用特征对应表格可以更精确地体现被访者的心理感受程度。

这是一种观念计量的方法，它反映被调查者对某事物的感受程度。该方法的要点是将问题的答案对称排列或顺序排列，让被调查者选择。

例如，关于某电视节目观看感受的特征对应表格如下：

特征	3	2	1	0	−1	−2	−3	
种类多样								种类单一
内容丰富								内容苍白
画面精彩								画面乏味
时间安排合理								时间安排失衡
满足个人需要								不能满足需要
适合各种人群								针对某个群体
很有创意								非常保守
更新快								非常老套
制作雄厚								小成本制作
有影响力								无影响力

统计汇总时只需将每一个对应特征的评分值相加，然后计算出它们的平均值或者画出图形，就可以得到感受差异性的结果。

封闭式回答的优点和缺点。①封闭式问答有许多优点，答案是预先设计的，标准化程度高，节约回答时间，有利于受访者回答问题，有利于提高问卷回答率和有效率，有利于对回答进行统计和定量研究。此外，对于一些敏感问题，受访者不愿意写出自己的看法，但对已有的答案却有可能做出真实选择。②它的缺点是设计比较困难，特别是一些比较复杂或答案多的问题，答案不清楚或无法确定的问题，很难设计得完整周全，一旦设计有缺陷，受访者就无法正确回答问题。它的回答方式比较机械，没有弹性，难以适应复杂多变的社会情况，难以发挥受访者的主观能动性，填写比较容易，受访者可能对自己不懂，甚至难以回答的问题任意填写，从而降低回答的真实性和可靠性。

(2)开放型问题

开放型问题一般有两种形式。

①填空式。例如：您的家庭住址：

________省________市________区(市)________镇(乡、街道)

再如，您喜欢饮用的乳品饮料是：

A. ________ B. ________ C. ________ D. ________

②自由回答式。调查人员提出问题，不提供备选答案，由被访者自由地表达看法。例如，您的人生目标是什么？您打算如何实现您的目标？

您对大学阶段课程的设置满意吗？为什么？

③词语联想式。又称语言联想式。是指给受访者一个有许多意义无关的词表，让被访者看到词后说出最先联想到的词。通过对反映词以及反映时间的分析，了解受访者对刺激词的印象、态度和需求。

例如，给受访者一张第一列为产品品牌，第二列为形容词的调查表。饭后请他为每一个品牌配上最适合的形容词。

品牌	美洲虎　福特　奔驰　丰田　宝马　比亚迪
形容词	实惠　快速　舒适　安全　便宜　美观　豪华

④文章完成式，与词语完成式属于同一类型。它是由调查员向被调查者提供一个有头无尾的文章，由受访者按照自己的意愿完成整篇文章，借以分析受访者的动机和态度等。

例如，一位消费者在一家商场挑选、斟酌了许久，最后选中了一组坐着舒服、做工精细、价格合理的沙发，在她准备付款时却遭到了售货员的怠慢。这位消费者将会作出怎样的反应？

____

(3)混合型问题

混合型问题就是封闭型和开放型回答的结合，它实质是半封闭、半开放型回答。例如：您认为推广大学生当“村官”好不好？(请在适当的方格内打“√”)并简要说明原因。

A. 好 □　　B. 难说 □　　C. 不好 □

为什么？____

这种回答方式，综合了开放型和封闭型回答的优点，克服了两者的缺点，具有非常广泛的用途。

(二)问题排序原则

设计调查问卷，最终目标是要得到高的回收率。为此，必须站在受访者能够回答的立场上，设计出容易回答的问题。因此问题编排的先后次序会影响到受访者对答案的选择和对问卷的兴趣以及答卷的质量。人们一般表现为对问卷中头几个问题回答的兴致比较高，回答起来比较认真。因此，设计问卷时，一项非常重要的工作是科学合理地编排问题的顺序。

1. 问题间应有逻辑联系。从问题的总体顺序上考虑，可按照时间顺序排列，也可按空间顺序排列；可按类别顺序排列，也可按性质顺序排列。

2. 问题的排序先易后难。将受访者熟悉的问题放在前面，较生疏的问题放在后面；一般性的问题放在前面，敏感性或特殊性问题放在后面。这样做不仅使受访者答题感到很顺，而且还会在回答其他问题时学到新知识，了解新情况。

3. 感兴趣的问题向前放。在设计时应将被访者感兴趣的问题放在前面，容易引起受访者紧张、顾虑的问题放在后面；个人资料的事实性问题放在卷尾，事实行为方面的问题先问，观念、情感、态度方面的问题后问。

4. 开放型问题放在后面。一般将封闭型问题放在前面，开放型问题放在后面。但这个原则不是固定不变的，设计者根据具体情况灵活设计。

（三）问题设计技巧

无论所研究问题是大还是小，设计一份科学合理的问卷都是一项复杂的系统工程。因此，除了考虑一些必要的原则、程序以外，还要注意问卷设计中的一些技术和技巧问题。

1. 避免使用不确切的词和含糊不清的问句

使用不确切的词和含糊不清的问句会使得被访者不知所云，从而也就不知从何答起，甚至根本就不作答。

例如，“你经常网上购物吗？”这个“经常”就让受访者很难把握，不知道该怎样去理解，不同的人对其理解是不同的。

例如：“你为什么愿意购买××牌手机？”这一问句实际上也是一题两问，将购买手机和为什么选择这个品牌放在一起提问了，暗含调查者必须已经购买了手机。主题不明确，让人不易准确回答。

2. 避免诱导性和倾向性提问

合格的问卷中的每个问题都应该是中立的、客观的，不应该带有某种倾向性或诱导性，应让受访者自己去选择答案。

例如，您认为我市职工的平均工资水平是否应该提高？

A. 工资偏低，应当大幅度增加

B. 水平尚可，应当小幅度增加

C. 工资偏低，但为了国家建设可暂不增加

D. 与劳动生产率相比，工资不算低不应增加

提问中的“是否应该提高”这种提法带有明显的肯定倾向，他很可能诱导被调查者选择前两项答案。如果把提问改为“您认为我市职工的平均工资水平如何？”就可以消除这种倾向性和诱导性。

3. 避免否定形式提问

否定式提问也称为假设性提问，是指对有些要提的问题，先做出某种假设，以此为前提让被调查者做出单项或多项的选择。如先假定一种情况，然后询问被访者在该种情况下，会采取什么行动。

例如，“您是否同意把××城市建设成花园城市？”

这种提问属于否定形式或假设性问题，受访者对这类问题多数会选择答“是”。出于多数人都愿意尝试一种新东西，或获得一些新经验的心理，这种探测被访者未来行为的问题，事实上没有多大意义。

4. 避免提断定性问题

有些问题是先判定受访者已有某种态度或行为，基于此进行提问。

例如,您每天刷多久的短视频?

事实上该受访者可能不刷短视频,这种情况下该如何回答呢?这种问题实际上为断定性问题。正确处理这种问题的方法是在断定性问题之前加一条"过滤"问题,例如问,"您刷短视频吗?"如果受访者回答"是",接下来再用断定性问题继续问下去,这样才有意义;如果受访者回答"否",则后面不再作答。

5. 避免直接提出敏感性问题

有些关于个人隐私方面的问题,有些不为一般社会公德所接纳的行为或态度类问题通常称之为敏感性问题或困窘性问题。对这类问题若直接提问往往会引起被调查者拒答,或不真实地回答。

例如,"您除了工资之外,是否还有其他收入吗?""您有过逃税的行为吗?"

这类问题都是敏感性问题,如果一定要想获得这类问题的答案,必须避免受访者不愿回答或不真实回答,最好的方法是采取间接提问的方式,并且语气要特别委婉。主要有以下几种常用的方法:

(1)假定法。即用一个假定性条件句作为问题的前提,然后再询问被访者的看法。例如:有些人不同意将"有两套住房"作为我国小康的标准之一,您能想出他们的理由吗?

____

用间接问题旨在套取受访者自己的理由。当然也有可能,他回答的确实是别人的理由或观点。如有必要也可在回答后,再加上一个直接问题:例如,您同他们的理由是否一样?

(2)释疑法。即在敏感性问题的前面写上一段消除疑虑的文字。

例如,打游戏是大学生的一种消遣娱乐活动,您平均每周打几次游戏?

通过肯定打游戏是一种娱乐活动来消除人们心理上的疑虑。

(3)转移法。即让受访者不以第一人称,而是以第三人称来回答这类问题。

例如,汽车消费将是我国未来消费中的一个热点,您周围的朋友对分期购买汽车怎么看?

____

6. 避免问题与答案不一致

这是一种稍不留意就容易犯的一个常见错误。

例如:你愿意与教师交流吗?

A. 经常　B. 有时　C. 偶尔　D. 几乎不交流　E. 从未有过交流

所提的问题是愿意与否,答案应是非常愿意、愿意、一般、不愿意和很不愿意等与"愿意"相关的语句。而备选答案设置的却是与教师交流的情况。

(四)回答的技巧

问题中的备选答案的设计也是重中之重。为了保持问题设计的质量,从而保证问卷的质量,在设计问题时必须遵守穷尽性原则和互斥性原则。

1. 设计答案的要求

(1)相关性。即设计的答案必须与询问的问题具有直接相关关系。例如,如果询问:"领导干部应该具有哪些能力?"答案应列举与领导工作有关的"调查研究能力""科学决策能力""使用干部能力""协调服务能力"等,而不应该列举"文艺写作能力""音乐欣赏能力"等。

(2)同层性。即设计的答案必须具有同层次的关系。例如,如果询问:"您希望自己考取什么专业的研究生?"答项就应该是"经济学、管理学等专业"。

(3)完整性。即设计的答案应该穷尽一切可能的答项,起码是一切主要的答项。例如,"婚姻状况"的答项,许多问卷只设计了"未婚""已婚"两种答项。这样结婚后又离婚的人应该怎样填写呢?填"未婚"吧,结过婚;填"已婚"吧,现在又没有配偶。显然,这个设计违背了完整性要求。正确的设计应该是:"未婚""已婚有配偶""丧偶""离婚""丧偶再婚""离婚再婚""其他"。当答案过多或难以确定时,可设计几种主要答案，然后加一个"其他（请说明）______"，这样就达到完整性要求了。

（4）互斥性。是指每个问题中所有备选答案必须互不相容、互不重叠。互斥性是为了避免被调查者在选择时出现双重选择的现象。

例如，您平均每月支出中，花费最多的是哪项？

A. 食品　B. 服装　C. 书籍　D. 报刊 E. 日用品　F. 娱乐　G. 交际　H. 饮料　I. 其他

备选答案中的食品和饮料，书籍和报刊都不是互斥的。

2. 相关问题的接转——跳答

在回答方式的设计中，应该特别注意相关问题（或相倚问题）的接转。一般地说，相关问题的接转有以下几种方式。

（1）用文字说明

如：1. 您有孩子吗？

有________。

无________。（若无，请直接回答第 2 题）

A. 有几个孩子________。

B. 现在有几个孩子与您一起生活？________。

2. 您妻子/丈夫在哪里工作？________。

（2）分层次排列

如：您是否在业余时间学习某种专业技术？

A. 是□　　　为什么？____________________。

B. 不是□　　为什么？____________________。

（3）用框格表示

如：您曾经结婚了吗？A. 是□　B. 否□

如果是：您第一次结婚时的年龄是________岁

三、量表的设计

在市场调查中，研究者常常需要测量人们的态度、看法、意见、性格等主观性较强的内容。这些主观性的内容一方面具有潜在性的特征，另一方面其构成也比较复杂，一般很难用单一的指标进行测量。为了达到测量的目的，研究者常常需要借助于各种量表。量表在心理学和社会学领域的研究中运用比较普遍，在市场调查以及社会研究中，则更多的是运用量表来测量人们的主观态度。

（一）态度量表

1. 测量的基本概念

（1）什么是测量

所谓测量，是指运用一定的工具、按照一定的法则对某种物体或现象进行测算或度量并赋予一定数值的过程。测量是对社会现象进行定量分析不可或缺的手段或工具，是市场调查中常用而不可替代的，因为某些社会经济现象不能用具体事物来界定其特征，必须用测量的方法认识其特征及属性，通过对客观存在的事实和现象进行量化，得到反映事实和现象的数据资料，才能进行统计分析、定量研究。具体来讲，一次问卷调查是对某个群体的一种测量，一次访问也可以视为一种测量。

测量的主要作用在于确定一个特定分析现象的特定属性的类别或水平，它不仅可以对事物的属性做定性的说明，即确定特定属性的类别；同时，也能对事物的属性做定量的说明，即确定特定属性的水平。因此，它不但使得调查研究的实际操作成为可能，而且为调查研究中的定量分析提供了必要条件，有助于提高市场调查的客观性和精确性。

(2)测量的要素

任何一个测量都包含五个不可缺少的要素：测量对象、测量内容、测量数值、测量规则及测量工具。

①测量对象。又称为测量客体，是客观世界中所存在的人、事物或事件、现象等，是要用数学或符号进行表达、解释和说明的对象。测量客体对应的是"测量谁"的问题。比如测量一个人的身高时，这个人就是测量客体。

②测量内容。即测量客体的某种属性或特征。对应的是"测量什么"的问题。例如测量客体是大学生，那么测量大学生的身高、性别、学习成绩、价值观念、学习态度等就是测量内容。测量客体是社会，那么测量内容往往是人均收入、城市化水平、社会福利水平等。这些属性或特征有些是外显的，如性别、职业、学习成绩等，有些是内隐的，如价值观、态度等。

③测量数值。即用来表示测量结果的数字或符号。测量数值对应的是"如何表示"的问题。在社会研究中，测量的结果许多是用数字来表示的。例如，一名学生的身高"170 厘米"、体重"70 公斤"，统计学考试成绩"90"等，但某些情况下，有时也用文字或符号来表示事物的属性或特征。例如，某位职员性别"男"、婚姻状况"未婚"，身份"党员"等。

④测量规则。即测量法则，是把数字或符号分派给测量对象的统一标准，是在测量过程中用来规范具体的测量内容和测量行为的操作准则。测量法则对应的是"怎么测"的问题。例如，测量人们对政府惩治腐败的态度，常常用 1 代表"非常不满意"，用 2 代表"不太满意"，用 3 代表"无所谓"，用 4 代表"比较满意"，用 5 代表"非常满意"。这样就可以依据这一法则来反映人们对政府惩治腐败的态度。社会现象中测量规则的确定是有一定难度的。我们对社会现象的测量过程，必然要包含将社会现象精确化或者对概念进行操作化的过程。

⑤测量工具。是指用来记录和表现测量结果的调查问卷、各种量表和卡片等。测量工具所对应的是"用什么来测"的问题。由于社会现象复杂，对社会现象的测量单靠数字、符号或文字是远远不够的，还需要有一系列相关的指标，这是要借助于测量表来科学地安排这些指标，调查表、问卷表、量表等都是这种测量表的具体形式，是社会调查中所使用的十分有用的测量工具。

(3)测量的四种尺度

如前所述，在市场调查中我们要对需要测量的概念进行操作化，也就是通过操作化的过程把抽象概念转换成经验层次的变量，使之可以被观察和测量。然而，不同的变量具有不同的性质和测量方法，根据被测量的变量所具有的数值性质，对变量的测量也要区分不同的尺度。

史蒂文斯(Stanley Smith Stevens)在 1951 年创立了被广泛采用的测量层次的分类法，即按照精确度由低到高的顺序，测量可以分为四种类型的尺度：定类尺度、定序尺度、定距尺度和定比尺度。这个和我们前面讲述的数据的计量尺度分类相同。这里不再赘述。

2. 态度

态度是社会心理学的概念，最早是由赫伯特·斯宾塞(Herbert Spencer，1820—1903 年)于 1862 年在其著作《第一原则》里首先使用的，它指的是个体对客观现象、思想和人的一种较为持久而又一致的心理倾向。态度包含认知、情感和行为倾向三个层面。认知是个人对某种现象或事物的了解和评价，反映了个人对某种现象或事物的肯定或否定、好与坏、同意或不同意等；情感是对某种现象或事物的情感表达，反映个人对某种现象或事物的喜欢或厌恶、高兴或不高兴等；行为倾向是个人可能发生的行为或进行的活动，反映了个人对某种现象或事物的支持或反对、愿意或不愿意。

例如，对于外来务工人员的态度：

认知层面：外来务工人员对城市建设起到了积极作用。A. 同意　B. 不同意

情感层面:我希望他们能够享受城市生活的乐趣。　　A. 同意　B. 不同意

行为倾向层面:我愿意与他们成为真正的朋友。　　A. 同意　B. 不同意

态度是一种内部的心理历程,无法直接测量。但任何一种态度都可以通过人的言语、行为以及对外界的反应等间接地进行测量。

3. 态度量表

在心理学上,一般将测量态度的尺度理解为“量表”。量表是一种调查中用于测量人们态度的尺度工具。什么是态度量表呢?

态度量表是由相互关联的一组态度语或项目构成,这些态度语或项目都针对某一对象,但表达不同方向、不同强度的态度。根据被试对象对这组态度语或项目的反应,研究者就能推测被试对象对这一对象的态度。态度量表既然是由相互关联的态度语或项目构成,所以项目的性质、鉴别力即数量就是编制态度量表的关键。一般而言,项目的数量为 20～30 个。

实际应用中,由于调查需要了解人们态度和精度不同,态度测量所使用的态度量表也不同。态度量表大致可分为单维度量表和多维度量表两类。单维度量表根据其编制方法有李克特的总加量表、瑟斯顿的等距测量法等。其中,李克特量表一直是流行较广且具有影响力的一种量表;多维度量表中以语义差异量表和社会距离量表较为常见。由于篇幅有限,这里仅介绍李克特量表。

(二)李克特量表

1. 李克特量表的定义

李克特量表,也称作总加量表或总和量表,它是由美国社会心理学家李克特于 1932 年在原有的总加量表基础上改进而成。它是由一组反映人们对事物的态度或看法的陈述构成,回答者分别对这些陈述发表意见,根据回答者同意或不同意的程度分别给予不同的分数,然后将回答者的全部陈述上的得分加起来,就得到了该回答者对这一事物或现象的态度得分。这个分数是其态度的量化结果,它的高低代表了个人在态度量表中的位置。

2. 李克特量表的制作

第一步,提出调查问题。根据研究课题要求,在初步探索基础上提出一组正、反两类问题。由于有一部分辨别力不强的问题将被删去,因而最初提出的问题应适当多一些,一般以 10～30 题为宜。例如,要了解农民对新农合的看法,可先提出以下 12 个问题:

(1)农村允许个人行医就行了,没必要搞农村合作医疗。

(2)推广新型农村合作医疗是搞好乡村振兴的必要条件。

(3)许多农民不愿在乡村医疗卫生站(所)看病,不愿参加新农合。

(4)要彻底改变农村贫穷、落后面貌,必须实行新型农村合作医疗制度。

(5)新型农村合作医疗很有必要,但只需在经济不发达地区推广就行。

(6)现在农村工作以发展经济为中心,顾不上推广新型农村合作医疗。

(7)发家致富既要靠教育科技,又要靠健康体魄,应尽快实行新型农村合作医疗。

(8)农村困难户连温饱问题都没解决,哪里有钱参加新型农村合作医疗?

(9)实行新型农村合作医疗制度,政府有政策,群众有要求,一定会实现。

(10)政府财力有限,没有政府大量投入,新型农村合作医疗制度不可能普及。

(11)尽管经费少、困难多,但只要我们努力工作,新型农村合作医疗制度就迟早会建立起来。

(12)农村医疗卫生人员数量少、水平低,推广新型农村合作医疗脱离实际。

第二步，制定评分规则。对上述每个问题，按正反两个方向和不同程度分为 3～5 个评分等级，如："赞成、中立、不赞成"或"非常同意、同意、拿不定主意、不同意、非常不同意"等。评分的原则是：对应该肯定的提问，如上述(2)、(4)、(7)、(9)、(11)这 5 个问题，越倾向于同意或赞成的就给分越高，反之则打分越低。如"非常同意"5 分，"同意"4 分，"拿不定主意"3 分，"不同意"2 分，"非常不同意"1 分。对应该否定的提问，如上述(1)、(3)、(5)、(6)、(8)、(10)、(12)这 7 个问题，越倾向于同意或赞成的就给分越低，反之则给分越高。

第三步，进行测量试验。为了鉴别上述 12 个问题的辨别力，假定选取 16 位农民进行测验试验，按评分规则评出每个人在每个问题上应得的分数和 12 个问题得分的总和，并按 16 个试测对象所得总分高低排列顺序，列出每个人在每个问题上的得分情况(见表 2.3)。

表 2.3　试测结果评估表

	序号	被测人姓名	总分	每个问题得分											
				1	2	3	4	5	6	7	8	9	10	11	12
试测得分	1	××	57	5	5	4	5	5	5	5	4	5	5	4	5
	2	××	55	4	5	4	5	5	4	5	4	5	5	4	5
	3	××	52	4	4	5	4	4	5	4	5	4	5	4	4
	4	××	52	5	5	5	4	5	4	4	3	4	5	4	4
	5	××	50	5	4	5	4	4	3	4	4	5	4	3	5
	6	××	48	4	5	4	4	5	4	3	3	4	5	3	4
	7	××	46	4	5	3	5	3	4	4	3	4	4	4	3
	8	××	45	3	3	4	4	4	5	3	4	4	4	3	4
	9	××	44	3	4	4	4	4	3	4	3	5	4	3	3
	10	××	42	5	5	4	3	3	2	3	3	4	3	4	3
	11	××	39	3	3	3	4	2	4	2	4	4	4	3	3
	12	××	38	4	3	3	4	3	3	3	2	3	3	3	4
	13	××	37	2	3	4	3	2	4	3	3	4	3	3	3
	14	××	34	2	4	3	3	2	3	2	3	3	3	4	2
	15	××	31	3	3	2	2	3	2	2	2	3	3	3	3
	16	××	24	1	4	2	1	1	2	1	3	2	2	3	2
辨别力评分	总分得分最高 4 人的平均分			4.5	4.75	4.5	4.5	4.75	4.5	4.5	4	4.5	5	4	4.5
	总分得分最低 4 人的平均分			2	3.5	2.75	2.25	2	2.75	2	2.75	3	2.75	3.25	2.5
	平均值差数			2.5	1.25	1.75	2.25	2.75	1.75	2.5	1.25	1.5	2.25	0.75	2
评估结果				√	×	√	√	√	√	√	×	×	√	×	√

第四步，评估测试结果。根据测试得分情况，计算总分得分最高和最低的各 25％的人(即第 1～4 名和第 13～16 名)在每个问题上所得的平均分，并据此计算出平均值差。

第五步，制定总加量表。首先，根据辨别力强弱，决定问题去留。所谓辨别力是指把不同心理状态的人区别开来的能力。表中(2)、(8)、(9)、(11)4 个问题平均值差数均在 1.5 及其以下，说明辨别力较弱，应该淘汰；另外 8 个问题平均值差均在 1.5 以上，说明辨别力较强，应该保留。然后，将那些辨别力强的问题制成总加量表，如表 2.4 所示。对于新型农村合作医疗，人们有种种看法，您对下述 8 种看法是何种态度？请在您认为合适的方格内打"√"。

表 2.4 人们对新型农村合作医疗的看法

题 目	非常同意	同意	拿不定主意	不同意	非常不同意
农村允许个人行医就行了，没必要搞农村合作医疗。					
许多农民不愿在乡村医疗卫生站(所)看病，不愿参加新型农村合作医疗。					
要彻底改变农村贫穷、落后面貌，必须实行新型农村合作医疗制度。					
新型农村合作医疗很有必要，但只需在经济不发达地区推广就行。					
现在农村工作以发展经济为中心，顾不上推广新型农村合作医疗。					
发家致富既要靠教育科技，又要靠健康体魄，应尽快实行新型农村合作医疗。					
政府财力有限，没有政府大量投入，新型农村合作医疗制度不可能普及。					
农村医疗卫生人员数量少、水平低，推广新型农村合作医疗脱离实际。					

第六步，实际测量。以制作的总加量表为工具，去测量被调查者的看法或态度，然后根据每个人的回答，评出每道题的得分，并累计得出总分，最后以总分来说明每个人的心理状态。其中，总分越高的人，说明对该问题越倾向于肯定；反之，则越倾向于否定。

3. 李克特量表的特点

(1)主要应用于测量态度意向等主观指标；

(2)它由一组陈述语及其等级分答案组成；

(3)答案一般分为五个等级，分别记以 1、2、3、4、5，具有排序功能；

(4)评判回答者态度强弱的依据是他在所有陈述语上的得分总和。

李克特量表有一个假设前提，即认为每一个陈述句在测定态度时均起同等作用，在表现态度的程度差别时，其能力是相同的。然而，我们在实际应用中却有一个很大的困难，这就是指标(陈述句)以保证用来进行这种测量的所有指标都在完全测量着同一事物。

李克特量表的优点主要是设计比较简单，适用范围比较广泛，能测量一个复杂概念所包含的多项维度，可以获得较高的信度，多种回答的划分，便于被测对象方便表达态度的强弱程度。但是，李克特量表只能看出被测对象对某一事物或现象态度的高低，却不能进一步分析被测对象态度结构上的差异。

(三)测量的信度与效度

社会科学研究任何一种精确的、系统的收集资料的方法，实际上都是一种特定形式的测量。而对于任何一种测量工具或测量手段来说，都会涉及这样一些基本问题：测量所得的结果是否正是人们所希望测量的东西？当测量时间、地点及操作者发生改变时，测量结果将会受到什么样的影响？这就需要我们了解测量的信度和效度问题。

1. 测量的信度

测量的信度即可信性，指的是采取同样的方法对同一对象重复进行测量时，其所得结果相一致的程度。测量信度通常以相关系数来表示。由于测量的误差变异来源有所不同，各种信度系数分别说明信度的不同层面而具有不同的意义。

(1)再测信度

这里再测是指对同一群对象采用同一种测量，在不同的时间点先后测量两次，根据两次测量的结果计算出相关系数，这种相关系数就叫做再测信度。这是一种最常用、最普遍的信度检查方法。使用这种方法时，两次测量所采用的方法、所使用的工具是完全一样的。

它的缺点是容易受到时间因素影响，即在前后两次测量之间的某些事件、活动的影响，会导致后一次测量的结果客观上发生改变，使两次结果的相关系数不能很好地反映两次测量的实际情况。因此，如何把握再测信度中两次测量的间隔时间是很关键的问题。

(2)复本信度

复本信度是指对同样的测量对象交替使用两种类型的测量方法，然后将测量结果进行比较，计算其相关系数。在社会研究中，研究人员可以设计两份研究问卷，每份使用不同的项目，但都用来测量同一个概念或事物，对同一群对象同时用这两份问卷进行测量，然后根据两份问卷所得的分数计算其复本信度。

它的缺点是所使用的复本必须是真正的复本，即二者在形式、内容、难度、篇幅等方面都应该完全一致。然而，实际研究中要达到这样的要求往往是一件十分困难的事情。

(3)折半信度

折半信度是将研究对象在一次测量中所得的结果，按测量项目的单双号分为两组，计算这两组分数之间的相关系数，这种相关系数就叫做折半信度。

通常研究者为了采用折半信度来检验测量的一致性，需要在他的测量表中增加一倍的测量项目。这些项目与前半部分的项目在内容上是重复的，知识表现形式不同。如果被研究者在前后两部分项目上的得分之间高度相关，则可以认为这次测量是可信的。

在测量中，信度都是相对的。一般来说，信度系数在 0.8 以上，就可以认为测量结果是可信的。

2. 测量的效度

测量效度也被称为测量的有效度或准确度，指的是测量工具或测量手段能够真实反映出所要测量的各种变量之间的差异程度，或者说能够准确、真实地度量事物属性的程度。

(1)内容效度

内容效度也称为表面效度或逻辑效度，指的是测量内容或测量指标与测量目标之间的适合性和逻辑相符性。评价一种测量是否具有内容效度，首先必须知道所测量的概念是如何定义的，其次需要知道这种测量所收集的信息是否和概念密切相关。然后评价者才能尽其能力判断这一测量是否具有内容效度的结论。

(2)准则效度

准则效度也称为使用效度或校标效度，指的是用一种不同以往的测量方式或指标对同一事物或变量进行测量时，将原有的一种测量方式或指标作为准则、用新的方式或指标所得到的测量结果与原有准则的测量结果作比较，如果新的测量方式或指标与原有的作为准则的测量方式或指标具有相同的效果，那么我们可以说这种新的测量方式或指标具有准则效度。

(3)构造效度

构造效度也称为构念效度或理论效度，指的是用新的指标取代原来的指标对理论概念进行测量时，新的指标的测量结果是否与原来的指标一样与其他变量存在类似的关系。构造效度用来了解测量工具是否反映了概念和命题的内部结构，通常在理论性研究中使用。测量同一个概念可以用多个指标，当用 X 和 Y 的多个指标来测量两个概念之间的关系时，如果不同指标的测量都反映出理论所假设的关系，那么这些测量就具有构造效度。

需要注意的是，测量的效度和信度都是一种相对量，而不是一种绝对量。对于同一种对象，人们常常会采取各种不同的测量方法、不同的测量指标。我们对它们进行评价和选择的标准则是：越是在准确性和一致性上程度更高的方法和指标，就越是好的测量方法，就越是高质量的测量指标。

3. 信度与效度的关系

测量的信度与效度之间既有明显的区别,也存在着某种相互联系、相互制约的关系。信度主要回答调查结果的一致性、稳定性和可靠性问题,效度主要回到调查结果的有效性和正确性问题。

总的来说,信度是效度的基础,信度是效度的必要条件而非充分条件,即缺乏信度的测量肯定也是无效度的测量;但高信度的测量未必同时也是高效度的测量,也许是有效度,也许是无效度的。效度则是信度的目的和归属,没有效度的信度就失去了其本来的意义。

本章小结

1. 统计调查就是按照预先规定的要求和科学的方法,有计划、有组织、科学地、系统地向被研究现象搜集统计数据的工作过程。

2. 统计调查的分类。①按调查对象包括的范围不同,可以分为全面调查和非全面调查。全面调查包括普查和全面统计报表制度。非全面调查包括重点调查、典型调查和抽样调查。②按调查登记的时间是否连续,分为经常性调查和一次性调查。③按调查的周期不同可分为定期调查和不定期调查。④按调查的组织方式不同,分为统计报表和专门调查。⑤按搜集资料的方法不同,可以分为直接观察法、采访法、报告法和通信法。

3. 统计调查的组织形式有统计报表、普查、重点调查、典型调查和抽样调查。①统计报表。按照国家统一规定的表格形式,统一规定的指标内容,统一的报送程序和报送时间,自上而下统一布置,自下而上地逐级提供基本统计资料的一种报表制度。②普查。普查是一种专门组织的、一次性的全面调查。③重点调查。是指在调查对象范围内,只选择一部分重点单位进行调查,借以了解总体基本情况的一种非全面调查。④典型调查。根据调查的目的和要求,在对研究对象进行全面分析的基础上,有意识地选择部分有代表性的单位进行调查。⑤抽样调查。按随机原则从调查对象中抽取部分单位作为样本,并根据样本资料对总体的数量特征作出科学的估计或推断。

4. 一个完整的调查方案,应包括以下几个方面的内容:①明确统计调查的目的和任务;②确定调查对象和调查单位;③确定调查内容;④设计调查表或调查问卷;⑤明确调查的方式和方法;⑥设计抽样方案;⑦制定数据分析方案;⑧确定调查的组织实施计划。

5. 问卷设计是根据调查目的和要求,将所需要调查的问题具体化,使得调查者够顺利地获取必要的信息资料,以便于统计分析的一种手段。问卷一般有标题、卷首语、问题说明、被访者基本情况、调查的主题内容、编码和其他作业证明的记载组成。问卷的设计水平主要体现在问卷主体的设计上,它对于问卷调查的成败具有关键性作用。问卷的主体主要包括两个部分:询问的问题和回答的方式。

6. 问卷设计中的一些技术和技巧问题:避免使用不确切的词和含糊不清的问句,避免诱导性和倾向性提问,避免否定形式提问,避免提断定性问题,避免直接提出敏感性问题。问题中的备选答案的设计也是重中之重。为了保持问题设计的质量,从而保证问卷的质量,在设计问题时必须遵守穷尽性原则和互斥性原则。

7. 测量是指运用一定的工具、按照一定的法则对某种物体或现象进行测算或度量并赋予一定数值的过程。测量是对社会现象进行定量分析不可或缺的手段或工具,是市场调查中常用而不可替代的。任何一个测量都包含五个不可缺少的要素:测量对象、测量内容、测量数值、测量规则及测量工具。

8. 态度量表是由相互关联的一组态度语或项目构成,这些态度语或项目都针对某一对象,但表达不同方向、不同强度的态度。

9. 李克特量表,也称作总加量表或总和量表,它是由一组反映人们对事物的态度或看法的陈述构成,回答者分别对这些陈述发表意见,根据回答者同意或不同意的程度分别给予不同的分数,然后将回答者的全部陈述上的得分加起来,就得到了该回答者对这一事物或现象的态度得分。

10. 测量的信度即可信性，指的是采取同样的方法对同一对象重复进行测量时，其所得结果相一致的程度。测量信度通常以相关系数来表示。测量效度也被称为测量的有效度或准确度，指的是测量工具或测量手段能够真实反映出所要测量的各种变量之间的差异程度，或者说能够准确、真实地度量事物属性的程度。

思考与练习

思考题

1. 统计调查的组织形式有哪些？
2. 一个完整的统计调查方案包括哪些内容？
3. 简述重点调查、典型调查、抽样调查的异同。
4. 我国的统计调查体系是什么？
5. 问卷的一般结构是什么？
6. 问卷设计的程序是什么？
7. 李克特量表是如何测量对象的？
8. 问卷的信度和效度指的是什么？

练习题

结合小组选题，设计一个市场调查方案，并在此基础上进行问卷设计。

调查报告的写作

(一)搞好调查研究

搞好调查研究，详尽地占有材料和科学地分析材料，是写好调查报告的前提。“巧妇难做无米之炊”，没有成功的调查研究，不可能写出好的调查报告。调查时先拟定一个市场调查方案，初期可以做大数据爬虫，通过可视化爬取感兴趣的主题，通过预调查和访谈深入了解问题，通过扎根理论进行访谈分析。

(二)围绕主题确定材料

调查报告的写作必须围绕主题确定材料，在调查中所收集的材料是丰富的，但是，并不能把它们全部写进调查报告，必须围绕主题来选择材料。要善于运用统计数字说明主题。恰到好处地运用统计数据，可以增强调查报告的概括力和表现力，从而达到直接明白地说明主题的效果。

(三)科学安排结构

调查报告的正文一般结构分为：前言(导语)、主体和结尾三个部分。

1. 前言。调查报告的前言，要概括地介绍调查对象、全文的重点或点明主题，为了解全文打下基础。因此，前言的语言要精练、简短、概括。

2. 调查报告的主体是调查报告的基本内容，调查的主要情况、经验或问题都写在这一部分。包含的内容有选题的意义，相关文献的梳理，方案设计，调查的组织实施与质量控制，分析与结论等。

3. 结尾是调查报告的结束语。这个部分是分析问题、得出结论、解决问题的必然结果。结束语常见的写法有：总结式、呼应式、展望式、说明式等。

调查报告的撰写要求调查必须客观，材料必须真实，语言必须朴实。观点和材料的结合。写调查报告，既要有事实，又要有观点，并能使二者恰当结合。

思政元素融入:住户收支与生活状况调查方案主要内容
(2022年统计年报和2023年定期统计报表)

一、调查目的

全面、准确、及时了解全国和各地区城乡居民收入、消费及其他生活状况,客观监测居民收入分配格局和不同收入层次居民的生活质量,更好地满足研究制定城乡统筹政策和民生政策的需要,为国民经济核算和居民消费价格指数权重制定提供基础数据。

二、调查对象和范围

住户调查对象为中华人民共和国境内的住户,既包括城镇住户,也包括农村住户;既包括以家庭形式居住的户,也包括以集体形式居住的户。无论户口性质和户口登记地,中国公民均以住户为单位,在常住地参加本调查。

三、调查内容

分省住户调查内容主要包括居民现金和实物收支情况、住户成员及劳动力从业情况、居民家庭食品和能源消费情况、住房和耐用消费品拥有情况、家庭经营和生产投资情况、社区基本情况以及其他民生状况等。

分市县住户调查中的可支配收入和消费支出汇总指标的名称、分类标准、计算方法必须与本方案规定一致,其他记账项目、问卷项目、汇总指标在不影响收支汇总指标的情况下可适当简化,但必须与汇总指标体系的分类标准保持一致。

四、调查方法

住户调查采用日记账和问卷调查相结合的方式采集数据。其中,居民现金收入与支出、实物收入与支出等内容主要使用记账方式采集。住户成员及劳动力从业情况、住房和耐用消费品拥有情况、家庭经营和生产投资情况、社区基本情况及其他民生状况等资料使用问卷调查方式采集。为了提高调查配合度、减轻调查负担、增强抗干扰能力、改进调查效率,国家统计局使用住户调查应用系统,推广电子化数据采集方式。

五、调查组织方式

住户调查由两部分组成。一是分省住户调查,以省、自治区、直辖市(以下简称省)为总体进行抽样。二是分市县住户调查,以市、地、州、盟(以下简称市)及以县、区、县级市、旗(以下简称县)为总体进行抽样。

国家统计局统一领导住户调查,负责制定调查方案,组织调查实施,监督调查过程,审核、处理、汇总调查数据,发布全国和分省城乡居民收入、消费和生活状况数据。

国家统计局各调查总队负责组织分省住户调查工作,牵头负责本地区分市县住户调查工作,省级统计局积极配合做好调查制度布置以及数据发布等相关工作。

各级统计调查部门应按照本方案规定,认真组织实施调查,确保调查数据质量。

六、统计资料的报送和公布

分省调查样本的基础数据由各调查市、县通过住户调查应用系统直接上报各调查总队,经调查总队审核后上报国家统计局。分市县调查中的扩充样本由调查市、县上报调查总队。

按自上而下的顺序依次发布国家、省、市、县数据。全国和分省数据由国家统计局发布。季度资料于季后通过新闻发布会、国家统计局网站公布;年度资料除上述途径外,还在次年通过统计公报、《中国统计年鉴》和《中国住户调查年鉴》公布。

第三章 统计数据的整理

“统计、数据挖掘和机器学习都涉及搜集数据和分析数据。在以前，统计研究是在统计系开展，数据挖掘和机器学习是在计算机科学系开展。计算机科学家认为统计理论对于他们的问题是不适用的。情况正在发生改变。统计学家正在认识到计算机科学家对统计理论做出了新的贡献同时计算机科学家认识到统计理论和方法的广泛适用性。好的数据挖掘算法的可扩展性超越统计学家的想象。正统的统计理论的普遍适用性也超过了计算机学家的认识。”

——《统计学与计算机科学》，Larry Wasserman，统计学家

引例：2021 年农民工监测调查报告(节选)

为准确反映全国农民工规模、流向、分布等情况，国家统计局 2008 年建立农民工监测调查制度，在农民工输出地开展监测调查。调查范围是全国 31 个省(自治区、直辖市)的农村地域，在 1587 个调查县(区)抽选了 8 488 个村和 22.6 万名农村劳动力作为调查样本。采用入户访问调查的形式，按季度进行调查。

2021 年全国农民工总量 29 251 万人。其中，外出农民工 17 172 万人；本地农民工 12 079 万人。从内部结构看，在外出农民工中，跨省流动 7 130 万人，省内流动 10 042 万人。年末在城镇居住的进城农民工 13 309 万人。分产业看，从事第二产业的农民工比重为 48.6%，从事第三产业的农民工比重为 50.9%。农民工月均收入 4432 元。其中，外出农民工月均收入 5 013 元，本地农民工月均收入 3 878 元。

从输入地看，在东部地区就业的农民工 15 438 万人，在中部地区就业的农民工 6 571 万人，在西部地区就业的农民工 6 280 万人，在东北地区就业的农民工 894 万人。从输出地看，东部地区农民工 10 282 万人，中部地区农民工 9 726 万人，西部地区农民工 8 248 万人，东北地区农民工 995 万人。

性别比例来看，在全部农民工中，男性占 64.1%，女性占 35.9%。其中，外出农民工中女性占 30.2%，本地农民工中女性占 41.0%。在全部农民工中，未婚的占 16.8%，有配偶的占 80.2%，丧偶或离婚的占 3.0%。

农民工平均年龄 41.7 岁。从年龄结构看，40 岁及以下农民工占 48.2%；50 岁以上农民工占 27.3%。从就业地看，本地农民工平均年龄 46.0 岁，其中 40 岁及以下占 32.6%，50 岁以上占 38.2%；外出农民工平均年龄为 36.8 岁，其中 40 岁及以下占 65.8%，50 岁以上占 15.2%。

文化程度来看，未上过学的占 0.8%，小学文化程度占 13.6%，初中文化程度占 56.0%，高中文化程度占 17.0%，大专及以上占 12.6%。在外出农民工中，大专及以上文化程度的占 17.1%；在本地农民工中，大专及以上文化程度的占 8.5%。[①]

根据统计调查的数据，如何进行统计整理呢？从上面的农民工监测报告可以看出，我们可以通过统计分组了解总体的内部结构，当然为了更加直观地呈现我们也可以通过统计图和统计表的形式来快速捕捉特征。本章我们将从统计整理的程序，在统计分组的基础上进行分布数列的编制，最后通过

① 《2021 年农民工监测调查报告》，http://www.gov.cn/xinwen/2022-04/29/content_5688043.htm。

统计图和统计表的方式呈现。

第一节　数据的预处理

一、统计整理的概念和内容

(一)统计整理的概念

统计整理是根据统计研究的任务与要求,对统计调查所取得的各种原始数据进行科学的汇总和加工,使之系统化、条理化,从而得到反映总体特征的综合资料的工作过程。这项工作也包括系统地积累资料和为研究特定问题对资料的再加工。统计调查所取得的原始数据都是零星的、分散的、不系统的,仅能表明各个调查单位的具体情况,反映事物表象的一个侧面,不能说明被研究总体的全貌。因此,只有对这些资料进行科学地加工整理才能认识事物的本质,暴露事物的内部矛盾,得出正确的合乎事物发展规律与趋势的分析结果。

统计整理是统计调查的继续,又是统计分析的前提条件。它在整个统计工作中具有重要作用。统计资料整理的好,会使综合的资料十分完备和丰富;而不适当的加工整理,会使调查得来的大量原始资料失去价值和效用。所以,统计整理具有三个过渡作用,即由说明个体的材料过渡到说明总体的材料;由说明局部情况的材料过渡到说明全局的材料;由反映现象不系统不完备的材料过渡到反映现象系统的完备材料。

(二)统计整理的内容

1. 根据研究目的设计整理汇总方案。统计汇总方案的设计包括两方面:一是对于总体的处理方法;二是确定用哪些统计指标来说明总体。对总体的处理常用的方法是对总体进行分组,从而更深入了解总体。

2. 根据汇总方案,利用相应的统计软件进行数据处理,对各个调查项目的资料进行汇总并计算出各项主要指标。统计分组和统计指标是统计整理的中心。

3. 统计数据的展示。通过统计表或统计图的形式,对整理的结果进行直观的统计描述。

二、统计整理的程序

统计资料整理加工的一般程序包括数据预处理、数据的分类和审核、数据的汇总和展示。

(一)数据审核

数据的审核是数据分组整理的先前步骤,内容包括数据审核与数据筛选、数据排序等。在对统计数据进行整理时,首先需要进行数据审核,以保证数据的质量,为进一步整理与分析打下基础。从不同渠道取得的统计数据,在审核的内容与方法上都有所不同。对审核过程中发现的错误,应尽可能予以纠正,在调查结束后,当对数据中发现的错误不能予以纠正,或者有些数据不符合调查的要求而又无法弥补时,就需要对数据进行筛选。数据排序是按一定顺序将数据排列,以便于研究者通过浏览数据发现一些明显的特征趋势或解决问题的线索,除此之外,排序还有助于对数据检查纠错,以及为重新归类分组等提供依据。在某些场合,排序本身就是分析的目的之一。

1. 数据审核的内容

数据审核是资料整理加工中的首要环节,是对资料进行“深加工”的第一道工序。审核的内容主要包括以下几个方面:

①准确性审核。准确性审核的内容包括两个方面:一是检查数据资料是否真实地反映了调查单位的客观实际情况,内容是否符合实际;二是检查数据是否有错误,计算是否正确。审核资料准确性

的方法主要有逻辑检查和技术检查。逻辑检查一般用来检查调查表中的内容是否合理、各调查项目所填数据或结果是否矛盾等;技术检查主要用于检查各类调查表及统计报表中的一些差错和问题等,如调查表的栏目有无错填、有无重复填报和缺填、数值的计量单位有无差错等。

②及时性审核。主要是检查调查表或统计报表是否在规定的时间内报送,若没有按时报送,应催促其及时上交,并找出迟报的原因并商讨解决的办法。

③完整性审核。主要是审核应调查的单位是否有遗漏,所有的调查项目或指标是否填写齐全。

2. 数据审核的分类

(1)原始数据审核

对于通过直接调查取得的原始数据应主要从完整性和准确性两个方面去审核。完整性审核主要是检查应调查的单位或个体是否有遗漏,所有的调查项目或指标是否填写齐全等。准确性审核主要包括两个方面,一是检查数据资料是否真实地反映了客观实际情况,内容是否符合实际;二是检查数据是否有错误,计算是否正确等。审核数据准确性的方法主要有逻辑检查、数据的审核和计算检查。

(2)二手数据审核

对于通过其他渠道取得的二手数据,除了对其完整性和准确性进行审核外,还应着重审核数据的适用性和时效性。二手数据可以来自多种渠道,有些数据可能是为特定目的通过专门调查取得的,或者是已经按照特定目的的需要做了加工整理,对于使用者来说,首先应弄清楚数据的来源、数据的口径以及有关的背景资料,以便确定这些数据是否符合自己分析研究的需要,是否需要重新加工整理等,不能盲目生搬硬套。此外还要对数据的时效性进行审核,对于有些时效性较强的问题,如果所取得的数据过于滞后,可能失去了研究的意义,一般来说,我们应尽可能使用最新的统计数据。数据在经过审核后,确认适合于实际需要,才有必要做进一步的加工整理。

3. 数据审核的意义

一方面,现实世界中数据大体上都是不完整,不一致的脏数据,无法直接进行数据分析,或分析结果不尽如人意。为了提高数据分析的质量产生了数据预处理技术。另一方面,根据科学设计所得到的数据,在使用前必须进行统计学分析才有意义。不经统计学处理的数据,没有实际意义。没有统计学处理的结果,只能说明观察范围内的结果,是一个小的样本,这样很难避免在抽样中存在的误差。因此对科学设计所得到的数据进行统计数据预处理,是进行科学统计分析的必要前提。

(二)数据的分类和编码

1. 数据的分类就是对资料按照某一标志或某几个标志进行分组,划分为若干部分。分类标志和分类方法的选择取决于分析研究的目的。

2. 数据的编码就是对需要整理加工的标志,按分类的先后顺序对每一种分类进行编码,根据这种编码,在每一份调查采集表格上的有关项目上标明所属分类的号码。这是为后面的汇总程序作准备,对保证整理加工的质量起到重要作用,便于进行汇总、核对和查找。

(三)资料的汇总和展示

1. 资源的汇总。根据汇总要求和工作条件选择适当的汇总组织形式和汇总的具体方法;按分组要求进行分组汇总,计算各组的单位数和合计总数,计算各组指标和综合指标。

2. 用统计表和统计图来表现统计整理的结果。将汇总的结果编制成统计表或绘成统计图,简要表达社会经济现象在数量方面的有关联系。

三、数据的预处理的原因和步骤*(选读内容)

在真实数据中,尤其是爬虫得到的数据,可能包含了大量的缺失值,可能包含大量的噪音,也可能因为人工录入错误导致有异常点存在,非常不利于算法模型的训练,影响统计建模的效果。数据清洗的结果是对各种脏数据进行对应方式的处理，得到标准的、干净的、连续的数据，提供给后续的统计分析等使用。

数据预处理的主要原因有：(1)数据质量提升。原始数据往往包含缺失值、异常值、重复值等问题，这可能会导致分析结果的不准确性。数据预处理可以帮助识别和处理这些问题，从而提高数据质量。(2) 数据一致性。数据通常来源不同，可能以不同的格式和结构存在。数据预处理可以使数据具有一致的格式，使其更容易被理解和分析。(3)缺失值处理。实际数据中常常存在缺失值，而缺失值可能对分析结果产生负面影响。数据预处理阶段可以通过填充缺失值或删除包含缺失值的行来处理这些问题。(4)异常值处理。异常值可能是由于测量错误、数据录入错误或其他原因引起的。数据预处理可以帮助识别和处理这些异常值，以防止其对分析结果产生不良影响。(5)数据转换。数据预处理可以包括对数据进行转换，例如对数变换、归一化、标准化等，以确保数据满足模型的假设和要求。(6)特征工程。特征工程是指在机器学习和数据分析中，通过选择、转换、构造和提取特征，以提高模型性能的过程。特征工程的目标是将原始数据转化为适合模型训练的特征集，从而使模型更能够捕捉数据中的模式和信息。好的特征工程可以显著提高模型的准确性、泛化能力和效率。(7)提高模型效率。干净、整洁的数据可以提高模型训练和推断的效率。去除不必要的信息和噪声可以使模型更专注于关键特征。(8)避免过拟合。过拟合是指模型在训练数据上表现良好，但在新数据上表现较差。数据预处理有助于降低过拟合的风险，使模型更具泛化能力。

数据预处理的主要步骤分为：数据清理、数据集成、数据规约和数据变换。

(一)数据清理

数据清理(data cleaning) 的主要思想是通过填补缺失值、光滑噪声数据，平滑或删除离群点，并解决数据的不一致性来“清理”数据。如果用户认为数据是脏乱的，他们不太会相信基于这些数据的挖掘结果，即输出的结果是不可靠的。

1. 缺失值的处理

由于现实世界中，获取信息和数据的过程中，会存在各类的原因导致数据丢失和空缺。针对这些缺失值的处理方法，主要是基于变量的分布特性和变量的重要性(信息量和预测能力)采用不同的方法。主要分为以下几种：

(1)删除变量：若变量的缺失率较高(大于 80%)，覆盖率较低，且重要性较低，可以直接将变量删除。

(2)定值填充：具体问题具体分析，结合经验进行替代。

(3)统计量填充：若缺失率较低(小于 95%)且重要性较低，则根据数据分布的情况进行填充。对于数据符合均匀分布，用该变量的均值填补缺失，对于数据存在倾斜分布的情况，采用中位数进行填补。

(4)插值法填充：包括随机插值，多重差补法，拉格朗日插值，牛顿插值等，具体可查阅相关资料。

(5)模型填充：使用回归、贝叶斯、随机森林、决策树等模型对缺失数据进行预测，具体可查阅相关资料。

(6)哑变量填充：若变量是离散型，且不同值较少，可转换成哑变量。例如性别 SEX 变量，存在 male，female，NA 三个不同的值。若某个变量存在十几个不同的值，可根据每个值的频数，将频数较小的值归为一类“other”，降低维度。此做法可最大化保留变量的信息。

一般的经验做法是：先用开源 python 库基于 Numpy 的 pandas 进行数据清洗。Pandas 被广泛用于数据清洗和准备、快速数据分析等工作。pandas. is null. sum()检测出变量的缺失比例，考虑删除或者填充，若需要填充的变量是连续型，一般采用均值法和随机差值进行填充，若变量是离散型，通常采用中位数或哑变量进行填充。

2. 离群点处理

异常值是数据分布的常态，处于特定分布区域或范围之外的数据通常被定义为异常或噪声。异常分为两种："伪异常"，由于特定的业务运营动作产生，是正常反应业务的状态，而不是数据本身的异常；"真异常"，不是由于特定的业务运营动作产生，而是数据本身分布异常，即离群点。

主要有以下检测离群点的方法：

(1)简单统计分析：根据箱线图、各分位点判断是否存在异常，例如 pandas 的 describe 函数可以快速发现异常值。

(2)3σ 原则：若数据服从正态分布，偏离均值的 3σ 之外，通常定义 $P(|x-\mu|>3\sigma)\leqslant 0.003$ 范围内的点为离群点。

(3)基于绝对离差中位数(Median Absolute Deviation，MAD)[①]：这是一种稳健对抗离群数据的距离值方法，采用计算各观测值与平均值的距离总和的方法，放大了离群值的影响。

(4)基于距离：通过定义对象之间的临近性度量，根据距离判断异常对象是否远离其他对象，缺点是计算复杂度较高，不适用于大数据集和存在不同密度区域的数据集。

(5)基于密度：离群点的局部密度显著低于大部分近邻点，适用于非均匀的数据集。

(6)基于聚类：利用聚类算法，丢弃远离其他簇的小簇。

总结来看，在数据处理阶段将离群点作为影响数据质量的异常点考虑，而不是作为通常所说的异常检测目标点。因而一般采用较为简单直观的方法，结合箱线图和绝对离差中位数 MAD 的统计方法判断变量的离群点。

具体的处理手段：①根据异常点的数量和影响，考虑是否将该条记录删除，信息损失多；②若对数据做了对数变换后消除了异常值，则此方法生效，且不损失信息；③平均值或中位数替代异常点，简单高效，信息的损失较少；④在训练树模型时，树模型对离群点的鲁棒性较高，无信息损失，不影响模型训练效果。

3. 噪声处理

噪声是变量的随机误差和方差，是观测点和真实点之间的误差，即 $obs=x+\varepsilon$。通常的处理办法：对数据进行分箱操作[②]，等频或等宽分箱，然后用每个箱的平均数，中位数或者边界值(不同数据分布，处理方法不同)代替箱中所有的数，起到平滑数据的作用。另外一种做法是，建立该变量和预测变量的回归模型，根据回归系数和预测变量，反解出自变量的近似值。

(二)数据集成

数据分析任务多半涉及数据集成。数据集成将多个数据源中的数据结合成、存放在一个一致的数据存储，如数据仓库[③]中。这些源可能包括多个数据库、数据方或一般文件。

1. 实体识别问题：例如，数据分析者或计算机如何才能确信一个数据库中的 customer_id 和另一个数据库中的 cust_number 指的是同一实体？通常，数据库和数据仓库有元数据[④]。这种元数据可以

---

① MAD(median absolute deviation)绝对中位差，数据点到中位数的绝对偏差的中位数。

② 数据分箱(Binning)作为数据预处理的一部分，也被称为离散分箱或数据分段。其实分箱的概念其实很好理解，它的本质上就是把数据进行分组。

③ 数据仓库，英文名称为 Data Warehouse，可简写为 DW。数据仓库顾名思义，是一个很大的数据存储集合，出于企业的分析性报告和决策支持目的而创建，对多样的业务数据进行筛选与整合。它为企业提供一定的 BI(商业智能)能力，指导业务流程改进、监视时间、成本、质量以及控制。

④ 元数据(meta data)——"data about data"，关于数据的数据，可以是结构化数据(如存储在数据库里的数据，规定了字段的长度、类型等)，也可以是半结构化或非结构化数据。元数据是指从信息资源中抽取出来的用于说明其特征、内容的结构化的数据(如题名，版本、出版数据、相关说明，包括检索点等)，用于组织、描述、检索、保存、管理信息和知识资源。原文链接：https://www.zhihu.com/question/20679872/answer/65565699。

帮助避免模式集成中的错误。

2. 冗余问题[①]。一个属性是冗余的，如果它能由另一个表“导出”，如年薪。属性或维命名的不一致也可能导致数据集中的冗余。用相关性检测冗余：数值型变量可计算相关系数矩阵，标称型(定类和定序)变量可计算卡方检验。

3. 数据值的冲突和处理：不同数据源，在统一合并时，保持规范化，去重。

(三)数据归约[②]

数据归约技术可以用来得到数据集的归约表示，它小得多，但仍接近地保持原数据的完整性。这样，在归约后的数据集上挖掘将更有效，并产生相同(或几乎相同)的分析结果。一般有如下策略：

1. 维度规约

用于数据分析的数据可能包含数以百计的属性，其中大部分属性与挖掘任务不相关，是冗余的。维度归约通过删除不相关的属性，来减少数据量，并保证信息的损失最小。

(1)属性子集选择：目标是找出最小属性集，使得数据类的概率分布尽可能地接近使用所有属性的原分布。在压缩的属性集上挖掘其他的优点。它减少了出现在发现模式上的属性的数目，使得模式更易于理解。

①逐步向前选择：该过程由空属性集开始，选择原属性集中最好的属性，并将它添加到该集合中。在其后的每一次迭代，将原属性集剩下的属性中的最好的属性添加到该集合中。

②逐步向后删除：该过程由整个属性集开始。在每一步，删除掉尚在属性集中的最坏属性。

③向前选择和向后删除的结合：向前选择和向后删除方法可以结合在一起，每一步选择一个最好的属性，并在剩余属性中删除一个最坏的属性。

Python scikit-learn 中的递归特征消除算法[③](Recursive feature elimination，RFE)，就是利用这样的思想进行特征子集筛选的，一般考虑建立支持向量机(Support Vector Machines，SVM)[④]或回归模型。

(2)单变量重要性：分析单变量和目标变量的相关性，删除预测能力较低的变量。这种方法不同于属性子集选择，通常从统计学和信息的角度去分析。

①皮尔逊相关系数和卡方检验，分析目标变量和单变量的相关性。

②回归系数：训练线性回归或逻辑回归，提取每个变量的表决系数，进行重要性排序。

③决策树模型的 Gini 指数[⑤]：训练决策树模型，提取每个变量的重要度，即 Gini 指数进行排序。

---

① 数据冗余是指在数据库或其他数据存储系统中重复存储相同信息的情况。这可能是因为设计不当、数据合并或者操作错误等原因造成的。虽然某些情况下数据冗余可能有其正面作用，比如数据备份和恢复，但大部分时候，它会导致存储空间浪费，增加数据管理的复杂性，并可能引发数据一致性问题。

② 数据归约指在尽可能保持数据原貌的前提下，最大限度地精简数据量。

③ sklearn 学习——递归特征消除法(RFE)的作用是消除特征之间的冗余，选取最优特征组合，降低特征维数。步骤：①将筛选的 k 个特征作为初始特征子集输入到随机森林分类器中，计算得到每个特征的重要性，并利用交叉验证方法得到初始特征子集的分类精度；②从当前特征子集中移除特征重要性最低的一个特征，得到一个新的特征子集，再次输入到随机森林分类器中，计算新的特征子集中每个特征的重要性，并利用交叉验证方法得到新的特征子集的分类精度。递归的重复步骤②，直至特征子集为空，最后一共得到 k 个不同特征数量的特征子集，选择分类精度最高的特征子集作为最优特征组合。原文链接：https://blog.csdn.net/weixin_42506939/article/details/116669848。

④ 支持向量机(support vector machines，SVM)是一种二分类模型，它的基本模型是定义在特征空间上的间隔最大的线性分类器，间隔最大使它有别于感知机；SVM 还包括核技巧，这使它成为实质上的非线性分类器。SVM 的的学习策略就是间隔最大化，可形式化为一个求解凸二次规划的问题，也等价于正则化的合页损失函数的最小化问题。SVM 的的学习算法就是求解凸二次规划的最优化算法。

⑤ Gini 指数是一个衡量数据分布不均匀程度的指标。在决策树中，它用于评估数据集的不纯度。Gini 指数越低，数据的纯度越高。

2. 维度变换

维度变换是将现有数据降低到更小的维度，尽量保证数据信息的完整性。这里将介绍常用的几种有损失的维度变换方法，将大大地提高实践中建模的效率。

(1)主成分分析[①](Principal Component Analysis，简称 PCA)和因子分析[②](Factor Analysis，简称 FA)：主成分分析通过空间映射的方式，将当前维度映射到更低的维度，使得每个变量在新空间的方差最大。因子分析则是找到当前特征向量的公因子(维度更小)，用公因子的线性组合来描述当前的特征向量。

(2)奇异值分解[③](Singular Value Decomposition，简称 SVD)：SVD 的降维可解释性较低，且计算量比主成分分析(PCA)大，一般用在稀疏矩阵上降维，例如图片压缩，推荐系统。

(3)聚类：将某一类具有相似性的特征聚到单个变量，从而大大降低维度。

(4)线性组合：将多个变量做线性回归，根据每个变量的可决系数，赋予变量权重，可将该类变量根据权重组合成一个变量。

(四)数据变换

数据变换包括对数据进行规范化，离散化，稀疏化处理，达到适用于分析或挖掘的目的。

1. 规范化处理：数据中不同特征的量纲可能不一致，数值间的差别可能很大，不进行处理可能会影响到数据分析的结果，因此，需要对数据按照一定比例进行缩放，使之落在一个特定的区域，便于进行综合分析。特别是基于距离的挖掘方法：聚类[④]，K 近邻算法[⑤](k-nearest neighbor classification，KNN)，支持向量机(SVM)一定要做规范化处理。

①最大一最小规范化处理：将数据映射到[0,1]区间；

②Z-Score 标准化处理：处理后的数据均值为 0，方差为 1；

③对数(Log)变换处理：在时间序列数据中，对于数据量级相差较大的变量，通常做 Log 函数的变换。

2. 离散化处理：数据离散化是指将连续的数据进行分段，使其变为一段段离散化的区间。分段的原则有基于等距离、等频率或优化的方法。

(1)数据离散化的原因主要有以下几点：

---

① 主成分分析是一种降维算法，它能将多个指标转换为少数几个主成分，这些主成分是原始变量的线性组合，且彼此之间互不相关，其能反映出原始数据的大部分信息。一般来说，当研究的问题涉及到多变量且变量之间存在很强的相关性时，我们可考虑使用主成分分析的方法来对数据进行简化。

② 因子分析是无监督机器学习中降维的一种，是一种数据简化技术。旨在用少量的潜在变量或因子描述可观测的变量，也称公因子分析。通过观测变量的线性组合，来解释观测变量的共有变异，对观测变量做出有意义的解释，减少变量数。因子分析分为探索性因子分析和确认行因子分析。探索性因子分析：事前不对因子之间的关系做出任何假设，任何变量都可以与任何因子有关联，这有助于识别变量之间的复杂关系，并根据共同因素对他们进行分组。确认性因子分析：事前假设变量与特定因子相关，并使用预先建立的理论来确认其对模型的预期。

③ 在机器学习领域，奇异值分解(SVD，全称为 Singular Value Decomposition)是一种非常重要的算法。它不仅可以用于降维算法中的特征分解，还可以应用于推荐系统和自然语言处理等多个领域。SVD 算法的基本思想是将一个矩阵分解为三个部分：左奇异向量矩阵、奇异值矩阵和右奇异向量矩阵。具体来说，对于一个 $m\times n$ 的矩阵 A，它可以被分解为三个部分：U、Σ 和 V，即 $A = U\Sigma V$。其中，U 是一个 $m\times m$ 的左奇异向量矩阵，Σ 是一个 $m\times n$ 的奇异值矩阵，V 是一个 $n\times n$ 的右奇异向量矩阵。

④ 聚类原本是统计学上的概念，现在属于机器学习中非监督学习的范畴，大多都被应用在数据挖掘、数据分析的领域，简单说可以用一个词概括——物以类聚。从定义上讲，聚类就是针对大量数据或者样品，根据数据本身的特性研究分类方法，并遵循这个分类方法对数据进行合理的分类，最终将相似数据分为一组，也就是“同类相同、异类相异”。

⑤ KNN(K-Nearest Neighbor)算法是机器学习算法中最基础、最简单的算法之一。它既能用于分类，也能用于回归。KNN 通过测量不同特征值之间的距离来进行分类。KNN 算法的思想：对于任意 n 维输入向量，分别对应于特征空间中的一个点，输出为该特征向量所对应的类别标签或预测值。原文链接：https://blog.csdn.net/m0_74405427/article/details/133714384

①模型需要：比如决策树[①]、朴素贝叶斯[②]等算法，都是基于离散型的数据展开的。如果要使用该类算法，必须将离散型的数据进行有效的离散化，能减小算法的时间和空间开销，提高系统对样本的分类聚类能力和抗噪声能力。

②离散化的特征相对于连续型特征更易理解。

③可以有效的克服数据中隐藏的缺陷，使模型结果更加稳定。

(2)数据离散化的方法：①等频法：使得每个箱中的样本数量相等，例如总样本 $n=100$，分成 $k=5$ 个箱，则分箱原则是保证落入每个箱的样本量等于 20。②等宽法：使得属性的箱宽度相等，例如年龄变量(0—100 之间)，可分成 [0,20]，[20,40]，[40,60]，[60,80]，[80,100]五个等宽的箱。③聚类法：根据聚类出来的簇，每个簇中的数据为一个箱，簇的数量模型给定。

3. 稀疏化处理[③]：针对离散型且标称(定类或定序)变量，无法进行有序的标签编码(Label Encoder)时，通常考虑将变量变成 0 和 1 哑变量的稀疏化处理，例如动物类型变量中含有猫，狗，猪，羊四个不同值，将该变量转换成 is_猪，is_猫，is_狗，is_羊四个哑变量。若是变量的不同值较多，则根据频数，将出现次数较少的值统一归为一类“rare”。稀疏化处理既有利于模型快速收敛，又能提升模型的抗噪能力。

综上所述，数据预处理是数据分析过程中不可或缺的步骤，通过清理、转换和整理数据，可以提高数据的质量，确保分析的可靠性和有效性。

第二节　统计分组

在统计资料的整理过程中，一项重要的工作是将资料进行科学的分组。如何进行统计分组？我们需要掌握基本的统计分组原则和方法。

一、统计分组的概念和作用

1. 统计分组的概念

它是根据统计研究的任务和对象特点，将统计总体的各个单位按照一定的标志区分为若干个组成部分的一种统计方法。虽然社会现象复杂多样，但现象之间常常既有某种共同的性质，又在质与量方面存在着种种差异。因此，只有通过科学而合理的统计分组，才能揭示现象内部各部分之间存在的客观差异，表明事物的本质和规律。

统计分组具有两方面的含义：从总体角度看，它是“分”的过程，是把总体中的大量个体分成一个个性质不同的、范围更小的总体；从个体角度看，它又是“合”的过程，是把总体中有共同特征的单位集合起来成为一组。

2. 统计分组的作用

统计分组在统计分析研究中具有重要作用，主要表现在以下几个方面：

---

① 决策树(Decision Tree)是一种分类和回归方法，是基于各种情况发生的所需条件构成决策树，以实现期望最大化的一种图解法。由于这种决策分支画成图形很像一棵树的枝干，故称决策树。它的运行机制非常通俗易懂，因此被誉为机器学习中，最“友好”的算法。

② 朴素贝叶斯(Naïve Bayes，NB)算法，是一种基于贝叶斯定理与特征条件独立假设的分类方法。属于监督学习的生成模型，实现简单，并有坚实的数学理论(即贝叶斯定理)作为支撑。在大量样本下会有较好的表现，不适用于输入向量的特征条件有关联的场景。原文链接：https://blog.csdn.net/Mr_Robert/article/details/89923339。

③ 稀疏(sparse)模型将大量的冗余变量去除，只保留与响应变量最相关的解释变量，简化了模型的同时却保留了数据集中最重要的信息，有效地解决了高维数据集建模中的诸多问题。稀疏模型具有更好的解释性，便于数据可视化、减少计算量和传输存储。链接：https://www.zhihu.com/question/38286385/answer/384984456。

(1)区分事物的性质,划分现象的类型。统计工作中应用最广泛、最主要的分组是将复杂的社会经济现象按一定的标志划分为性质不同的若干类型,其中社会经济类型的划分尤为重要。划分社会经济类型,指的是直接反映社会生产关系的各种类型的划分。它可以直接反映一定社会经济结构的特点。例如,按经济类型划分固定资产投资额。

(2)反映总体的内部结构及整个结构的类型。将总体按一定标志分组后,计算总体内部各组成部分占总体的比重,通过比重来揭示总体内部的结构,表明部分与总体、部分与部分之间的关系。这种分组在实际工作中应用很广泛。例如三次产业在国内生产总值的比重。在有些情况下,通过各组数量在总体总量中所占的比重,还可以表明总体结构所属的类型。

【例 3.1】 人口的年龄构成,就可以表明人口发展的类型。据联合国人口学专家建议,可将总人口按比重分为三种人口类型,如表 3.1 所示。

表 3.1　人口类型表

老年人口占总人口比重	少年儿童占总人口比重	人口类型
5%以下	40%以上	年轻人口型
5%～10%	30%～40%	壮年人口型
10%以上	30%以下	老年人口型

(3)表明现象之间的数量依存关系。一切社会现象都处在相互联系、相互依存、相互制约之中,通过科学分组可以揭示这种关系及其在数量上的表现。例如在工业企业中,劳动生产率的高低与利润大小的关系。商业企业中,商品销售额与流通费的关系等。

二、统计分组的原则和种类

统计分组的关键问题是选择分组标志与划分各组的界限,它不仅直接影响分组的科学性与统计资料整理的准确性,而且最终影响统计分析结果的真实性与可靠性。

(一)统计分组的原则

统计分组必须遵循三个原则:科学性原则、完备性原则和互斥性原则。

一是科学性原则。统计分组要从统计研究的目的出发,选择最能说明现象本质特征的标志进行分组,使得组与组之间有显著性差异,而组内各单位具有一定的同质性。

二是完备性原则。完备性原则,又称为穷尽原则,是指总体中的每个单位都有组可归。例如,调查居民的文化程度,分为小学、中学和大学三组,则文盲和大学以上的居民无组可归,可调整为小学及以下、中学、大学及以上。

三是互斥性原则。就是在特定的分组标志下,总体中的任何一个单位只能归属于某一组,而不能不同归到几个组。例如,某商场把服装分为男装、女装和老年装三类,这不符合互斥原则,因为老年装也有男装和女装。商场服装分为童装、中年装和老年装,然后每个类别再分为男女两组,这就符合互斥原则。

(二)统计分组标志的选择

统计分组需要事先对研究对象的本质进行全面深刻的分析,研究现象的属性和差别,确定正确的分组标志。正确地选择分组标志,是统计分组的核心问题。正确选择分组标志应遵循以下基本原则:

1. 要根据统计研究的目的与任务选择分组标志。由于统计研究的任何一个总体,每个总体单位都有许多标志。所以正确合理选择分组标志,就显得特别重要。例如,工业企业这个总体中每个总体单位就有职工人数、产量、固定资金、流动资金、利税额等多种标志。在研究工业企业问题时,究竟选用哪个标志作分组的依据呢？一要看研究的是什么问题，二是在许多标志中，要抓住具有本质性的或主要的标志作为分组的依据。例如，在研究工业企业的经济效益时，一般要选择利税额标志分组，而不宜选择产量标志分组，因为产量高低不能说明经济效益的好坏。总之，在选择分组标志时，要注意避免选用一些形式的、不触及问题实质的标志。

2. 要根据现象所处的历史条件及经济条件选择分组标志。人类在不断进步，社会在不断发展，标志的选择随历史条件和经济条件的变化而变化。例如，在研究工业企业规模时，职工人数、产值、固定资产价值等都可以作为分组的标志。究竟选用哪一种标志呢？这就要看具体条件。在技术不发达的条件下，用职工人数的多少来表示企业规模的大小就比较恰当，而在技术进步的条件下，采用固定资产价值标志就会更切合实际。即使在同一历史条件下，在不同的经济部门或生产部门中，由于它们的经济条件不同，也必须分别对待。例如，在当今时代条件下，对劳动密集型、技术密集型、资金密集型的企业，就不能选用同一个标志来表示其规模的大小。显然，对劳动密集型企业，选用职工人数表示其规模就会合适些，对资金密集型则选用固定资产价值标志更合适些。

（三）统计分组方法

统计分组标志确定后，还要明确统计分组标志的种类。如前所述，总体单位的标志有品质标志和数量标志两种，统计可按这两种标志分组。

1. 按品质标志分组。按品质标志分组，即选用反映事物的属性、性质差异的标志进行分组，进而在其变异范围内划定各组界限，将总体分为若干个性质不同的组成部分。例如职工按性别、民族、文化程度、技术等级分组；企业按所有制形式、隶属关系、地区分布分组等。

2. 按数量标志分组。按数量标志分组，就是选用反映事物数量差异的标志分组，进而在其变异范围内划定各组界限，将总体划分为若干个性质不同的组成部分。数量标志可以是绝对数，如职工人数、固定资金、流动资金等；也可以是相对数，如完成计划的百分比、发展速度、资金利税率等。

按照数量标志分组，应注意两个问题：首先，分组时各组数量界限的确定必须能反映质的差别；其次，应根据被研究现象的数量特征，采用适当的分组形式，确定合适的组距和组限。分组的形式有单项式和组距式两种，但组距式应用更广泛些，关于这方面的具体划分方法，我们将在下面的一节中再作介绍。

三、统计分组体系

任何统计总体都是由多个方面构成的有机整体，要全面认识总体的特征，就需要运用多个标志进行多次分组。将一系列相互联系的统计分组有机地结合在一起而形成的分组整体，就是统计分组体系。统计分组体系有两种不同的形式。

1. 平行分组体系

如果总体按照一个标志进行分组就称为简单分组。对同一总体选择两个或两个以上的标志分别简单分组就称为平行分组体系。例如，人口总体按性别或文化程度等标志进行的分组，就是一个平行分组体系。

2. 复合分组体系

对同一总体选择两个或两个以上标志层叠（或交叉）起来分组，称为复合分组，复合分组本身构成复合分组体系。如对高等学校在校生可先按年级分组，然后对第一层次所分的各个组，再按性别分组，即构成复合分组体系。

在进行复合分组时，应先根据研究目的，确定主辅分组标志，先按主要标志对总体进行第一层次分组，然后再按辅助标志对第一层次所分的各组进行第二层次的划分。

第三节　分布数列的编制

一、分布数列的概念与种类

（一）分布数列的概念

分布数列是将统计总体按某一标志分组后，用来反映总体单位在各组中分布状况的统计数列。分布数列主要用来研究总体各单位的分布状况和总体的构成，并据以研究总体某一标志的平均水平及其变动的规律性。它是统计资料整理的一种重要形式。分布数列有两个构成要素，一个是总体按某个标志所分的组，另一个是各组所出现的单位数，即频数。

（二）分布数列的种类

根据分组标志种类的不同，分布数列可以分为品质数列（也称属性分布数列）与变量数列（也称为数量数列）两种。

1. 品质数列。按品质标志分组形成的分布数列称品质数列。

【例 3.2】 2021 年底我国的就业人员人数按三次产业标志分组，如表 3.2 所示。

表 3.2　2021 年底我国就业人员人数的构成情况

按三次产业分组	人数（万人）	比重（%）
第一产业	17072	22.9
第二产业	21712	29.1
第三产业	35868	48.0
合计	74652	100.0
︸ 各组名称	︸ 次数	︸ 频率

这个品质数列可以说明 2021 年底我国从业人员的构成情况及特点。所有的品质数列，都是由两个基本要素构成：组的名称和各组的单位数（又称次数或频数）。如将各组单位数计算成比重则称频率。

2. 变量数列。按数量标志分组形成的分布数列，称作变量数列。

【例 3.3】 如将某班学生《统计学》课程考试情况按考分这个数量标志分组，即得到变量数列，如表 3.3 所示。

表 3.3　某班学生《统计学》课程考试成绩资料

按考分分组	学生人数（人）	比重（%）
60 以下	2	5.0
60—70	5	12.5
70—80	7	17.5
80—90	18	45.0
90 以上	8	20.0
合计	40	100.0
︸ 各组变量值	︸ 次数	︸ 频率

这个变量数列可以反映出该班学生《统计学》考试成绩的构成情况。从表 3.3 所示，变量数列也有两个密不可分的要素组成，即各组变量值和各组单位数。

二、变量数列的编制

变量数列有两种形式：单项式数列和组距数列。

（一）单项式数列

单项式数列是以每一个变量值作为一个组而形成的分布数列。它一般是在分组的数量标志为离散性变量且变量的变异幅度较小的情况下编制的。例如根据家庭人口数对家庭规模进行分组，再如毕业生在大四要考虑几种选择：考研、考公、就业、出国等，根据每个学生的意愿进行分组等。

（二）组距数列

组距数列是由表示变量变动的一定范围或一定距离的两个变量值作为一个组而形成的分布数列。组距数列适用于按连续性变量分组或变量的变动范围较大的离散性变量分组的情况。

【例 3.4】 100 名工人某月工资情况，如表 3.4 所示。

在组距数列中：每个组两端的数值称为组限，它分为上限和下限两种。每组的起点标志值叫作下限，如表 3.4 中的 450、500、550、600、650、700 分别为第一组至第六组的下限；每组的终点标志值叫作上限，如表 3.4 中的 500、550、600、650、700、750 分别为第一组至第六组的上限。

表 3.4　100 名工人某月工资情况表

按工资分组(元)	工人人数(人)
450～500	9
500～550	19
550～600	32
600～650	19
650～700	17
700～750	4
合计	100

每组的上限数值与下限数值之差叫做组距。组距数列按其各组的组距是否相等，可以分为等距数列和异距数列。

数列中每组的组距都相等叫做等距数列。如表 3.4 就是等距数列。数列中每组的组距并不都相等叫做异距数列。人的年龄应该按照不同的阶段划分为少年、青年、老年等不同的组。

【例 3.5】 中国 2021 年底按照年龄分组的异距数列如表 3.5 所示[①]。

表 3.5　中国按照年龄分组的异距数列

按年龄分组(岁)	人口数(人)
1～14 岁	24721
15～64 岁	96481
65 岁及以上	20059
合计	141260

① 数据来源于国家统计局 2021 年年度数据人口年龄结构。

在实际工作中，是采取等距数列还是异距数列，要取决于现象的特点和统计研究的目的，一般当客观现象性质差异的变动比较均衡时，宜采用等距数列。而当客观现象性质差异的标志变动不均衡、标志值相等的量具有不同意义、标志值按照一定比例发展变化等场合，则宜采用异距数列。异距分组没有固定的模式可循，关键是要对所研究的现象内在联系十分熟悉才能灵活运用，进而揭示事物的本质。下面结合具体的例子谈一下分组方法和频数分布表的编制过程。

【例 3.6】 为了确定灯泡的使用寿命，在一批灯泡中随机抽取 100 个进行测试，所得结果如表 3.6 所示。

表 3.6　100 个灯泡使用寿命的测试结果

700	716	728	719	685	709	691	684	705	718
706	715	712	722	691	708	690	692	707	701
708	729	694	681	695	685	706	661	735	665
668	710	693	697	674	658	698	666	696	698
706	692	691	747	699	682	698	700	710	722
694	690	736	689	696	651	673	749	708	727
688	689	683	685	702	741	698	713	676	702
701	671	718	707	683	717	733	712	683	692
693	697	664	681	721	720	677	679	695	691
713	699	725	726	704	729	703	696	717	688

采用手工分组时，可先对上面的数据进行排序(使用计算机时不必排序)。分组和编制频数分布表的具体步骤如下：

1. 确定变量的类型。一般地说，如果离散性变量的变异幅度较小，应把每个变量值列为一组，编制单项式变量数列；如果变量的变异幅度大，就应编制组距数列；对于连续性变量不能编制单项式的变量数列，只能编制组距数列。本例中，变量属于连续性变量。

2. 确定组距与组数。在编制变量数列时，对全体变量值划分的部分数，就是组数，组数的多少和组距的大小互相制约，互相影响，二者成反比关系。一般情况下，一组数据所分的组数不应少于 5 组且不多于 15 组。确定组距与组数的基本原则是，要符合现象的实际情况，能够把总体次数分布的特点充分显示出来，对于是先确定组距还是先确定组数的问题应具体问题具体分析，灵活处理，一般来讲应先确定组距，组距确定以后，组数也就出来了。在等距数列情况下，组数等于全距除以组距。本例中，假定分为 10 个组，组距=(最大值－最小值)/组数=(749－651)/10≈10。

3. 确定组限和组中值。在统计工作中，正确地划定组限，主要根据统计认识的目的和遵守组限能反映事物性质或特征的数量界限原则。组限的确定，还要考虑作为分组标志的变量的类型，通常用连续型变量进行分组时，相邻两组交界处的组限应该重合。

综上所述，不论是利用连续性变量或是离散性变量分组，所编制的组距数列，都会出现组限重合的问题，在这种情况下对那些分组标志值重合的总体单位数，分到哪一组呢？一般应遵循“上限不在内”的原则，例如，在表 3.7 中灯泡使用寿命为 690 小时的应统计到第五组中去。

表 3.7　100 个灯泡使用寿命的频数分布表

按灯泡使用寿命分组（小时）	频数（个）	按灯泡使用寿命分组（小时）	频数（个）
660 以下	2	700～710	18
660～670	5	710～720	13
670～680	6	720～730	10
680～690	14	730～740	3
690～700	26	740 以上	3
		合　计	100

在编制组距数列时，还应明确开口组、闭口组和组中值。开口组是只有上限缺下限，或只有下限缺上限的组；闭口组指下限与上限都齐全的组；组中值是上限与下限之间的中点数值，在统计实践中，需用组中值来代表组的一般水平。其计算公式如下：

$$组中值=\frac{上限+下限}{2}$$

开口组的组中值确定，一般是以其邻组组距为准：

$$缺上限的开口组组中值=下限+\frac{邻组组距}{2}$$

$$缺下限的开口组组中值=上限-\frac{邻组组距}{2}$$

三、频数分布的特征

频数是分布在各组中的总体单位数。如果用相对数形式表示，便是比重（或称频率）。各组频数或比重的大小，意味着相应的变量值在决定总体数量表现中所起的作用不同。次数或比重大的组，其变量值在决定总体数量表现中的作用就大，反之就小。由于社会经济现象性质的不同，各种统计总体都有不同的频数分布，形成各种不同类型的分布特征。通过频数的分布特征，可以研究大量社会经济现象的统计规律性。

（一）频数分布表

频数分布表是用统计表格形式表述变量数列内容的方法。例如，根据表 3.7 中的资料可编成如表 3.8 所示。

表 3.8　100 个灯泡使用寿命的频数分布表（向上和向下累计）

按灯泡使用寿命分组（小时）	频数（个）	向上累积频数	向下累计频数
660 以下	2	2	100
660～670	5	7	98
670～680	6	13	93
680～690	14	27	87
690～700	26	53	73
700～710	18	71	47
710～720	13	84	29
720～730	10	94	16
730～740	3	97	6
740 以上	3	100	3
合　计	100	—	—

表中向上累计频数，是将各组次数由变量值低的组向变量值高的组累计，各累计数的意义是各组上限以下的累计次数或累计比重；向下累计频数，是将各组次数和比重由变量值高的组向变量值低的组累计，各累计数的意义是各组下限以上的累计次数或累计比重。

（二）主要的次数分布类型

各种不同性质的社会经济现象都有着特殊的次数分布。概括起来，主要有钟形分布，U 型分布，J 型分布等。

1. 钟形分布。当次数分布出现两端次数较少，靠近中间次数较多的状态时，所绘制的曲线图，就像一口古钟，所以叫钟形分布。

钟形分布有对称分布和非对称分布两种。对称分布的特征是中间变量值分布的次数最多，两侧变量值分布次数则随着与中间变量值距离的增大而渐次减少，并且围绕中心变量值两侧呈对称分布。许多客观现象总体的分布都趋于对称分布。例如，农作物的亩产量的分布，学生考试成绩的分布，人的身高、体重分布等。在非对称分布中，又有左偏分布和右偏分布两种。

2. U 型分布。当次数分布出现两端次数较多，靠近中间次数较少的状态时，所绘制的曲线同英文字母 U 相似，所以叫 U 型分布。有些社会经济现象的分布表现为 U 型分布，例如，人口死亡率分布。

3. J 型分布。J 型分布有两种：正 J 型分布和反 J 型分布。当次数随着变量的增大而增多，绘制成曲线图，就像英文字母“J ”，所以叫正 J 型分布；当次数随着变量值的增大而减少，绘成曲线图，如反写的英文字母“J”，所以叫反 J 型分布。在社会经济现象中，有一些统计整体的分布呈 J 型分布。例如，投资额按利润率大小的分布，老年人口死亡率按年龄的分布，一般均呈正 J 型分布；而儿童死亡率按年龄的分布，则一般呈反 J 型分布。

（三）洛伦兹曲线和基尼系数

在统计分析中，将累积的次数或累计频数用的最直接的就是洛伦兹曲线（Lorentz curve）。洛伦兹曲线是 20 世纪初美国经济学家和统计学家洛伦兹（M. E. Lorentz）根据意大利经济学家帕累托（V. Pareto）提出的“二八原理”和收入分配公式绘制成的描述收入和财富分配性质的曲线。

基尼系数（Gini coefficient）是 1943 年美国经济学家阿尔伯特·赫希曼（Albert Otto Hirschman）根据洛伦兹曲线所定义的判断收入分配公平程度的指标。基尼系数是比例数值，在 0 和 1 之间，数值越低，表明财富在社会成员之间的分配越均匀，是国际上用来综合考察居民内部收入分配或财富分配差异状况的一个重要分析指标。

接下来介绍一下洛伦兹曲线的简单绘制方法。

（1）将分配的对象和接受分配者的数量化成结构行对数并进行向下累计百分比的计算。

（2）纵轴和横轴均为百分比尺度，纵轴自下而上，用以测定分配的对象（一国或地区的财富、土地、收入等的分配状况），横轴由左向右用以测定接受分配者（如一个国家或地区的人口）。

（3）根据计算所得的分配对象和接受分配者的累计百分比绘制曲线，所得的曲线即为所要求的洛伦兹曲线。

【例 3.7】 某地区某年居民家庭收入资料如表 3.9 所示，根据表中的数据资料绘制洛伦兹曲线图。

解：先将人口和收入的数量第（1）栏和第（4）栏计算为结构相对数第（2）栏和第（5）栏，再求出累计百分比第（3）栏和第（6）栏，然后在制好的比率曲线图上按照累计百分比标出绘示点，连接各绘示点形成分配曲线。

表 3.9 某地区某年居民收入所得的分配情况

按收入所得水平分组	人口			收入			累计收入的百分比	
	人口数（万人）	结构（%）	累计的百分比	月收入额（亿元）	结构（%）	实际收入累计的百分比	绝对平等	绝对不平等
	(1)	(2)	(3)	(4)	(5)	(6)	(7)	(8)
最　低	128.5	12.85	12.85	1.57	5	5	12.85	0
中下等	348.0	34.80	47.65	4.08	13	18	47.65	0
中　等	466.9	46.69	94.34	16.33	52	70	94.34	0
较　高	45.6	4.56	98.9	7.54	24	94	98.9	0
最　高	11.0	1.10	100.0	1.88	6	100	100.0	100
合　计	1000	100	—	31.4	100	—	—	—

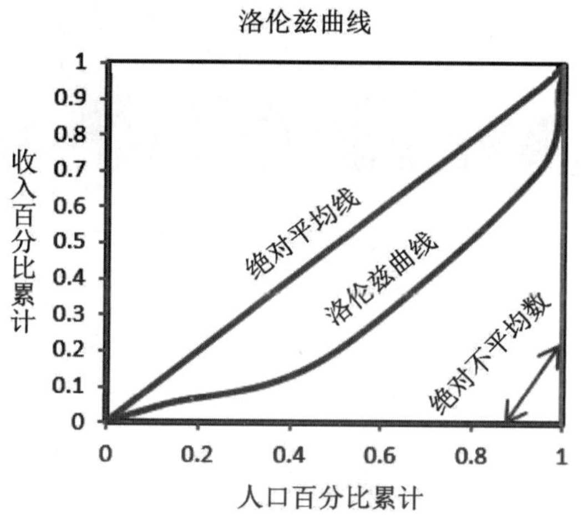

图 3.1 洛伦兹曲线

从图 3.1 可以看出，用实际收入分配曲线与绝对平等线所包围的面积对比总面积，可以计算基尼系数，可以用它来衡量收入分配的是否平等。基尼系数越小，即实际收入分配曲线越靠近绝对平等线，则收入分配越平等；反之，基尼系数越大，实际收入分配曲线越靠近绝对不平等线，则收入分配越不平等。

第四节 统计数据的展示

统计调查获取数据，经过统计整理对数据进行分组，编制频数分布表。接下来需要通过统计图和统计表的方式进行统计数据的显示。统计图的绘制根据数据的计量尺度来进行分别讨论。

一、统计图

不同类型的数据，所采用的处理方法不同，编制的统计图也不同。因此这里分别对分类数据、顺序数据和数值型数据进行图示的说明。

（一）定类定序数据的图示

分类数据本身是对事物的一种分类，因此在整理时除了列出其类别和频数、频率之外，还可以通过适当的图形进行展示，进而对数据及其特征有一个更为直观的认识。图形的制作均由计算机来完成，可以采用 Excel 软件或者 SPSS 软件绘制图形，对于分类数据的图示方法有条形图、饼图等。如果有两个以上的总体或样本的分类数据，还可以绘制环形图。

1. 条形图(bar chart)

条形图是用宽度相同的条形的高度或长短来表示数据多少的图形。条形图可以横置或纵置，纵置时也称为柱形图(column chart)。此外，运用 SPSS 软件还可以绘制简单条形图、复式条形图等。

【例 3.8】 2015—2021 年我国研究与试验发展经费支出概况如图 3.2 所示。

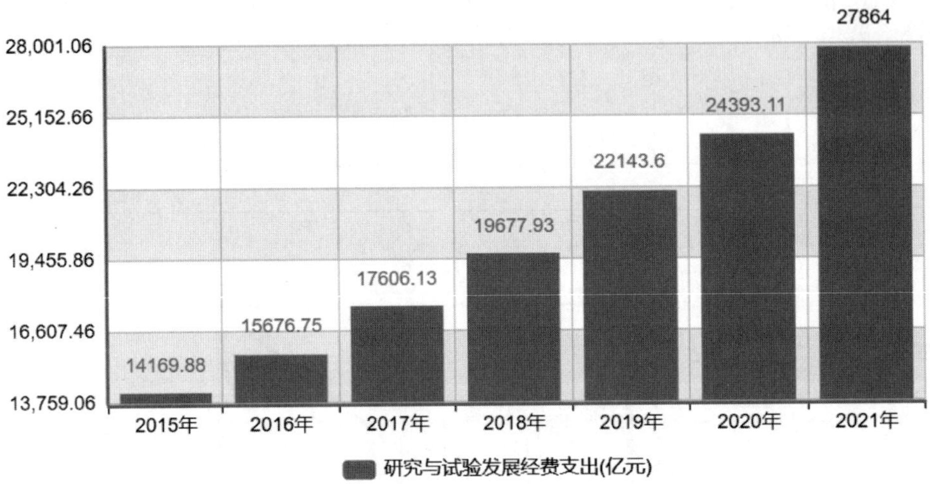

图 3.2　2015—2021 年研究与试验发展经费支出图

2. 饼图(pie chart)

饼图是用圆形及圆内扇形的角度来表示数值大小的图形，它用来表示一个总体或样本中各组成部分的数据占全部数据的比重。

【例 3.9】 根据《中华人民共和国 2022 年国民经济和社会发展统计公报》：初步核算，2022 年国内生产总值 1 210 207 亿元，比上年增长 3.0%。其中，第一产业增加值 88 345 亿元，占国内生产总值比重为 7.3%；比上年增长 4.1%；第二产业增加值 483 164 亿元，第二产业增加值比重为 39.9%；第三产业增加值 638 698 亿元，第三产业增加值比重为 52.8%。如图 3.3 所示。

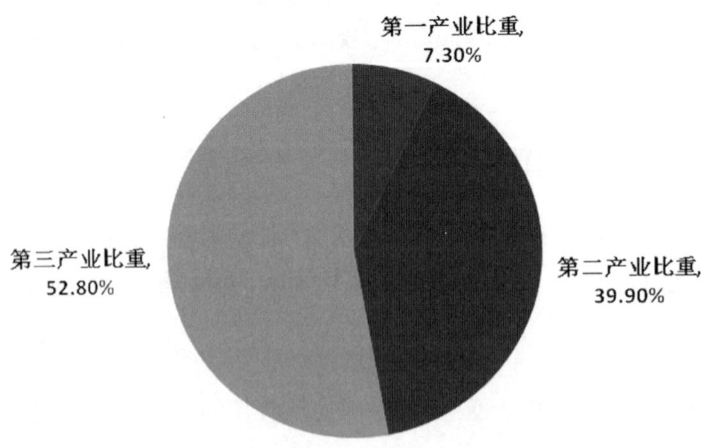

图 3.3　全国 2022 年国内生产总值三次产业构成

3. 环形图(doughnut chart)

饼图只能显示一个样本或总体各部分所占的比重，如果要比较多个样本或总体，需要绘制多个饼图，不经济也不方便。此时可考虑把饼图叠加在一起，挖去中间的部分就可以了，这就构成了环形图。环形图用来显示多个样本各部分所占的比重，从而有利于进行比较研究。

【例 3.10】 河南省、山东省 2021 年的国内生产总值三次产业构成，数据如表 3.10 所示。将两个省的国内生产总值三次产业构成绘制在一张环形图上，如图 3.4 所示。河南省第一产业和第二产业比重较高，山东省第三产业产值比重较高。

表 3.10　2021 年河南省、山东省三次产业构成

三大产业增加值比重	河南省	山东省
第一产业增加值比重(%)	9.50	7.30
第二产业增加值比重(%)	41.30	39.90
第三产业增加值比重(%)	49.10	52.80

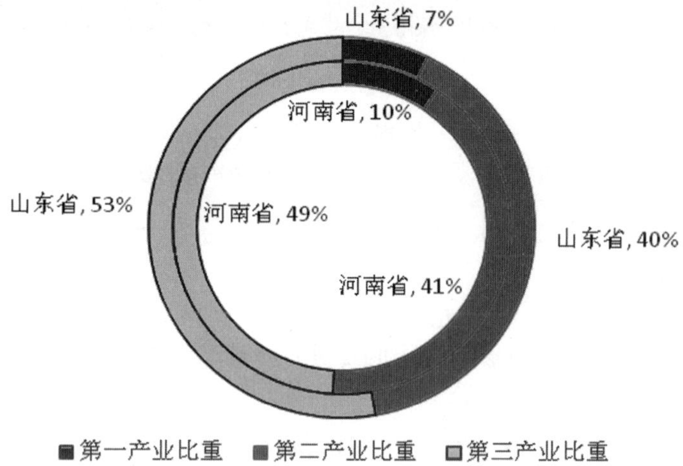

图 3.4　2021 年河南省和山东省的三次产业构成

(二)数值型数据的图示

数值型数据除了利用条形图、饼图、环形图等来显示之外，还可以采用直方图、折线图、茎叶图、箱线图等表示。

1. 分组数据：直方图(histogram)

在直角坐标系中，直方图用横轴表示数据的分组，纵轴表示频数或频率，这样各组与相应的频数形成了一个矩形，即用矩形的宽度和高度来表示频数分布的图形。

图 3.5　灯泡使用寿命的直方图操作窗口

【例 3.6(续)】 将 100 个灯泡使用寿命的分组数据绘成直方图。

进入 SPSSAU,导入数据,选择左边【可视化→直方图】,将“灯泡使用寿命”拖入“分析项(定量)”,点击【开始分析】,如图 3.5 所示,结果如图 3.6 所示。

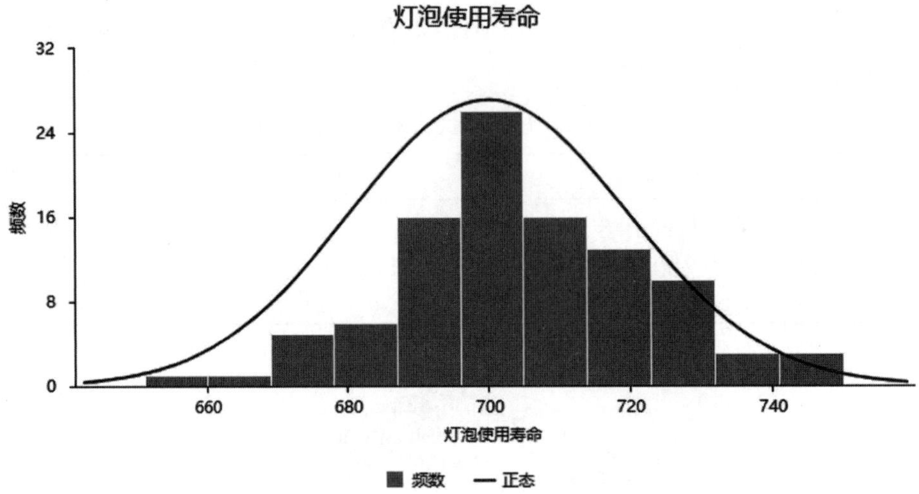

图 3.6 灯泡使用寿命的次数分布直方图

对于不等组距式变量数列,则通常按照次数密度(频数密度)绘制直方图以表示其分布。

2. 未分组数据:茎叶图和箱线图

(1)茎叶图(stem-and-leaf display)是反映原始数据分布的图形。它由茎和叶两部分组成,其图形由数字组成。通过茎叶图可以看出数据的分布形状以及数据的离散情况,比如分布是否对称,数据是否集中,是否有离群点等。

绘制茎叶图的关键是设计好树茎。茎叶图类似于横置的直方图,但与直方图相比,茎叶图既能给出数据的分布状况,又能给出每一个原始数值。而直方图虽然能显示数据的分布,但不能保留原始数据信息。在应用方面,直方图通常适用于大批量数据,茎叶图则适用于小批量数据。

这里采用 SPSS 软件制作茎叶图。第一步,打开 SPSS 软件,先录入变量名称“灯泡的使用寿命”,然后录入数据。第二步,单击【分析】→【描述统计一探索】进入主对话框。第三步,在主对话框中将变量选入【因变量列表】,点击【绘制】按钮,在对话框中选择【茎叶图】(同时,也可以根据需要选择【直方图】),点击【继续】回到主对话框,最后点击【确定】按钮。

(2)箱线图(box plot)是由一组数据的最大值、最小值、中位数、上四分位数和下四分位数 5 个特征值组成的,反映原始数据分布的图形。

通过箱线图,不仅可以反映出单组数据的数据分布特征,也可以对多组数据的分布特征进行比较。箱线图由一个箱子和两条线段组成。其绘制方法是:首先找到一组数据的 5 个特征值,即最小值、下四分位数、中位数、上四分位数、最大值。然后,连接两个四分位数画出箱子;最后,将两个极值点与箱子相连接。通过箱线图的形状可以看出数据分布的特征。

【例 3.11】 从某大学经济管理专业二年级学生中随机抽取 11 人,对 8 门课程的考试成绩进行调查,所得结果如表 3.11 所示。试绘制各科考试成绩的比较箱线图,并分析各科考试成绩的特征。

表 3.11 11 名学生各科的考试成绩数据

课程名称	学生编号										
	1	2	3	4	5	6	7	8	9	10	11
英语	76	90	97	71	70	93	86	83	78	85	81
经济数学	65	95	51	74	78	63	91	82	75	71	55
西方经济学	93	81	76	88	66	79	83	92	78	86	78
市场营销学	74	87	85	69	90	80	77	84	91	74	70
财务管理	68	75	70	84	73	60	76	81	88	68	75
基础会计学	70	73	92	65	78	87	90	70	66	79	68
统计学	55	91	68	73	84	81	70	69	94	62	71
计算机应用基础	85	78	81	95	70	67	82	72	80	81	77

用 SPSSAU 在线软件绘制箱线图：导入数据，选择左边【可视化→箱线图】，将“课程名称”拖入“分组(定类)”，将“成绩”拖入“分析项(定量)”，点击【开始分析】，如图 3.7 所示。分析结果如图 3.8 所示。将“学生”拖入“分组(定类)”，将“成绩”拖入“分析项(定量)”，点击【开始分析】，分析结果如图 3.9 所示。

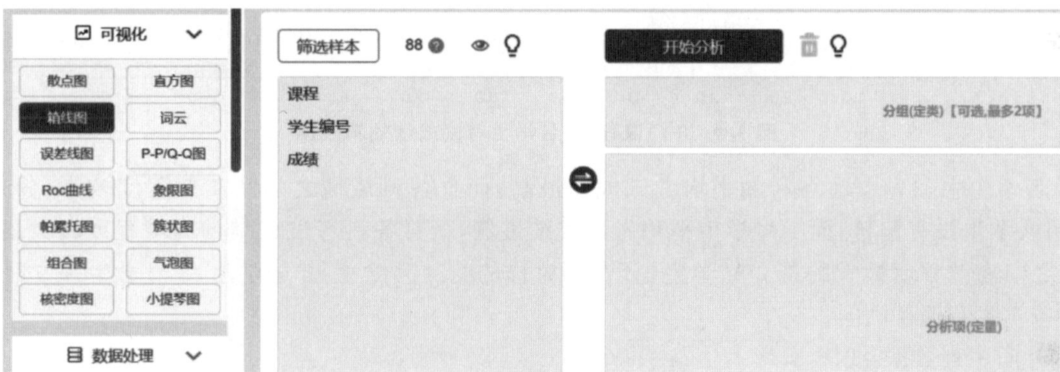

图 3.7 箱线图操作示意图

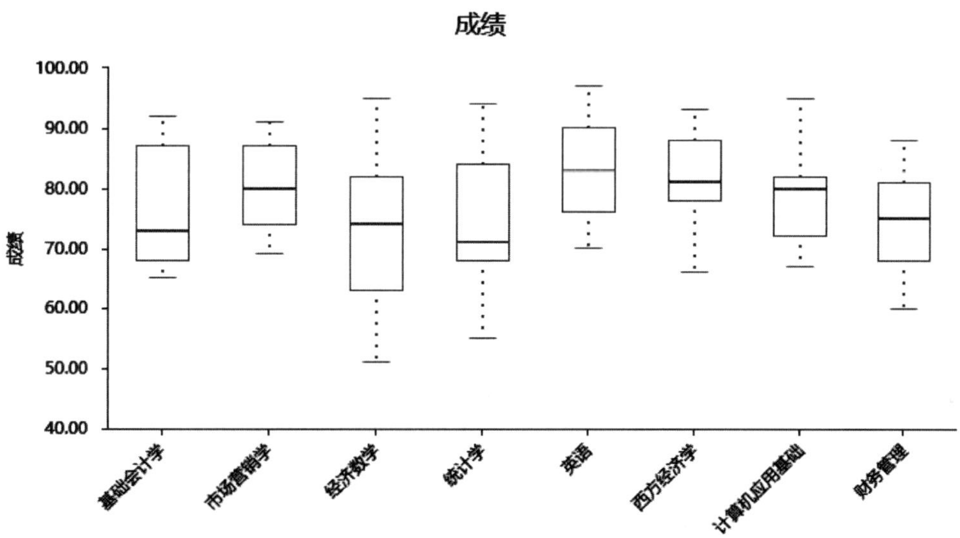

图 3.8 8 门课程考试成绩的箱线图

由图 3.8 可知，在 8 门课程中，平均考试成绩较高的是英语和西方经济学（中位数较高），较低的是基础会计和统计学；从考试成绩的离散程度来看，英语、西方经济学、财务管理和计算机应用基础的考试成绩比较集中（箱体较短），而经济数学、基础会计学和统计学的考试成绩比较分散；从分布形状来看，英语、市场营销学的成绩分布大体上为对称分布（中位数在箱子的中间位置）。

如果关心每个学生考试成绩的分布，可以把每个学生作为关心的类别变量来绘制箱线图，如图 3.9 所示。

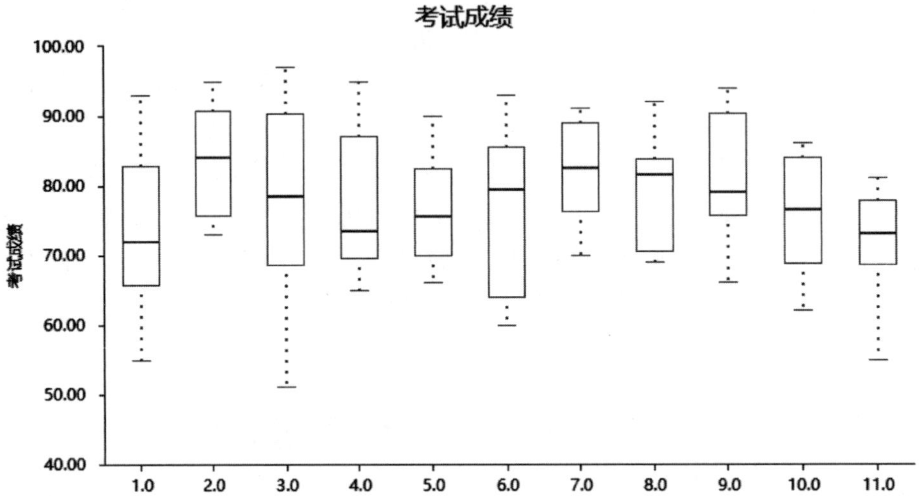

图 3.9　8 门课程 11 名学生考试成绩的箱线图

11 名学生中，2 号学生各科的平均考试成绩最高，而且各科成绩之间的离散程度较小，分布较对称，说明该学生没有偏科；而 1 号学生平均考试成绩最低，而且各科考试成绩的离散程度较大；各科考试成绩之间离散程度最大的是 3 号学生；分布不对称的有 4 号学生、6 号学生、8 号学生和 9 号学生，表明这些学生有偏科倾向。

3. 时间序列数据：线图

如果数值型数据是在不同时间上取得的，即时间序列数据，可以绘制线图。线图主要用于反映现象随时间变化的特征。

【例 3.12】　选取人均消费支出序列如表 3.12，根据 1981—2022 年我国人均消费支出绘制时间序列图，如图 3.10 所示。

表 3.12　1981—2022 年人均消费支出时间序列

时间	居民人均消费支出（元）	时间	居民人均消费支出（元）	时间	居民人均消费支出（元）	时间	居民人均消费支出（元）
1981 年	244	1992 年	937	2003 年	3889	2014 年	14491
1982 年	273	1993 年	1145	2004 年	4395	2015 年	15712
1983 年	304	1994 年	1540	2005 年	5035	2016 年	17111
1984 年	340	1995 年	1957	2006 年	5634	2017 年	18322
1985 年	402	1996 年	2288	2007 年	6592	2018 年	19853
1986 年	465	1997 年	2437	2008 年	7548	2019 年	21559
1987 年	521	1998 年	2516	2009 年	8377	2020 年	21210
1988 年	639	1999 年	2658	2010 年	9378	2021 年	24100
1989 年	712	2000 年	2914	2011 年	10820	2022 年	24538
1990 年	768	2001 年	3139	2012 年	12054		
1991 年	844	2002 年	3548	2013 年	13220		

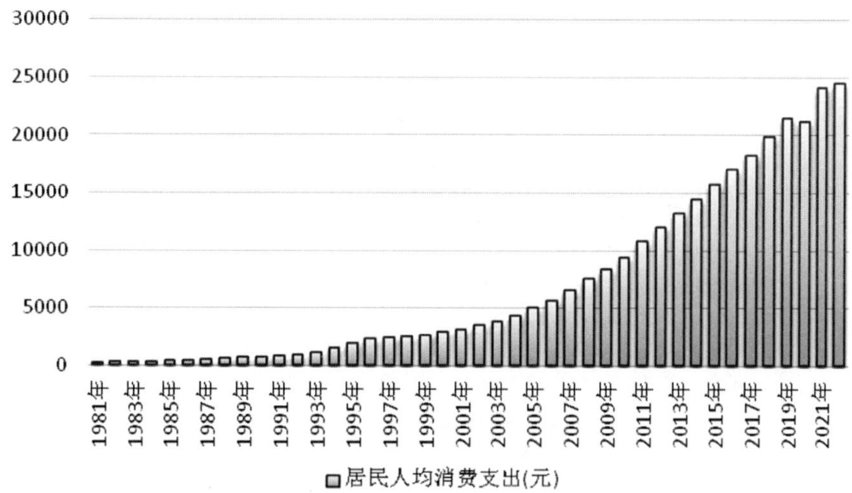

图 3.10　1981—2022 年我国人均消费支出序列图

从图 3.10 可以看出，我国居民人均消费支出呈现不断攀升的态势。改革开放以来，随着我国经济社会发展水平的不断提高，居民人均消费支出序列呈现先是缓慢上升然后是飞速发展，2020 年受到新冠肺炎疫情影响人均消费支出下滑，2021 年和 2022 年又恢复到增长的态势。

(三)多变量数据的图示

上面介绍的都是单变量数据。当有两个或两个以上的变量时，可以采用多变量的图示方法，常见的有散点图、气泡图、雷达图等。

1. 散点图

散点图(scatter diagram)是用二维坐标展示两个变量之间关系的一种图形。它是用坐标横轴代表变量 x，纵轴代表变量 y，每组数据 (x_i, y_i) 在坐标系中用一个点表示，n 组样本数据在坐标系中形成的 n 个点成为散点，由坐标及其散点形成的二维数据图称为散点图。

【例 3.13】　小麦的单位面积产量与降雨量和温度等有一定关系。为了解它们之间的关系形态，收集到数据如表 3.13 所示。

表 3.13　小麦产量与降雨量、温度的数据

温度(℃)	降雨量(mm)	产量(kg/hm^2)
6	25	2250
8	40	3450
10	58	4500
13	68	5750
14	110	5800
16	98	7500
21	120	8250

试绘制小麦产量与降雨量的散点图，并分析二者之间的关系。

根据表中的数据绘制小麦产量和降雨量之间关系的散点图。从图 3.11 可以看出，随着降雨量的增多，小麦产量也随之增加，二者具有明显的线性关系。

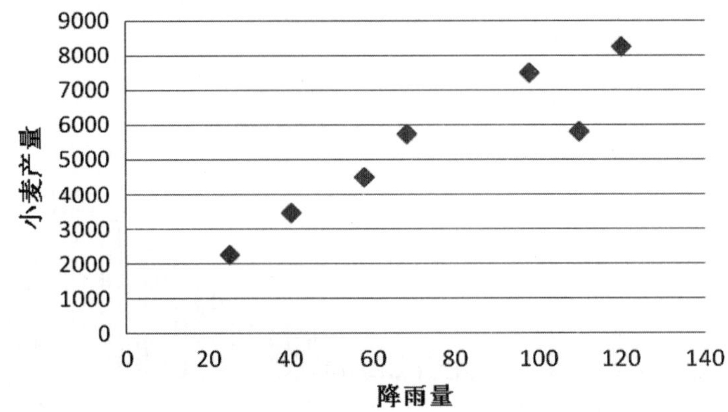

图 3.11　小麦产量与降雨量的散点图

2. 气泡图

气泡图(bubble chart)可以用来展示三个变量之间的关系。它与散点图相似,绘制时将一个变量放在横轴,一个变量放在纵轴,第三个变量则用气泡大小来表示。

从图 3.12 可以看出,随着气温的升高,降雨量在增加;随着气温和降雨量的增加,小麦的产量也在提高(气泡在变大)。

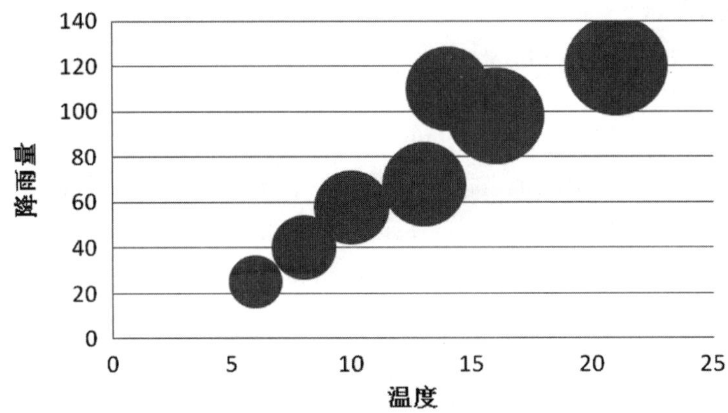

图 3.12　小麦产量与降雨量和温度的气泡图

3. 雷达图

雷达图(rader chart)是显示多个变量的常用图示方法,也称为蜘蛛图。雷达图是以从同一点开始的轴上表示的三个或更多个定量变量的二维图表的形式显示多变量数据的图形方法。

雷达图主要应用于企业经营状况——收益性、生产性、流动性、安全性和成长性的评价。雷达图是对客户财务能力分析的重要工具,从动态和静态两个方面分析客户的财务状况。静态分析将客户的各种财务比率与其他相似客户或整个行业的财务比率作横向比较;动态分析把客户现时的财务比率与先前的财务比率作纵向比较,就可以发现客户财务及经营情况的发展变化方向。

【例 3.14】　某企业是一家制造企业,现在要对四个备选的材料供应商进行分析评价,该企业的采购部选择了雷达图法来评价各个供应商,并且选择出合适的供应商。首先,采购部确定了材料供应商的几项重要指标,每项的满分为 10 分,并且根据各供应商的情况制定了评分表,具体如表 3.14 所示。

表 3.14　供应商的几个重要指标得分

评价标准	供应商 A	供应商 B	供应商 C	供应商 D
企业信誉	9	8	7	9
企业文化	7	8	6	9
价格	4	8	8	2
财务状况	8	8	8	9
质量	7	8	7	9
研发	8	9	3	9
距离	4	8	9	9
生产柔性	6	8	4	7
产能	8	8	5	8
过往供应状况	7	8	6	6

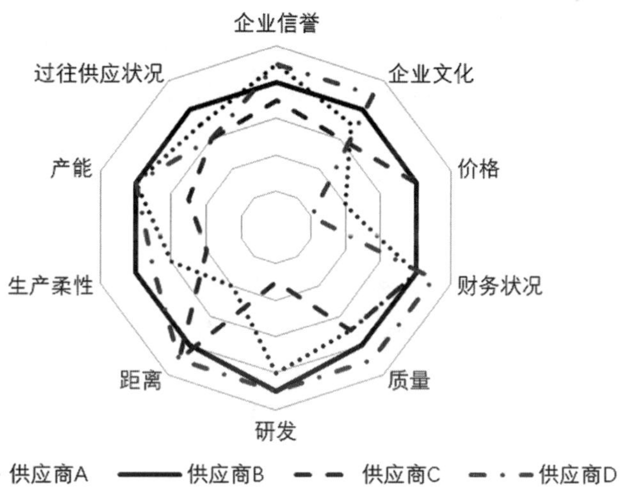

图 3.13　某企业 4 个供应商的雷达图分析

通过对图 3.13 进行分析，我们可以发现：

①供应商 D 的企业信誉、企业文化、财务状况、产品质量、距离等各项指标都很好但由于价格过高，所以表现不均衡。

②供应商 B 的表现最为均衡，各项得分都在 8 分上下，是较为理想的供应商。

③供应商 A 的价格较高、距离较远，可以不予考虑；供应商 C 的价格较好，但是由于质量、企业信誉、企业文化、产能、生产柔性等都表现平平，所以不予考虑。

以上是雷达图用于筛选供应商场景的举例，雷达图还常被应用在竞争对手分析、项目进展评估、市场占有份额、营销策略分析、员工综合评价等多个方面。

二、统计表

(一)统计表的概念和结构

1. 统计表的概念

统计表是用纵横交叉的线条所绘制的表格来表现统计资料的一种形式。

统计资料的表现形式有三种：统计表、统计图和统计报告，其中统计表是表现统计资料最常用的形式。

用统计表来表现统计资料有以下优点：

一是能使统计资料系统化，条理化，从而更清晰地表述统计资料的内容。

二是能合理地、科学地组织统计资料，大大节省篇幅，使人一目了然。

三是便于计算、比较表内的各项统计指标，并易于检查数字的完整性和正确性。

2. 统计表的结构

统计表的构成如表 3.15 所示。

表 3.15　2021 年底我国就业人员分布状况

按三次产业分组	就业人员	
	绝对数（万人）	比重（%）
第一产业	17072	22.9
第二产业	21712	29.1
第三产业	35868	48.0
总　计	74652	100.0

纵栏标题　横行标题　数字资料　主词　宾词

从形式上看，统计表由总标题、横行标题、纵栏标题和数字资料四部分构成。

(1)总标题。是统计表的名称，用来概括统计表中全部统计资料的内容。一般写在统计表的上端中央。

(2)横行标题。是统计表各横行的名称，在统计表中通常用来表示各个单位或各组的名称。一般写在统计表的左方。

(3)纵栏标题。是统计表各纵栏的名称，在统计表中通常用来表示统计指标的名称。一般写在统计表的右上方。

(4)数字资料。是统计表各横行标题与各纵栏标题交叉处所填写的数字。

从内容来看，统计表由主词和宾词两部分构成。

(1)主词。是统计表说明的对象，也就是列在表中的总体及其分组，通常列于横行左端。

(2)宾词。是统计表中说明总体的统计指标，包括指标名称和指标数值。宾词也就是统计表的纵栏标题和数字资料。

(二)统计表的种类

1. 按统计表的作用不同，可分为调查表、汇总表和分析表。

调查表，是在统计调查中用于登记，搜集原始统计资料的表格。

汇总表(整理表)，是在统计整理中用来记载统计整理过程和表现统计整理结果的表格。

分析表，是统计分析中用来记载计算过程和表现计算结果的表格。

2. 按统计表表示的统计数列的性质不同，可分为空间数列表、时间数列表和时空数列结合表。

空间数列表。是反映在同一时间条件下不同空间范围内的统计数列的表格。用它可以说明社会经济现象在不同空间内的数量分布，又称静态表。

时间数列表。是反映在同一空间条件下不同时间上的统计数列的表格。它可以说明在空间范围不变条件下社会经济现象在不同时间上的变动，又称动态表。

时空数列结合表。是把时间数列表和空间数列表结合起来，同时反映时间和空间两方面内容的统计表。

3. 按统计表所反映的总体的分组情况不同，可分为简单表、简单分组表和复合分组表。

简单表。是指统计表所反映的总体未经任何分组，仅罗列出各单位的名称或按时间顺序排列的表格。

简单分组表。是指总体仅按一个标志进行分组所形成的表格。

复合分组表。是指总体按两个或两个以上的标志进行层叠(或交叉)分组所形成的表格。

(三)统计表的设计

为使统计表的设计合理、科学、实用、简明、美观，应注意以下问题：

1. 设计表之前，要对列入表中的资料进行全面分析：如何分组？设置哪些指标？哪些放在主词栏？哪些放在宾词栏？等等，要全面考虑，统筹安排，务必使表的设计主次分明，简明醒目、科学合理。

2. 统计表的形式应长宽比例适中，一般为长方形，但不能为正方形；上下两端线应当用粗线绘制，表中其他线条一律用细线绘制。表的左右两端习惯上均不划线，采用开口式。

3. 表中的横行“合计”，一般列在最后一行或最前一行，表中纵栏的“合计”一般列在最前或最后一行。

4. 表的纵栏较多时，为便于阅读与核对指标之间关系，可按栏的顺序编号，习惯上对非填写统计数字各栏分别用(甲)、(乙)、(丙)…的顺序编号；而对指标数字的各栏分别用(1)、(2)、(3)…的顺序编号。各栏之间若有计算关系，可用数学符号表示。如(3)＝(2)÷(1)，表示第三栏等于第二栏除以第一栏。

5. 表中的总标题要简明扼要，并能确切说明表中的内容。在标题内或在标题下面说明资料所属时间、空间。

6. 表中的指标数字应有计量单位。如果全表的计量单位都相同，若用“万元”为单位，应在表的右上方注明：“单位：××万元”等字样；如果表中同栏的指标数字计量单位相同而各栏之间不同时，应在各栏标题中注明计量单位。如果表中同行的分组指标数字计量单位相同而行与行之间不同时，应在各栏的前面增加一栏“计量单位”用于标明各行的计量单位。

7. 表内上下各栏数字的位数要对整齐，同类数字要保持有效的统一位数。例如统一规定整数后面保留两位小数等，如果小数点后面是“0”时，应当填上“00”，以表示没有小数。表内若有相同的数字时，应全部重写一遍，不能用“同上”“同左”等字样表示。没有数字的空格，应用短横线“—”填满，以免被人误认为漏填；若有数字很小，达不到规定的小数点时，用虚线“…”填满，如果某项资料规定免于填报，应当用符号“×”填满。总之，表内各行各栏不应有空格。

8. 表内各主词之间、各宾词之间的排列顺序，应按时间的先后，数量的大小，空间的位置自然合理编排。一般是从小到大，从过去到现在的顺序排列。对某些资料必须进行说明时，应在表的下面注明。

三、数据可视化

大数据时代，人们面对海量的数据，有时显得无所适从。一方面，数据复杂、种类繁多，各种不同类型的数据大量涌现，庞大的数据量已经远远超出了人类的处理能力；另一方面，人类大脑无法从堆积如山的数据中快速发现核心问题，必须有一种高效的方式来刻画和呈现数据所反映的本质问题。要解决这个问题就需要数据可视化，它通过丰富的视觉效果把数据以直观、生动、易理解的方式呈现出来,有效提升数据分析的效果。数据可视化就是通过创建并研究数据的可视化表达(Visual representation),能够帮助思考,基于人们各自背景和知识储备,找到信息兴趣点,提出新的分析目标。

为什么要数据可视化?信息科学领域面临的一个巨大挑战是数据爆炸。互联网使得信息的采集、传播的速度和规模达到空前的水平,实现了全球的信息共享与交互。数据可视化原理基于心理学研究:人类从外界获取信息的83%来自视觉,11%来自听觉,3.5%来自触觉,1%来自味觉。视觉的信息处理带宽在人类所有感觉当中最高,为100Mb/s,听觉只有100b/s。

(一)数据可视化的概念和分类[①]

数据可视化(Data Visualization)领域的起源可以追溯到20世纪50年代计算机图形学的早期。当时人们利用计算机创建出了首批图形图表。1987年,由布鲁斯·麦考梅克(Bruce H. McCormick)、托马斯·德房蒂(Thomas A. DeFanti)和玛克辛·布朗(Maxine D. Brown)所编写的美国国家科学基金会报告《Visualization in Scientific Computing》(意为“科学计算之中的可视化”),对于这一领域产生了大幅度的促进和刺激。这份报告强调了新的基于计算机的可视化技术方法的必要性。随着计算机运算能力的迅速提升,人们建立了规模越来越大,复杂程度越来越高的数值模型,从而造就了形形色色体积庞大的大型数据库来采集数据。因而,就需要高级的计算机图形学技术与方法来处理和可视化这些规模庞大的数据集。20世纪90年代初期,数据可视化就是一个处于不断演变之中的概念,其边界在不断扩大。

1. 数据可视化的概念

数据可视化是将大型数据集中的数据以图形、图像形式表示,并利用数据分析和开发工具发现其中未知信息的处理过程。数据可视化技术的基本思想是将数据库中每一个数据项以单个图元素来表示,用大量的数据集构成数据图像,同时将数据的各个属性值以多维数据的形式表示,使人们可以从不同的维度观察数据,从而对数据进行更深入地观察和分析。

2. 数据可视化的分类

数据可视化主要包含三个分支:科学可视化、信息可视化、可视分析学。

(1)科学可视化通常需要对数据和模型进行解释、操作与处理,旨在寻找发现其中的模式、特点、关系、演化规律及异常情况等。

(2)信息可视化处理对象是非几何、非结构化的抽象数据集合(如文本、图表、层次结构、地图、软件、复杂系统等)。关键问题是在有限的空间中以直观的方式传达大量信息。

(3)可视分析学是一门以可视交互界面为基础的分析推理科学。结合了人机交互、可视化与数据挖掘,解决需要人参与和理解的多种决策问题。

3. 数据可视化的功能

(1)记录信息。信息成像或草图记载是将浩如烟海的信息记录成文、世代传播的有效方法之一。地图是记录和传递空间信息的基本手段。

拿破仑进军图,如图3.14所示。它讲述了拿破仑于1812年进军莫斯科以征服意大利城的故事。他率领大约470,000名士兵开始行军,但只带着10,000名士兵返回。该图表已成为有史以来最著名的数据可视化示例之一。线的宽度显示士兵的总数。颜色代表行军的方向——浅色代表向莫斯科进军,深色代表回程。它还包含一个简单的温度线图来示意当时下降的温度。

(2)分析推理。可视化扩充了人脑的记忆,帮助人脑形象理解和分析面临任务,显著提高分析信息的效率。

① 原文链接:https://blog.csdn.net/LoraRae/article/details/116001645

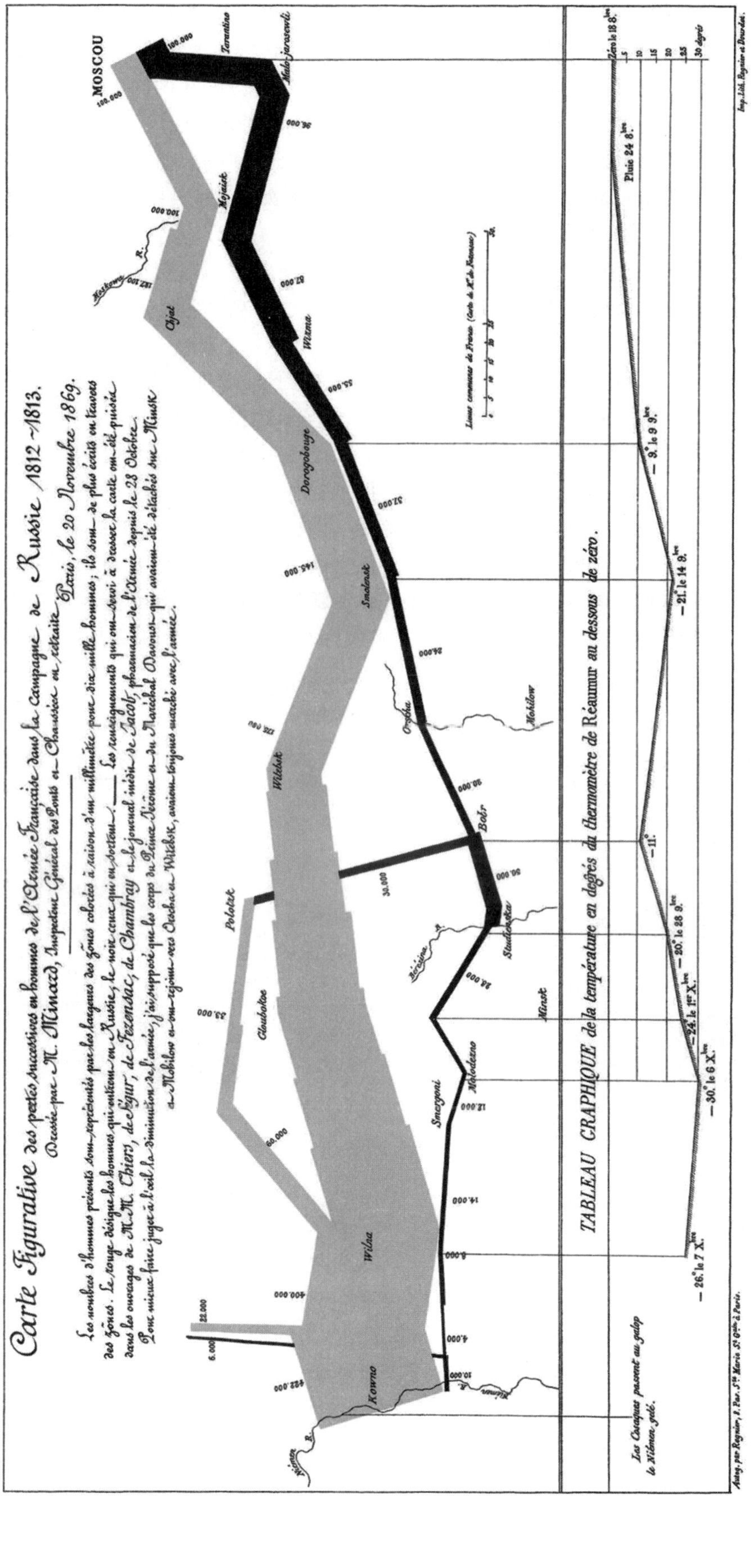

图3.14　1812–1813年对俄战争中法军人力持续损失示意图

资料来源：拿破仑撤退时的道路与桥梁监督官法国工程师米纳德（Charles Joseph Minard）1861年绘制，转引自：《统计学》，袁卫等编制，第50页。

(3)展示隐含模式。约翰·斯诺(John Snow,1813—1858),英国麻醉学家、流行病学家,被认为是麻醉医学和公共卫生医学的开拓者。首次提出预防霍乱的措施,对1854年伦敦西部西敏市苏活区霍乱爆发的研究被认为是流行病学研究的先驱。1854年伦敦再次暴发霍乱的时候,约翰·斯洛着手准备对此进行调研。当霍乱在贫民区迅速蔓延的时候,约翰·斯洛就开始收集资料。他发现特别在两条街道上霍乱流行的很严重,在10天之内就死去了500多人。他在一张地图上标明了所有死者住过的地方。这提供了一条说明霍乱起因的很有价值的线索。许多死者是住在宽街的水泵附近(特别是这条街上16、37、38、40号)。他发现有些住宅(如宽街上20号和21号以及剑桥街上的8号和9号)却无人死亡。他以前没预料到这种情况,所以他决定深入调查。他发现,这些人都在剑桥街7号的酒馆里打工,而酒馆为他们免费提供啤酒喝,因此他们没有喝从宽街水泵抽上来的水。看来水是罪魁祸首。

(4)交流思想。南丁格尔玫瑰图是将柱图转化为更美观饼图形式,是极坐标化的柱图。不同于饼图用角度表现数值或占比,南丁格尔玫瑰图使用扇形的半径表示数据的大小,各扇形的角度则保持一致。说起南丁格尔玫瑰图,就不得不提起它的发明者,世界上第一个真正的女护士——弗罗伦斯·南丁格尔。19世纪50年代,英国、法国、土耳其和俄国进行了克里米亚战争。南丁格尔主动申请,自愿担任战地护士。当时的医院卫生条件极差,伤士死亡率高达42%,直到1855年卫生委员会来到医院改善整体的卫生环境后,死亡率才戏剧性地降至2.5%。当时的南丁格尔注意到这件事,认为政府应该改善战地医院的条件来拯救更多年轻的生命。出于对资料统计的结果会不受人重视的忧虑,她发展出一种色彩缤纷的图表形式,让数据能够更加让人印象深刻。这张图表用以表达军医院季节性的

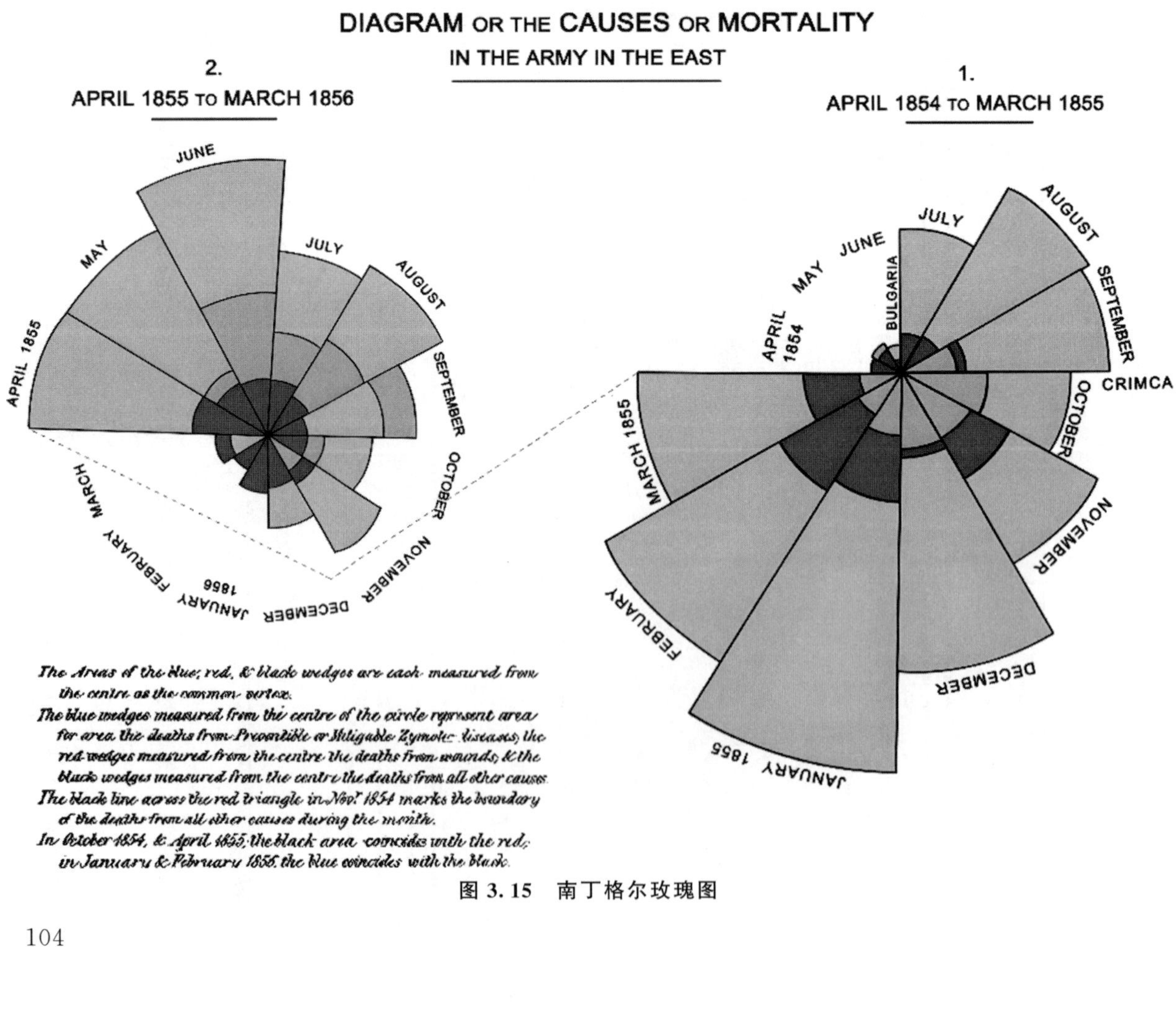

图3.15 南丁格尔玫瑰图

死亡率，从整体上来看：这张图是用来说明、比较战地医院伤患因各种原因死亡的人数，每块扇形代表着各个月份中的死亡人数，面积越大代表死亡人数越多。

由图3.15可知，左右两个玫瑰图被时间点“1955年3月”所隔开。左右两个玫瑰图都包含了12个月的数据。其中，右侧较大的玫瑰图，展现的是1854年4月至1955年3月；而左侧的玫瑰图，展现的则是1855年4月至1856年3月。卫生委员到达后(1955年3月)，死亡人数明显的下降。这幅图让政府相关官员了解到：改善医院的医疗状况可以显著的降低英军的死亡率。南丁格尔的方法打动了当时的高层，包括军方人士和维多利亚女王本人，于是医事改良的提案才得到支持，甚至挽救了千万人的生命。这种新型的图表也由此得名，因为外形很像一朵绽放的玫瑰，这种图表也被称为“南丁格尔玫瑰图”。

4. 数据可视化的目标

(1)真：即真实性，是否正确反应了数据的本质，以及对所反映事物和规律有无正确的感受很认识。数据可视化之真是其基石。

(2)善：即倾向性，指可视化所表达的意象对于社会和生活具有什么意义和影响。加拿大可视化专家Tamara Munzner认为，可视化的终极目标在于帮助公众理解人类社会发展和自然环境的现状，实现政府与智能部门运行的透明。

(3)美：即可视化的艺术完美性，指其形式和内容是否和谐统一，是否有艺术个性，是否有创新和发展。

(二)数据可视化的作用

大数据时代，数据容量和复杂性的不断增加，数据可视化的需求越来越大，依靠数据可视化手段进行数据分析必将成为大数据分析流程的主要环节之一。如何将枯燥的数据以简单友好的图表形式呈现出来，从而使得数据变得更加通俗易懂，有效参与复杂的数据分析过程，提升数据分析效率，改善数据分析结果。

1. 观测、跟踪数据。利用变化的数据生成实时变化的可视化图表，可以让人们一眼看出各种参数的动态变化过程，有效跟踪各种参数值。比如百度地图可以提供实时的路况服务，可以查询各大城市的实时交通路况信息。

2. 辅助理解数据。可视化技术得到的图表可以帮助普通用户更快、更准确地理解数据背后的含义，如用不同的颜色区分不同对象，用动画显示变化过程，用图结构展现对象之间的复杂关系等。例如，微软亚洲研究院设计开发的人立方关系搜索，能从超过10亿的中文网页中自动地抽取出地名、人名、机构名以及中文短语，并通过算法自动计算出它们之间存在关系的可能性，最终以可视化的关系呈现出结果。

3. 增强数据的吸引力。枯燥的数据被制作成具有强大视觉冲击力和说服力的图像，可以大大增强读者的阅读兴趣。可视化的图表新闻就是一个非常受欢迎的应用。现在的新闻播报越来越多地使用数据图表，动态、立体化地呈现报道内容，大大提高读者对知识理解的效率。

(三)可视化图表和工具[①]

统计图表是使用最早的可视化图形，已经具有数百年的发展历史。当然，数据可视化不仅是统计图表，本质上来说，任何能够借助于图形的方式展示事物原理、规律、逻辑的方法都叫做数据可视化。常见的统计图表除了前面讲述的柱状图、饼图、散点图、气泡图、雷达图等，还有一些例如漏斗图、树图、热力图、词云图、桑基图、关系图等。

1. 漏斗图适用于业务流程比较规范、周期长、环节多的流程分析，通过漏斗各环节业务数据的比

① 详见：林子雨，《大数据导论》第8章“数据可视化”，242－253页。

较，能够直观发现和说明问题。

2. 树图是一种流行的、利用包含关系表达层次化数据的可视化方法，能将事物或现象分解成树枝状，明确问题的重点，寻找最佳措施或手段。

3. 热力图是以特殊高亮的形式显示访客热衷的页面区域和访客所在的地理区域的图示，它基于GIS坐标，用于显示人或物品的相对密度。

4. 词云图。通过形成"关键词云层"或"关键词渲染"，对网络文本中出现频率较高的"关键词"给予视觉上的突出。

5. 桑基图。它是一种特定类型的流程图，图中延伸的分支的宽度对应数据流量的大小，通常应用于能源、材料成分、金融等数据的可视化分析。

6. 关系图。基于3D空间中的点线组合，再加以颜色、粗细等维度的修饰，适用于表征各节点之间的关系。

目前已经有许多数据可视化工具，其中大部分都是免费使用的，可以满足各种可视化需求，主要包括入门级工具(Excel)、信息图表工具(ECharts、Tableau等)、地图工具(Google fushion Tables、Quanum GIS等)、时间线工具(Timetoast、Xtimeline等)和高级分析工具(R、Python等)。如图3.16所示。这里不再详细赘述。简单介绍一下ECharts，它是百度前端数据可视化团队研发的图表库，提供了非常丰富的图表类型，包括常规的折线图、柱状图、散点图、饼图、K线图等，用于地理数据可视化的地图、热力图、线图，基于关系数据可视化的关系图、树图等。

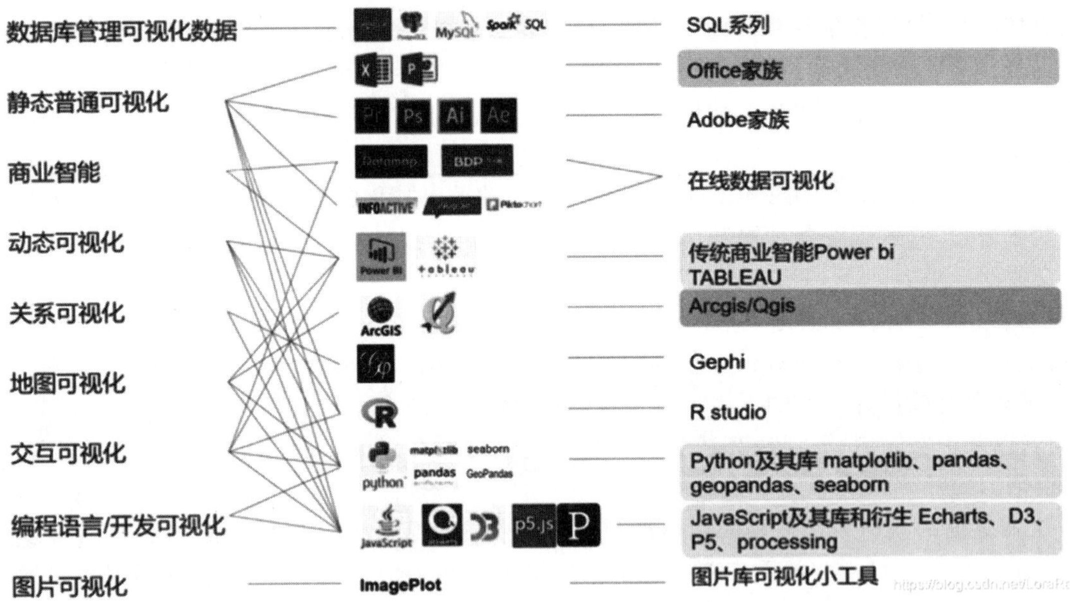

图3.16 数据可视化工具①

可视化与可视化分析是人类理解数据的导航仪，运用于人类视觉认知相一致的图形展示数据内在结构与规律，增强理解和分析效率。可视化技术和工具可以提升大数据分析工具的易用性。中国科技创新2030"新一代人工智能"和"大数据"专项均将可视化和可视分析列为大数据智能急需突破的关键共性技术。

① 数据可视化简介，https://blog.csdn.net/LoraRae/article/details/116001645.

本章小结

1. 统计整理是根据统计研究的任务与要求，对统计调查所取得的各种原始数据进行科学的汇总和加工，使之系统化、条理化，从而得到反映总体特征的综合资料的工作过程。

2. 数据预处理是数据整理环节不可缺少的一环。数据预处理的主要原因有：数据质量提升、数据一致性、缺失值处理、异常值处理、数据转换、特征工程、提高模型效率和避免过拟合。数据预处理的主要步骤分为：数据清理、数据集成、数据规约和数据变换。

3. 统计分组是根据统计研究的任务和对象特点，将统计总体的各个单位按照一定的标志区分为若干个组成部分的一种统计方法。统计分组必须遵循三个原则：科学性原则、完备性原则和互斥性原则。统计分组根据分组标志分为品质标志分组和数量标志分组。数量标志分组又分为单项式和组距式分组。组距式分组根据组距是否相等分为等距与异距分组。对于组距式分组需要计算组中值。

4. 分布数列是将统计总体按某一标志分组后，用来反映总体单位在各组中分布状况的统计数列。根据分组标志种类的不同，分布数列可以分为品质数列与变量数列两种。分布数列有两个构成要素，一个是总体按某个标志所分的组，另一个是各组所出现的单位数，即频数。

5. 次数分布的表示方法：频数分布表和频数分布图。频数分布表是用统计表格形式表述变量数列内容的方法，可以用累计频数来表示。频数分布图即用图形来表示次数分布的方法，常用的有直方图、折线图、曲线图、茎叶图和圆形图等。常见的次数分布类型有钟形分布、U 型分布和 J 型分布。

6. 统计表是用纵横交叉的线条所绘制的表格来表现统计资料的一种形式。①从形式上看，统计表由总标题、横行标题、纵栏标题和数字资料四部分构成。②从内容来看，统计表由主词和宾词两部分构成。③按统计表所反映的总体的分组情况不同，可分为简单表、简单分组表和复合分组表。

7. 数据可视化是将大型数据集中的数据以图形、图像形式表示，并利用数据分析和开发工具发现其中未知信息的处理过程。常见的统计图表除了前面讲述的柱状图、饼图、散点图、气泡图、雷达图等，还有一些例如漏斗图、树图、热力图、词云图、桑基图、关系图等。

思考与练习

思考题

1. 数据预处理包括哪些内容？数据审核的内容有哪些？

2. 什么是统计分组，统计分组的作用有哪些？

3. 什么是分组标志？正确选择分组标志的原则是什么？

4. 什么是单项变量数列？什么是组距数列？二者的应用条件是什么？

5. 何谓等距分组和异距分组？说明各自的应用场合。

6. 什么是频数分布表？并以实例说明频数分布数列的两个要素的含义。

7. 一项民意测验询问 3000 个成年人，“你对今天的生活状况满意吗？”回答分类为满意、不满意、一般。

(1)这一调查的样本规模有多大？

(2)回答的答案属于品质型还是数量型？

(3)使用平均数或百分比作为对这一问题的数据的汇总，哪一个更有意义？

练习题

1. 根据所学知识，补充下表空缺的数据(某厂职工人数结构)。

按劳动生产率分组(件/人)	组中值	职工人数
50—60		10
60—70		20
70—80		26
80—90		17
90—100		13
合计	—	

2.48种行业板块的市盈率数据如下(单元:%):

12.9	24.90	33.97	30.61	33.98	28.61	45.63	30.64	30.44	18.06	37.38	20.26
24.85	44.56	47.31	26.48	38.90	38.91	49.25	38.03	52.56	49.35	30.12	43.78
51.05	11.68	29.11	24.05	28.53	24.53	69.83	20.94	129.61	27.57	27.59	24.05
26.86	19.42	20.61	7.09	14.88	20.05	15.93	62.07	14.48	39.19	8.07	21.62

要求:(1)对数据建立频数分布和相对频数分布;

(2)对数据建立累计频数和累计相对频数分布;

(3)绘制直方图;

(4)根据汇总,对48个行业板块的市盈率进行简要说明。

3. 某地有两个公司A和B公司。

A公司有330人,其中男员工占230人,女员工占100人。

在总人数中,销售部门110人,男员工80人,女员工30人。

生产部门90人,男员工70人,女员工20人。

制造部门130人,男员工80人,女员工50人。

B公司有240人,其中男员工占150人,女员工占90人。

在总人数中,销售部门120人,男员工60人,女员工60人。

生产部门70人,男员工50人,女员工20人。

制造部门50人,男员工40人,女员工10人。

要求:根据以上资料,设计一张复合分组的统计表。

4.(节选)《2022年国民经济和社会发展统计公报》中的部分数据,"2022年末全国参加城镇职工基本养老保险人数50349万人,比上年末增加2275万人。参加城乡居民基本养老保险人数54952万人,增加155万人。参加基本医疗保险人数134570万人,其中参加职工基本医疗保险人数36242万人,参加城乡居民基本医疗保险人数98328万人。参加失业保险人数23807万人,增加849万人。年末全国领取失业保险金人数297万人。参加工伤保险人数29111万人,增加825万人,其中参加工伤保险的农民工9127万人,增加41万人。参加生育保险人数24608万人,增加856万人。"试着绘制统计图和统计表。

5. 请根据2013—2022年历年郑州市的空气质量指数(AQI)的月统计历史数据,绘制图形反映郑州市空气质量指数的变化。(空气质量等级:<50,优;50~100,良;100~150,轻度污染;150~200,中度污染;200~300,重度污染;>300,严重污染)

月/年	2013	2014	2015	2016	2017	2018	2019	2020	2021	2022
1月	265	163	203	187	139	145	163	157	135	145
2月	195	146	174	119	122	107	158	88	96	83
3月	119	120	154	133	91	102	92	83	124	106
4月	110	112	131	111	70	46	93	87	92	86
5月	130	105	128	98	67	83	104	105	98	93
6月	142	106	117	112	112	120	118	108	121	130
7月	106	90	94	87	105	79	114	96	81	81
8月	92	86	94	81	99	92	91	73	84	79
9月	118	85	101	108	83	74	102	91	76	98
10月	193	149	109	80	75	91	80	83	71	66
11月	113	171	129	144	77	96	106	101	90	78
12月	179	141	187	196	121	122	121	115	81	108

著名统计专家简介

卡尔·皮尔逊(Karl Pearson,1857—1936年)是十九世纪和二十世纪之交罕见的百科全书式的学者,是英国数学家,生物统计学家,数理统计学的创立者,科学哲学家,对生物统计学、气象学、社会达尔文主义理论和优生学做出了重大贡献。他被公认是“旧派理学派和描述统计学派的代表人物”,并被誉为“现代统计科学的创立者”。在19世纪90年代以前,统计理论和方法的发展是很不完善的,统计资料的搜集、整理和分析都受到很多限制。皮尔逊在生物学家高尔顿(Galton,1822—1911)和韦尔顿(Weldon,1860—1906)的影响下,从19世纪90年代初开始研究生物统计学。他认为生物现象缺乏定量研究是不行的,决心要使进化论在一般定性叙述的基础之上,进一步进行数量描述和定量分析。同时,他在先辈们善于赌博机遇的概率论研究的基础上,导入了许多新的概念,把生物统计方法提炼成为一般处理统计资料的通用方法,发展了统计方法论,把概率论与统计学两者融为一体。

阿瑟·鲍莱(Arthur Lyon Bowley,1869—1957年),英国著名统计学家、经济学家。鲍莱毕生致力于经济统计研究,率先提出在社会调查中使用抽样技术。在剑桥期间,鲍莱曾师从经济学家马歇尔(Alfred Marshall,1842—1924年)。在马歇尔的影响下,鲍莱对统计产生了极大兴趣。自19世纪90年代,在鲍莱的努力下,英国掀起了一股经济统计研究狂潮。1910年,鲍莱开始着手社会统计的研究,在研究过程中使用了抽样技术。20世纪30年代,鲍莱还对家庭收支进行了统计研究,他将抽样和推断相结合,利用中心极限定理,从大型随机样本中得到了有限总体的估计,并对估计量的准确性做出了估算。

耶日·尼曼(Jerzy Neyman,1894—1981年),原籍波兰,现代统计学的创始人之一。1925年,尼曼进入了伦敦大学学院与卡尔·皮尔逊共同研究,解决统计学中的难题。1938年,尼曼受邀到美国加州的伯克利大学任教,并于1955年成立了统计系,为美国培养了大量的杰出统计学家。尼曼对抽样理论的发展也有巨大的贡献。他拓展了抽样理论,为波兰政府完成了一套复杂的分层抽样方案,特别是1934年发表的论文《关于代表性方法的两个不同方面:分层抽样和目的性抽样》,提出了分层抽样的最优分配、比率估计和回归估计理论,从理论层面彻底证明了概率抽样比非概率抽样更合理、更优越。从此,概率抽样逐步成为世界各国统计调查的基本手段之一,在世界各国得到广泛的应用。

思政元素融入：中国健康与养老追踪调查

中国健康与养老追踪调查(China Health and Retirement Longitudinal Survey，CHARLS)是由北京大学国家发展研究院主持、北京大学中国社会科学调查中心与北京大学团委共同执行的大型跨学科调查项目，是国家自然科学基金委资助的重大项目，旨在收集一套代表中国45岁及以上中老年人家庭和个人的高质量微观数据，用以分析我国人口老龄化问题，推动老龄化问题的跨学科研究，为制定和完善我国相关政策提供更加科学的基础。

CHARLS曾于2008年在分别代表我国东西部典型国情的浙江、甘肃两省开展预调查；全国基线调查于2011年开展，于2011、2013、2015和2018年分别在全国28个省(自治区、直辖市)的150个县、450个社区(村)开展调查访问，至2018年全国追访完成时，其样本已覆盖总计1.24万户家庭中的1.9万名受访者。此外，CHARLS还曾在2014年组织并实施了“中国居民生命历程调查”、2016年开展“共和国初期基层经济历史调查”两项全国性专项访问，亦完全覆盖上述样本地区。2017年在北京和天津两地开展省级代表性抽样，调查访问对象扩大到家户中的全年龄样本。这是对CHARLS现有样本的补充。

CHALRS的问卷设计参考了国际经验，包括美国健康与退休调查(HRS)、英国老年追踪调查(ELSA)以及欧洲的健康、老年与退休调查(SHARE)等。项目采用了多阶段抽样，在县/区和村居抽样阶段均采取PPS抽样方法。CHARLS首创了电子绘图软件(CHALRS－GIS)技术，用地图法制作村级抽样框。CHARLS问卷内容包括：个人基本信息，家庭结构和经济支持，健康状况，体格测量，医疗服务利用和医疗保险，工作、退休和养老金、收入、消费、资产，以及社区基本情况等。

CHARLS的访问应答率和数据质量在世界同类项目中位居前列，数据在学术界得到了广泛的应用和认可。CHARLS全国基线调查于2011年开展，覆盖150个县级单位，450个村级单位，约1万户家庭中的1.7万人。这些样本以后每两到三年追踪一次，调查结束一年后，数据将对学术界公开。

CHARLS抽样以保证样本的无偏和代表性为宗旨，通过四个阶段，分别在县(区)一村(居)一家户一个人层面上进行抽样。具体而言，在县(区)一村(居)两级抽样中，CHARLS均采用按人口规模成比例的概率抽样，简称为PPS抽样(probabilities proportional to size)。在县级抽样阶段，按照PPS方法，以每个区县2009年人口数量为基础，使用地区、城乡和GDP为分层指标，直接从全国30个省级行政单位(不包括西藏自治区、台湾省以及香港和澳门特别行政区)范围内随机抽取150个区县；在村级抽样阶段，按照PPS方法，以每个村或社区2009年常住人口为基础，从上述150个区县中各随机抽取3个村或社区，最后得到450个村/社区。以上抽样过程均在STATA软件环境中进行，不允许换样本。

为了避免人口信息的偏差，抽样时我们对450个村级单位的2009年常住人口数据与2007年数据进行了比对。对于两年人口数据差别超过一定限度的村或社区，向统计局进行了核实。同时，对于抽中的村或社区，通过中国疾控中心发文到全国进行核实，进一步保证了抽样的质量。

第四章　数据的概括性度量：综合指标

“统计是社会主义建设的一项重要基础工作。我国要实现工业、农业、科学技术和国防现代化，必须实现统计工作的现代化。”

——《国务院关于加强统计工作的决定》1984 年 1 月 6 日

引例：2023 年反映国民经济总体发展的指标节选

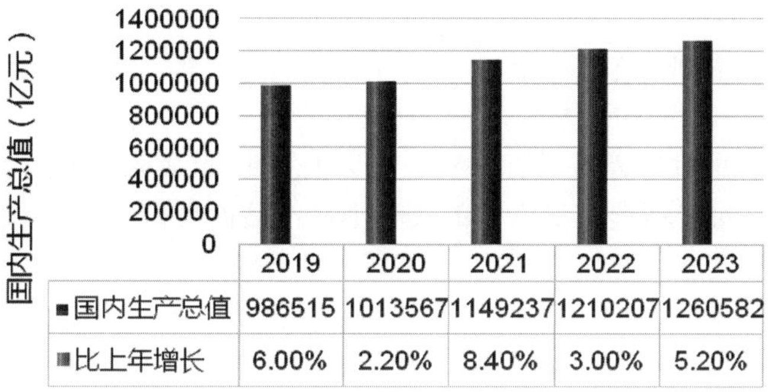

国家统计局 2024 年 2 月 29 日发布《中华人民共和国 2023 年国民经济和社会发展统计公报》。初步核算，全年国内生产总值 1 260 582 亿元，比上年增长 5.2%。其中，第一产业增加值 89 755 亿元，比上年增长 4.1%；第二产业增加值 482 589 亿元，增长 4.7%；第三产业增加值 688 238 亿元，增长 5.8%。第一产业增加值占国内生产总值比重为 7.1%，第二产业增加值比重为 38.3%，第三产业增加值比重为 54.6%。最终消费支出拉动国内生产总值增长 4.3 个百分点，资本形成总额拉动国内生产总值增长 1.5 个百分点，货物和服务净出口向下拉动国内生产总值 0.6 个百分点。分季度看，一季度国内生产总值同比增长 4.5%，二季度增长 6.3%，三季度增长 4.9%，四季度增长 5.2%。全年人均国内生产总值 89 358 元，比上年增长 5.4%。国民总收入 1 251 297 亿元，比上年增长 5.6%。全员劳动生产率为 161615 元/人，比上年提高 5.7%。

引例中可以看到，受到新冠疫情影响，2020 年国内生产总值呈现 2.2%的年均增长，2021 年有显著上升，2022 年又有下降，2023 年疫情放开后呈现 5.2%的增长态势。国内生产总值、人均国内生产总值、全员劳动生产率是什么统计指标呢？第一产业、第二产业、第三产业的增加值比重为多少呢？属于哪种类型的统计指标？通过本章的学习，我们将探寻各种类型的指标，就能对以上的指标信息有一个较为深入和全面的理解。

本章我们主要学习数据的概括性度量——综合指标。综合指标分为总量指标，相对指标、平均指标和变异指标。总量指标表现为绝对数，和总体的规模和大小有关。相对指标表现为相对数，类型最丰富，以总量指标为基础。平均指标表现为反映总体一般水平的指标，变异指标以平均指标为基础，反映变量值之间的离散程度。

第一节　总量指标

一、总量指标的概念和作用

(一)总量指标的概念

总量指标是反映社会经济现象在一定时间、地点和条件下的总规模、总水平、总成果的统计指标。它反映被研究对象实在的、绝对的数量,故又称为绝对指标或绝对数。例如,一个国家或地区的人口数、土地面积、粮食产量、国内生产总值、进出口贸易额、社会商品零售额、固定资产投资额等,都是总量指标。

(二)总量指标的特点

1. 总量指标的表现形式为绝对数,并且要有计量单位。例如,2022 年我国国内生产总值为 1 210 207 亿元。

2. 总量指标的数值随着研究范围的大小而增减。如一个区的人口一定小于所属的某一个市的人口数;一个乡的粮食产量一定小于所属的某一个县的粮食产量。

3. 只有对有限总体才能计算总量指标。对于无限总体只能采取近似值。例如 2022 年我国的人口总数是有限总体。但是对于连续大量生产的某种小件产品而言,其总产量是无限的。

(三)总量指标的作用

1. 总量指标是认识客观现象总体的起点。人们要想全面了解一个客观现象总体的情况,首要问题就是准确地掌握其在一定时间、地点条件下的数量多少和大小。例如,为了科学地指导国民经济和社会的协调发展,就必须通过总量指标正确地反映社会主义再生产的基本条件和国民经济各部门的工作成果,即反映中国土地面积、人口和劳动资源、自然资源、国民财富、钢产量、工业总产值、粮食产量、农业总产值、国民收入以及教育文化等方面的发展状况。

2. 总量指标是进行科学管理的依据。制订政策和编制计划,首先是按总量指标形式加以规定的。同样,实行社会经济管理,也必须首先从社会经济过程的总量上进行控制。一个国家或地区为更有效地指导经济建设,保持国民经济协调发展,就必须了解和分析各部门之间的经济关系。它虽然可以用相对数、平均数来反映,但归根结底还是需要掌握各部门在各个不同时间的总量指标。

3. 总量指标是计算相对指标和平均指标的基础。总量指标是统计整理汇总后,首先得到的能说明具体社会经济总量的综合性数字,是最基本的统计指标。相对指标和平均指标一般是由两个有联系的总量指标对比计算出来的,它们是总量指标的派生指标。所以总量指标的计算是否科学、合理,会直接影响相对指标和平均指标的准确性。

二、总量指标的种类

(一)总体单位总量和总体标志总量

总量指标按其反映的内容不同,可分为总体单位总量和总体标志总量。

1. 总体单位总量。是用来反映总体中总体单位数的多少,说明总体本身规模大小的指标。如以企业为单位时的企业总数、以职工为单位时的职工总人数等。

2. 总体标志总量。是用来反映总体单位某一数量标志所有标志值的总和,表示其数量规模的指标。如某一总体范围内各企业的增加值之和、各户粮食产量之和等。

一个总量指标是属于总体单位总量还是总体标志总量不是固定不变的,随着研究目的不同和研究对象的变化,它是可以转化的。如果研究对象是企业,则全部企业就是一个总体,它包括的企业个数就是总体单位总量，而企业中的职工人数、产值等指标就是总体标志总量。如果统计的目的在于了解整个职工队伍的收入状况，那么职工总人数就是总体单位总量，而工资总额则是总体标志总量。

（二）时期指标和时点指标

总量指标按其反映的时间状况不同，可分为时期指标和时点指标。

1. 时期指标。它是反映现象在一定时期内发展过程的总量指标。如产品产量、产值、商品流转额、人口出生数等。时期指标具有以下特点：

(1)时期指标各时期的数值可以直接相加，其和说明较长时间内社会经济现象发生的总量。

(2)时期指标的数值大小与时期的长短有直接关系，如一年的商品销售额一定大于一个季度的商品销售额。

(3)时期指标的数值是通过连续登记取得的。如 2022 年的汽车产量是从年初到年末持续不断登记获取的信息。

2. 时点指标。它是反映现象在某一时刻(瞬间)上状况的总量指标。如人口数、企业数、生猪存栏头数、机器台数，商品库存额等。时点指标具有以下特点：

(1)不同时点上的时点指标数值不具可加性。除在有关指标的计算过程中需要外，不同时点上的时点数值直接相加没有实际意义。

(2)时点指标数值大小与时点间隔没有直接关系。如年末的商品库存额不一定比某月月末的库存额大。

(3)时点指标的数值一般是通过间断登记取得的。如 2018 年末，全国共有从事第二产业和第三产业活动的法人单位 2178.9 万个。

（三）实物量指标、价值量指标和劳动量指标

总量指标按其采用的计量单位不同，可以分为实物量指标、价值量指标和劳动量指标。

1. 实物量指标。就是以实物单位计量的总量指标，如人口总数、职工人数、粮食产量、钢铁产量、煤炭产量、设备台数等。实物量指标的优点是能直接反映产品的使用价值的大小，其缺点是指标的综合性能较差。

2. 价值量指标。是以货币单位计量的总量指标，如国内生产总值、工业总产值、企业的销售额、社会商品零售额等。价值量指标的优点是具有广泛的综合性能和概括能力，其缺点是指标比较抽象、脱离物质内容。所以分析问题时总是实物量指标与价值量指标结合应用。

3. 劳动量指标。劳动量指标主要用于企业内部计量工业产品的数量，它是用生产工业产品所必需的劳动时间来计量生产工人的劳动成果。企业首先根据自身的生产状况制定出生产单位产品所需的工时定额，再乘以产品的实物即得以劳动单位计量的产量指标——劳动量指标，也叫做定额工时总产量。它是以劳动单位计量的总量指标，如出勤工时、缺勤工时、生产实用工时等。

三、总量指标的计算

（一）总量指标的计算方法

总量指标的计算方法主要有两种：直接法和推算法。

1. 直接法。就是对所有的总体单位直接进行调查登记，然后逐步汇总得到总量指标。如第七次人口普查汇总得到人口总数，月末商品库存量的盘点。

2. 推算法。就是根据各种关系推算总量指标或根据非全面调查资料推算总量指标的方法。常用的推算方法有：平衡关系推算法、比例关系推算法、插值估算法和抽样推算法等。

平衡关系推算法是一种安全评价中运用的类推方法，它是根据相互依存的平衡关系来推算所

缺的有关指标的方法。比例关系推算是参考有联系的经济指标的升降趋势，通过比较和分析，预测计划期税额的一种税收计划编制方法。插值估算法主要用于缺失数据的补充。抽样推算法是在抽样调查的基础上，利用样本的实际资料计算样本指标，并据以推算总体相应数量特征的一种统计分析方法。

(二)计算总量指标应注意的问题

1. 必须明确总量指标的计算范围。如计算农业增加值，必须明确农业与其他部门的区别，才能得到真实增加值数值。

2. 在对实物指标进行汇总时，要注意现象的同质性，不同质的现象水平不能简单相加汇总。比如，要计算某地区拥有的机动车辆数，必须要先分类(汽车、拖拉机、摩托车等)，而后才能统计各类机动车的数量。

3. 计量单位与计算口径要一致，对一些重要的总量指标，应按照全国统一规定的单位计量。

第二节　相对指标

一、相对指标的概念和作用

(一)相对指标的概念

相对指标又称相对数，是社会经济现象中两个有联系的指标数值之比。其中作为比较基础的量称为基数，作为进行比较的量称为对比数，即

$$相对指标=\frac{对比数}{基数} \tag{4.1}$$

相对指标有以下两个特点：第一，它是一种抽象化了的数值，反映现象之间差别的相对程度；第二，其数值大小不随总体范围的大小而变化。

(二)相对指标的作用

1. 相对指标可以说明事物之间相互联系的程度和事物发展的程度。因而有助于人们深入认识事物。例如，2020 年中国粗钢产量 10.53 亿吨，首次突破 10 亿吨大关。这是一个总量指标，如果仅用这个数值很难对钢铁产量有一个全面认识。我们可以通过比较来解决这个问题。1990 年的粗钢产量为 6603.8 万吨，说明我国 2016 年钢产量比 1990 年有了显著增长。另外，与其他国家同期的钢产量对比，可以反映我国钢铁产量全球占比，中国的粗钢产量占全球粗钢产量的 56.5%，居世界首位。而 1990 年，我国粗钢产量的全球占比仅为 9%。

2. 相对指标能使一些不宜或不能直接比较的量具备对比的基础，弥补了总量指标的不足。例如，甲厂生产汽车，计划产量 50 万辆，实际产量 60 万辆；乙厂生产冰箱，计划产量 30 万部，实际产量 38 万部。两个企业生产的产品不同，无法用总量指标比较其完成计划的程度。通过计算相对数得知，甲企业计划完成程度为 120%，乙企业计划完成程度为 126.67%。可见，乙企业计划完成情况好于甲企业。

3. 相对指标有助于分析现象间的依存关系。现象之间是相互依存的，为了研究现象之间的关系，也需要应用相对指标来考察现象之间的数量依存关系。例如人均可支配收入和人均消费支出的关系。

【例 4.1】 我国人均可支配收入与人均消费支出资料如表 4.1 所示。

表 4.1 人均可支配收入与人均消费支出的关系

年 份	2010	2011	2012	2013	2014	2015
人均可支配收入(元/人)	12520	14551	16510	18311	20167	21966
人均消费支出(元)	9378	10820	12054	13220	14491	15712
年 份	2016	2017	2018	2019	2020	2021
人均可支配收入(元/人)	23821	25974	28228	30733	32189	35128
人均消费支出(元)	17111	18322	19853	21559	21210	24100

通过表 4.1 资料可以看出，随着人均可支配收入的提高，人均消费支出也呈现增长的态势。

(三)相对指标的表现形式

相对指标的表现形式有两种：一是无名数，二是有名数。

1. 无名数。无名数是一种抽象化的数值，具体表现形式有：

(1)系数或倍数。系数和倍数是将对比基数定为 1 而计算出来的相对数。两个数字对比，分子数值和分母数值差别不大时常用系数。如工资等级系数、固定资产磨损系数和固定资产有用系数等。两个数字对比，分子数值大于分母数值很多时常用倍数。

(2)成数。成数是将对比的基数定为 10 而计算出来的相对数。如今年粮食产量比去年增加一成，即增产十分之一。

(3)百分数和千分数。百分数和千分数是将对比基数定为 100 或 1000 而计算出来的相对数，分别用%和‰表示。其中百分数是计算相对指标数值时最常用的一种形式，如计划完成程度、发展速度、增长速度都是用百分数表示的。当对比的分子数值比分母数值小很多时，宜用千分数表示，如人口出生率、人口死亡率、人口自然增长率等。

2. 有名数。一般用来表现强度相对指标的数值。它将相对指标中的分子与分母指标数值的计量单位同时使用，以表现事物的密度、强度及普遍程度等。如人口密度用“人/平方公里”，人均国民生产总值用“元/人”表示等。

二、相对指标的种类

统计中的相对指标根据研究目的和任务的不同，大体上可以分为以下六种：

(一)结构相对指标

结构相对指标是反映同一时期总体内部组成状况的相对数。它是利用分组法将总体区分为若干部分，以部分数值与总体数值对比计算各部分所占比重的一种相对数，常用百分数的形式表示。其计算公式为：

$$\text{结构相对数}=\frac{\text{总体部分数值}}{\text{总体全部数值}}\times 100\% \tag{4.2}$$

【例 4.2】 根据我国七次人口普查资料，总人口性别结构如表 4.2 所示。

表 4.2 人口普查性别结构(%)

人口普查	第一次 1953 年	第二次 1964 年	第三次 1982 年	第四次 1990 年	第五次 2000 年	第六次 2010 年	第七次 2020 年
男性	51.82	51.33	51.50	51.60	51.63	51.27	51.24
女性	48.18	48.67	48.50	48.40	48.37	48.73	48.76
合计	100.00	100.00	100.00	100.00	100.00	100.00	100.0

由表 4.2 可见，新中国成立以来，我国人口性别结构基本是稳定的，男性人口在总人口中所占比重略大于女性。

结构相对指标有两个特点：(1)结构相对指标具有可加性，各部分比重之和等于 1 或百分之百；(2)结构相对数的分子分母不能互换。

(二)比例相对指标

比例相对指标是反映总体中各部分之间数量联系程度和比例关系的相对数。其计算公式为：

$$比例相对数=\frac{总体中某一部分的数值}{总体中另一部分的数值} \tag{4.3}$$

在实际中，常见的比例相对指标主要有男女性别比例、投资消费比例等。

【例 4.3】 2021 年全年社会消费品零售总额为 440 823 亿元，全年全国网上零售额 130 884 亿元。其中，实物商品网上零售额 108 042 亿元，占社会消费品零售总额的比重为 24.5%。那么，网上零售额和线下零售额比重为多少?

2021 年全年社会消费品零售总额 440 823 亿元，网上零售额为 130 884 亿元，线下消费品零售额 309 939 亿元，那么可以计算出线上线下零售额比重为 130 884:309 939=1:2.368。

比例相对指标所反映的比例关系，属于一种结构性的比例。其作用同结构相对指标相同，只是对比的方法不同，侧重点有所差别。其特点是：(1)反映的是总体内部各部分之间的比例关系；(2)分子分母可以互换，其分子和分母既可以是总体单位总量，也可以是总体标志总量；(3)不具有可加性。

(三)比较相对指标

比较相对指标是反映同一现象在同一时间不同总体的数量对比关系的相对数。其计算公式为：

$$比较相对数=\frac{某一总体的某类指标数值}{另一总体的同类指标数值} \tag{4.4}$$

这一指标用来说明某类现象在同一时期内不同国家、地区、单位之间的差异程度。如把企业的各项技术经济指标与同类企业的先进水平对比，或与国家规定的标准对比，可以找出差距，从而为提高企业和整个工业部门的生产水平、经营管理水平提供重要依据。又如在表明国家经济实力方面，将反映国家经济力量的主要指标与世界各国的同类指标对比，可以表明国与国之间经济发展水平的差异程度。

【例 4.4】 现将 2021 年一些国家的人口密度资料排列如表 4.3 所示。

表 4.3　一些国家的人口密度

单位：人/平方公里

国　别	人口密度	与中国相比	国　别	人口密度	与中国相比
印　度	464.1	3.1	俄罗斯	8.9	0.1
美　国	36.2	0.2	中　国	148.4	1.0
印　尼	151.0	1.0	墨西哥	663.0	4.5
巴　西	25.4	0.2	日　本	346.9	2.3
巴基斯坦	286.5	1.9	埃塞俄比亚	996.0	6.7
尼日利亚	226.3	1.5	菲律宾	367.5	2.5
孟加拉国	1265.2	8.5			

通过比较，可以反映各国的人口密度的差异程度。

其特点是：

(1)在一般情况下，分子分母数值可以互换，从不同的角度来说明同一问题。

(2)比较相对数既可以是绝对数对比，也可以是相对数或平均数对比。由于总量指标易受总体范围和生产条件的影响，不能确切地反映要说明的问题，所以计算比较相对数，更多地采用相对数或平均数进行对比。

(3)比较相对指标不具有可加性。

(四)动态相对指标

动态相对指标是反映同一现象在不同时间上变动程度的相对数。其计算公式如下：

$$动态相对数=\frac{报告期水平}{基期水平}\times 100\% \tag{4.5}$$

这里基期就是用来作为比较标准(基础)的时期；报告期就是同基期对比的时期，或者说是所研究的时期。

【例 4.5】 随着经济水平和全民阅读认识的提高，我国儿童读物出版种数 1998 年为 6 293 种，2020 年为 51 612 种。2020 年我国儿童读物出版种数为 1998 年的百分比是：

$$动态相对数=\frac{51612}{6293}\times 100\%=820.1\%$$

计算结果表明，2020 年我国儿童读物出版种数比 1998 年增长 720.1%。

其特点是：(1)先发生的作为基期数值，后发生的作为报告期数值；(2)分子分母不能相互对换。

(五)强度相对指标

1. 强度相对指标的定义

强度相对指标是两个性质不同但有一定联系的总体的指标相对比而得到的相对数。它反映现象的强度、密度和普遍程度。

其计算公式如下：

$$强度相对数=\frac{某一总体的指标数值}{另一有联系而性质不同的总体的指标数值} \tag{4.6}$$

强度相对指标在实际中应用非常广泛，常见的强度相对指标主要有：

(1)反映现象的发展程度、经济实力的强度相对指标。如人均国民生产总值、人均粮食产量、人均能源消耗量等。

(2)反映现象的密度和普遍程度的强度相对指标。如商业网密度、人口密度、铁路或公路网密度等。

(3)反映企业经济效益和经济管理好坏的强度相对指标。如流通费用率、资金利税率、成本利税率、资金产值率、百元产值耗电量等。

(4)反映社会生产条件或成果的相对指标。如每一个职工平均拥有的固定资产额、每万亩耕地拥有的拖拉机台数、每万元产值创造的利润等。

(5)反映社会经济现象变化情况的强度相对指标。如人口出生率、人口死亡率、人口自然增长率等。

2. 强度相对指标的特点是：

(1)强度相对指标在多数情况下是用复名数来表示的。例如，人口密度用人/平方公里，人均国民生产总值用元/人来表示等。但有时也用千分数或百分数来表示。如人口出生率、死亡率、自然增长率通常用千分数表示，流通费用率用百分数表示。

(2)强度相对指标带有平均的含义，但又区别于平均指标，因为平均指标是将总体标志总量与总体单位总量相比，不涉及两个总体，而强度相对指标则是不同总体间的指标数值对比。

(3)某些强度相对指标的分子分母可以互换,使这一指标有正逆之分。强度相对指标的数值大小与所反映现象的发展程度或密度成正比的叫正指标,与所反映现象的发展程度或密度成反比的叫逆指标。如城市商业网密度,正指标表示每千人拥有的商业网点数,逆指标表示每个商业网点服务的人数。

【例 4.6】 某城市人口为 100 万人,有零售商店 5000 个,则该城市零售商业网密度为:

$$零售商业网点密度=\frac{5000\ 个}{1000000\ 人}=5(个/千人)(正指标)$$

$$零售商业网点密度=\frac{1000000\ 人}{5000\ 个}=200(人/个)(逆指标)$$

(六)计划完成情况相对指标

计划完成情况相对指标,是以现象在某一时间内的实际完成数值与计划任务对比而得到的相对数。用来检查、监督计划的完成情况,通常叫计划完成百分比。其基本计算公式如下:

$$计划完成情况相对数=\frac{实际完成数}{计划数}\times 100\% \tag{4.7}$$

公式中的分母是计划指标数值,分子则是反映计划执行结果的实际值。该指标反映了计划的执行情况,要求分子分母在指标含义、计算口径、计算方法、计量单位、时间长度和空间范围等方面完全一致。

其特点是:(1)由于计划数总是衡量计划完成情况的标准,故分子分母不得互换;(2)判断计划完成程度的好坏,要视指标的类型而定。对于正指标,如产量、产值、劳动生产率等,计划完成情况相对数大于 100%才算超额;对于逆指标,如单位产品成本、流通费用率等,计划完成情况相对数小于 100%才算超额;对于少数指标,如职工人数、工资总额、固定资产投资额等,是不允许突破计划的,这些指标的计划完成情况相对数以 100%为好。

在实际中,计划数不仅可以表现为绝对数,而且可以表现为相对数和平均数,所以,计划完成情况相对指标可以用绝对数计算,也可以用相对数或平均数计算。

1. 计划数为绝对数时的计算方法

计划数为绝对数时,可以有两种计算方法:

一种是实际完成数和计划数都是同一时期的。它可以用来说明某段时间内计划执行情况的总结果。这种情况可以直接利用基本公式计算。

【例 4.7】 某一年某企业总产值计划任务数为 4 000 万元,实际完成 4 200 万元,其计划完成情况为:

$$计划完成情况相对数=\frac{4200}{4000}\times 100\%=105\%$$

计算结果表明,某一年该企业超额 5%完成总产值计划。

另一种是自计划期初至某时间的累计完成数对计划期全期计划数之比。它可用来分析整个计划期间计划的执行进度。其计算公式为:

$$计划执行进度相对数=\frac{自计划期初至某时间的实际累计完成数}{全期计划数}\times 100\% \tag{4.8}$$

【例 4.8】 某工业企业某年销售产值计划完成情况如表 4.4 所示。

计算结果表明,该企业某年销售产值计划执行进度情况是:第一季度只完成全年计划的 17.1%;截至第二季度完成了全年计划的 42.9%;截至第三季度,已完成了全年计划进度的 74.3%,因此,该企业应在第四季度采取适当措施,才能完成全年的销售产值计划。

表 4.4　某工业企业某年销售产值计划完成情况

时　　间	计划（万元）	实际（万元）	实际累计产值（万元）	计划执行进度（%）
第一季度	2 000	1 800	1 800	17.1
第二季度	2 500	2 700	4 500	42.9
第三季度	3 000	3 300	7 800	74.3
第四季度	3 000	—	—	—
全　　年	10 500	—	—	—

2. 计划数为相对数的计算方法

计划数为相对数时，计算计划完成情况相对指标的计算公式为：

$$计划完成情况相对数=\frac{实际完成百分比}{计划规定百分比}\times 100\% \tag{4.9}$$

它适用于考核社会经济现象的降低率、增长率的计划完成情况。如考核某种产品的成本降低率、流通费用降低率、人口自然增长率等计划完成情况。

(1)计划数为增长率时，计划完成情况相对数的计算公式为：

$$计划完成情况相对数=\frac{1+实际增长率}{1+计划增长率}\times 100\% \tag{4.10}$$

【例 4.9】　某企业计划规定劳动生产率比上年提高 15%，实际提高了 18%。则：

$$计划完成情况相对数=\frac{1+18\%}{1+15\%}\times 100\%=\frac{118\%}{115\%}\times 100\%=102.6\%$$

计算结果表明，劳动生产率超额 2.6%完成计划。

(2)计划数为降低率时，计划完成情况相对数的计算公式为：

$$计划完成情况相对数=\frac{1-实际降低率}{1-计划降低率}\times 100\% \tag{4.11}$$

【例 4.10】　某工厂甲产品上年度实际成本为 500 元，本年度计划比上年降低 4%，实际降低了 5%，则：

$$计划完成情况相对数=\frac{1-5\%}{1-4\%}\times 100\%=98.96\%$$

计算结果表明，实际成本比计划任务降低了 1.04%。

3. 计划数为平均数时，计算计划完成情况相对指标的公式为：

$$计划完成情况相对数=\frac{实际平均水平}{计划平均水平}\times 100\% \tag{4.12}$$

它适用于考核以平均水平表示的经济指标的计划完成情况，如劳动生产率、平均成本、平均价格等。

【例 4.11】　某工厂某年某种产品单位成本水平计划为 40 元，实际为 45 元，则：

$$计划完成情况相对数=\frac{45}{40}\times 100\%=113.33\%$$

计算结果表明，产品单位成本差 13.33%没有完成计划。

4. 中长期计划完成相对数的计算方法

计划完成情况的检查，可分为长期计划与短期计划执行情况的检查。上述计划完成相对数的期限一般是一年内的计划，或称为短期计划。中长期计划执行情况的检查，是指国民经济五年计划或十年计划完成程度的考核，其中，主要是五年计划执行情况的考核。由于我国制定的中长期计划有两种情况：一是规定计划期末年应达到的水平，二是规定计划期累计应达到的水平。因而在进行中长期计划执行情况检查时有两种方法：

(1)水平法

在下达计划时，如果只规定计划期末应达到的水平，如商品零售额、产品产量等，就可采用水平法检查计划。

所谓水平法，就是用计划期最后一年的实际完成数与计划中规定同期应达到的水平进行对比，以检查计划的完成情况。

$$计划完成情况相对数=\frac{计划期末年实际达到的水平}{计划规定的末年水平}\times100\% \tag{4.13}$$

提前完成计划时间＝计划期月数－实际完成月数

用水平法检查计划完成情况，计算提前完成计划的时间，应以计划期内

连续一年(12 个月，不论是否在一个日历年度)的完成数达到计划规定的最后一年的完成数后剩余的时间。

【例 4.12】 某企业计划规定五年计划最后一年的产量要达到 60 万吨，实际执行情况如表 4.5 所示。

表 4.5　某企业计划规定五年计划

第一年(万吨)	第二年(万吨)	第三年(万吨)		第四年(万吨)				第五年(万吨)			
		上半年	下半年	一季度	二季度	三季度	四季度	一季度	二季度	三季度	四季度
47	49	24	26	12	11	14	15	15	16	16	17

试由表 4.5 资料计算计划完成程度和提前或推迟完成计划的时间。

解答：$$计划完成程度相对指标=\frac{实际最末一年水平}{计划最末一年水平}\times100\%$$
$$=\frac{计划期末年实际达到的水平}{计划规定的末年水平}\times100\%$$
$$=\frac{15+16+16+17}{60}=106.7\%$$

从第四年第三个季度到第五年第二个季度产量之和为：

$$14+15+15+16=60(万吨)$$

正好达到计划末年 60 万吨的水平，则：

$$提前完成计划时间=60-54=6(个月)$$

由此可见，该企业超额 6.7%完成计划，提前了六个月即两个季度。

(2)累计法

在下达计划时，如果是规定各年累计应完成的工作量或累计应达到的水平，如新增固定资产、新增生产能力、造林面积等，就应采用累计法检查计划。

所谓累计法，就是用整个计划期间实际完成的累计数和计划数对比，以检查计划的完成情况。

$$计划完成情况相对数=\frac{计划期间实际累计完成量}{计划规定累计完成量}\times100\% \tag{4.14}$$

提前完成计划时间＝计划期全部时间—实际完成计划数的时间

其中，实际完成计划数的时间为自计划执行之日起至实际数累计达到计划数的时间。

【例 4.13】 某五年计划中规定的固定资产投资额为 2200 亿元，五年内累计实际完成 2240 亿元，试检查计划完成情况。又假定至最后一年的七月底为止累计投资额已达到 2200 亿元，问提前完成计划的时间为多少？

解答：计划完成情况相对数$=\frac{2240\text{亿元}}{2200\text{亿元}}\times 100\%=101.82\%$

提前完成计划时间＝60－55＝5(个月)

计算结果表明，该五年计划超额完成 1.82%，提前 5 个月完成了计划。

三、应用相对指标应注意的问题

在计算和应用相对指标时，应注意以下几个问题：

1. 要注意对比指标的可比性

相对指标既然是两个有联系的指标之比，就必须具有可比性，这是计算相对指标的前提。对比指标的可比性所涉及的问题较多，可概括为两个方面：一是对比的两个指标必须是有联系的，二是对比的两个指标所包括的范围、内容和计算方法等必须一致。只有这样，所算出的相对数才有意义，才能正确反映社会经济现象的实质。例如，计算人口密度，要求人口与土地面积必须都是同一地区的数值，否则是不可比的。又如，在检查计划执行情况时，必须审核实际完成数与计划任务数所包含的指标内容是否一致。在将我国的统计资料与世界其他国家的统计资料对比时，更应该注意指标的内容、范围和计算方法的可比性。

2. 要正确选择对比基数

对比基数选择的恰当与否，直接影响分析结论的准确性。在进行不同时间的动态对比时，应选择社会经济发展比较稳定或能代表一个历史阶段特点的具有典型意义的年份数值作为基数。在进行不同空间的静态对比时，应选择能代表平均水平或先进水平的地区或单位作为对比的基数。例如，2023 年全年我国网上零售额 15.42 万亿元。在分析网上购物的发展状况时，可以选择 2010 年为基期。2010 年中国网络购物市场延续用户规模、交易规模的双增长态势。2010 年中国网络购物市场交易规模达 4980.0 亿元。

3. 相对指标要与总量指标结合起来运用

相对指标是一个抽象化的数值，它只能反映所对比的事物的差别程度，而不能反映这种差别的实际意义，只有将相对指标与总量指标结合运用，才能对所研究的现象有一个比较完整而具体的认识。例如，1949 年我国粗钢产量为 15.8 万吨，1950 年为 60.6 万吨，1950 年产量为 1949 年 384%；2019 年全国粗钢产量 9.9634 亿吨，2020 年中国粗钢产量达到 10.65 亿吨，2020 年为 2019 年的 102.9%。从这两个相对数看，后者要比前者小得多，但从绝对数看，1950 年比 1949 年仅增加 44.8 万吨，而 2020 年比 2019 年增加 6 866 万吨。

由此可见，在统计分析中，不能只根据相对数的大小来判断事物的好坏，因为较大的相对数背后的绝对值可能很小，而较小的相对数背后可能隐藏着较大的绝对数。这说明，高速度并不一定代表高水平。相反，低速度代表的水平不一定低。只有把相对指标和总量指标结合起来才能使我们对事物的认识更全面、更正确。

4. 要把有关的相对指标结合运用

一种相对指标只能说明现象某一方面的问题，如果把有关的相对指标结合起来应用，就能比较全面地观察事物的特征及其发展变化的规律性。例如，要反映一个国家人口总体的再生产情况，仅仅计算人口出生率是不够的，必须把人口出生率、死亡率、自然增长率等相对指标结合起来运用。只有这样才能比较全面地、准确地反映人口增减的变化情况。

5. 要和经济内容结合运用

进行对比分析时，不但要多项相对指标综合运用，而且不能只根据数量的大小、多少，对对比事物的好坏或正常与否作出判断，而要结合社会经济现象的实际内容来考察。例如，统计工作应用计划完成情况相对指标分析计划执行情况时，实际完成数量是超过计划数好，还是低于计划数好，这就要根据指标的性质而定。对于越高越好的指标，计划完成情况相对数大于100%为超额完成计划，对于越低越好的指标计划完成情况相对数不足100%为超额完成计划。

第三节　平均指标

一、平均指标的意义和作用

(一)平均指标的意义

在社会经济现象的同质总体中，每个单位都有区别于其他单位的特征，表现在数量上就是大小不等、高低有别。如近几年我国国民经济是稳定发展的，但各个行业、企业具体的发展速度则是快慢不一的；再如每个人的年龄大小也是不等的。如果我们要对总体的数量有个概括的、一般的认识，显然不能用某一单位的数量来说明，而需找到一个抽象的量，即平均指标。

平均指标又称统计平均数，是表明同类社会经济现象在一定时间、地点、条件下所达到的一般水平的代表性指标。例如，用平均工资代表职工工资的一般水平；用平均亩产量代表粮食生产的一般水平等。

平均指标的特点，是将总体各单位标志值的具体差异抽象化，用一个代表性数值来说明总体的一般水平。平均指标是社会经济统计中最常用的综合指标之一。

(二)平均指标的作用

平均指标在国民经济活动中具有广泛的运用。其作用主要表现在：

1. 用来比较同类现象在不同单位发展的一般水平，反映工作成绩和质量。例如评价不同的行业效益，不能用行业工资总额等总量指标进行对比，因为总量指标受生产规模大小的影响。如果用平均指标，平均工资来比较，就可以较好地评价不同行业的效益情况或存在的问题。

【例4.14】 2022年金融业和制造业城镇单位工资总额和就业人员平均工资，如表4.6所示。

表4.6　2022年金融业和制造业城镇单位就业人员工资总额和平均工资

行　业	城镇单位就业人员工资总额(亿元)	城镇单位就业人员平均工资(元)
金融业	13 260.2	174 341
制造业	36 978.4	97 528
合　计	50 238.6	—

由表4.6资料可以看出，如果单看城镇单位就业人员工资总额这一总量指标，制造业明显高于金融业就业人员工资总额，但是从就业人员平均工资来看，金融业就业人员平均工资明显高于制造业。

2. 用作同一单位不同时期的比较，反映社会经济现象的发展规律和趋势。随着时间的推演，现象会发生变化，用总量指标来反映容易受到总体规模的影响，用个别单位或少量单位的水平变动不能反映现象的总变动趋势，此时就需要用平均指标来反映现象的变动趋势。

【例4.15】 2010—2021年我国城镇单位就业人员平均工资的变动情况，如表4.7所示。

表 4.7　我国城镇单位就业人员平均工资(2010—2021 年)

年　份	2010	2011	2012	2013	2014	2015
就业人员平均工资(元)	36 539	41 799	46 769	51 483	56 360	62 029
年　份	2016	2017	2018	2019	2020	2021
就业人员平均工资(元)	67 569	74 318	82 413	90 501	97 379	106 837

通过资料可以看出随着我国经济水平的不断提高，我国城镇单位就业人员平均工资水平不断提高。

3. 平均指标可以反映分布数列中各变量值分布的集中趋势。社会经济现象总体中各单位某一标志的数量表现不同，但一般呈现钟形分布，靠近平均数的次数较多。围绕平均数两边的标志值出现次数最多，这说明总体分布是从两边向中间集中，中心是平均数，因此平均数可以说明总体分布的集中趋势。

4. 分析现象间的依存关系。现象之间是相互依存的，为了研究现象之间的关系，也需要应用平均指标来考察现象之间的数量依存关系。例如，人均 GDP 和就业人员平均工资之间存在一种相互依存关系。

【例 4.16】 我国人均国内生产总值与城镇单位就业人员平均工资资料如表 4.8 所示。

表 4.8　人均国内生产总值与城镇单位就业人员平均工资的关系

年　　份	2010	2011	2012	2013	2014	2015
人均 GDP(元/人)	30 808	36 277	39 771	43 497	46 912	49 922
城镇单位就业人员平均工资(元)	36 539	41 799	46 769	51 483	56 360	62 029
年　　份	2016	2017	2018	2019	2020	2021
人均 GDP(元/人)	53 783	59 592	65 534	70 078	71 828	80 976
城镇单位就业人员平均工资(元)	67 569	74 318	82 413	90 501	97 379	106 837

通过表 4.8 资料可以看出，城镇单位就业人员平均工资随着人均国内生产总值的增加而呈现递增的态势。

二、平均指标的种类及计算方法

平均指标由于计算方法和适用条件不同而分为算术平均数、调和平均数、几何平均数、中位数和众数五种。其中算术平均数、调和平均数和几何平均数都是根据分布数列中各单位标志值计算得来的，称它们为数值平均数；中位数和众数是根据分布数列中某些标志值所处的位置来确定的，所以称为位置平均数。下面分别阐述各种平均指标的概念、计算方法及特点。

(一)算术平均数

算术平均数(Mean)是计算平均指标的最常用方法和最基本的形式。这是由于社会经济生活中存在的大量情况是：社会经济现象总体的标志总量为总体各个单位标志值的总和。如，企业职工的工资总额是每个职工工资加总而得到的；某校学生总人数是全校各班人数的总和。在这种情况下，平均指标最适合采用算术平均数的形式，基本公式如下：

$$\text{算术平均数}=\frac{\text{总体标志总量}}{\text{总体单位总量}} \tag{4.15}$$

【例 4.17】 某企业某月的工资总额为 140 000 元，职工总人数为 100 人，则该企业职工月平均工资为 1400 元。即

$$平均工资=\frac{工资总额}{职工总人数}=\frac{140000}{100}=1400(元)$$

由此可见，计算算术平均数时，总体标志总量依附于总体单位数。这就告诉我们，使用此公式时，必须保证分子与分母所包含口径的严格一致，即各标志值与各单位之间是一一对应的，否则，计算平均指标就失去了意义。这也是平均指标与强度相对指标的不同点。

在实际工作中，由于掌握资料不同，算术平均数可分为简单算术平均数和加权算术平均数两种。

1. 简单算术平均数。简单算术平均数就是将总体各单位的标志值简单加总，除以总体单位数而求得的平均数。它适用于未分组资料。

设总体单位的标志值为 $x_1, x_2, \cdots, x_N$，总体单位的个数为 N，则总体的简单算术平均数的计算公式为：

$$\bar{X}=\frac{x_1+x_2+\cdots+x_N}{N}=\frac{\sum_{i=1}^{N}x_i}{N} \tag{4.16}$$

【例 4.18】 某工厂某生产小组有 5 名工人，各人日产量为：14、15、16、17、18 件，则这 5 名工人的平均日产量为：

$$平均日产量=\frac{14+15+16+17+18}{5}=16(件)$$

2. 加权算术平均数。当掌握的资料是分组资料，并已编成了变量数列，且各组次数不相等时，就需要采用加权算术平均数的方法计算平均数。

加权算术平均数可以根据不同形式的变量数列来计算：

(1)由单项数列计算算术平均数

【例 4.19】 某厂有 20 个工人的日产量资料如表 4.9 所示。

表 4.9　某厂 20 个工人的日产量资料

日产量(件)	工人数(人)	总产量(件)
14	2	28
15	4	60
16	8	128
17	5	85
18	1	18
合　计	20	319

计算工人的平均日产量，应先将各组工人的日产量与工人数相乘求出各组工人的产量，然后加总求得全部工人的总产量，并与工人数相比。具体计算方法如下：

$$平均日产量=\frac{14\times2+15\times4+16\times8+17\times5+18\times1}{2+4+8+5+1}=\frac{319}{20}=15.95(件)$$

若以 x 代表各组标志值，f 代表各组单位数（各组标志值出现的次数），$\bar{X}$（或 μ）代表算术平均数，则加权算术平均数的公式为：

$$\bar{X}=\frac{x_1f_1+x_2f_2+\cdots+x_Nf_N}{f_1+f_2+\cdots+f_N}=\frac{\sum_{i=1}^{N}x_if_i}{\sum_{i=1}^{N}f_i}=\frac{\sum xf}{\sum f} \tag{4.17}$$

可见，加权算术平均数的大小，不仅受各组标志值大小的影响，而且还受各组次数多少的影响。次数多的标志值对平均数的影响大，次数少的标志值对平均数的影响小。各组标志值次数的多少对平均数具有权衡轻重的作用。因此，将各组单位数（次数）称为权数，将以上平均数的计算形式称为加权算术平均数。

当各个标志值的权数都完全相同时，权数就失去了权衡轻重的作用。这时，加权平均数就等于简单算术平均数。即

当 $f_1=f_2=\cdots=f_n$ 时，则

$$\bar{X}=\frac{\sum_{i=1}^{n}x_if_i}{\sum_{i=1}^{n}f_i}=\frac{f\cdot\sum_{i=1}^{n}x_i}{f\cdot n}=\frac{\sum_{i=1}^{n}x_i}{n} \tag{4.18}$$

权数除了用总体各组单位数即频数形式表示外，还可以用比重即频率形式表示。因此，便有第二种加权算术平均数，即以标志值乘以相应的频率。其公式如下：

$$\bar{X}=x_1\frac{f_1}{\sum f}+x_2\frac{f_2}{\sum f}+\cdots+x_n\frac{f_n}{\sum f}=\sum x\frac{f}{\sum f} \tag{4.19}$$

现仍以上表的资料为例，用比重权数计算加权算术平均数。

每个工人的平均日产量：

$$\bar{X}=\sum x\frac{f}{\sum f}=14\times0.1+15\times0.2+\cdots+18\times0.05=15.95(\text{件})$$

即每个工人的平均日产量为 15.95 件，与利用绝对权数计算的加权算术平均数完全相同。

(2)由组距数列计算加权算术平均数

根据组距数列计算加权算术平均数与根据单项数列计算加权算术平均数的方法基本相同。只是要先计算出各组的组中值，用以代替各组的标志值，然后计算加权算术平均数。

【例 4.20】　某企业职工平均月工资如表 4.10 所示，求每个职工的月平均工资。

分析：这是一个分组数列，因此需要首先找到各组的组中值作为本组数据的代表，然后再代入加权算数平均的计算公式进行计算。

解：每个职工的月平均工资为：

$$\bar{X}=\sum x\frac{f}{\sum f}=\frac{850\times6+950\times10+\cdots+1250\times4}{6+10+\cdots+4}=\frac{52100}{50}=1042(\text{元})$$

表 4.10　某企业职工平均工资计算表

月工资(元)	组中值(元)x	工人数(人)f	工资总额(元)xf
800—900	850	6	5100
900—1000	950	10	9500
1000—1100	1050	20	21000
1100—1200	1150	10	11500
1200—1300	1250	4	5000
合　计	—	50	52100

应当指出，在组距数列情况下，利用组中值代替标志值计算算术平均数，是假定各组内的标志值是均匀分布的，实际上并不一定是均匀分布的。因而，根据组中值计算的加权算术平均数只是一个近似值。

3. 算术平均数的数学性质

算术平均数具有许多数学性质，为了正确运用平均数以及简化计算手续，下面介绍它的几个重要的数学性质。

(1)算术平均数与总体单位数的乘积等于各单位标志值的总和。

(2)各个标志值与算术平均数离差之和等于零。

(3)对每个标志值加或减一个任意数 a，则算术平均数也增加或减少 a。

(4)对每个标志值乘以或除以一个任意值 $a(a\neq 0)$，则算术平均数也等于乘以或除以 a。

(5)各个标志值与算术平均数离差平方之和为最小。

(二)调和平均数

调和平均数(Harmonic mean)是总体各个标志值(变量值)倒数的算术平均数的倒数。由于它是根据标志值的倒数计算的，所以也称为倒数平均数。与算术平均数一样，由于资料不同，调和平均数也分为简单调和平均数和加权调和平均数。

1. 简单调和平均数

依定义，简单调和平均数的公式为：

$$\bar{X}_H=\frac{1}{\dfrac{\dfrac{1}{x_1}+\dfrac{1}{x_2}+\cdots+\dfrac{1}{x_n}}{m}}=\frac{m}{\dfrac{1}{x_1}+\dfrac{1}{x_2}+\cdots+\dfrac{1}{x_n}}=\frac{m}{\sum\dfrac{1}{x}} \tag{4.20}$$

式中，$\bar{X}_H$ 为调和平均数，x 代表各个标志值，m 代表标志值的项数。在实际工作中，简单调和平均数用得很少，但通过这种介绍，可以了解调和平均数的由来。

2. 加权调和平均数

如果掌握资料是分组资料，则应采用加权调和平均数计算。

设 m 为调和平均数的权数，则加权调和平均数的公式为：

$$\bar{X}_H=\frac{1}{\dfrac{\dfrac{m_1}{x_1}+\dfrac{m_2}{x_2}+\cdots+\dfrac{m_n}{x_n}}{m_1+m_2+\cdots+m_N}}=\frac{m_1+m_2+\cdots+m_n}{\dfrac{m_1}{x_1}+\dfrac{m_2}{x_2}+\cdots+\dfrac{m_n}{x_n}}=\frac{\sum m}{\sum\dfrac{m}{x}} \tag{4.21}$$

【例 4.21】 甲乙两城市某种商品的单价及商品销售额资料如表 4.11 所示，试计算商品平均单价。

表 4.11 甲乙两城市某种商品的单价及商品销售额资料

城　市	商品单价(元/公斤) x	商品销售额(元) m	销售量(公斤) m/x
甲	1.0	5000	5000
乙	1.2	4800	4000
合　计	—	9800	9000

分析：商品平均价格是商品销售额与商品销售量之比，但是在没有掌握商品销售量资料情况下，

要计算平均价格，就不能直接用算术平均数的方法，而需用调和平均数。

解答：

$$商品平均价格：\bar{X}_H=\frac{\sum m}{\sum \frac{m}{x}}=\frac{5000+4800}{\frac{5000}{1.0}+\frac{4800}{1.2}}=1.09(元)$$

在一定条件下，加权调和平均数实质上是加权算术平均数的一种变形，只是因为掌握的资料不同，所用的公式不同而已。对于同一资料，两种方法计算的结果和经济意义完全相同。若用公式表示其关系，则为：

$$\bar{X}=\frac{\sum xf}{\sum f}=\frac{\sum m}{\sum \frac{m}{x}}=\bar{X}_H$$

3. 由相对数或平均数计算平均数

在分析社会经济问题时，经常需要对相对数或平均数求平均数。计算相对数或平均数的平均数，应根据被研究标志的性质及所具的资料，选择不同的方法。其一般规则是：如果掌握的权数资料是相对数或平均数的母项数值，采用加权算术平均数；如果掌握的权数资料是相对数或平均数的子项数值，则采用加权调和平均数。下面通过具体实例来加以说明：

【例 4.22】 某地区三个企业月生产计划完成情况如表 4.12 所示。

表 4.12　某地区三个企业月生产计划完成情况

企　业	计划完成程度(%) x	实际产量(吨) m	计划产量 m/x
甲	105.0	315	300
乙	110.0	275	250
丙	120.0	180	150
合　计	—	770	700

表中，我们已知的是各企业计划完成程度和各企业实际产量，而没有计划产量资料，所以要用加权调和平均数的方法计算平均计划完成程度。即

$$平均计划完成程度=\frac{\sum m}{\sum \frac{m}{x}}=\frac{770}{700}=110\%$$

如果我们掌握的资料是各企业计划完成程度和计划产量，而缺少实际产量资料，则用加权算术平均数的方法计算，即表 4.13。

表 4.13　各企业计划完成程度和计划产量

企　业	计划完成程度(%) x	计划产量(件) f	实际产量 xf
甲	105.0	300	315
乙	110.0	250	275
丙	120.0	150	180
合　计	—	700	770

$$则平均计划完成程度=\frac{\sum xf}{\sum f}=\frac{770}{700}=110\%$$

根据平均数计算平均指标时，道理也是一样。如在计算平均工资时，如果掌握各企业的平均工资和工资总额资料，而没有各企业的职工人数，则采用加权调和平均数计算；如果掌握各企业平均工资和职工人数资料，而没有工资总额资料，则用加权算术平均数。

（三）几何平均数

几何平均数（Geometric mean）是 N 个变量值乘积的 N 次方根，它主要用于计算平均发展速度和平均比率。根据所掌握资料不同，可分为简单几何平均数和加权几何平均数两种。

1. 简单几何平均数

如果掌握的资料未经分组，应采用简单几何平均数计算，公式为：

$$\bar{X}_G=\sqrt[N]{x_1\cdot x_2\cdot x_3\cdots x_N}=\sqrt[N]{\prod x} \tag{4.22}$$

式中，$\bar{X}_G$ 代表几何平均数；x 代表样本单位的各个标志值（变量值）；N 代表变量值的项数；Π 为连乘符号。

2. 加权几何平均数

如果掌握的资料已经分组，应采用加权几何平均数。其计算公式为：

$$\bar{X}_G=\sqrt[f_1+f_2+\cdots+f_n]{x_1^{f_1}\cdot x_2^{f_2}\cdot x_3^{f_3}\cdots x_n^{f_n}}=\sqrt[\sum f]{\prod x^f} \tag{4.23}$$

式中，$\bar{X}_G$ 代表加权几何平均数；f 代表各个标志值出现的次数。

【例 4.23】 某银行某笔投资的年利率是按复利计算的，假设 20 年的年利率分别为：有 1 年为 3%，有 3 年为 4%，有 6 年为 6%，有 8 年为 9%，有 2 年为 12%，求平均年利率。

求解思路：计算平均年利率须将各年利率加 100%，换算为各年本利率，然后按加权几何平均数计算平均年本利率，再减 100%得平均年利率。

解答：

平均年本利率：

$$\begin{aligned}\bar{X}_G&=\sqrt[f_1+f_2+\cdots+f_n]{x_1^{f_1}\cdot x_2^{f_2}\cdot x_3^{f_3}\cdots x_n^{f_n}}\\&=\sqrt[1+3+6+8+2]{(103\%)\times(104\%)^3\times(106\%)^6\times(109\%)^8\times(112\%)^2}=107.3\%\end{aligned}$$

平均年利率：107.3%－100%＝7.3%

计算结果表明：20 年的年平均本利率为 107.3%，年平均利率为 7.3%。

3. 几何平均数的特点

(1)几何平均数受极端值的影响，较算术平均数和调和平均数为小；

(2)如果数列中有奇数项为负数，则几何平均数只有负根或虚根，这时对社会经济现象没有意义；

(3)如果开偶次方，几何平均数则有正负两个根，反映社会经济现象的平均数只取正根；

(4)如果被平均的数列中有一个标志值为零，则不能计算几何平均数；

(5)几何平均数应用的范围较窄，它主要用于具有等比或近似等比关系的数列。

（四）中位数

将总体中某一数量标志的各个标志值按大小顺序排列，处于中间位置的那个标志值就是中位数（Median，简称 M_e）。中位数将数列分为相等的两部分：一部分的标志值小于中位数，一部分的标志值大于中位数。有时利用中位数大致代表总体各单位的一般水平。

中位数的确定须根据所掌握资料而定，一般分三种情况：

1. 由未分组资料确定中位数

由未分组资料确定中位数，首先按 $\frac{N}{2}$ 确定中位数的位置，然后再根据中位数位置求中位数。

若数列的项数是奇数，则中位数正好是中间位置上的那个标志值；若数列的项数为偶数，则中位数应是处于中间位置的两个标志值的算术平均数。

【例 4.24】 某小组有 7 个工人，其日产量（件）为：10，11，12，13，14，15，17，则 13 件就是中位数。

如果上例中只有前 6 项数字，则

$$中位数位置=\frac{6+1}{2}=3.5$$

即在第三项与第四项中间

$$中位数=\frac{12+13}{2}=12.5\,(件)$$

2. 由单项数列确定中位数

由单项数列确定中位数，方法与未分组资料基本相同，只是需根据 $\frac{\sum f}{2}$ 确定中位数的位置。

【例 4.25】 某工厂工人人数和工资的资料如表 4.14 所示。

$$中位数位置=\frac{\sum f}{2}=35$$

即中位数位置在累计次数 38 那一组，即 1189 元为中位数。

表 4.14　某工厂工人人数和工资的资料

工资（元）x	工人数 f	累计次数 $\sum f$
1176	4	4
1182	8	12
1189	26	38
1197	10	48
1205	10	58
1213	8	66
1222	4	70
合　计	70	—

3. 由组距数列确定中位数

由组距数列确定中位数，首先按 $\frac{\sum f}{2}$ 求出中位数所处的位置，然后再按照上限公式或下限公式确定中位数的具体数值。

（1）下限公式：

$$M_e \approx L+\frac{\frac{\sum f}{2}-S_{M_e-1}}{f_{m_e}}\times d \tag{4.24}$$

式中，M_e 代表中位数；L 代表中位数所在组的下限；f_{m_e} 代表中位数所在组的次数；S_{M_e-1} 代表中位数所在组以下的累计次数；$\sum f$ 代表总次数；d 代表中位数所在组的组距。

(2)上限公式：

$$M_e \approx U - \frac{\frac{\sum f}{2} - S_{M_e+1}}{f_{m_e}} \times d \qquad (4.25)$$

式中，U 代表中位数所在组的上限；S_{M_e+1} 代表中位数所在组以上的累计次数。

下限公式(4.24)和上限公式(4.25)都是以中位数所在组内的次数均匀分配为前提的。在这种情况下，可以按比例推算中位数的近似值。式中，$\frac{\sum f}{2} - S_{M_e-1}$ 与 $\frac{\sum f}{2} - S_{M_e+1}$ 都是中位数的次数在该组内应占的份额。

【例 4.26】 某地区粮食亩产量资料如表 4.15 所示，下面通过表 4.15 来说明由组距数列确定中位数的方法。

表 4.15 某地区粮食亩产量资料

按亩产量分组（公斤）	亩数	累计次数	
		向上累计	向下累计
200～300	50	50	2000
300～400	150	200	1950
400～500	200	400	1800
500～600	1000	1400	1600
600～700	300	1700	600
700～800	250	1950	300
800～900	50	2000	50
合　计	2000	—	—

$$中位数位置 = \frac{\sum f}{2} = \frac{2000}{2} = 1000(亩)$$

由此可见，中位数在亩产 500－600 公斤这一组内。根据表中资料分别代入下限公式与上限公式求中位数。

用下限公式计算：

$$M_e \approx L_{M_e} + \frac{\frac{\sum f}{2} - S_{M_e-1}}{f_{M_e}} \times d = 500 + \frac{1000-400}{1000} \times 100 = 560(公斤)$$

用上限公式计算：(公式替换)

$$M_e \approx U_{M_e} - \frac{\frac{\sum f}{2} - S_{M_e+1}}{f_{M_e}} \times d = 600 - \frac{1000-600}{1000} \times 100 = 560(公斤)$$

4. 中位数的应用特点：

(1)中位数是一个位置平均数，不受极端数值的影响；

(2)中位数在组距数列中不受“开口组”的影响；

(3)由于中位数只考虑标志值的位置，而不考虑标志值的大小，所以在一般情况下，不宜用中位数代替算术平均数。

(五)众数

1. 众数的意义

众数(Mode,简称 Mo)是总体中出现次数最多的标志值,也就是现象总体中最常遇到的标志值,通常以符号 Mo 表示。在实际工作中有时利用众数代替算术平均数来大致说明总体的一般水平。

例如,为了掌握市场上某种商品的价格水平,不必全面登记该商品的全部贸易量和贸易额加以平均,只需用该日市场上最普遍的成交价格。假定市场上某种商品的最多成交量价格为 5 元/公斤,这 5 元即可用来代表该商品的平均价格。又如商店要了解消费者对衣服、鞋帽的尺寸、号码的一般需要,更好地组织货源,也可利用众数。应当指出,众数只有在总体单位比较多,而又有明显的集中趋势的资料中才有意义。如果没有明显的集中趋势或最高峰值点,众数可以不存在。当有两个高峰点,也可以有两个众数。

2. 众数的确定

(1)由单项数列确定众数。根据单项数列确定众数比较简单,次数最多的标志值就是众数。

【例 4.27】 某商店某月男汗衫销售情况,从表 4.16 中可以看出,100cm 男汗衫销售量最大。因此 100cm 男汗衫为众数。

表 4.16 某商店某月男汗衫销售情况

男汗衫尺码(cm)	月销售量(件)
80	20
85	30
90	100
95	500
100	1000
105	800
110	50
合 计	2500

(2)由组距数列确定众数。由组距数列确定众数,首先确定众数组,然后通过公式计算众数的近似值。计算公式有下限公式和上限公式,计算时可任选一种。

下限公式:

$$M_o \approx L + \frac{\Delta_1}{\Delta_1 + \Delta_2} \times d \tag{4.26}$$

上限公式:

$$M_o \approx U - \frac{\Delta_2}{\Delta_1 + \Delta_2} \times d \tag{4.27}$$

式中,M_o 代表众数;L 代表众数组的下限,U 代表众数组的上限;Δ_1 代表众数组次数 f_{m_o} 与前一组次数 f_{m_o-1} 之差,即 $\Delta_1 = f_{m_o} - f_{m_o-1}$;$\Delta_2$ 代表众数组次数 f_{m_o} 与后一组次数 f_{m_o+1} 之差,即 $\Delta_2 = f_{m_o} - f_{m_o+1}$;$d$ 代表众数组的组距。

从公式(4.26)和(4.27)可见,这种方法是用众数组与上下组次数的差数来修订众数值的。当众数组上下组次数相等,从而$\triangle_1 = \triangle_2$ 时,则 M_o 即等于众数组的组中值;当$\triangle_1 < \triangle_2$ 时,M_o 小于众数组的组中值;而当$\triangle_1 > \triangle_2$ 时,M_o 大于该组的组中值。

【例 4.28】 下面以某市职工家庭收入资料为例，说明众数的确定方法。

计算步骤如下：

第一步，确定众数组。从表 4.17 中资料可知，平均每人收入在 1150～1160 元这一组为众数组。

表 4.17 某市职工家庭收入资料

每人平均月收入(元)	职工户数(户)
1130～1140	100
1140～1150	300
1150～1160	1200
1160～1170	200
1170～1180	150
1180～1190	100
1190～1200	50
1200～1210	30
合计	2130

第二步，计算众数的近似值。

(1)用上限公式：

$$M_o \approx L + \frac{\Delta_1}{\Delta_1 + \Delta_2} \times d = 1150 + \frac{900}{900 + 1000} \times 10 = 1150 + 4.74 = 1154.74(\text{元})$$

(2)用下限公式：

$$M_o \approx U - \frac{\Delta_2}{\Delta_1 + \Delta_2} \times d = 1160 - \frac{1000}{900 + 1000} \times 10 = 1160 - 5.26 = 1154.74(\text{元})$$

3. 众数的应用特点

(1)众数是一个位置平均数；

(2)众数不受极端数值的影响；

(3)组距数列中出现开口组时，对众数无影响；

(4)众数往往是不容易确定的平均数。

三、位置平均数与算术平均数的关系

中位数和众数又称为位置平均数，中位数、众数、算术平均数在反映被研究现象的集中趋势时，各有各的特点和用途，它们之间存在着一定的关系，这种关系取决于总体的次数分布状况。

在非对称的钟形分布情况下，中位数、众数、算术平均数三者的差别取决于非对称的程度。非对称的程度愈大，它们之间的差别就愈大；反之，差别就愈小。如果存在非正常的极端标志值，那么次数分布就会产生偏斜，这种极端标志值对这三种平均数的影响是不同的。众数不受其数值大小的影响，而算术平均数则受所有极端标志值的影响，极端值对它的影响最大。

当资料呈现右偏分布时，就意味着算术平均数受大的极端值的影响，这时，$M_o < M_e < \bar{X}$。

当资料呈现左偏分布时，意味着算术平均数受小的极端值的影响，这时，$\bar{X} < M_e < M_o$。

在资料分布完全对称的情况下，算术平均数处于分布曲线的对称点上，对称点又是曲线的中心点和最高点，这时，$\bar{X} = M_e = M_o$。

根据左偏分布和右偏分布，众数和均值之间的距离是中位数和均值之间距离的三倍。即 $M_o - \bar{X} = 3(M_e - \bar{X})$。

三种平均数的关系用数量表示为：

(1) $M_o = 3M_e - 2\bar{X}$

(2) $M_e = \dfrac{2\bar{X} + M_o}{3}$

(3) $\bar{X} = \dfrac{3M_e - M_o}{2}$

根据这个关系，若已知其中的两个平均指标，即可估计到另外一个平均指标，并可判断分布的偏向。

【例 4.29】 有一批零件，直径小于 804cm 占半数。经测定，出现最多的为 800cm，则估计平均直径为：

$$\bar{X} = \frac{3M_e - M_o}{2} = \frac{3 \times 804 - 800}{2} = 806(\text{厘米})$$

可见：800<804<806。即：$M_o < M_e < \bar{X}$（右偏分布）。

第四节　标志变异指标

一、标志变异指标的概念和作用

（一）标志变异指标的概念

平均指标是用来反映总体集中趋势的一个代表值，它把各单位之间的数量差异抽象化，只能综合反映各单位某一数量标志的共性，而不能反映它们之间的差异性。在两个总体的平均水平相同的情况下，总体各单位之间标志值的差别可能大不相同。

【例 4.30】 甲、乙两组各有 5 名工人，其日产量（件）为：

甲组：31，32，30，29，28，$\bar{x}_{甲} = 30$ 件

乙组：10，20，50，25，45，$\bar{x}_{乙} = 30$ 件

虽然两组平均日产量都为 30 件，但工人日产量差别却大不一样，甲组工人日产量差别小，乙组工人日产量差别很大。

标志变异指标就是反映总体某一数量标志各个标志值变动范围或变动程度大小的综合指标，也称标志变动度。它们是总体数量特征的另一个方面的数学描述。要进一步掌握和描述变量分布的数量特征就需要计算变量的离中趋势的代表值，它是与变量分布集中趋势的代表值相辅相成共同反映变量分布规律的一对对立统一的数量代表值。

（二）标志变异指标的作用

1. 标志变异指标是衡量平均数代表性大小的尺度。平均数的代表性和标志变动度有一定的联系。一般地，标志变动度愈大，平均数的代表性愈小；标志变动度愈小，则平均数的代表性愈大。

如上例中，30 件作为平均水平，甲组的代表性就比乙组大。

2. 标志变异指标可用来反映社会经济活动过程的均衡性和协调性。一般来说，变异指标越小，现象变动的均衡性和稳定性越高。反之，变异指标越大，现象变动的均衡性和稳定性越低。

【例 4.31】 某企业两个车间某月份钢材生产计划完成情况如表 4.18。

表 4.18 某企业两个车间某月份钢材生产计划完成情况

车间	计划数（吨）	实际完成							
		上旬		中旬		下旬		全月	
		绝对数	占全月%	绝对数	占全月%	绝对数	占全月%	绝对数	计划完成百分比
甲	120	38	31.7	40	33.3	42	35.0	120	100.0
乙	120	20	16.7	40	33.3	60	50.0	120	100.0

资料表明，两车间月生产计划都已完成。但执行进度不一样，甲车间均衡地完成了生产计划，各旬计划完成率变异程度小；而乙车间前松后紧，各旬计划完成率变异程度大。

3. 标志变异指标是统计推断的重要依据。总体未知参数的估计和假设检验等推断统计都需要使用标志变异指标，例如下面即将介绍的方差和标准差。

二、标志变异指标的种类及计算方法

测定标志变动度的指标主要有全距、平均差、标准差和变异系数等。下面分别进行介绍：

（一）极差

极差（Range，简称 R）是指一个数列中两个极端数值之差，又称全距，用 R 表示。它用来说明标志值的变动范围。其公式为：

$$R = x_{\max} - x_{\min} \tag{4.28}$$

式中：$x_{\max}$ 表示最大标志值；$x_{\min}$ 表示最小标志值。

现在仍以前面两组工人日产量为例，计算全距。

甲组全距：$R_{甲} = 32 - 28 = 4$（件）

乙组全距：$R_{乙} = 50 - 10 = 40$（件）

很明显，乙组全距比甲组大，从而说明乙组的平均数代表性比甲组小。

全距是测定标志变动程度的一种简单的粗略的方法，容易受极端数值影响，因而测定结果往往不能充分反映现象的实际变动范围。在实际工作中，全距可用于检验产品质量的稳定性和进行质量控制。

（二）平均差

平均差（mean deviation），也称为平均绝对离差（mean absolute deviation，简称 A. D），是各个标志值与其平均数的离差绝对值的算术平均数。它表示各标志值与算术平均数的平均距离。平均差大，说明各标志值的差异大，标志值分布分散；平均差小，说明标志值差异小，标志值分布集中。

计算平均差可分为两步：第一步，求各个标志值与平均数的离差的绝对值；第二步，将离差绝对值的总和除以项数或总次数求平均差。由于掌握资料不同，平均差可分为简单平均式和加权平均式两种。

1. 简单平均式。在资料未分组时，采用简单平均式计算。

$$A.D = \frac{\sum_{i=1}^{N} |x_i - \bar{X}|}{N} \tag{4.29}$$

【例 4.32】 现以两组工人的工资为例，计算平均差，如表 4.19 所示。

表 4.19　平均差计算表

甲组（$\bar{X}_1=1400$ 元）			乙组（$\bar{X}_2=1400$ 元）		
工资(元)	离差	离差绝对值	工资(元)	离差	离差绝对值
x	$x-\bar{X}_1$	$\|x-\bar{X}_1\|$	x	$x-\bar{X}_2$	$\|x-\bar{X}_2\|$
1000	−400	400	1200	−200	200
1200	−200	200	1300	−100	100
1400	0	0	1400	0	0
1600	200	200	1500	100	100
1800	400	400	1600	200	200
合计	—	1200	合计	—	600

甲组工人的平均差为：

$$A.D_{甲}=\frac{\sum_{i=1}^{N}|x_i-\bar{X}_1|}{N}=\frac{1200}{5}=240(\text{元})$$

$$A.D_{乙}=\frac{\sum_{i=1}^{N}|x_i-\bar{X}_2|}{N}=\frac{600}{5}=120(\text{元})$$

计算结果表明，在甲乙两组工人平均工资相等情况下，甲组的平均差大于乙组，所以，甲组平均数的代表性比乙组小。

2. 加权平均式。对于分组资料，应采用加权平均式计算。

总体加权平均差公式：

$$A.D=\frac{\sum_{i=1}^{n}|x_i-\bar{X}|f_i}{\sum_{i=1}^{n}f_i} \tag{4.30}$$

【例 4.33】 某厂 200 名工人的日产量资料如表 4.20 所示。

表 4.20　平均差计算表

工人按日产量分组(件) x	工人数 f	总产量(件) xf	离差 $x-\bar{x}$	离差绝对值 $\|x-\bar{x}\|$	离差绝对值×权数 $\|x-\bar{x}\|\cdot f$
10	20	200	−1.7	1.7	34
11	50	550	−0.7	0.7	35
12	100	1200	0.3	0.3	30
13	30	390	1.3	1.3	39
合计	200	2340	—	—	138

解：$\bar{X}=\frac{\sum xf}{\sum f}=\frac{2340}{200}=11.7(\text{件})$

$$A.D=\frac{\sum_{i=1}^{n}|x_i-\bar{X}|f_i}{\sum_{i=1}^{n}f_i}=0.69(件)$$

计算表明,该厂工人日产量的平均差为 0.69 件。

(三)标准差

标准差(standard deviation,简称 S.D)是各个标志值与其平均数离差平方的算术平均数的平方根,故又称为均方根差。总体标准差用符号 σ 表示。其意义与平均差基本相同,也是各标志值对其算术平均数的平均离差,只是在数学处理上与平均差不同。平均差是用绝对值的形式消除正负号影响的,而标准差则是用平方的形式来消除正负号影响的。从计算结果来看,标准差稍大于平均差。标准差是测定标志变动度的最重要的指标。其计算公式也分为简单平均式与加权平均式两种。

1. 简单平均式

在资料未分组时,应采用简单平均式计算,其公式为:

总体标准差:

$$\sigma=\sqrt{\frac{\sum_{i=1}^{N}(x_i-\bar{X})^2}{N}} \tag{4.31}$$

现仍以表 4.20 资料为例,说明标准差的计算方法:

$$\sigma_{甲}=\sqrt{\frac{\sum_{i=1}^{N}(x_i-\bar{X})^2}{N}}=\sqrt{\frac{400000}{5}}=282.8\ (元)$$

$$\sigma_{乙}=\sqrt{\frac{\sum_{i=1}^{N}(x_i-\bar{X})^2}{N}}=\sqrt{\frac{100000}{5}}=141.4\ (元)$$

计算结果表明,在两组工人平均工资相等情况下,甲组的标准差比乙组大,所以,甲组平均数的代表性低于乙组。

2. 加权平均式

对于分组资料,应采用加权平均式计算,其标准差公式为:

$$\sigma=\sqrt{\frac{\sum_{i=1}^{n}(x_i-\bar{X})^2f_i}{\sum_{i=1}^{n}f_i}} \tag{4.32}$$

【例 4.34】 现仍以平均差计算例子(表 4.20)资料计算标准差,见表 4.21。

表 4.21 标准差计算表

工人按日产量分组(件) x	工人数 f	总产量 xf	离差 $x-\bar{X}$	离差平方 $(x-\bar{X})^2$	离差平方×权数 $(x-\bar{X})^2f$
10	20	200	−1.7	2.89	57.8
11	50	550	−0.7	0.49	24.5
12	100	1200	0.3	0.09	9.0
13	30	390	1.3	1.69	50.7
合计	200	2340	—	—	142

解：$\bar{X}=\frac{\sum_{i=1}^{n}x_i f_i}{\sum_{i=1}^{n}f_i}=\frac{2340}{200}=11.7$(件)

$$\sigma=\sqrt{\frac{\sum_{i=1}^{n}(x_i-\bar{X})^2 f_i}{\sum_{i=1}^{n}f_i}}=\sqrt{\frac{142}{200}}=0.84(\text{件})$$

在由组距式数列计算标准差时，应先求出组中值作为变量值，再按上述公式计算。

3. 是非标志的标准差

所谓是非标志就是总体单位的标志表现只有“是”或“非”两种情况的标志。换句话说，按某种标志将总体分组时，只能把总体区分为具有某种属性和不具有某种属性两组，则这种标志就是是非标志。如，掷硬币分为“正面”和“反面”，产品的质量分为“合格”和“不合格”，人的性别分为“男”和“女”等等。

由于是非标志属于品质标志，而品质标志不能用数量表示，因而也不能据以计算其平均数和标准差，所以有必要将其数量化。一般将“是”的标志值记为 1，将“非”的标志值记为 0，同时，用 N 表示总体单位数，用 N_1 表示总体中具有某种属性的单位数，用 N_0 表示总体中不具有某种属性的单位数，用 π 表示总体中具有某种属性的单位数所占比重，用 $1-\pi$ 表示总体中不具有某种属性的单位数所占比重，π 和 $1-\pi$ 分别表示总体中“是”或“非”两种标志出现的频率，也称为成数。则

总体成数：$\pi=\frac{N_1}{N}, 1-\pi=\frac{N_0}{N}$。

可见，是非标志的平均数为总体中具有某种属性的成数 π。

下面我们计算一下是非标志总体的标准差和方差。

是非标志的方差为：

$$\sigma^2=\frac{\sum(x-\pi)^2}{N}=\frac{(1-\pi)^2 N_1+(0-\pi)^2 N_0}{N}=\pi(1-\pi) \tag{4.33}$$

是非标志的标准差为：

$$\sigma=\sqrt{\pi(1-\pi)} \tag{4.34}$$

由此可见，是非标志的标准差就等于总体成数 P 和 $1-P$ 的乘积的方根。

【例 4.35】 某批零件的合格率 $\pi=90\%$，求其方差和标准差。

$$\sigma^2=90\%\times10\%=9\%$$

$$\sigma=\sqrt{9\%}=30\%$$

(四)变异系数

平均差和标准差都是反映总体各标志值离散程度的绝对水平的统计指标，其计量单位与标志值的计量单位相同，而且是有名数，其值大小不仅取决于各单位标志值之间的差异程度，还取决于总体平均水平的高低。因此，不便于不同水平的同类现象，特别是不同类现象进行直接对比。为此，须将上述指标与平均数对比，计算出变异系数(coefficient of variation，简称 CV)，这样才能消除平均水平高低的影响。常用的变异系数有平均差系数和标准差系数，公式为：

$$CV_{A.D}=\frac{A.D}{\bar{X}}\times100\% \tag{4.35}$$

$$CV_{\sigma}=\frac{\sigma}{\bar{X}}\times 100\% \tag{4.36}$$

式中，$CV_{A\cdot D}$ 为平均差系数，CV_{σ} 为标准差系数。

【例 4.36】 两个工厂工人劳动生产率资料如表 4.22 所示。

表 4.22　两个工厂工人劳动生产率资料

厂别	工人平均劳动生产率(元)	标准差(元)	标准差系数
甲厂	36000	600	1.67
乙厂	22000	400	1.82

由表 4.22 可以看出，甲厂的标准差大于乙厂，但不能由此断言，甲厂工人平均劳动生产率的代表性小于乙厂。因为两厂的劳动生产率水平相差悬殊，不能只根据有名数来判断。通过计算标准差系数可以看出，甲厂的标志变动程度比乙厂还小，因而甲厂的劳动生产率比乙厂更具有代表性。

三、分布的偏度和峰度

前面讲的平均指标和变异指标反映了数据分布的两个重要特征：集中趋势和离散程度。但是，不同类型的分布也可能会有相同的平均指标和变异指标，所以要全面了解分布的特征，还需要知道分布的形状是否对称、偏斜的程度以及分布的扁平程度等，而偏度(skewness)和峰度(kurtosis)就属于这样的分布特征。

(一)偏度及其测度

1. 偏度的含义

分布数列中，如果次数分布是完全对称的，则称为对称分布；如果次数分布不对称，则称为非对称分布或偏态分布。偏度是指分布不对称的方向和程度。显然利用前面讲的众数、中位数和均值之间的关系就可以判别分布的方向，但要测度分布不对称的程度则需要计算偏度系数(coefficient of skewness)。

2. 偏度的测度

偏度系数是对分布不对称程度的测度，其计算公式为：

$$\alpha_3=\frac{\sum_{i=1}^{n}(x_i-\bar{X})^3 f_i}{N\sigma^3} \tag{4.37}$$

式中，α_3 为偏度系数；σ^3 为标准差的三次方。

从公式(4.37)可以看出，偏度系数是离差三次方的平均数再除以标准差的三次方。当分布对称时，离差三次方后正负离差互相抵消，α_3 的分子为 0，则偏度系数 $\alpha_3=0$；当分布不对称时，离差三次方后的正负离差不能抵消，就有了偏度系数的正负。当 $\alpha_3>0$ 时，表示正偏离差值较大，可以判断分布为正偏或右偏；反之，当 $\alpha_3<0$ 时，表示负偏离差值较大，可以判断分布为负偏或左偏。另外，在计算偏度系数 α_3 时，将离差三次方的平均数除以标准差的三次方是将偏度系数转化为相对数，α_3 的值越大，就表示分布不对称的程度越大。

(二)峰度及其测度

1. 峰度的定义

峰度是指分布图形的陡峭程度或峰凸程度。如果一个总体大部分都集中在众数周围，那么其分布的图形就会比较陡峭；反之，如果一个总体大部分都不集中在众数周围，那么其分布的图形就会比较平缓。峰度系数就可以反映这方面分布的情况。

2. 峰度的测度

峰度系数(coefficient of kurtosis)是离差四次方的平均数再除以标准差的四次方，其计算公式为：

$$\alpha_4=\frac{\sum_{i=1}^{n}(x_i-\bar{X})^4 f_i}{N\sigma^4} \tag{4.38}$$

式中 α_4 为偏度系数；σ^4 为标准差的四次方。

公式(4.38)中将离差的四次方除以标准差的四次方也是为了将峰度系数转化为相对数。但对于正态分布，其峰度系数恒为一个常数 3。因此，可以将各种分布的峰度系数与正态分布的峰度系数相比较，当 $\alpha_4>3$ 时为高峰度分布，当 $\alpha_4<3$ 时为低峰度分布。

(三)偏度和峰度的实例

【例 4.37】 2020 年的全国居民家庭按人均可支配收入五等分组的有关数据，见表 4.23。试计算全国居民家庭人均可支配收入的偏度系数和峰度系数。

表 4.23 2020 年全国居民家庭按人均可支配收入分组数据

按人均可支配收入分组 (元)	人均可支配收入值 x_i	户数比重(%) f_i
低收入家庭	7868.8	20
中间偏下收入组	16442.7	20
中间收入组	26248.9	20
中间偏上收入组	41171.7	20
高收入组家庭	80293.8	20

资料来源：《中国统计年鉴(2021)》，全国居民家庭按人均可支配收入五等分组。

根据表 4.23 的数据计算得，

$$\bar{X}=\frac{\sum xf}{\sum f}=\frac{\sum x}{n}=\frac{7868.8+16442.7+26248.9+41171.7+80293.8}{5}=34405.18\text{(元)}$$

$$\sigma=\sqrt{\frac{\sum(x_i-\bar{X})^2}{n}}$$

$$=\sqrt{\frac{(7868.8-34405.18)^2+(16442.7-34405.18)^2+\cdots+(80293.8-34405.18)^2}{5}}$$

$$=25475.11$$

$$\alpha_3=\frac{\sum_{i=1}^{n}(x_i-\bar{X})^3 f_i}{N\sigma^3}=0.87$$

$$\alpha_4=\frac{\sum_{i=1}^{n}(x_i-\bar{X})^4 f_i}{N\sigma^4}=2.39$$

由计算结果可以看出，偏度系数为正值，说明居民家庭人均可支配收入为右偏分布，即收入较少的家庭占多数，而收入较高的家庭占少数。峰度系数为 2.39，说明居民家庭人均可支配收入分布的峰度比正态分布稍低一点，说明低收入家庭占有较大的比重。

本章小结

本章主要介绍了数据的概括性度量，总量指标、相对指标、平均指标、标志变异指标等。

1. 总量指标是反映总体规模或水平的指标，常用绝对数表示。总量指标按其反映的内容不同，可分为总体单位总量和总体标志总量；按其反映的时间状况不同，可分为时期指标和时点指标；按其采用的计量单位不同，可以分为实物量指标、价值量指标和劳动量指标。总量指标的计算方法主要有两种：直接法和推算法。

2. 统计中的相对指标根据研究目的和任务的不同，主要包括结构相对指标、比例相对指标、比较相对指标、动态相对指标、强度相对指标和计划完成情况相对指标六种指标。结构相对数是部分与总体的关系；比例相对数是总体一部分与另一部分的比例；比较相对指标是两个不同总体的相同指标之比；动态相对指标是报告期的指标数值和基期指标数值之比；强度相对指标是两个性质不同但有联系的指标之比；计划完成相对数是实际完成情况与计划完成情况之比。

3. 平均指标的种类主要有：算术平均数、调和平均数、几何平均数、中位数和众数五种。①算数平均的基本公式是总体标志总量除以总体单位总量。算数平均数有简单算数平均数和加权算数平均数。调和平均数是各标志值倒数的平均数，也有简单与加权调和平均数。调和平均数是算术平均数的变形。②众数和中位数是位置平均数。众数是总体中最普遍出现的标志值，一个总体可能没有众数，可能有一个，可能有多个。中位数是总体中有一半单位的标志值大于中位数，有一半单位的标志值小于中位数。

4. 标志变异指标主要有极差、平均差、标准差和变异系数等。其中最常见的是标准差，比较不同总体时常用变异系数。极差是总体中两个极端标志值的差；标准差是各个标志值与其平均数离差平方的算术平均数的平方根，标准差是方差的平方根。标准差变异系数是标准差除以均值，消除计量单位的影响。

5. 分布的偏度和峰度。偏度系数是对分布不对称程度的测度；峰度是指分布图形的陡峭程度或峰凸程度。

思考与练习

思考题

1. 什么是总量指标？有何作用？
2. 时期指标和时点指标各有什么特点？
3. 相对指标为什么要与总量指标结合运用？
4. 平均指标怎样反映总体分布的集中趋势？
5. 为什么在社会经济领域中，调和平均数作为算术平均数的变形使用？
6. 计算和运用平均指标应注意哪些问题？
7. 什么是标志变异指标？有何作用？

练习题

1. 某地区土地面积和人口资料如下表。

地区/人口(万人)	2010年	2017年
合计	9405	9559
其中：城市	3621	4795
农村	5784	4764

另外已知该地区土地面积为16.7万平方公里。

要求：①指出可计算哪些相对指标；

②每种相对指标计算一个数值；

③比较2010年和2017年相对指标的变化，并说明原因。

2. 某年12月份甲、乙两农贸市场某种农产品价格及成交额的资料如下。

品种	价格(元/斤)	成交额(元)	
		甲市场	乙市场
甲	0.22	22000	44000
乙	0.24	48000	24000
丙	0.25	25000	25000
合计	—	95000	93000

试比较哪个市场的平均价格高，说明原因。

3. 某企业五年计划规定五年内累计完成产品产量1200万吨，其中最后一年产量达到300万元，实际完成情况如下。

项	第一年	第二年	第三年	第四年				第五年			
				一季	二季	三季	四季	一季	二季	三季	四季
产量	200	230	260	65	65	70	75	75	80	80	85

试问：

①该企业五年累计完成计划情况？

②该企业提前多少时间完成累计产量计划？

③该企业提前多少时间达到最后一年计划产量？

4. 设甲、乙两企业某月生产某种产品的单位成本及产量比重资料如下。

项	甲企业		乙企业	
	单位成本(元)	产量比重(%)	单位成本(元)	产量比重(%)
第一批	1.0	10.0	1.2	35.0
第二批	1.1	20.0	1.1	25.0
第三批	1.2	70.0	1.0	40.0
合计	—	100.0	—100.0	100.0

试比较该月份哪个企业的单位成本高，并说明原因。

5. 某工业局所属五个企业的产值及计划完成程度资料如下。

企业	上半年		下半年	
	计划产值(万元)	计划完成程度(%)	实际产值(万元)	计划完成程度(%)
甲	50	102.0	61.8	103.0
乙	300	100.0	367.5	105.0
丙	150	100.0	160.8	100.5
丁	400	105.0	461.25	102.5
戊	100	103.0	124.8	104.0

试计算全局五个企业的上半年、下半年及全年的平均计划完成程度。

6. 某学校某系学生体重资料如下。

按体重分组(公斤)	学生人数(人)
52 以下	24
52—55	25
55—58	38
58—61	21
61 以上	17
合计	125

试根据所给资料计算学生体重的算术平均数、中位数、众数。

7. 已知甲、乙两组工人的产量资料如下。

工人编号	产量(件)	
	甲组	乙组
1	20	40
2	30	40
3	30	50
4	40	55
5	40	55
6	50	60

试分别计算两组工人的平均产量和各项标志变异指标(全距、平均差、标准差、标准差系数),并说明哪一组工人的平均产量代表性大?

思政元素融入：《中国健康与养老报告》（节选）

中国拥有世界上最大的老年人群体，同时也是世界上老龄化最严重的国家之一，老龄化将对经济和社会的可持续发展产生巨大的影响。60岁及以上人口占总人口的比重，将从2015年的约16%，快速上升到2050年的33%。生育率大幅下降将导致老年人的子女数量急剧减少，同时子女越来越多地外出寻找就业机会，维持老年人生活福利将变得愈发富于挑战。

在人口老龄化的背景下，健康的老龄化不仅能够缓解老龄化带来的巨大社会压力，也是保障老年人福利的基础。健康老龄化的含义是随着人们寿命的延长，健康寿命同时延长，而失能年限保持不变甚至缩短。健康老龄化通过降低医疗卫生服务需求和照料负担、增加劳动年限等途径，缓解社会经济压力，减轻社会照料负担，从而促进社会经济事业的可持续发展。健康是老年生活质量的最重要的维度之一，对健康状况的研究是健康老龄化科学研究的基础，尤其在当今社会慢性病已带来了巨大的社会负担，了解健康现况有助于理解健康老龄化的现实起点，是制定有效健康干预措施的前提。健康测量的方式也多种多样，比较主观的健康指标如自报健康、自报的慢性病患病率，相对客观的指标如日常生活自理能力，最客观的指标如通过体检和血检得到的血压、血脂异常等。健康包括生理、心理、认知等各个方面。

为了应对这一挑战，中国政府已采取了很多切实的措施为老年人提供社会保障。近年来，中国政府大幅度地扩大了社会养老及医疗保险的覆盖范围，加强了最低生活保障等项目的社会福利体系，扩大了许多针对老年人保障和服务的项目，提升了全社会对于老年人给予关怀和帮助的意识。为了评估这些政策措施的效果，及时发现新问题并对政策提出改进意见，研究家庭在养老中的作用以及家庭养老功能与政府保障之间的相互作用，我们需要高质量、多维度、持续追踪的中老年人口数据。

基于2015年全国基线样本常规调查的第二次追踪调查数据，同时结合2011年的基线数据以及2013年的第一次追踪调查数据。调查结果显示：

1.老年人的健康状况令人担忧。约四分之一的60岁及以上老年人自报健康状况不好；自报医生诊断的慢性病患病率为78.9%；自报疼痛率为30.6%；约三分之一的老年人存在高抑郁风险；有32.7%的老人自报近视力或者远视力不好；有10.7%的老人经常戴眼镜；16.1%的老人自报听力不好；仅1.9%的老年人使用过助听器；牙齿已全部掉光的老年人比例为23.5%；仅19.1%的老年人在过去一年内看过牙医；日常生活自理能力有困难比例为42.6%。健康的弱势群体为农业户口人群、女性、高年龄段及低教育水平的人口。老年人在身心健康的医疗服务及照料护理服务方面存在迫切的需求，更需要关注健康弱势群体的健康服务需求。

2.高血压和糖尿病患病高、慢性病管理工作有待进一步提升。老年人高血压和糖尿病的患病率为53.6%和23.9%，糖尿病的知晓率（48%）远低于高血压（72%），中年男性、老年女性以及非农业户口人群是高血压和糖尿病患病的高危人群。糖尿病的医生诊断率急需提升。

3.老年人的认知状况较差。高教育水平对女性认知的提高程度远大于男性，城乡之间的认知差异随教育水平增高而变小。高年龄组人群的认知状况较差，主要与高龄人群较低的教育水平有关。

4.老年人辅助工具的使用率不高。日常生活有困难的老年人中仅26.8%使用辅助工具，使用率最高的工具是拐杖，其他工具（如代步器、轮椅等）的使用比例非常低。尽管女性和农业户口老年人的失能率较高，但是辅助工具的使用率却更低于男性和非农业户口人群。提高失能老年人辅助工具的使用率、维持老年人正常的日常生活和社交活动，对于维持老年人的身心健康非常重要。

第五章　抽样估计

那些默默无闻的统计学家们已经改变了我们的世界，不是由于发现了新的事实或技术，而是改变了我们推理和试验的方法，以及我们对这个世界的观念的形成方式。

——哈克英(Hacking)

引例：如何确定销售目标

在一家财产保险公司的董事会上，董事们就最近公司的发展战略问题展开了激烈讨论，其中一个引人关注的问题就是如何借鉴国外保险公司的先进管理经验，提高自身的管理水平。有位董事提出，今年公司的各项业务与去年相比没有太大增长，除经济环境和市场竞争等因素外，对家庭财产保险的业务开展得不够，公司在管理方式上也存在问题。他认为，中国的家庭财产保险市场潜力巨大，应加大扩展在这方面业务的力度，同时，对公司家庭财产推销员实行目标管理，并根据目标完成情况建立相应的奖惩制度。董事长认为该董事的建议有一定道理，准备采纳。会后，他责成财务部经理尽快拿出具体的实施方案。

财务部经理接到任务后感到有些头痛，它不知道该从何处下手，不知道如何确定推销员的具体销售目标。如果目标定得过高，多数推销员完不成任务，会使推销员失去信心；如果定得过低，将不利于充分挖掘员工的工作潜力，提高公司的业绩水平。他从公司几千名业务员中随机抽取了160人，对他们的月销售额作了统计。结果如表5.1所示。

表5.1　公司160名业务员月销售额统计数据(单位：千元)

25.05	17.48	13.80	25.29	15.42	16.22	21.09	17.93	26.51	22.28
8.81	22.38	23.40	17.93	18.64	15.56	13.22	21.72	17.52	17.75
24.26	17.57	21.66	25.53	23.94	17.07	21.19	17.97	18.69	22.65
9.64	17.57	18.73	12.37	15.48	17.14	17.16	18.02	15.43	15.88
11.05	15.64	26.74	25.83	16.98	21.25	21.31	32.40	17.57	13.85
19.05	15.64	14.52	26.07	18.78	17.31	8.40	18.24	13.61	23.27
25.64	17.61	21.81	14.26	17.79	15.13	15.88	14.87	18.96	15.84
19.27	15.46	14.78	26.70	15.76	18.22	18.29	17.39	14.16	21.92
12.96	15.77	18.28	17.84	17.61	17.25	21.64	13.51	19.25	23.50
21.16	17.70	14.92	26.93	15.82	21.53	13.97	18.33	11.43	15.15
17.25	23.16	15.08	17.66	21.53	17.34	15.34	23.45	19.35	23.76
13.33	17.75	21.42	27.76	15.86	19.46	14.61	18.42	31.34	17.62
17.25	15.71	13.25	31.16	17.16	17.41	21.88	18.51	17.43	24.20
13.61	27.50	15.27	19.45	22.84	23.65	17.96	17.48	19.55	12.74
21.40	17.90	18.94	21.34	15.99	17.43	18.55	18.63	19.91	24.80
13.68	25.40	15.37	32.55	16.16	22.13	22.16	18.64	21.03	9.24

这些数据对制定目标有何帮助？如果你是财务部的经理，如何根据上面的数据制定具体的销售目标？如果你是销售人员，你的销售目标是多少？为什么？

在前面的章节中，我们介绍了基本的描述统计方法。通过对统计数据的整理了解事物的大概特征，统计指标帮助我们更进一步分析事物的总体和结构。很多时候我们面临的总体规模很大，要想快速了解总体就需要采用抽样估计的方法，从总体中采用一定的抽样方法获取样本，通过样本的数量特征去了解总体的数量特征，也就是推断统计学。推断统计是在整理样本数据的基础上，对总体的数量特征作出推断，本章将介绍概率分布、抽样推断、抽样分布和参数估计。

第一节　概率与概率分布

一、概率与概率分布

(一)概率的定义

在现实生活中，我们常常会遇到一些不确定性的事件。例如，当我们购买一台电脑的时候，买到的可能是一台合格品，也可能是一台次品。因此，对于电脑的质量就是一个不确定性事件。再比如，今天下雨的概率，在我们的现实生活中，这样的不确定性事件很多。从统计学的角度，一般说来，在一定的条件下，可能发生也可能不发生的事件，称为“随机事件”。

随机事件可能导致不同的结果发生，各种结果发生的可能性可能相同，也可能不相同。那么，如何来度量随机事件中各种不同结果发生的可能性大小呢？在统计学上，我们使用“概率”(probability)来度量随机事件中某一结果发生的可能性的大小。随机事件中某一结果发生的次数与所有结果发生的次数的比率就是该结果发生的概率。

设 E 为随机事件的某一结果，$P(E)$为结果 E 发生的概率：

$$P(E)=\frac{E\text{ 发生的次数}}{\text{所有结果发生的次数}} \tag{5.1}$$

由上式可见，概率是一个介于 0 与 1 之间的分数。

在不同条件下，随机事件各种可能发生结果和概率的计算方法不同。根据不同的计算方法，可以分为古典概率、试验概率和主观概率。

(二)概率的计算方法

1. 古典概率的计算

当随机事件各种可能发生的结果及其发生的次数都可以由演绎或外推法得知，因此无需经过任何试验即可计算各种可能发生结果的一种方法，就是古典概率的方法。例如，无需抛一枚硬币，由外推法我们即可推知：若抛一枚硬币，无非出现两种可能结果：正面或反面。因此出现“正面”的概率是 1/2；出现“反面”的概率也是 1/2。同理，由外推法可知：若同时抛 A、B 两枚硬币，无非出现这样四种可能的结果：两枚均为正面；两枚均为反面；A 为正面则 B 为反面；B 为正面而 A 为反面。因此上述四种互不兼容的结果的概率各为 1/4。

古典概率具有如下两个特征：(1)试验的基本事件总是有限的，即试验的样本空间包含有限多个样本点；(2)每个基本事件出现的可能性相同。根据这个原理，对于任何事件，我们都可以计算出其发生的概率。

【例 5.1】　有 10 粒小麦种子，其中有两粒为优质种子，现随机抽出 3 粒，求：(1)其中有 1 粒优质种的概率；(2)其中有 2 粒优质种的概率。

解：(1)在 10 粒中任抽 3 粒，根据代数规则，共有 C_{10}^{3} 种可能性相等的不同抽法，即令 $N=C_{10}^{3}$(N

为抽取的方法)。而 3 粒中有 1 粒优质种的抽法有 $C_8^2C_2^1$，即 $M=C_8^2C_2^1$(M 为拥有优质种的抽法)，令有 1 粒优质种的事物为，则：

$$P(E)=\frac{C_8^2C_2^1}{C_{10}^3}=\frac{56}{120}=\frac{7}{15}$$

(2)同理，3 粒中有两粒优质种的抽法有 $C_8^1C_2^2$，若事物记作 E，则：

$$P(E)=\frac{C_8^1C_2^2}{C_{10}^3}=\frac{8}{120}=\frac{1}{5}$$

对于古典概率，有其基本的特点：①可知性，即随机事件所有可能发生的结果及其发生的次数可以通过外推法得知；②无需试验。即不必做统计试验即可计算各种可能发生结果的概率；③准确性。即依古典概率方法计算的概率是没有误差的。

2. 试验概率的计算

试验概率是根据大量的、重复的统计试验结果计算随机事件各种可能发生结果的频率，视频率为概率的一种方法。例如，观察大量新生婴儿的性别，其稳定的男女性别比例是 105:100。

【例 5.2】 姚明自从 2002 年加入 *NBA* 后，每个赛季投篮的数据如表 5.2 所示。求出姚明投篮命中的概率是多少?

表 5.2 姚明 2002—2008 赛季(常规赛)投篮的统计数据

赛季	投篮数	命中数	命中率(%)
2002—2003	805	401	49.8
2003—2004	1 025	535	52.2
2004—2005	975	538	55.2
2005—2006	900	467	51.9
2006—2007	819	423	51.6
2007—2008	852	432	50.7
合计	5 376	2 796	—

资料来源：《统计学》，袁卫等主编，P67 页。

解：根据表 5.2 的数据，从姚明 2002—2008 赛季的数据看，姚明常规赛投篮命中概率大约为 2 796/5 376=0.52。

试验概率的基本特点是：(1)试验性。即必须经过统计试验结果才能计算各种结果出现的频率，即试验概率。(2)大量重复性。即试验次数必须足够大，重复进行每次试验的条件和程序必须相同。(3)误差性。即每做一轮试验，各种结果出现的频率都可能各不相同。这种现象表明频率只是概率的逼近值或估计值，因此存在误差。如果从理论的角度，当试验的次数不断增大时，误差越小，频率几乎等于概率。

3. 主观概率的计算

根据个人对随机事件的认识，主观地确定随机事件中各种可能发生结果的概率，称为主观概率。在实际生活中，有的随机事件既不能按古典概率法，也不能按试验概率法计算。其各种可能发生结果的概率，只能依主观概率法计算。

例如，国际市场上石油价格的涨跌往往取决于产油国的政治和经济形势及其政策，很难根据石油价格的历史资料，采用试验概率方法计算油价涨与跌的概率，更难用外推法计算古典概率。在这种情况下，只能根据专家对产油国的形势、国际关系的变化与发展等的认识与判断，主观地确定油价的涨跌概率。

(三)概率分布的概念

在统计学中，称随机事件为随机变量(random variable)。所以随机事件中各种可能发生的结果也就是"随机变量的各种可能的取值"。按照随机变量的特征，可以把随机变量分为两类，离散型随机变量(discrete variable)和连续性随机变量(continuous variable)。如果随机变量 X 的所有取值都可以罗列出来，则称 X 为离散型随机变量。例如，一批产品中抽取到次品的个数、单位时间内接到投诉电话的次数等都属于离散型随机变量。如果随机变量 X 的所有取值无法逐一列举出来，而是在数轴上某个区间范围内的任意一点，则称 X 为连续性随机变量。例如，一批轮胎的使用寿命等。

概率分布就是由随机变量的所有可能取值或随机事件中所有可能发生的结果及其相应的概率组成，它反映了随机变量取值或随机事件中各种结果的分布状况和分布特征。概率分布和频率分布存在着密切的联系，可以把概率分布看作是理论上的频率分布。概率分布主要用于在确定条件下做出推断。

【例 5.3】 把一枚硬币抛两次，可能出现的结果如表 5.3 所示。

表 5.3　硬币抛掷情况

抛第一次	抛第二次	概　率
反面	反面	0.5×0.5=0.25
反面	正面	0.5×0.5=0.25
正面	正面	0.5×0.5=0.25
正面	反面	0.5×0.5=0.25

怎样才能把抛两次硬币所得到的可能结果中反面出现的概率分布表达出来呢？将上表结果重新排列见表 5.4 所示。

表 5.4　一枚硬币抛两次反面可能出现次数的概率分布

反面出现次数	抛 币 结 果	概　率
0	(正面，正面)	0.25
2	(正，反)(反，正)	0.50
1	(反面，反面)	0.25

根据上面的例子，可以定义如下：

设 X 的可能取值是 $x_1, x_2, \cdots, x_n, \cdots$，而 X 取各个值的概率分别为：

$P(x_1)=p_1, P(x_2)=p_2, \cdots, P(x_n)=p_n, \cdots$。则 X 的可能取值及相应的概率列成表 5.5 所示。

表 5.5　随机变量 X 的概率分布表

$X=x_i$	x_1　x_2　…　x_n　…　…
$P(X=x_i)=p_i$	p_1　p_2　…　p_n　…　…

表 5.5 是 X 的概率分布表，X 称为 $P(X)$的随机变量，$P(X)$称为随机变量 X 的概率函数，它清楚地表示随机变量 X 取值的概率分布情况。为简单起见，概率分布情况也可直接用数学等式表示：

$$p_i = P(X = x_i) \qquad (i=1,2,\cdots)$$

很显然，$0 \leqslant p_i \leqslant 1, \sum p_i = 1$。

概率分布可以分为离散型和连续型两种。离散型概率分布只取整数值。如前面抛硬币的例子。下面分别介绍离散型和连续性随机变量的概率分布。

二、离散型随机变量的概率分布

(一)离散型随机变量的期望值和方差

为了能够全面了解随机变量 X 的概率性质主要知晓概率分布。然而,并不是概率分布都很容易确定,有时不需要知道 X 的所有概率性质,只需要知晓某些数字特征就可以了,在这些数字特征中,最重要的是期望值和方差。

1. 期望值

离散型随机变量 X 的期望值(Expected value)定义为随机变量 X 的各个可能值与其对应的概率的乘积之和称为离散型随机变量的期望,记作 $E(X)$或 μ。

若 X 的取值为:$x_1,x_2,\cdots,x_N$,其对应的概率为:$p_1,p_2,\cdots,p_N$,则期望值为:

$$E(X)=x_1p_1+x_2p_2+\cdots+x_Np_N=\sum_{i=1}^{N}x_ip_i \tag{5.2}$$

以掷骰子为例,它的期望值为:

$$\mu=E(X)=\sum_{i=1}^{6}x_ip_i=1\times\frac{1}{6}+2\times\frac{1}{6}+3\times\frac{1}{6}+4\times\frac{1}{6}+5\times\frac{1}{6}+6\times\frac{1}{6}=3.5$$

各种可能出现的点数的均值为 3.5。

2. 方差与标准差

数学期望是随机变量的一个重要数字特征,它表示随机变量本身的集中趋势或平均水平。这里讨论一下随机变量与其数学期望的离差的平均水平,可以用来测定随机变量的离散程度或变异程度,是另一个重要的数字特征。

随机变量的方差(variance 或 deviation,简称 Var 或 D)是用来反映随机变量取值的离散程度的,定义为每一个随机变量的取值与期望值的离差平方和的期望值。设随机变量为 X,其方差常用 σ^2,$D(X)$ 或者 $Var(X)$ 来表示。用公式表示为:

$$\sigma^2=D(X)=E[X-E(X)]^2=\sum_{i=0}^{\infty}[X-E(X)]^2P_i \tag{5.3}$$

简化公式:

$$\sigma^2=D(X)=E(X^2)-[E(X)]^2 \tag{5.4}$$

标准差(standard deviation,简称 S. D.)为随机变量方差的平方根,总体标准差用符号 σ 表示。由于标准差和随机变量有相同的度量单位,所以在实际中经常使用。

仍以掷骰子为例,随机变量 X 的方差为:

$$\begin{aligned}\sigma^2&=\sum_{i=1}^{6}[X-E(X)]^2P(X_i)\\&=(1-3.5)^2\times\frac{1}{6}+(2-3.5)^2\times\frac{1}{6}+(3-3.5)^2\times\frac{1}{6}+(4-3.5)^2\times\frac{1}{6}+(5-3.5)^2\\&\quad\times\frac{1}{6}+(6-3.5)^2\times\frac{1}{6}\\&=2.92\end{aligned}$$

标准差 $\sigma=1.71$,说明每次掷的点数与平均点数 3.5 的平均差距为 1.71 点。

(二)常见的离散型变量的分布

常见的离散型概率分布有:二项分布、泊松分布、超几何分布等。这里主要介绍二项分布和泊松分布。

1. 二项分布(Binomial Distribution)

二项分布是一种具有广泛用途的离散型概率分布，它是按照17世纪瑞士数学家贝努里的方法进行试验的结果。例如，把一枚硬币投掷的结果作为贝努里试验。那么贝努里试验定义如下：①每次试验只有两种可能结果：正面或反面(是或否)。②不管进行多少次，任何一次试验结果的概率是固定的。对于一枚硬币，每投掷一次出现正面的概率都是0.5。③试验是独立的，如果用 p 表示出现正面的概率，$q=1-p$ 为出现反面的概率，进行 n 次投掷出现 k 次正面的概率是：$C_n^k p^k q^{n-k}$。

如果设 $n=3,k=2$，则投掷三次硬币出现两次正面的概率为：$C_3^2 0.5^2(1-0.5)^{3-2}=0.375$。

在实际当中，有许多情况都是符合二项分布的。如工业产品统计中，产品的合格与不合格；在生命统计中，有生存和死亡两种可能，这都是属于二项分布的。

二项分布的概率分布为：

$$P(X=k)=C_n^k p^k q^{n-k}\ (k=0,1,2,3,\cdots,n) \tag{5.5}$$

二项分布的期望值和方差分别为：$E(X)=np, D(X)=npq$。

二项分布应用的范围比较广泛。

【例5.4】 某工人工作一天出现废品的概率为0.2，求工作四天中仅有一天出现废品的概率。

这里，把工作一天看作一次试验，工作四天看作四次重复独立试验，而每次试验只可能发生出现废品和不出现废品两种可能，则采用二项分布求解。

所求概率$=C_4^1 0.2^1(1-0.2)^{4-1}=0.41$

2. 泊松分布(Poisson distribution)

1837年，法国数学家泊松(D. Poisson)首次提出了“泊松概率分布”。它最初是作为二项分布被发现的，但随着概率理论的发展和实践的检验，证实泊松分布对某一类随机现象有很贴切的描述，这类现象称为“泊松实验”。这类现象具有如下的重要特征：(1)所考察的事件在任意两个长度相等的区间里发生一次的机会均等；(2)所考察的事件在任何一个区间里是否发生和在其他区间里是否发生没有关系。

针对任何符合以上条件的泊松实验，人们可以定义一个只取非负整数的随机变量，它表示“一定时间段或一定空间区域内或其他特定单位内某一事件出现的次数”，这往往是人们希望估计的。例如，(1)一定时间段内，到车站等候公共汽车的人数；(2)一定路段内，路面出现大损坏的次数；(3)一定页数内书刊上出现的错别字的个数；(4)一定时间段内，某航空公司接到的订票电话数。诸如这样的只取非负整数的随机变量服从的概率分布均为泊松分布。

如果随机变量 X 的概率分布的一般表达式为：

$$P(X=x)=\frac{\lambda^x e^{-\lambda}}{x!}\quad (x=0,1,2,\cdots;\lambda>0) \tag{5.6}$$

则称 X 服从参数为 λ 的泊松分布，记作 $X\sim P(\lambda)$。

【例5.5】 假定某航空公司订票处平均每小时接到42次订票电话，那么10分钟内恰好接到6次电话的概率是多少？

分析：如果有理由认为任意两段时间间隔相同的时间段内航空公司接到一次电话的概率相等，并且不同时段内是否接收到电话相互独立，就可以把该问题看做一个泊松实验。

解：由题意知道，每60分钟接到电话的平均次数是42次，所以10分钟内接到电话的平均次数为 $\frac{10}{60}\times 42=7$ 次。

定义随机变量X=“10分钟内航空公司订票处接到的电话次数”，它服从参数λ=7的泊松分布，X

$=6$ 的概率通过公式计算得到，

$$P(X=6)=\frac{7^6e^{-7}}{6!}=0.149$$

3. 超几何分布(Hypergeometric distribution)

二项分布所适用的 n 重伯努利试验要求 n 次试验之间是相互独立的，每次伯努利试验中成功的概率相等。因此，从理论上讲，二项分布只适合于重复抽样(即从总体中抽出一个个体观察后放回总体，然后再抽下一个个体)。但在实际抽样中，很少采用重复抽样。不过当总体的规模 N 很大，样本量 n 相对于 N 来说很小时，二项分布依然适用。但如果是采用不重复抽样，各次试验并不独立，成功的概率也不相等，而且总体单位 N 的数目很小或样本量 n 相对于 N 来说较大时，二项分布就不再适用。这时，样本中"成功"的次数则服从超几何分布。

如果随机变量 X 的概率分布为：

$$P(X=x)=\frac{C_M^xC_{N-M}^{n-x}}{C_N^n},\ x=0,1,2,\cdots,l \tag{5.7}$$

式中，$l=min(M,n)$；n 表示试验次数；N 表示总体单位的个数；M 表示总体中代表成功的元素的个数。则称 X 服从超几何分布，记作 $X\sim H(n,N,M)$。

【例 5.6】 假定有 10 只股票，其中有 3 只购买后可以获利，另外 7 只购买后将会亏损。如果你打算从 10 只股票中选择 4 只购买，但你并不知道哪 3 只是获利的，哪 7 只是亏损的。求解：(1)所有 3 只能获利的股票都被你选中的概率有多大？(2)3 只可获利的股票中 2 只被你选中的概率有多大？

解：由题意可知，总体元素的个数 $N=10$，其中成功的次数 $M=3$，样本量 $n=4$。

(1)根据公式得，$P(X=3)=\dfrac{C_3^3C_7^1}{C_{10}^4}=\dfrac{1}{30}$

(2) $P(X\geqslant 2)=P(X=2)+P(X=3)=\dfrac{C_3^2C_7^2}{C_{10}^4}+\dfrac{C_3^3C_7^1}{C_{10}^4}=\dfrac{1}{3}$

三、连续型随机变量的概率分布

(一)连续型随机变量的期望和方差

连续型随机变量是可以取某个区间或整个实数轴上任意一个值，所以不能列出每一个值和其相应的概率，必须用其他形式来表示，通常用数学函数的形式和分布函数的形式来描述连续型随机变量。当用函数 $f(x)$ 来表示连续型随机变量时，我们将 $f(x)$ 称为概率密度函数。

概率密度函数应满足两个条件：① $f(x)\geqslant 0$；② $\int_{-\infty}^{+\infty}f(x)=1$。

连续型随机变量的期望值和方差为：

$$E(X)=\int_{-\infty}^{+\infty}xf(x)dx=\mu \tag{5.8}$$

$$D(X)=\int_{-\infty}^{+\infty}[x-E(x)]^2f(x)dx=\sigma^2 \tag{5.9}$$

连续型随机变量的概率分布所研究的变量在给定的范围内可以取任何值。对于连续型概率分布可以用概率密度函数来表示。常见的连续型分布有：均匀分布、指数分布、正态分布等。这里仅介绍正态分布。

(二)正态分布

正态分布又称常态分布或高斯分布，这是连续型变量的一种概率分布模型，是很重要的一种分布。首先，客观世界确实有许多现象的数据是服从正态分布规律的。其次，在适当的条件下，它可用来做二项分布及其他离散型变量分布的近似分布;第三,虽然有些总体并不是呈正态分布。但是在样本容量适当大时,仍然趋近于正态分布。因此,它也可以用来研究类似这些统计数据的抽样分布。

1. 正态分布曲线

如果随机变量 X 的概率密度函数为:

$$f(x)=\frac{1}{\sqrt{2\pi}\sigma}e^{-\frac{(x-\mu)^2}{2\sigma^2}}\quad(-\infty<X<+\infty) \tag{5.10}$$

则称随机变量 X 服从正态分布,记作 $X\sim N(\mu,\sigma^2)$。其中,$-\infty<\mu<+\infty$,$\sigma>0$,μ 为随机变量 X 的均值,σ 为随机变量 X 的标准差,是正态分布两个重要参数。

参数 $\mu=0$,$\sigma^2=1$ 时的正态分布,称为标准正态分布,记作 $X\sim N(0,1)$,其密度函数:

$$\varphi(x)=\frac{1}{\sqrt{2\pi}}e^{-\frac{x^2}{2}} \tag{5.11}$$

其分布曲线如图 5.1 所示。

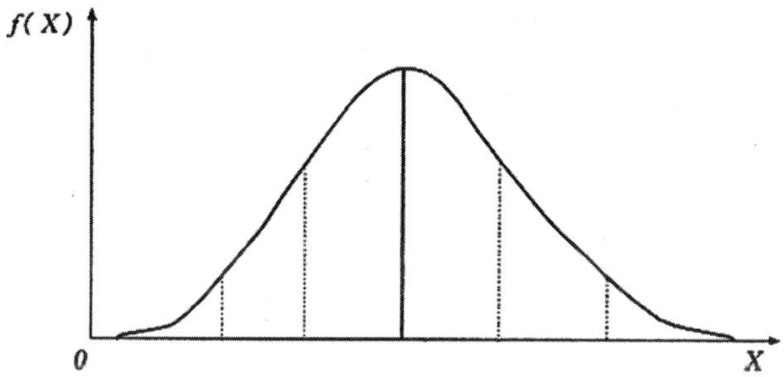

图 5.1　正态分布曲线图

从图 5.1 可以看出,其图形为钟形,且以直线 $X=\mu$ 为对称线,当 $X\rightarrow\pm\infty$时,曲线以 X 轴为渐近线。

2. 正态分布具有的基本特征

(1)正态分布是钟形的对称分布,对称线是 $X=\mu$ 为中心将概率密度曲线 $f(x)$以下的面积一分为二时,二者面积相等,各为 1/2。

(2)当 $X=\mu$ 时,正态分布的概率密度值 $f(x)$最大;当 $X\neq\mu$ 时,$f(x)$的值随着 X 的值递增而递减。

(3)在 $X=(\mu\pm\sigma)$处,$f(x)$曲线为拐点。

(4)正态随机变量 X 的取值区间为$(\mu-\sigma,\mu+\sigma)$的概率等于 68.27%;取值区间为$(\mu-2\sigma,\mu+2\sigma)$的概率等于 95.45%;取值区间为$(\mu-3\sigma,\mu+3\sigma)$的概率等于 99.73%。

3. 正态分布的标准化变换和应用

对于任意一个正态分布,都可以通过变换使其标准化。

设 $X\sim N(\mu,\sigma^2)$,作变换 $Z=\dfrac{X-\mu}{\sigma}$,则:$Z\sim N(0,1)$。

所以,在应用正态分布求概率时,一般先进行正态分布标准化,然后查标准正态分布表(详见附录1)就可以求概率。

【例 5.7】　设某机器生产的螺栓的长度 X 服从正态分布,$X\sim N(10.05,0.06^2)$,规定 X 在 10.05 ±0.12 厘米内为合格品,求螺栓不合格的概率。

解:我们可以先求合格品的概率:

$$P(10.05-0.12\leqslant X\leqslant 10.05+0.12)$$
$$=P(-2\leqslant \frac{X-10.05}{0.06}\leqslant 2)$$
$$=\Phi(2)-\Phi(-2)=2\Phi(2)-1=0.9545$$

则不合格的概率为 $1-0.9545=0.0455$

【例 5.8】 设 X 服从正态分布,$X\sim N(10,2^2)$。(1)求 $P(7<X<15)$;(2)使 $P(|X-10|<d)=0.9$,求 d。

解:因为:$X\sim N(10,2^2)$,则 $\frac{X-10}{2}\sim N(0,1)$

$$P(7<X<15)=(-1.5<\frac{X-10}{2}<2.5)$$
$$=\Phi(2.5)-\Phi(-1.5)$$
$$=\Phi(2.5)+\Phi(1.5)-1$$

查标准正态分布表得:

$$P(7<X<15)=0.99379+0.933193-1$$
$$=0.926983$$

因为 $P(|X-10|<d)=P(-d/2<\frac{X-10}{2}<\frac{d}{2})$

$$\varphi=(\frac{d}{2})-\varphi(-\frac{d}{2})=2\varphi(\frac{d}{2})-1$$

于是 $2\varphi(\frac{d}{2})-1=0.9,\varphi(d/2)=0.95$,

查标准正态分布表:$\frac{d}{2}=1.645$,故:$d=3.29$。

第二节　抽样推断和抽样误差

一、抽样推断的概念和应用范围

(一)抽样推断的概念和特征

抽样推断是在抽样调查的基础上,根据样本的实际资料推断得到总体数量特征的一种统计方法。它是按随机原则从全部研究对象中抽取一部分单位进行观察,并依据获得的数据对全部研究对象的数量特征作出具有一定可靠性的估计和判断,以达到对现象总体的认识。抽样推断是在抽样调查的基础上进行的统计方法,主要内容包括参数估计和假设检验。

抽样推断具有以下基本特征:

1. 按随机原则抽取样本。这是抽样推断的前提。按照随机原则抽取样本时,总体中各个单位都有均等的机会被抽取,它完全排除了由于人们主观因素的作用,所产生系统性偏差的可能性,所以能以极大的概率保证被抽取的单位在总体中的分布比较均匀,从而使得样本的结构或分布与总体更加接近,增强了样本的客观代表性。

2. 在数量上以样本推断总体。我们对社会经济现象的认识,并不都是通过全面调查来进行的,有许多情况只能通过对部分单位进行调查,从而对总体的数量特征作出估计和判断。例如,我们要了解灯泡的质量，就不能对每只灯泡的使用寿命作破坏性检验，又比如，要了解居民家庭的收支情况，也难以开展居民家庭的全面调查。这就要求我们用抽样调查得到的部分信息，来推断总体的数量特征。

3. 抽样推断的误差可以事先计算和控制。抽样推断是以部分资料推算总体，虽然存在着一定的抽样误差，但它与其他统计估算不同，抽样误差可以事先通过一定资料加以计算，并且能够采取一定的组织措施来控制这个误差范围，保证抽样推断的结果达到一定的可靠程度。

(二)抽样推断的应用范围

抽样调查是一种使用很普遍的非全面调查方法，广泛应用于居民家庭收支调查、农产量调查、产品质量检验、产品质量控制、消费者商品需求量调查、消费结构与消费倾向调查、市场价格与需求弹性分析的调查等方面。可以把它的应用范围概括为以下几点：

1. 有些事物在测量或试验时有破坏性，不可能进行全面调查。例如，电视机耐用时间试验，电灯泡、空调质量检验等等，都不能进行全面调查，而只能使用抽样调查方法。

2. 对某些有限总体，从理论上讲可以进行全面调查，但实际上根本无法进行。例如，要了解某一林区的木材积蓄量，某一水库或湖泊内养鱼的数量等等。因此，也只能采用抽样调查的方法。

3. 对于无限总体只能进行抽样调查，不可能进行全面调查。例如，要了解空气中氧气的含量，就必须进行抽样调查。

4. 有些调查任务需要在短时间内完成，以便满足领导机关及时制订政策、安排工作的需要。在这种情况下，往往需要搞抽样调查，如粮食的夏收、秋收调查。

5. 对全面调查统计资料的质量进行检查和修正。例如，2017 年初全国第三次农业普查结束后，为了检查普查资料的准确性，国务院农普办成立 36 个事后质量抽查组，分赴 30 个省份开展抽查，通过对约 2 万农户的再次入户登记和数据比对核查，确保第三次全国农业普查数据质量。此次抽查随机抽取了 80 个县、160 个村、192 个普查小区、约 2 万农户。抽查自 2017 年 4 月 19 日启动，4 月底全部完成。国务院农普办通过抽查数据进行整体数据的评估分析，下一步进行数据的审核汇总和分析评估，并在经过严格、周密的数据质量审定流程后发布三农普主要数据。

(三)抽样推断的基本概念

1. 全及总体和样本总体

全及总体是我们所要研究的对象，而样本总体则是我们所要观察的对象，两者是有区别而又有联系的不同范畴。全及总体又称母体，简称总体，它是指所要认识的，具有某种共同性质的许多单位的集合体。样本总体又称子样，简称样本，是从全及总体中随机抽取出来，代表全及总体的那部分单位的集合体。样本总体的单位数称为样本容量，通常用小写英文字母 n 来表示。随着样本容量的增大，样本对总体的代表性越来越高，并且当样本单位数足够多时，样本平均数愈接近总体平均数。

如果说对于一次抽样调查，全及总体是唯一确定的，那么样本总体就不是这样，样本是不确定的，一个全及总体可能抽出很多个样本总体，样本的个数和样本的容量有关，也和抽样的方法有关。

2. 全及指标和抽样指标

根据全及总体各个单位的标志值或标志属性计算的，反映总体某种属性或特征的综合指标称为全及指标，或称为总体参数。常用的全及指标有总体平均数（或总体成数）、总体标准差（或总体方差）。

由样本总体各单位标志值计算出来反映样本特征，用来估计全及指标的综合指标称为统计量（样本指标）。统计量是样本变量的函数，用来估计总体参数，因此与总体参数相对应，统计量有样本平均数（或样本成数）、样本标准差（或样本方差）。对于一个问题全及总体是唯一确定的，所以全及指标也是唯一确定的，全及指标也称为总体参数，它是待估计的数。而样本统计量则是随机变量，它的取值随样本的不同而发生变化。

这里重点讲述一下样本平均数，样本成数，样本方差和样本标准差的计算公式。

(1)样本平均数的计算公式：

$$\bar{x}=\frac{\sum_{i=1}^{n}x_i}{n}\text{(简单平均数)} \tag{5.12}$$

$$\bar{x}=\frac{\sum xf}{\sum f}\text{(加权算术平均数)} \tag{5.13}$$

(2)样本方差的计算公式：

$$s^2=\frac{\sum_{i=1}^{n}(x_i-\bar{x})^2}{n}\text{(未分组数据)} \tag{5.14}$$

$$s^2=\frac{\sum_{i=1}^{n}(x_i-\bar{x})^2}{n-1}\text{(修正的样本方差)} \tag{5.15}$$

$$s^2=\frac{\sum_{i=1}^{n}(x_i-\bar{x})^2 f_i}{\sum f}\text{(分组数据)} \tag{5.16}$$

$$s^2=\frac{\sum_{i=1}^{n}(x_i-\bar{x})^2 f_i}{\sum f-1}\text{(修正的样本方差)} \tag{5.17}$$

(3)是非标志样本成数和样本方差

$$p=\frac{n_1}{n},q=\frac{n_0}{n}=1-p \tag{5.18}$$

式中，n_1 表示具有某种属性特征的个数，n_0 表示具有不具有某种属性特征的个数，p 表示具有某种属性特征的个数占比，q 表示不具有某种属性特征的个数占比。

样本方差：

$$s^2=pq \text{ 或 } s^2=\frac{npq}{n-1}\text{(修正的样本方差)} \tag{5.19}$$

样本标准差：

$$s=\sqrt{pq} \text{ 或 } s=\sqrt{\frac{npq}{n-1}}\text{(修正的样本标准差)} \tag{5.20}$$

3. 抽样方式：随机抽样与非随机抽样

根据抽选样本的具体原则不同，抽样可分为随机抽样和非随机抽样。

随机抽样，又称为概率抽样。它是按照随机原则从调查对象中抽取样本进行观察，然后依据所获得的样本数据，对调查对象总体的数量特征作出具有一定可靠程度的估计和推算。随机原则是指排除主观上有意识地抽取某些调查单位，使得每个单位都有一定的概率被抽中。在概率抽样中，如果总体中每个单元被抽中的概率都相同，则为等概率抽样；如果每个单元被抽中的概率不完全相等，则为不等概率抽样。随机抽样最基本的组织形式有：简单随机抽样、分层抽样、整群抽样、系统抽样和多阶段抽样。

非随机抽样又称为非概率抽样，是指从研究目的出发，根据调查者的经验、判断或基于方便的原则，从总体中有意识地抽取样本。如典型调查、重点调查、配额抽样、方便抽样等都属于非随机抽样。

非随机抽样相对于随机抽样而言往往简便易行,但其抽样效果的好坏在很大程度上依赖于调查者的主观判断和经验,且不能计算抽样误差,不能从概率意义上说明调查结果的可靠性程度。

4. 抽样方法:重复抽样和不重复抽样

根据抽样方法的不同,按随机原则从总体抽取样本的方法,分为重复抽样和不重复抽样。重复抽样,又称为有放回抽样,是指从 N 个总体单位中,抽取一个单位进行观察,记录后,放回去,然后再抽取下一个单位,这样连续抽取 n 个单位组成样本的方法。在抽样过程中,总体单位数始终保持不变,因此,各单位被抽中的机会都是相等的。

不重复抽样,又称为不放回抽样,是指从 N 个总体单位中,抽取一个单位进行观察记录后,不再放回去,再抽取下一个单位,这样连续抽取 n 个单位组成样本的方法。这样总体每抽取一次,就少一个单位,抽 n 次就少 n 个单位。抽样完毕时,还剩下 $N-n$ 个单位。总体中的每一个单位被抽中的机会都在变动,n 次抽选的结果也不是互相独立的。

与重复抽样相比,不重复抽样由于样本单位不重复,样本单位很可能在总体中分布更均匀,因而样本更能代表总体,抽样误差较小。实际上,一般没有必要把一个单位抽出来调查几次,所以不重复抽样更普遍。

5. 抽样框和抽样单位

目标总体,也就是理论上的抽样范围,常与实际抽样范围不一致。抽样框是实际从中抽取样本的框架,是抽样总体的具体表现。抽样单位是构成抽样框的基本元素,可以是总体单位,也可以是总体单位的集合。一个理想的抽样框应该是与目标总体一致,即应包括全部总体单位,既不重复也不遗漏。抽样框有三种主要形式:名单抽样框、区域抽样框和时间表抽样框。

二、抽样分布

近代统计学的创始人之一,英国统计学家费歇尔曾把抽样分布、参数估计和假设检验看作是统计推断的三大中心内容。研究统计量的性质和评价一个统计推断的优良性,均取决于抽样分布的性质。

(一)由正态分布导出的几个重要分布

1. t 分布

t 分布也称为学生分布,是戈赛特(W. S. Gosset)于1908年在一篇以“student”(学生)为笔名的论文中首次提出来的。t 分布对于统计学中的小样本理论及其应用有重要的价值。

定义 5.1　设随机变量 $X\sim N(0,1)$,$Y\sim \chi^2(n)$,且 X 与 Y 相互独立,则

$$t=\frac{X}{\sqrt{Y/n}} \tag{5.21}$$

t 统计量服从自由度为 n 的 t 分布。t 分布的密度函数曲线与标准正态分布的密度函数非常相似,随着自由度 n 的增加,t 分布的密度函数越来越接近标准正态分布的密度函数。实际应用中,一般当 $n\geqslant 30$ 时,t 分布与标准正态分布就非常接近。如图5.2所示。

推论 5.1　设 $x_1,x_2,\cdots,x_n$ 是来自正态分布 $N\sim(\mu,\sigma^2)$ 的一个样本,样本平均数 $\bar{x}=\frac{1}{n}\sum_{i=1}^{n}x_i$,样本方差 $s^2=\frac{1}{n-1}\sum_{i=1}^{n}(x_i-\bar{x})^2$,则统计量

$$\frac{\bar{x}-\mu}{s/\sqrt{n}}\sim t(n-1) \tag{5.22}$$

该统计量服从自由度为 $n-1$ 的 t 分布。

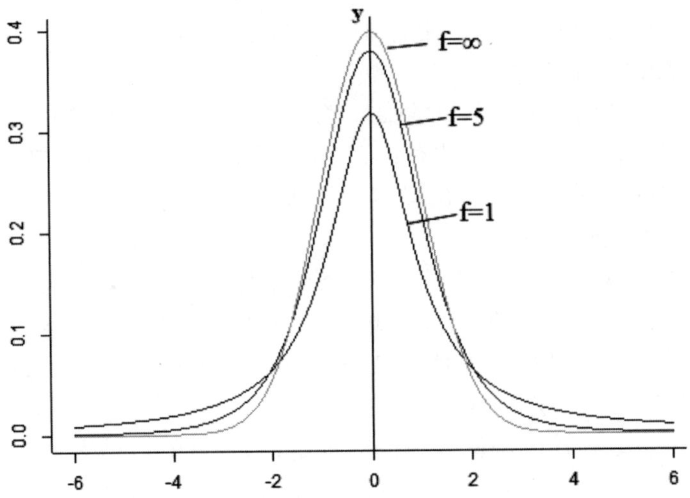

图 5.2　t 分布曲线

2. F 分布

F 分布是统计学家费歇尔首先提出来的。F 分布应广泛，在方差分析、回归方程的显著性检验中至关重要。

定义 5.2　设随机变量 Y 与 Z 分别服从自由度为 m 和 n 的 χ^2 分布，且相互独立，随机变量 X 有如下表达式：

$$X = \frac{Y/m}{Z/n} \sim F(m,n) \tag{5.23}$$

则称 X 服从第一自由度为 m，第二自由度为 n 的 F 分布。如图 5.3 所示。

如果随机变量 X 服从自由度为 n 的 t 分布，则 X^2 服从 $F(1,n)$。

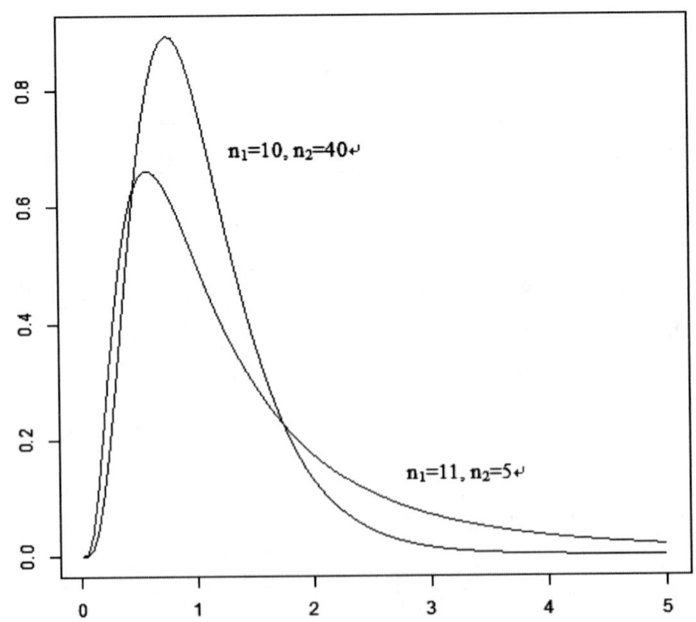

图 5.3　F 分布曲线

(二)样本平均数的分布与中心极限定理

设 $x_1, x_2, \cdots, x_n$ 为从某总体中抽取出的随机样本，由上面的讨论可知，$x_1, x_2, \cdots, x_n$ 相互独立，而且与总体有着相同的分布。要知晓样本平均数的分布，必须假定总体的分布。

当总体服从正态分布即 $X \sim N(\mu, \sigma^2)$ 时，可以得到如下结论：

样本平均数 $\bar{x}$ 的抽样分布依然是正态分布，数学期望为 μ，方差为 σ^2/n，即 $\bar{x} \sim N\left(\mu, \frac{\sigma^2}{n}\right)$。当样本容量 n 越来越大时，样本平均数的方差越来越小，用样本 $\bar{x}$ 估计总体平均数 μ 越准确。

然而实际问题中，总体分布并不总是正态分布，但是当样本量 n 比较大时，样本均值近似服从正态分布，即如下的中心极限定理：

中心极限定理(正态分布定理) 设均值为 μ，方差为 σ^2 的总体中抽取样本量为 n 的样本，当 n 充分大时，样本均值 $\bar{X}$ 近似服从均值为 μ，方差为 σ^2/n 的正态分布。

在统计学中一般称 $n \geqslant 30$ 为大样本，$n < 30$ 为小样本。

【例 5.9】 某市居民家庭人均年收入是服从 $\mu = 4000$ 元，$\sigma = 1200$ 的正态分布，求该市居民家庭人均年收入：(1)在 5000～7000 元之间的概率；(2)超过 8000 元的概率；(3)低于 3000 元的概率。

解：由题意可知，$X \sim N(4000, 1200^2)$，

$$(1)\ P(5000 < X < 7000) = P\left(\frac{5000-4000}{1200} < \frac{X-4000}{1200} < \frac{7000-4000}{1200}\right)$$

$$= P\left(\frac{5}{6} < Z < \frac{15}{6}\right) = P(0.83 < Z < 2.5) = \frac{1}{2}P(|Z| < 2.5) = \frac{1}{2}P(|Z| < 0.83)$$

$$= \frac{1}{2} \times 0.99379 - \frac{1}{2} \times 0.796731 = 0.0985295 = 9.85\%$$

$$(2)\ P(X > 8000) = P\left(\frac{X-4000}{1200} > \frac{8000-4000}{1200}\right) = P\left(Z > \frac{5}{3}\right)$$

$$= 1 - P\left(Z < \frac{5}{3}\right) = 1 - \left[P(Z \leqslant 0)\ \frac{1}{2}P\left(|Z| < \frac{5}{3}\right)\right]$$

$$= 1 - \frac{1}{2} \times 0.942 - 0.5 = 0.029 = 2.9\%$$

$$(3)\ P(X < 3000) = P\left(\frac{X-4000}{1200} < \frac{3000-4000}{1200}\right) = P\left(Z < \frac{5}{6}\right)$$

$$= P\left(Z > \frac{5}{6}\right) = 1 - P\left(Z < \frac{5}{6}\right) = 1 - \left[P(Z \leqslant 0) + P\left(0 < Z < \frac{5}{6}\right)\right]$$

$$= 0.5 - \frac{1}{2}P(|Z| < 0.833) = 0.5 = \frac{1}{2} \times 0.796731 \approx 0.1016 = 10.16\%$$

(三)样本方差的抽样分布

要用样本方差 s^2 去估计总体方差 σ^2，也必须知道样本方差的抽样分布。在重复选取样本容量为 n 的样本时，由样本方差的所有可能取值形成的相对频数分布称为样本方差的抽样分布。

那么作为估计量的方差是如何分布的呢？统计证明，对于来自正态总体的简单随机样本，统计量 $\frac{(n-1)s^2}{\sigma^2}$ 的抽样分布服从自由度为$(n-1)$的 χ^2 分布，即

$$\chi^2 = \frac{(n-1)s^2}{\sigma^2} \sim \chi^2(n-1) \tag{5.24}$$

χ^2 分布是由阿贝(*Abbe*)在 1863 年提出来的，后来由海尔莫特(Hermert)和卡皮尔逊(K. Pearson)分别于 1875 年和 1900 年推导出来的。如图 5.4 所示。

设 $X \sim N(\mu,\sigma^2)$，则 $Z=\dfrac{X-\mu}{\sigma} \sim N(0,1)$。

令 $Y=Z^2$,则 Y 服从自由度为 1 的 χ^2 分布，即 $Y \sim \chi^2(1)$。

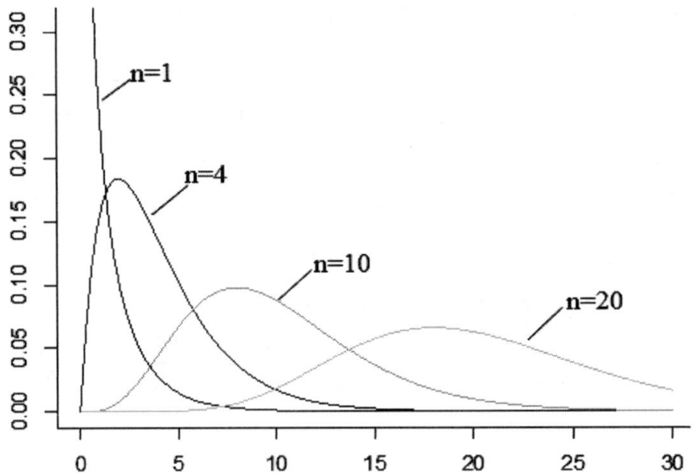

图 5.4 卡方分布

定义 5.3 设随机变量 $x_1,x_2,\cdots,x_n$ 相互独立，且 $x_i(i=1,2,\cdots,n)$服从标准正态分布，则它们的平方和服从自由度为 n 的 χ^2 分布。

χ^2 分布的数学期望为：$E(\chi^2)=n$；

χ^2 分布的方差为：$D(\chi^2)=2n$；

χ^2 分布的可加性：

如果 $\chi_1^2 \sim \chi^2(n_1)$,$\chi_2^2 \sim \chi^2(n_2)$，且相互独立，则 $\chi_1^2+\chi_2^2 \sim \chi^2(n_1+n_2)$。

三、抽样误差

(一)抽样误差的概念

1. 抽样误差的概念

抽样误差是指样本统计量的值与被估计的总体参数之间的差别。例如样本平均数与总体平均数的差；样本成数与总体成数的差。

抽样误差究竟是什么性质的误差，必须从统计调查误差的种类谈起。统计调查的误差按产生的原因分为登记性误差和代表性误差。

(1)登记性误差是指统计调查时，由于主观原因在登记、汇总、计算、过录中所产生的误差。登记性误差不论全面调查或非全面调查都可能产生。

(2)代表性误差是抽样调查可能产生的误差。代表性误差又可分为两种：系统性误差和随机误差。①系统性误差又称偏差，是由于违反抽样调查的随机原则，有意抽选较好单位或较坏单位进行调查，造成样本的代表性不足所引起的误差。②随机误差又称偶然的代表性误差，它是指在没有登记性误差的前提下，又遵循了随机原则，所产生的样本指标与被它估计的总体相应指标的差数。随机误差是抽样调查固有的误差。抽样误差是指这种随机误差。

2. 影响抽样误差大小的因素主要有：

(1)总体各单位标志值的差异程度。在其他条件不变的情况下，总体各单位标志值的变异程度越大，抽样误差也越大，反之则越小。

(2)样本单位数的多少。其他条件不变时，样本单位数越多，抽样误差就越小，反之则越大。

(3)抽样方法。抽样方法不同，抽样误差也不同。一般说来，重复抽样的误差比不重复抽样的误差要大。

(4)抽样的组织形式。选择不同的抽样组织形式，也会有不同的抽样误差。而且同一种组织形式的合理程度也影响抽样误差。

(二)抽样平均误差

从一个总体中可能抽取到很多个样本，因此，样本指标就有不同的数值，它们与总体指标的离差(即抽样误差)也就不同，抽样平均误差就是反映抽样误差一般水平的指标。通常用样本平均数(或样本成数)的标准差来表示。

1. 样本平均数的抽样平均误差

以 $\mu_{\bar{x}}$ 表示样本平均数的平均误差，σ 表示总体的标准差。根据定义：

$$\begin{aligned}\mu_{\bar{x}} &= \sqrt{E(\bar{x}-\mu)^2} \\ &= \sqrt{E\left(\frac{x_1+x_2+\cdots+x_n}{n}-\frac{\mu+\mu+\cdots+\mu}{n}\right)^2} \\ &= \sqrt{\frac{1}{n^2}E\left[(x_1-\mu)+(x_2-\mu)+\cdots+(x_n-\mu)\right]^2}\end{aligned}$$

(1)当重复抽样时，样本标志值 $x_1,x_2,\cdots,x_n$ 是相互独立的，样本变量 x 与总体变量 X 同分布。所以得

$$\begin{aligned}\mu_{\bar{x}} &= \sqrt{\frac{1}{n^2}\left[E(x_1-\mu)^2+E(x_2-\mu)^2+\cdots+E(x_n-\mu)^2+\sum_{i\neq j}E(x_i-\mu)(x_j-\mu)\right]} \\ &= \sqrt{\frac{1}{n^2}\left[E(x_1-\mu)^2+E(x_2-\mu)^2+\cdots+E(x_n-\mu)^2\right]} \\ &= \sqrt{\frac{1}{n^2}\cdot n\sigma^2}=\frac{\sigma}{\sqrt{n}}\end{aligned}$$

所以

$$\mu_{\bar{x}}=\frac{\sigma}{\sqrt{n}} \tag{5.25}$$

这说明在重复抽样的条件下，抽样平均误差与总体标准差成正比，与样本容量的平方根成反比。

【例 5.10】 有 5 个工人的日产量(单位：件)分别为 6，8，10，12，14，用重复抽样的方法从中随机抽取 2 个工人的日产量，用以代表这 5 个工人的总体水平。试计算抽样平均误差？

解：据题：$\mu=\dfrac{6+8+10+12+14}{5}=10$(件)

总体标准差：$\sigma=\sqrt{\dfrac{\sum(x-\mu)^2}{N}}=\sqrt{8}\approx 2.8$(件)

所以：抽样平均误差：$\mu_{\bar{x}}=\sigma/\sqrt{n}=\sqrt{8}/\sqrt{2}=2$(件)

(2)当不重复抽样时，样本标志值 $x_1,x_2,\cdots,x_n$ 不是相互独立的，所以

$$\mu_{\bar{x}}=\sqrt{\frac{1}{n^2}\left[E(x_1-\mu)^2+E(x_2-\mu)^2+\cdots+E(x_n-\mu)^2+\sum_{i\neq j}E(x_i-\mu)(x_j-\mu)\right]}$$

根据数理统计知识推得：

$$\mu_{\bar{x}}=\sqrt{\frac{\sigma^2}{n}(\frac{N-n}{N-1})} \tag{5.26}$$

当总体单位数 N 很大时，公式(5.26)可近似地表示为：

$$\mu_{\bar{x}}=\sqrt{\frac{\sigma^2}{n}(1-\frac{n}{N})} \tag{5.27}$$

与重复抽样相比，不重复抽样平均误差是在重复抽样平均误差的基础上，再乘以 $\sqrt{\left(\frac{N-n}{N-1}\right)}$，而 $\sqrt{\left(\frac{N-n}{N-1}\right)}$ 总是小于1的系数，所以不重复抽样的平均误差也总是小于重复抽样的平均误差。如前例题，若采用不重复抽样的方法，则抽样平均误差为：

$$\mu_{\bar{x}}=\sqrt{\frac{\sigma^2}{n}(\frac{N-n}{N-1})}=\sqrt{\frac{8}{2}(\frac{5-2}{5-1})}=1.732\text{（件）}$$

当计算抽样平均误差时，通常是得不到总体标准差数值的，一般可以用样本标准差来代替总体标准差。

2. 样本成数的抽样平均误差

总体成数 π 可表现为总体是非标志的平均数，即 $E(X)=\pi$。

它的标准差为：$\sigma=\sqrt{\pi(1-\pi)}$

根据样本平均误差和总体标准差的关系，可以得到样本成数的抽样平均误差的计算公式。

(1)重复抽样

$$\mu_p=\frac{\sigma}{\sqrt{n}}=\frac{\sqrt{\pi(1-\pi)}}{\sqrt{n}}=\sqrt{\frac{\pi(1-\pi)}{n}} \tag{5.28}$$

(2)不重复抽样

$$\mu_p=\sqrt{\frac{\sigma^2}{n}(\frac{N-n}{N-1})}=\sqrt{\frac{\pi(1-\pi)}{n}(\frac{N-n}{N-1})} \tag{5.29}$$

当总体单位数 N 很大时，公式(5.29)可近似地写成：

$$\mu_p=\sqrt{\frac{\pi(1-\pi)}{n}(1-\frac{n}{N})} \tag{5.30}$$

如果总体成数未知，也可以用样本成数来代替。

【例5.11】 某企业生产的产品按正常生产经验，合格率为90%，现从5000件产品中抽取50件进行检验，求合格率的抽样平均误差。

解：重复抽样条件下，合格率的抽样平均误差：

$$\mu_p=\sqrt{\frac{\pi(1-\pi)}{n}}=\sqrt{\frac{0.9\times0.1}{50}}=4.24\%$$

不重复抽样条件下，则抽样平均误差为：

$$\mu_p=\sqrt{\frac{\pi(1-\pi)}{n}(1-\frac{n}{N})}=\sqrt{\frac{0.9\times0.1}{50}(1-\frac{50}{5000})}=4.22\%$$

(三)抽样极限误差

用样本指标来估计总体指标，总要存在一定的误差，但这个误差究竟有多大，它的数值是不能确定的。因为样本指标是一个随机变量，总体指标又是一个未知的常数，所以它们的离差（即抽样误差）也是一个随机变量，随着样本的不同而变化，我们只能把抽样误差控制在一定的范围内。

抽样极限误差是指样本和总体指标之间最大可能误差。由于总体指标是一个确定的数，而样本指标则是围绕总体指标上下波动的，这与总体指标之间既有正离差，也有负离差，样本指标变动的上限或下限与总体指标之差的绝对值就可以表示抽样误差的可能范围，我们将这种以绝对值形式表示的抽样误差可能范围称为抽样极限误差。

设 $\Delta_{\bar{x}}$ 表示样本平均数的抽样极限误差，则有：

$|\bar{x}-\mu|\leqslant\Delta_{\bar{x}}$，即 $\bar{x}-\Delta_{x}\leqslant\mu\leqslant\bar{x}+\Delta_{x}$。

设 Δ_{p} 表示样本成数的抽样极限误差，则有：

$|p-\pi|\leqslant\Delta_{p}$，即 $p-\Delta_{p}\leqslant\pi\leqslant p+\Delta_{p}$。

由于总体平均数和总体成数是未知的，它要通过抽样平均数和抽样成数来估计，因而抽样极限误差的实际意义是希望总体平均数（成数）落在抽样平均数（成数）的极限误差范围内。例如，对某地区中小学生患近视率进行抽样调查，在抽取的 100 名学生中近视率为 45%，如果在不重复抽样情况下，确定抽样极限误差的范围为 6%，这就要求该地区中小学生患近视率 π 落在 45%±6%的范围内，即在 39%～51%之间。

（四）抽样误差的概率度

由于概率估计的要求，抽样极限误差通常以抽样平均误差 $\mu_{\bar{x}}$ 或 μ_{p} 为标准单位来衡量。把抽样极限误差 $\Delta_{\bar{x}}$ 或 Δ_{p}，除以相应的 $\mu_{\bar{x}}$ 或 μ_{p} 得到的相对数 t，表示误差范围为抽样平均误差的若干倍，t 是测量估计可靠程度的一个重要参数，称为抽样误差的概率度。即

$$t=\frac{\Delta_{\bar{x}}}{\mu_{\bar{x}}}\quad 或\quad \Delta_{\bar{x}}=t\mu_{\bar{x}} \tag{5.31}$$

$$t=\frac{\Delta_{p}}{\mu_{p}}\quad 或\quad \Delta_{p}=t\mu_{p} \tag{5.32}$$

如对某地区中小学生患近视率调查一例中，如果已知学生患近视率的抽样平均误差 μ_{p} 为 3%，我们就可以得到概率度 $t=\Delta_{p}/\mu_{p}=6\%/3\%=2$ 来表示误差范围大小。这时就要求某地区中小学生患近视率落在 $45\%\pm2\mu_{p}$ 范围内。

（五）抽样估计置信概率

抽样估计置信概率是表明抽样指标和总体指标的误差不超过一定范围内的概率保证程度。由于抽样指标值随着样本的变动而变动，它本身是一个随机变量，因而抽样指标和总体指标的误差仍然是个随机变量，并不能保证误差不超过一定范围这个必然条件，而只能给以一定程度的概率保证。因此有必要计算抽样指标和总体指标的误差不超过一定范围的概率大小，也就是计算抽样指标落在一定区间范围内的概率大小，这种概率我们称之为抽样估计置信概率。现以抽样平均数为例来说明估计置信度的概念。

根据抽样分布可知，在样本单位数足够大（$n\geqslant30$）的情况下，抽样平均数的分布接近于正态分布。特点是：

（1）以总体平均数为中心，两边完全对称分布，即抽样平均数大于或小于总体平均数的概率完全相等。也就是说，抽样平均数的正误差和负误差的可能性相等。

（2）抽样平均数越接近总体平均数，抽样误差出现的可能性越大，置信概率越大；反之，抽样平均数越远离总体平均数，抽样误差出现的可能性越小，置信概率越小。概率分布的图形如图 5.5 所示。

该曲线和 X 轴所包围的面积等于 1，则抽样平均数 $\bar{x}$ 落在某一区间的概率 P 就可以求出这一区间曲线下的面积来表示，经计算结果如下：

$$P(\bar{X}-\mu_{\bar{x}}\leqslant\bar{x}\leqslant\bar{X}+\mu_{\bar{x}})=P(|\bar{x}-\bar{X}|\leqslant\mu_{\bar{x}})=68.27\%$$

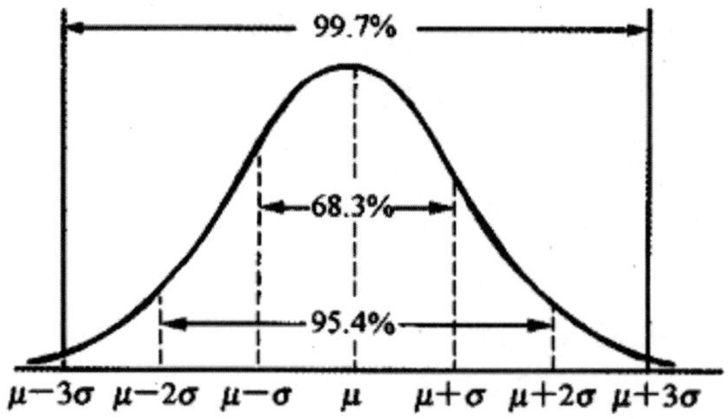

图 5.5　概率分布图

$$P(\bar{X}-2\mu_{\bar{x}} \leqslant \bar{x} \leqslant \bar{X}+2\mu_{\bar{x}})=P(|\bar{x}-\bar{X}| \leqslant 2\mu_{\bar{x}})=95.45\%$$

$$P(\bar{X}-3\mu_{\bar{x}} \leqslant \bar{x} \leqslant \bar{X}+3\mu_{\bar{x}})=P(|\bar{x}-\bar{X}| \leqslant 3\mu_{\bar{x}})=99.73\%$$

这就表明，抽样平均数与总体平均数误差不超过 $\mu_{\bar{x}}$ 的概率为 68.27%，抽样误差不超过 $2\mu_{\bar{x}}$ 的概率为 95.45%，抽样误差不超过 $3\mu_{\bar{x}}$ 的概率为 99.73%，等等。

由于概率度 $t=\frac{\Delta_{\bar{x}}}{\mu_{\bar{x}}}$，所以抽样误差的置信概率便是概率度 t 的函数，即 $P(|\bar{x}-\bar{X}| \leqslant t\mu_{\bar{x}})=F(t)$。上述关系式可表达为：

当 $t=1$ 时，$F(t)=68.27\%$；

当 $t=2$ 时，$F(t)=95.45\%$；

当 $t=3$ 时，$F(t)=99.73\%$。

为便于使用，将这种对应函数关系编成“正态分布概率表”(详见书后附录 1)供查阅使用。现举例来说明估计置信度的方法。

【例 5.12】 设抽样学生平均成绩 $\bar{x}$ 为 88 分，抽样平均误差 $\mu_{\bar{x}}=2$ 分，求总体学生平均成绩在 84～92 范围内的估计置信概率为多少？

解答：由已知条件可知，允许误差范围为 4 分，

根据公式：$t=\frac{\Delta_{\bar{x}}}{\mu_{\bar{x}}}=\frac{4}{2}=2$；

查“正态分布概率表”可知，当 $t=2$ 时，估计置信概率 $F(t)=95.45\%$。

现在如果允许误差范围扩大至 8 分，即总体平均成绩在 80～96 分，

则概率度 t 为：$t=\frac{\Delta_{\bar{x}}}{\mu_{\bar{x}}}=\frac{8}{2}=4$；

查“正态分布概率表”可知，当 $t=4$ 时，估计置信概率 $F(t)=99.99\%$。

结果表明，当概率保证度为 99.99%时，达到了足够可信的程度。与此同时，误差范围也更大，抽样的精确度下降。因此，估计的可靠度和准确性是矛盾的，此消彼长的关系。

第三节　参数估计

参数估计(parameter estimation)是统计推断的重要内容之一。参数估计是在抽样以及抽样分布的基础上，根据所计算的样本指标来估计相应的总体指标。比如用样本平均数去估计总体平均数，用样本成数估计总体成数，用样本方差去估计总体方差等。

我们在对总体指标进行抽样估计时，一般要解决下面三个问题：

第一，针对待估计的总体参数，可根据样本构造一个合适的样本统计量，作为该总体参数的估计量。

第二，对所构造的估计量的优良性作出判断，并在必要时进行修正。

第三，在给定的可靠程度下，求出抽样估计的极限误差。

在参数估计中，用来估计总体参数的统计量称为估计量，例如样本平均数、样本成数、样本方差都可以是一个估计量，根据某一个具体的样本计算出来的估计量的数值称为估计值。参数估计有点估计(point estimation)和区间估计(interval estimation)两种形式。

一、点估计与区间估计

(一)点估计

对于总体的未知参数 θ，由样本构造统计量 $\hat{\theta}$ 对 θ 作出估计，则称 $\hat{\theta}$ 为 θ 的估计量。由于统计量是随机变量，所以估计量也是随机变量。但当样本确定之后，估计量的值也随之确定，估计量的值称为估计值。

点估计就是用样本统计量 $\hat{\theta}$ 的某个取值直接作为总体参数 θ 的估计值，这种估计方法也叫定值估计。例如：$\bar{x}=\hat{\mu}$ 表示以样本平均数作为总体平均数的估计量，$p=\hat{\pi}$ 表示以样本成数作为总体成数的估计量。

(二)估计量的优良标准

对于一个总体指标，往往可以构造多个估计量，如对总体平均数 $\bar{X}$ 既可用样本算术平均数作出估计，也可以用样本众数、样本中位数等作为估计量。在多个估计量中，如何从中选择一个优良的估计量呢？这就需要明确评选估计量的优良性标准。由于估计量是随机变量，所以必须从整体上去考虑估计量的优良性。通常评选估计量的优良有三个标准：

1. 无偏性(unbiasedness)。每一次的样本指标和总体指标都可能有误差，但在多次反复估计中，无偏性要求各个样本指标的平均数应等于总体指标，即样本指标的估计平均来看是没有偏误的。

设 $\hat{\theta}$ 为总体参数 θ 的估计量，如果 $E(\hat{\theta})=\theta$，则称 $\hat{\theta}$ 为 θ 的无偏估计量。

可以证明，样本平均数 $\bar{x}$ 作为总体平均数 μ 的估计量，是符合无偏性要求的。

因为：$E(\bar{x})=E(\frac{x_1+x_2+\cdots+x_n}{n})$

$$=\frac{1}{n}[E(x_1)+E(x_2)+\cdots+E(x_n)]$$

由于 $x_1,x_2,\cdots,x_n$ 都是抽取总体之中，它与总体是同分布的，所以有：

$$E(x_1)=E(x_2)=\cdots=E(x_n)=E(X)=\mu$$

所以，$E(\bar{x})=\frac{1}{n}(\mu+\mu+\cdots+\mu)=\mu$。

估计量 $\bar{x}$ 对于 μ 是无偏的。

2. 有效性(efficiency)。在一般情况下，一个总体指标的无偏估计量也可以有许多个，这就需要由这些无偏估计量方差的大小来衡量估计量的优良性。

设 $\hat{\theta}_1$ 与 $\hat{\theta}_2$ 均为总体参数 θ 的无偏估计量，即：$E(\hat{\theta}_1)=E(\hat{\theta}_2)=\theta$。离散程度较小的估计量相对来说是有效的，离散程度用方差来衡量。

3. 一致性(consistency)。无偏性与有效性，都是当样本容量 n 有限时，评选估计量优良性的标准。当样本容量无限增加时，一致性要求样本指标充分靠近总体指标。就是说，当样本容量充分大时，样本指标和总体指标之差的绝对值小于任意小的正数，它的可能性就趋近于必然性。

设 $\hat{\theta}$ 为 θ 的估计量，对于任意给定的 $\varepsilon>0$，如果当 $n\to\infty$ 时，恒有：

$$\lim_{n\to\infty}P(|\hat{\theta}-\theta|<\varepsilon)=1 \tag{5.33}$$

则 $\hat{\theta}$ 称为 θ 的一致估计量。

（三）区间估计

我们知道，抽样平均误差只是在无偏估计情况下的抽样误差大小的平均数，这还不能说明在一次抽样估计中，实际误差的可能大小。由于抽样误差是个未知的随机变量，因此，在一次具体的抽样结果中，如何来测定实际抽样误差的大小和产生这样大小误差的可能性，便是区间估计必须说明的问题。与点估计不同，进行区间估计时，根据样本统计量的抽样分布能够对样本统计量与总体参数的接近程度给出一个概率度量。下面以总体平均数的区间估计为例来说明区间估计的原理。

由样本平均数的抽样分布可知，在重复抽样或者无限总体抽样的情况下，样本平均数的期望值等于总体平均数，即 $E(\bar{x})=\mu$，样本平均数的标准误差为总体方差的 1/n，即 $\mu_{\bar{x}}=\sigma/\sqrt{n}$。

由前面的抽样估计置信概率可知，样本平均数 $\bar{x}$ 落在总体平均数 μ 两侧各为 1 个抽样标准差范围内的概率为 68.27%；落入 2 个标准差范围内的概率为 95.45%；落入 3 个标准差范围内的概率为 99.73%，等等。实际上，可以求出样本平均数 $\bar{x}$ 落在总体平均数 μ 两侧任何倍数的标准误差范围内的概率。

但实际情况正好相反，$\bar{x}$ 是已知的，μ 是未知的，也正是将要进行估计的参数。由于 $\bar{x}$ 与 μ 的距离是对称的，如果某个 $\bar{x}$ 落在 μ 的 1.96 个标准误差范围内，反过来，μ 也可以被包括在以 $\bar{x}$ 为中心、两侧 1.96 个标准误差的范围内。这意味着，约有 95%的样本平均数所构造的 1.96 个标准差的区间会包括 μ。举例来说，如果抽取 100 个样本来估计总体平均数，由 100 个样本平均数所构造的 100 个区间中，约有 95 个区间包含总体平均数 μ。

因此，对于总体参数 θ，根据样本构造的两个统计量 $\hat{\theta}_1$、$\hat{\theta}_2$（$\hat{\theta}_1<\hat{\theta}_2$），使随机区间（$\hat{\theta}_1,\hat{\theta}_2$）能包含 θ 的概率等于给定的值 $1-\alpha(0<\alpha<1)$，

即：$P(\hat{\theta}_1\leqslant\theta\leqslant\hat{\theta}_2)=1-\alpha$

这里称 $1-\alpha$ 为置信概率，也可用 $F(t)$ 表示，α 为显著性水平(significance level)，（$\hat{\theta}_1,\hat{\theta}_2$）称为 θ 的 $1-\alpha$ 的置信区间(confidence interval)，$\hat{\theta}_1,\hat{\theta}_2$ 分别称为置信下限和置信上限。

由于统计学家在某种程度上确信这个区间会包含真正的总体参数，所以给它取名为置信区间。如果将构造置信区间的步骤重复多次，置信区间中包含总体参数真值的次数所占的比率称为置信概率，或称为置信系数($1-\alpha$)。当作出估计时，我们把给出总体参数 θ 的置信区间和置信概率这一方式称为区间估计。可见，置信区间的大小，说明了估计的精确性，置信概率的大小说明了估计的可靠性。

例如，我们估计某商场一年的零售额为 2000 万元整，这种估计存在一定的误差。如果对误差大小的程度和产生这样大小误差的可能性大小均一无所知，那么，我们究竟在多大程度上相信这种估计是正确的呢？又比如，我们估计某人在×年×月×日时出生，误差为 1 小时。这种估计可算是精确，但估计正确的可能性极小。或者说，我们有百分之百的把握估计今年某人的年龄在 5～100 岁之间，这种估计正确的可能性极大，但误差范围太大，精确性太差。所以上述估计都是没有实际意义的。假如我们估计某商场一年的零售额在 1995 万元～2005 万元，并且有 99%的把握说明这种估计是正确的，这样的估计才能使人信服。

表 5.6　常用置信水平的 $z_{\alpha/2}$ 值

置信水平(%)	α	α/2	$z_{\alpha/2}$
90	0.1	0.05	1.645
95	0.05	0.025	1.96
99	0.01	0.005	2.58

在构造置信区间时,可以用所希望的值作为置信水平。比较常用的置信水平及正态分布曲线下右侧面积为 $\alpha/2$ 时的 z 值($z_{\alpha/2}$),如表 5.6 所示。当样本容量给定时,置信区间的宽度随着置信水平的增大而增大,包含真实参数的可能性就会更大。当置信水平固定,置信区间的宽度随样本容量的增大而减小,即较大的样本所提供的信息要比较小的样本提供的信息更多,区间的精确度更高。

二、单总体参数的区间估计

(一)总体平均数的区间估计

1. 总体方差 σ^2 已知

重复抽样条件下,估计量 $\bar{x}$ 服从或近似服从 $N(\mu,\frac{\sigma^2}{n})$,所以统计量 $Z=\frac{\bar{x}-\mu}{\sigma/\sqrt{n}}$ 服从或近似服从 $N(0,1)$。

根据正态概率分布表得:$P(|z|<t)=1-\alpha$。

即

$$P\left(\left|\frac{\bar{x}-\mu}{\sigma/\sqrt{n}}\right|<t\right)=1-\alpha$$

$$P\left(|\bar{x}-\mu|<t\frac{\sigma}{\sqrt{n}}\right)=1-\alpha$$

$$P\left(\bar{x}-t\frac{\sigma}{\sqrt{n}}<\mu<\bar{x}+t\frac{\sigma}{n}\right)=1-\alpha$$

所以估计量 $\bar{x}$ 的抽样极限误差为:

$$\Delta_x=t\frac{\sigma}{\sqrt{n}} \tag{5.34}$$

公式(5.34)中,t 称为概率度,它与 $1-\alpha(F(t))$ 有直接关系,可通过查表取得。

若按区间估计作出结论时,可得总体平均数 μ 可靠性为 $1-\alpha$ 时的置信区间为:

$$(\bar{x}-\Delta_x,\bar{x}+\Delta_x)$$

由极限误差的计算公式 $\Delta_x=t\frac{\sigma}{\sqrt{n}}$ 可见,当给定置信概率 $1-\alpha$ 或概率度 t 时,样本容量愈大,则误差愈小,估计的精确性越高。反之,则估计的精确性就越低。但当样本容量 n 一定时,所要求的可靠性越大,即 t 大时,则误差就越大,估计的精确性越低,反之,估计的精确性就越高。所以,在样本容量一定的条件下,估计的精确性与可靠性是相互矛盾的。实际中,一般在预先给定可靠性的条件下,去求得尽可能精确的估计。

在不重复抽样条件下,当给定置信概率 $1-\alpha$ 时,估计的极限误差为:

$$\Delta_x=t\sqrt{\frac{\sigma^2}{n}\left(\frac{N-n}{N-1}\right)} \tag{5.35}$$

当 N 很大时，

$$\Delta_x = t\sqrt{\frac{\sigma^2}{n}(1-\frac{n}{N})} \tag{5.36}$$

总体平均数 $\bar{X}$ 在可靠性 $1-\alpha$ 的置信区间是：$(\bar{x}-\Delta_x, \bar{x}+\Delta_x)$。

2. 总体方差 σ^2 未知

当总体方差未知，总体方差 σ^2 用样本方差 s^2 替换。此时的估计量 $\bar{x}$ 服从 t 分布，构造的统计量称为 t 统计量：

$$t = \frac{\bar{x}-\mu}{s/\sqrt{n}} \sim t(n-1) \tag{5.37}$$

其中，s 为样本标准差，$n-1$ 为 t 分布的自由度。

若按区间估计得出结论，总体平均数 μ 可靠性为 $1-\alpha$ 时的置信区间为：

$$(\bar{x}-t\frac{s}{\sqrt{n}}, \bar{x}+t\frac{s}{\sqrt{n}}) = (\bar{x}-\Delta_x, \bar{x}+\Delta_x)$$

【例 5.13】 某进出口公司出口一种名茶，为检查其每包规格的重量，随机抽取样本 100 包，检查结果如表 5.7 所示。

表 5.7 每包茶叶重量的频数分布表

每包重量(克)	频数(包)(f)	组中值(x)
148—149	10	148.5
149—150	20	149.5
150—151	50	150.5
151—152	20	151.5
合 计	100	—

按规定这种茶叶每包规格重量应不低于 150 克。试以 0.9973($1-\alpha$)的概率($t=3$)：

(1)确定每包平均重量的极限误差；

(2)估计这批茶叶每包平均重量的范围，确定是否达到规格要求。

解：①茶叶抽样平均每包重量：

$$\bar{x} = \frac{\sum xf}{\sum f} = \frac{148.5\times10+149.5\times20+150.5\times50+151.5\times20}{10+20+50+20} = \frac{15030}{100} = 150.3\ (克)$$

②茶叶重量抽样方差：

$$s^2 = \frac{\sum(x-\bar{x})^2 f}{\sum f} = \frac{(148.5-150.3)^2\times10+(149.5-150.3)^2\times20+\cdots+(151.5-150.3)^2\times20}{10+20+50+20}$$

$$=\frac{76}{100}=0.76$$

③抽样平均误差：$\sigma_{\bar{x}} = \sqrt{\frac{s^2}{n}} = \sqrt{\frac{0.76}{100}} = 0.087$(克)

④每包平均重量的极限误差：$\Delta_x = t\cdot\sigma_{\bar{x}} = 3\times0.087 = 0.261$(克)

⑤这批茶叶平均每包重量的范围：$\bar{x}\pm\Delta_x = 150.3\pm0.261$，即在 150.039 克至 150.561 克范围内。

⑥从计算可知，这批茶叶达到了重量规格要求。

【例 5.13(续)】 根据上例，假若 $\frac{n}{N}=1\%$，则不重复抽样下的抽样极限误差：

$$\Delta_x = t\sqrt{\frac{s^2}{n}(1-\frac{n}{N})} = 3 \cdot \sqrt{\frac{0.76}{100}(1-1\%)} = 0.26\text{（克）}$$

这批茶叶平均每包重量的范围：

$$\bar{x} \pm \Delta_x = 150.3 \pm 0.26$$

即在 99.73%的置信水平下，这批茶叶平均每包重量的范围在 150.04 克至 150.56 克范围内。

(二)总体成数的区间估计

这里只讨论大样本情况下总体成数的估计问题。由样本成数 p 的抽样分布可知，当样本量足够大时，样本成数 p 的抽样分布可用正态分布近似。样本成数 p 的数学期望为 $E(p)=\pi$，p 的方差为 $\sigma_p^2=\frac{\pi(1-\pi)}{n}$。而样本成数经标准化后的随机变量则近似服从标准正态分布，即

$$z = \frac{p-\pi}{\sqrt{\pi(1-\pi)/n}} \sim N(0,1) \tag{5.38}$$

根据样本平均数的极限误差与抽样平均数误差的关系，可以得到样本成数的误差极限和置信区间。

总体成数未知时，总体方差 $\pi(1-\pi)$ 用样本方差 $p(1-p)$ 替换。

重复抽样条件下，当给定置信概率 $1-\alpha$ 时，估计量 π 的极限误差为：

$$\Delta_p = t\sigma_p = t\sqrt{\frac{p(1-p)}{n}} \tag{5.39}$$

总体成数 π 的 $1-\alpha$ 置信区间为：

$$(p - t\sqrt{\frac{p(1-p)}{n}}, p + t\sqrt{\frac{p(1-p)}{n}})$$

不重复抽样条件下，给定置信概率 $1-\alpha$ 时，估计量 π 的极限误差为：

$$\Delta_p = t\sigma_p = t\sqrt{\frac{p(1-p)}{n}(\frac{N-n}{N-1})} \tag{5.40}$$

当 N 很大时，

$$\Delta_p = t\sqrt{\frac{p(1-p)}{n}(1-\frac{n}{N})} \tag{5.41}$$

总体成数 π 的 $1-\alpha$ 的置信区间为：$(p-t\sigma_p, p+t\sigma_p)$。

【例 5.14】 从某台机器生产的 5000 件产品中，随机抽取 50 件进行检验，发现有 10 件一级品，试以 95%的可靠性估计这台机器所生产产品的一级品率。

解：已知：$N=5000$ 件，$n=50$ 件，$n_1=10$ 件，$1-\alpha=95\%$，得 $t=1.96$，则有 $p=\frac{n_1}{n}=20\%$

所以，重复抽样条件下

$$\Delta_p = t\sqrt{\frac{p(1-p)}{n}} = 1.96 \times \sqrt{\frac{0.2\times 0.8}{50}} = 0.1109$$

这台机器所生产产品的一级率在 95%可靠性保证下的置信区间为(8.91%，31.09%)。

在不重复抽样条件下：

$$\Delta_p = t\sqrt{\frac{p(1-p)}{n}(1-\frac{n}{N})}$$

$$=1.96\times\sqrt{\frac{0.2\times0.8}{50}(1-\frac{50}{5000})}=0.1103$$

这台机器所生产产品的一级率在95%可靠性保证下的置信区间为(8.97%,31.03%)。

(三)总体方差的区间估计

这里只讨论正态总体方差的估计问题。由抽样分布的知识可知,样本方差 s^2 服从自由度为$(n-1)$的 χ^2 分布。因此用 χ^2 分布构造总体方差 σ^2 的置信区间。

如何来构造总体方差的置信区间呢?我们给定一个显著性水平 α,用 χ^2 分布构造的总体方差 σ^2 的置信区间如图5.6所示。

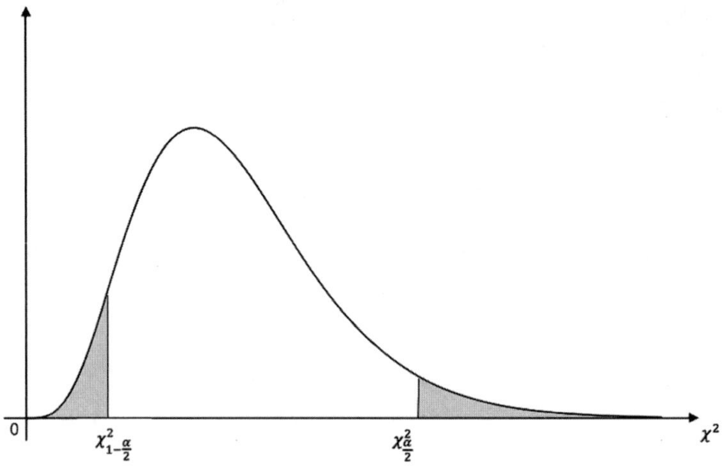

图5.6 自由度为$(n-1)$的χ^2分布

由图5.6可以看出,建立总体方差 σ^2 的置信区间,也就是要找到一个 χ^2 值,使其满足 $\chi^2_{1-\alpha/2}\leqslant\chi^2\leqslant\chi^2_{\alpha/2}$,由于 $\frac{(n-1)s^2}{\sigma^2}\sim\chi^2(n-1)$,因此可用它来代替 χ^2,于是有

$$\chi^2_{1-\alpha/2}\leqslant\frac{(n-1)s^2}{\sigma^2}\leqslant\chi^2_{\alpha/2}\tag{5.42}$$

根据公式(5.42)可以推导出总体方差 σ^2 在$(1-\alpha)$置信水平下的置信区间为:

$$\frac{(n-1)s^2}{\chi^2_{\alpha/2}}\leqslant\sigma^2\leqslant\frac{(n-1)s^2}{\chi^2_{1-\alpha/2}}\tag{5.43}$$

【例5.15】 仍利用5.14的数据,以95%的置信水平建立该种食品重量方差的置信区间。

解:根据样本数据计算的方差为:$s^2=\frac{\sum(x-\bar{x})^2f}{\sum f}=0.76$

根据显著性水平 $\alpha=0.05$,自由度 $n-1=99$,查 χ^2 分布表得,$\chi^2_{1-0.025}(99)=74.222$,$\chi^2_{0.025}(99)=129.561$。总体方差 σ^2 的置信区间为

$$\frac{(n-1)s^2}{\chi^2_{\alpha/2}}\leqslant\sigma^2\leqslant\frac{(n-1)s^2}{\chi^2_{1-\alpha/2}},\text{即}\ \frac{99\times0.76}{129.561}\leqslant\sigma^2\leqslant\frac{99\times0.76}{74.222}$$

因此得到总体方差95%的置信区间为:$0.581\leqslant\sigma^2\leqslant1.014$。

该企业生产的该种食品重量标准差95%的置信区间为0.762~1.007克。

三、两总体参数的区间估计

对于两个总体,我们所关心的参数主要有两个总体的平均数之差$(\mu_1-\mu_2)$、两个总体的成数之差

$(\pi_1-\pi_2)$，两个总体的方差之比(σ_1^2/σ_2^2)等。

(一)两总体的平均数之差的区间估计

设两个总体平均数分别为 μ_1 和 μ_2，从两个总体中分别抽取样本容量为 n_1 和 n_2 的两个随机样本，其样本平均数分别为 $\bar{x}_1$ 和 $\bar{x}_2$。估计两个总体平均数之差($\mu_1-\mu_2$)的估计量很显然是两个样本的平均数之差($\bar{x}_1-\bar{x}_2$)。对于两个总体平均数之差的估计，需考虑两个样本是独立样本还是匹配样本，以及样本量是大样本还是小样本等几种情况。

1. 两个总体平均数之差的估计：独立样本

(1)大样本的估计方法。如果两个样本是从两个总体中独立地抽取的，即一个样本中的元素与另一个样本中的元素相互独立，则称为独立样本(independent sample)。如果两个总体都为正态分布或两个总体不服从正态分布但两个样本都为大样本($n_1\geqslant30, n_2\geqslant30$)时，根据抽样分布的知识可知，两个样本平均数之差($\bar{x}_1-\bar{x}_2$)服从期望值为($\mu_1-\mu_2$)、方差为($\frac{\sigma_1^2}{n_1}+\frac{\sigma_2^2}{n_2}$)的正态分布。而两个样本平均数之差经过标准化后服从标准正态分布，即

$$z=\frac{(\bar{x}_1-\bar{x}_2)-(\mu_1-\mu_2)}{\sqrt{\frac{\sigma_1^2}{n_1}+\frac{\sigma_2^2}{n_2}}}\sim N(0,1) \tag{5.44}$$

当两个总体的方差 σ_1^2 和 σ_2^2 都已知时，两个总体平均数之差($\mu_1-\mu_2$)在($1-\alpha$)置信水平下的置信区间为：

$$(\bar{x}_1-\bar{x}_2)\pm z_{\alpha/2}\sqrt{\frac{\sigma_1^2}{n_1}+\frac{\sigma_2^2}{n_2}} \tag{5.45}$$

当两个总体的方差 σ_1^2 和 σ_2^2 未知时，可用两个样本方差 s_1^2 和 s_2^2 来替代。此时两个总体平均数之差($\mu_1-\mu_2$)在($1-\alpha$)置信水平下的置信区间为：

$$(\bar{x}_1-\bar{x}_2)\pm z_{\alpha/2}\sqrt{\frac{s_1^2}{n_1}+\frac{s_2^2}{n_2}} \tag{5.46}$$

【例 5.16】 某地区教育委员会想估计两所中学的学生高考时的英语平均分数之差，为此在两所中学独立地抽取两个随机样本，有关数据如表 5.8 所示。

表 5.8　两个样本的有关数据

中学 1	中学 2
$n_1=46$	$n_2=33$
$\bar{x}_1=86$	$\bar{x}_2=78$
$s_1=5.8$	$s_2=7.2$

建立两所中学高考英语平均分数之差 95%的置信区间。

解：根据公式(5.46)得，

$$(\bar{x}_1-\bar{x}_2)\pm z_{\alpha/2}\sqrt{\frac{\sigma_1^2}{n_1}+\frac{\sigma_2^2}{n_2}}=(86-78)\pm1.96\times\sqrt{\frac{5.8^2}{46}+\frac{7.2^2}{33}}=8\pm2.97$$

即(5.03,10.97)。

两所中学高考英语平均分数之差 95%的置信区间为 5.03～10.97 分。

(2)小样本的估计方法。当两个样本为小样本的情况下，为估计两个总体平均数之差，需要假定两个总体服从正态分布，两个随机样本分别独立的抽自两个总体。在上述假定下，无论样本量的大

小，两个样本平均数之差都服从正态分布。当总体方差 σ_1^2 和 σ_2^2 已知时，可用公式(5.46)建立两个总体平均数之差的置信区间。

①两个总体的方差 σ_1^2 和 σ_2^2 未知但相等时，则需要用两个样本的方差 s_1^2 和 s_2^2 来估计。这是需要将两个样本的数据组合在一起，给出总体方差的合并估计量，用 s_p^2 来表示，计算公式为：

$$s_p^2=\frac{(n_1-1)s_1^2+(n_2-1)s_2^2}{n_1+n_2-2} \tag{5.47}$$

这是两个样本平均数之差经过标准化后服从自由度为 (n_1+n_2-2) 的 t 分布，即

$$t=\frac{(\bar{x}_1-\bar{x}_2)-(\mu_1-\mu_2)}{s_p\sqrt{\frac{1}{n_1}+\frac{1}{n_2}}}\sim t(n_1+n_2-2) \tag{5.48}$$

因此两个总体平均数之差 $(\mu_1-\mu_2)$ 在 $(1-\alpha)$ 置信水平下的置信区间为：

$$(\bar{x}_1-\bar{x}_2)\pm t_{\alpha/2}(n_1+n_2-2)s_p\sqrt{\frac{1}{n_1}+\frac{1}{n_2}} \tag{5.49}$$

【例 5.17】 为估计两种方法组装产品所需时间的差异，分别对两种不同的组装方法各随机安排 12 个工人，每个工人组装一件产品所需的时间如表 5.9 所示。

表 5.9 两种方法组装产品所需的时间

方法 1(分钟)	方法 2(分钟)	方法 1(分钟)	方法 2(分钟)
28.3	27.6	36.0	31.7
30.1	22.2	37.2	26.5
29.0	31.0	38.5	32.0
37.6	33.8	34.4	31.2
32.1	20.0	28.0	33.4
28.8	30.2	30.0	26.5

假定两种方法组装产品的时间服从正态分布，且方差相等。试以 95% 的置信水平建立两种方法组装产品所需平均时间差值的置信区间。

解：根据样本数据计算得，

方法 1：$\bar{x}_1=32.5$，$s_1^2=15.996$

方法 2：$\bar{x}_2=28.8$，$s_2^2=19.358$

总体方差的合并估计量为：

$$s_p^2=\frac{(n_1-1)s_1^2+(n_2-1)s_2^2}{n_1+n_2-2}=\frac{(12-1)\times 15.996+(12-1)\times 19.358}{12+12-2}=17.677$$

根据 $\alpha=0.05$，自由度 n=22，查 t 分布表得，$t_{0.025}(22)=2.074$。

两个总体平均数之差在 95% 置信水平下的置信区间为

$$\begin{aligned}&(\bar{x}_1-\bar{x}_2)\pm t_{\alpha/2}(n_1+n_2-2)\sqrt{s_p^2(\frac{1}{n_1}+\frac{1}{n_2})}\\&=(32.5-28.8)\pm 2.074\times\sqrt{17.677\times(\frac{1}{12}+\frac{1}{12})}\\&=3.7\pm 3.56\end{aligned}$$

即(0.14，7.26)，两种方法组装产品所需平均时间之差 95% 的置信区间为 0.14～7.26 分钟。

①两个总体的方差 σ_1^2 和 σ_2^2 未知且不相等时，两个样本平均数之差经标准化处理后近似服从自由度为 v 的 t 分布。自由度 v 的计算公式为：

$$\nu=\frac{(s_1^2/n_1+s_2^2/n_2)^2}{\dfrac{(s_1^2/n_1)^2}{n_1-1}+\dfrac{(s_2^2/n_2)^2}{n_2-1}} \tag{5.50}$$

两个总体平均数之差在(1－α)置信水平下的置信区间为：

$$(\bar{x}_1-\bar{x}_2)\pm t_{\alpha/2}(\nu)\sqrt{\frac{s_1^2}{n_1}+\frac{s_2^2}{n_2}} \tag{5.51}$$

【例 5.18】 根据例 5.17 的数据，假定两个总体方差不相等，假定第一种方法随机安排 12 个工人，第二种方法随机安排 8 个工人，所得数据如表 5.10 所示。

表 5.10　两种方法组装产品所需的时间

方法 1(分钟)	方法 2(分钟)	方法 1(分钟)	方法 2(分钟)
28.3	27.6	36.0	31.7
30.1	22.2	37.2	26.5
29.0	31.0	38.5	
37.6	33.8	34.4	
32.1	20.0	28.0	
28.8	30.2	30.0	

试以 95%的置信水平建立两种方法组装产品所需平均时间差值的置信区间。

解:根据表 5.10 的数据计算得，

方法 1：$\bar{x}_1=32.5$，$s_1^2=15.996$

方法 2：$\bar{x}_2=27.875$，$s_2^2=23.014$

两个总体方差不相等，计算自由度得，

$$\nu=\frac{(s_1^2/n_1+s_2^2/n_2)^2}{\dfrac{(s_1^2/n_1)^2}{n_1-1}+\dfrac{(s_2^2/n_2)^2}{n_2-1}}=\frac{(15.996/12+23.014/8)^2}{\dfrac{(15.996/12)^2}{12-1}+\dfrac{(23.014/8)^2}{7}}=13.188\approx 13$$

查 t 分布表得，$t_{0.025}(13)=2.160$。

两个总体平均数之差在 95%置信水平下的置信区间为

$$(\bar{x}_1-\bar{x}_2)\pm t_{\alpha/2}(\nu)\sqrt{\frac{s_1^2}{n_1}+\frac{s_2^2}{n_2}}=(32.5-27.875)\pm 2.160\sqrt{\frac{15.996}{12}+\frac{23.014}{8}}$$

$$=4.625\pm 4.433$$

即(0.192,9.058)。两种方法组装产品所需平均时间之差 95%的置信区间为 0.192～9.058 分钟。

2. 两个总体平均数之差的估计:匹配样本

在前面的例子中使用独立样本来估计总体平均数之差时存在着不足。比如，在对每种方法随机指派工人时，偶尔可能会使技术比较差和技术比较好的分配不均匀，这种不公平的分配可能会掩盖两种方法组装产品所需时间的真正差异。

为解决这一问题，可以使用匹配样本(matched sample)，即一个样本中的数据与另一个样本中的数据相对应。比如，先指定 12 个工人用第一种方法组装产品，然后再让这 12 个工人用第二种方法组装产品，这样得到的两组组装产品所需时间的数据就是匹配数据。匹配样本可以消除由于样本指派的不公平造成的差异。

使用匹配样本进行估计时，在大样本条件下，两个总体平均数之差 $\mu_d=\mu_1-\mu_2$ 在$(1-\alpha)$置信水平下的置信区间为：

$$\bar{d} \pm z_{\alpha/2}\frac{\sigma_d}{\sqrt{n}} \tag{5.52}$$

上式中，d 表示两个匹配样本对应数据的差值；$\bar{d}$ 表示各差值的平均数；σ_d 表示各差值的标准差。当总体的 σ_d 未知时，可以用样本差值的标准差 s_d 来替代。

在小样本情况下，假定两个总体各观测值的配对样本服从正态分布。两个总体平均数之差 μ_d 在$(1-\alpha)$置信水平下的置信区间为：

$$\bar{d} \pm t_{\alpha/2}(n-1)\frac{s_d}{\sqrt{n}} \tag{5.53}$$

【例 5.19】 由 10 名学生组成一个随机样本，让他们分别采用 A 和 B 两套试卷进行测试，结果如表 5.11 所示。假定两套试卷分数之差服从正态分布，试建立两套试卷平均分之差的 95%的置信区间。

表 5.11　10 名学生两套试卷的得分

学生编号	试卷 A	试卷 B	差值 d
1	78	71	7
2	63	44	19
3	72	61	11
4	89	84	5
5	91	74	17
6	49	51	−2
7	68	55	13
8	76	60	16
9	85	77	8
10	55	39	16

解：根据表 5.11 数据计算得，

$$\bar{d}=\frac{\sum_{i=1}^{n} d_i}{n_d}=\frac{110}{10}=11$$

$$s_d=\sqrt{\frac{\sum_{i=1}^{n}(d_i-\bar{d})^2}{n_d-1}}=6.53$$

根据自由度$(10-1)=9$查 t 分布表得，$t_{0.025}(9)=2.2622$。

根据公式(5.53)得两套试卷平均分数之差 μ_d 的 95%的置信区间为：

$$\bar{d} \pm t_{\alpha/2}(n-1)\frac{s_d}{\sqrt{n}}=11 \pm 2.2622\times\frac{6.53}{\sqrt{10}}=11\pm 4.67$$

即(6.3,15.7)。

两套试卷平均分数之差 μ_d 的 95%的置信区间为 6.3 分～15.7 分。

(二)两总体的成数之差的区间估计

由样本成数的抽样分布可知，从两个二项总体中抽取两个独立的样本，则两个样本成数之差的抽样分布服从正态分布。同样，两个样本的成数之差标准化后则服从标准正态分布，即

$$z=\frac{(p_1-p_2)-(\pi_1-\pi_2)}{\sqrt{\frac{\pi_1(1-\pi_1)}{n_1}+\frac{\pi_2(1-\pi_2)}{n_2}}}\sim N(0,1) \tag{5.54}$$

当两个总体成数 π_1 和 π_2 未知时，可用样本成数 p_1 和 p_2 代替。因此根据正态分布建立的两个总体成数之差 $\pi_1-\pi_2$ 在 $(1-\alpha)$ 置信水平下的置信区间为

$$(p_1-p_2)\pm z_{\alpha/2}\sqrt{\frac{p_1(1-p_1)}{n_1}+\frac{p_2(1-p_2)}{n_2}} \tag{5.55}$$

【例 5.20】 在某个电视节目的收视率调查中，从农村随机调查了 400 人，有 32%的人收看了该节目；从城市随机抽查了 500 人，有 45%的人收看了该节目。试以 95%的置信水平估计城市和农村收视率之差的置信区间。

解：设城市收视率 $p_1=45\%$，农村收视率 $p_2=32\%$。

当 $\alpha=0.05$ 时，查表得 $z_{0.025}=1.96$。

因此，城市和农村收视率之差的 $(1-\alpha)$ 置信区间为：

$$\begin{aligned}&(p_1-p_2)\pm z_{\alpha/2}\sqrt{\frac{p_1(1-p_1)}{n_1}+\frac{p_2(1-p_2)}{n_2}}\\&=(45\%-32\%)\pm 1.96\sqrt{\frac{45\%\times(1-45\%)}{500}+\frac{32\%\times(1-32\%)}{400}}\\&=13\%\pm 6.32\%\end{aligned}$$

即(6.68%，19.32%)。城市和农村收视率之差的 95%置信区间为 6.68%—19.32%。

(三)两个总体方差比(σ_1^2/σ_2^2)的区间估计

在实际中经常会遇到比较两个总体方差的问题。比如，希望比较两种不同方法生产的产品性能的稳定性，比较不同测量工具的精确度等。由于两个样本方差之比的抽样分布服从 $F(n_1-1,n_2-1)$ 分布，因此可用 F 分布来构造两个总体方差之比 σ_1^2/σ_2^2 的置信区间。用 F 分布构造的两个总体方差之比的置信区间可用图 5.7 来表示。

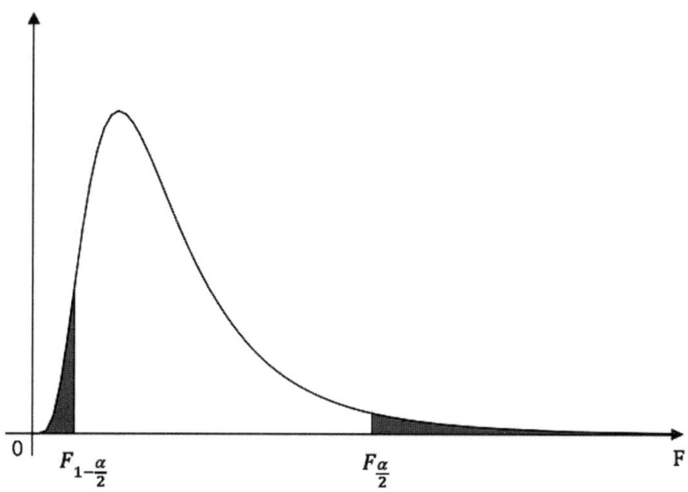

图 5.7　方差比的置信区间示意图

用它来代替 F 统计量，于是有

$$F_{1-\alpha_1} \leqslant \frac{s_1^2/s_2^2}{\sigma_1^2/\sigma_2^2} \leqslant F_{\alpha_2} \tag{5.56}$$

根据式(5.56)，可以推导出两个总体方差之比 σ_1^2/σ_2^2 在$(1-\alpha)$置信水平下的置信区间为：

$$\frac{s_1^2/s_2^2}{F_{\alpha_2}} \leqslant \sigma_1^2/\sigma_2^2 \leqslant \frac{s_1^2/s_2^2}{F_{1-\alpha_1}} \tag{5.57}$$

式中，F_{α_2} 和 $F_{1-\alpha_1}$ 是分子自由度为(n_1-1)和分母自由度为(n_2-1)的 F 分布的右侧面积为 α_2 和 $1-\alpha_1$ 的分位数。由于 F 分布表中只给出面积较小的右侧分位数，因此可以要利用下面的关系求得 $F_{1-\alpha 1}$ 的分位数值：

$$F_{1-\alpha_1}(n_1-1,n_2-1)=\frac{1}{F_{\alpha_1}(n_2-1,n_1-1)} \tag{5.58}$$

【例 5.21】 为研究男女大学生在生活费支出上的差异，在某大学各随机抽取 25 名男学生和 25 名女学生，得到下面的结果：

男学生：$\bar{x}_1=520, s_1^2=260$

女学生：$\bar{x}_2=480, s_1^2=280$

请估计男女学生生活费支出方差比的 90%置信水平的置信区间。

解：根据已知条件，第一自由度 $n_1=24$，第二自由度 $n_2=24$。查 F 分布表得，$F_{\alpha/2}(24,24)=F_{0.05}(24,24)=1.98$。

根据式(5.58)得，$F_{1-\alpha/2}(24,24)=\dfrac{1}{F_{\alpha/2}(24,24)}=\dfrac{1}{1.98}=0.505$

根据式(5.57)可得，

$$\frac{260/280}{1.98} \leqslant \sigma_1^2/\sigma_2^2 \leqslant \frac{260/280}{0.505}\text{，即 } 0.47 \leqslant \sigma_1^2/\sigma_2^2 \leqslant 1.84\text{。}$$

男女学生生活费支出方差比的 90%置信水平的置信区间 0.47～1.84。

第四节 最优样本量的确定

由前面的分析可知，抽样误差是抽样调查所特有的，虽然不能消除但是却可以控制。影响抽样误差大小的因素有很多，样本容量是其中最重要的影响因素之一。样本容量越大，样本对总体的代表性可能越强，抽样误差就越小，抽样估计的精度就越高。

在实际的抽样调查工作中，显然不可能无限制地增大样本量，以达到对总体参数估计尽可能高的精度。因为样本量越大，抽样调查所需费用就越多，调查时间也就越长，越接近于全面调查，就失去了抽样调查的意义和作用。反过来说，抽样的样本量过少，费用和时间节省了，但是在估计精度上达不到要求。

所以在确定样本容量时，必须在估计的精度要求和可供调查使用的费用之间进行权衡，使得费用一定的条件下精度达到最高，或者在精度给定的条件下使得费用最低。通常将在这一原则指导下所确定的样本容量称为必要样本容量，或者最优的样本量。

一、简单随机抽样的实施

简单随机抽样又称纯随机抽样，简单随机抽样抽取样本的具体方法主要有抽签法和随机数表法。

抽签法是将每一个被抽选的总体单位都编号做签，然后掺和均匀，从中随机抽取，抽中者即为样本单位，直到抽满所需样本容量 n 为止。抽签法一般只能适用于总体单位较少的总体，对于较大总体则不宜采用。

随机数表法就是根据《随机数字表》抽取样本单位的方法。《随机数字表》是根据摇码器或计算机模拟产生的。它虽有不同的形式，但其中组成的数字完全是随机的，即每个数字出现的机会相等，完全符合随机原则，每次抽取样本时，利用这个表，可以大大简化抽样的烦琐手续。随机数字表最早出现在英国，后来在其他国家得到广泛应用。

利用随机数字表中的数字不受任何限制，可以任意指定一个数字，然后按一定的顺序（上下、左右均可）或间隔读起。这个表是两位一组的编码，按排列顺序也可以按三位、四位甚至五位号码读起。下面以假设的简单例子说明其使用方法。

假设从总体 50 个单位中随机抽取 5 个单位时，先将总体单位按 1 到 50 编号。由于编号最多是两位数，而附录中的随机数表是以两位数字为一组，所以在该表中可以任意取某一行或某一列的数字，凡是属于 1 到 50 以内的号码，就是代表可能抽中的单位。

在简单随机抽样条件下，应如何确定样本容量呢？在抽样实践中，样本容量的大小受抽样估计的准确性、可靠性、调查费用、不同抽样方法以及抽样组织形式的影响，在确定样本容量时，应综合以上因素加以确定。

二、样本容量的确定原理

抽样调查设计关注估计量的精度，用估计量的精度来表示调查结果的精度。估计量的精度要求是用户提出的，抽样调查结果所需要达到的精度。样本量确定是为了满足用户的精度要求，选择抽样方法并确定样本量。这里我们用估计量的绝对误差范围和置信概率来表示估计量的精度。

我们以测定总体平均数 μ 时为例，给定样本平均数的绝对误差范围（$\Delta_{\bar{x}}$）和置信度（t），说明样本容量的计算公式的推导过程。

（一）样本量的确定

1. 在重复抽样条件下，根据公式

$$\Delta_{\bar{x}} = t \cdot \mu_{\bar{x}} = t \cdot \sqrt{\frac{\sigma^2}{n}} \tag{5.59}$$

将等式两边平方，得

$$\Delta_{\bar{x}}^2 = t^2 \cdot \frac{\sigma^2}{n} = \frac{t^2\sigma^2}{n} \tag{5.60}$$

$$\therefore \quad n = \frac{t^2\sigma^2}{\Delta_{\bar{x}}^2} \tag{5.61}$$

2. 在不重复抽样条件下，样本量用 n' 表示

根据公式

$$\Delta_{\bar{x}} = t \cdot \sigma_{\bar{x}} = t \cdot \sqrt{\frac{\sigma^2}{n'}\left(1 - \frac{n'}{N}\right)} \tag{5.62}$$

将等式两边平方，得

$$\Delta_{\bar{x}}^2 = t^2 \cdot \frac{\sigma^2}{n'}\left(1 - \frac{n'}{N}\right) \tag{5.63}$$

$$n' = \frac{Nt^2\sigma^2}{N\Delta_{\bar{x}}^2 + t^2\sigma^2} = \frac{n}{1 + \frac{n}{N}} \tag{5.64}$$

根据同样道理，可以推导出下表中估计总体成数 π 时，样本容量的计算公式。

因此，在简单随机抽取条件下，考虑到准确性和可靠性的要求，根据 $\Delta_{\bar{x}}=t\cdot\sigma_{\bar{x}}$ 和 $\Delta_p=t\cdot\sigma_p$ 经简单推导即可得到样本容量的计算公式。

现列表(表 5.12)综合示之。

表 5.12　简单随机抽样样本容量计算表

项	重复抽样	不重复抽样
估计总体平均数 μ 时	$n=\dfrac{t^2\sigma^2}{\Delta_{\bar{x}}^2}$	$n'=\dfrac{Nt^2\sigma^2}{N\Delta_{\bar{x}}^2+t^2\sigma^2}=\dfrac{n}{1+\dfrac{n}{N}}$
估计总体成数 π 时	$n=\dfrac{t^2\pi(1-\pi)}{\Delta_p^2}$	$n'=\dfrac{N_t^2\pi(1-\pi)}{N\Delta_p^2+t^2\pi(1-\pi)}=\dfrac{n}{1+\dfrac{n}{N}}$

(二)样本量的影响因素

根据样本容量的计算公式，可以看出影响必要抽样数目多少的因素主要有：

1. 总体变异程度。当总体变异程度大时，需要从总体中多抽一些样本单位；反之，可以少抽一些。

2. 允许误差范围的大小。误差范围要求愈小则样本单位数 n 就需要愈多。如以重复抽样来说，在其他条件不变的情况下，当误差范围缩小一半，则样本单位数必须增加到四倍，而误差范围扩大一倍，则样本单位数只需原来的四分之一。

3. 可靠程度的高低。如果要求的可靠程度高，则需要多抽一些单位；反之，则可以少抽一些。

4. 抽样方法。在相同条件下重复抽样应比不重复抽样多抽一些单位。

(三)在确定必要抽样数目时还应注意的问题

1. 抽样单位数受允许误差范围的制约。抽样误差极限要求越小，所需要抽取的样本量越多。以重复抽样为例，当抽样极限误差缩小一半，则样本容量 n 必须增加到原来的 4 倍。而当抽样极限误差扩大一倍，则样本单位数 n 只需要原来的四分之一。在抽样方案设计中，对抽样误差范围要慎重考虑。

2. 一个总体往往同时需要计算抽样平均数和抽样成数。由于它们的方差和允许误差范围不同，因此需要的抽样单位数也可能不同，在实际工作中往往根据单位数比较大的一个数目进行抽样，以满足共同需要。

3. 计算式中的总体方差和总体成数一般是根据以往的经验取值，或在正式抽样前进行试验抽样，用试验抽样的样本方差 s^2 或样本成数 p 近似代替。

4. 当总体单位数 N 不大时，如果采用不重复抽样方法，必须应用不重复抽样的公式推算。当总体单位数很大时，虽应用不重复抽样方法，但可用重复抽样公式进行推算。

【例 5.22】 根据历史资料，某市职工家庭年收入的标准差为 250 元，现再次调查收入状况，要求在 95.45%的把握度下平均年收入的允许误差不超过 20 元，问用简单随机抽样的方法应抽多少户家庭进行调查？

解：这里没有说明采用的抽样方法，由于某市职工家庭个数较多，因此采用重复抽样条件下样本量的确定公式：

根据已知条件，95.45%的把握度下概率度 $t=2$，标准差 $\sigma=250$ 元，$\Delta_{\bar{x}}=20$ 元。

抽样平均数的样本单位数：

$$n=\frac{t^2\sigma^2}{\Delta_{\bar{x}}^2}=\frac{2^2\times250^2}{20^2}=625\text{（户）}$$

注意:在计算样本容量时,必须是只能进,不能舍,否则将来计算误差的时候就达不到规定的要求。

【例 5.23】 一家市场调研公司想估计某地区上网的家庭所占的比重。该公司希望样本成数 p 的估计误差不超过 0.05,要求的可靠程度为 95%,应抽多大容量的样本?

解:这里没有说明采用的抽样方法,由于上网家庭个数较多,因此采用重复抽样条件下样本量的确定公式:

根据已知条件,95%的把握度下概率度 $t=1.96$,$\Delta_p=0.05$ 元。由于没有可利用的总体成数 π 的估计值,因此用 $\pi=0.5$ 替代。

抽样成数的样本量:

$$n=\frac{t^2\pi(1-\pi)}{\Delta_p^2}=\frac{1.96^2\times0.5\times(1-0.5)}{0.05^2}\approx385\text{(户)}$$

简单随机抽样的重要意义在于,这种抽样方式在理论上说最符合随机原则。它的抽样误差容量得到理论上的论证,因此可以作为发展其他复杂的抽样设计的基础。同时也是衡量其他抽样方式抽样效果的比较标准。

但是,简单随机抽样在实践上受到许多限制,例如当总体很大时,要对每个单位加以编号有很大困难。又如对于正在继续生产的产品,对其进行编号甚至是不可能的,在这种情况下,就无法形成明确的抽样框,不可能采用简单随机抽样方式。

三、复杂抽样设计样本量的确定

(一)有效回答率影响样本量

由于实际调查时无法保证从每个被抽中的样本点上都能如愿地获取有效可信的信息,例如不是每个人都愿意接受访问,尤其是问题涉及隐私或者其他敏感性问题时,必须考虑有效回答率,即有效回答人数占全部访问人数的比重。有效回答率也会影响最终样本量的确定。

为了使调查估计值达到要求的精度,调查机构需要根据预计的有效回答率调整样本量的大小,然后根据预计的回答率确定一个较大的样本量。预计有效回答率是依据同一总体的预调查或试调查,或者过去的类似调查结果得到的。例如根据理论公式计算,初始样本量为 300,而预计有效回答率为 80%,那么样本量则应确定为:

$$n'=\frac{\text{初始样本量 }n_0}{\text{预计有效回答率}}=\frac{300}{80\%}=375$$

应该注意到如果达不到预期的有效回答率,调查结果的精度就会偏低。

(二)抽样设计效应影响样本量

不同的抽样方式下也会影响样本量,而且这种来自不同抽样方式的影响有一个专门的术语,设计效应。为了比较复杂抽样方案的优良性,Kish(1965)提出设计效应(Design effect,简称 deff)。设计效应定义为复杂抽样方案抽取样本的估计量的方差与基本单元数相同的简单随机样本的估计量的方差之比。

$$deff=\frac{\text{复杂样本的估计量的方差}}{\text{简单随机抽样的估计量的方差}}\tag{5.65}$$

当样本中的基本单元数相同时,如果复杂抽样方案的估计量的方差小于简单估计量的方差,则设计效应小于 1,说明复杂抽样方案的估计量精度更高。反之,如果复杂抽样方案的估计量的方差大于简单估计量的方差,则设计效应大于 1,说明复杂抽样方案的估计量精度更低。采用设计效应评估复杂抽样方案的优良性,倾向于选择设计效应小的复杂抽样方案。

(三)样本量的确定步骤

1. 确定委托机构所要求或者认可的估计精度,包括抽样误差极限(Δ)和置信度 $1-\alpha$(通过查表得 t)两个内容。

2. 总体方差未知的情况下,按照保守(即样本量宁大勿小)原则,选择下述方法对总体方差进行预估。

①利用之前的调查结果和经验;②利用预调查或试调查的结果;③利用同类或相似或有关的二手数据的结果;④利用某些理论上的结论(比如总体成数估计时常采用 $\sigma^2=\pi(1-\pi)=0.25$);⑤利用有经验的专家的判断。

3. 根据上述给定的估计精度水平和总体方差 σ^2 的预估结果,同时考虑总体规模 N 的大小,以简单随机抽样方式以及回答率为 100%为前提条件下,计算出重复抽样条件下的样本量,称为初始样本量 n_0:

$$n_0=\frac{t^2\sigma^2}{\Delta^2} \tag{5.66}$$

如果采用的是不重复抽样,则样本量修正为:

$$n'=\frac{Nt^2\sigma^2}{N\Delta_{\bar{x}}^2+t^2\sigma^2}=\frac{n_0}{1+\dfrac{n_0}{N}} \tag{5.67}$$

4. 确定抽样方式,并根据不同抽样方式下的设计效应($deff$)对样本量进行调整。

$$n_1=n'\times deff \tag{5.68}$$

设计效应是任意抽样方式下的抽样方差与简单随机抽样方式下抽样方差之比。通常,$deff$ 值因为总体方差未知而事先无法得知。此时需要注意在经费允许的前提下,样本量的取值应坚持保守主义原则,尽量大一点,以便留有余地。通常分层随机抽样下的 $deff<1$,整群抽样下 $deff>1$,系统抽样下 $deff\approx1$。

5. 判定有效回答率 r,并根据有效回答率对样本量进行再调整:

$$n_2=\frac{n_1}{r} \tag{5.69}$$

6. 在需要得到分组数据并对这些分组数据的精度有事先约定或要求时,还应分别计算各组所需样本量,然后经各组累计加总得到总体所需样本量。其他条件相同时,所要分析的组数越多,所需要的总样本量就越大。一般认为样本量要足够大,使得每个主组的容量至少为 100,而每个次组的容量至少也有 20～50。

7. 为了最终确定样本量,除了严格按照上述步骤审慎考虑之外,还需要权衡费用、时间、调查机构拥有或可以动用的各种资源等方面的限制。在市场经济条件下,只考虑理论要求而不顾及财务成本方面的约束,是绝对不可行的。

本章小结

1. 统计学中称随机事件为随机变量。按照随机变量的特征,可以把随机变量分为两类,离散型随机变量和连续性随机变量。

2. 抽样推断是按随机原则从全部研究对象中抽取一部分单位进行观察,并依据获得的数据对全部研究对象的数量特征作出具有一定可靠性的估计和判断。

3. 从一个总体中可能抽取到很多个样本。抽样平均误差就是反映抽样误差一般水平的指标。通常用样本平均数(或样本成数)的标准差来表示。

4. 参数估计中,用来估计总体参数的统计量称为估计量。参数估计有点估计和区间估计两种形式。

5. 一个总体参数的区间估计,如下表。

参数	点估计量(值)	标准误差	(1−α)的置信区间	假定条件
总体平均数 μ	$\bar{x}$	$\frac{\sigma}{\sqrt{n}}$	$\bar{x} \pm z_{\alpha/2}\frac{\sigma}{\sqrt{n}}$	σ 已知,大样本
			$\bar{x} \pm z_{\alpha/2}\frac{s}{\sqrt{n}}$	σ 未知,大样本
			$\bar{x} \pm z_{\alpha/2}\frac{s}{\sqrt{n}}$	正态总体,σ 未知,小样本
总体成数 π	p	$\sqrt{\frac{\pi(1-\pi)}{n}}$	$p \pm z_{\alpha/2}\sqrt{\frac{p(1-p)}{n}}$	二项总体,大样本(np≥5,n(1−p)≥5)
总体方差 σ^2	s^2		$\frac{(n-1)s^2}{\chi^2_{\alpha/2}} \leqslant \sigma^2 \leqslant \frac{(n-1)s^2}{\chi^2_{1-\alpha/2}}$	正态总体

6. 简单随机抽样下样本容量 n 的确定,如下表。

项	重复抽样	不重复抽样
估计总体平均数 μ 时	$n=\frac{t^2\sigma^2}{\Delta_{\bar{x}}^2}$	$n'=\frac{n}{1+\frac{n}{N}}$
估计总体成数 π 时	$n=\frac{t^2\pi(1-\pi)}{\Delta_p^2}$	$n'=\frac{n}{1+\frac{n}{N}}$

思考与练习

思考题

1. 古典概率的基本特点是什么?

2. 抽样推断为什么要遵守随机原则?

3. 什么是抽样平均误差?其影响因素有哪些?

4. 样本容量 n 如何确定?其影响因素有哪些?

5. 区间估计的目的是什么?如何构造置信区间?

6. 某一研究者欲了解某所综合性大学的全体男生体重的情况。他对一个由 400 名男生组成的随机样本进行了测量,其中有 40 人的体重超标。请根据这些数据,选择一个较为合理的陈述(并给予简要的解释)。

(1)该校全体男生中约 10%的人体重超标;

(2)该校全体男生中约 10%的人体重超标,这个结果可能有 2~3 个百分点的误差;

(3)该校全体男生中约 10%的人体重超标,这个结果可能有 5~6 个百分点的误差。

练习题

1. 用古典概率方法计算抛3枚硬币时如下结果发生的概率。

(1)3枚中有1枚出现正面的概率。

(2)3枚中至少有1枚出现正面的概率。

(3)3枚都出现正面的概率。

(4)3枚都出现反面的概率。

2. 某农场的小麦播种面积为2000亩，随机抽样调查其中的100亩，计算得平均亩产量为455斤，标准差为50斤，要求计算：

(1)抽样平均误差；

(2)在95%的概率保证下，总体平均亩产量的范围；

(3)在95%的概率保证下，2000亩小麦总产量的可能范围。

3. 对某鞋厂的产品质量进行抽样调查，要求抽样误差不超过2%，概率为95.45%，已知过去进行的几次同样调查所得不合格产品的百分比为1.5%，1.8%及2%，试根据这些资料确定必要的样本容量。

4. 从一批产品中抽取500件构成样本，其一级品率为95%，试计算抽样平均误差，并以95.45%的概率保证估计全部产品的一级品率的范围。

5. 某厂从1450名工人中抽取50人组成样本，调查得知这些工人的月工资收入如下表，根据样本资料，要求以95%的可靠程度估计该厂全体工人月平均工资收入的区间。

月工资水平(元)	2400	2800	3000	3400	3500	4000	5000	5200	6000
工人人数(人)	4	6	6	8	10	7	4	3	2

6. 某电视节目主持人想了解观众对该节目的喜爱程度，随机选取了500名观众作调查，结果发现确实喜欢该节目的观众有175名，试以95%的概率估计观众喜欢该节目的区间范围？如果该主持人希望估计的极限误差不超过5%，则抽样估计的把握程度有多少？

7. 对某地区农业劳动力在某个季节的现金收入进行抽样调查，调查人数为100人，样本平均数为1200元，样本标准差为200元。若根据此样本信息构造总体平均收入的一个置信区间为(1160，1240)，另一个置信区间为(1190，1210)，试问这两个置信区间的置信度各有多大？

8. 根据历史资料，某市职工家庭年收入的标准差为250元，现再次调查收入状况，要求在95%的把握度下平均年收入的极限误差不超过20元，问用简单随机抽样的方法应抽多少户家庭调查？

9. 某企业生产的医用口罩采用自动打包封装技术，每包标准重量为150克，从某天生产的一批产品中按重复抽样随机抽取50包，结果如下。

每包重量(克)	包数
146—148	2
148—150	3
150—152	34
152—154	7
154—156	4
合计	50

在95%的概率保证下,试求:

(1)该批口罩每包平均重量的置信区间;

(2)如果低于150克为不合格,求该批口罩合格率的可能范围。

10. 某大学为了解学生每天上网的时间,在全校7 500名学生中采用不重复抽样的方法随机抽取36人,调查他们每天上网的时间,得到下面的数据(单位:小时)。

3.3	3.1	6.2	5.8	2.3	4.1	5.4	4.5	3.2
4.4	2.0	5.4	2.6	6.4	1.8	3.5	5.7	2.3
2.1	1.9	1.2	5.1	4.3	4.2	3.6	0.8	1.5
4.7	1.4	1.2	2.9	3.5	2.4	0.5	3.6	2.5

求该校大学生平均上网时间95%下的置信区间。

11. 某居民小区共有居民500户,小区管理者准备采取一项新的供水设施,想了解居民是否赞成。采用重复抽样方法随机抽取了50户,其中有32户赞成,18户反对。

(1)求总体中赞成该项改革的户数比率的95%的置信区间;

(2)如果小区管理者预计赞成的比率能达到80%,要求估计误差不超过10%,应抽取多少户进行调查?

著名抽样专家简介

安德森·凯尔(Anders Nicolai Kiaer,1838—1919年)挪威著名统计学家,挪威统计局的奠基人和首任局长,抽样调查法的发起者。1895年,凯尔在瑞士举行的国际统计学会(International Statistical Institute,ISI)第五届大会上史无前例地提出了"用代表性方法来代替全面调查"的建议。他指出,"调查结果的准确性不取决于调查单位的多少,而取决于正确代表的方法"。凯尔的"代表性调查方法"在统计史上首次引入了"抽样"的概念,一度引起统计界的激烈争论。直到1924年,国际统计学会成立的专门研究代表性调查的委员会承认和接纳了抽样调查方法。因此,凯尔享有抽样调查创始人的称号。

威廉·科克伦(William Gemmell Cochran,1909—1980),美国著名数理统计学家,现代抽样理论技术基础的奠基者。1934年经济大萧条时,科克伦在耶茨的劝说下,放弃了唾手可得的博士学位,前往罗萨姆斯泰德实验站做研究。在那儿,科克伦与耶茨开展了农业试验评估方面的长期研究,并对非随机抽样的效果也进行了深入研究。1953年,科克伦的《抽样技术》出版,不久便被大量参考和广泛引用。科克伦在试验设计、采样调查、方差分析、判别函数等多个数理统计分支都有重要贡献。

威廉·爱德华兹·戴明(William Edwards Deming,1900—1993年),美国著名统计学家,全面质量管理之父。1939年,戴明受邀加入美国联邦统计局,成为美国人口普查的首席统计学家。在那里,他创造了新的抽样方法,并先后进行过两次关于抽样技术的大规模应用。第一次是在1940年,他把统计的随机过程控制原理应用到了人口普查工作中。从这次抽样调查开始,美国人口计量由原来的总体调查变为抽样统计。1942年,戴明又把统计随机过程控制原理引入工业管理,把统计理论应用于战时生产。1950年,戴明开始对日本进行质量管理指导,利用统计学的方差分析、假设检验等方法进行产品质量管理,奠定了日本企业管理的基础,也改变了全球企业的质量管理,为世界经济做出了巨大贡献。

第六章　假设检验

…正如一个法庭宣告某一判决为“无罪(not guilty)”而不为“清白(innocent)”，统计检验的结论也应为“不拒绝”而不为“接受”。

——简·克曼塔(Jan Kmenta)

引例：女士品茶(节选)

20 世纪 20 年代，正值一天下午茶时间。在英国剑桥校园里，一位女士坚称：把茶加进奶里，或把奶加进茶里，不同的做法，会使茶的味道品起来不同。在场的绝大多数人(很多是大学教授)对这位女士的“胡言乱语”嗤之以鼻。然而，其中一位身材矮小、戴着厚眼镜、下巴上蓄着的短尖髯开始变灰的先生却不这么看，他对这个问题很有兴趣。这个人就是费歇尔(R. A. Fisher)。

他设计了一个随机试验：把 8 杯已调制好的茶放到那位女士的面前，告诉这位女士 4 杯是先加茶后加奶，4 杯是先加奶后加茶的。不过，排放的顺序是随机的，看看这位女士能否正确地品尝出不同的茶。

在这个问题中，费歇尔把该女士的断言(可以靠品茶区分两种做法)视为假设问题，通过随机观测结果，检验该女士是否确实有能力对茶的味道进行区分，进而判断该女士的说法是否正确。

所以，这个“假设检验”是如何进行的呢？

1. 考虑假设(H)：此女士无鉴别力；

2. 给这位女士 8 杯(茶奶、奶茶各 4 杯)进行品评。当假设 H 成立时，全部选对的概率仅为 $1/C_8^4=1/70=0.014$。

3. 实际上，该女士确实全部选对。

4. 于是，我们必须承认下述两种情况必发生其一：

● H 不成立，即此女士有鉴别力；

● 概率为 0.014 的随机事件(一个小概率事件)发生了。

5. 根据小概率原理，小概率事件在一次试验中是几乎不发生的。所以我们可以认为【H 不成立，即此女士有鉴别力】。

那么，可能的疑问包括：为什么假设(H)是女士无鉴别力，而不是有鉴别力？对于更一般的问题，如何确定假设(H)？多小的概率可以称之为小概率？在不同问题下，应当考虑什么样的小概率事件，这些小概率事件有什么特点？①

为了解答这些问题，需要系统地学习“假设检验”。

参数估计(parameter estimation)和假设检验(hypothesis testing)是统计推断的重要组成部分，都是利用样本资料对总体进行某种推断，但推断的角度不同。参数估计的前提是总体参数未知，利用样本统计量估计总体参数。假设检验的前提是先对总体参数提出假设，然后利用样本信息去检验假设是否成立。因此，本章从假设检验的问题与原理出发，重点讲述总体参数的假设检验。

① (美)戴维·萨尔斯伯格，《20 世纪统计怎样变革了科学：女士品茶》，中国统计出版社，2004

第一节　假设检验的基本原理

假设检验是指对总体参数或分布提出假设然后利用样本统计量去验证假设是否可信，进而为决策提供依据的一种统计分析方法。假设检验是推断统计学的重要内容，现实生活或学习工作中，有大量的事例可以归结为假设检验问题。例如，股票市场上价格指数的走势是否正常？随着学习方法的改变，学生的成绩是否有显著性提高？随着生活水平的提高，新生儿的体重是否与之前有显著性差异？面临这些问题，我们需要提出假设问题，进而利用样本数据构造检验统计量，去验证假设的正确性。

一、假设检验的意义和程序

根据一个随机样本的资料，不但可以对总体参数进行估计，还可以对总体某种数量特征的假设做出判断。像这样对总体的某些未知参数事先做出假设，并通过样本资料加以检验的统计分析方法称为假设检验。假设检验作为一种以概率论和数理统计为基础的技术性方法，在社会经济领域或自然科学领域都有广泛的应用，尤其是在经济管理学科的实证研究中，假设检验已经成为一种必不可少的研究手段。

【例 6.1】 某品牌洗衣液包装机正常工作时，标准为每桶净重 500 克，$\sigma=2$ 克，现随机抽取了 9 桶，称得平均重量为 $\bar{x}=509$ 克。这时对包装机的工作是否正常这一假设进行检验，就属于假设检验的问题。

假设检验首先是对总体参数提出一个假设，这里的假设一般包括两个部分：原假设和备择假设。原假设又称为零假设，一般用 H_0 表示。它是根据已有的资料经过考虑后确定的。例如，我们要检验洗衣液包装机的工作是否正常，可以事先提出原假设：洗衣液包装机标准为每桶净重 500 克。用符号表示为：

$$H_0: \mu = 500 \text{ 克}$$

备择假设是原假设被否定之后采取的对立的假设，一般来说原假设是稳定的，不容易被否定，但这并不能保证原假设永远正确不会被否定。如果抽样结果表明有充分的理由否定原假设，我们只能选择或接受其逻辑对立面的备择假设。

$$H_1: \mu \neq 500 \text{ 克}$$

接下来要做的就是从实际抽选的样本资料计算样本统计量的值，进而作出判断。关键点是概率要小到何种程度才能够否定原假设呢？因此在进行假设检验之前我们需要设定一个小概率的标准作为判断的界限，通常根据小概率事件原理，概率很小的事件在一次试验中几乎不可能发生。这个小概率标准称为显著性水平。

此时我们把样本统计量的概率分布分为两个区域：接受域和拒绝域。当统计量与参数的差异过大时，小于给定的显著性水平，小概率事件发生了，落入拒绝域，我们就拒绝原假设。反之，当统计量与参数的差异很小时，小于给定的显著性水平，落入接受域，我们就没有理由拒绝原假设。

那么，究竟怎样去检验，检验方法的依据又是什么呢？我们根据上例来加以说明。

上例中，如果原假设“$\mu=500$ 克”正确，洗衣液包装量 $X \sim N(500, \frac{2^2}{9})$，所以，对于给定的显著性水平 α，应有

$$P\left(\frac{|\bar{x}-500|}{2/3} > t_{1-\alpha/2}\right) = \alpha$$

即：$P(|\bar{x}-500|>\frac{2}{3}t_{1-\alpha/2})=\alpha$

若 α 很小，则事件“$|\bar{x}-500|>\frac{2}{3}t_{1-\alpha/2}$”发生的概率就小，如当 $\alpha=0.05$ 时，$t=1.96$，即事件“$|\bar{x}-500|>\frac{2}{3}\times 1.96=1.3067$”发生的概率只有 0.05。一般说来，小概率事件在一次试验中不会发生。但由于 $\bar{x}=509$ 克，得 $|\bar{x}-500|=9>1.3067$。这样，本来概率很小的事件在一次抽样试验中即发生了，这只能使我们对假设“$\mu=500$”产生怀疑，从而否定这一假设。反过来，要是根据样本观测值，算得 $|\bar{x}-500|<1.3067$，我们就没有理由拒绝原假设“$\mu=500$”这一假设。

从上例中可以看到拒绝或不拒绝原假设“$\mu=500$”，是根据事件“$|\bar{x}-500|>\frac{2}{3}t_{1-\alpha/2}$”是否发生而定的。因此，对取得的一个样本，是作出拒绝原假设，还是不拒绝原假设的结论，在一定程度上要依赖显著性水平 α 的大小。

根据上述检验的原理，我们将假设检验归纳成以下几个步骤：

1. 建立关于总体的假设。根据实际问题，通常提出两个假设。一个称为原假设，也叫零假设(*null hypothesis*)，一般用“H_0”表示。另一个是与原假设对立的假设，称为备择假设(*alternative hypothesis*)，一般用“H_1”表示。如前例中，原假设和备择假设分别是：

$H_0: \mu=500$ 克；$H_1: \mu\neq 500$ 克。

如果原假设被拒绝了，就等于接受了备择假设。

2. 确定适当的检验统计量。假设检验过程中所用的统计量称检验统计量，通常和原假设内容及样本指标有关。在常用的检验统计量中，一般可以表示为如下形式：

$$\text{检验统计量}=\frac{\text{样本统计量}-\text{参数的假定值}}{\text{样本统计量的标准差}}$$

3. 确定显著水平 α。从检验原理可以看出，显著水平 α 愈小，则拒绝原假设就愈有说服力，故确定 α 值关系到检验结论说服力问题。通常 α 取 0.01，0.05，0.1 等值。在原假设成立的条件下，由检验统计量求出相应的临界值，该临界值即为原假设的接受域和拒绝域的分界线。

4. 作出决策。根据实际求得的检验统计量的值和临界值作比较，如果检验统计量的值大于临界值，则说明原假设落入拒绝域；如果检验统计量的值小于临界值，则说明不能拒绝原假设，而必须接受原假设或待进一步的检验。

二、假设检验的内容

假设检验可分为双侧检验和单侧检验。下面分别加以说明。

（一）双侧检验

当我们所关心的问题是要检验样本平均数和总体平均数，或样本成数和总体成数有没有显著性的差异，而不问差异的方向是正差或负差时，则称这种假设检验为双侧检验。

以总体平均数为例，$H_0:\mu=\mu_0$，$H_1:\mu\neq\mu_0$。

在双侧检验时，对于给定的显著性水平 α 按对称分布的原理平均分配到左右两方，每方均为 $\alpha/2$。如图 6.1 所示。

【例 6.2】 某种零件其长度服从正态分布，$\sigma^2=1.21$，额定标准长度为 32.50mm。现从这一批零件中任意抽取了 9 个，测得平均长度 $\bar{x}=31.34$mm。问在显著性水平 $\alpha=0.05$ 时，这批零件是否合格。

①建立假设。$H_0: \mu=32.50$，$H_1: \mu\neq 32.50$

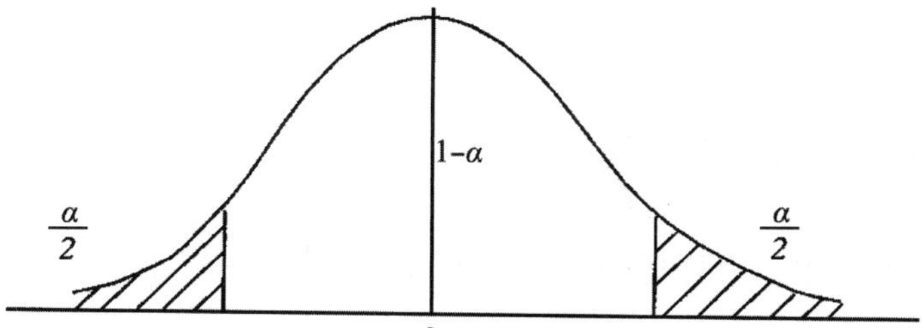

图 6.1　双侧检验图示

②检验统计量为：

$$Z=\frac{\bar{x}-\mu}{\sigma/\sqrt{n}}=\frac{\bar{x}-32.50}{\sqrt{1.21/9}}$$

③给定的显著性水平 $\alpha=0.05$，由于双侧检验，两边拒绝区间的概率各为 $\alpha/2$，因此接受区间的概率 $1-\alpha=0.95$，所以 $t=1.96$。

④作出决策：由于 $\frac{|\bar{x}-32.5|}{\sqrt{1.21/9}}\approx 3.16>1.96$(临界值)，落入拒绝域。

因此要拒绝原假设。这批零件是不合格的。

(二)单侧检验

当我们所关心的问题不仅仅要检验样本平均数和总体平均数，或者样本成数和总体成数有没有显著差异，而且要了解是否发生预先指定方向的差异。这样的假设检验称单侧检验。单侧检验可分为左侧检验和右侧检验。

仍以总体平均数为例，

左侧检验：$H_0:\mu\geqslant\mu_0, H_1:\mu<\mu_0$

右侧检验：$H_0:\mu\leqslant\mu_0, H_1:\mu>\mu_0$

对于给定的显著性水平 α，它分布在一方向，这里以左侧检验为例，如图 6.2 所示。

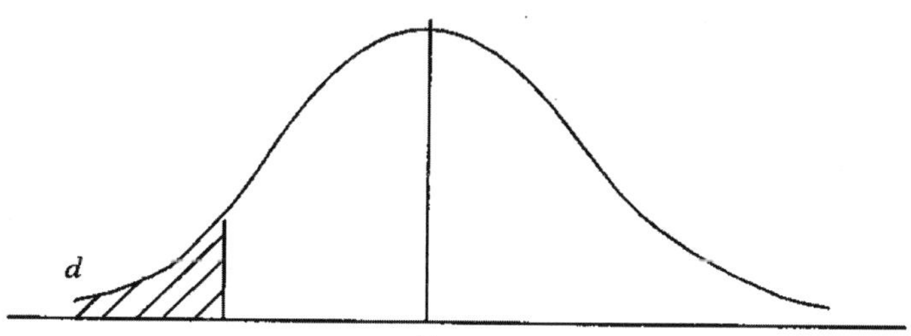

图 6.2　左侧检验图示

【例 6.3】　某银行的储户，月储蓄额服从正态分布，正常情况下，月平均储蓄额 $\mu=500$ 元，$\sigma=25$ 元，现提高存款利率后，随机抽查了 16 户，发现月平均储蓄额 $\bar{x}=620$ 元。问能否以 0.05 的显著性水平说明平均月储蓄额有所提高？

(1)设立假设：

$$H_0:\mu\leqslant 500, H_1:\mu>500$$

(2)Z 检验统计量为：

$$z=\frac{\bar{x}-\mu}{\sqrt{\sigma^2/n}}=\frac{\bar{x}-500}{\sqrt{25^2/16}}=\frac{\bar{x}-500}{25/4}=19.2$$

(3)给出的显著性水平 $\alpha=0.05$,由于是单侧检验,而正态概率分布表是双侧的,所以把它换算成双侧的概率应为 $2\times0.05=0.1$,可得到 $z=1.645$。

(4)由于 $z=19.2>1.645$(临界值),落入拒绝域。

因此应拒绝原假设 H_0,则认为提高存款利率后,平均月储蓄额有所提高。

(三)利用 *P* 值进行决策

显著性水平 α 是在检验之前确定的,这也就意味着事先确定了拒绝域。这样,不论检验统计量的值是大还是小,只要它的值落入拒绝域就拒绝原假设 H_0,否则就不拒绝原假设。这种固定的显著性水平 α 对检验结果的可靠性起一种度量作用。但对于一个特定的假设检验问题,却无法给出观测数据与原假设之间不一致的程度的精确度量。也就是说,仅从显著性水平 α 来比较,如果选择的 α 值相同,所有检验结论的可靠性都一样。要测量出样本观测数据与原假设 μ_0 之间的偏离程度,则需要计算 P 值。

如果原假设为真,所得到的样本结果会像实际观测结果那么极端或更极端的概率,称为 P 值(P-value),也称为观察到的显著性水平。

P 值与原假设对或错无关,它是关于数据的概率,是一个随机变量。P 值表明在某个总体的许多样本中,某一类数据出现的经常程度。也就是说,P 值是当原假设正确时,得到所观测到的数据的概率。如果原假设是正确的,P 值告诉我们这样的观测数据会有多么的不可能得到。P 值也是用于确定是否拒绝原假设的另一个重要工具,它有效地补充了 α 提供的关于检验可靠性的有限信息。

利用 P 值进行决策的规则十分简单。在已知 P 值的条件下,将其与给定的显著性水平 α 值进行比较,就可以确定是否应该拒绝原假设。单侧检验中,P 值位于抽样分布的一侧;而双侧检验中,P 值则分布在两侧,每一侧为 P 值的 1/2。因此,不论是单侧检验还是双侧检验,用 P 值进行决策的规则就是:如果 P 值$<\alpha$,拒绝 H_0;如果 P 值$>\alpha$,不拒绝 H_0。

P 值的计算可以通过查表得到,但毕竟很麻烦。不过随着计算机的应用,很多统计软件都能够输出 P 值的计算结果。可以说,P 值的应用几乎取代了传统的统计量的检验方法,它不仅可以得到与统计量检验相同的结论,而且给出了统计量检验不能给出的信息。利用统计量根据显著性水平作出决策,如果拒绝原假设,也仅仅知道犯错误的可能性是 α,但究竟是多少却不可知。而 P 值则是犯错误的实际概率。

三、假设检验的两类错误

从以上的假设检验中可知,当所取的样本观察值落在拒绝域中时,我们都拒绝原假设。反之,则接受原假设。我们拒绝或接受原假设,并不是说原假设一定是错误或正确的。所以,这样做就会犯以下两类错误,见表 6.1。

表 6.1　假设检验的两类错误

项	接受 H_0	拒绝 H_0
H_0 成立	决策正确(概率 $1-\alpha$)	第一类错误(概率为 α)
H_0 不成立	第二类错误(概率为 β)	决策正确(概率为 $1-\beta$)

第一类错误是:当原假设成立时,样本观测值落在拒绝域中,因而被拒绝了。犯这一类错误的概率等于 α。

第二类错误是：当原假设不成立时，样本观测值却不在拒绝域中，因而被接受了。犯这一类错误的概率一般用 β 表示。

我们知道，如 α 愈小，则拒绝原假设的说服力愈强。但当 α 过小时，本来应该拒绝的原假设，(实际上原假设不成立)也容易被接受下来，从而增大了犯第二类错误的可能性，这时，β 就要增大；同理，若要减小 β，则必然会使 α 增大。所以犯第一类错误的可能性和犯第二类错误的可能性是矛盾的。要想同时减少犯这两类错误的可能性，则必须增加样本容量。

第二节 总体参数的检验

一、单总体参数的检验

(一)总体平均数的检验

假设总体服从正态分布 $X \sim N(\mu,\sigma^2)$，在总体方差已知或未知的情形下，构造的统计量有所不同。在总体方差已知或总体方差未知，大样本的情形下，样本平均数服从正态分布，构造的统计量为 z 统计量。在总体方差未知，小样本的情形下，样本平均数服从 t 分布，构造的统计量为 t 统计量。接下来我们分三种情形来讨论。

1. 总体方差 σ^2 已知或总体方差未知大样本

在总体方差已知的情形下，如果总体服从正态分布 $X \sim N(\mu,\sigma^2)$，则样本平均数也服从正态分布，$\bar{x} \sim N(\mu,\frac{\sigma^2}{n})$。经过标准化变换得 z 统计量：

$$z=\frac{\bar{x}-\mu}{\sigma/\sqrt{n}} \sim N(0,1) \tag{6.1}$$

在总体方差未知大样本的情形下，如果总体服从正态分布 $X \sim N(\mu,\sigma^2)$，则样本平均数也服从正态分布，$\bar{x} \sim N(\mu,\frac{\sigma^2}{n})$。总体方差用样本方差替换，经过标准化变换得 z 统计量：

$$z=\frac{\bar{x}-\mu}{s/\sqrt{n}} \sim N(0,1) \tag{6.2}$$

【例 6.4】 某电子产品的平均寿命为 5000 小时才达到合格标准，现从一大批该电子产品中抽出 12 件进行试验，结果如下：

5 059，3 897，3 631，5 050，7 474，5 077，4 545，6 279，3 532，2 773，7 419，5 116

假设该电子产品的寿命服从正态分布，方差为 1400。试问此批产品是否合格？

解：(1)根据题意可知，要检验的假设为单侧检验形式：

$$H_0:\mu \geqslant 5000, H_1:\mu < 5000$$

(2)由已知条件可计算出，$\bar{x}=4986$ 小时，总体方差已知，采用 z 检验。

$$z=\frac{\bar{x}-\mu_0}{\sigma/\sqrt{n}}=\frac{4986-5000}{\sqrt{1400/12}}=\frac{-14}{10.8}\approx -1.296$$

(3)给定显著性水平 $\alpha=0.05$，查表得临界值，$z_\alpha=-1.645$。

(4)作出决策：$z=-1.296 > z_\alpha=-1.645$，落入接受域，因此没有理由拒绝 H_0。

2. 总体方差 σ^2 未知，小样本

在总体方差未知小样本的情形下，样本平均数则服从 t 分布，经过标准化变换得 t 统计量：

$$t=\frac{\bar{x}-\mu}{s/\sqrt{n}}\sim t(n-1) \tag{6.3}$$

【例 6.5】 某机器制造出的香皂厚度为 3 厘米，想要了解机器性能是否良好，随机抽取 10 块香皂作为样本，测得平均厚度为 3.2 厘米，标准差为 0.2 厘米，试检验机器性能是否良好。

解：(1)根据题意可知，这是一个双侧检验。

$$H_0:\mu=3, H_1:\mu\neq 3$$

(2)由已知条件可知，$\bar{x}=3.2$ 厘米，总体方差未知，小样本，采用 t 检验。

$$t=\frac{\bar{x}-\mu_0}{s/\sqrt{n}}=\frac{3.2-3}{0.2/\sqrt{10}}\approx 3.16$$

(3)给定显著性水平 $\alpha=0.05$，查表得临界值，$t_{\alpha/2}(9)=2.2622$。

(4)作出决策：$t=3.16>t_{\alpha/2}(9)=2.2622$，落入拒绝域，因此拒绝 H_0，接受 H_1。

说明此机器性能不好。

(二)总体成数的检验

总体成数总是介于 0～1 之间，在实际问题中常常需要检验总体成数是否为某个假定值。例如，产品的合格率，民意调查中的支持率，升学率，考研率等。如果一个事件只有两种可能结果，我们称其为二项分布，在样本量较大的情况下，二项分布近似服从正态分布。所以总体成数的检验中通常采用 z 统计量，公式如下：

$$z=\frac{p-\pi_0}{\sqrt{\pi_0(1-\pi_0)/n}} \tag{6.4}$$

式中，p 为样本成数，π_0 为总体成数的假设检验值。

【例 6.6】 一位医学专家认为，某地区儿童乱用抗生素的情况比较严重，治疗儿童感冒的过程中，乱用抗生素的病例占五分之一以上。为了检验这种说法，某医疗机构从该地区患感冒的儿童中随机调查了 100 个病例，发现其中有 26 例乱用抗生素。试问调查结果是否支持专家的看法。

解：(1)这是对总体成数的检验，而且是右侧检验。

$$H_0:p\leqslant\frac{1}{5}, H_1:p>\frac{1}{5}$$

(2)由已知条件可知，样本成数 $p=0.26$，而且 $np=26>5$，$n(1-p)=74>5$，因此采用 z 统计量。

$$z=\frac{p-\pi_0}{\sqrt{\pi_0(1-\pi_0)/n}}=\frac{0.26-0.2}{\sqrt{0.2\times0.8/100}}=1.5$$

(3)给定显著性水平 $\alpha=0.05$，查表得临界值 $z_\alpha=1.645$；$\alpha=0.1$，查表得临界值 $z_\alpha=1.282$。

(4)作出决策：

如果显著性水平 $\alpha=0.05$，$z=1.5<z_\alpha=1.645$，落入接受域，因此没有理由拒绝 H_0，即样本信息还不能说明乱用抗生素的病例高达五分之一以上。

如果显著性水平 $\alpha=0.1$，$z=1.5>z_\alpha=1.282$，落入拒绝域，因此有理由拒绝 H_0，即支持那位专家的看法。

(三)总体方差的检验

对总体方差的检验主要是检验总体方差是否显著等于某一个给定的值或者在某个给定的范围内。由数理统计知识可知，样本方差 $s^2=\frac{\sum(x-\bar{x})^2}{n-1}$ 是总体方差 σ^2 的无偏估计量。而且，统计量 $\frac{(n-1)s^2}{\sigma^2}$ 称为卡方(χ^2)统计量，服从自由度为($n-1$)的卡方分布。即，

$$\chi^2=\frac{(n-1)s^2}{\sigma^2}\sim\chi^2(n-1) \tag{6.5}$$

【例 6.7】 某茶叶进出口公司规定，每包茶叶的重量服从标准差 $\sigma=10$ 克的正态分布，现在从一批待出口茶叶中随机抽取 16 包，实测样本标准差 $s=12$ 克。请检验一下该批茶叶的每包重量是否有显著性差异。

解：由题意可知，这是一个双侧检验。

(1) $H_0:\sigma^2=100, H_1:\sigma^2\neq 100$

(2)由已知条件可知，样本方差 $s^2=144$，计算卡方统计量。

$$\chi^2=\frac{(n-1)s^2}{\sigma^2}=\frac{15\times 12^2}{10^2}=21.6$$

(3)给定显著性水平 $\alpha=0.1$，查表得 χ^2 临界值，$\chi^2_{0.05}(15)=24.996$，$\chi^2_{0.95}(15)=7.261$。

(4)作出决策。由于 $\chi^2_{0.95}(15)=7.261<\chi^2=21.6<\chi^2_{0.05}(15)=24.996$，落入接受域，认为总体方差没有显著性差异，说明该批茶叶就重量来说是合格的。

二、两总体参数的检验

有时人们需要对两个总体的参数进行比较，看它们是否存在显著性差异。例如，某种农作物的产量在不同地区是否相等，两个不同企业生产的同类产品的使用寿命或合格率是否有显著性差异等。这时就需要进行两个总体参数的假设检验。这里分两种情况讨论：一种是对两个总体平均数之差的检验，另一种是对两个总体成数之差的检验。

(一)两总体平均数之差的检验

假定两总体服从正态分布，对两总体平均数之差进行假设检验，分为单侧和双侧检验。

双侧检验：$H_0:\mu_1-\mu_2=0, H_1:\mu_1-\mu_2\neq 0$

左侧检验：$H_0:\mu_1-\mu_2\geqslant 0, H_1:\mu_1-\mu_2<0$

右侧检验：$H_0:\mu_1-\mu_2\leqslant 0, H_1:\mu_1-\mu_2>0$

1. 两独立样本 t 检验

(1)如果两个正态总体的方差 σ_1^2,σ_2^2 已知，$\bar{x}_1$ 和 $\bar{x}_2$ 分别代表来自两个总体的样本平均数。根据抽样分布定理可知，样本统计量 $\bar{x}_1-\bar{x}_2$ 服从正态分布，即 $\bar{x}_1-\bar{x}_2\sim N(\mu_1-\mu_2,\frac{\sigma_1^2}{n_1}+\frac{\sigma_2^2}{n_2})$，对两个样本平均数之差 $\bar{x}_1-\bar{x}_2$ 进行标准化处理：

$$z=\frac{(\bar{x}_1-\bar{x}_2)-(\mu_1-\mu_2)}{\sqrt{\frac{\sigma_1^2}{n_1}+\frac{\sigma_2^2}{n_2}}}\sim N(0,1) \tag{6.6}$$

【例 6.8】 已知甲乙两厂生产的手机电池的使用寿命都服从正态分布，甲厂手机电池的使用寿命的标准差为 100 小时，乙厂手机电池的使用寿命的标准差为 90 小时。现在分别从甲乙两厂分别随机抽取 20 台和 15 台手机进行电池检测，测得手机电池平均寿命分别为 2 268 小时和 2 210 小时。试问在显著性水平 $\alpha=0.05$ 下，两厂生产的手机的平均使用寿命有无显著性差异？

解：设 μ_1,μ_2 代表甲乙两厂手机电池的平均使用寿命，这是一个双侧检验问题。

①$H_0:\mu_1-\mu_2=0, H_1:\mu_1-\mu_2\neq 0$

②根据题意可知，$\sigma_1=100,\sigma_2=90,n_1=20,n_2=15,\bar{x}_1=2268,\bar{x}_2=2210$。

由于两总体方差已知，因此采用 z 统计量，可得：

$$z=\frac{(\bar{x}_1-\bar{x}_2)-(\mu_1-\mu_2)}{\sqrt{\frac{\sigma_1^2}{n_1}+\frac{\sigma_2^2}{n_2}}}=\frac{2268-2210}{\sqrt{\frac{100^2}{20}+\frac{90^2}{15}}}=1.799$$

③给定显著性水平 $\alpha=0.05$,查表的临界值 $z_{\alpha/2}=1.96$;

④作出决策:$z=1.799<z_{\alpha/2}=1.96$,落入接受域,没有理由拒绝原假设。

因此不能断定两厂生产的手机电池的平均使用寿命存在显著性差异。

(2)如果两个正态总体的方差未知,但样本为大样本的情形下,两个正态总体的方差 σ_1^2,σ_2^2 用样本方差 s_1^2,s_2^2 代替,样本平均数之差依然服从正态分布,进行标准化处理得:

$$z=\frac{(\bar{x}_1-\bar{x}_2)-(\mu_1-\mu_2)}{\sqrt{\frac{s_1^2}{n_1}+\frac{s_2^2}{n_2}}}\sim N(0,1) \tag{6.7}$$

(3)如果两个正态总体的方差未知但相等,样本为小样本的情形下,两个样本平均数之差服从自由度为(n_1+n_2-2)的 t 分布:

$$t=\frac{(\bar{x}_1-\bar{x}_2)-(\mu_1-\mu_2)}{\sqrt{s_w^2(\frac{1}{n_1}+\frac{1}{n_2})}}\sim t(n_1+n_2-2) \tag{6.8}$$

其中,$s_w^2=\frac{(n_1-1)s_1^2+(n_2-1)s_2^2}{n_1+n_2-2}$。

【例 6.9】 某农场为了试验某种农作物新品种是否比老品种的产量更高,分别在若干块面积相等的试验地进行试验,其他条件相同,每块试验地上所收获的产量如表 6.2 所示。

表 6.2 两个品种的产量

地块	1	2	3	4	5	6	7	8	9	10	11
新品种(千克)	118	107	92	116	110	105	106	112	124		
老品种(千克)	110	89	97	107	112	120	98	103	101	92	95

假定两个品种的产量都服从正态分布且方差相等,试问在显著性水平 $\alpha=0.05$ 下,可否认为新品种比老品种的产量有显著提高?

解:这是关于两个正态总体平均数相等的假设检验。如果用 μ_1,μ_2 代表新品种和老品种农作物产量的总体平均数,这是一个单侧检验问题。

①需要检验的假设是:

$$H_0:\mu_1-\mu_2\leqslant 0,H_1:\mu_1-\mu_2>0$$

②由题意可知,需要采用 t 统计量进行检验。根据已知数据可计算出样本平均数和样本方差,$\bar{x}_1=110,\bar{x}_2=102.18,s_1^2=84.25,s_2^2=87.36$。

$$s_w^2=\frac{(n_1-1)s_1^2+(n_2-1)s_2^2}{n_1+n_2-2}=\frac{8\times 84.25+10\times 87.36}{9+11-2}=85.98$$

检验统计量:$t=\frac{(\bar{x}_1-\bar{x}_2)-(\mu_1-\mu_2)}{\sqrt{s_w^2(\frac{1}{n_1}+\frac{1}{n_2})}}=\frac{110-102.18}{\sqrt{85.98(\frac{1}{9}+\frac{1}{11})}}=1.88$

③给定显著性水平 $\alpha=0.05$,查表得临界值 $t_{0.05}(18)=1.734$。

④$t=1.88>t_{0.05}(18)=1.734$,拒绝原假设,认为农作物新品种产量比老品种有显著提高。

【软件实现】采用 SPSSAU 软件，上传数据（例 6.9 两独立样本 t 检验），点击左侧【独立样本 t 检验】，将"品种"拖入"X（定类，仅两组）"，将"产品产量"拖入"Y（定量）"，如图 6.3 所示。点击【开始分析】，分析结果如表 6.3 所示。

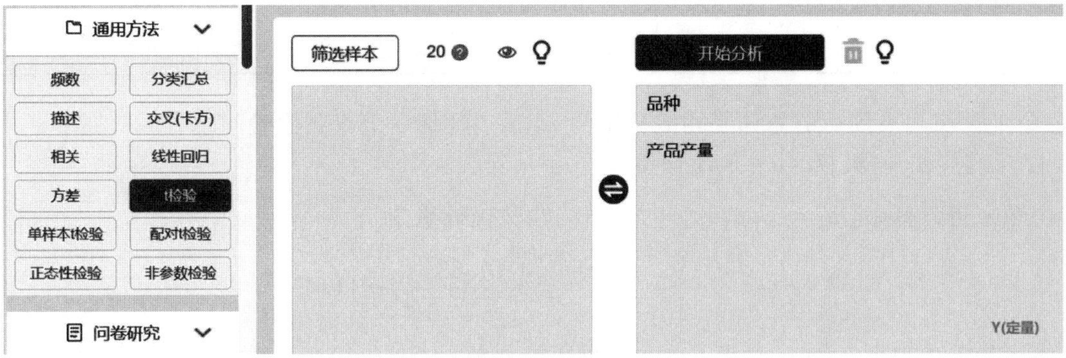

图 6.3 两独立样本 t 检验

表 6.3 新旧品种产量的两独立样本 t 检验结果

分析项	项	样本量	平均值	标准差	平均值差值	差值 95% CI	T ·	DF	P ·
产品产量	新品种	9	110.00	9.18	7.82	−0.938～16.574	1.876	18.000	0.077
	老品种	11	102.18	9.35					
	总计	20	105.70	9.87					

* $P<0.05$ ** $P<0.01$

利用 t 检验（全称为独立样本 t 检验）去研究品种对于产量的差异性，从表 6.3 可以看出：不同品种样本对于产品产量全部均不会表现出显著性（p=0.077<0.1），意味着在 10%的显著性水平下，不同品种样本对于产品产量表现出显著性差异。

2. 两配对样本 t 检验

检验两个总体平均数之差时，有时两个样本并不是相互独立的，而是配对样本。例如，为研究某种减肥茶是否有显著的减肥效果，需要对喝茶前和喝茶后的体重进行分析。再比如，比较同一样本的在校大学生一年级和四年级的体重有无显著性变化等等。

实质上，这类假设检验问题可以转化为一个样本的平均数检验问题。其方法是：

首先，计算出每一对样本数据的差值，$d_i=x_i^{(1)}-x_i^{(2)}, i=1,2,\cdots,n$；

然后，将这 n 个差值看作一个样本，把 $\mu_1-\mu_2$ 看作待检验的一个总体参数。

假定成对差值构成的总体服从正态分布，且成对样本差值是随机抽取的，则检验统计量服从 t 分布，统计量如下：

$$t=\frac{\bar{d}-(\mu_1-\mu_2)}{\sqrt{s_d^2/n}}\sim t(n-1) \tag{6.9}$$

其中，$\bar{d}=\dfrac{\sum d_i}{n}, s_d^2=\dfrac{\sum(d_i-\bar{d})^2}{n-1}$。

【例 6.10】 某地区随机抽取 12 名贫血儿童的家庭，实行健康教育干预三个月，干预前后儿童的血红蛋白（%）测量结果如表 6.4 所示，试问干预前后该地区贫血儿童血红蛋白（%）平均水平有无变化？

表 6.4　干预前和干预后 12 名贫血儿童的血红蛋白(%)

序号	1	2	3	4	5	6	7	8	9	10	11	12
干预前	36	46	53	57	65	60	42	45	25	55	51	59
干预后	45	64	66	57	70	55	70	45	50	80	60	60
差值 d_i	9	18	13	0	5	−5	28	0	25	25	9	1

解:令干预前和干预后的总体平均数分别为 μ_1、μ_2,这是一个双侧检验问题。

① $H_0:\mu_1-\mu_2=0, H_1:\mu_1-\mu_2\neq 0$

②由题意可计算出:$\bar{d}=10.67, s_d^2=11.18$,检验统计量为:

$$t=\frac{\bar{d}-(\mu_1-\mu_2)}{\sqrt{s_d^2/n}}=\frac{10.67}{\sqrt{11.18/12}}\approx 11.057$$

③给定显著性水平 $\alpha=0.05$,查 t 分布表可得临界值,$t_{0.025}(11)=2.201$。

④作出决策:$t=11.057>t_{0.025}(11)=2.201$,落入拒绝域,拒绝原假设。

因此,干预前后该地区贫血儿童血红蛋白(%)平均水平有显著变化。

【软件实现】采用 SPSSAU 软件,上传数据(例 6.10 干预前后贫血儿童血红蛋白),点击左侧【配对 t 检验】,将“干预前”拖入“配对 1(定量)”,将“干预后”拖入“配对 2(定量)”,如图 6.4 所示。点击【开始分析】,分析结果如表 6.5 所示。

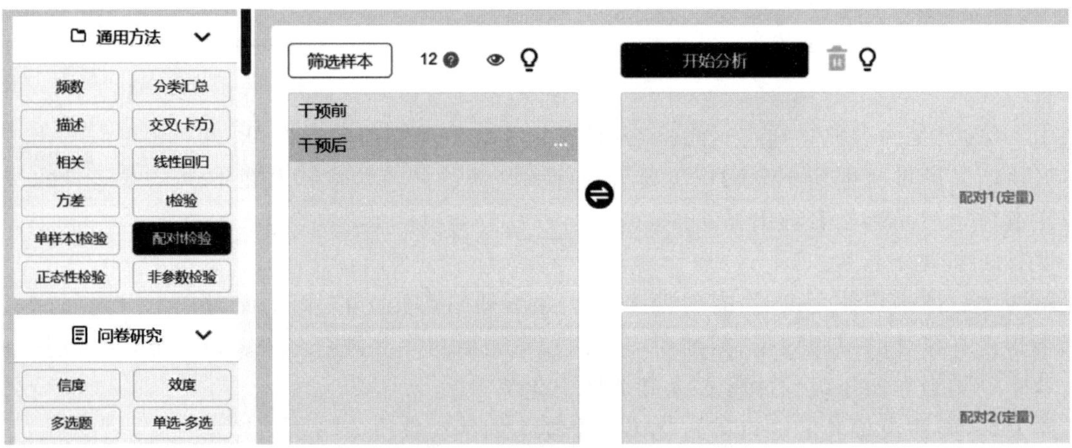

图 6.4　两配对样本 t 检验

表 6.5　干预前后贫血儿童血红蛋白的两配对样本 t 检验结果

配对编号	项	平均值	标准差	平均值差值	T •	P •
配对 1	干预前	49.50	11.33	−10.67	−3.305	0.007**
	干预后	60.17	10.60			

* $P<0.05$ ** $P<0.01$

从表 6.5 可知,利用配对 t 检验去研究实验数据的差异性,可以看出:干预前后呈现出差异性($p<0.05$)。干预前和干预后之间呈现出 0.01 水平的显著性($t=-3.305, p=0.007$),以及具体对比差异可知,干预前的平均值(49.50),会明显低于干预后的平均值(60.17)。

(二)两总体成数之差的检验

和两个总体平均数之差相似,假定 π_1 和 π_2 代表两个总体的成数,样本成数 p_1 和 p_2 分别是这两个未知参数的估计量,n_1 和 n_2 分别代表两个样本容量。

这里只介绍大样本下的检验。对这两个总体成数之差进行假设检验,有如下三种假设:

双侧检验:$H_0:\pi_1-\pi_2=0, H_1:\pi_1-\pi_2\neq 0$

左侧检验:$H_0:\pi_1-\pi_2\geqslant 0, H_1:\pi_1-\pi_2<0$

右侧检验:$H_0:\pi_1-\pi_2\leqslant 0, H_1:\pi_1-\pi_2>0$

当样本量充分大时,在原假设成立的条件下,对两个总体成数之差进行假设检验可近似采用 z 检验,检验统计量为:

$$z=\frac{(p_1-p_2)-(\pi_1-\pi_2)}{\sqrt{\dfrac{p_1(1-p_1)}{n_1}+\dfrac{p_2(1-p_2)}{n_2}}} \tag{6.10}$$

【例 6.11】 一项报告说青少年经常上网聊天,男生的比重要高于女生。现对 150 名男生和 150 个女生进行上网聊天的频率调查,其中经常聊天的男生有 68 人,经常聊天的女生有 54 人。调查结果是否支持研究报告的结论?

解:这是一个单侧检验问题。设男生和女生经常上网聊天的比重为 p_1 和 p_2。

① $H_0:\pi_1-\pi_2\leqslant 0, H_1:\pi_1-\pi_2>0$

②由题意可知,$n_1=n_2=150, p_1=\dfrac{68}{150}=0.45, p_2=\dfrac{54}{150}=0.36$,

检验统计量为:

$$z=\frac{(p_1-p_2)-(\pi_1-\pi_2)}{\sqrt{\dfrac{p_1(1-p_1)}{n_1}+\dfrac{p_2(1-p_2)}{n_2}}}=\frac{0.45-0.36}{\sqrt{\dfrac{0.45\times 0.55}{150}+\dfrac{0.36\times 0.64}{150}}}\approx 1.58$$

③这是一个右侧检验,$\alpha=0.05, z_\alpha=1.645$。

④作出决策:$z=1.58<z_\alpha=1.645$,落入不拒绝域,不拒绝原假设。因此,调查结果不支持研究报告的结论。

第三节　非参数检验

非参数假设检验是统计分析方法的重要组成部分,它与参数检验共同构成统计推断的基本内容。参数检验是在总体分布形式已知的情况下,对总体分布的参数如平均数、方差等进行统计推断的方法。但是,在数据分析过程中,由于种种原因,人们往往无法对总体分布做出简单假定,却又希望能从样本数据中获得尽可能多的信息,此时参数检验的方法不再适用了。

非参数检验正是一类基于这种考虑,在总体分布未知或知道甚少的情况下,利用样本数据对总体分布等进行推断的方法。由于非参数检验方法在推断过程中不涉及有关总体分布的参数,因而得名"非参数"检验。

一、单样本的非参数检验

得到一批样本数据之后,往往希望了解样本来自的总体的分布是否与某个已知的理论分布相吻合。可以通过绘制样本数据的直方图、$P-P$ 图、$Q-Q$ 图等方法作粗略判断,还可以利用非参数检验的方法来实现。单样本非参数检验正是对单个总体的分布进行推断的方法,其中包括卡方检验、二项分布检验、$K-S$ 检验以及变量值随机性检验等方法。

(一)总体分布的卡方检验

总体分布的卡方检验是一种对总体分布进行检验的极为典型的非参数检验方法,可以解决以下类似的问题。

【例 6.12】 医学家研究心脏病人猝死人数与日期的关系时发现,一周之中,星期一心脏病猝死者较多,其他日子则基本相当,各天的比例近似为 2.8∶1∶1∶1∶1∶1∶1。现在收集到心脏病人死亡日期的样本数据如表 6.6 所示,需要推断其总体分布是否与上述理论分布相吻合。

表 6.6 心脏病人死亡日期的样本数据

日期	周一	周二	周三	周四	周五	周六	周日
心脏病猝死人数(人)	55	23	18	11	26	20	15

在这类问题中,变量是离散型数据,对该类变量的总体分布检验往往采用卡方检验方法。卡方检验方法可以根据样本数据,推断总体分布与期望分布或某一理论分布是否存在显著差异,是一种吻合性检验,通常适用于对有多项分类值的总体分布的分析。它的原假设是样本来自的总体分布与期望分布或某一理论分布无显著性差异。

1. 卡方检验基本思想

卡方检验基本思想的理论依据是,如果从一个随机变量 X 中随机抽取若干个观测值,这些观测值落在 X 的 k 个互不相交的子集中的观测频数服从一个多项分布,当 k 趋于无穷大时这个多项分布近似服从卡方分布。基于这一思想,对变量 X 总体分布的检验就可以从各个观测频数的分析入手。

在零假设成立的条件下,如果变量值落在第 i 个子集中的概率为 p_i(理论值),于是相应的期望频数为 np_i(n 为样本容量)。由此计算出的期望频数分布代表了零假设成立时的理论分布。为检验实际分布与理论分布(期望分布)之间是否存在显著差异,可采用卡方检验统计量。典型的卡方统计量是 Pearson 卡方,其数学定义为:

$$\chi^2=\sum_{i=1}^{k}\frac{(f_i^0-f_i^e)^2}{f_i^0} \tag{6.11}$$

式中,k 为子集个数,f^0 为观测频数,f^e 为期望频数,χ^2 统计量服从自由度为 $k-1$ 的卡方分布。可见,χ^2 值较大,则说明观测频数分布与期望频数分布差距较大;反之,如果 χ^2 值较小,则说明观测频数分布与期望频数分布较接近。

SPSS 软件会自动计算 χ^2 统计量的观测值,并依据卡方分布表计算观测值对应的概率 p 值。如果 χ^2 统计量的概率 p 值小于显著性水平 α,则应拒绝原假设;反之,如果 χ^2 统计量的概率 p 值大于显著性水平 α,则不能拒绝原假设,可以认为样本来自的总体分布与期望分布或某一理论分布无显著性差异。

2. SPSSAU 的软件操作

SPSS 总体分布的卡方检验对数据组织格式没有特殊要求,只需定义一个存储各个样本变量值的 SPSS 变量即可。基本操作步骤是:

(1)上传数据,选择【实验/医学研究→卡方拟合优度检验】,出现如图 6.5 的窗口。

(2)将"死亡日期"拖入右端的"分析项(定类)",将"死亡人数"拖入右端下方的"加权项【可选】",然后点击右上角的"期望值设置(默认相等)"的右侧"□",这里我们将心脏病猝死人数与日期的关系 2.8∶1∶1∶1∶1∶1∶1 录入,如图 6.6 所示。

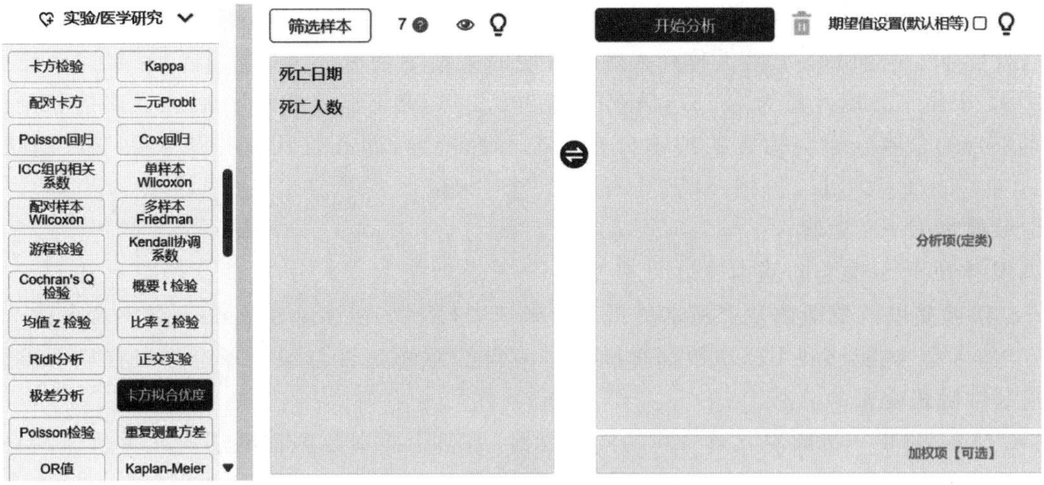

图 6.5　总体分布的卡方检验窗口

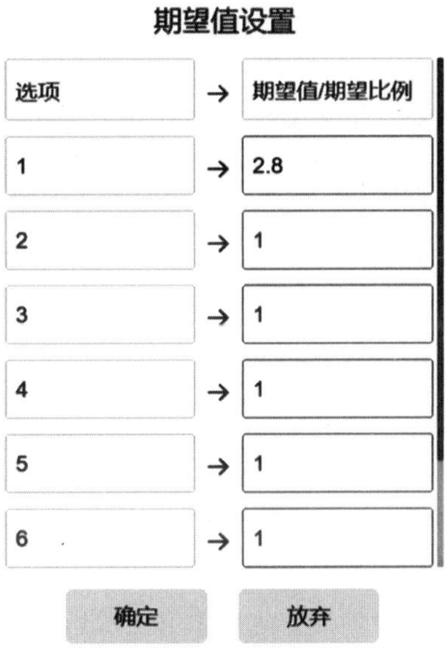

图 6.6　卡方检验中期望值的设置

(3)点击"确定",分析结果如表 6.7 所示。

表 6.7　心脏病猝死人数与日期的卡方分布检验结果

名称	项	实际频数	期望频数	残差	实际比例	期望比例	χ^2	P
	1.0	55.000	53.455	1.545	32.74%	31.82%		
	2.0	23.000	19.091	3.909	13.69%	11.36%		
	3.0	18.000	19.091	−1.091	10.71%	11.36%		
死亡日期	4.0	11.000	19.091	−8.091	6.55%	11.36%	7.757	0.256
	5.0	26.000	19.091	6.909	15.48%	11.36%		
	6.0	20.000	19.091	0.909	11.90%	11.36%		
	7.0	15.000	19.091	−4.091	8.93%	11.36%		

* $P<0.05$　** $P<0.01$

为研究心脏病人猝死人数与日期的关系，收集到了168个观测数据，用数字1～7表示星期。现在利用这批样本数据推断心脏病人猝死人数与日期的关系是否为2.8∶1∶1∶1∶1∶1∶1。结果如表6.7所示，根据卡方统计量为7.757，概率 p 值为0.256，大于显著性水平 α，因此不能拒绝原假设，认为样本来自的总体分布与指定的理论分布无显著性差异，即心脏病人猝死人数与日期的关系是2.8∶1∶1∶1∶1∶1∶1。

(二)单样本 *K*－*S* 检验

1. 单样本 $K-S$ 检验的基本思想

$K-S$ 检验是以俄罗斯数学家柯尔莫哥和斯米诺夫(Kolmogorov-Smirnov)名字命名的一种非参数检验方法。该方法能够利用样本数据推断样本来自的总体是否与某一理论分布有显著差异，是一种探索连续性随机变量的分布。

【例6.13】 收集一批周岁儿童身高的样本数据，需利用样本数据推断周岁儿童总体的身高是否与正态分布有显著差异。

单样本 $K-S$ 检验的原假设是，样本来自的总体分布与指定的理论分布无显著差异。理论分布主要包括正态分布、均匀分布、指数分布和泊松分布等。

单样本 $K-S$ 检验的基本思路是：

(1)在原假设成立的前提下，计算各样本观测值在理论分布中出现的理论累计概率值 $F(x)$；

(2)计算各样本观测值的实际累计概率值 $S(x)$，并计算实际和理论累计概率值之差。

(3)计算差值序列中的最大绝对差值，即 $D=max(|S(x_i)-F(x_i)|)$。D 统计量也称为 $K-S$ 检验统计量。

2. SPSS基本操作

SPSS单样本 $K-S$ 检验的基本操作步骤如下：

(1)选择菜单【分析→非参数检验→旧对话框→1－样本 $K-S$】，出现图6.7对话框。

(2)选择待检验的变量到【检验变量列表】框中。

(3)在【检验分布】框中选择理论分布，其中【常规】为正态分布，【相等】为均匀分布，还包括泊松分布和指数分布。

(4)点击【确定】，软件将自动计算 $K-S$ 检验统计量和对应的概率 p 值，并将结果输出到输出窗口中。

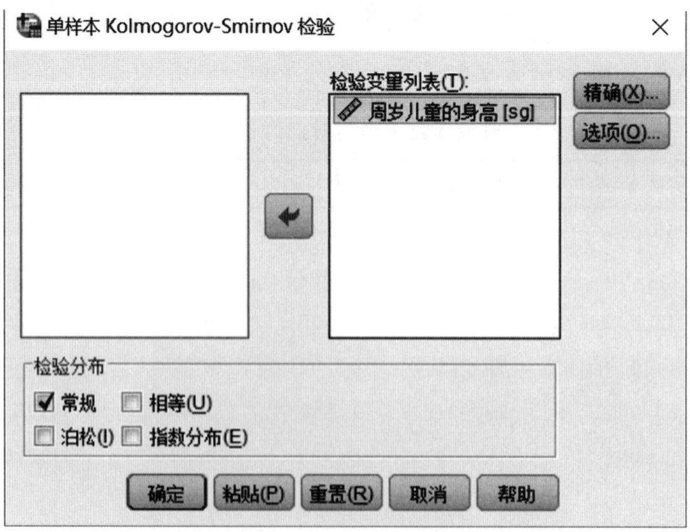

图6.7 单样本K－S检验窗口

3. 案例分析结果

利用收集到的21名儿童身高的样本数据(儿童身高.*sav*),利用*K*－*S*方法检验周岁儿童身高的总体分布是否与正态分布有显著差异。

SPSS软件分析结果如下:

表6.8　周岁儿童身高总体的*K*－*S*检验结果

单样本Kolmogorov-Sminrnov检验

		周岁儿童的身高
N		21
正态参数[a,b]	均值	71.8571
	标准差	3.97851
最极端差别	绝对值	.204
	正	.204
	负	-.119
Kolmogorov-Smirnow Z		.936
渐近显著性(双侧)		.344

a.检验分布为正态分布。

b.根据数据计算得到。

如表6.8所示,*K*－*S*检验统计量的值为0.936,对应的概率*p*值为0.344,大于显著性水平α(0.05),因此不能拒绝零假设,可以认为周岁儿童身高的总体分布与正态分布无显著差异。

二、两独立样本的非参数检验

对两个总体分布未知的总体,比较它们的位置差异也是非参数检验的主要任务之一。两独立样本的非参数检验正是在对总体分布不是很了解的情况下,通过对两组独立样本的分析,推断样本来自的两个总体的分布是否存在显著差异。

【例6.14】　某工厂用甲乙两种不同的工艺生产同一种产品。如果希望检验两种工艺下产品的使用寿命是否存在显著差异,可从两种工艺生产出的产品中随机抽样,得到各自的使用寿命数据。具体数据如表6.9所示。

表6.9　两种不同工艺下产品的使用寿命数据

工艺	使用寿命样本值							
甲工艺(1)	675	682	692	679	669	661	693	
乙工艺(2)	662	649	672	663	650	651	646	652

对案例数据进行分析,可采用各种非参数检验方法进行检验,判断它们的分布是否存在显著差异,进而对两种工艺的优劣进行评价。SPSS提供了多种两独立样本的非参数检验法,其中包括曼－惠特尼*U*检验、*K*－*S*检验、*W*－*W*游程检验、极端反应检验等。由于篇幅有限,这里只介绍前两种的基本思想。

(一)两独立样本的曼－惠特尼U检验

两独立样本的曼－惠特尼U检验(Mann-Whitney U)可用于对两总体分布的比较判断。其原假设是"两组独立样本来自的两总体分布无显著性差异"。它是通过对两个样本平均秩的研究实现推断。秩简单说就是变量值排序的位次。如果将数据按值升序排列,每个变量值都会有一个在整个变量值序列中的位置或位次，这个位置或位次就是变量值的秩。变量值有几个，对应的秩就有几个。

曼一惠特尼 U 检验的基本步骤如下：

1. 首先，将两组样本数据 X（m 个观测值）和 Y（n 个观测值）混合并按升序排序，得到每个数据各自的秩 R。

2. 分别对样本 X 和 Y 的秩求平均，得到两个平均秩 W_x/m 和 W_y/n，其中 W_x 、W_y 称为秩和统计量。

3. 计算样本 X 每个秩先于样本 Y 每个秩的个数 U_1（也称为同向对数），以及样本 Y 每个秩先于样本 X 每个秩的个数 U_2。

4. 计算 Wilcoxon W 统计量。它为上述 U_1 和 U_2 中较小者所对应的秩和。

5. 计算曼一惠特尼 U 检验统计量。

$$U = W - \frac{1}{2}k(k+1) \tag{6.12}$$

（二）两独立样本的 K－S 检验

K－S 检验不仅能够检验单个总体的分布是否与某一理论分布差异显著，还能够检验两总体的分布是否存在显著差异。其零假设是两组独立样本来自的两总体的分布无显著差异。这里以变量值的秩作为分析对象，而非变量值本身。

两独立样本的 K－S 检验步骤如下：

1. 将两样本混合并按升序排序。

2. 分别计算两样本秩的累计频数和累计频率。

3. 计算两累计频率的差，并得到 D 统计量。

（三）SPSSAU 软件实现

Mann-Whitney 检验是独立样本 t 检验的非参数版本。该检验主要处理包含等级数据的两个独立样本，SPSSAU 中称为非参数检验。

由于对产品使用寿命的分布没有明确的把握，因此可采用非参数检验方法进行分析。如表 6.10 所示，这里采用两独立样本的检验，给出前两种分析方法的结果。这里以两独立样本的曼一惠特尼 U 检验为例进行说明。

分析步骤：(1)上传数据，点击左侧【通用方法→非参数检验】，出现下面的对话窗口，如图 6.8 所示。

(2)将“工艺”拖入“X(定类)”，将“产品使用寿命”拖入“Y(定量)”。

(3)点击【开始分析】，结果如表 6.10 所示。

表 6.10　两独立样本的曼一惠特尼 U 检验和 $K-S$ 检验结果

非参数检验分析结果

项	工艺中位数 M(P^{25},P^{75})·		MANNWHITNEY 检验统计量 U 值·	MANNWHITNEY 检验统计量 Z 值·	P·
	乙工艺(N=8)	甲工艺(N=7)			
产品使用寿命	651.500(649.3,662.8)	679.000(669.0,692.0)	4.000	−2.777	0.005**

* $P<0.05$ ** $P<0.01$

非参数秩和检验研究 X 不同组别时 Y 的差异性，X 为两组时使用 MannWhitney 检验，X 超过两组时使用 Kruskal-Wallis 检验，系统默认进行判断。

实验结果分析：从表 6.10 可以看出，由于概率 p 值小于显著性水平，应拒绝原假设。因此，可以

图 6.8 两独立样本的非参数检验

认为甲乙两种工艺下产品寿命的分布存在显著差异。

三、多独立样本的非参数检验

多独立样本的非参数检验是通过分析多个独立样本数据，推断样本来自的多个总体的中位数或分布是否存在显著差异。多个独立样本是指按照独立抽样方式抽选的多个样本。

【例 6.15】 希望对北京、上海、成都、广州四个城市的周岁儿童身高进行比较分析。采用独立抽样方式获得四个独立样本。具体数据如表 6.11 所示。

表 6.11 四城市周岁儿童身高样本数据

城市	周岁儿童身高样本数据				
北京(1)	79	75	78	76	72
上海(2)	72	71	74	74	73
成都(3)	76	78	78	77	75
广州(4)	70	72	71	71	69

下面主要介绍中位数检验和 K－W 检验。

(一)中位数检验

中位数检验通过对多个独立样本的分析，检验它们来自的总体的中位数是否存在显著差异。其零假设是多个独立样本来自的多个总体的中位数无显著性差异。中位数检验的基本思想是，如果多个总体的中位数无显著性差异，那么这个共同的中位数应在各样本组中均处在中间位置。于是，每个样本中大于该中位数或小于该中位数的样本数应大致相同。分析的步骤如下：

1. 将多个样本混合按升序排序，并求出混合样本的中位数。

2. 分别计算各样本中大于和小于上述中位数的样本个数，形成列联表。

3. 利用卡方检验方法分析各样本来自的总体对于上述中位数的分布是否一致。如果各组中大于(或小于)上述中位数的样本比例大致相同，可认为多个样本有共同的中位数，它们来自的总体的中位数无显著差异。反之，如果各组中大于(或小于)上述中位数的样本比例相差较大，可认为各个样本的中位数不全相同，它们来自的总体的中位数存在显著差异。

4. 构造卡方检验统计量。

$$\chi^2=\sum_{i=1}^{2}\sum_{j=1}^{k}\frac{(f_{ij}^{o}-f_{ij}^{e})^2}{f_{ij}^{e}} \tag{6.13}$$

式中，f^o 和 f^e 分别为观测频数和期望频数。卡方统计服从自由度为$(n-1)$的卡方分布。根据软件分析结果中卡方统计量和对应的概率 p 值大小做出判断。如果概率 p 值大于给定的显著性水平 α，则不能拒绝原假设，认为多个独立样本来自的多个总体的中位数不存在显著差异；反之，如果概率 p 值小于给定的显著性水平 α，则应拒绝原假设，认为多个独立样本来自的多个总体的中位数存在显著差异。

（二）多独立样本的 K—W 检验

多独立样本的 Kruskal-Wallis（简称 K—W）检验实质是两独立样本的曼—惠特尼检验在多个独立样本下的推广，用于检验多个总体的分布是否存在显著差异。其原假设是“多个独立样本来自的多个总体的分布无显著差异”。

多独立样本的 K—W 检验的基本思想是：

1. 将多个样本数据混合并按升序排序，求出各变量值的秩。

2. 考察各组秩的平均数是否存在显著差异。如果各组秩的平均数不存在显著差异，则是多组数据充分混合，数值相差不大的结果，可以认为多独立总体的分布无显著差异。反之，如果各组秩的平均数存在显著差异，则是多组数据无法充分混合，某些组的数值普遍偏大，而另一些组的数值普遍偏小的结果，则认为多独立总体的分布存在显著性差异。

根据软件计算的 K—W 统计量和相应的概率 p 值。如果概率 p 值小于给定的显著性水平 α，则应拒绝原假设，认为多个独立样本来自的多个总体的分布存在显著性差异；反之，如果概率 p 值大于给定的显著性水平 α，则不能拒绝原假设，认为多个独立样本来自的多个总体的分布不存在显著性差异。

（三）SPSSAU 软件实现

从北京、上海、成都、广州四个城市中随机选取若干个周岁儿童身高数据，分析四城市周岁儿童身高分布是否存在显著差异。由于对身高的分布没有确切的把握，可采用非参数检验方法进行分析。这里采用多独立样本的非参数检验。

软件操作方法同上，将“城市”拖入“X（定类）”，将“儿童身高”拖入“Y（定量）”。点击【开始分析】，分析结果如表 6.12 所示。

表 6.12　四城市周岁儿童身高的非参数检验结果

项	城市（中位数）				KRUSKAL-WALLIS 检验统计量 H 值·	P·
	上海（N=5）	北京（N=5）	广州（N=5）	成都（N=5）		
儿童身高	73.000	76.000	71.000	77.000	13.900	0.003**

$^{*}P<0.05$ $^{**}P<0.01$

由表 6.12 可知，四城市周岁儿童身高的中位数分别为 73，76，71 和 77。K—W 统计量为 13.9，对应的概率 p 值为 0.003，应拒绝原假设。认为四个城市周岁儿童身高存在显著差异。

四、配对样本的非参数检验

（一）两配对样本的非参数检验

两配对样本的非参数检验是在对总体分布不甚了解的情况下，通过对两组配对样本的分析，推断样本来自的两个总体的分布是否存在显著差异。例如，要检验一种新的训练方法是否对提高跳远运动员的成绩有显著效果，可以收集一批跳远运动员在使用新训练方法前后的跳远最好成绩，这样的两组样本便是配对的。

【例 6.16】 为检验某种新的训练方法是否有助于提高跳远运动员的成绩，收集到 10 名跳远运动员在使用新训练方法前后的跳远最好成绩。数据如表 6.13。

表 6.13 10 名运动员在新训练法前后的跳远最好成绩

训练前	5.74	6.28	5.46	6.03	5.39	5.77	6.41	6.19	5.55	5.87
训练后	5.79	6.12	5.44	6.03	5.57	5.81	6.48	6.32	5.64	5.93

这里介绍两配对样本的非参数检验方法主要有符号检验、Wilcoxon 符号秩检验。

1. 符号检验

两配对样本的符号检验是用来检验两配对样本来自的总体分布是否存在显著差异的非参数方法。其原假设是两配对样本来自的两总体分布无显著差异。

首先，分别用第二个样本的各个观测值减去第一个样本的对应观测值。差值为正记为正号，差值为负记为负号。然后，将正号的个数与负号的个数进行比较。如果两者大致相当，则可以认为两配对样本的数据分布差距较小；反之，如果二者的个数相差较大，则可以认为两配对样本数据分布差异大。

两配对样本的符号检验采用二项分布检验的方法，检验正号个数和负号个数的分布是否服从 $p=0.5$ 的二项分布，即对正负符号变量进行单样本二项分布检验。

2. Wilcoxon 符号秩检验

两配对样本的 Wilcoxon 符号秩检验也是通过分析两配对样本来自的两总体分布是否存在显著差异进行推断。其原假设是两配对样本来自的两总体分布无显著差异。其基本思想：首先，按照符号检验的方法，分别用第二个样本的各个观测值减去第一个样本的对应观测值。差值为正记为正号，为负记为负号，并同时保存差值数据。然后，将差值变量按升序排序，并求出差值变量的秩。最后，分别计算正号的秩和统计量 W^{+}、负号的秩和统计量 W^{-}。如果总样本数为 n，若考虑正负号，则 $W^{+} \cdots + W^{-}$ 的最小可能值为 0，最大可能值为 $\frac{n(n+1)}{2}$。

如果正秩和与负秩和大致相等，则说明一组样本值大于另一组样本值和一组样本值小于另一组样本值的幅度大致相当，两组样本数据差的正负变化程度基本相当，两配对总体的分布无显著差异。

图 6.9 两配对样本的非参数检验

3. SPSSAU 软件实现

为检验某种新的训练方法是否有助于提高跳远运动员的成绩，收集到 10 名跳远运动员在使用新训练方法前后的跳远最好成绩。

操作步骤：

(1)上传数据，点击左侧【实验/医学研究→配对样本 Wilcoxon】，如图 6.9 所示。

(2)将"旧方法"拖入"配对 1(定量)"，"新方法"拖入"配对 2(定量)"，点击【开始分析】，分析结果如表 6.14 所示。

表 6.14 新方法训练前后两配对样本非参数检验

名称	配对中位数 $M(P^{25},P^{75})$		中位数 M 差值（配对 1－配对 2）	统计量 Z 值	P ·
	配对 1	配对 2			
旧方法 配对 新方法	5.820(5.6,6.2)	5.870(5.7,6.1)	－0.050	1.599	0.110

$^{*}P<0.05$ $^{**}P<0.01$

由表 6.14 分析结果可知，两种训练方法中位数相差－0.05。检验统计量为－1.599，对应的概率 p 值为 0.110，大于显著性水平 α，因此不能拒绝原假设，认为训练前后的成绩分布没有显著差异，新训练方法效果不明显。

(二)多配对样本的非参数检验

多配对样本的非参数检验通过分析多个配对样本数据，推断样本来自的多个总体的中位数或分布是否存在显著差异。例如，收集不同促销形式下若干种商品的销售额数据，分析比较不同促销形式的效果；收集多个评委对同一批选手比赛打分的数据，分析评委的打分标准是否一致；收集消费者对多家快递公司是否满意的数据，分析快递公司的服务水平是否存在显著差异。

这里主要介绍多配对样本的非参数检验方法的 Friedman 检验、Cochran Q 检验、Kendall 协同系数检验。

1. Friedman 检验

【例 6.17】 为比较三种促销形式对商品销售的影响，收集若干种商品在不同促销形式下的月销售额数据，三个样本是配对样本，且各商品销售数据之间相互独立，如表 6.15 所示。为了分析不同促销形式效果的差异，可通过分析各种促销形式下商品销售额的总体分布是否存在显著差异。

表 6.15 三种促销形式下商品销售额

商品编号	促销方式 1	促销方式 2	促销方式 3
1	12866	17223	9865
2	4673	5894	5220
3	10480	14461	10072
4	769	1962	737
5	6482	13203	9423
6	796	742	771
7	843	965	639
8	1936	1260	1793
9	4694	5222	4061
10	635	558	542

多配对样本的 Friedman 检验的基本思想：无论观察哪个区组（哪种商品），每一种处理下（促销形式）数据的秩在本区组（商品）内的所有可能取值为 1 至 k（k 为处理方式的种类）中的任何一个值。适用于对定距型数据的分析。

如果 k 种处理（三种促销方式）不存在显著差异，那么对于每一种处理（促销方式）下的各区组（商品）的秩总和 R_i（或平均秩 $\bar{R}_i$）应等于其他任何一种处理（促销形式）下各区组（商品）的秩总和 R_j（或平均秩 $\bar{R}_j$）。

由于 $R_1+R_2+\cdots+R_k=n(1+2+\cdots+k)=\frac{n}{2}(k+1)$，其中 n 为样本量。于是每一种控制（促销形式）下的 R_i 应与 $\frac{n}{2}(k+1)$ 相当，或者 $\bar{R}_i$ 应与 $\frac{k+1}{2}$ 相当。反之，如果 k 种处理（促销形式）存在显著差异，那么两者差异必然很大。

Friedman 检验统计量为：

$$\text{Friedman}=\frac{12n}{k(k+1)}\sum_{i=1}^{k}\left(\bar{R}_i-\frac{k+1}{2}\right)^2 \tag{6.14}$$

采用 SPSSAU 软件进行检验。首先，上传数据，点击左侧【实验/医学研究→多样本 *Friedman* 检验】，如图 6.10 所示。然后，将“促销方式 1”“促销方式 2”和“促销方式 3”拖入右端的【分析项（定量）】，开始分析，结果如表 6.16 所示。

图 6.10　多配对样本的 Friedman 检验

表 6.16　多样本的 Friedman 检验结果

名称	样本量	25 分位数	中位数	75 分位数	统计量 χ2 值	p
促销方式 1	10	807.750	3304.500	6035.000		
促销方式 2	10	1038.750	3592.000	11375.750	6.200	0.045 *
促销方式 3	10	745.500	2927.000	8372.250		

* $p<0.05$　** $p<0.01$

特别提示：Friedman 检验是针对非正态数据进行，因而分析具体差异时应使用中位数（或者箱线图）表述差异。

使用 Friedeman 检验分析促销方式 1，促销方式 2，促销方式 3 共 3 项是否存在着显著性差异，从表 6.16 可以看出：促销方式 1，促销方式 2，促销方式 3 共 3 项呈现出显著性（p=0.045<0.05），意味着数据之间呈现统计意义上的差异。具体可通过中位数（或者箱线图）对比具体差异情况。因此，促销方式 1，促销方式 2，促销方式 3 呈现出显著性差异。

2. Cochran's Q 检验

多配对样本的 Cochran's Q 检验通过对多个配对样本的分析，推断样本来自的多个总体的分布是否存在显著差异。其原假设是多个配对样本来自的多个总体的分布无显著差异。适用于对二值分类型数据的分析。

【例 6.18】 收集到 15 名消费者对三家快递公司是否满意的数据(1 表示满意，0 表示不满意)，如表 6.17 所示。现在需要根据这些数据推断这三家快递公司服务水平是否有显著差异。

表 6.17 消费者对三家快递公司服务水平的评价数据

消费者编号	甲快递公司	乙快递公司	丙快递公司
1	1	1	0
2	1	0	0
3	1	0	0
4	1	0	1
5	1	1	0
6	1	1	0
7	1	0	0
8	1	1	0
9	0	0	0
10	1	0	0
11	1	0	0
12	1	1	1
13	1	1	0
14	1	1	0
15	0	1	0

该问题中由于变量是二值变量，采用多配对样本的 Cochran's Q 检验。基本思想：认为每行中取 1 的个数是可确定的。对上述问题就表示每个消费者对满意的衡量标准是确定的。于是，在原假设成立的条件下，每列中出现 1 的概率是相等的，且这个概率值与各行中出现 1 的个数有关。对上述问题就是，如果三家快递公司的服务水平没有显著差异，那么它们得到消费者认可(取 1)的可能性都应该是相等的。

采用 SPSSAU 软件进行检验。首先，上传数据，点击左侧【实验/医学研究→Cochran's Q 检验】，如图 6.11 所示。然后，将“甲快递公司”“乙快递公司”和“丙快递公司”拖入右端的【分析项(定量)】，开始分析，结果如表 6.18 所示。

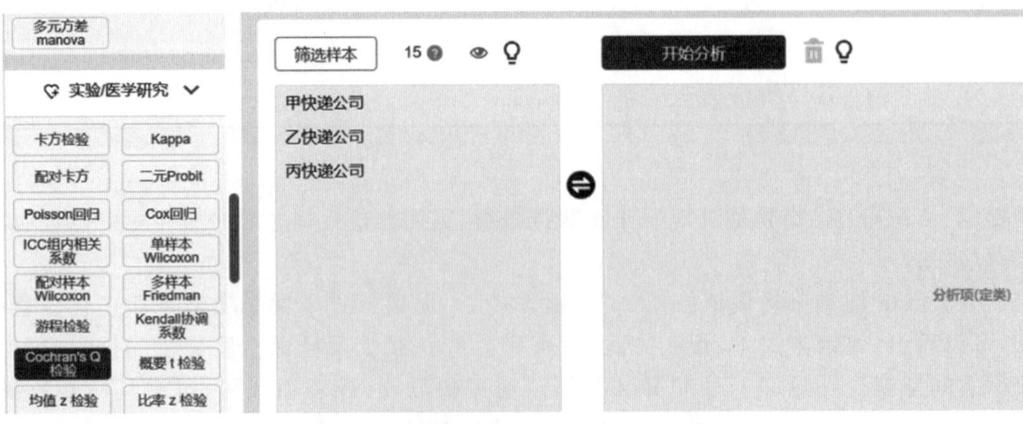

图 6.11 多配对样本的 Cochran's Q 检验

表 6.18 多样本的 Cochran's Q 检验和频数分析结果

样本量	Cochran'sQ 统计量	df	p
15	14.000	2	0.001**

* $p<0.05$ ** $p<0.01$

频数分析结果

	频数		百分比	
	1	0	1	0
甲快递公司	13	2	86.67%	13.33%
乙快递公司	8	7	53.33%	46.67%
丙快递公司	2	13	13.33%	86.67%

从分析结果表 6.18 可知，三家快递公司得到消费者满意评价的人数分别为 13、8 和 2。不满意的人数分别为 2、7 和 13。Cochran's Q 统计量的观测值为 14，相应的概率 p 值为 0.001，拒绝原假设。认为三家快递公司的服务水平存在显著差异，甲快递公司的服务水平最高，丙快递公司的服务水平最低。

3. Kendall 协同系数检验

多配对样本的 Kendall 协同系数检验也是一种多配对样本的非参数检验方法，与 Friedman 检验方法相结合，可方便地实现对评判者的评判标准是否一致的分析。其原假设是“评判者的评判标准不一致”。

【例 6.19】 有 6 名歌手参加比赛，4 名评委进行评判打分，如表 6.19 所示。现在需要根据表中的数据推断这 4 个评委的评判标准是否一致。

表 6.19 评委给歌手的打分数据

评委/歌手	1 号歌手	2 号歌手	3 号歌手	4 号歌手	5 号歌手	6 号歌手
1	8.75	9.6	9.2	9.65	9.3	9.8
2	8.9	9.55	9.25	9.75	9.45	9.75
3	8.75	9.7	9.25	9.6	9.3	9.7
4	8.8	9.6	9.25	9.75	9.4	9.85

如果将每个被评判对象的分数看做是来自多个总体的配对样本，该问题就可以采用 Friedman 检验，原假设为“多个配对样本来自的多个总体的分布无显著差异”。但对该问题的分析是需要延伸的，并非站在对 6 名歌手的演唱水平是否存在显著差异的角度进行分析，而是在认定他们存在差异的前提下判断 4 个评委的打分标准是否一致。

如果利用 Friedman 检验出各总体的分布不存在显著差异，即各个歌手的秩不存在显著差异，则意味着评委的打分存在随意性，评分标准不一致。因为如果各个评委的评判标准是一致的，那么对于某个歌手来说将获得一致的打分，也就是说，评委给出的若干个评分的秩应完全相同，这就必然会导致各歌手评分的秩有较大的差异。此外，多配对样本的 Kendall 协同系数检验中还通过协同系数 W 对评分的一致性做进一步分析。

$$W=\frac{\sum_{i=1}^{n}\left(R_i-\frac{m(n+1)}{2}\right)^2}{m^2n^2(n^2-1)/12} \tag{6.15}$$

式中，m 表示评判者人数，n 是被评判者人数，R_i 为第 i 个被评判者的秩和。式中的分子部分是各组样本(歌手)的总秩与全体总秩的离差平方和，分母中的 $n^2(n^2-1)/12$ 恰恰是全体秩的总离差平方和。W 协同系数的取值范围在 0 和 1 之间。W 协同系数越接近 1，表明秩的组间差异越大，意味着被评判者所得分数间有显著差异，进而说明评判者的评判标准具有一致性；反之，W 协同系数越接近 0，表明秩的组间差异越小，意味着被评判者所得分数间的差异不明显，说明评判者对于各被评判者的意见很不一致，没有理由认为评判者的评判标准具有一致性。

采用 SPSSAU 软件进行检验。首先，上传数据，点击左侧【实验/医学研究→*Kendall* 协同系数】，如图 6.12 所示。然后，将“歌手 1”到“歌手 6”拖入右端的【分析项(定量)】，右上角点击“评价者(行)”，点击【开始分析】，结果如表 6.20 所示。

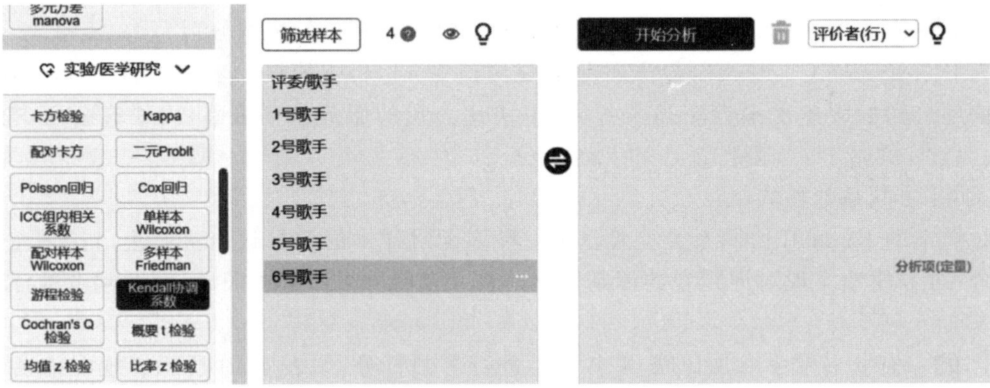

图 6.12 多配对样本的 *Kendall* 协同系数检验

表 6.20 多配对样本的 *Kendall* 协同系数检验

评价者(评委)	评价对象(选手)	KENDALL 协调系数	统计量 χ^2 值	P
4	6	0.955	19.094	0.002

从表 6.20 可知，使用 Kendall 协调系数检验研究评价一致性情况，Kendall 协调系数检验呈现出显著性($p=0.002<0.05$)，意味着 4 个评价者的评价具有关联性，即说明评价具有一致性。同时 Kendall 协调系数为 0.955，大于 0.8，说明评价一致性程度很强。

本章小结

1. 假设检验是推断统计学的一个重要组成部分，是基于小概率事件原理，根据参数的多少分为单参数、两个总体参数的假设检验和非参数检验。假设检验可分为双侧检验和单侧检验。

2. 假设检验的内容如下：①建立关于总体的原假设和备择假设；②确定适当的检验统计量；③确定显著性水平 α，确定检验统计量的临界值与拒绝域和接受域；④利用样本数据，计算检验统计量的值并作出决策。

3. 假设检验的两类错误：当原假设为真时，拒绝原假设，产生决策错误，这是第一类错误，“弃真错误”；当原假设为假时，接受原假设，产生决策错误，这是第二类错误，“取伪错误”。两类错误是此消彼长的关系。

4. 参数的假设检验，分为单参数和两参数的假设检验。这里以单参数为例，假设总体服从正态分布 $X \sim N(\mu, \sigma^2)$，在总体方差已知或未知的情形下，构造的统计量有所不同。在总体方差已知或总体方差未知，大样本的情形下，样本平均数服从正态分布，构造的统计量为 z 统计量。在总体方差未知，小样本的情形下，样本平均数服从 t 分布，构造的统计量为 t 统计量。

5. 非参数检验是在总体分布未知或知道甚少的情况下，利用样本数据对总体分布等进行推断的方法。可以分为单样本、两独立样本、多独立样本、两配对和多配对样本的非参数检验。根据每种检验方法的特征选择合适的检验统计量。

思考与练习

思考题

1. 假设检验和区间估计有何区别和联系？

2. 解释原假设与备择假设的含义，并归纳常见的几种建立原假设与备择假设的原则。

3. 假设检验一般有哪几个步骤？

4. 什么是 p 值？p 值检验和统计量的显著性检验有什么不同？

5. 参数检验和非参数检验的区别是什么？

6. 某大学的教师根据统计学测试成绩的抽样调查数据写出了一份分析报告。报告是这样描述的："样本中男生和女生的平均成绩分别为 81 分和 78 分，但男、女学生的总体平均成绩没有显著差异(检验的 P 值为 0.456)。但测试成绩在 A、B 两个专业之间却存在显著差异，平均来说 B 专业的测试成绩较高(检验的 P 值为 0.043)。"试用通俗易懂的语言解释这两个结论。

练习题

1. 从正态分布$(\mu,1)$中抽取 100 个样本，计算得 $\bar{x}=5.32$，试检验：$H_0:\mu=5$ 是否成立。$(\alpha=0.05)$

2. 设某种产品的指标服从正态分布，它的标准差为 150，现抽取一个容量为 26 的样本，计算得平均数为 1637，问在 5% 的显著性水平下，能否认为这批产品的指标的期望值 $\mu=1600$。

3. 根据资料显示，在使用某种旧安眠药的时候，平均睡眠时间为 20.8 小时，标准差为 1.6 小时，有一种新安眠药，据说在一定剂量下，能比旧安眠药平均增加睡眠时间 3 小时，为了检验这个说法的正确性，收集了一组使用新安眠药的睡眠时间(单位：小时)为 26.7，22.0，24.1，21.0，27.2，25.0，23.4。假设睡眠时间服从正态分布，则在 0.05 的显著性水平下，这组数据能否说明新安眠药已经达到了新的疗效？

4. 某工厂生产一种产品，原月产量服从 $N(75,14)$。设备更新后，为了考察产量是否提高，抽查了 6 个月的产量，其平均产量为 78，问在 0.05 的显著性水平下，设备是否值得更新？

5. 近几年某地区大学学生英语四级考试成绩的平均数为 73 分，方差为 220.5。今年随机抽取了由 200 名学生组成的一个样本，样本平均数为 71.15 分，试问当显著性水平为 5% 时：(1)今年学生考试成绩与往年是否处于同一个水平上？(2)今年学生考试成绩是否比往年有显著下降？并注意所得结论与上面的结论有无不同？由此说明了什么问题？(3)利用置信区间对(1)进行检验。

6. 一项调查显示，每天每个家庭看电视的平均时间为 7.25 个小时，假定该调查中包括了 300 个家庭，且样本标准差为平均每天 2.5 个小时。据报道，10 年前每天每个家庭看电视的平均时间为 6.7 个小时，取显著性水平 $\alpha=0.01$，这个调查是否提供了证据支持你认为"如今每个家庭每天收看电视的平均时间增加了"？

7. 研究两种不同能量水平的饲料对肉鸡增重的影响(单位：克)，样本资料如下表所示。给定显著

性水平 $\alpha=0.05$,问两种不同能量水平的饲料对肉鸡增重的影响有无显著差异?

饲料	肉鸡增重								
高能量	601	585	598	620	617	650			
低能量	489	457	512	567	512	585	591	531	467

8. 假定在体操比赛中,甲、乙两位裁判分别对该项赛事中的11位运动员打分,并且记分制为10分制,分值如下表所示。

项	1	2	3	4	5	6	7	8	9	10	11
裁判甲	8.1	9.0	8.8	9.3	7.9	9.1	8.6	8.8	8.4	9.2	9.1
裁判乙	7.3	8.8	8.6	9.4	8.4	9.0	8.9	8.7	8.0	9.2	9.5
差值的符号	+	+	+	−	−	+	−	+	+	0	−

著名统计学家简介

卡利安普迪·拉达克里希纳·拉奥(Calyampudi Radhakrishna Rao,简称 C. R. Rao,1920—2023 年),美国科学院院士,英国皇家统计学会会员,当代国际最著名的统计学家之一,师从现代统计学的奠基人费希尔(Ronald Aylmer Fisher),是印度裔美国数学家。

C. R. Rao 于 1920 年在印度的一个小镇出生,从年轻时期就展现出了对数学的深厚兴趣。他在印度接受教育,1937 年 C. R. Rao 获得维萨卡帕特南(Visakhapatnam) A. V. N. 学院学士学位;1940 年获得印度安得拉大学(Andhra University)数学硕士学位。在学习数学和物理学的过程中,他逐渐表现出对统计学的浓厚兴趣。在进入印度统计研究所(ISI)后,Rao 开始了他在统计学领域的系统研究,受到了普拉萨德·马哈拉诺比斯(Prasanta Chandra Mahalanobis)等著名统计学家的影响和指导。在那里,Rao 的研究兴趣开始转向多元统计分析和估计理论,为他日后的学术成就奠定了坚实的基础。

1945 年,拉奥发表了重量级文章"Information and accuracy attainable in the estimation of statistical parameters",呈现了统计推断中两个基础性的结果:其一是著名的 Cramer—Rao 信息不等式,该不等式给出了一定条件下无偏估计的方差下界,以及如何求得该下界;另一个结果是 Rao—Blackwell 定理,该定理给出了以一个任意的原始估计为起点,寻找最小方差无偏估计量(MVUE)的方法;并且将微分几何引入统计推断,开辟了现在称为信息几何的新兴领域。信息几何不仅在统计学中,而且在人工智能、数据科学、信号处理、物理学和许多其他领域中已经发展成为一种重要的工具。1946 年,拉奥攻读剑桥大学国王学院,跟随现代统计学的创始人罗纳德·费希尔(Ronald Aylmer Fisher)攻读博士学位。Fisher 在 1925 年的文章"统计估计的理论"构建了统计推断的基石。这篇文章当中引入了大量基础性的概念比如相合性、充分性、有效性、Fisher 信息、极大似然估计和最优性。

在和 Mahalanobis 以及 Fisher 的工作中,Rao 意识到由实际应用驱动的研究的重要性。到了二十世纪 50 年代,Rao 开始体会到计算机和计算方法在统计方法发展中的关键作用。Rao 预见了大数据革命以及由数学、统计学和计算机科学所构成的交叉学科。在 2007 年,他建立了 C. R. Rao 数学、统计学和计算机科学前沿研究所(AIMSCS)。Rao 持续拓展统计学的边界来解决大数据时代和人工智能中的挑战问题。2023 年,C. R. Rao 被授予有统计学诺贝尔奖之称的国际统计学奖(International Prize in Statistics)。

第七章　方差分析

海纳百川，有容乃大。

——中国古代谚语

引例：不同商圈的报纸发行量是否有差异？[①]

每种报纸都有自己的读者群。《华夏时报》自称是中国第一份商圈社区报，是精准覆盖北京636座写字楼（公寓）7万个实名精英读者的精神咖啡。某日的《华夏时报》公布了该报最新的发行量数据，并声明是"最新发行数据诚信公报"。表7.1是该报纸所划定的其中6个商圈部分发行点位的发行量数据。

表7.1　北京市6个商圈的《华夏时报》报纸发行量

国贸一京广	建国门一王府井	燕莎	西单一金融街	中关村	亚奥
990	59	291	218	10	67
20	10	126	42	196	60
44	50	250	89	8	52
265	39	118	289	18	11
125	22	103	40	182	54
78	53	20	171	92	43
30	47	77	35	57	48
8	144	217	171	160	168
10	151	151	109	144	18
134	181	90	51	150	51
20	78	3	64	39	548
18	11	139	13	30	26
10	23	18	62	12	16
15	93	30	92	53	40

不同商圈的报纸发行量是否存在差异呢？如果用假设检验的方法比较6个商圈的报纸发行量是否有显著差异，则需要进行$C_6^2=15$次两两比较。这样做不仅烦琐，而且使得检验所犯的累计错误增大。再比如说，多种不同包装的同类产品的平均销售量是否有显著性差异？多个品牌同类产品（手机、电脑等）的平均使用寿命是否相同？多种不同的促销方式对平均销售量是否有不同？不同的化肥对农产品产量是否有显著影响等。要解决这类问题就需要运用方差分析法。

① 转引自：《统计学（第四版）》，袁卫等主编，高等教育出版社，P178。

第一节　方差分析引论

一、方差分析及其有关术语

方差分析(Analysis of Variance,简称 ANOVA)是 20 世纪 20 年代发展起来的一种统计分析方法,它是由英国统计学家费歇尔在进行试验设计时为解释试验数据而首先引入的。它被广泛应用于分析心理学、生物学、医学和工程等的试验数据。从形式上看,方差分析是比较多个总体的均值是否相等,即多个总体参数的假设检验。与前面的假设检验相比,方差分析不仅可以提高检验的效率,同时将所有的样本信息结合在一起,增加了分析的可靠性。从本质上看,它所研究的是变量之间的关系,这与后面介绍的回归分析方法有许多相同之处,但又有本质区别。在研究一个(或多个)分类型自变量与一个数值型因变量之间的关系时,方差分析就是其中的主要方法之一。

方差分析方法是检验多个总体均值是否相等的统计方法,实质上是检验分类型自变量对数值型因变量的影响。方差分析就是通过检验各总体的均值是否相等来判断分类型自变量对数值型因变量是否有显著的影响。上面提到的问题中,农作物的产量、广告促销效果、使用寿命等称为观测因素,或称为观测变量。不同的化肥品种、不同的促销方式、不同的品牌等影响因素称为控制因素,或称为控制变量。控制变量的不同类别称为控制变量的不同水平。

【例 7.1】 为了对几个行业的服务质量进行评价,消费者协会在零售业、旅游业、航空公司、家电制造业分别抽取了不同的企业作为样本,零售业抽中 7 家,旅游业抽中 6 家,航空公司抽中 5 家,家电制药业抽中 5 家。每个行业中所抽选的这些企业假定在服务对象、企业规模等方面基本上是相同的。表 7.2 统计出最近一年中消费者对 23 家企业投诉的次数.

表 7.2　四个行业被投诉的次数

行业(x_{ij})			
零售业(x_1)	家电制造业(x_2)	旅游业(x_3)	航空公司(x_4)
57(x_{11})	44(x_{21})	68(x_{31})	31(x_{41})
66(x_{12})	51(x_{22})	39(x_{32})	49(x_{42})
49(x_{13})	65(x_{23})	29(x_{33})	21(x_{43})
40(x_{14})	77(x_{24})	45(x_{34})	34(x_{44})
34(x_{15})	58(x_{25})	56(x_{35})	40(x_{45})
53(x_{16})		51(x_{36})	
44(x_{17})			

方差分析正是从观测变量的方差入手,研究控制变量对观测变量的影响。方差分析认为,观测变量取值的变化受两类因素的影响:第一类是控制因素(控制变量)不同水平所产生的影响,第二类是随机因素(变量)带来的影响。这里的随机因素是指人为很难控制的因素,主要指试验过程中的抽样误差。如果控制变量的不同水平对观测变量产生了显著影响,那么它和随机变量共同作用必然对观测变量值有显著影响,反之,如果控制变量的不同水平没有对观测变量产生影响,那么观测值的变动就归结为随机变量。

二、方差分析的基本思想和原理

我们怎样判断行业对投诉次数是否有显著影响？或者说，行业与投诉次数之间是否有显著的关系呢？为检验不同行业的被投诉次数之间是否有显著性差异，需要考察数据误差的来源。下面结合表 7.2 中的数据说明数据之间存在的差异。

首先，在同一行业（同一个总体）下，样本的各观测值是不同的。比如，在零售业中，所抽取的 7 家企业被投诉的次数是不同的。由于企业是随机抽取的，因此它们之间的差异可以看成是随机因素的影响造成的，或者说由于抽样的随机性所造成的，称为随机误差。

其次，在不同行业（不同总体）下，各观测值也不相同。这种差异性可能是由于抽样的随机性造成的，也可能是由于行业本身所造成的，后者所形成的误差是由系统性因素带来的，称为系统误差。

数据的误差是用平方和来表示的。衡量因素的同一水平（同一个总体）下各样本数据的误差，称为组内误差。比如，零售业中所抽取的 7 家企业被投诉次数之间的误差。衡量因素的不同水平（不同总体）下各样本之间的误差，成为组间误差。比如，零售业、旅游业、航空公司、家电制造业之间被投诉次数之间的误差。

显然，组内误差只包含随机误差，而组间误差既包括随机误差，也包括系统误差。如果不同行业对投诉次数没有影响，那么在组间误差中只包含随机误差，而没有系统误差。这时，组间误差与组内误差经过平均后的数值就应该比较接近，它们的比值就会接近 1；反之，如果不同行业对投诉次数有影响，在组间误差中除了包含随机误差外，还会包含系统误差，这时组间误差平均后的数值就会大于组内误差平均后的数值，它们之间的比值就会大于 1。当这个比值大到某种程度时，就可以说因素的不同水平之间存在显著差异，也就是自变量（分类型）对因变量有影响。因此，判断行业对投诉次数是否有显著影响这一问题，实际上也就是检验被投诉次数的差异主要是由于什么原因造成的。如果造成这种差异的原因主要是系统误差，就说明不同行业对投诉次数有显著影响。在方差分析的假定下，这一问题实际上就是检验四个行业被投诉次数的均值是否相等的问题。

三、方差分析的基本假定

方差分析中有三个基本假定：

(1)每个总体都应服从正态分布。对于控制变量的每个水平，观测值来自正态分布总体的简单随机样本。例 7.1 中，每个行业被投诉的次数必须服从正态分布。

(2)各个总体的方差必须相同。也就是说，要求每个行业被投诉的次数的方差都相同。

(3)观测值相互独立。即要求每个被抽中的企业被投诉的次数与其他企业相互独立。

在上述假定成立的条件下，要分析自变量对因变量是否有影响，实际上也就是要检验自变量的各个水平（总体）的均值是否相等。比如，判断行业对投诉次数是否有显著影响，实际上也就是检验具有同方差的四个正态总体的（被投诉次数的）均值是否相等。尽管不知道四个总体的均值，但可以用样本数据来检验它们是否相等。如果四个总体的均值相等，可以期望四个样本的均值也会很接近。事实上，四个样本的均值越接近，推断四个总体均值相等的证据也就越充分；反之，四个样本均值越不等，推断总体均值不等的证据也就越充分。

设因素有 k 个水平，每个水平的均值分别用 $\mu_1,\mu_2,\cdots,\mu_k$ 表示，要检验 k 个水平（总体）均值是否相等，需要提出如下假设：

$H_0:\mu_1=\mu_2==\mu_k$　　　　（自变量对因变量没有显著影响）

$H_1:\mu_1,\mu_2,\cdots,\mu_k$ 不完全相等自变量对因变量有显著影响）

比如，例 7.1 中，我们设零售业被投诉次数的均值为 μ_1，旅游业被投诉次数的均值为 μ_2，航空公司被投诉次数的均值为 μ_3，家电制造业被投诉次数的均值为 μ_4。为了检验行业对投诉次数是否有影响，需要提出如下假设：

$H_0:\mu_1=\mu_2=\mu_3=\mu_4$ （行业对投诉次数没有显著差异）

$H_1:\mu_1,\mu_2,\mu_3,\mu_4$ 不完全相等 （行业对投诉次数有显著差异）

第二节　单因素方差分析

根据所分析的分类型自变量（控制变量）的多少，分为单因素方差分析和多因素方差分析。当方差分析中只涉及到一个分类型变量时称为单因素方差分析。即单因素方差分析研究的是一个控制变量对一个数值型因变量（观测变量）的影响。上例中，要检验多个行业被投诉的次数的均值是否相同，这里只涉及到行业一个因素，属于单因素方差分析。

一、单因素方差分析的基本步骤

如果要检验控制变量的不同水平对观测变量是否有显著影响，首先需要提出原假设和备择假设，然后构造适当的检验统计量，根据显著性水平和检验统计量的值作出决策。

1. 提出假设

假设控制因素有 k 个水平，每个水平的均值分别用 $\mu_1,\mu_2,\cdots,\mu_k$ 表示，要检验 k 个水平下不同总体的均值是否相等，需要提出如下假设：

$H_0:\mu_1=\mu_2=\cdots=\mu_k$ （控制变量对观测变量没有显著影响）

$H_1:\mu_1,\mu_2,\cdots,\mu_k$ 不全相等 （控制变量对观测变量有显著影响）

2. 构造检验统计量

这里以例 7.1 的数据结构来说明检验统计量的计算过程。

(1)计算各样本的均值

假定控制变量有 k 个水平，每个总体的样本容量为 n_i，令 x_i 为第 i 个总体的样本均值，则有

$$\bar{x}_i=\frac{\sum_{j=1}^{n_i}x_{ij}}{n_i},i=1,2,\cdots,k \tag{7.1}$$

表 7.2 的数据中，一共有 4 个总体，每个总体中随机抽取样本容量为 $n_i(i=1,2,3,4)$ 的样本。以旅游业为例计算其样本均值

$$\bar{x}_3=\frac{x_{31}+x_{32}+x_{33}+x_{34}+x_{35}+x_{36}}{6}=\frac{68+39+29+45+56+51}{6}=48$$

同理可得，$\bar{x}_1=49,\bar{x}_2=59,\bar{x}_4=35$。

(2)计算全部观测值的总均值

将全部观测值的总和除以观测值的总个数就是总均值，用 $\bar{\bar{x}}$ 表示，则有

$$\bar{\bar{x}}=\frac{\sum_{i=1}^{k}\sum_{j=1}^{n_i}x_{ij}}{n}=\frac{\sum_{i=1}^{k}n_i\bar{x}_i}{n}=\frac{57+66+\cdots+34+40}{23}=47.87$$

(3)计算各误差的平方和

总离差平方和（Sum of Squares for Total，简称 SST）是全部观测值与总均值的误差平方和，其计算公式为

$$SST=\sum_{i=1}^{k}\sum_{j=1}^{n_i}(x_{ij}-\bar{\bar{x}})^2 \tag{7.2}$$

总离差平方和可以分解为组间离差平方和和组内离差平方和两部分。

$$\begin{aligned} SST&=\sum_{i=1}^{k}\sum_{j=1}^{n_i}(x_{ij}-\bar{\bar{x}})^2=\sum_{i=1}^{k}\sum_{j=1}^{n_i}[(x_{ij}-\bar{x}_i)+(\bar{x}_i-\bar{\bar{x}})]^2\\ &=\sum_{i=1}^{k}\sum_{j=1}^{n_i}(x_{ij}-\bar{x}_i)^2+\sum_{i=1}^{k}\sum_{j=1}^{n_i}(\bar{x}_i-\bar{\bar{x}})^2 \end{aligned} \tag{7.3}$$

组间离差平方和(Sum of Squares for factor A,简称 SSA)是各组均值与总均值的误差平方和,反映各样本均值之间的差异程度,又称为因素平方和。其计算公式为

$$SSA=\sum_{i=1}^{k}\sum_{j=1}^{n_i}(\bar{x}_i-\bar{\bar{x}})^2=\sum_{i=1}^{k}n_i(\bar{x}_i-\bar{\bar{x}})^2 \tag{7.4}$$

组内平方和(Sum of Squares for Error,简称 SSE)是每个水平或组的各样本数据与其组均值的误差平方和,反映了每个样本各观测值的离散状况,即随机误差的大小。计算公式为

$$SSE=\sum_{i=1}^{k}\sum_{j=1}^{n_i}(x_{ij}-\bar{x}_i)^2 \tag{7.5}$$

在本例中,

$$SST=(57-47.87)^2+(66-47.87)^2+\cdots+(40-47.87)^2=4164.6$$

$$\begin{aligned} SSA&=\sum_{i=1}^{4}n_i(\bar{x}_i-\bar{\bar{x}})^2=7\times(49-47.87)^2+5\times(59-47.87)^2\\ &\quad+6\times(48-47.87)^2+5\times(35-47.87)^2=1456.6 \end{aligned}$$

$$\begin{aligned} SSE&=\sum_{i=1}^{4}\sum_{j=1}^{n_i}(x_{ij}-\bar{x}_i)^2=\sum_{j=1}^{7}(x_{1j}-\bar{x}_1)^2+\sum_{j=1}^{5}(x_{2j}-\bar{x}_2)^2\\ &\quad+\sum_{j=1}^{6}(x_{3j}-\bar{x}_3)^2+\sum_{j=1}^{5}(x_{4j}-\bar{x}_4)^2=700+924+434+650=2708 \end{aligned}$$

上述三个平方和的关系为:$SST=SSA+SSE$

其中,SSA 反映了自变量(行业)对因变量(被投诉次数)的影响,称为自变量效应或因子效应;SSE 反映了除自变量对因变量的影响之外,其他随机因素对观测变量的总影响,被称为残差效应;SST 是对全部数据总误差平方和的度量,反映了自变量和随机变量的共同影响。

(4)计算统计量

由于各误差平方和的大小和观测值多少有关,为了消除观测值多少对误差平方和的影响,需要将其平均化,也就是用各平方和除以各自的自由度,结果称为均方(mean square)。其中,总离差平方和的自由度为 $n-1$,SSA 的自由度为 $k-1$,SSE 的自由度为 $n-k$,其中 n 为全部观测值的个数,k 为因素水平的个数。

$$MSA=\frac{\text{组间离差平方和}}{\text{自由度}}=\frac{SSA}{k-1}=\frac{1456.6}{4-1}=485.5$$

$$MSE=\frac{\text{组内离差平方和}}{\text{自由度}}=\frac{SSE}{n-k}=\frac{2708}{23-4}=142.5$$

接下来比较的是 MSA 和 MSE 的大小,二者作比得到需要的检验统计量 F。

当原假设为真时,二者的比值服从第一自由度为 $k-1$,第二自由度为 $n-k$ 的 F 分布,即

$$F=\frac{SSA/k-1}{SSE/n-k}=\frac{MSA}{MSE}\sim F(k-1,n-k) \tag{7.6}$$

计算 F 统计量的值，得 $F=\dfrac{MSA}{MSE}=\dfrac{485.5}{142.5}\approx 3.4$。

3. 统计决策

给定显著性水平 $\alpha=0.05$，查 F 分布表得临界值 $F_{\alpha}(k-1,n-k)=F_{0.05}(3,19)=3.13$。由于 $F=3.4>F_{0.05}(3,19)=3.13$，落入拒绝域，拒绝原假设。这说明不同行业对投诉次数有显著影响。

4. 制作方差分析表

表 7.3　方差分析表的一般形式

误差来源	平方和	自由度	均方	F 值	P 值	F 临界值
组间（因素）	SSA	$k-1$	MSA	MSA/MSE		
组内（误差）	SSE	$n-k$	MSE			
总和	SST	$n-1$				

为了使得计算过程更加清晰，通常将上述过程的内容列在一张表内，这就是方差分析表，如表 7.3 所示。

5. 软件实现

采用 SPSSAU 软件，点击左侧【通用方法→方差】，将“行业”拖入“X(定类)”，将“投诉次数”拖入“Y(定量)”，右上角选择默认的“方差分析”，点击【开始分析】。如图 7.1 所示。

图 7.1　方差分析的操作窗口

表 7.4　方差分析中间过程和结果

方差分析中间过程值

项	差异	平方和	自由度	均方	F ·	P 值 ·
投诉次数	组间	1456.609	3	485.536	3.407	0.039
	组内	2708.000	19	142.526		
	总计	4164.609	22			

方差分析结果

分析项	项	样本量	平均值	标准差	F ·	P ·
投诉次数	家电制造业	5	59.00	12.75	3.407	0.039*
	旅游业	6	48.00	13.59		
	航空公司	5	35.00	10.42		
	零售业	7	49.00	10.80		
	总计	23	47.87	13.76		

* $P<0.05$ ** $P<0.01$

从表 7.4 可知，利用方差分析（全称为单因素方差分析）去研究行业对于投诉次数的差异性，从上表可以看出：不同行业样本对于投诉次数全部均呈现出显著性（$p<0.05$），意味着不同行业样本对于投诉次数均有着差异性。具体分析可知：行业对于投诉次数呈现出 0.05 水平显著性（$F=3.407$，$p=0.039$），以及具体对比差异可知，有着较为明显差异的组别平均值得分对比结果为"家电制造业>航空公司"（同时也可以使用折线图进行直观展示）。总结可知：不同行业样本对于投诉次数全部均呈现出显著性差异。

二、单因素方差分析的进一步分析

1. 方差齐性检验

方差齐性检验是对控制变量不同水平下各观测变量总体的方差是否相等进行分析。前面提到，控制变量不同水平下观测变量总体方差无显著差异是方差分析的前提条件。如果没有满足这个前提要求，就不能对各总体分布有无显著差异进行判断。因此，有必要对方差是否齐性进行检验。原假设是方差齐性，备择假设是方差非齐性。

2. 事后多重比较检验

单因素方差分析的基本分析只能判断控制变量是否对观测变量产生了显著影响。如果控制变量确实对观测变量产生了显著影响，进一步还需要确定控制变量的不同水平对观测变量的影响程度如何，其中哪个水平的作用明显区别于其他水平，哪个水平的作用是不显著的，等等。例如，如果知道不同的广告形式对销售额有影响，那么还需要了解电视广告，短视频广告，广播广告对销售额的影响是否有差异，其中哪种广告对销售额的影响显著，哪种广告对销售额的影响不显著等等，掌握了这些重要的信息就能够帮助商家制定合理的广告方案，提高商品的销售额。

多重比较检验利用了全部观测变量值，利用各种方法避免一类错误概率的扩大，巧妙地实现了对各个水平下观测变量总体均值的逐对比较。多重比较检验的零假设是，相应两水平下观测变量总体的均值不存在显著差异。下一步的核心任务就是构造检验统计量。下面介绍两种常见的检验统计量。

(1)LSD 方法

LSD 方法称为最小显著性差异（Least Significant Difference，简称 LSD）法。最小显著性差异法的含义是不同水平间的均值只要存在一定程度的微小差异就可能被检验出来。LSD 方法的检验统计量为 t 统计量，定义为

$$t=\frac{(\bar{x}_i-\bar{x}_j)-(\mu_i-\mu_j)}{\sqrt{MSE(\frac{1}{n_i}+\frac{1}{n_j})}} \tag{7.7}$$

式(7.7)中，MSE 为组内方差。这里的 t 检验统计量服从自由度为 $n-k$ 的 t 分布。

(2)Bonferroni 校正（方法）

Bonferroni 校正（方法）与 LSD 方法基本相同。不同的是，Bonferroni 对犯第一类错误的概率进行了控制。在每次两两组的检验中，它将显著性水平 α 除以两两检验的总次数 N（即 α/N），使得显著性水平缩小到原有的 N 分之一，从而总体上控制了犯第一类错误的概率。于是，两总体均值差的置信区间为

$$(\bar{x}_i-\bar{x}_j)\pm t_{\frac{\alpha}{N}}(n-k)\sqrt{MSE(\frac{1}{n_i}+\frac{1}{n_j})} \tag{7.8}$$

(3)Tukey 方法

与 LSD 方法有所不同，Tukey 方法中采用的检验统计量是 q 统计量，它定义为

$$q=\frac{(\bar{x}_i-\bar{x}_j)-(\mu_i-\mu_j)}{\sqrt{\frac{MSE}{r}}} \tag{7.9}$$

式(7.9)中,MSE 为组内方差,r 为各水平下观测值的个数。

可见,Tukey 方法仅适用于各水平下观测值个数相等的情况。q 统计量服从自由度为$(k,n-k)$的 q 分布。而且,Tukey 方法适用于各总体方差相等的情况。

3. 软件实现

(1)方差齐性检验

采用 SPSSAU 软件,点击左侧【通用方法→方差】,右上角选择默认的“方差齐”,将“行业”拖入“X(定类)”,将“投诉次数”拖入“Y(定量)”,点击【开始分析】。如图 7.2 所示。

图 7.2 方差齐检验操作图

表 7.5 方差齐性检验

项	行业(标准差)				F ·	P ·
	家电制造业($N=5$)	旅游业($N=6$)	航空公司($N=5$)	零售业($N=7$)		
投诉次数	12.75	13.59	10.42	10.80	0.195	0.898

* $P<0.05$ ** $P<0.01$

从表 7.5 可知,使用方差齐性检验,去检验各个组别数据的波动情况(标准差)是否有

明显的差异,不同行业样本对于投诉次数全部均不会表现出显著性($p>0.05$),意味着不同行业样本数据的波动性均呈现出一致性,并没有差异性。因而此类数据可放心使用方差分析。总结可知:不同行业样本对于投诉次数全部均有着方差齐性。满足使用方差分析前提要求。

(2)事后多重比较

点击左侧【进阶方法→事后多重比较】,右侧选择“*LSD* 方法(默认)”,将“行业”拖入“X(定类)”,将“投诉次数”拖入“Y(定量)”,点击【开始分析】。如图 7.3 所示。

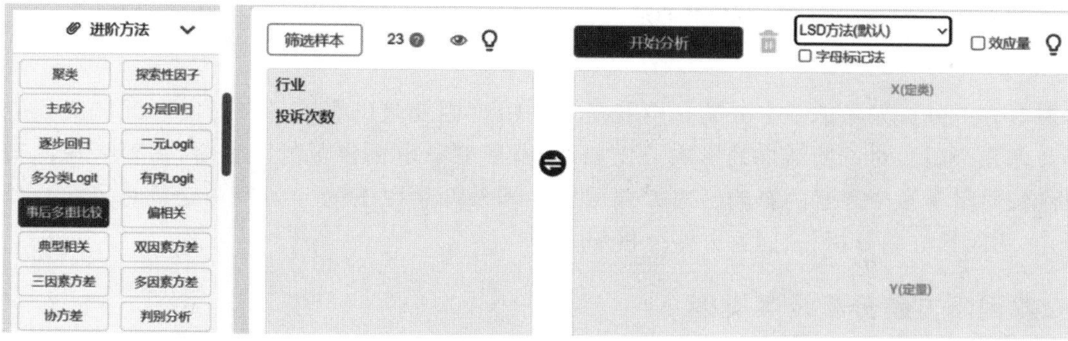

图 7.3 事后多重比较的操作窗口

表 7.6 不同行业对投诉次数影响的事后多重比较结果

项	(I)名称	(J)名称	(I)平均值	(J)平均值	差值(I－J)	P
投诉次数	家电制造业	旅游业	59.000	48.000	11.000	0.145
	家电制造业	航空公司	59.000	35.000	24.000	0.005**
	家电制造业	零售业	59.000	49.000	10.000	0.169
	旅游业	航空公司	48.000	35.000	13.000	0.088
	旅游业	零售业	48.000	49.000	－1.000	0.882
	航空公司	零售业	35.000	49.000	－14.000	0.060

* $P<0.05$ ** $P<0.01$

从之前的表 7.4 可知，不同行业样本对于投诉次数全部均呈现出显著性($p<0.05$)，意味着不同行业样本对于投诉次数均有着差异性。需要进行事后检验分析。

如表 7.6 所示，不同行业样本对于投诉次数均呈现出显著性差异，具体进行 LSD 方法：行业对于投诉次数呈现出 0.05 水平显著性($F=3.407$，$p=0.039$)，有着较为明显差异的组别平均值得分对比结果为“家电制造业＞航空公司”。图 7.4 的事后多重比较对比图也得到印证。

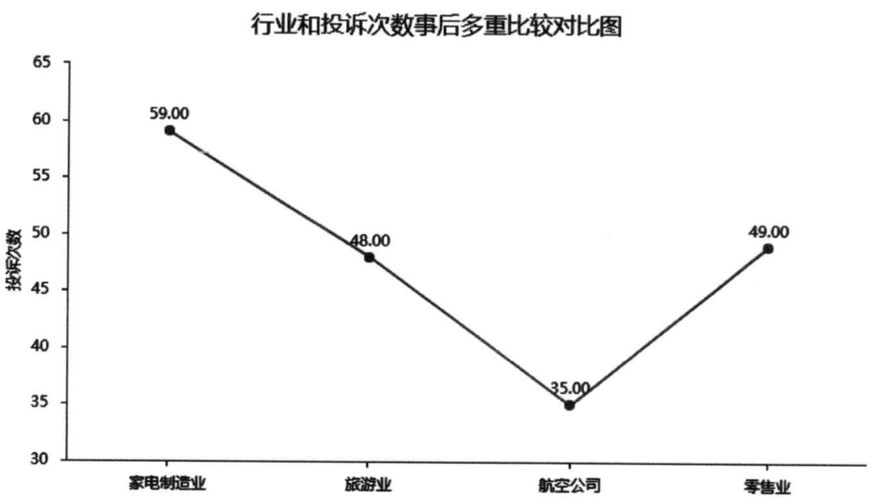

图 7.4 不同行业和投诉次数的事后多重比较对比图

第三节　双因素方差分析

单因素方差分析只考虑一个分类型自变量对数值型因变量的影响。在对实际问题的研究中，有时需要考虑几个因素对试验结果的影响。比如，分析影响彩电销售量的因素时，需要考虑品牌、销售地区、价格、质量等多个因素的影响。当方差分析中涉及两个以上的分类型自变量时，称为多因素方差分析，有两因素方差分析、三因素方差分析等。

一、双因素方差分析及其类型

当方差分析中涉及两个分类型自变量时，称为双因素方差分析。例如分析品牌和地区对彩电销售量的影响。

【例 7.2】 有四个品牌的彩电在五个地区销售，为分析彩电的品牌和销售地区对销售量是否有影响，取得每个品牌在各个地区的销售量的数据，如表 7.7 所示。试分析品牌和销售地区对彩电的销售量是否有显著影响。

表 7.7　四个品牌五个地区的销售量

品　牌	地区 1	地区 2	地区 3	地区 4	地区 5
品牌 1	365	350	343	340	323
品牌 2	345	368	363	330	333
品牌 3	358	323	353	343	308
品牌 4	288	280	298	260	298

分析：品牌和地区是两个分类型自变量，销售量是一个数值型因变量。同时分析品牌和销售地区对销售量的影响，分析究竟是一个因素在起作用，还是两个因素都起作用，或者是两个因素都不起作用，这就是双因素方差分析问题。

在双因素方差分析中，由于有两个影响因素，比如，彩电的“品牌”因素和“地区”因素，如果“品牌”因素和“地区”因素对销售量的影响是相互独立的，我们分别判断这两个因素对销售量的影响，这时的双因素方差分析称为无交互作用的双因素方差分析，或称为无重复双因素分析；如果除了“品牌”因素和“地区”因素对销售量各自的影响之外，两个因素的交互作用对销售量产生一种新的影响效应，这时的双因素方差分析称为有交互作用的双因素方差分析，或称为可重复双因素分析。

二、无交互作用的双因素方差分析

1. 数据结构

在无交互作用的双因素方差分析中，由于有两个因素，在获取数据时，需要将一个因素安排在“行”的位置，称为行因素；另一个因素安排在“列”的位置，称为列因素。设行因素有 k 个水平，列因素有 r 个水平。行因素和列因素的每一个水平都可以搭配成一组，观察它们对试验指标的影响，共抽取 kr 个观察数据，其数据结构如表 7.8 所示。

从表 7.8 可以看出，行因素有 k 个水平，列因素共有 r 个水平。每一个观察值 x_{ij} 可看作是由行因素的 k 个水平和列因素的 r 个水平所组合成的 $k \times r$ 个总体中抽取的容量为 1 的独立随机样本。这

$k \times r$ 个总体中的没有给总体都服从正态分布，且有相同的方差。

表 7.8　双因素方差分析的数据结构

项　　目		列因素(j)				平均值 $\bar{x}_{i.}$
		列 1	列 2	…	列^r	
行因素(i)	行 1	x_{11}	x_{12}	…	x_{1r}	$\bar{x}_{1.}$
	行 2	x_{21}	x_{22}	…	x_{2r}	$\bar{x}_{2.}$
	⋮	⋮	⋮		⋮	⋮
	行^k	x_{k1}	x_{k2}	…	x_{kr}	$\bar{x}_{k.}$
平均值 $\bar{x}_{.j}$		$\bar{x}_{.1}$	$\bar{x}_{.2}$	…	$\bar{x}_{.r}$	$\bar{\bar{x}}$

其中，$\bar{x}_{i.}$ 是行因素的第 i 个水平下各观察值的平均值，其计算公式为

$$\bar{x}_{i.}=\frac{\sum_{j=1}^{r}x_{ij}}{r}(i=1,2,\cdots,k) \tag{7.10}$$

$\bar{x}_{.j}$ 是列因素的第 j 个水平下各观察值的平均值，其计算公式为：

$$\bar{x}_{.j}=\frac{\sum_{i=1}^{k}x_{ij}}{k}(j=1,2,\cdots,r) \tag{7.11}$$

$\bar{\bar{x}}$ 是全部 $k \times r$ 个样本数据的总平均值，其计算公式为：

$$\bar{\bar{x}}=\frac{\sum_{i=1}^{k}\sum_{j=1}^{r}x_{ij}}{k \times r} \tag{7.12}$$

2. 分析步骤

与单因素方差分析类似，双因素方差分析也包括提出假设、构造检验的统计量、统计决策等步骤。

(1)提出假设。为了检验两个因素的影响，需要对两个因素分别提出如下假设。

对行因素提出的假设为：

$H_0:\mu_1=\mu_2=\cdots=\mu_k$　　行因素(自变量)对观测变量没有显著影响

$H_1:\mu_1,\mu_2,\cdots,\mu_k$ 不全相等　　行因素(自变量)对观测变量有显著影响

对列因素提出的假设为：

$H_0:\mu_1=\mu_2==\mu_r$　　列因素(自变量)对观测变量没有显著影响

$H_1:\mu_j(j=1,2,\cdots,r)$ 不全相等　　列因素(自变量)对观测变量有显著影响

(2)构造检验统计量。为检验 H_0 是否成立，需要分别检验行因素和列因素的统计量。与单因素方差分析构造统计量的方法一样，也需要从总误差平方和的分解入手。总误差平方和是全部样本观测值与总的样本平均值的误差平方和，记为 SST，即

$$\begin{aligned} SST &= \sum_{i=1}^{k}\sum_{j=1}^{r}(x_{ij}-\bar{\bar{x}})^2 \\ &= \sum_{i=1}^{k}\sum_{j=1}^{r}(\bar{x}_{i.}-\bar{\bar{x}})^2+\sum_{i=1}^{k}\sum_{j=1}^{r}(\bar{x}_{.j}-\bar{\bar{x}})^2+\sum_{i=1}^{k}\sum_{j=1}^{r}(x_{ij}-\bar{x}_{i.}-\bar{x}_{.j}+\bar{\bar{x}})^2 \end{aligned} \tag{7.13}$$

总离差平方和可以分解为行因素所产生的离差平方和、列因素所产生的离差平方和、剩余因素产生的离差平方和三部分。

行因素所产生的离差平方和，记为 SSR，即

$$SSR=\sum_{i=1}^{k}\sum_{j=1}^{r}(\bar{x}_{i.}-\bar{\bar{x}})^2 \tag{7.14}$$

列因素所产生的离差平方和，记为 SSC，即

$$SSC=\sum_{i=1}^{k}\sum_{j=1}^{r}(\bar{x}_{.j}-\bar{\bar{x}})^2 \tag{7.15}$$

第三项是除了行因素和列因素之外的剩余因素影响产生的误差平方和，称为随机误差项平方和，记为 SSE，即

$$SSE=\sum_{i=1}^{k}\sum_{j=1}^{r}(x_{ij}-\bar{x}_{i.}-\bar{x}_{.j}+\bar{\bar{x}})^2 \tag{7.16}$$

上述各平方和的关系为： $SST=SSR+SSC+SSE$

由于各误差平方和的大小和观测值多少有关，为了消除观测值多少对误差平方和的影响，需要将其平均化，也就是用各平方和除以各自的自由度，结果称为均方(mean square，简称 MSE)。其中，总离差平方和 SST 的自由度为 $kr-1$，行因素的误差平方和 SSR 的自由度为 $k-1$，列因素的误差平方和 SSC 的自由度为 $r-1$，随机误差平方和 SSE 的自由度为 $(k-1)\times(r-1)$。

为构造检验统计量，需要计算下列各均方：

行因素的均方，记为 MSR，即

$$MSR=\frac{SSR}{k-1} \tag{7.17}$$

列因素的均方，记为 MSC，即

$$MSC=\frac{SSC}{r-1} \tag{7.18}$$

随机误差项的均方，记为 MSE，即

$$MSE=\frac{SSE}{(k-1)(r-1)} \tag{7.19}$$

为检验行因素对因变量的影响是否显著，采用下面的统计量

$$F_R=\frac{MSR}{MSE}\sim F[k-1,(k-1)\times(r-1)] \tag{7.20}$$

为检验列因素对因变量的影响是否显著，采用下面的统计量

$$F_C=\frac{MSC}{MSE}\sim F[r-1,(k-1)\times(r-1)] \tag{7.21}$$

(3)统计决策。计算出检验的统计量后，根据给定显著性水平 α 和两个自由度，查 F 分布表得到相应的临界值 F_α，然后分别将 F_R 、F_C 和 F_α 进行比较：

如果 $F_R>F_\alpha$，则拒绝原假设 H_0，表明 $\mu_i(i=1,2,\cdots,k)$ 之间的差异是显著的。也就是说所检验的行因素对观测值有显著影响。

如果 $F_C>F_\alpha$，则拒绝原假设 H_0，表明 $\mu_j(j=1,2,\cdots,r)$ 之间的差异是显著的。也就是说所检验的列因素对观测值有显著影响。

上面讨论了双因素方差分析的计算步骤和过程。为了使得计算过程更加清晰，通常将上述过程的内容列成方差分析表，其一般形式如表 7.9 所示。

表 7.9　无交互作用的方差分析表的一般形式

误差来源	平方和	自由度	均方	F 值	P 值	F 临界值
行因素	SSR	$k-1$	MSR	$F_R=MSR/MSE$		
列因素	SSC	$r-1$	MSC	$F_C=MSC/MSE$		
误差	SSE	$(k-1)\times(r-1)$	MSE			
总和	SST	$n-1$				

3. 软件实现

根据例 7.2 的数据，分析“品牌”和“地区”对销售量是否有显著影响。

进入 SPSSAU，选择左边的【进阶方法→双因素方差】，将“品牌销售量”拖入“Y(定量)”，将“品牌”和“地区”拖入“X(定类，仅为 2 个)”。如图 7.5 所示。

图 7.5　双因素方差分析的操作图示

表 7.10　双因素方差分析结果

差异源	平方和	DF	均方	F	P
INTERCEPT	2157588.050	1	2157588.050	9012.795	0.000**
品牌	13004.550	3	4334.850	18.108	0.000**
地区	2011.700	4	502.925	2.101	0.144
RESIDUAL	2872.700	12	239.392		

R^2：0.839

* $P<0.05$ ** $P<0.01$

分析结果从表 7.10 可知，利用双因素方差分析去研究品牌和地区对于品牌销售量的影响关系，品牌呈现出显著性($F=18.108$，$p=0.000<0.05$)，说明主效应存在，品牌会对品牌销售量产生差异关系。具体差异可通过方差分析(单因素)进行具体分析。地区没有呈现出显著性($F=2.101$，$p=0.144>0.05$)，说明地区并不会对品牌销售量产生差异关系。

三、有交互作用的双因素方差分析

在上面的分析中，假定两个因素对因变量的影响是独立的，但如果两个因素搭配则会对因变量产生一种新的效应，这时就需要考虑交互作用对因变量的影响，这就是有交互作用的双因素方差分析。

【例 7.3】　城市道路交通管理部门为研究不同的路段和不同的时间段对行车时间的影响，让一名交通警察分别在两个路段的高峰期和非高峰期亲自驾车进行试验，通过试验共获得 20 个行车时间（分钟）的数据，如表 7.11 所示。试分析路段、时段以及路段和时段的交互作用对行车时间的影响。

表 7.11　不同时段和不同路段的行车时间（单位：分钟）

项　　目		路段（列变量）	
		路段 1	路段 2
时段（行变量）	高峰期	26	19
		24	20
		27	23
		25	22
		25	21
	非高峰期	20	18
		17	17
		22	13
		21	16
		17	12

设行变量有 k 个水平，比如表 7.11 中的行变量（时段）有 2 个水平，即高峰期和非高峰期；列变量有 r 个水平，比如表 7.11 中的列变量（路段）有 2 个水平，即路段 1 和路段 2；行变量中每一个水平（即每个样本的行数）的行数为 m，比如表 7.11 中的每一个水平行数各有 5 行；观察数据的总数为 n，比如表 7.11 中共有 $n=20$ 个数据。

与上述无交互作用的方差分析的方法类似，有交互作用的双因素方差分析也需要提出假设、构造检验统计量、统计决策等步骤。提出假设时，需要对行变量、列变量和交互作用变量分别提出假设，方法与上述类似，这里不再赘述。

分析：设 x_{ijl} 为对应于行因素的第 i 个水平和列因素的第 j 个水平的第 l 行的观察值；$\bar{x}_{i.}$ 为行因素的第 i 个水平的样本均值；$\bar{x}_{.j}$ 为列因素的第 j 个水平的样本均值；$\bar{x}_{ij}$ 为行因素的第 i 个水平和列因素的第 j 个水平组合的样本均值；$\bar{\bar{x}}$ 为全部 n 个观察值的总均值。

各平方和的计算公式为

总离差平方和（SST）

$$SST=\sum_{i=1}^{k}\sum_{j=1}^{r}\sum_{l=1}^{m}(x_{ijl}-\bar{\bar{x}})^2 \tag{7.22}$$

行变量的离差平方和（SSR）

$$SSR=rm\sum_{i=1}^{k}(\bar{x}_{i.}-\bar{\bar{x}})^2 \tag{7.23}$$

列变量的离差平方和（SSC）

$$SSC=km\sum_{j=1}^{r}(\bar{x}_{.j}-\bar{\bar{x}})^2 \tag{7.24}$$

行列交互作用的平方和（$SSRC$）

$$SSRC=m\sum_{i=1}^{k}\sum_{j=1}^{r}(\bar{x}_{ij}-\bar{x}_{i.}-\bar{x}_{.j}+\bar{\bar{x}})^2 \tag{7.25}$$

误差项的平方和（SSE）

$$SSE = SST - SSR - SSC - SSRC \tag{7.26}$$

有交互作用的双因素方差分析表的数据结构与表 7.11 类似，其方差分析表的一般形式如表 7.12 所示。

表 7.12　有交互作用的方差分析表的一般形式

误差来源	平方和	自由度	均方	F 值	P 值	F 临界值
行因素	SSR	$k-1$	$MSR=\frac{SSR}{k-1}$	$F_R=\frac{MSR}{MSE}$		
列因素	SSC	$r-1$	$MSC=\frac{SSC}{r-1}$	$F_C=\frac{MSC}{MSE}$		
交互作用	$SSRC$	$(k-1)\times(r-1)$	$MSRC=\frac{SSRC}{(k-1)(r-1)}$	$F_{RC}=\frac{MSRC}{MSE}$		
误差	SSE	$kr(m-1)$	$MSE=\frac{SSE}{kr(m-1)}$			
总和	SST	$n-1$				

软件实现：进入 SPSSAU 软件，选择左边的【进阶方法→双因素方差】，右边的窗口中，将“行车时间”拖入“Y(定量)”，将“时段”和“路段”拖入“X(定类，仅为 2 个)”，右上角选择“二阶效应”，点击【开始分析】，如图 7.6 所示。

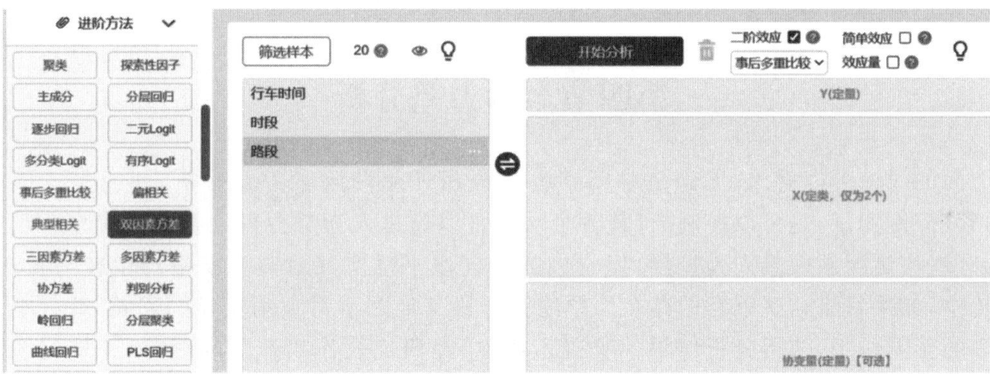

图 7.6　不同时间和不同时段的行车时间的双因素方差操作图

表 7.13　不同时间和不同时段的行车时间的双因素方差分析结果

差异源	平方和	DF	均方	F	P
INTERCEPT	8201.250	1	8201.250	2076.266	0.000**
时段	174.050	1	174.050	44.063	0.000**
路段	92.450	1	92.450	23.405	0.000**
时段 * 路段	0.050	1	0.050	0.013	0.912
RESIDUAL	63.200	16	3.950		

R^2：0.808

* $P<0.05$ ** $P<0.01$

从表 7.13 可知，利用双因素方差分析去研究时段和路段对于行车时间的影响关系，可以看出：时段呈现出显著性（$F=44.063$，$p=0.000<0.05$），说明主效应存在，时段会对行车时间产生差异关系。

具体差异可通过方差分析（单因素）进行具体分析。路段呈现出显著性（$F=23.405$，$p=0.000<0.05$），说明主效应存在，路段会对行车时间产生差异关系。具体差异可通过方差分析（单因素）进行具体分析。时段和路段之间没有呈现出显著性（$F=0.013$，$p=0.912>0.05$），说明二者之间不存在二阶效应，从图 7.7 均值对比图也可以印证。

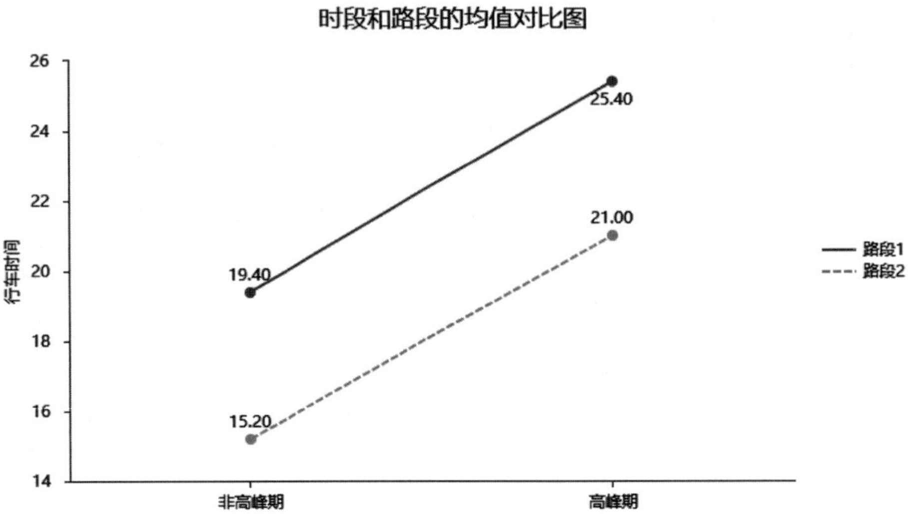

图 7.7　时段和路段的均值对比图

第四节　协方差分析

通过上面的讨论可以看出，无论是单因素方差分析还是两因素方差分析，亦或是三因素方差分析，控制因素（控制变量）是可以控制的，其各个水平可以通过人为努力得到控制和确定。但在许多实际问题中，有些控制因素很难人为控制，但它们的不同水平确实又对观测变量产生较为显著的影响。在方差分析中，如果忽略这些因素的存在而单纯去分析其他因素对观测变量的影响，往往会夸大或缩小其他因素的影响作用，使得分析结果不准确。比如，在研究农作物产量问题时，如果仅考察不同施肥量、品种对农作物产量的影响，不考虑不同地块等因素而进行方差分析，显然是不全面的。因为事实上有些地块可能有利于农作物的生长，而另一些却不利于农作物生长。不考虑这些因素进行分析得出的结论很可能是不准确的。因为农作物产量在一定程度上是受到不同地块等其他因素影响的。

一、协方差分析模型

因此，为更加准确地研究控制变量不同水平都观测变量的影响，应尽可能排除其他可能因素对分析结论的影响。例如，尽量排除地块对农作物产量的影响。可以通过设计科学的实验方案（如拉丁方实验等），对数据获取的过程和方式等加以控制，也可以从方法入手，在数据分析时利用有效的分析方法对影响因素加以控制。

协方差分析就是将那些很难人为控制的控制因素作为协变量，并在排除协变量对观测变量影响的条件下，分析控制变量对观测变量的作用，从而更加准确地对控制因素进行评价。

那么如何排除协变量对观测变量的影响呢？在协方差分析中，协变量一般是数值型变量。因此，协方差分析便涉及两种类型的控制变量，即分类型和数值型控制变量。其中，如果将控制变量看作解释变量，观测变量看作被解释变量，那么协方差分析方法便是一种介于方差分析和线性回归分析之间的分析方法。于是可参照回归分析中对解释变量的处理方式来处理协变量。另外协方差分析中通常要求多个协变量之间无交互作用，且观测变量与协变量间有显著的线性相关关系。

单因素协方差分析的数学模型是

$$x_{ij}=\mu+\alpha_i+\beta z_{ij}+\varepsilon_{ij} \tag{7.27}$$

式中，x_{ij} 是在水平 A_i 下第 j 次试验的样本均值；μ 为观测变量期望值；α_i 是控制变量水平 A_i 对试验结果产生的附加影响，是水平 A_i 对观测变量产生的效应；β 是回归系数；z_{ij} 是水平下的第 j 次试验的样本均值对应的协变量值；ε_{ij} 为抽样误差，是服从正态分布的独立随机变量。

协方差分析仍然沿用方差分析的思想，并在分析观测变量变差时，考虑了协变量的影响，认为观察变量的变动受到四个方面的影响，即控制变量的独立作用、控制变量的交互作用、协变量的作用和随机因素的作用，并在扣除协变量的影响后，再分析控制变量对观测变量的影响。方差分析的零假设是，协变量对观测变量的线性影响不显著，在协变量影响排除的条件下，控制变量各水平下观测变量的总体均值无显著差异。检验统计量仍然采用 F 统计量，它们是各均方与随机因素引起的均方之比。

二、案例分析和软件操作

【例 7.4】 为研究三种不同饲料对生猪体重增加的影响，将生猪随机分成三组，各喂养不同的饲料，得到喂养后的体重增加数据（spss 数据文件：生猪和饲料 . sav）。由于生猪体重的增加理论上会受到猪自身身体条件的影响，于是收集生猪喂养前体重的数据，作为自身身体条件的测量指标。为准确评价饲料的优劣，采用单因素协方差分析的方法进行分析。这里，猪的体重增量为观测变量，饲料为控制变量，猪喂养前的体重为协变量。

软件分析：进入 SPSSAU 软件，选择左边的【进阶方法→协方差】，右边的窗口中，将“喂养后的体重增加”拖入“Y（定量）”，将“饲料种类”拖入“X（定类，至少 1 个）”，右上角选择“平行性检验”，点击【开始分析】，如图 7.8 所示，结果分析如表 7.14 所示。为了进行对比分析，接着将“喂养前体重”拖入“协变量（定量）”，结果分析如表 7.15 所示。

图 7.8　协方差的操作图

表 7.14　不考虑协变量的协方差分析结果

差异源	平方和	DF	均方	F	P
INTERCEPT	204057.042	1	204057.042	3460.339	0.000**
饲料种类	1317.583	2	658.792	11.172	0.000**
RESIDUAL	1238.375	21	58.970		

R^2：0.515

* $P<0.05$ ** $P<0.01$

由表 7.14 可知，不添加协变量"喂养前体重"的话，方差分析结果显示，饲料种类对喂养后的体重增加有显著影响($F=11.172, p\ll 0.05$)。

表 7.15　考虑协变量的协方差分析结果

差异源	平方和	DF	均方	F	P
INTERCEPT	706.385	1	706.385	70.805	0.000**
饲料种类	24.466	2	12.233	1.226	0.317
喂养前体重	830.415	1	830.415	83.237	0.000**
饲料种类 * 喂养前体重	48.038	2	24.019	2.408	0.118
RESIDUAL	179.576	18	9.976		

R^2：0.930

* $P<0.05$ ** $P<0.01$

从表 7.15 可知，研究饲料种类对于喂养后体重增加的差异关系，并且为了防止其他因素对于模型带来干扰，因而将喂养前体重作为协变量纳入模型中进行协方差分析。并且在分析时考虑平行性检验，如果交互项间呈现出显著性，则说明没有通过平行性检验，此时可考虑将对应的协变量移出模型，再次进行分析。由分析结果可知，喂养前体重对喂养后体重增加有显著影响，排除喂养前体重的干扰，饲料种类对喂养后体重增加没有显著影响($F=1.226, p=0.317$，大于显著性水平 0.05，无法拒绝原假设)。而且，喂养前体重和饲料种类之间的交互效应不显著，协方差变量可以保留在模型中。

本章小结

本章介绍了方差分析的有关知识。方差分析是检验多个总体均值是否相等的一种统计方法。方差分析(ANOVA)就是通过检验各总体的均值是否相等来判断分类型自变量对数值型因变量是否有显著的影响。方差分析表是方差分析最直观的体现。

根据所涉及的分类自变量的多少有单因素方差分析和双因素方差分析。单因素方差分析是研究一个分类型自变量与一个数值型因变量之间的关系。双变量方差分析则是研究两个分类的自变量同数值型因变量之间的关系。当所研究的两个因素之间无交互作用时，称为无交互作用的双因素方差分析；当所研究的两个因素之间有交互作用时，称为有交互作用的双因素方差分析。

协方差分析是将那些很难人为控制的控制因素作为协变量，并在排除协变量对观测变量影响的条件下，分析控制变量对观测变量的作用，从而更加准确地对控制因素进行评价。

思考与练习

思考题

1. 什么是方差分析？

2. 方差分析包含哪些类型？它们有何区别？

3. 简述方差分析的思想。

4. 简述方差分析的基本步骤。

5. 解释无交互作用和有交互作用的双因素方差分析。

6. 简述协方差分析的思想。

练习题

1. 下面数据是学生使用 A、B、C 三种不同资料后考试取得的成绩，用这些数据验证三种资料对学生的帮助有无显著差异。

A	B	C
78	80	71
69	88	66
82	85	68
76	82	76

2. 某家电制造公司准备购进一批 5 号电池，现有 A、B、C 3 个电池生产企业愿意供货，为比较它们生产的电池质量，从每个企业各随机抽取 5 只电池，经试验得出其寿命（小时）数据。

试验号	电池生产企业		
	A	B	C
1	50	32	45
2	50	28	42
3	43	30	38
4	40	34	48
5	39	26	40

试分析 3 个企业生产的电池的平均寿命之间有无显著性差异。如果有差异，用 LSD 方法（事后多重比较）检验哪些企业之间有差异。

3. 有 5 种不同品种的种子和 4 种不同的施肥方案，在 20 块同样面积的土地上，分别采用 5 种种子和 4 中施肥方案搭配进行试验，取得的收获量数据如表所示。

品种	施肥方案			
	1	2	3	4
1	12.0	9.5	10.4	9.7
2	13.7	11.5	12.4	9.6
3	14.3	12.3	11.4	11.1
4	14.2	14.0	12.5	12.0
5	13.0	14.0	13.1	11.4

检验种子的不同品牌对收获量的影响是否显著，不同施肥方案对收获量的影响是否有显著差异（$\alpha=0.05$）。

4. 为研究食品包装和销售地区对销售量的是否有影响，在3个不同地区用3种不同包装方法进行销售，获得的销售量数据如表所示。

销售地区(A)	包装方法(B)		
	B_1	B_2	B_3
A_1	45	75	30
A_2	50	50	40
A_3	35	65	50

检验不同地区和不同包装方法对该食品的销售量是否有显著影响（$\alpha=0.05$）。

5. 为检验广告媒体和广告方案对产品销售量的影响，一家营销公司做了一项试验，考察3种广告方案和2种广告媒体，获得的销售量数据如表所示。

广告方案	广告媒体	
	印刷媒体	电子媒体
A	8	12
	12	8
B	22	26
	14	30
C	10	18
	18	14

检验广告方案、广告媒体或其交互作用对销售量影响是否显著。（$\alpha=0.05$）

著名统计学家：罗纳德·费歇尔

罗纳德·费希尔（Ronald Fisher，1890—1962年），英国统计与遗传学家，现代统计科学的奠基人之一。1909年，费希尔赢得了赴往剑桥大学冈维尔与凯斯学院就读的奖学金，并主修农业。在剑桥的期间，费希尔学习到了孟德尔遗传学。当时流行的优生学思想，也是费希尔所关注的议题。他更将社会上的人口问题，视为包含遗传学与统计学在内的科学。1911年，他与当时的一些名人，如经济学家凯恩斯、遗传学家庞尼特（R. C. Punnett），以及工程师霍勒斯·达尔文（Horace Darwin，查尔斯·达尔文之子），一起建立了剑桥大学优生学学会（Eugenics Society）。1919年他任职于一个农业实验所（Rothamsted Experimental Station）。费希尔除了在其中担任一名统计员之外，所长约翰·罗素（John Russell）让他设立了一个统计实验室。之后费希尔便开始对多年来所收集的大量资料进行深入研究，并且将成果写成一系列题为《收成变异之研究》（Studies in Crop Variation）的论文。他负责的主要工作是植物播殖实验的设计，希望透过尽量少的时间、成本与工作量，得到尽量多的有用资讯；另外是要整理该实验场60年来累积的实验资料。Fisher在这里发展他的变异数分析理论，研究假说测试，并且提出实验设计的随机化原则，使得科学试验可以同时进行多参数之检测，并减少样本偏差。他在1925所著《研究工作者的统计方法》（Statistical Methods for Research Workers）影响力超过半世纪，遍及全世界。

第八章　相关与回归分析

“前人栽树，后人乘凉”。

——中国古谚语

引例：父代与子代的关系

弗朗西斯・高尔顿(Francis Galton，1822－1911 年)，英国科学家和探险家。他的学术研究兴趣广泛，包括人类学、地理、数学、力学、气象学、心理学、统计学等方面。他是查尔斯・达尔文的表弟，深受其进化论思想的影响，把该思想引入到人类研究。他着重研究个别差异，从遗传的角度研究个别差异形成的原因，开创了优生学。他关于人类官能的研究开辟了个体心理和心理测验研究的新途径。从 1884 年起，高尔顿开设了一个人类学测量室。在那里人们可以测量出自己的身高、体重、握力等多种生理指标。在六年时间里，该实验室共收集了 9337 位男女的详细资料，为人类个体差异研究提供了大量数据。

弗朗西斯・高尔顿爵士被誉为现代回归和相关技术的创始人，他也是指纹现象的“发现者”。1875 年，高尔顿利用豌豆实验来确定尺寸的遗传规律，通过实验结果对比，原始的豌豆种子(父代)与新长出的豌豆种子(子代)的尺寸，结果发现尺寸小的豌豆种子会得到更大的子代，尺寸大的豌豆种子会得到较小的子代，这种现象被称为返祖现象，后来称之为“向平均回归”。后来高尔顿在伦敦成立了生物统计实验室，邀请不同的家庭来做测量，搜集身高、体重数据，结果发现：非常高的父亲，其儿子往往要比父亲矮一些，非常矮的父亲，其儿子往往要比父亲高一些。不只是人类身高存在着向平均数回归的现象，几乎所有的科学观察都着了魔似的向平均数回归。向平均数回归是一种保持稳定性的现象，它使得某给定物种代际之间大致相同。高尔顿发现了这种关系的一种数学测度，他称之为“相关系数”。

这一章我们将进入相关与回归分析的学习。相关分析是通过事物之间不确定的相关关系的度量，可以通过相关图、相关系数等进行测量。回归分析是在相关分析的基础上，确定因变量和自变量，构建回归方程并对其进行估计，用于未来的预测。相关分析是回归分析的基础和前提，回归分析是相关分析的深入和继续。回归分析也将从一元线性回归着手，了解多元线性回归和 Logistic 回归。

第一节　相关分析

一、相关关系的概念和作用

(一)相关关系的概念和特点

一切客观事物都是互相联系的。而且每一事物的运动都和它周围的其他事物互相联系、互相影响。客观现象间的这种互相联系，可以通过一定的数量关系来测定并把它反映出来。如年龄与人的生命力之间，消费支出与居民收入水平之间，劳动生产率与产品成本之间，投入与产出之间等等，都存在着一定的依存关系。客观现象之间存在的互相依存关系叫相关关系。对现象之间相关关系密切程度的研究，叫相关分析。

相关关系具有如下两个特点：

1. 现象之间确实存在着数量上的依存关系。

如果一个现象发生数量上的变化，则另一个现象也会相应地发生数量上的变化。例如商品流通费用增加，一般来讲，商品销售额也会随之而增加；反过来，如果商品销售额增加，一般情况下商品流通费用也会相应地增加。另外，身高与体重、播种面积与粮食产量等等都存在着数量上的依存关系。

在互相依存的两个变量中，可以根据研究的目的，把其中一个变量确定为自变量(原因变量)，把另一个对应变化的变量确定为因变量(结果变量)。例如可以把身高作为自变量，则体重就是因变量，也可以把体重作为自变量，此时身高就是因变量。

2. 现象之间数量上的关系是不确定、不严格的依存关系。

相关关系的全称为统计相关关系，它属于变量之间的一种不完全确定的关系。这意味着一个变量虽然受另外一个(或一组)变量的影响，却并不由这一个(或一组)变量完全确定。

例如，身高为 1.7 米的人其体重有许多个值；体重为 60 公斤的人，其身高也有许多个值；再如，产品单位成本和劳动生产率的水平变动之间存在着一定的依存关系，但是除了劳动生产率的水平变动以外，还会受到原材料消耗、固定资产折旧、能源耗用以及管理费用等诸因素变动的影响，等等。故身高与体重之间、产品单位成本和劳动生产率的水平变动之间，均没有完全严格确定的数量关系存在。

由此可见，相关关系是现象间客观确实存在的，但其数值是不严格、不完全确定的相互依存关系。

(二)相关关系与函数关系的区别

函数关系是变量之间的一种严格、完全确定性的关系，即一个变量的数值完全由另一个(或一组)变量的数值所确定和控制。函数关系通常可以用数学公式确切地表示出来。例如圆周长度 L 与圆半径 r 之间存在函数关系。但相关关系一般不是完全确定的，对自变量的一个值，与之对应因变量的值不是唯一的。相关关系一般不能用数学公式准确地表示出来。它们既存在着密切的关系，但又不能由一个或几个变量的数值精确地求出另一个变量的值(这个变量实际上就是随机变量)。

造成这种情况的原因是：影响一个变量的因素是很多的，其中有些因素是属于人们一时还没有认识和掌握的，也有一些因素是已经认识但是暂时还无法控制和测量它。另外，有些因素虽然可以控制和测量，但在测定这些变量的数值时，或多或少地都会有误差，所有这些偶然因素的综合作用造成了变量之间关系的不确定性。所以相关关系与函数关系是有区别的。

函数关系与相关关系虽然是两种不同类型的变量关系，但是它们之间并无严格的界限，由于有测量误差等原因，确定性关系在实际应用中往往通过相关关系表现出来；反之，当人们对事物的内部规律了解得更深刻的时候，相关关系又可能转化为确定性关系，即函数关系。

必须注意到，作为研究对象的现象或事物之间的关系，在任何情况下，都应该是客观真实，具有内在联系的关系，决不能是臆造，或只不过是形式上偶然的巧合。统计在研究相关关系时，应根据有关科学理论，通过大量的观察和试验，在对现象进行深入分析的基础上，建立这种联系，并且还要经过理论和实践的进一步检验。只有这样，才会得到科学的结论。

(三)相关分析的作用

在社会经济统计中相关分析方法的作用大致可以归纳为以下几点：

1. 确定现象之间有无关系。判断现象间是否存在着依存关系是相关分析的起始点。只有存在互相依存关系时，才有必要采用相关分析去研究。如果没有这种关系，就没有必要用相关分析去研究。

2. 确定相关关系的表现形式。只有判明了现象间相互关系的具体表现形式，才能运用相应的相关分析方法去解决。如果把曲线相关误认为是直线相关，按直线相关来进行分析，则无疑要导致错误的结论。

3. 判定相关关系的密切程度和方向。现象之间的相关关系是一种不严格、不确定的数量关系，相关分析就是从这种松散的数量关系中，判定其相关关系的密切程度和方向。

二、相关关系的种类

(一)根据依存关系的情况划分

1. 因果关系。因果关系又具体分为两类：①单向依存关系。自变量、因变量区分明确，不能互相转化。例如合理的施肥量影响粮食产量，不是粮食产量影响施肥量，即施肥量是原因变量(自变量)，粮食产量是结果变量(因变量)。②互为因果关系。自变量、因变量区分不明确，可以互相转化。例如纤维的拉伸倍数与强度就是互为因果关系，在研究分析时，若以强度为目标，则强度就是因变量；若以拉伸倍数为目标，则强度就成为自变量了。

2. 分不清因果的依存关系。有些现象之间难以区分原因变量和结果变量。如工业增加值与耗电量之间是有依存关系的，但是谁是因谁是果却不能明显分清。这种情况下，根据研究的需要，可以把某一个定为因变量，也可以把另一个定为因变量。

(二)根据变量的多少划分

1. 单相关。单相关是指两个变量之间的相关关系。例如大学生消费支出与大学生可支配收入之间的关系。

2. 复相关。复相关是指三个或三个以上的变量之间的相关关系。例如，国内生产总值与外汇储备额以及进出口总额之间的相关关系。

(三)根据相关的形式不同划分

1. 线性相关。当相关关系的一个变量变动时，另一个变量也相应地发生一致的基本均等的变动，这种相关关系称为线性相关。

2. 非线性相关。当相关关系的一个变量变动时，另一个变量也相应地发生变动，但这种变动是不均等的，这种相关关系就称为非线性相关。非线性相关又称为曲线相关。

(四)根据相关关系的程度划分

1. 不相关。如果变量间彼此的数量变化互相独立，则其关系为不相关。

2. 完全相关。如果一个变量的数量变化由其他变量的数量变化所唯一确定，此时变量间的关系称为完全相关。这种情况下，相关关系实际上是函数关系。所以，函数关系是相关关系的一种特殊情况。

3. 不完全相关。如果变量间的关系介于不相关和完全相关之间，则称为不完全相关。大多数相关关系属于不完全相关。

(五)根据相关关系的方向划分

1. 正相关。正相关是指变量之间的变化方向一致，即都是呈增长或下降的趋势。

2. 负相关。负相关是变量之间变化趋势相反，即一个下降而另一个上升，或一个上升而另一个下降。

三、相关关系的判断

相关分析的主要目的就是对现象间相互关系的密切程度和变化规律有一个具体的数量观念，为进一步找出相互关系的模式，以便进行统计预测和推算及制定计划、决策等提供统计资料。

(一)定性分析

要分析说明现象之间相关关系的具体数量表现，首先要根据对客观事物的定性认识来判断。任何事物都有质的规定性,它表明了事物自身和其他事物的联系。对事物的这种质的规定性的认识和分析,就是定性分析。按照人们认识的一般顺序,先有对事物和现象的定性判断,才能据此进行量的分析和判断。

若通过对客观现象和事物的定性分析,判明了它们之间没有什么关系,就用不着进行相关分析了。然而,定性分析往往不准确,如果现象之间确实存在着依存关系时,必然会贻误对现象的认识和研究。因此,除搞好定性分析外,对现象之间有无相关关系作出定量判断,是相关分析十分重要的一项工作。

(二)相关表

研究现象之间的依存关系,首先要通过实际调查取得一系列成对的数据,作为相关分析的原始资料。将某一变量按其数据大小顺序排列,然后再将与其相关的另一变量的对应值平行排列,便可得到简单的相关表。通过相关表可以初步看出相关关系的形式、密切程度和相关方向。

相关表主要有以下几种:

1. 简单相关表。按两列成对的变量数值编制的统计表,称为简单相关表。

【例 8.1】 为了分析中国各地区农村居民人均消费支出的差异,收集了 2022 年各地区的有关数据(已经按农村居民人均可支配收入水平排序),如表 8.1 所示。

从表 8.1 可以直观地看出,虽然某些地区的农村居民人均消费支出有所波动,但是从整体上看,农村居民人均可支配收入越高,农村居民人均消费支出也越多,两者之间可能存在一定的正相关关系。

表 8.1 2022 年各地区农民居民人均可支配收入与人均消费支出

地　区	农村居民 人均可支配收入 (元)	农村居民 人均消费支出 (元)	地　区	农村居民 人均可支配收入 (元)	农村居民 人均消费支出 (元)
甘肃省	12165	11494	河北省	19364	16271
贵州省	13707	13172	湖南省	19546	18078
青海省	14456	12516	安徽省	19575	17980
云南省	15147	13309	内蒙古自治区	19641	15444
陕西省	15704	14094	湖北省	19709	18991
山西省	16323	12091	辽宁省	19908	14326
宁夏回族自治区	16430	12825	江西省	19936	16984
新疆维吾尔自治区	16550	12169	山东省	22110	14687
广西壮族自治区	17433	14658	广东省	23598	20800
吉林省	18134	12729	福建省	24987	20467
西藏自治区	18209	11139	江苏省	28486	22597
黑龙江省	18577	15162	天津市	29018	18934
四川省	18672	17199	北京市	34754	23745
河南省	18697	14824	浙江省	37565	27483
海南省	19117	15145	上海市	39729	27430
重庆市	19313	16727			

2. 分组相关表。如果原始资料很多，简单相关表来表示就很难使用了。这时就要将原始资料进行分组整理，然后再编制相关表，这种相关表称为分组相关表。分组相关表包括单变量分组表和双变量分组表两种。

(1)单变量分组表。单变量分组表在原始资料比较多时，对自变量数值进行分组，计算出各组的次数和因变量组平均数，这种统计表称为单变量分组表。

【例 8.2】 根据某纺织厂某年每个工人看管织机台数和布匹的时劳动生产率资料，编制单变量分组相关表如表 8.2 所示。

表 8.2　某年每个工人看管织机台数和布匹的时劳动生产率

工人看管织机台数 x（台）	工人数 f（人）	时劳动生产率 y（米）
5—6	11	15
7—8	13	18
9—10	18	23
11—12	28	26
13—14	31	33
15—16	29	38
17—18	17	43

表 8.2 是只将工人按看管织机台数分组，而未按时劳动生产率分组的单变量分组表。从表中可以粗略地看出，随着各组工人看管织机台数的增加，时劳动生产率有提高的趋势。

(2)双变量分组表。双变量分组表对两种有关变量都进行分组，交叉排列，并列出两种变量各组间的共同次数，这种统计表称为双变量分组表。

【例 8.3】 根据某省建材局的运材队某年汽车运材成本和运量的资料，编制双变量分组表如表 8.3 所示。

表 8.3　某省建材局的运材队某年汽车运材成本和运量

运材成本 y(元/m^3)	木材运量 x（万立方米）					
	1—11	11—21	21—31	31—41	41—51	合计
16—21	2	1	—	—	—	3
11—16	5	3	4	1		13
6—11	—	3	3	1	1	8
合计	7	7	7	2	1	24

编制双变量分组相关表须注意，将自变量放在横栏，按变量值升序自左至右排列，将因变量放在纵栏，按变量值降序排列。这样做的目的是将相关表与相关图一致起来，以便于判断相关关系的性质。

通过双变量相关表中各组次数的分布情况，可初步判断两种变量之间相关的形态、方向和程度。例如，衬衫的生产必须考虑各种体型的消费者所需要的规格型号。厂家为了做到产品适销对路，就需要进行抽样调查，将领口、袖长按不同规格进行交叉分组，编制相关表，并计算它们在各组的共同次数占总次数的比重，以决定生产各种不同规格衬衫的数量。有关类似问题，都可以使用相关表。

(三)相关图

将现象之间的关系，通过图像来表示，这种图像称为相关图。在坐标图上，以横轴表示自变量，纵轴表示因变量，标出每对变量值的坐标点(散布点)，表示其分布状况的图形即为相关图，相关图又称为散点图。通过相关图，可以大致看出两个变量之间有无相关关系及相关的形态、方向和密切程度。

根据表 8.1 的数据，绘制农村居民人均可支配收入与人均消费支出的散点图，如图 8.1 所示。

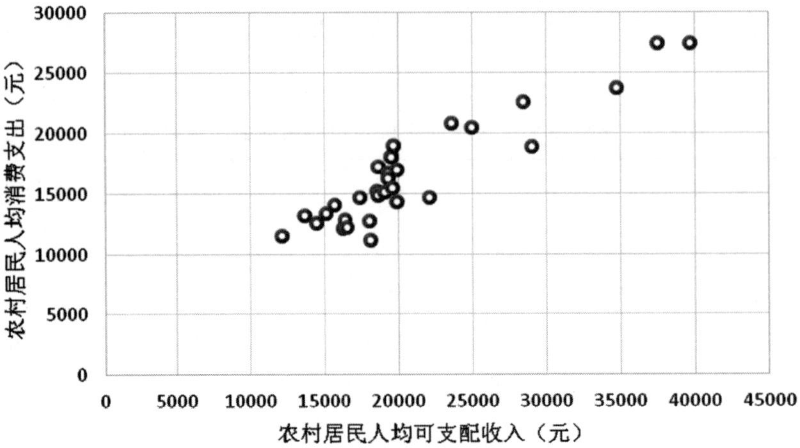

图 8.1　农村居民人均可支配收入与人均消费支出的散点图

从图上可以直观地看出，各地区农民居民人均可支配收入与人均消费支出之间关系较为密切，二者地关系具有线性正相关地趋势，接近于一条直线。

四、相关分析和显著性检验

在相关分析中，由于变量的测量层次不同，因而计算两变量相关系数的方法和假设检验的方法也不相同。常见的变量测量层次可分为定类、定序变量和数值型变量。这里首先说明数值型变量地相关和显著性检验。

(一)数值型变量的相关和检验

1. 相关系数的定义

相关系数(correlation coefficient)是在线性相关条件下，说明两个现象之间相关关系的方向和密切程度的统计分析指标。通常用 r 来表示。

相关系数比相关图更能概括表现相关的形式和程度。根据相关系数的大小，或把若干相关系数加以对比，可以发现现象发展中具有决定意义的因素，因而相关系数对于判断变量之间相关关系的密切程度，有其重要作用。

2. 相关系数的计算公式和取值范围

(1)总体相关系数的定义公式为

$$\rho=\frac{Cov(X,Y)}{\sqrt{Var(X)Var(Y)}}=\frac{\sum_{i=1}^{N}(x_i-\bar{X})(y_i-\bar{Y})}{\sqrt{\sum_{i=1}^{N}(x_i-\bar{X})^2\sum_{i=1}^{N}(y_i-\bar{Y})^2}} \tag{8.1}$$

其中，$Cov(X,Y)$ 是变量 X 和 Y 的协方差，$Var(X)$ 和 $Var(Y)$ 分别是变量 X 和 Y 的方差。总体相关系数是反映两变量之间线性关系程度的一种特征值，表现为一个常数。

(2)样本相关系数，也称为线性相关系数，或称为皮尔逊相关系数(Pearson's correlation coefficient)。受到抽样随机性的影响，样本相关系数不唯一。

样本相关系数的定义公式

$$r=\frac{s_{xy}^{2}}{s_{x}s_{y}}=\frac{\sum_{i=1}^{n}(x_{i}-\bar{x})(y_{i}-\bar{y})}{\sqrt{\sum_{i=1}^{n}(x_{i}-\bar{x})^{2}\sum_{i=1}^{n}(y_{i}-\bar{y})^{2}}} \tag{8.2}$$

或

$$r=\frac{n\sum xy-\sum x\sum y}{\sqrt{n\sum x^{2}-(\sum x)^{2}}\cdot\sqrt{n\sum y^{2}-(\sum y)^{2}}} \tag{8.3}$$

式中，n 表示资料项数；$\bar{x}$ 表示 x 变量数列的算术平均数；$\bar{y}$ 表示 y 变量数列的算术平均数；s_{xy}^{2} 是变量 x 和 y 的样本协方差，s_x 和 s_y 分别是变量 x 和 y 的样本标准差。

(3)相关系数的取值范围及其意义

①相关系数的数值范围，是在 -1 和 $+1$ 之间，即 $-1\leqslant r\leqslant +1$。

②相关系数 r 的绝对值越接近于 1，则表示相关关系越强；越接近于 0，则表示相关关系越弱。计算结果 $r>0$ 为正相关，$r<0$ 为负相关。

③如果 $r=1$ 或 $r=-1$，则表示两个现象完全直线相关。

④如果 $r=0$，则表示两个现象完全不相关(不是直线相关)。但需要注意的是，r 只表示 x 与 y 的直线相关密切程度。当 $|r|$ 很小甚至等于 0 时，并不一定表示 x 与 y 之间就不存在其他非直线类型的关系。

⑤根据经验一般可对相关系数作如下判断：相关系数的绝对值 $|r|$ 在 0.3 以下是无直线相关，0.3 以上是有直线相关，0.3～0.5 是低度直线相关，0.5～0.8 是显著相关(中等程度相关)，0.8 以上是高度相关。

3. 相关系数的显著性检验

一般来说，总体相关系数是未知的，通常是将样本相关系数作为总体相关系数的估计值。但由于抽样的随机性，样本相关系数 r 是一个随机变量。能否用样本相关系数去推断总体相关系数，这就需要考察样本相关系数的可靠性，即对样本相关系数进行显著性检验。

(1)相关系数 r 的抽样分布

样本相关系数 r 的抽样分布随着总体相关系数 ρ 和样本量 n 的大小而变化。当样本数据来自正态总体时，随着样本容量 n 的增加，r 的抽样分布趋于正态分布，尤其是当总体相关系数很小或趋于 0 时，r 趋于正态分布的趋势越明显。而当 ρ 离 0 越远，除非样本容量 n 很大，否则 r 的抽样分布呈现偏态分布。当 ρ 为较大的正值时，r 呈现左偏分布；当 ρ 为较大的负值时，r 呈现右偏分布；当 ρ 接近 0，样本量 n 很大时，才能认为 r 是接近正态分布的随机变量。

(2)相关系数 r 的显著性检验

如果 r 服从正态分布，则可以用正态分布来检验。但从上面的分析可知，很多时候 r 呈现一定的偏态分布。因此，通常情况下不采用正态检验，而是采用费歇尔提出的 t 检验，该检验可以用于大样本，亦可以用于小样本。检验的具体步骤如下：

①提出假设；

$H_0:\rho=0, H_1:\rho\neq 0$

②计算检验统计量；

$$t=\frac{|r|\sqrt{n-2}}{\sqrt{1-r^{2}}}\sim t(n-2) \tag{8.4}$$

③给定显著性水平 α，查表的临界值 $t_{\alpha/2}(n-2)$；

④进行决策。如果检验统计量 t 值大于临界值 $t_{\alpha/2}(n-2)$，落入拒绝域，拒绝原假设，说明两变量存在显著的相关关系；反之，检验统计量 t 值小于临界值 $t_{\alpha/2}(n-2)$，落入接受域，没有理由拒绝原假设，说明两变量之间没有线性关系。

【例 8.4】 设某市十家主要商场的人均销售额和利润率资料如表 8.4 所示，试计算相关系数，并进行显著性检验。

表 8.4 相关系数计算表

商场编号	人均销售额（千元）x	利润率（%）y	x^2	y^2	xy
1	6	12.6	36	158.76	75.0
2	5	10.4	25	108.16	52.0
3	8	18.5	64	342.25	148.0
4	1	3.0	1	9.00	3.0
5	4	8.1	16	65.61	32.4
6	7	16.3	49	265.69	114.1
7	6	12.3	36	151.29	73.8
8	3	6.2	9	38.44	18.6
9	3	6.6	9	43.56	19.8
10	7	16.8	49	282.24	117.6
合计	50	110.8	294	1465.00	654.9

解：根据已知条件可得，

(1)根据表中所列示的资料，代入样本相关系数计算公式

$$r=\frac{n\sum xy-\sum x\sum y}{\sqrt{n\sum x^2-(\sum x)^2}\cdot\sqrt{n\sum y^2-(\sum y)^2}}$$

$$=\frac{10\times 654.9-50\times 110.8}{\sqrt{10\times 294-(50)^2}\sqrt{10\times 1465-(110.8)^2}}=0.987$$

计算结果表明商场的利润率和人均销售额之间呈高度的正相关。

(2)相关系数 r 的显著性检验

①提出假设。$H_0:\rho=0, H_1:\rho\neq 0$

②计算检验统计量的值。

$$t=\frac{|r|\sqrt{n-2}}{\sqrt{1-r^2}}=\frac{0.987\times\sqrt{10-2}}{\sqrt{1-0.987^2}}=17.37$$

③给定显著性水平 $\alpha=0.05$，查表的临界值 $t_{0.025}(8)=2.306$。

④进行决策。t 值$=17.37$ 大于临界值 $t_{0.025}(8)=2.306$，落入拒绝域，拒绝原假设，说明两变量存在显著的相关关系。

（二）定类（定序）变量的相关分析和检验

在抽样调查中，常见的变量测量层次多为定类和定序变量。例如，研究青少年家庭情况与行为之间的关系，青少年家庭状况是一个分类数据，可以分为“完整家庭”和“离异家庭”，青少年行为也分为两类“犯罪”和“未犯罪”，对这类问题是在汇总数据的基础上进行分析的。

1. 交叉列联表分析（χ^2 检验）

列联表(contingency table)是由两个以上变量进行交叉分类的频数分布表。由于列联表中的每个变量都可以有两个或两个以上类别，列联表会有多种形式。将横向变量的划分类别为 R，纵向变量的划分类别为 C，则可以把每一个具体的列联表表示为 $R\times C$ 列联表。

当两个变量均为定类变量，或一个变量为定类、另一个变量为定序变量时，抽样分布属于 χ^2 分布，因而进行 χ^2 检验，又称为 *Pearson* 卡方检验。χ^2 检验的原假设是两变量之间无相关关系，备择假设是两变量存在显著相关关系。

Pearsonχ^2 统计量的计算公式为

$$\chi^2=\sum_{i=1}^{r}\sum_{j=1}^{c}\frac{(f_0-f_e)^2}{f_e} \tag{8.5}$$

其中，f_0 为实际观察值频数，f_e 为理论意义上的期望值频数，r 为交互表的行数，c 为交互表的列数。

根据软件计算出的 χ^2 统计量及其概率 p 值做出判断，如果 p 值小于显著性水平 α，拒绝原假设，变量存在显著相关关系；如果 p 值大于显著性水平 α，不拒绝原假设，变量间关系不显著。

2. Spearman 相关系数

斯皮尔曼(Spearman)等级相关系数的设计思想与皮尔逊简单相关系数完全相同。然而在计算 Spearman 等级相关系数时，由于数据为非数值型的，因此计算时并不直接采用原始数据(x_i,y_i)，而是利用数据的秩，即将两变量的秩(U_i,V_i)代替(x_i,y_i)，于是其中的 U_i 和 V_i 的取值范围被限制在 1 到 n 之间，公式可简化为

$$r=1-\frac{6\sum_{i=1}^{n}D_i^2}{n(n^2-1)} \tag{8.6}$$

式中，$\sum_{i=1}^{n}D_i^2=\sum_{i=1}^{n}(U_i-V_i)^2$。

如果两变量的正相关性较强，秩的变化同步，$\sum_{i=1}^{n}D_i^2$ 的值较小，r 趋向于 1；如果两变量的正相关性较弱，秩的变化不具有同步性，于是 $\sum_{i=1}^{n}D_i^2$ 的值较大，r 趋于 0。

在小样本下，在零假设成立时 Spearman 等级相关系数服从 Spearman 分布；在大样本下，Spearman 等级相关系数的检验统计量为 Z 统计量，其数学定义为

$$Z=r\sqrt{n-1} \tag{8.7}$$

3. Kendall 等级相关系数

Kendall′s tau-b 等级相关系数适用于两个分类变量均为有序分类的情况(也可以用于有

序分类变量和连续变量或两个连续变量)。Kendall′s tau 是由英国统计学家 Maurice George Kendall 爵士于 1938 年提出。Kendall′s tau 秩相关系数包括一组评价系数：Somers′ D、Goodman－Kruskal′s gamma(γ)、Kendall′s tau(a、b、c)，其中较常用的是 Kendall′s tau-b 和 Kendall′s tau-c。一般认为，tau-b 更适合正方形表格(即行和列的数量相同)，tau-c 更适合长方形表格，但用 tau-b 来分析长方形表格也比较常见。

要判断两个有序分类变量之间是否存在相关，建议使用 Kendall’s tau-b 相关分析，但需要先满足 3 项假设：

假设 1：两个变量是连续变量或有序分类变量，可以有三种情况：①两个连续变量；②两个有序分类变量；③一个有序分类变量，一个连续变量。

假设 2:两个变量应当是配对的,即来源于同一个个体。

【例 8.5】 为探讨职工的职称和文化程度的关系(见 SPSS 格式文件名:职工数据 . sav)。这两个变量都属于定序变量。

(1)将数据上传到 SPSSAU,点击【通用方法→交叉(卡方)】,将两个变量分别拖入 X 和 Y 定类变量中,分析结果如表 8.5 所示。

表 8.5 职称和文化程度的卡方分析结果

题目	名称	文化程度(%)				总计	χ^2 ·	p ·
		1	2	3	4			
职称	1	1(25.00)	1(25.00)	1(20.00)	0(0.00)	3(18.75)	18.533	0.029*
	2	1(25.00)	3(75.00)	0(0.00)	0(0.00)	4(25.00)		
	3	2(50.00)	0(0.00)	1(20.00)	3(100.00)	6(37.50)		
	4	0(0.00)	0(0.00)	3(60.00)	0(0.00)	3(18.75)		
总计		4	4	5	3	16		

* $p<0.05$ ** $p<0.01$

从表 8.5 可知,职称越高,文化程度相对越高。两个变量的独立性检验的卡方统计量的值为 18.533,p 值为 0.029,小于显著性水平 0.05,拒绝原假设,认为两变量有相关关系。

(2)职称和文化程度之间的 Spearman 相关

如图 8.2 所示,点击左侧【通用方法→相关】,将"职称"拖入"分析值 Y(定量)","文化程度"拖入"分析值 X(定量)",点击【开始分析】,结果如表 8.6 所示。

图 8.2 职称和文化程度之间的 Spearman 相关系数图

表 8.6 职称和文化程度之间的 Spearman 相关系数

		职称
文化程度	相关系数	0.445
	P 值	0.084
	样本量	16

* $P<0.05$ ** $P<0.01$

从表 8.6 可知,利用相关分析去研究职称和文化程度之间的相关关系,使用 Spearman

相关系数去表示相关关系的强弱情况。具体分析可知：职称和文化程度之间的相关系数值为0.445，p 值为 0.084<0.1，因而说明职称和文化程度之间有一定的弱相关关系。

(三)定类、定序与数值型变量的相关

当一个变量为定类变量或定序变量，另一个变量为数值型变量时，可以用 Eta 系数。该方法的核心思想类似于方差分析，它将定类变量当做控制变量，将数值型变量当做观测变量。然后分析观测变量的变差中，有多少比重是可由控制变量解释的，是因控制变量取值的变化而引起的。Eta 系数的平方正是这样一个比例数，取值在 0～1 之间。越接近于 1，表示两变量的相关性越强。其计算公式为：

$$E^2 = \frac{\sum n\bar{y}_i^2 - n\bar{y}^2}{\sum {y_i}^2 - n\bar{y}^2} \tag{8.8}$$

式中，E^2 是 Eta 系数的平方；y_i 表示因变量(观测变量)的数值；$\bar{y}$ 表示因变量的平均数；$\bar{y}_i$ 表示在每个自变量(控制变量)取值 x_i 上各因变量取值的平均数；n_i 表示每个自变量 x_i 的个案数；n 表示总个案数，即总样本量。

【例 8.6】 26 名被调查者职业类型对休闲活动的影响数据如表 8.7 所示，请判断职业类型和休闲活动时间是否有显著的相关关系。

表 8.7　26 名被调查者职业类型对休闲活动的影响

项	职业类型(x)		
	工人	干部	教师
休闲活动(每周小时，y_i)	20	28	18
	24	26	16
	18	32	12
	22	38	8
	21	26	10
	28	18	14
	30	20	18
	32	24	16
	25	—	—
	22	—	—
n_i	10	8	8
$\bar{y}_i$	24.2	26.5	14

解：根据上表中数据计算得：$\bar{y}=21.77$，$n=26$，$\sum {y_i}^2=13\ 610$。

$$E^2 = \frac{\sum n\bar{y}_i^2 - n\bar{y}^2}{\sum {y_i}^2 - n\bar{y}^2} = \frac{10\times 24.5^2 + 8\times 26.5^2 + 8\times 14^2 - 26\times 21.77^2}{13610 - 26\times 21.77^2}$$

$$= \frac{720.14}{1287.74} = 0.56$$

分析结果表明，用职业类型来解释人们的休闲活动，被调查者的职业类型与休闲活动之间的相关系数为 0.56。

(四)SPSS 软件实现

【软件操作】将数据上传至 SPSSAU，选择【通用方法→方差】，将“职业”拖入“X(定类)”，将“休闲活动时间”拖入“Y(定量)”，点击【开始分析】，如图 8.3 所示。

图 8.3　职业和休闲活动时间的相关关系检验

表 8.8　职业和休闲活动时间的方差分析结果

方差分析结果

项	职业(平均值±标准差)			F ·	p ·
	工人(n=10)	干部(n=8)	教师(n=8)		
休闲活动时间	24.20±4.54	26.50±6.39	14.00±3.70	14.608	0.000**

* p<0.05 ** p<0.01

深入分析—效应量指标

分析项	SSB(组间差)	SST(总离差)	偏 Eta 方(Partial η2)	Cohen's f 值
休闲活动时间	721.015	1288.615	0.560	1.127

方差分析中间过程值

项	差异	平方和	自由度	均方	F ·	p 值 ·
休闲活动时间	组间	721.015	2	360.508	14.608	0.000
	组内	567.600	23	24.678		
	总计	1288.615	25			

从表 8.8 的方差分析(全称为单因素方差分析)结果可以看出,职业对于休闲活动时间的差异性,不同职业样本对于休闲活动时间全部均呈现出显著性($p<0.05$),意味着不同职业样本对于休闲活动时间均有着差异性。具体分析可知:职业对于休闲活动时间呈现出 0.01 水平显著性($F=14.608$,$p=0.000$),以及具体对比差异可知,有着较为明显差异的组别平均值得分对比结果为"工人>教师;干部>教师"。总结可知:不同职业样本对于休闲活动时间全部均呈现出显著性差异。三种职业的休闲活动时间存在显著差异。

如果方差分析显示呈现出显著性差异($p<0.05$),可通过平均值对比具体差异,同时还可使用效应量(Effect size)研究差异幅度情况。方差分析时使用偏 Eta 方表示效应量大小(差异幅度大小),该值越大说明差异越大,这里偏 Eta 方计算公式为 SSB/SST=0.56,说明差异较大;方差分析也可以使用 Cohen's f 表示效应量,其计算公式为 Sqrt(偏 Eta^2/(1－偏 Eta^2)),Cohen's f 表示效应量大小时,效应量小、中、大的区分临界点分别是:0.10,0.25 和 0.40。

第二节　一元线性回归分析

一、回归分析与相关分析的关系

(一)回归分析的概念

相关关系说明现象间有无关系,但它不能说明一个现象发生一定量的变化时,另一个变量将会发生多大量的变化。也就是说，它不能说明两个变量之间的一般数量关系值。

回归分析是对具有相关关系的现象，根据其关系形态，选择一个合适的数学模型（称为回归方程式），用来近似地表示变量间的平均变化关系的一种统计分析方法。它实际上是相关现象间不确定、不规则的数量关系一般化、规则化。采用的方法是配合直线或曲线方程来代表现象之间的一般数量关系。这条直线或曲线叫回归直线或回归曲线，它们的方程式叫直线回归方程或曲线回归方程，或统称为线性回归方程。

（二）回归分析与相关分析的区别与联系

1. 回归分析与相关分析的区别

（1）相关分析所研究的两个变量是对等关系，回归分析所研究的两个变量不是对等关系，必须根据研究目的，先确定其中一个是自变量，另一个是因变量。

（2）对两个变量 x 和 y 来说，相关分析只能计算出一个反映两个变量间相关密切程度的相关系数，计算中改变 x 和 y 的地位不影响相关关系的数值；回归分析有时可以根据研究目的不同分别建立两个不同的回归方程。以 x 为自变量，y 为因变量，可以得出 y 倚 x 的回归方程。以 y 为自变量，x 为因变量，可得出 x 倚 y 的回归方程。

（3）相关分析对资料的要求是，两个变量都必须是随机变量，而回归分析对资料的要求是，自变量是可以控制的变量（给定的变量），因变量是随机变量。

2. 回归分析与相关分析的联系

（1）相关分析是回归分析的基础和前提。如果缺少相关关系，没有从定性上说明现象间是否具有相关关系，没有对相关关系的密切程度作出判断，就不能进行回归分析，即便勉强进行了回归分析，也是没有实际意义的。

（2）回归分析是相关分析的深入和继续。仅仅说明现象间具有密切的相关关系是不够的，只有进行了回归分析，拟合了回归方程，才可能进行有关分析的回归预测，相关分析才有实际的意义。因此，如果仅有回归分析而缺少相关分析，将会因为缺乏必要的基础和前提而影响回归分析的可靠性；如果仅有相关分析而缺少回归分析，就会降低相关分析的意义。只有把两者结合起来，才能达到统计分析的目的。

二、一元线性回归方程和参数估计

通过相关系数，只能了解因变量和自变量相关关系的密切程度和方向，但是不能用来根据自变量的变动估计因变量的变动。为了根据某一因素的数值来估计另一因素的数值，根据已知推求未知，就需要进行回归分析。回归分析首先要确定哪个变量是自变量（independent variable），哪个变量是因变量（dependent variable）。被解释或被预测的变量称为因变量，用 y 表示。用来解释或预测因变量的一个或多个变量称为自变量，用 x 表示。回归分析的主要任务是对变量进行相关分析的基础上，通过一定的数学表达式（回归方程）将这种数量依存关系描述出来，进而确定一个或多个自变量对另一个特定变量（因变量）的影响程度。

（一）一元线性回归模型

当回归中只涉及一个自变量时，称为一元回归，如果因变量 y 和自变量 x 之间为线性关系时，称为一元线性回归，也称为简单直线回归。它是根据成对的两个变量的数据，配合直线方程式，根据自变量的变动，来推算因变量发展趋势和水平的方法。它是研究相互关联的两种经济现象数量变动依存关系的一种经典方法。

描述因变量 y 对自变量 x 的回归直线方程式，即回归模型（regression model）有如下形式

$$y=\alpha+\beta x+\varepsilon \tag{8.9}$$

回归模型中，y 有两个部分构成，一部分是自变量 x 的线性函数，一部分是随机误差 ε。随机误差

ε 反映了除自变量 x 的线性关系之外的随机因素对 y 的影响。α 和 β 表示确定回归直线模型的两个待估计的参数。

模型的随机扰动项 ε 是无法直接观测的。为了进行回归分析，通常需要对其概率分布提出一些假定。主要有四个假定条件：

①误差项 ε 的期望值为 0，$E(\varepsilon)=0$；

②对于所有的 x 值，误差项 ε 的方差为常数 σ^2；

③自变量 x 是给定的非随机变量，与误差项 ε 不相关；

④误差项 ε 是一个服从正态分布且相互独立的随机变量，即 $\varepsilon \sim N(0,\sigma^2)$。

满足以上四个标准假定的一元线性回归模型称为标准的一元线性回归模型。

(二)一元线性回归方程

根据回归模型的基本假定，误差项 ε 的期望值为 0，对回归模型两端求期望，可得因变量 y 的期望值是自变量 x 的线性函数，总体回归方程

$$E(y)=\alpha+\beta x \tag{8.10}$$

一元线性回归方程是一条直线，也称为直线回归方程。方程式中，α 表示回归直线在 y 轴上的截距，β 表示直线的斜率。

总体参数 α 和 β 是未知的，必须利用样本数据去估计总体未知参数。根据样本数据可以求出样本回归方程

$$\hat{y}=a+bx \tag{8.11}$$

$$y=a+bx+e \tag{8.12}$$

式中，a 是样本回归线在 y 轴上的截距，b 称为 y 对 x 的回归系数，表明 x 每变动一个单位时，影响 y 平均变动的数量。e 是残差，是 y 与拟合值 $\hat{y}$ 之间的差值，可以看成是对误差项 ε 的估计。

总体回归方程与样本回归方程的联系和区别：

①总体回归线是未知的，只有一条；样本回归线是根据样本数据拟合出来的，可以有很多条；

②总体回归方程中的 α 和 β 是未知参数，表现为常数；样本回归方程中的 a 和 b 是随机变量，随着抽取的样本观测值不同而不同；

③总体回归模型中的误差项 ε 是总体中 y 与 y 的期望值之间的差值，是不可知的；样本回归模型中的残差 e 是可以计算出来的。

综上所述，样本回归函数是对总体回归函数的近似估计。回归分析的主要任务就是充分利用样本信息，采用适当的参数估计方法，使得样本回归方程尽可能接近总体回归方程。

(三)最小平方法

德国科学家卡尔·高斯(Karl Gauss，1777－1855 年)提出应用最小平方法(Method of Least Squares，简称 OLS)原理确定两个待估参数 α 和 β 的数值，配合直线模型可以使离差的平方和达到最小，即 $\sum(y-\hat{y})^2=\min$。因而，最小平方法估计出来的样本回归方程最有代表性，是最佳的回归直线模型。估计原理如下：

令

$$Q=\sum e^2=\sum(y-y)^2=\sum(y-a-bx)^2 \tag{8.13}$$

要使得残差平方和达到最小，需要对变量 a 和 b 求导令其等于 0，即

$$\begin{cases}\dfrac{\partial Q}{\partial a}=-2\sum(y-a-bx)=0\\[2ex]\dfrac{\partial Q}{\partial b}=-2\sum x(y-a-bx)=0\end{cases} \tag{8.14}$$

整理得正规方程组，

$$\begin{cases}\sum y = na + b\sum x \\ \sum xy = a\sum x + b\sum x^2\end{cases} \tag{8.15}$$

求解上述方程组可得，

$$\begin{cases}b = \dfrac{n\sum xy - \sum x\sum y}{n\sum x^2 - (\sum x)^2} \\ a = \bar{y} - b\bar{x}\end{cases} \tag{8.16}$$

当 $x = \bar{x}$ 时，$\bar{\hat{y}} = \bar{y}$，即样本回归线通过 $(\bar{x}, \bar{y})$ 这一点。

三、一元线性回归方程的检验

(一)回归方程的拟合优度检验

样本回归线 $\hat{y} = a + bx$ 描述了变量 x 与 y 之间的线性关系，可以根据自变量 x 的取值拟合或者预测因变量 y 的取值。如果各样本观测值数据都落在这条直线上，说明这条直线对数据是完全拟合的。各观测点越是紧密围绕这条直线，说明直线对观测数据的拟合程度越好，反之拟合的越差。回归直线与各观测点的接近程度称为回归直线对数据的拟合优度(goodness of fit)。

1. 判定系数

判定系数(coefficient of determination)，是对估计的回归方程拟合优度的度量。首先需要对因变量 y 的变差进行研究。因变量 y 是随机变量，y 取值的波动称为变差。变差的大小可以用观测值 y 与平均数 y 之差来表示。变差的产生来源于两个部分：一部分是由于自变量 x 的取值不同造成的，一部分是由于 x 以外的其他因素的影响。变差就被分解成两个部分：

$$y - \bar{y} = (y - \hat{y}) + (\hat{y} - \bar{y}) \tag{8.17}$$

将式(7.23)两边平方，并对 n 个观测值数据求和，有

$$\sum (y - \bar{y})^2 = \sum (y - \hat{y})^2 + \sum (\hat{y} - \bar{y})^2 \tag{8.18}$$

其中，$\sum (y - \bar{y})^2$ 称为总离差平方和，用 SST 来表示，$SST = \sum (y - \bar{y})^2$。$\sum (\hat{y} - \bar{y})^2$ 称为回归平方和，是回归拟合值与平均数的离差平方和，可以看作是由于自变量 x 的变化对 y 带来的影响，记为 SSR。$\sum (y - \hat{y})^2$ 称为残差平方和，是观测值 y 与拟合值的残差平方和，可以看作是自变量 x 之外的其他因素对因变量 y 的影响，记为 SSE。三个平方和之间的关系是：

总平方和(SST)＝回归平方和(SSR)＋残差平方和(SSE)

各观测值越是靠近直线，回归平方和占总离差平方和的比重越大，或者说残差平方和占总离差平方和的比重越小，直线方程拟合的越好。所以回归平方和占总离差平方和的比重称为判定系数或可决系数，记为 R^2。计算公式如下：

$$R^2 = \frac{SSR}{SST} = \frac{\sum (\hat{y} - \bar{y})^2}{\sum (y - \bar{y})^2} = 1 - \frac{\sum (y - \hat{y})^2}{\sum (y - \bar{y})^2} \tag{8.19}$$

判定系数 R^2 衡量了回归方程对观测数据的拟合程度。如果所有观测点都落在回归直线上，残差平方和为 0，则 $R^2 = 1$，完全拟合；如果 y 的变化与 x 无关，此时 $\hat{y} = \bar{y}$，回归平方和为 0，$R^2 = 0$。由此可知，R^2 的取值范围是[0,1]。R^2 越接近于 1，说明回归平方和占总离差平方和的比重越大，拟合优度越好；反之 R^2 越接近于 0，说明回归平方和占总离差平方和的比重越小，拟合优度越差。另外，在一元线性回归方程中，可决系数实际上是相关系数 r 的平方。

2. 估计标准误差

由上面分析可知，残差平方和是观测值 y 与回归拟合值 $\hat{y}$ 之间的差异程度，残差平方和越小，方程拟合优度越好。估计标准误差（standard error of estimate，简称 Se）衡量的是各观测值在回归直线周围的平均离散程度。

$$S_e = \sqrt{\frac{\sum (y-\hat{y})^2}{n-2}} = \sqrt{\frac{e^2}{n-2}} \tag{8.20}$$

若估计标准误差小，表明回归方程准确性高，代表性大；反之，估计不够准确，代表性小。通过回归模型的基本假定可知，误差项 ε 的方差为 σ^2。但由于随机误差项不可观测，所以需要用残差平方和来估计总体方差 σ^2。数学上可以证明，σ^2 的无偏估计量是残差平方和除以自由度 $n-2$。

（二）回归方程的显著性检验

回归方程拟合的好坏只是回归分析的第一步，接下来还要进行回归方程的显著性检验：一是回归直线方程整体的显著性检验；二是回归系数的显著性检验，t 检验。

1. 回归方程的显著性检验

要检验两个变量 x 和 y 之间的线性关系是否显著，需要构造检验统计量。该统计量的构造需要借助于前面的离差平方和的分解，以回归平方和和残差平方和为基础，通过方差分析构造 F 统计量。其中，回归平方和除以自由度 k（自变量的个数）称为均方回归，记为 MSR；残差平方和除以自由度 $n-k$ 称为均方残差，记为 MSE。

$$F = \frac{SSR/1}{SSE/n-2} = \frac{MSR}{MSE} \sim F(1, n-2) \tag{8.21}$$

回归方程的显著性检验步骤如下：

第一步，提出假设。

$$H_0: \beta = 0; H_1: \beta \neq 0$$

第二步，计算检验统计量 F。

$$F = \frac{SSR/1}{SSE/n-2} = \frac{MSR}{MSE} \sim F(1, n-2)$$

第三步，作出决策。给定显著性水平 α，查表得临界值 $F_\alpha(1, n-2)$。如果 $F > F_\alpha(1, n-2)$，落入拒绝域，拒绝原假设，说明两个变量之间的线性关系是显著的；如果 $F < F_\alpha(1, n-2)$，落入接受域，没有理由拒绝原假设，说明两个变量之间的线性关系不显著。

2. 回归系数的显著性检验

回归系数的显著性检验是要检验自变量 x 对因变量 y 的影响是否显著。如果回归系数 $\beta=0$，则说明自变量 x 和 y 之间没有线性关系，回归线是一条水平线。接下来需要构造检验统计量对回归系数 $\beta=0$ 进行假设检验。为此需要研究随机变量 b 的分布。

有前面的分析可知，回归方程 $\hat{y}=a+bx$ 是根据样本数据计算的，当抽取样本不同时，估计的回归方程也会不同。所以 a 和 b 是根据最小二乘法得到的参数 α 和 β 的估计值，都是随机变量，有自己的分布。统计证明，b 服从正态分布，期望值为 β，方差为：

$$s_b = \frac{\sigma}{\sqrt{\sum x^2 - \frac{1}{n}\left(\sum x\right)^2}} \tag{8.22}$$

总体标准差 σ 未知，用回归估计标准差代替，得到：

$$s_b = \frac{s_e}{\sqrt{\sum x^2 - \frac{1}{n}\left(\sum x\right)^2}} \tag{8.23}$$

因此可以构造出回归系数 b 的统计量：

$$t=\frac{b-\beta}{s_b}=\frac{b}{s_b}\sim t(n-2) \tag{8.24}$$

回归系数的显著性检验步骤如下：

第一步，提出检验。$H_0:\beta=0$；$H_1:\beta\neq 0$

第二步，计算检验统计量。

$$t=\frac{b}{s_b}\sim t(n-2)$$

第三步，作出决策。给定显著性水平 α，并根据自由度 $n-2$，查 t 分布表得临界值 $t_{\alpha/2}(n-2)$。如果 $t>t_{\alpha/2}(n-2)$，拒绝原假设，回归系数显著不等于 0，说明自变量 x 对 y 的影响是显著的；反之，如果 $t<t_{\alpha/2}(n-2)$，不能拒绝原假设，没有理由说明自变量 x 对 y 的影响是显著的，x 和 y 二者之间不存在显著的线性关系。

四、一元线性回归模型的应用举例

【例 8.7】 随着一国国力水平的提高，研究与试验发展经费支出（简称 $R\&D$ 经费支出）成为一个国家创新能力的最重要指标之一。20 世纪 90 年代以来，我国 $R\&D$ 经费支出总量呈现逐年增长的趋势。从整体上看，一国研发支出的影响因素中，国内生产总值是最重要的因素之一，除此之外还有外商直接投资、高技术产品进出口总额、技术引进经费支出等。我们暂时将其他因素归入随机扰动项当中。这里采集 1998—2021 年我国地研发支出和国内生产总值数据，如表 8.9 所示。

表 8.9　R&D 经费支出和国内生产总值序列（单位：亿元）

时间	研发支出	国内生产总值	时间	研发支出	国内生产总值
1998	551.12	85195.5	2010	7063	412119.3
1999	678.91	90564.4	2011	8687	487940.2
2000	896	100280.1	2012	10298.41	538580
2001	1042.49	110863.1	2013	11846.6	592963.2
2002	1287.64	121717.4	2014	13015.63	643563.1
2003	1539.63	137422	2015	14169.88	688858.2
2004	1966.33	161840.2	2016	15676.75	746395.1
2005	2449.97	187318.9	2017	17606.13	832035.9
2006	3003.1	219438.5	2018	19677.93	919281.1
2007	3710.24	270092.3	2019	22143.6	986515.2
2008	4616.02	319244.6	2020	24393.11	1013567
2009	5802.11	348517.7	2021	27864	1143670

问：(1) 建立研发支出（y）对国内生产总值（x）的一元线性回归模型；

(2) 进行回归方程的拟合优度检验；

(3) 对拟合的回归方程的显著性检验；

解：借助于 SPSSAU 软件，点击【可视化→散点图】，将研发支出和国内生产总值拖入 X 和 Y 变量，结果如图 8.4 所示。结果发现二者有非常强的线性相关关系。

接下来，点击【通用方法】→【线性回归】，将“研发支出”进入 Y 因变量，将“国内生产总值”进入 X 自变量，结果如表 8.10 所示。

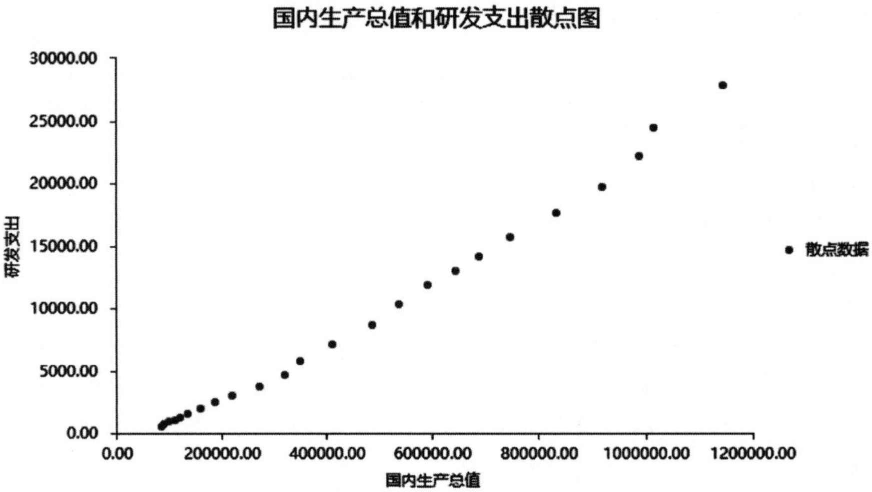

图 8.4 研发支出和国内生产总值的相关关系散点图

表 8.10 研发支出和国内生产总值的回归结果($n=24$)

项	非标准化系数		标准化系数	t·	p·	共线性诊断	
	B·	标准误·	Beta·			VIF·	容忍度·
常数	−2333.065	290.67	—	−8.026	0.000**	—	—
国内生产总值	0.025	0.001	0.995	48.568	0.000**	1	1
R^2·	0.991						
调整 R^2·	0.99						
F·	F (1,22)=2358.820,p=0.000						
D−W 值	0.29						

因变量:研发支出

* $p<0.05$ ** $p<0.01$

由表 8.10 可以看出,研发支出和国内生产总值高度相关,回归方程的拟合优度 R^2 为 99.1%,方程拟合优度很高。方差分析 F 统计量对应的概率 p 值远远小于显著性水平 0.01,拒绝原假设,回归方程整体是显著的。常数项和回归系数的 t 统计量对应的概率 p 值远远小于显著性水平 0.01,回归系数显著。

回归方程:$\hat{y}=-2333.065+0.025x$,回归系数为 0.025,国内生产总值每增加一亿元,研发支出将平均增加 250 万元。

第三节 多元线性回归分析

一、多元线性回归分析的意义

上面介绍的一元线性回归分析,是就一个因变量 y 只由一个自变量 x 来推算的。实际在复杂的经济现象中,影响因变量的自变量不是一个,而是多个。在多个自变量中,有的起主导作用,有的起非主导作用,仅仅考虑单个变量是不全面的,因此需要就一个因变量与多个自变量的联系来进行推算,才能获得比较满意的回归模型。例如,消费水平除了受到本期收入水平的影响外,还会受到物价水平、心理预期和以往消费和收入水平的影响;企业的研发投入除了受到企业规模影响之外,还受到行业中产业集中度和政府政策的影响；中国税收收入增长除了受到经济增长的影响之外，公共财政需求、物价水平等也会对其产生影响。这就产生了测定多因素的回归和相关分析问题。

这里我们主要研究在线性相关条件下，两个和两个以上自变量对一个因变量的数量变化关系，称为多元线性回归分析，表现这个数量关系的数学公式，称为多元线性回归模型（或方程）。多元线性回归模型是一元线性回归模型的扩展，在计算上比较复杂，回归系数的含义有所不同，但其基本原理与一元线性回归模型类似。

二、多元线性回归模型的建立和求解

多元线性回归模型的一般表达式为

$$y = \alpha + \beta_1 x_1 + \beta_2 x_2 + \cdots + \beta_k x_k + \varepsilon \tag{8.25}$$

式中，α，β_1，β_2，…，β_k 是模型的参数，ε 为随机误差项。

与一元线性回归模型类似，对误差项通常有几个基本假定：

①误差项 ε 的期望值为 0，$E(\varepsilon)=0$；

②对于自变量 x_1，x_2，…，x_k 的所有值，误差项 ε 的方差为常数 σ^2；

③自变量 x_1，x_2，…，x_k 是给定的非随机变量，与误差项 ε 不相关；

④误差项 ε 是一个服从正态分布且相互独立的随机变量，即 $\varepsilon \sim N(0,\sigma^2)$。

根据回归模型的基本假定，误差项 ε 的期望值为 0，对回归模型两端求期望，可得因变量 y 的期望值是自变量 x 的线性函数，总体回归方程

$$E(y) = \alpha + \beta_1 x_1 + \beta_2 x_2 + \cdots + \beta_k x_k \tag{8.26}$$

回归方程中的参数 α，β_1，β_2，…，β_k 是未知的，需要借助样本数据去估计，就得到样本多元线性回归方程

$$\hat{y} = a + b_1 x_1 + b_2 x_2 + \cdots + b_k x_k \tag{8.27}$$

$$y = a + b_1 x_1 + b_2 x_2 + \cdots + b_k x_k + e \tag{8.28}$$

为说明方便起见，在两个以上自变量的多变量中，我们确定两个影响较大的自变量 x_1 与 x_2，则二元线性回归模型的方程为

$$\hat{y} = a + b_1 x_1 + b_2 x_2 \tag{8.29}$$

式中，y 为二元回归的因变量，a 为常数项，b_1 和 b_2 分别为 y 对 x_1 与 x_2 的回归系数，b_1 表示在自变量 x_2 为一定值时，由于自变量 x_1 变化一个单位，而使 y 改变的平均值；b_2 则表示在自变量 x_1 为一定值时，由于自变量 x_2 变化一个单位，而使 y 改变的平均值。因此，b_1 和 b_2 一般称为偏回归系数。

根据最小平方法原理，如果有 n 组 y、x_1、x_2 的数字资料，其主要问题是求参数 a、b_1 和 b_2 的估计值，并能使 $\sum(\hat{y}-y)^2=$ 最小值。那么，求解方法仍用最小平方法，即分别对 a、b_1 和 b_2 求偏导数，并令函数的一阶偏导数等于零，即可以得到如下三个标准方程式

$$\begin{cases} na + b_1 \sum x_1 + b_2 \sum x_2 = \sum y \\ a \sum x_1 + b_1 \sum x_1^2 + b_2 \sum x_1 x_2 = \sum x_1 y \\ a \sum x_2 + b_1 \sum x_1 x_2 + b_2 \sum x_2^2 = \sum x_2 y \end{cases} \tag{8.30}$$

求解上面的三个方程，即可得到 a、b_1 和 b_2，计算过程省略。可通过 Excel 或 SPSS 软件进行求解。

三、多元线性回归方程的检验

（一）拟合优度检验

1. 判定系数 R^2

与一元回归模型相似，这里通过回归平方和占总离差平方和的比重构造判定系数 R^2，称为多重判定系数(multiple coefficient of determination)。反映了在因变量的变差中被估计的回归平方和所解释的比重。

$$R^2=\frac{SSR}{SST}=\frac{\sum(\hat{y}-\bar{y})^2}{\sum(y-\bar{y})^2}=1-\frac{\sum(y-\hat{y})^2}{\sum(y-\bar{y})^2} \tag{8.31}$$

需要注意的是，随着自变量 x 的增加，残差平方和越来越小，回归平方和越来越大，判定系数也越来越大。这也就意味着多重判定系数是自变量个数的不减函数。为了避免增加自变量而高估判定系数 R^2，统计学家提出用自由度去调整可决系数，得到调整的多重判定系数，计算公式为

$$R_a^2=1-\frac{\sum(y-\hat{y})^2/n-k}{\sum(y-\bar{y})^2/n-1} \tag{8.32}$$

$$R_a^2=1-(1-R^2)\frac{n-1}{n-k-1} \tag{8.33}$$

调整可决系数同时考虑了样本量 n 和模型中自变量个数 k 的影响。可决系数的平方根称为多重相关系数，也称为复相关系数，度量因变量 y 与 k 个自变量的相关程度。

2. 估计标准误差

前面介绍了一元回归的估计标准误差，多元回归估计标准误差的含义和性质与其完全相同。

$$S_e=\sqrt{\frac{\sum(y-\hat{y})^2}{n-(k+1)}}=\sqrt{\frac{e^2}{n-(k+1)}}=\sqrt{\frac{SSE}{n-(k+1)}}=\sqrt{MSE} \tag{8.34}$$

其中，k 为自变量的个数，$k+1$ 为待估参数的个数。

(二)回归方程的显著性检验

在一元线性回归中，线性关系的检验(F 检验)与回归系数的显著性检验(t 检验)是等价的。但在多元线性回归模型中，F 检验和 t 检验不再等价。线性关系检验的是因变量 y 对多个自变量的线性关系是否显著，只要有一个自变量与因变量的关系显著，F 检验就可以通过。但这并不意味着每一个自变量 x 对因变量 y 都有影响，还需要对每个回归系数进行显著性 t 检验。

1. 方程的显著性检验——F 检验

线性关系检验又称为方程的显著性检验，检验步骤如下：

第一步，提出假设。

$H_0:\beta_1=\beta_2=\cdots=\beta_k=0$

$H_1:\beta_1,\beta_2,\cdots,\beta_k$ 至少有一个不等于 0

第二步，计算检验统计量 F。

$$F=\frac{SSR/k}{SSE/n-k-1}=\frac{MSR}{MSE}\sim F(k,n-k-1) \tag{8.35}$$

第三步，作出决策。给定显著性水平 α，查表得临界值 $F_\alpha(1,n-2)$。如果 $F>F_\alpha(1,n-2)$，落入拒绝域，拒绝原假设，说明两个变量之间的线性关系是显著的；如果 $F<F_\alpha(1,n-2)$，落入接受域，没有理由拒绝原假设，说明两个变量之间的线性关系不显著。

2. 回归系数的显著性检验

回归系数的显著性检验步骤如下：

第一步，提出检验。

$$H_0:\beta_j=0(j=1,2,\cdots,k)$$

$$H_1:\beta_j\neq 0$$

第二步，计算检验统计量。

$$t=\frac{b_j}{s_{b_j}}\sim t(n-k-1) \tag{8.36}$$

其中，$s_{b_j}=\dfrac{s_e}{\sqrt{\sum x^2-\frac{1}{n}\left(\sum x\right)^2}}$。

第三步，作出决策。给定显著性水平 α，并根据自由度 $n-k-1$，查 t 分布表得临界值 $t_{\alpha/2}(n-k-1)$。如果 $t>t_{\alpha/2}(n-k-1)$，拒绝原假设，回归系数 β_j 显著不等于 0，说明自变量 x_j 对 y 的影响是显著的；反之，如果 $t<t_{\alpha/2}(n-k-1)$，不能拒绝原假设，没有理由说明自变量 x_j 对 y 的影响是显著的，x_j 和 y 二者之间不存在显著的线性关系。

（三）多重共线性检验

多重共线性是指解释变量之间存在线性相关关系的现象。解释变量间高度的多重共线性会给回归方程带来许多影响。如偏回归系数估计困难，偏回归系数的估计方差随解释变量相关性的增大而增大，偏回归系数的置信区间增大，偏回归系数估计值的不稳定性增强，偏回归系数的假设检验结果不显著等。测度解释变量间多重共线性一般有以下方式。

1. 容忍度

容忍度是测度解释变量间多重共线性的重要统计量。解释变量 x_i 的容忍度定义为

$$Tol_i=1-R_i^2 \tag{8.37}$$

式中，R_i^2 是解释变量 x_i 与方程中其他解释变量间的复相关系数的平方，表明了解释变量之间的线性相关程度。如果 R_i^2 较小，即方程中其他解释变量对该解释变量的可解释程度较低，那么容忍度会较大；反之，如果 R_i^2 较大，即方程中其他解释变量对该解释变量的可解释程度较高，那么容忍度会较小。容忍度的取值范围在 0 和 1 之间，越接近于 0 表示多重共线性越强；越接近于 1 表示多重共线性越弱。

2. 方差膨胀因子（VIF）

方差膨胀因子（Variance inflation factor，VIF）是容忍度的倒数，即

$$VIF_i=\frac{1}{1-R_i^2} \tag{8.38}$$

由式可知，方差膨胀因子的取值大于等于 1。解释变量间的多重共线性越弱，R_i^2 越接近 0，VIF_i 越接近于 1；解释变量间的多重共线性越强，R_i^2 越接近于 1，VIF_i 越大。通常，如果 VIF_i 大于等于 10，说明解释变量 x_i 与方程中其他解释变量之间有严重的多重共线性，且可能会过度地影响方程的最小二乘估计。另外，还可以利用方差膨胀因子的均值 $\overline{VIF}=\frac{1}{p}\sum_{i=1}^{p}VIF_i$ 来测度多重共线性。如果该均值远远大于 1，则表示存在严重的多重共线性。

3. Lasso 回归

除了传统的线性回归，使用比较多线性回归模型的还有 lasso，它是被创造来作用于多重共线性问题的算法，如果输入特征的系数对我们的机器学习模型训练没有积极的贡献，则它们会缩小。这样，一些特征可能会被自动丢弃，即将它们的系数指定为零，常被选做特征选择。Lasso 使用的是系数 w 的 L1 范式（L1 范式则是系数 w 的绝对值）乘以正则化系数 a，如下

$$\text{Lasso 失函 } S=\min_{w}\|y-Xw\|^2+\alpha\|w\| \tag{8.39}$$

套索回归（Lasso 回归）用于解决线性回归分析中自变量共线性的研究算法。套索回归通过引入 k 个单位阵，使得回归系数可估计；单位阵引入会导致信息丢失，但同时可换来回归模型的合理估计。

第一步：套索回归分析前需要结合轨迹图确认 K 值；

第二步：K 值的选择原则是各个自变量的标准化回归系数趋于稳定时的最小 K 值。K 值越小则偏差越小，K 值为 0 时则为普通线性 OLS 回归；SPSSAU 提供 K 值智能建议，也可通过主观识别判断选择 K 值；

第三步：确定好 K 值后，即可主动输入 K 值，得出套索回归模型估计。

四、多元线性回归的应用举例

【例 8.8】 税收是政府为了满足社会公共需要，凭借政治权利强制、无偿地取得财政收入的一种形式。它源于经济，又作用于经济，不仅能为政府筹集必要的资金，还可以改变和调整不同经济主体之间的利益分配。中国税收自改革开放以来持续增长，影响税收收入的因素有很多，如经济社会发展水平、居民生活水平提高、固定资产投资额等。

1. 多元线性回归分析

这里选择国内生产总值和固定资产投资额为影响因素，构建二元线性回归方程进行分析。数据来自国家统计局网站，如表 8.11 所示。

表 8.11　1980—2021 年的各项指标数据

时间	各项税收（亿元）	国内生产总值（亿元）	全社会固定资产投资（亿元）	时间	各项税收（亿元）	国内生产总值（亿元）	全社会固定资产投资（亿元）
1980 年	571.7	4587.6	910.9	2001 年	15301.38	110863.1	37214
1981 年	629.89	4935.8	961	2002 年	17636.45	121717.4	43500
1982 年	700.02	5373.4	1230	2003 年	20017.31	137422	53841
1983 年	775.59	6020.9	1430	2004 年	24165.68	161840.2	66235
1984 年	947.35	7278.5	1833	2005 年	28778.54	187318.9	80994
1985 年	2040.79	9098.9	2543	2006 年	34804.35	219438.5	97583
1986 年	2090.73	10376.2	3121	2007 年	45621.97	270092.3	118323
1987 年	2140.36	12174.6	3792	2008 年	54223.79	319244.6	144587
1988 年	2390.47	15180.4	4754	2009 年	59521.59	348517.7	181760
1989 年	2727.4	17179.7	4410	2010 年	73210.79	412119.3	218834
1990 年	2821.86	18872.9	4517	2011 年	89738.39	487940.2	238782
1991 年	2990.17	22005.6	5595	2012 年	100614.3	538580	281684
1992 年	3296.91	27194.5	8080	2013 年	110530.7	592963.2	329318
1993 年	4255.3	35673.2	13072	2014 年	119175.3	643563.1	373637
1994 年	5126.88	48637.5	17042	2015 年	124922.2	688858.2	405928
1995 年	6038.04	61339.9	20019	2016 年	130360.7	746395.1	434364
1996 年	6909.82	71813.6	22974	2017 年	144369.9	832035.9	461284
1997 年	8234.04	79715	24941	2018 年	156402.9	919281.1	488499
1998 年	9262.8	85195.5	28406	2019 年	158000.5	986515.2	513608
1999 年	10682.58	90564.4	29855	2020 年	154312.3	1013567	527270
2000 年	12581.51	100280.1	32918	2021 年	172730.5	1143670	552884.2

这里利用 SPSSAU 软件，首先进行相关关系分析，这里分别做出税收和国内生产总值、税收和固定资产投资额的散点图。

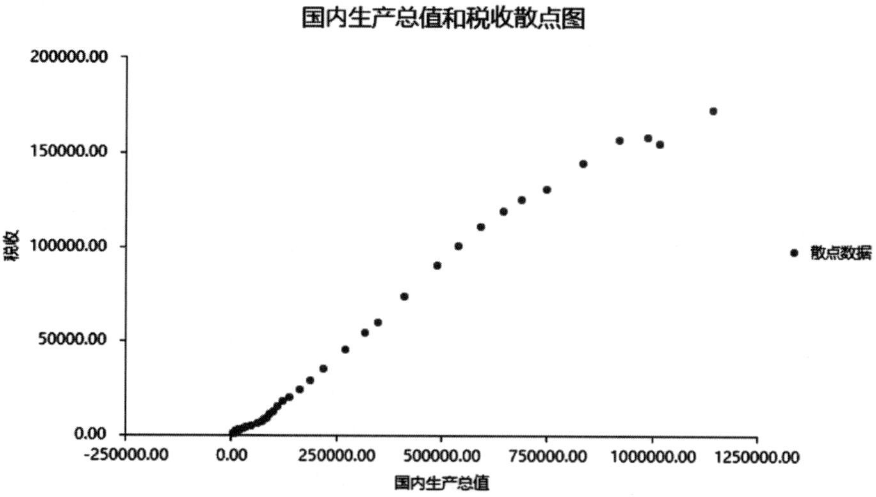

图 8.5　税收和国内生产总值关系的散点图

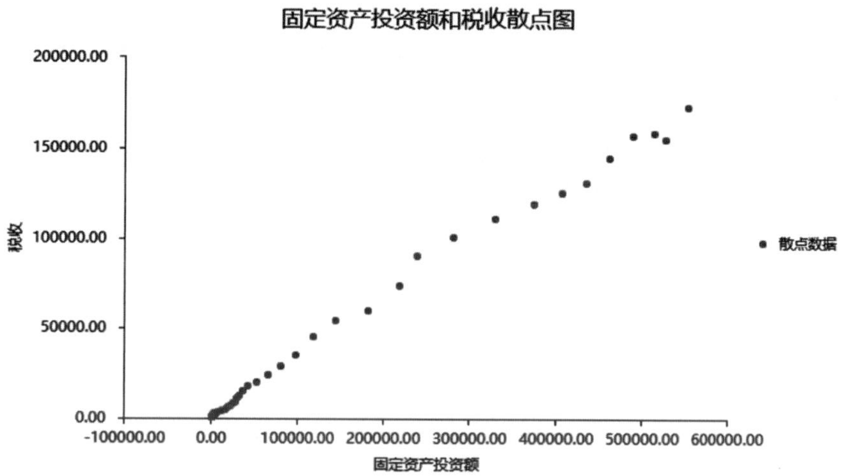

图 8.6　税收和固定资产投资额关系的散点图

从图 8.5 和图 8.6 可以看出，税收和国内生产总值、固定资产投资额呈现线性关系，因此可以考虑构建线性回归模型。为了对比分析，这里先进行一元线性回归分析。如表 8.12 和表 8.13 所示。再进行二元线性回归分析，如表 8.14 所示。

表 8.12　税收和国内生产总值的一元线性回归结果 ($n=42$)

	非标准化系数		标准化系数	t •	p •	共线性诊断	
	B •	标准误 •	Beta •			VIF •	容忍度 •
常数	−575.756	1198.6	—	−0.48	0.634	—	—
国内生产总值	0.168	0.003	0.995	60.385	0.000**	1	1
R^2 •				0.989			
调整 R^2 •				0.989			
F •			F (1,40)＝3646.387，p＝0.000				
D−W 值				0.171			

因变量：税收

* $p<0.05$ ** $p<0.01$

由表 8.12 可知，税收和国内生产总值的一元线性回归结果是显著的。国内生产总值每增加 1 亿元，各项税收将平均增加 168 万元。

表 8.13　税收和固定资产投资额的一元线性回归结果($n=42$)

项	非标准化系数		标准化系数	t・	p・	共线性诊断	
	B・	标准误・	Beta・			VIF・	容忍度・
常数	2361.452	833.265	—	2.834	0.007**	—	—
固定资产投资额	0.31	0.004	0.997	84.789	0.000**	1	1
R^2・	0.994						
调整 R^2・	0.994						
F・	F (1,40)=7189.156,p=0.000						
D−W 值	0.714						

因变量：税收

* $p<0.05$ ** $p<0.01$

由表 8.13 可知，税收和固定资产投资额的一元线性回归结果也是显著的。固定资产投资额每增加 1 亿元，各项税收将平均增加 31 万元。

表 8.14　税收及其影响因素的二元线性回归结果($n=42$)

项	非标准化系数		标准化系数	t・	p・	共线性诊断	
	B・	标准误・	Beta・			VIF・	容忍度・
常数	1752.49	916.717	—	1.912	0.063	—	—
国内生产总值	0.032	0.021	0.187	1.492	0.144	117.116	0.009
固定资产投资额	0.252	0.039	0.811	6.469	0.000**	117.116	0.009
R^2・	0.995						
调整 R^2・	0.994						
F・	F (2,39)=3705.769,p=0.000						
D−W 值	0.576						

因变量：税收

* $p<0.05$ ** $p<0.01$

由二元回归回归结果表 8.14 可知：由于拟合优度 $R^2=0.995$，这说明模型对样本拟合很好。由方差分析可知，F 统计量的值为 3705.769，显著性检验的概率 p 值为 0，应拒绝原假设，说明回归方程整体是显著。但是，回归分析结果显示，VIF 值进行分析(或者容忍度值，容忍度=1/VIF 值，VIF 值一般>5 说明有共线性问题，这里 VIF 远远大于临界值 5，说明国内生产总值和固定资产额存在严重的多重共线性问题。使得国内生产总值的回归系数不显著。这里的回归系数是在其他解释变量不变的情况下，解释变量国内生产总值、固定资产投资额分别对被解释变量税收有显著的影响。

2. Lasso 回归

图 8.7 可以看出，将国内生产总值，固定资产投资额作为自变量，而将税收作为因变量进行套索回归(Lasso 回归)分析后得到的轨迹图，图中可以看到，当 K 值为 0.99 时，此时自变量的标准化回归系数趋于稳定，因而 SPSSAU 建议设置最佳 K 值取为 0.99。表 8.15 显示为 Lasso 轨迹图中间过程值节选。

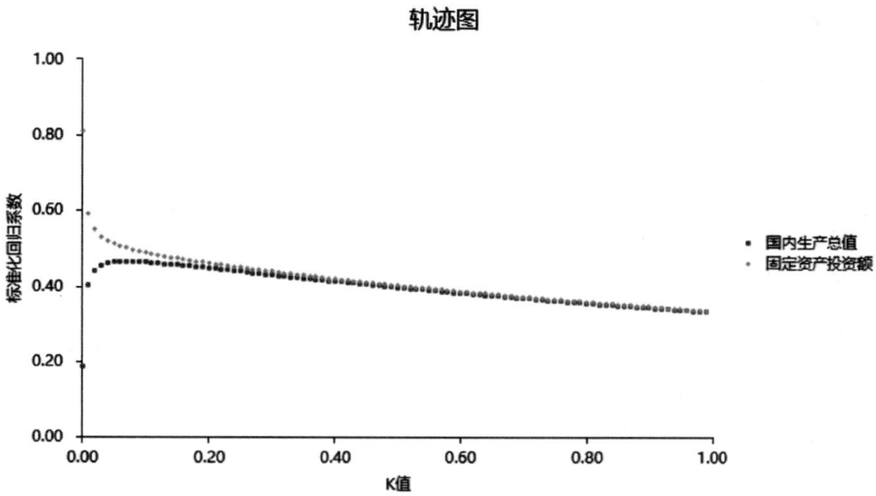

图 8.7　Lasso 回归分析的轨迹图

表 8.15　lasso 轨迹图中间过程值(标准化回归系数值)节选

K 值	国内生产总值	固定资产投资额
0.00	0.187	0.811
0.01	0.403	0.590
0.10	0.462	0.488
0.20	0.447	0.460
0.30	0.429	0.438
0.40	0.412	0.419
0.50	0.396	0.402
0.60	0.381	0.386
0.70	0.368	0.371
0.80	0.355	0.358
0.90	0.342	0.345
0.99	0.332	0.335

第四节　曲线回归(选学内容)

前面介绍的回归分析,都属于直线范围,所以称之为线性回归分析。实际上,客观世界存在很多非线性回归关系,如抛物线、指数和双曲线等等,其配合方法、计算方法,显然要比线性回归复杂得多。有些非线性经过处理可以转化为线性相关,不能够直接转化的,要采用相应的非线性模型估计方法进行参数的估计。本节将讲述曲线回归。

一、曲线回归的概念和方法

对于非线性关系现实中也是较为常见的,可通过绘制散点图的方式粗略考察这种非线性关系。对于非线性关系通常无法直接通过线性回归来分析,无法直接建立线性模型。变量之间的非线性可以划分为本质线性关系和本质非线性关系。其中,本质线性关系是指变量关系形式上虽然呈非线性关系(如二次曲线),但可以通过变量变化转化为线性关系,并可最终进行线性回归分析建立线性模型。本质非线性关系是指变量关系不仅形式上呈非线性关系,而且也无法通过变量变换化为线性关系,最终无法进行线性回归分析建立模型。曲线估计就是解决本质非线性关系问题的。例如,人口数随时间的变化,呈现出独特的非线性关系特征。

曲线回归(curvilinear regression)是指对于非线性关系的变量进行回归分析的方法。曲线回归方程一般是以自变量的多项式表达因变量。方法是:根据数据的特点先进行某些变换(如对数变换、平方根变换等),如果变换后得到线性模型,则进行线性回归;如果变换后仍得不到线性模型,则可以用曲线拟合的方法对原始数据进行拟合,确定曲线回归方程。

二、曲线直线化

如果面对某些变量的关系是非线性关系(曲线关系)时,最直接的方法就是曲线直线化。曲线直线化的基本原理是将变量进行变换,从而将曲线方程转化为直线回归方程进行分析。常见的曲线方程的基本变化如表 8.16 所示。

表 8.16 曲线模型(本质非线性模型)

模型名称	回归方程	变量变换后的线性方程
二次曲线(Quadratic)	$y=\beta_0+\beta_1x+\beta_2x^2$	$y=\beta_0+\beta_1x+\beta_2x_1(x_1=x^2)$
复合曲线(Compound)	$y=\beta_0\beta_1x$	$\ln y=\ln\beta_0+\ln(\beta_1)x$
增长曲线(Growth)	$y=e^{\beta_0}+\beta_1x$	$\ln y=\beta_0+\beta_1x$
对数曲线(Logarithmic)	$y=\beta_0+\beta_1\ln(x)$	$y=\beta_0+\beta_1x_1(x_1=\ln(x))$
三次曲线(Cubic)	$y=\beta_0+\beta_1x+\beta_2x^2+\beta_3x^3$	$y=\beta_0+\beta_1x+\beta_2x_1+\beta_3x_2$ $(x_1=x^2,x_2=x^3)$
S 曲线(S)	$y=e^{\beta_0+\beta_1/x}$	$\ln y=\beta_0+\beta_1x_1(x_1=1/x)$
指数曲线(Exponential)	$y=\beta_0e^{\beta_1x}$	$\ln y=\ln\beta_0+\beta_1x$
逆函数(Inverse)	$y=\beta_0+\beta_1/x$	$y=\beta_0+\beta_1x_1(x_1=1/x)$
幂函数(Power)	$y=\beta_0(x^{\beta_1})$	$\ln y=\ln\beta_0+\beta_1x_1(x_1=\ln x)$

三、基本曲线的类型和特点

1. 指数函数的方程形式:$y=ab^x$

参数 b 一般用来描述增长或衰减的速度;当 $a>0,b>0$ 时,y 随 x 的增大而增大(增长),曲线凹向上;当 $a>0,b<0$ 时,y 随 x 的增大而减小(衰减),曲线也是凹向上。如图 8.8 所示。

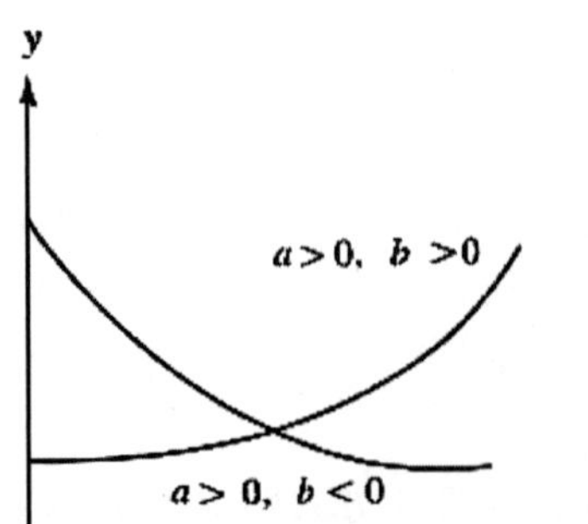

图 8.8 指数函数曲线

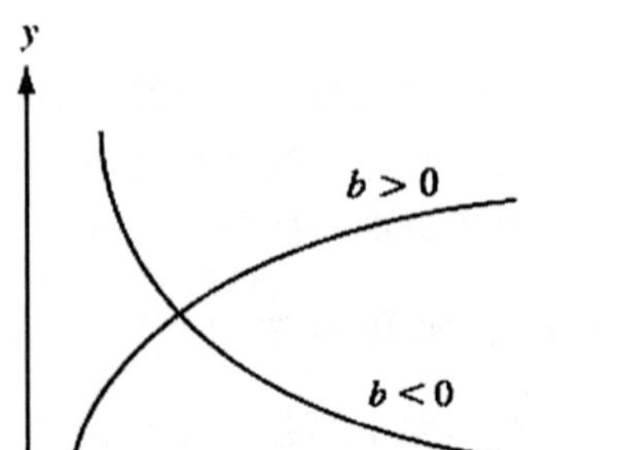

图 8.9 对数函数曲线

2. 对数函数的方程形式：$y = a + b\ln x$

对数函数表示 x 变量的较大变化可引起 y 变量的较小变化。$b > 0$ 时，y 随着 x 的增大而增大，曲线凸向上；$b < 0$ 时，y 随着 x 的增大而减小，曲线凹向上。如图 8.9 所示。

3. 幂函数的方程形式：$y = ax^b$

当 $a > 0, b > 1$ 时，y 随着 x 的增大而增大(增长)，曲线凹向上；当 $a > 0, 0 < b < 1$ 时，y 随着 x 的增大而增大(增长)，但变化缓慢，曲线凸向上；当 $a > 0, b < 0$ 时，y 随着 x 的增大而减小，曲线凹向上，且以 x，y 轴为渐近线。如图 8.10 所示。

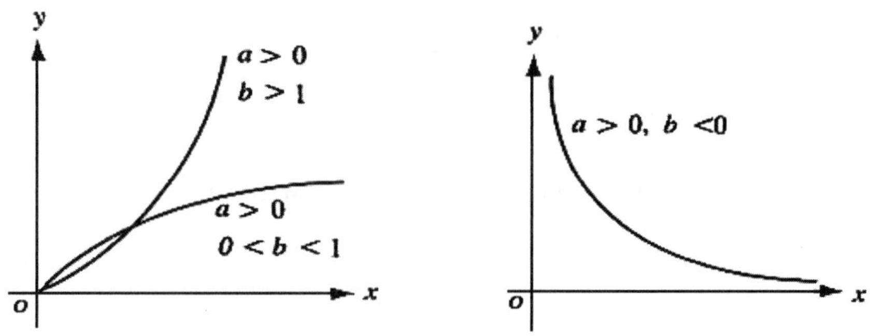

图 8.10　幂函数曲线

4. S 曲线(Logistic 生长曲线)的方程形式：$y = \dfrac{k}{1 + ae^{-bx}}$($a, b, k$ 均大于 0)

当 $x = 0$ 时，$y = \dfrac{k}{1+a}$；当 $x \to \infty$ 时，$y = k$。

所以，时间为 0 的起始量为$\dfrac{k}{1+a}$，时间的无限延长的终极量为 k。

曲线当 $x = \dfrac{\ln a}{b}$ 时有一个拐点，这时 $y = \dfrac{k}{2}$，恰好是终极量 k 的一半。拐点左侧，曲线凹向上，速率由小趋大；拐点右侧，曲线凸向上，速率由大趋小。如图 8.11 所示。

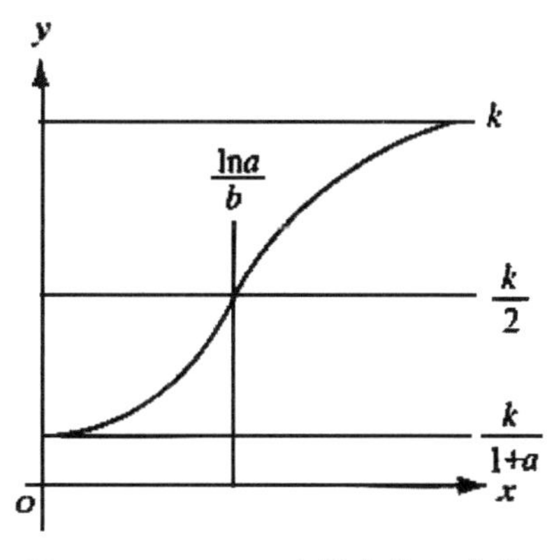

图 8.11　Logistic 生长曲线(S 曲线)

四、曲线估计的步骤和软件实现

1. 曲线估计模块的步骤：

(1)利用散点图，初步判断曲线类型。为了减少曲线估计的盲目性，通常先用散点图观察自变量和因变量之间的关系，判断因变量和自变量之间是否存在清晰的逻辑关系。

(2)启动曲线估计，正确设置因变量和自变量，并分别选择多种曲线模型，根据计算机的输出结果，参考判定系数，选择最恰当的曲线类型。

(3)最后根据曲线类型的各个系数值，写出最终的函数形式。

2. SPSSAU 软件实现

【例 8.9】 为研究居民家庭教育文化娱乐支出和可支配收入字行间的关系，采集 2022 年全国各地区居民人均教育文化娱乐支出和人均可支配收入的数据。

首先绘制人均教育文化娱乐支出和人均可支配收入的散点图，如图 8.12 所示。观察发现两变量之间的关系呈非线性关系，可尝试选择二次曲线，三次曲线，对数曲线等，利用曲线估计进行本质线性模型分析。其中人均教育文化娱乐支出是被解释变量，人均可支配收入为解释变量，这里选择对数曲线。

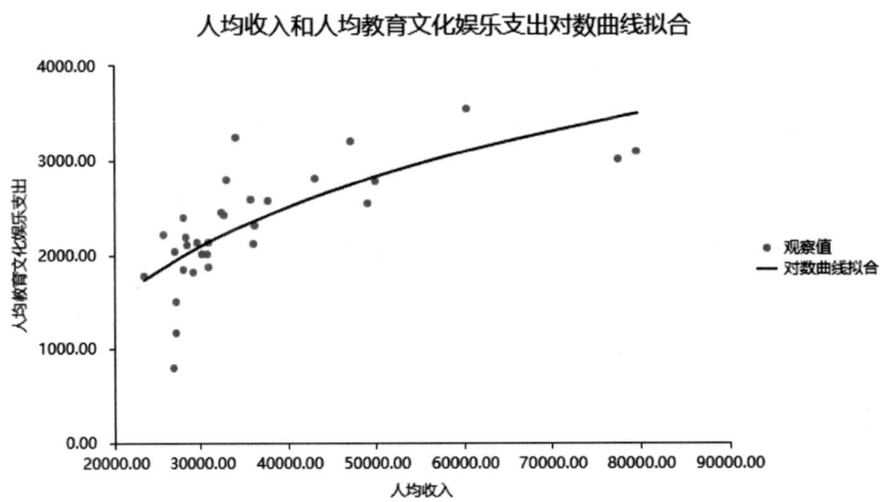

图 8.12 全国各地区人均教育文化娱乐支出和人均可支配收入散点图

回归结果如表 8.17 所示。模型整体的 R^2 为 0.543，拟合效果较好。通过方差分析表可知，方程整体是显著的。通过回归系数的分析可知，截距项和人均收入对数项的回归系数均显著。由此可以写出对数曲线方程

$$人均教育文化娱乐支出(y) = -12742.725 + 1439.189 \times \ln(人均收入)$$

表 8.17 人均教育支出和人均收入的对数曲线回归结果汇总

R^2	调整 R^2	标准误	AIC	BIC	有效样本
0.543	0.527	414.274	463.551	466.419	31
		ANOVA 表格			
	平方和	自由度	均方	F	p
回归	5915450.682	1	5915450.682	34.468	0.000**
残差	4977068.755	29	171623.061		
总计	10892519.44	30			

* $p<0.05$ ** $p<0.01$

回归系数汇总表

项	非标准化系数		标准化系数	t	p
	B	标准误	Beta		
常数	−12742.725	2563.928	—	−4.97	0.000**
In(人均收入)	1439.189	245.139	0.737	5.871	0.000**

* $p<0.05$ ** $p<0.01$

因变量:人均教育文化娱乐支出

第五节 Logistic 回归模型(选学内容)

一、Logistic 回归的概述

前述的回归分析探索因变量和自变量之间的数量变化规律的一个基本要求是因变量是数值型变量。遗憾的是,实际应用中并非所有的被解释变量都是数值型,还有相当多的问题是分析一个或多个自变量对一个非数值型的分类变量产生影响。例如,研究消费者是否购买小汽车的影响因素时,消费者的职业、年收入、年龄等因素作为自变量,是否购买(如 1 表示购买,0 表示不购买)则作为因变量,但它是一个典型的二分类型变量。又如,研究吸烟、性别、年龄等对患肺癌的影响时,是否患肺癌作为因变量也是二分类型变量。再如,在是否参加赔偿责任保险的研究时,根据户主的年龄、流动资产额和户主的职业,因变量有两种可能的结果:有赔偿和无赔偿责任保险。当分类型变量作为回归分析的因变量时,由于不再满足一般线性回归模型对因变量的要求,且违背回归模型的前提假设。通常采用的方法是 Logistic 回归分析。

当因变量是二分类变量时,采用二项 Logistic 回归模型;当因变量是多分类变量时,采用多项 Logistic 回归模型。Logistic 回归模型是多元线性回归模型分析方法不断发展的成果。

二、二项 Logistic 回归模型

(一)二项 Logistic 回归模型概述

当因变量为 0/1 分类变量时,无法直接采用一般线性回归模型建模,通常采用二项 Logistic 回归分析。通常我们会对回归模型进行两个方面的改进。

第一,因变量只取 0,1 两个离散值,不适合直接作为回归模型的因变量。由于线性回归方程是自变量对因变量平均值的预测。当因变量为 0/1 分类变量时,回归方程是当自变量取某个值时因变量取 1 的概率的预测。

$$P_{y=1}=\beta_0+\beta_1 x \tag{8.40}$$

第二,回归函数应该改用限制在[0,1]区间内的连续曲线,而不能再沿用线性回归方程。限制在[0,1]区间内的连续曲线有很多,例如所有连续型随机变量的分布函数都符合要求,常用的是 Logistic 函数与正态分布函数。Logistic 函数的形式为:

$$f(x)=\frac{e^x}{1+e^x}=\frac{1}{1+e^{-x}} \tag{8.41}$$

Logistic 函数的中文名称是逻辑斯蒂函数,简称逻辑函数。

例如,购买小轿车的概率通常不会随着年收入(或年龄等)的增长而呈线性增长,更多地表现为年收入增长初期,购买小轿车的可能性增长较为缓慢,当年收入增长到某个水平时,购买小轿车的可能

性会快速增加;当年收入再增长到另一个阶段,购买小轿车的可能性增长到某个极限后,其增长速度会基本保持平稳。这种变化关系通常与增长函数相吻合。

基于上述分析,可以进行以下两步处理:

第一,将概率 P 转换成相对风险 Ω,即 $\Omega=\frac{P}{1-P}$。

其中,Ω 称为相对风险或发生比(Odds),是事件发生概率与不发生概率之比。这种转化是非线性的,同时 Ω 是 P 的单调函数,保证了 Ω 与 P 增长(或下降)的一致性,使得模型易于解释。相对风险 Ω 的取值范围在 0～+∞之间。

第二,Ω 转换成 $\ln\Omega$,即

$$\ln\Omega=\ln\left(\frac{P}{1-P}\right)=LogitP \tag{8.42}$$

经过这一转换后,LogitP 与 Ω 之间仍然呈增长(或下降)的一致性关系,且取值范围在－∞～＋∞之间,与一般线性回归方程因变量的取值范围相吻合。

经过 LogitP 变换后,就可利用一般线性回归模型建立因变量与自变量之间的多元分析模型,即

$$\text{Logit}P=\beta_0+\sum_{i=1}^{k}\beta_i x_i \tag{8.43}$$

显然 LogitP 与自变量之间是线性关系,那么概率 P 与因变量之间是否呈现上述分析的非线性关系呢?将 Ω 代入,有

$$\ln\left(\frac{P}{1-P}\right)=\beta_0+\sum_{i=1}^{k}\beta_i x_i \tag{8.44}$$

于是有

$$\frac{P}{1-P}=\exp(\beta_0+\sum_{i=1}^{k}\beta_i x_i) \tag{8.45}$$

$$P=\frac{\exp(\beta_0+\sum_{i=1}^{k}\beta_i x_i)}{1+\exp(\beta_0+\sum_{i=1}^{k}\beta_i x_i)} \tag{8.46}$$

$$P=\frac{1}{1+\exp\left[-(\beta_0+\sum_{i=1}^{k}\beta_i x_i)\right]} \tag{8.47}$$

这个就是 Sigmoid 函数,很好地体现了概率 p 值和解释变量之间的非线性关系。于是可以计算因变量取 1 或者 0 的概率。显然,当因变量取 1 的概率大于取 0 的概率时,则因变量预测为 1 类,否则预测为 0 类。

由此可见,二项 Logistic 回归模型本质上是一个二分类的线性概率模型(Linear Probability Model,LPM)。

(二)二项 Logistic 回归模型系数的含义

从形式上看,Logistic 回归模型与一般线性回归模型的形式相同,其回归模型系数的含义可以解释为:当其他自变量保持不变时,自变量 x_i 每增加一个单位,将引起 LogitP 平均增加(或减少)β_i 个单位。但重要的是,在模型的实际应用中人们关心的是自变量变化引起事件发生概率 p 变化的程度。由于 P 与 LogitP 呈现正向关系。因此,当自变量 x_i 增加时,也会带来概率 p 的增加(或减少),但这种增加(或减少)的幅度是非线性的,取决于自变量的取值范围以及因变量间的共同作用等。因此,应用中人们通常更关心自变量给相对风险 Ω 带来的变化。为此首先说明相对风险 Ω 的意义。

相对风险 $\Omega=P/(1-P)$，即某事件发生概率与不发生概率之比。利用相对风险比(Odds Ratio)可以进行不同组之间风险的对比分析。

例如，如果吸烟组患肺癌的概率是 0.25，不吸烟组患肺癌的概率是 0.1，则两组的相对风险比为

$$\frac{OR_A}{OR_B}=\frac{p_r(D_A)}{1-p_r(D_A)}\Big/\frac{p_r(D_B)}{1-p_r(D_B)}=\frac{1}{3}\Big/\frac{1}{9}=3$$

它表示吸烟组 A 的相对风险是不吸烟组 B 的三倍，吸烟患肺癌的风险高于不吸烟。进一步建立 Logistic 回归方程。

如果因变量 Y 表示是否患肺癌(1 表示患肺癌，0 表示不患肺癌)，当只考虑一个自变量 X_1(1 表示吸烟，0 表示不吸烟)时，则建立的 Logistic 回归方程为

$$Logit[p_r(Y=1)]=\beta_0+\beta_1X_1$$

于是，自变量为吸烟的方程为

$$Logit[p_r(Y=1)]=ln\,[odds(smokers)]\,\beta_0+\beta_1\times 1=\beta_0+\beta_1$$

自变量为不吸烟的方程为：

$$Logit[p_r(Y=1)]=ln\,[odds(nonsmokers)]\,\beta_0+\beta_1\times 0=\beta_0$$

于是，吸烟与不吸烟组的相对风险之比为

$$\frac{OR_{smokers}}{OR_{nonsmokers}}=\frac{Odds(smokers)}{Odds(nonsmokers)}=\frac{e^{\beta_0+\beta_1}}{e^{\beta_0}}=e^{\beta_1}$$

可见，两组的相对风险比与 Logistic 回归方程的自变量的回归系数有关。吸烟患肺癌的相对风险是不吸烟组的 e^{β_1} 倍。也就是说，e^{β_1} 的含义比 β_1 更直观，反映的是自变量取不同值所导致的相对风险的变化率。

推广到自变量不止一个的 Logistic 回归方程中，有

$$\Omega=\exp(\beta_0+\sum_{i=1}^{k}\beta_k x_k) \tag{8.48}$$

当其他解释变量保持不变时，x_i 每变动一个单位所导致的相对风险是原来相对风险的 $\exp(\beta_i)$ 倍，即相对风险比为 e^{β_i}。

例如，如果因变量 Y 表示是否患肺癌，自变量有三个，X_1 表示是否吸烟，X_2 表示年龄，X_3 表示性别，则建立的 Logistic 回归方程为

$$\text{Logit}[p_r(Y=1)]=\beta_0+\beta_1X_1+\beta_2X_2+\beta_3X_3$$

为研究吸烟对患肺癌的影响，只有对同年龄和同性别组比较，即控制住年龄和性别才有意义。假设 A 组为吸烟、年龄 45 岁，性别为男；B 组为不吸烟、年龄 45 岁，性别为男，则 A、B 两组方程分别为

$$\text{Logit}[p_r(Y=1)]=\ln[odds(X_A)]=\beta_0+\beta_1\times 1+\beta_2\times 45+\beta_3\times 1$$

$$\text{Logit}[p_r(Y=1)]=\ln[odds(X_B)]=\beta_0+\beta_1\times 0+\beta_2\times 45+\beta_3\times 1$$

两组的相对风险比为

$$\frac{OR_A}{OR_B}=\frac{Odds(X_A)}{Odds(X_A)}=e^{(1-0)\beta_1+(45-45)\beta_2+(1-1)\beta_3}=e^{\beta_1}$$

这里相对风险比是在控制了年龄和性别的前提下进行的，能够更准确地反映吸烟对肺癌的影响程度。虽然形式上同前，但参数估计值是不同的。

(三)二项 Logistic 回归模型的检验

Logistic 回归方程的参数求解采用极大似然估计法。极大似然估计是一种在总体概率密度函数和样本信息的基础上，构造一个包含未知参数的似然函数，并求解在似然函数值达到最大时，得到模

型中未知参数估计值的方法。求解过程较为复杂，这里省略，SPSS 软件可以直接求解。

1. 回归方程的显著性检验

Logistic 回归方程显著性检验的目的是检验全体自变量与 LogitP 的线性关系是否显著，是否可以用线性模型拟合。其原假设是：各回归系数同时为 0，自变量全体与 LogitP 的线性关系不显著。

设自变量 x_i 未引入回归方程前的对数似然函数为 LL，自变量 x_i 引入回归方程后的对数似然函数为 LLx_i，则对数似然比为 $\frac{LL}{LL_{x_i}}$。如果对数似然比与 1 无显著差异，则说明引入自变量 x_i 后，自变量全体对 LogitP 的线性解释无显著改善；反之，如果对数似然比与 1 有显著差异，则说明引入自变量 x_i 后，自变量全体对 LogitP 的线性关系仍然显著。

作出判断：如果似然比卡方的观测值对应的概率 p 值小于给定的显著性水平 α，则应拒绝原假设，认为目前方程中的所有回归系数不同时为零，自变量全体与 LogitP 的线性关系显著；反之，如果似然比卡方的观测值对应的概率 p 值大于给定的显著性水平 α，则不应拒绝原假设，认为目前方程中的所有回归系数同时为零，自变量全体与 LogitP 的线性关系不显著。

2. 回归系数的显著性检验

Logistic 回归系数的显著性检验的目的是逐个检验方程中各解释变量是否与 LogitP 有显著的线性关系，对解释 LogitP 是否有重要贡献。

原假设是：$\beta_i=0$，即第 i 个自变量的回归系数显著为 0，相应的自变量与 LogitP 之间的线性关系不显著。

回归系数的显著性检验采用的检验统计量是 Wald 统计量，数学定义为：

$$Wald_i=\left(\frac{\beta_i}{S_{\beta_i}}\right)^2 \tag{8.49}$$

其中，β_i 是回归系数，S_{β_i} 是回归系数的标准误。Wald 统计量近似服从卡方分布。如果某自变量 $Wald_i$ 观测值对应的概率 p 值小于给定的显著性水平 α，则应拒绝零假设，认为某自变量的回归系数显著不为 0，该自变量与 LogitP 之间的线性关系显著，应保留在方程中；反之，如果概率 p 值大于给定的显著性水平 α，则不应拒绝零假设，认为某自变量的回归系数显著为 0，该自变量与 LogitP 之间的线性关系不显著，不应保留在方程中。

3. 回归方程的拟合优度检验

一方面回归方程能够解释因变量变差的程度越高，模型拟合优度越高；另一方面，回归方程计算出的预测值与实际值的吻合度越高，即方程的总体判错率越低，则说明拟合优度越高。

常用的指标有：

(1)Cox & Snell R^2 统计量：与回归方程的 R^2 有相似之处，也是方程对解释变量变差解释程度的反映。其数学定义为

$$\text{Cox \& Snell } R^2=1-\left[\frac{LL_0}{LL_k}\right]^{\frac{2}{n}} \tag{8.50}$$

其中，LL_0 为方程中只包含常数项时额对数似然值，LL_k 为当前方程的对数似然值，n 为样本量。由于取值范围不易确定，因此使用不方便。

(2)Nagelkerke R^2 统计量 Cox & Snell R^2 统计量，也反映了方程对解释变量变差解释程度。其数学定义为

$$\text{Nagelkerke } R^2=\frac{Cox\ \&\ Snell\ R^2}{1-(LL_0)^{\frac{2}{n}}} \tag{8.51}$$

Nagelkerke R^2 统计量的取值范围在 0 到 1 之间。越接近于 1，说明方程的拟合程度越高；越接近

于 0,说明方程的拟合优度越低。

(3)混淆矩阵

混淆矩阵是一种极为直观的评价模型优劣的方法,它通过表格形式展示模型预测值与实际值观测值的吻合程度。

(四)二项 Logistic 回归的应用

【例 8.10】 在抢救急性心肌梗死(AMI)患者能否成功的危险因素调查中,某医院收集了 5 年中该院所有的 AMI 患者的抢救病史共 200 例。在抢救前:$X_1=1$ 表示已发生休克,$X_1=0$ 表示未发生休克;$X_2=1$ 表示发生心衰,$X_2=0$ 表示未发生心衰;$X_3=1$ 表示 12 小时内将患者送往医院,$X_3=0$ 表示 12 小时内未将患者送往医院。详细资料如表 8.18。

表 8.18　采集的数据资料

$y=0$ 表示抢救成功				$y=1$ 表示未抢救成功			
X_1	X_2	X_3	n	X_1	X_2	X_3	n
0	0	0	35	0	0	0	4
0	0	1	34	0	0	1	10
0	1	0	17	0	1	0	4
0	1	1	19	0	1	1	15
1	0	0	17	1	0	0	6
1	0	1	6	1	0	1	9
1	1	0	6	1	1	0	6
1	1	1	6	1	1	1	6

分析目标:建立抢救急性心肌梗死(AMI)患者能否成功的危险因素模型。

这里选择 SPSSAU 进行分析,首先将数据读入【上传数据】,选择【进阶方法→二元 Logit】。然后将心梗抢救效果 0—1 变量拖入因变量 Y,然后把是否发生休克,是否发生心衰,送往医院时间拖入自变量 X,点击【开始分析】,分析结果汇总如表 8.19 所示。

表 8.19　二元 Logit 回归分析结果汇总

项	回归系数	标准误	z 值 ·	Wald χ^2 ·	p 值	OR 值	OR 值 95% CI
是否发生休克	−1.11	0.348	−3.185	10.142	0.001	0.33	0.166～0.653
是否发生心衰	−0.703	0.329	−2.135	4.559	0.033	0.495	0.260～0.944
送往医院时间	−0.975	0.344	−2.835	8.036	0.005	0.377	0.192～0.740
截距	2.086	0.351	5.938	35.263	0	8.051	4.045～16.027
因变量:心梗抢救结果							
似然比检验 · $\chi^2(3)=21.730$,p=0.000							
Hosmer-Lemeshow 检验　$\chi^2(4)=0.646$,p=0.958							
McFadden R 方:0.089							
Cox & Snell R 方:0.103							
Nagelkerke R 方:0.146							

Hosmer-Lemeshow 拟合度检验用于分析模型拟合优度情况,从上表可知,此处模型检验的原定

假设为:模型拟合值和观测值的吻合程度一致;这里 p 值大 0.05($Chi=0.646$,$p=0.958>0.05$),因而说明接受原定假设,即说明本次模型通过 HL 检验,模型拟合优度较好。Nagelkerke R^2 反映了方程对因变量变差解释的程度。越接近于 1,说明方程的拟合优度越高;越接近于 0,说明方程的拟合程度较低。这里等于 0.146,相对来说还是有一定的拟合度的。

对于是否发生休克来说,发生休克相对没发生休克来说,使得 LogitP 平均增长了 1.11 个单位。结合发生比可知,发生休克的发生比是没发生休克的 3.034 倍。发生心衰相对于没发生心衰来说,使得 LogitP 平均增长了 0.703 个单位。结合发生比可知,发生心衰的发生比是没发生心衰的 2.019 倍。送往医院的时间在 12 个小时内相对于 12 个小时以外来说,使得使得 LogitP 平均降低了 0.975 个单位。结合发生比可知,12 小时内送往医院的发生比是 12 小时内没送往医院的 0.377 倍。

总的来说,是否发生休克,是否发生心衰,送外医院的时间都对抢救急性心肌梗死(AMI)患者能否成功的重要因素。患者不发生休克,不发生心衰,送往医院的时间越短,越可能救助成功。

三、多元 Logistic 回归模型

在实际生活中,有时会遇到因变量是多分类变量的情况。多元变量又分为无序多元变量和有序多元变量。例如,同种商品的品牌会有多种,且品牌之间不存在内在的顺序关系。在顾客品牌选择取向的分析中,可将品牌作为因变量,考察顾客不同特征对品牌偏好的影响。在医学和一些商业问题中,多分类变量的不同类别间往往存在高低、大小、轻重等内在的联系,这种就是有序的多分类变量。例如,在流行病学的调查中,病情可分为一级、二级、三级、四级等,症状感觉可包括不痛、微痛、较痛和剧痛等,对疾病的疗效结果可能是无效、好转和治愈。在社会学调研研究中,人的幸福感可分为很不幸福、不幸福、一般、幸福、很幸福等;对某种商品的满意度可以分为很不满意、不满意、一般、满意和很满意。

(一)多项 Logistic 回归模型

1. 多项 Logistic 回归模型

对于自变量是连续型变量或计数型变量,且因变量每个取值的概率范围均为 0~1 的情况,都可以用 Logistic 回归方法对因变量的概率取值建立回归模型。设因变量有 j 个取值水平,可以对其中的 $j-1$ 个水平,各做一个回归方程。

因变量取第 i 个水平时的 Logistic 回归模型设为

$$\ln\left(\frac{P_i}{P_J}\right)=\beta_0+\sum_{i=1}^{k}\beta_i x_i \tag{8.52}$$

其中,P_i 为因变量为第 i 类的概率,P_J 为因变量为第 J 类的概率,且第 J 类为参照类。该模型称为广义 Logit 模型。如果因变量有 k 个类别,则需要建立 $k-1$ 个模型。

例如,如果因变量有 A、B、C 三个类别,且以 C 类别作为参照类别,则应建立以下两个广义 Logit 模型。

$$\text{Logit}P_a=\ln\left(\frac{P(y=a\mid X)}{P(y=c\mid X)}\right)=\beta_0^a+\sum_{i=1}^{k}\beta_i^a x_i \tag{8.53}$$

$$\text{Logit}P_b=\ln\left(\frac{P(y=b\mid X)}{P(y=c\mid X)}\right)=\beta_0^b+\sum_{i=1}^{k}\beta_i^b x_i \tag{8.54}$$

下面举例进行说明。

2. 多项 Logistic 回归分析的基本操作

某快餐公司为了提高其早餐的市场份额,对 880 名消费者做了一份调查(spss 数据文件:早餐偏好调查数据.sav)。变量包括早餐类型,年龄段,性别,婚否和生活方式。本节利用多项 Logistic 回归方法分析 3 种早餐的市场销售情况,并找出影响因素。表 8.20 是变量的解释。

表 8.20　变量解释

变量	取　　值
早餐类型	不吃=1,麦片=2、谷类=3
年龄段	低于 31 岁=1,31—45 岁=2,46—60 岁=3,高于 60 岁=4
性别	女性=1,男性=0
婚否	已婚=1,未婚=0
生活方式	积极=1,消极=0

这里采用 SPSSAU 进行分析,首先将数据上传至 SPSSAU,然后选择【进阶方法→多分类 Logit】,将早餐类型拖入因变量 Y,把年龄段,性别,婚否,生活方式拖入自变量 X,点击【开始分析】,分析结果汇总如表 8.21 所示。

表 8.21　早餐类型影响因素的多分类 Logistic 回归分析结果

多分类 Logistic 回归分析结果汇总

麦片	回归系数	标准误	z 值 ·	Wald χ^2 ·	p 值	OR 值	OR 值 95% CI
年龄段	1.697	0.128	13.296	176.797	0.000	5.459	4.251~7.011
性别	−0.120	0.216	−0.556	0.309	0.578	0.887	0.581~1.354
婚否	1.030	0.233	4.427	19.595	0.000	2.801	1.775~4.418
生活方式	−0.982	0.219	−4.490	20.159	0.000	0.375	0.244~0.575
截距	−4.612	0.479	−9.627	92.672	0.000	0.010	0.004~0.025
谷类	回归系数	标准误	z 值 ·	Wald χ^2 ·	p 值	OR 值	OR 值 95% CI
年龄段	0.319	0.090	3.543	12.554	0.000	1.375	1.153~1.640
性别	−0.136	0.179	−0.760	0.578	0.447	0.873	0.615~1.239
婚否	0.704	0.184	3.831	14.674	0.000	2.022	1.410~2.898
生活方式	−0.808	0.182	−4.432	19.647	0.000	0.446	0.312~0.637
截距	−0.221	0.282	−0.784	0.614	0.433	0.802	0.462~1.393

McFadden$R$ 方:0.205

Cox & Snell$R$ 方:0.359

Nagelkerke$R$ 方:0.406

如表 8.21 所示,参考类的早餐类型为不吃。Wald 检验结果来看,麦片相对于不吃早餐来说,年龄段、生活方式和婚姻与否三个水平的 Wald 检验概率 p 值都远小于 0.01,说明三个因子对模型有显著贡献。谷类相对于不吃早餐来说,除了性别不显著外,其余年龄段、生活方式和婚姻与否三个水平的 Wald 检验概率 p 值都远小于 0.01,说明三个因子对模型有显著贡献。

从第一个模型来看,(1)相对于早餐不吃的人而言,生活方式的回归系数显著为负,则说明在其他因子不变的情况下,生活方式消极的人的比率自然对数比生活方式积极的人平均减少 0.982 个单位。生活方式消极的人的发生比是生活方式积极的人的 0.375 倍。统计上显著,生活方式消极选择吃麦片与生活方式积极有显著差异。(2)年龄段的回归系数显著为负。说明在其他因子不变的情况下,年龄每增加一个阶段,吃谷物早餐将增加 5.459 倍。其余几个年龄段分析类似。(3)婚姻与否的回归系数为 1.03。说明在其他因子不变的情况下,已婚早餐吃麦片的概率要比不吃早餐的概率要大。已婚的人早餐吃麦片的发生比是已婚的人早餐吃麦片的发生比的 2.801 倍。

第二个模型来看,(1)早餐吃谷类相对于早餐不吃的比率自然对数,在其他因子不变的情况下,生活方式消极的人的比率自然对数平均减少 0.808 个单位,生活方式消极的人的发生比是生活方式积极的人的 0.446 倍。(2)年龄段的回归系数显著为 0.319,不同年龄段的发生比有显著差异。(3)婚姻与否的回归系数为 0.704。说明在其他因子不变的情况下,已婚早餐吃麦片的概率要比不吃早餐的概率要大。已婚的人早餐吃麦片的发生比是已婚的人早餐吃麦片的发生比的 2.022 倍。未婚与已婚选择吃早餐类型的发生比也有显著差异。

(二)多项有序 Logistic 回归

1. 多项有序 Logistic 回归模型

若研究不同影响因素(自变量)对有序多分类变量(因变量)的效应,可采用多项有序回归分析法。

假设因变量有 3 个分类,如果各分类的概率表示为 π_1, π_2, π_3,则可建立以下两个模型

$$\text{Logit}_1 = \ln\left(\frac{\pi_1}{1-\pi_1}\right) = \beta_0^1 + \sum_{i=1}^{p} \beta_i x_i \tag{8.55}$$

$$\text{Logit}_2 = \ln\left(\frac{\pi_1+\pi_2}{1-\pi_1-\pi_2}\right) = \beta_0^2 + \sum_{i=1}^{p} \beta_i x_i \tag{8.56}$$

其中,第 3 个类作为参照类。正是由于因变量的 3 个类别是有序的,所以它们的累计概率才有意义。例如,表示病情比较轻,疼痛感比较小,药物反应比较有效等。与前面的二项 Logistic 回归模型相比,此模型的特点是将因变量的不同类别一次分为两个等级,一旦确定该模型即为二项 Logistic 回归模型。因此,所估计的 2 个模型,自变量的回归系数应相同。

设 γ_j 为因变量前 j 个类别的累计概率,有

$$\text{link}(\gamma_j) = \beta_j + \sum_{i=1}^{p} \beta_i x_i \tag{8.57}$$

其中,link 称为连接函数,即对模型估计中的累计概率的转换函数。常用的连接函数和应用如表 8.22 所示。

表 8.22 常用的连接函数

连接函数	函数形式	一般应用场合
Logit	$\ln\frac{\gamma_j}{1-\gamma_j}$	各类别的概率分布大致均匀
补充 Log－Log	$\ln(-\ln(1-\gamma_j))$	高类别的概率较高
负 Log－Log	$-\ln(-\ln(\gamma_j))$	低类别的概率较高
Probit	$\Phi^{-1}\gamma_j$(Φ 为标准正态分布的分布函数)	潜变量服从正态分布
Cauchit	$tan\,[p_i(\gamma_j-0.5)]$ 或 $0.5+atan(\gamma_j)/p_i$	两端类别的概率较高

2. 多项有序 Logistic 回归分析的基本操作

根据某地区住户住房状况的调查数据(spss 数据文件:住房状况调查 . sav),分析住户特征是如何影响其打算购买的房屋类型的。为简化分析,选择参与建立模型的自变量,包括从业状况、户口状况、年龄、家庭收入等,因变量为购买类型(1 为二手房,2 为多层商品房,3 位高层商品房,4 为别墅)。

本例中,首先筛选出“未来三年”为“购买”的样本,然后针对所筛选的样本进行如下分析。

这里采用 SPSSAU 进行分析,首先将数据上传至 SPSSAU,然后选择【进阶方法→有序 Logit】,将购买类型拖入因变量 Y,把从业状况,户口状况,年龄,家庭收入拖入自变量 X,点击【开始分析】,分析结果汇总如表 8.23 所示。

表 8.23　商品房购买类型影响因素的有序 Logistic 回归模型分析结果

有序 Logistic 回归模型分析结果汇总

项	项	回归系数	标准误	z 值 ·	Wald χ^2 ·	p 值	OR 值	OR 值 95% CI
因变量阈值	二手房	−0.487	0.353	−1.378	1.898	0.168	1.627	0.814～3.252
	多层商品房	2.030	0.365	5.556	30.871	0.000	0.131	0.064～0.269
	高层商品房	4.762	0.487	9.787	95.788	0.000	0.009	0.003～0.022
自变量	户口状况	−0.238	0.174	−1.367	1.867	0.172	0.789	0.561～1.109
	文化程度	0.317	0.065	4.844	23.469	0.000	1.373	1.208～1.561
	年龄	−0.012	0.005	−2.236	5.002	0.025	0.988	0.978～0.999
	家庭收入	0.000	0.000	4.953	24.536	0.000	1.000	1.000～1.000

McFadden$R$ 方：0.058

Cox 和 SnellR^2：0.096

NagelkerkeR^2：0.116

在年龄、家庭收入、户口以及文化程度都相同的条件下：

购买二手房可能性的负 *Log*－*Log* 值为－1.4，$\pi_1=0.017$；

购买二手房可能性与购买多层商品房可能性之和的负 *Log*－*Log* 值为 1.121，$\pi_1+\pi_2=0.722$，$\pi_2=0.722-0.017=0.705$。

购买二手房可能性与购买多层商品房可能性与购买高层商品房可能性之和的负 *Log*－*Log* 值为 3.853，$\pi_1+\pi_2+\pi_3=0.979$，$\pi_3=0.979-0.722=0.257$；

购买别墅的可能性 $\pi_4=1-(\pi_1+\pi_2+\pi_3)=1-0.979=0.021$。

由此可见，选择购买多层商品房的可能性最高(70.5%)，其次是高层商品房(25.7%)，然后是别墅(2.1%)和二手房(1.7%)。

与案例分析结果相比，由于排除了年龄、家庭收入、户口以及文化程度的影响，该结论更为准确。购买房屋类型与年龄成反比，与家庭收入成正比。在文化程度、家庭年收入、年龄相同的条件下，本地户口的购房可能性的负 *Log*－*Log* 值比外地户口平均高出 0.238，即购房可能性平均高出 45.7%。

本章小结

本章主要介绍了相关分析、线性回归分析、曲线回归和 Logistic 回归分析。

1. 各种变量相互之间的依存关系有两种不同的类型：一种是确定的函数关系，一种是不确定的统计关系，也称为相关关系。相关分析的目的是分析变量间是否存在相关关系，并计量相关关系的程度。相关关系是指变量间不严格确定的数量依存关系，与变量间完全确定的函数关系不同。

2. 相关分析和回归分析有着密切的联系，相关分析是回归分析的前提和基础，回归分析是相关分析的深入和继续。二者的区别：相关分析不必确定自变量和因变量，不能给出变量间相互关系的具体形式，涉及的变量一般都是随机变量；回归分析必须事先因变量和自变量，能够确切地指出变量之间关系的具体形式，因变量是随机的，自变量是非随机的。

3. 一元线性回归模型：$y=\alpha+\beta x+\varepsilon$。回归模型中，$y$ 有两个部分构成，一部分是自变量 x 的线性函数，一部分是随机误差 ε。随机误差 ε 反映了除自变量 x 的线性关系之外的随机因素对 y 的影响。α 和 β 表示确定回归直线模型的两个待估计的参数。为了进行回归分析，通常需要对随机误差 ε

概率分布提出一些假定：①误差项 ε 的期望值为 0，$E(\varepsilon)=0$；②误差项 ε 的方差为常数 σ^2；③自变量 x 是给定的非随机变量，与误差项 ε 不相关；④误差项 ε 是一个服从正态分布且相互独立的随机变量。

4. 最小平方法（最小二乘法）原理确定两个待定参数 α 和 β 的数值，配合直线模型，可以使离差的平方和达到最小，即 $\sum(y-\hat{y})^2=\min$。

$$\begin{cases} b=\dfrac{n\sum xy-\sum x\sum y}{n\sum x^2-\left(\sum x\right)^2} \\ a=\bar{y}-b\bar{x} \end{cases}$$

5. 回归直线与各观测点的接近程度称为回归直线对数据的拟合优度。判定系数是对估计的回归方程拟合优度的度量。回归平方和占总离差平方和的比重称为判定系数或可决系数，记为 R^2。

6. 回归方程的显著性检验：一是回归直线方程整体的显著性检验；二是回归系数的显著性检验，t 检验。

7. 多元线性回归模型是自变量在两个及以上的线性回归模型，多元线性回归模型的检验分为回归方程的显著性检验（F 检验）和回归系数的显著性检验（t 检验）。

8. 曲线回归是对于非线性关系的变量进行回归分析，曲线回归方程一般是以自变量的多项式表达因变量。

9. 回归分析时，当因变量为分类型变量时，线性回归模型不再满足假定条件。如果因变量是二分类变量，采用二项 Logistic 回归模型；如果因变量是多分类变量，采用多项 Logistic 回归模型。

思考与练习

思考题

1. 解释相关关系的含义，说明相关关系的特点。

2. 相关分析主要解决哪些问题？

3. 什么是相关系数？试列举其公式。

4. 简述相关分析与回归分析的区别与联系。

5. 根据世界卫生组织统计，全世界肥胖症和体重超常已遍及五大洲，因“吃”致病乃至死亡的人数已高于因饥饿死亡的人数，即“全球吃死的人比饿死的人多”。你认为相关与回归分析方法能在这个问题的研究上发挥作用吗？

6. 如果要分析“影响中国妇女生育意愿的决定因素是什么？”的问题，你认为对此问题可以建立什么样的回归方程去研究？

7. Logit 模型主要用于分析什么？它对因变量的要求是什么？

8. 二项 Logistic 回归模型的拟合优度检验和一般回归模型有何不同？

练习题

1. 某市有 12 所大专院校，现组织一个评审委员会对各校校园及学生体质进行评价，结果如下，试求环境质量与学生体质的关系的相关系数。

环境名次	3	9	7	5	12	8	10	2	11	4	1	6
体质名次	5	9	6	7	12	8	11	1	10	3	2	4

2. 从某一行业中随机抽取 12 家企业，所得产量与生产费用的数据如下。

产量(台)	40	42	50	55	65	78	84	100	116	125	130	140
生产费用(万元)	130	150	155	140	150	154	165	170	167	180	175	185

请回答下列问题:(1)绘制产量与生产费用的散点图,判断二者之间的关系形态;(2)计算产量与生产费用之间的线性相关系数;(3)对相关系数的显著性进行检验($\alpha=0.05$),并说明二者之间的关系强度。

3. 某商场7位销售人员的工作经历与销售业绩资料如下。

工作经历(年)	6	15	11	9	21	13	27
销售额(万元)	50	110	90	70	140	100	150

注:$\sum xy = 11860, \sum x^2 = 1802, \sum y^2 = 79700$。

请回答:(1)计算工作经历与销售额之间的相关系数,判断两个变量的相关方向和程度。(2)建立以销售额为因变量的直线回归方程。(3)解释方程参数的经济含义,并估计当工作经历为18年时的销售额。

4. 为了研究各地区居民消费的差异,这里选取2021年全国各地区的居民可支配收入和居民消费支出数据进行一元线性回归分析。影响各地区居民消费支出的因素有很多,最主要的影响因素是居民收入,其他因素如居民财产、物价指数、利率等。我们暂时将其归入随机扰动项当中。

提出问题:(1)建立居民人均消费支出(y)对居民人均可支配收入(x)的一元线性回归模型;(2)进行回归方程的拟合优度检验;(3)对拟合的回归方程的显著性检验。

地区	人均消费支出(元)x	人均可支配收入(元)y	地区	人均消费支出(元)x	人均可支配收入(元)y
北京市	43640	75002	湖北省	23846	30829
天津市	33188	47449	湖南省	22798	31993
河北省	19954	29383	广东省	31589	44993
山西省	17191	27426	广西壮族自治区	18088	26727
海南省	22242	30457	内蒙古自治区	22658	34108
辽宁省	23831	35112	重庆市	24598	33803
吉林省	19605	27770	四川省	21518	29080
黑龙江省	20636	27159	贵州省	17957	23996
上海市	48879	78027	云南省	18851	25666
江苏省	31451	47498	西藏自治区	15343	24950
浙江省	36668	57541	陕西省	19347	28568
安徽省	21911	30904	甘肃省	17456	22066
福建省	28440	40659	青海省	19020	25920
江西省	20290	30610	宁夏回族自治区	20024	27905
山东省	22821	35705	新疆维吾尔自治区	18961	26075
河南省	18391	26811	—	—	—

5. 为了探讨冠心病发生的相关危险因素,某研究者对18例冠心病病人和22例正常对照进行病例—对照研究。自变量为高血压史(X_1,无=0、有=1)、吸烟(X_2,不吸=0、吸烟=1)、高血脂史(X_3,无=0、有=1)、体重指数(X_4,"<24"=1、"24~26"=2、">26"=3)、年龄(X_5,岁),因变量为是否患冠心病(Y,否=0、是=1)。试用下列数据进行Logistic回归分析。

编号	X_1	X_2	X_3	X_4	X_5	Y	编号	X_1	X_2	X_3	X_4	X_5	Y
1	1	0	0	1	63	0	21	1	0	1	3	46	0
2	0	0	0	1	46	0	22	1	0	1	2	53	0
3	0	1	0	1	49	0	23	1	1	0	2	50	1
4	1	1	0	1	52	0	24	0	1	1	2	62	1
5	0	1	0	1	59	0	25	0	1	1	1	50	1
6	0	1	0	2	61	0	26	0	1	0	1	48	1
7	0	0	0	1	52	0	27	0	0	1	1	49	1
8	0	1	1	1	68	0	28	0	1	0	1	46	1
9	0	0	0	1	48	0	29	1	1	1	1	51	1
10	0	1	0	1	42	0	30	1	1	1	1	60	1
11	0	0	0	1	43	0	31	1	1	1	1	62	1
12	0	0	0	2	38	0	32	0	0	0	1	63	1
13	1	1	0	1	68	0	33	1	1	1	2	52	1
14	0	1	0	1	60	0	34	1	1	0	2	58	1
15	0	1	0	3	41	0	35	1	1	0	1	57	1
16	0	1	0	1	47	0	36	1	1	1	2	59	1
17	0	1	0	1	43	0	37	0	1	1	3	71	1
18	1	1	1	1	63	0	38	1	1	1	3	62	1
19	0	0	0	1	49	0	39	1	1	1	3	68	1
20	0	1	1	1	50	0	40	0	1	1	1	56	1

6. 请选择一个经济问题，建立线性回归模型，利用 Excel 或 SPSS 软件进行回归分析，并写出详细的步骤。（提示：可首先进行定性分析，在此基础上进行相关分析，绘制相关图和计算相关系数。接下来进行区分自变量和因变量，构建回归方程，并对方程进行估计，最后对回归结果进行经济意义解释。）

案例讨论：中国地区电力消费量分析与预测

电力供应量国民经济的先行指标，目前我国电力供应还不能完全满足国民经济发展的需求，不少地区都严重缺电，甚至陷入拉闸限电的困境。为了解决电力供求的矛盾，应当对电力消费早做规划，这就需要分析影响电力消费的主要因素，并对电力消费的未来走势做预测。从理论上分析，影响电力实际消费的因素可能有经济总体发展水平、人口及居民生活水平、主要工业产品和服务的生产、高耗能产业规模、电力供应能力等各个方面。请从《中国统计年鉴》查找相关数据进行分析。

思考：(1)通过对比分析，找出影响地区电力消费最为明显的因素。(2)用各种方式选择自变量，建立各种类型的回归模型并估计参数，并分析这些模型存在的问题；(3)从各种模型中筛选出你认为较为理想的模型；(4)运用你最后确定的模型，对各地区调控电力消费提些建议。

第九章　时间序列分析

《旧唐书·魏徵传》:“夫以铜为镜,可以正衣冠;以史为镜,可以知兴替;以人为镜,可以明得失。”

引例　1950—2023年中国人口的变化特征

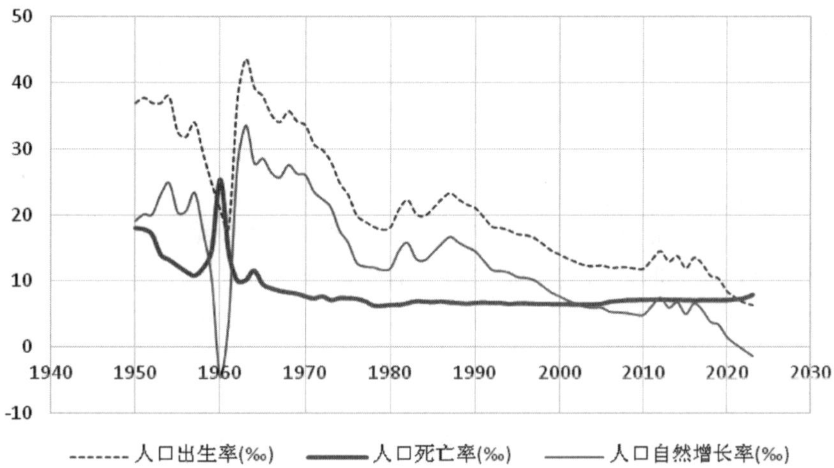

图9.1　1950—2023年中国人口出生率、死亡率和自然增长率的变化

人口问题一直是人类社会面临的基础性的、全局性的、长期性和战略性问题。尤其是进入二十一世纪以来,我国人口发展的内在动力和外在条件发生了转折性变化。党的十八大以来,以习近平同志为核心的党中央着眼人口发展的转折性变化,作出逐步调整完善生育政策、促进人口长期均衡发展的决策部署。2013年、2015年,单独两孩、全面两孩政策先后实施。《中共中央 国务院关于优化生育政策促进人口长期均衡发展的决定》2021年7月20日发布,作出实施三孩生育政策及配套支持措施重大决策,开启我国人口发展新阶段。

人口总量一直是中国政府关注的重要问题之一。根据七次人口普查的数据资料显示,1953年我们进行了第一次人口普查,彼时的人口总量仅为58 260万人,1982年第三次人口普查时人口达到100 818万人,突破十亿人。2000年第五次人口普查时,人口总量达到126 583万人,2020年展开第七次人口普查时,人口总量达到141 178万人。平均家庭户规模从1952年的4.33人下降到2020年的2.62人。从国家统计局获取1950—2023年人口出生率、死亡率和人口自然增长率数据,如图9.1所示。受到2020—2023年新冠肺炎疫情的影响,2022年我国的人口自然增长率首次有正转负。根据《中华人民共和国2023年国民经济和社会发展统计公报》,2023年末全国人口140 967万人,比上年末减少208万人,其中城镇常住人口93 267万人。全年出生人口902万人,出生率为6.39‰;死亡人口1110万人,死亡率为7.87‰;自然增长率为−1.48‰。为了更好地把握我国人口总量和结构的变化,我们需要了解其变化的规律,并对其未来的走势进行预测。因此,三胎政策的放开对解决当下的出生率的下降和人口老龄化的加重有一定的缓解作用。

由此可见，随着时间的推演，任何社会经济现象的发展总是变化的，想要了解其变化趋势和规律，就要进行时间序列分析。

第一节　时间序列概述

客观物质世界中的一切事物都处在不断发展变化之中。社会经济现象作为客观物质世界的一个重要组成部分，它的规模、结构以及现象间的相互联系，随着时间的推移，也都在不断地发展变化着。统计作为认识社会的重要武器，不仅要从现象的相互联系之中进行静态研究，而且还要从它们的发展变化过程进行动态研究。要实现统计的这一任务，就必须借助于时间序列。

一、时间序列的概念和作用

（一）时间序列的概念

所谓时间序列，又称动态数列或时间数列，它是将社会经济现象某种统计指标的数值，按照时间的先后顺序加以排列而形成的数列，它描述了随着时间的推演现象发展的数量特征及其变动趋势。如将历年来我国国内生产总值、人口出生率加以排列，或者将某企业某年各月的产品产量、职工人数、劳动生产率加以排列，都可以形成时间序列。

时间序列不同于前面学过的变量数列（分布数列）。变量数列是按标志值的大小顺序排列而成的，用于空间上的静态研究；而时间序列则是按时间的先后顺序排列而成的，用于时间上的动态研究。无论是变量数列，还是时间序列都是由两个要素构成，只不过构成的两要素不同而已。变量数列由变量和变量值出现的次数两要素构成，时间序列则由现象所处时间和现象的发展水平两要素构成。

（二）时间序列的作用

由于时间序列是我们研究事物发展状况及预测未来发展趋势的基础和前提条件，所以在社会经济现象动态分析中有着十分重要的作用。其主要作用是：

1. 时间序列可以表明社会经济现象的发展变化趋势及规律性。如把相邻几年各季度空调的销售量进行排列，通过比较不仅会发现空调的销售量有不断增长的趋势，而且还会发现每年第二季度和第三季度销售量要大于第一季度和第四季度的销售量。即夏秋两季为空调的销售旺季，冬春为销售淡季的规律。

2. 可以根据时间序列，计算各种时间动态指标值，以便具体深入地揭示现象发展变化的数量特征。例如每年通过计算国内生产总值增长率判断经济的发展态势。

3. 运用时间序列可以预测现象的发展方向和发展速度，为宏观调控和科学决策提供数量依据。例如通过对我国人均国内生产总值的预测对未来我国经济的发展水平作出预估，通过对人口总量的预测为我国人口政策的提出提供依据。

总之，通过时间序列的编制和分析，可以研究过去，指导现在，预测未来。

二、时间序列的种类

根据编制时间序列所采用的统计指标形式不同，时间序列可分为：绝对数时间序列、相对数时间序列和平均数时间序列。在三种时间序列中，绝对数时间序列是最基本的时间序列，而相对数和平均数时间序列则是它的派生序列。

（一）绝对数时间序列

绝对数时间序列是由一系列同类总量指标的数值按时间的先后次序排列而成的时间序列。它可以反映社会经济现象的总量在各个时间所达到的绝对水平及其发展变化的过程。

按照总量指标所反映的现象总量性质不同，绝对数时间序列可分为时期序列和时点序列。

1. 时期序列。是由时期总量指标编制的时间序列。序列中每项指标数值均表明某种社会经济现象在一定时期内发展过程的总量。如表 9.1 我国 2008—2021 年国内生产总值序列。

表 9.1　我国 2008—2021 年国内生产总值(单位:亿元)

年份	2008	2009	2010	2011	2012	2013	2014
GDP	319 244.6	348 517.7	412 119.3	487 940.2	538 580.0	592 963.2	643 563.1
年份	2015	2016	2017	2018	2019	2020	2021
GDP	688 858.2	746 395.1	832 035.9	919 281.1	986 515.2	1 013 567.0	1 143 669.7

表 9.1 中的时间序列，每项指标数值所反映的都是某一段时间内(一年)的国内生产总值资料，因此是时期序列。时期序列中的各项指标所涉及的时间长度，称为“时期”，指标数值的大小与时期的长短有直接的关系。时期越长，数值越大；时期越短，数值越小。因此说，时期序列具有可加性，相加的结果反映现象在更长时间内的发展总量。

2. 时点序列。是用时点总量指标编制的时间序列。序列中的每项指标数值都是反映现象在某一时刻或时点上所达到的总量水平。如表 9.2 我国房地产开发企业个数。

表 9.2　我国 2011—2020 年房地产开发企业个数(单位:个)

年份	2011	2012	2013	2014	2015
房产开发企业数	88419	89859	91444	94197	93426
年份	2016	2017	2018	2019	2020
房产开发企业数	94948	95897	97937	99544	103262

此表资料表明我国房地产开发企业个数有不断增长的趋势。在时点序列中，两个相邻时点之间的时间间隔称为“时点间隔”。它可以是相等的，也可以是不等的。本例的时点间隔是相等的，即均为一年。

时点序列中的指标数值与时点间隔的长短无直接的联系，指标数值是现象在一段时间内增减抵销后的结果。因此说，时点序列不具有可加性。

(二)相对数时间序列

它是由一系列同种相对指标的数值按时间的先后次序排列而成的时间序列。相对数时间序列是用来说明社会经济现象之间相互关系发展变化情况的。由于相对指标有六种形式，所以相对数时间序列也有六种形式，即计划完成程度相对数时间序列、比例相对数时间序列、结构相对数时间序列、比较相对数时间序列、强度相对数时间序列及动态相对数时间序列。相对数时间序列中的各个指标都是相对的，其计算基础不同，因此不能直接相加。

如表 9.3 所示 1998—2021 年居民恩格尔系数[①]随时间的变化情况，由此可以看出，随着时间的推演，家庭收入水平的提高，我国的恩格尔系数呈现下降的态势。

---

① 恩格尔系数(Engel's Coefficient)是食品支出总额占个人消费支出总额的比重。19 世纪德国统计学家恩格尔根据统计资料，对消费结构的变化得出一个规律：一个家庭收入越少，家庭收入中(或总支出中)用来购买食物的支出所占的比例就越大，随着家庭收入的增加，家庭收入中(或总支出中)用来购买食物的支出比例则会下降。恩格尔系数达 59%以上为贫困，50%～59%为温饱，40%～50%为小康，30%～40%为富裕，低于 30%为最富裕。

表 9.3　1998—2021 年居民恩格尔系数(%)

时　　间	1998	1999	2000	2001	2002	2003	2004	2005	2006	2007	2008	2009
居民恩格尔系数	48.0	45.5	42.2	40.5	39.2	38.1	38.8	37.3	35.5	35.6	36.3	34.3
时　　间	2010	2011	2012	2013	2014	2015	2016	2017	2018	2019	2020	2021
居民恩格尔系数	33.4	33.6	33.0	31.2	31.0	30.6	30.1	29.3	28.4	28.2	30.2	29.8

(三)平均数时间序列

它是由一系列平均指标的数值按时间顺序排列而成的时间序列。平均数时间序列可以用来反映各个时期社会经济现象一般水平的发展过程和变化的趋势。如表 9.4 所示,2007—2020 年我国金融业城镇单位就业人员平均工资(元),随着时间的推演,国家经济发展水平的提高,城镇单位金融业就业人员平均工资呈逐年上升的态势。

表 9.4　2007—2020 年金融业城镇单位就业人员平均工资(单位:元)

年　份	2007	2008	2009	2010	2011	2012	2013
金融业就业人员平均工资	44 011	53 897	60 398	70 146	81 109	89 743	99 653
年　份	2014	2015	2016	2017	2018	2019	2020
金融业就业人员平均工资	108 273	114 777	117 418	122 851	129 837	131 405	133 390

三、编制时间序列的原则

时间序列的动态分析是通过同一指标不同时间的数值对比,来反映社会经济现象的发展变化过程及其规律性。因此保证时间序列中各时期指标数值的可比性,就成为正确编制时间序列应遵守的基本原则。为此,编制时间序列应遵守的具体原则为:

1. 时间长短的可比性。时间序列是由一系列同类统计指标的数值按时间的先后顺序排列起来的。因此,在编制时,应首先保证序列中各个指标数值所包括的时间长短和时间间隔应可比。特别是时期序列,由于时期序列中各指标数值的大小与时间长短成正比,时间越长,数值越大;时间越短,数值越小。因此,各指标所包括的时间长短应相等。

对于时点序列来说,由于序列中的各指标数值所表明的是现象在某一时点上的状态或总量,为此不存在资料所属时间长短的问题。各个指标之间都存在着一定的时间间隔,这种时间间隔可以相等,也可以不等。一般说来,时点序列的时点间隔应该相同,这样就可利用资料直接对比。

2. 总体范围的可比性。在同一时间序列中,各个指标所包括的总体范围前后应该一致。如果研究某个地区总人口数的变化情况,就必须保证该地区前后有相同的管辖范围。如果管辖范围发生了变化,那么总人口数资料也应该作相应的调整。

3. 序列中指标的计算方法、计量单位和计价标准前后要一致。有时因计算方法不一致,在价值指标中计算价格不统一,在实物指标中计量单位不统一等,在指标数值上也就不具有可比性。

4. 序列中指标所反映的经济内容要具有可比性。编制时间序列时,还应当注意历史条件的变化所引起的指标经济内容和性质的变化。不同性质的指标不能编制同一时间序列。特别是研究不同社会制度,或者研究经济大变革时期的经济发展变化,更要注意这个问题。例如,不能把新财务制度实行前的成本资料与实行后的成本资料编制在同一序列中进行对比分析。

第二节　时间序列的水平分析

编制时间序列只是为我们进行动态分析和研究提供了数量依据，而要对现象进行分析和研究，则要通过具体的统计指标来实现。常用的动态分析指标有：发展水平、平均发展水平、增长量、平均增长量、发展速度、增长速度、平均发展速度和平均增长速度等。前四种用于现象发展的水平分析，属于水平指标；后四种用于现象发展的速度分析，属于速度指标。水平指标是速度指标的基础，速度指标是水平指标进一步加工的结果，是动态分析的继续与深入。我们将两类指标分别进行研究。本节先讨论现象发展的水平指标。

一、发展水平指标

所谓发展水平，又称发展量，即时间序列中每一项具体的统计指标数值。它反映社会经济现象在各个不同时期或时点上所达到的规模和水平，通过不同时期发展水平的比较，可以给人具体的、深刻的印象。例如表 9.1 和表 9.2 所示。

作为发展水平，它既可以是总量指标，也可以是相对指标或平均指标。由总量指标组成的时间序列，其指标数值，即为总量指标发展水平；由相对指标组成的时间序列，其指标数值即为相对指标发展水平；由平均指标组成的时间序列，其指标数值即为平均指标发展水平。

由于发展水平指标在时间序列中所处的位置不同，可以分为期初水平、期末水平和中间水平。一般地说，处于时间序列首项的指标数值，叫期初水平，处于末项的指标数值，叫期末水平；中间各项的指标数值，叫中间水平。如果用符号 $a_0, a_1, a_2, \cdots, a_{n-1}, a_n$ 代表时间序列中的各期发展水平，则 a_0 就是期初水平，a_n 就是期末水平，$a_1, a_2, \cdots, a_{n-1}$ 就是中间水平。

在利用时间序列指标进行对比分析时，我们常把所研究那个时期的发展水平称为报告期水平，或计算期水平；而把选作对比基础的发展水平称为基期水平。无论哪一种发展水平，都不是固定不变的，而是随着研究目的变化而变化的，也就是说，现在的报告期水平，可能是将来的基期水平；这个序列的期末水平，也可能为另一个序列的期初水平。

不过应当注意的是，发展水平指标在文字叙述上习惯用“增加到”“增加为”或“降低到”“降低为”表示。例如，2020 年我国人均国内生产总值 71828 元，2021 年增加到 80976 亿元。又如，2020 年城镇登记失业人数为 1160 人，2021 年降低到 1040 人等等。运用时，一定不要把“到”和“为”字漏掉，否则，要说明的社会经济现象指标的意义就要发生变化。

二、平均发展水平

在对时间序列进行分析时，为了说明现象在一段时间内的发展水平，就需要采用平均发展水平指标。平均发展水平是指时间序列中不同时期的发展水平采用一定的方法加权平均求得的指标数值。由于它是将社会经济现象在不同时期上的数量差异平均化而求得的，为了与前边学过的平均数有所区别，通常又把它称为序时平均数或动态平均数。

平均发展水平可以由绝对数时间序列计算，也可以由相对数和平均数时间序列计算。而计算绝对数时间序列的序时平均数则是最基本的方法。

(一)绝对数序列计算序时平均数

由于绝对数时间序列分时期序列和时点序列，两种序列各具不同的性质，因而在计算序时平均数时，方法上也不一样。

1. 由时期序列计算序时平均数

因为时期序列中各项指标数值可以加总，加总的结果反映现象在较长时间内发展变化的总量，因此它的序时平均数可以用简单算术平均方法计算。即将序列中各项指标的数值直接加总除以发展水平的项数。用公式表示则为：

$$\bar{a}=\frac{a_1+a_2+a_3+\cdots+a_{n-1}+a_n}{n}=\frac{\sum a}{n} \tag{9.1}$$

式中：$\bar{a}$ 为平均发展水平，a 为各期发展水平，n 为时期项数。

【例 9.1】 某商场某年各月商品零售额资料如表 9.5 所示。

表 9.5 某商场某年各月商品零售额资料(单位:万元)

月　份	1	2	3	4	5	6	7	8	9	10	11	12
商品零售额	100	110	120	120	110	130	140	130	150	160	150	170

此表是根据每月商品零售额资料编制的时期序列，由于各月商品零售额高低不等，因而发展变化趋势不够明显。如果计算出各季的月平均销售额，就会明显地反映销售趋势。如：

第一季度月平均零售额$=\frac{100+110+120}{3}=110$ 万元。

表 9.6 各季的月平均零售额(单位:万元)

季　度	第一季度	第二季度	第三季度	第四季度
月平均零售额	110	120	140	160

用同样的方法计算出其他各季的月平均零售额，整理后如表 9.6 所示。如果要反映该商场一年中平均每月的商品零售额情况，只要将该商场 1—12 月份各月的商品零售额直接加总再除以 12 即可，其计算结果为 132.5 万元。

2. 由时点序列计算序时平均数

时点指标大多数是间断统计的，有的是每隔一定时间统计一次，如每月末、每季末、每半年末、每年末统计一次，如月末库存额，年末人口数；有的是当现象发生变动才登记一次，如职工人数；有的则是不定期统计。对这些不同的时点指标，序时平均数的计算方法不一样。大概分为四种：间隔相等的连续时点序列、间隔不相等的连续时点序列、间隔相等的间断时点序列、间隔不相等的间断时点序列。下面逐一进行介绍。

(1)由间隔相等的连续时点序列来计算。如果掌握了整个研究时期中每日的时点资料，则序时平均数的计算方法与时期序列相同，即以各日时点数值的总和除以日数，求得平均每日时点数。用公式表示

$$\bar{a}=\frac{\sum a}{n} \tag{9.2}$$

式中：a 为每日的时点水平；n 为日历日数。

【例 9.2】 某单位某星期每天出勤的职工人数分别是：120 人，122 人，118 人，116 人，117 人，121 人，则该单位本星期平均每天的出勤人数为

$$\bar{a}=\frac{120+122+118+116+117+121}{6}=119(\text{人})$$

用这种方法计算的序时平均数，其结果是非常精确的，但在实际工作中往往不可能或不必要取得每日的时点资料，因此，这种方法在实际运用上有很大的局限性。

(2)由间隔不等的连续时点序列来计算。在连续时点序列中，如果被研究现象不是逐日变动的，则可根据整个研究时间内每次变化的资料，用每次变动持续的间隔长度为权数对各时点水平加权，应用加权算术平均法计算序时平均数。用公式表示则为：

$$\bar{a}=\frac{a_1f_1+a_2f_2+\cdots+a_nf_n}{f_1+f_2+\cdots+f_n}=\frac{\sum af}{\sum f} \tag{9.3}$$

式中：a 为时点水平；f 为时点间隔长度。

【例 9.3】 某企业的职工人数在第一季度内的变动情况为：1 月 1 日至 20 日为 1250 人，1 月 21 日—2 月 8 日为 1264 人，2 月 9 日至 2 月 28 日为 1272 人，3 月 1 日至 3 月 15 日为 1270 人，3 月 16 日至 3 月 31 日为 1284 人，则该企业第一季度平均每日的职工人数为：

$$\bar{a}=\frac{\sum af}{\sum f}\ \frac{1250\times20+1264\times19+1272\times20+1270\times15+1284\times16}{20+19+20+15+16}$$

$$=\frac{114050}{90}=1267(\text{人})$$

(3)由间隔相等的间断时点序列来计算。如果掌握的时点序列是时间间隔的期初或期末资料，则要以简单算术平均法分层计算其序时平均数。

【例 9.4】 某银行某年 3—6 月各月末现金库存额如表 9.7 所示。

表 9.7　某银行某年 3—6 月各月末现金库存额(单位：万元)

时　间	3 月末	4 月末	5 月末	6 月末
现金库存额	620	680	700	695

根据表中资料，计算该银行二季度平均每月现金库存额。

首先要计算该季度三个月各月的平均库存额

$$\text{月平均库存额}=\frac{\text{月初库存额}+\text{月末库存额}}{2}$$

由此得到，

$$4\text{ 月份平均库存额}=\frac{620+680}{2}=650(\text{万元})$$

$$5\text{ 月份平均库存额}=\frac{680+700}{2}=690(\text{万元})$$

$$6\text{ 月份平均库存额}=\frac{700+695}{2}=697.5(\text{万元})$$

根据上面计算资料再计算第二季度的月平均库存额为

$$\frac{650+690+697.5}{3}=679.2(\text{万元})$$

将上边两个步骤加以合并简化，则为

$$\text{第二季度月平均库存额}=\frac{\frac{620+680}{2}+\frac{680+700}{2}+\frac{700+695}{2}}{3}$$

$$=\frac{\frac{620}{2}+680+700+\frac{695}{2}}{4-1}=679.2(\text{万元})$$

这种分层计算方法若用公式表示则为：

$$\bar{a}=\frac{\frac{a_1}{2}+a_2+\cdots+\frac{a_n}{2}}{n-1} \tag{9.4}$$

(4)由间隔不等的间断时点序列来计算。如果掌握的时点序列是时间间隔不相等的期初或期末资料，则要以时间间隔长度为权数对时点资料进行加权算术平均。其计算公式可表示为：

$$\bar{a}=\frac{\frac{a_1+a_2}{2}\times f_1+\frac{a_2+a_3}{2}\times f_2+\cdots+\frac{a_{n-1}+a_n}{2}\times f_{n-1}}{f_1+f_2+\cdots+f_{n-1}} \tag{9.5}$$

【例 9.5】 某地区某年各时点的人口资料变动如表 9.8 所示。

表 9.8　某地区某年各时点的人口资料变动(单位:万人)

时　间	1 月 1 日	6 月 1 日	8 月 1 日	12 月 31 日
人口总数	21.30	21.38	21.40	21.51

则该地区某年的平均人口数为：

$$\bar{a}=\frac{\frac{21.3+21.38}{2}\times 5+\frac{21.38+21.4}{2}\times 2+\frac{21.4+21.51}{2}\times 5}{5+2+5}$$

$$=\frac{256.755}{122}=21.396(\text{万元})$$

根据时间间隔相等或间隔不等的时点序列计算序时平均数的方法，是假定现象在各个时点之间的变动是均匀的。但实际情况并非如此，因此，计算的平均数也仅是实际平均数的近似数值。

(二)相对数或平均数序列计算序时平均数

因为相对数或平均数时间序列是由两个相互联系的绝对数时间序列对比而求得的，是绝对数时间序列的派生序列。因此，只要分别计算出分子、分母两个绝对数时间序列的序时平均数，而后加以对比即可求得相对数或平均数时间序列的序时平均数。

假定 $\bar{c}$ 为相对数或平均数时间序列的序时平均数，$\bar{a}$ 为分子序列的序时平均数；$\bar{b}$ 为分母序列的序时平均数。则计算公式为：

相对数或平均数时间序列的序时平均数：

$$\bar{c}=\frac{\bar{a}}{\bar{b}} \tag{9.6}$$

下面通过两个例子来说明。

由相对数时间序列计算序时平均数：

【例 9.6】 假定某厂第一季度各月流动资金周转次数如表 9.9 所示。试计算该工厂第一季度月平均流动资金周转次数。

表 9.9　某厂第一季度各月流动资金周转次数

项　目	1 月	2 月	3 月
销售收入 a（万元）	90	103	110
流动资金平均占用额 b（万元）	50	66	70
流动资金周转次数 c（次）	1.80	1.56	1.57

分析：表中销售收入是时期指标，流动资金占用额是时点指标，而流动资金平均占用额则是月初和月末流动资金占用额的平均数。因此根据所给资料的性质分别求出第一季度各月的平均数，再加以对比来计算流动资金平均周转次数。

其具体计算方法为：

$$\text{该工厂第一季度流动资金平均周转次数}=\frac{\text{第一季度月平均销售收入}}{\text{第一季度流动资金月平均占用额}}$$

解：$\bar{c}=\dfrac{\bar{a}}{\bar{b}}=\dfrac{\dfrac{90+103+110}{2}}{\dfrac{50+66+70}{3}}=\dfrac{101}{62}=1.63(\text{次})$

【例 9.7】　由平均数时间序列求序时平均数，资料如表 9.10 所示。

试求第一季度平均每月的劳动生产率。

表 9.10　某工厂第一季度工业总产值与职工人数资料

月　份	1 月	2 月	3 月	4 月
工业总产值 a（万元）	250	278	280	325
期初职工人数 b（人）	195	200	201	215
劳动生产率 c（元/人）	12820	13900	13930	15120

解：$\bar{c}=\dfrac{\bar{a}}{\bar{b}}=\dfrac{\dfrac{250+278+280}{3}}{\dfrac{\dfrac{195}{2}+200+201+\dfrac{215}{2}}{4-1}}=13333.3(\text{元} / \text{人})$

三、增长量

增长量是指时间序列中报告期水平与基期水平之差，说明社会经济现象在一定时期内增减变化的绝对量。其计算公式为

$$\text{增长量}=\text{报告期水平}-\text{基期水平} \tag{9.7}$$

作为增长量指标可正可负。如果计算的结果为正值，则为增长的绝对量；如果计算的结果为负值，则表示减少或降低的绝对量。在计算增长量时，由于研究的目的不同，选择的基期也不同，因而增长量指标又可分为逐期增长量和累计增长量。

逐期增长量（也叫环比增长量），是报告期水平与前期水平之差，表明报告期较前期增减变化的绝对量。用符号表示则为

$$a_1-a_0, a_2-a_1, a_3-a_2, \cdots, a_n-a_{n-1}$$

累计增长量（也叫定基增长量），是报告期水平与某一固定基期水平（通常为最初水平）之差，表明

报告期较某一固定基期增减变化的绝对量,用符号表示则为

$$a_1-a_0, a_2-a_0, a_3-a_0, \cdots, a_n-a_0$$

这两种增长量,虽然是分别根据不同的基期计算的,但它们之间却存在着一定的联系,这种联系具体表现为:累计增长量等于相应的各个逐期增长量之和;逐期增长量等于相邻的两累计增长量之差。用符号表示则为

$$a_n-a_0=(a_1-a_0)+(a_2-a_1)+(a_3-a_2)+\cdots+(a_n-a_{n-1})$$

$$a_n-a_{n-1}=(a_n-a_0)-(a_{n-1}-a_0)$$

【例 9.8】 如果对全国研究生在校女生人数进行增长量分析,则如表 9.11 所示。

表 9.11 全国研究生在校女生人数增长情况(单位:万人)

年 份	2010	2011	2012	2013	2014	2015	2016	2017	2018	2019	2020
发展水平	73.6	79.8	84.2	87.8	90.8	95.0	100.3	127.8	135.6	144.8	159.9
逐期增长量	—	6.2	4.4	3.6	3	4.2	5.3	27.5	7.8	9.2	15.1
累计增长量	—	6.2	10.6	14.2	17.2	21.4	26.7	54.2	62	71.2	86.3

在实际工作中,我们可根据增长量指标之间的数量关系,由已知的增长量求所需要的增长量。

此外,在实际工作中,有些数据是季度或月度数据,如果直接计算逐期增长量,会受到季节因素的影响,可能呈现正负交替的情形。因此,为了消除季节变动的影响,常计算年距增长量指标。计算公式为:

$$年距增长量=本期发展水平-上年同期发展水平 \tag{9.8}$$

【例 9.9】 全国居民人均可支配收入的季度数据,如果进行增长量分析,则如表 9.12 所示。

表 9.12 全国居民人均可支配收入季度数据及其增长量(单位:元)

居民人均可支配收入	第一季度	第二季度	第三季度	第四季度
2020 年	8561	15666	23781	32189
2021 年	9730	17642	26265	35128
年距增长量	1169	1976	2484	2939

由此可知,全国居民人均可支配收入呈现典型的季节变动特征,第四季度人均可支配收入最高,第一季度最低。如果计算逐期增长量就会出现正负交替的情况。因此,对于季节变化明显的时间序列,应该计算年距增长量,消除季节因素的影响。依旧呈现出第四季度年距增长量最大,第一季度年距增长量最小的情形。

四、平均增长量

平均增长量是逐期增长量的序时平均数,表明社会经济现象在一定时期内平均每期增长的数量。其计算方法是:逐期增长量之和除以逐期增长量的个数,用公式表示为:

$$平均增长量=\frac{逐期增长量之和}{逐期增长量的个数}=\frac{累计增长量}{时间数列项数-1} \tag{9.9}$$

仍以表 9.11 的资料来说明。根据表 9.11 提供的资料,则 2010—2020 年全国女研究生在校人数平均每年的增长量为

$$\bar{a}=\frac{6.2+4.4+3.6+3+4.2+5.3+27.5+7.8+9.2+15.1}{10}=\frac{86.3}{10}=8.63(万人)$$

或者

$$\bar{a}=\frac{159.9-73.6}{11-1}=\frac{86.3}{10}=8.63(\text{万人})$$

第三节　时间序列的速度分析

速度问题，是当前经济社会各个领域普遍关注的问题。企业要在激烈的市场竞争中站稳脚跟，我国的国民经济要上一个新台阶，不仅要有一定的经济效益作基础，而且要有一定的发展速度作保证。反映现象发展速度的指标有四种，发展速度、增长速度、平均发展速度和平均增长速度，现分别加以说明。

一、发展速度

发展速度是研究某种社会经济现象发展程度的动态分析指标。它是用时间序列中的报告期水平与基期水平之比来求得的。一般用百分数表示，当发展速度较大时，也可以用倍数表示。

其一般计算公式为

$$\text{发展速度}=\frac{\text{报告期水平}}{\text{基期水平}}\times100\% \tag{9.10}$$

发展速度由于采用的基期不同，可分为环比发展速度和定基发展速度。

环比发展速度是报告期水平与前一期水平之比，反映社会经济现象逐期发展变化的相对程度。其计算公式为

$$\text{环比发展速度}=\frac{\text{报告期水平}}{\text{前一期水平}}\times100\% \tag{9.11}$$

环比发展速度：$\frac{a_1}{a_0},\frac{a_2}{a_1},\frac{a_3}{a_2},\cdots,\frac{a_n}{a_{n-1}}$

定基发展速度是报告期水平与某一固定基期水平之比，反映社会经济现象在较长一段时间内总的发展变化程度，故又称总发展速度。其计算公式为

$$\text{定基发展速度}=\frac{\text{报告期水平}}{\text{某一固定基期水平}}\times100\% \tag{9.12}$$

定基发展速度：$\frac{a_1}{a_0},\frac{a_2}{a_0},\frac{a_3}{a_0},\cdots,\frac{a_n}{a_0}$。

【例 9.10】　现根据全国研究生在校女生人数进行发展速度分析，则如表 9.13 所示。

表 9.13　全国研究生在校女生人数发展速度(单位:万人)

年 份	2010	2011	2012	2013	2014	2015	2016	2017	2018	2019	2020
发展水平	73.6	79.8	84.2	87.8	90.8	95.0	100.3	127.8	135.6	144.8	159.9
环比发展速度%	—	108.42	105.51	104.28	103.42	104.63	105.58	127.42	106.10	106.78	110.43
定基发展速度%	—	108.42	114.40	119.29	123.37	129.08	136.28	173.64	184.24	196.74	217.26

定基发展速度与环比发展速度，由于选择的基期不同，因此，反映现象发展变化的经济含义也不相同。然而，它们之间却存在着一定的数量关系。这种数量关系具体表现为：

(1)定基发展速度等于相应的各个环比发展速度的连乘积。即：

$$\frac{a_n}{a_0}=\frac{a_1}{a_0}\times\frac{a_2}{a_1}\times\frac{a_3}{a_2}\times\cdots\times\frac{a_n}{a_{n-1}} \tag{9.13}$$

(2)两个相邻时期的定基发展速度之比,等于相应的环比发展速度。即

$$\frac{a_n}{a_{n-1}}=\frac{a_n}{a_0}\div\frac{a_{n-1}}{a_0} \tag{9.14}$$

此外,在统计实践中,为了消除季节变动的影响,常计算年距发展速度,用以说明本期发展水平与去年同期发展水平对比而达到的相对发展程度。

$$\text{年距发展速度}=\frac{\text{本期发展水平}}{\text{去年同期发展水平}} \tag{9.15}$$

【例 9.11】 全国居民人均可支配收入的季度数据,如果进行年距发展速度分析,则如表 9.14 所示。

表 9.14 全国居民人均可支配收入季度数据及其年距发展速度(单位:元)

全国居民人均可支配收入	第一季度	第二季度	第三季度	第四季度
2020 年	8561	15666	23781	32189
2021 年	9730	17642	26265	35128
年距发展速度(%)	113.65	112.61	110.45	109.13

二、增长速度

增长速度是用某一时期的增长量与某一基期水平之比,来反映社会经济现象在一定时期内增减程度的动态分析指标。一般用百分数或倍数表示。其计算公式为:

$$\text{增长速度}=\frac{\text{增长量}}{\text{基期水平}}\times 100\% \tag{9.16}$$

增长速度指标可正可负。当增长量为正值时,则增长速度为正数,表明为递增速度,当增长量为负值时,则增长速度为负数,表明为递减速度。

计算增长速度时,由于采用的增长量和对比的基期水平不同,可分为定基增长速度和环比增长速度两种。

定基增长速度是报告期的累计增长量与某一固定基期的水平之比。表明某种社会经济现象在较长一段时间内总的增长速度。其计算公式为:

$$\begin{aligned}\text{定基增长速度}&=\frac{\text{累计增长量}}{\text{某一固定基期水平}}=\frac{\text{报告期水平}-\text{固定基期水平}}{\text{固定基期水平}}\\&=\text{定基发展速度}-100\%\end{aligned} \tag{9.17}$$

环比增长速度是报告期的逐期增长量与前一期发展水平之比。表明社会经济现象报告期较前期的相对增长速度。其公式如下:

$$\begin{aligned}\text{环比增长速度}&=\frac{\text{逐期增长量}}{\text{前期发展水平}}=\frac{\text{报告期水平}-\text{前期发展水平}}{\text{前期发展水平}}\\&=\text{环比发展速度}-100\%\end{aligned} \tag{9.18}$$

【例 9.10(续)】 现根据表 9.11 提供的资料,计算我国女研究生在校人数的增长速度指标,如表 9.15 所示。

表 9.15 我国女研究生在校人数的增长速度指标(单位:%)

年 份	2010	2011	2012	2013	2014	2015	2016	2017	2018	2019	2020
发展水平	73.6	79.8	84.2	87.8	90.8	95.0	100.3	127.8	135.6	144.8	159.9
环比增长速度%	—	8.42	5.51	4.28	3.42	4.63	5.58	27.42	6.10	6.78	10.43
定基增长速度%	—	8.42	14.40	19.29	23.37	29.08	36.28	73.64	84.24	96.74	117.26

从表 9.15 中计算的指标可知:我国 2010—2020 年间女研究生在校人数是逐年增长的,但各年增长的速度大小不一样,有的年份相对高一些,有的年份相对低一些。

从上面计算公式和所举的例子可以看出,定基增长速度与环比增长速度之间不存在直接的换算关系。但增长速度却与发展速度之间存在着内在的数量关系。即增长速度等于发展速度减 100%,或者,发展速度等于增长速度加 100%。因此,在实际统计工作中,要由已知的环比增长速度求总增长速度时,则要按以下步骤进行:

1. 由已知的环比增长速度加 100%求环比发展速度。
2. 把求得的各环比发展速度连乘,求定基发展速度,即总速度。
3. 由总速度再减去 100%即为所求总增长速度。

此外,在实际统计工作中,为了消除季节变动的影响,也常计算年距增长速度,用以说明年距增长量与去年同期发展水平对比达到的相对增长程度。

$$\text{年距增长速度}=\frac{\text{年距增长量}}{\text{去年同期发展水平}} \tag{9.19}$$

【例 9.11(续)】 全国居民人均可支配收入的季度数据,如果进行年距增长速度分析,则如表 9.16 所示。

表 9.16 全国居民人均可支配收入季度数据及其年距增长速度(单位:元)

全国居民人均可支配收入	第一季度	第二季度	第三季度	第四季度
2020 年	8561	15666	23781	32189
2021 年	9730	17642	26265	35128
年距增长速度(%)	13.65	12.61	10.45	9.13

三、平均发展速度和平均增长速度

由于各个时期的自然条件、社会条件及生产条件不同,事物发展速度或增长速度在各不同时期也是有差别的,即有的时期快一些,有的时期慢一些。为了说明社会经济现象在较长一段时间内各阶段上发展变化的一般水平,就需要计算平均发展速度和平均增长速度。

平均发展速度和平均增长速度是动态分析的重要指标,在国民经济建设中,有着十分重要的作用。如编制五年计划或十年规划时,除规定发展水平外,还要计算每年的平均发展速度。在进行不同地区、部门及国家间经济发展情况对比时,通过平均速度的比较,可以找出先进与落后间的差距,规划出今后的奋斗目标,加速其经济发展。

平均发展速度是各时期环比发展速度的序时平均数,它说明社会经济现象在较长一段时间中各期平均发展变化的程度。平均增长速度则说明现象在较长一段时期中逐期平均增减变化的程度。平均增长速度不能由环比增长速度直接求出,而是要依据平均发展速度与平均增长速度之间的关系来进行推算,即平均增长速度=平均发展速度-100%,看来,要计算平均增长速度,首先必须求出平均发展速度。

平均发展速度也是一种序时平均数，但它的计算方法与前面讲的序时平均数的计算方法不同。根据它所解决的问题不同，其计算方法有几何平均法和方程式法两种。现分述如下：

(一)几何平均法

应用几何平均法计算平均发展速度时，是将各个环比发展速度视作变量(x)，将环比发展速度的个数视作变量值的个数(n)。计算公式如下

$$\bar{x}=\sqrt[n]{x_1\times x_2\times\cdots\times x_n}=\sqrt[n]{\prod x} \tag{9.20}$$

由于环比发展速度的连乘积等于定基发展速度，因此，上式可变化为：

$$\bar{x}=\sqrt[n]{\frac{a_1}{a_0}\times\frac{a_2}{a_1}\times\cdots\times\frac{a_n}{a_{n-1}}}=\sqrt[n]{\frac{a_n}{a_0}} \tag{9.21}$$

或

$$\bar{x}=\sqrt[n]{R} \tag{9.22}$$

式中：$\bar{x}$ 为平均发展速度；x 为各期环比发展速度；$\prod$ 为连乘符号；R 为总速度；n 为环比发展速度的项数。

上边的三个算式计算平均发展速度，其结果是完全一样的，只不过所运用的资料不同而已。若已知各期的环比发展速度资料，可采用(9.20)式计算；若已知最初水平和最末水平，可采用(9.21)式计算；若给出了一个较长时期的总发展速度指标，则利用(9.22)式计算。

【例 9.10(续)】 现根据表 9.12 提供的我国在校女研究生人数及发展速度资料，计算 2010—2020 年的在校女研究生人数的平均发展速度。

$$\bar{x}=\sqrt[10]{108.42\%\times105.51\%\times\cdots\times110.43\%}=108.07\%$$

或 $\bar{x}=\sqrt[10]{\dfrac{159.9}{73.6}}=\sqrt[10]{2.172554}\approx108.07\%$

平均增长速度＝108.07%－100%＝8.07%

由于平均发展速度和平均增长速度，概括地反映了现象在较长一段时间内发展速度及增长程度的一般水平，从而掩盖了各期环比发展速度高低的差异。用几何平均法计算的这一指标，实质上只考虑序列的最初水平和最末水平，而没有考虑中间各项指标数值的影响，因此，运用几何平均法计算平均发展速度或平均增长速度时，应特别注意两个问题：①社会经济现象发展变化的方向应基本保持一致；②要反映较长时期内社会经济现象总的平均发展速度时，还应与分段计算的平均发展速度及各期的实际发展水平、环比发展速度结合运用。

(二)方程式法

方程式法是运用代数的高次方程式来计算社会经济现象平均发展速度的方法。这种方法的出发点是：如果从最初水平出发，每期按照固定的平均发展速度发展，则各期计算的理论水平总和应与各期的实际水平总和相等。

假定 a_0 为最初水平，$\bar{x}$ 为应用此法求得的平均发展速度，$a_1,a_2,a_3,\cdots,a_n$ 为各期的实际发展水平，则各期的实际发展水平总和为：

$$a_1+a_2+a_3+\cdots+a_n=\sum a \tag{9.23}$$

由最初水平 a_0 和平均发展速度 $\bar{x}$ 推算的各期发展水平理论值为

$a_1=a_0\bar{x}^1$

$a_2=a_1\bar{x}=a_0\bar{x}\cdot\bar{x}=a_0\bar{x}^2$

$a_3=a_2\bar{x}=a_0\bar{x}^2\cdot\bar{x}=a_0\bar{x}^3$

……

$a_n = a_{n-1}\bar{x} = a_0\bar{x}^{n-1} \cdot \bar{x} = a_0\bar{x}^n$

根据方程式法的要求，则各期计算的理论水平总和应等于各期的实际水平总和。用符号表示

$$a_1 + a_2 + a_3 + \cdots + a_n = \sum a$$

$$a_0\bar{x} + a_0\bar{x}^2 + a_0\bar{x}^3 + \cdots + a_0\bar{x}^n = \sum a$$

整理

$$a_0(\bar{x}^1 + \bar{x}^2 + \bar{x}^3 + \cdots + \bar{x}^n) = \sum a$$

所以

$$\bar{x}^1 + \bar{x}^2 + \bar{x}^3 + \cdots + \bar{x}^n = \frac{\sum a}{a_0}$$

此方程即为关于平均发展速度 $\bar{x}$ 的高次方程。求出高次方程中 $\bar{x}$ 的正根，就是所求的各期平均发展速度。但要直接求解高次方程是非常复杂的。为方便起见，在实际工作中，已专门编制由方程式法求平均增长速度查对表，表 9.17 即为部分五年期间年平均增长速度查对简表。

表 9.17　五年期间平均增长速度查对表

年平均增长%	五年发展水平总和为基期的%	年平均增长%	五年发展水平总和为基期的%
1	515.2	11	691.3
2	530.8	12	711.5
3	546.8	13	732.3
4	563.3	14	753.5
5	580.2	15	775.4
6	597.5	16	797.7
7	615.3	17	820.7
8	633.6	18	844.2
9	652.3	19	868.3
10	671.6	20	893.0

利用查对表求平均增长速度时，要首先计算出方程中的常数项，即各期实际发展水平总和为基期的百分比 $\frac{\sum a}{a_0}$，再结合实际水平的时期数 n，就可利用表直接求解。

但由于常数项 $\frac{\sum a}{a_0} = \frac{a_1 + a_2 + a_3 + \cdots + a_n}{a_0}$

$$= \frac{a_1}{a_0} + \frac{a_2}{a_0} + \frac{a_3}{a_0} + \frac{a_1}{a_0} + \cdots + \frac{a_n}{a_0}$$

因此 $\frac{\sum a}{a_0}$ 也可以把各期对基期的定基发展速度加总求得，方程式法平均增长速度查对表由两部分组成，一部分为递增表，一部分为递减表。若 $\left(\frac{\sum a}{a_0} \div n\right) > 1$ 或(100%)时，则表明现象的发展是递增的，应查递增表；若 $\left(\frac{\sum a}{a_0} \div n\right) < 1$ 或(100%)时，则表明现象的发展是递减的，应查递减表。

【例 9.12】 我国研究与试验发展经费支出(简称研发支出)“十三五”时期 2016－2020 年的数据资料,现在利用表 9.18 中,我国研究与试验发展经费支出资料说明由方程式法查表求平均增长速度的方法。

表 9.18　2016－2020 年间我国研究与试验发展经费支出(单位:亿元)

年　份	2015	2016	2017	2018	2019	2020
研发支出	14169.88	15676.75	17606.13	19677.93	22143.6	24393.11

解:由表 9.18 中资料可知:$a_0=14169.88$,$n=5$。

$\sum a=15676.75+17606.13+19677.93+22143.6+24393.11=99497.52$(亿元)

所以,$\dfrac{\sum a}{a_0}=\dfrac{99497.52}{14169.88}\times 100=702.18\%$。

而 $\dfrac{\sum a}{a_0}\div n=702.18\%\div 5=140.44\%>100\%$故应查表的递增部分。

查表知:702.18%这个百分比位于 691.3%和 711.5%之间,其平均增长程度介于 11%与 12%之间。有了这几个数值,我们就可以用插补的方法,求出与 702.18%相对应的年平均增长速度,其具体计算过程如下

$$\begin{aligned}\text{年平均增长速度}&=11\%+\frac{702.18\%-691.3\%}{711.5\%-691.3\%}\times(12\%-11\%)\\&=11\%+0.54\%\\&=11.54\%\end{aligned}$$

故 2016—20120 年间我国研发支出年平均增长速度为 11.54%,因此平均发展速度

$$\bar{x}=1+11.54\%=111.54\%$$

以上介绍了计算平均发展速度的两种方法。这两种计算方法应该根据研究对象的不同特点,分别采用。若研究的主要目的在于考察现象最末一年达到的水平时,可运用几何平均法计算平均发展速度。例如:工农业总产值、产品产量、国内生产总值、劳动生产率、产品成本等均可采用此法;若研究的主要目的,在于考察较长时期现象的累计发展水平时,则可采用方程式法求平均发展速度。如固定资产投资额、新增固定资产、住宅建筑面积等均采用方程式法求平均发展速度。

四、水平分析和速度分析的结合与应用

时间序列的速度指标是根据水平指标对比得来的,以百分比表示的抽象化指标,难以反映现象绝对量的差别。在应用速度指标进行分析时,应尽量注意和水平指标结合起来,在具体计算和应用时注意以下几个问题:

1. 结合研究目的选择适当的基期,并注意其所依据的基本指标在整个研究时期的同质性。各种速度指标和水平指标都是在一定的基期水平上计算的,因此基期的选择很关键。例如,分析我国的研发支出的变化,可以选择 1978 年作为基期,也可以选择 2008 年作为基期,但基期的选择要避开异常时期。如果基期水平因为异常因素的影响而过高或过低,相应的速度分析和水平分析都会失去意义。

2. 联系各个时期的环比发展速度、定基发展速度、发展水平、增长量来对平均发展速度进行补充说明,才能深入了解现象的全面发展过程和特点。例如几何平均法名义上是各个时期的环比发展速度的平均数,但实际上只计算最末水平和最初水平,把中间各个时期的变动给抽象掉了,因此有必要结合各个时期的环比发展速度进行补充分析。

3. 速度指标要结合基期水平指标进行分析。因为发展速度是报告期水平除以基期水平得到的，从数量关系来看，基期水平低，速度就容易高，基期水平高，速度就容易低。因此，速度高可能掩盖了低水平，速度低可能隐藏高水平。为了对现象作出正确的评价，既要考虑速度指标的快慢，也要考虑基期水平的高低，把速度指标和水平指标结合起来进行分析。

增长1%的绝对量即前期水平的百分之一，是一个既考察速度又兼顾水平的代表性指标，用公式表示为

$$\text{增长}1\%\text{的绝对量}=\frac{a_i-a_{i-1}}{\left(\dfrac{a_i}{a_{i-1}}-1\right)\times 100}=\frac{a_{i-1}}{100}\ (i=1,2,\cdots,n) \tag{9.24}$$

第四节 时间序列的分解分析

一、时间序列的构成因素和分解模型

(一)时间序列的构成因素

现象随着时间的推演而呈现出来的发展变化过程，总是容易受到多种因素的共同影响和共同作用。这些影响因素有强有弱，有短期性也有长期性的，有主要的也有次要的，有决定性的也有偶然性的。一般来说，影响时间序列的因素有四个：长期趋势(Trend)、季节变动(Season)、循环变动(Circle)和不规则变动(Irregular)。

1. 长期趋势(T)。是指时间序列中的指标数值在较长一段时期内，所呈现的逐渐增加向上发展或逐渐减少向下发展的趋势。例如，由于科学技术的日益发展，劳动生产率的不断提高，我国的国内生产总值与人均收入呈逐渐提高的趋势。长期趋势经过若干年以后，也可能改变其变动方向，由上升趋势转变为下降趋势，或由下降趋势变为上升趋势。比如，在产品寿命周期中，处于成长期和成熟期的产品，其产量和利润均呈上升趋势，而成本则呈下降趋势；到了衰退期和更替期，由于新产品的出现，则原有产品产量和利润转为下降趋势，而成本则转为上升趋势。

2. 季节变动(S)。是指时间序列中的指标数值由于自然条件，生产条件和人们生活习惯的影响，在一年内随着季节的更替而产生的周期性变动。例如：农业生产由于受不同季节气候的影响，就有明显的季节性。农业生产的季节性又引起以农产品为原料的加工工业、农副产品收购、农副产品货运等都具有季节性。另外，人们的生活习惯也会引起某些经济活动呈现季节性特征。比如，零售商品的供应和需求，在我国传统节日(元旦、春节、中秋、国庆)等特别旺盛；而客运量在寒暑假尤其是春节前后则成倍地增加等。

3. 循环变动(C)。是指社会经济现象以若干年为周期的涨落起伏相间的变动。这种变动虽然其变动周期长短不同，波动幅度大小也不一样，但由于它是涨落起伏相互交替的变动，不是朝单一方向持续发展的变动，从而区别于长期趋势。又因其变动周期至少在一年以上，且无固定期间，因而也区别于季节变动。

4. 不规则变动(I)。又称为偶然变动，是指除了以上各种变动以外，由于偶然的、意外的因素引起的非周期性或趋势性的随机变动。如水灾、旱灾、地震、火山爆发等原因所引起的变动等。

(二)因素分解模型

这四种因素的变化构成了事物在一定时期内的变动。在对时间序列进行分析时，把这些影响因素同时间序列的关系用一定的数学关系式表示出来，就构成了时间序列影响因素分解模型。一般常用的数学模型有加法模型和乘法模型，也有加法和乘法的混合模型。

加法模型是假定四种变动因素是相互独立的，则时间序列各期发展水平是各个影响因素相加的总和。其表现形式为

$$Y=T+S+C+I$$

乘法模型是假定四种变动因素存在着某种相互影响关系，互不独立，则时间序列各期发展水平是各个影响因素相乘之积。其表现形式为

$$Y=T\times S\times C\times I$$

加乘混合模型是指四种因素之间既有相互独立的，又有相互作用的关系，模型形式不唯一。例如长期趋势和季节变动是相互影响的，循环变动和不规则变动和它们二者的关系相互独立。其表现形式为

$$Y=T\times S+C+I$$

(三)预测误差

通过因素分解模型将因素分解后，时间序列分析的目标是进行时间序列预测。预测的效果用什么来测度？预测误差是首选。预测误差是指现象的实际值与预测值之差。由于预测方法选择不同，参数估计不准确或不规则变动等因素的影响，预测结果总是存在预测误差。误差小，预测结果的精度就高。由于未来的实际值并不知道，其预测误差也无法预知，因此要衡量一个预测模型的质量好坏，就只能分析预测模型在原时间序列范围内的预测误差大小。以 y_t 表示 t 期的实际值，$\hat{y}_t$ 表示 t 期的预测值，n 表示预测值的个数。衡量预测模型的误差常用的指标有以下几个：

1. 平均绝对误差(Mean Absolute Error，MAE)

$$MAE=\frac{1}{n}\sum_{i=1}^{n}|y_t-\hat{y}_t| \tag{9.25}$$

2. 平均相对误差(Mean Percentage Error，MPE)

$$MPE=\frac{1}{n}\sum_{i=1}^{n}\left|\frac{y_t-\hat{y}_t}{y_t}\right| \tag{9.26}$$

3. 均方误差(Mean Square Error，MSE)

$$MSE=\frac{1}{n}\sum_{i=1}^{n}(y_t-\hat{y}_t)^2 \tag{9.27}$$

4. 均方根误差(Root Mean Square Error，MSE)

$$RMSE=\sqrt{MSE}=\sqrt{\frac{1}{n}\sum_{i=1}^{n}(y_t-\hat{y}_t)^2} \tag{9.28}$$

以上衡量预测误差的指标中，平均绝对误差和平均相对误差受异常值的影响较小，而均方误差和均方根误差则由于取误差的平方来计算，因此受异常值的影响较大。在对多个模型的预测误差进行比较时，采用平均相对误差可以避免绝对水平和计量单位不同的影响。

所有的时间序列预测都有一个关键的假定前提，那就是现象在原时间序列考察期内所呈现的规律性将在预测期内基本保持不变，从而要求影响现象的各种主要影响因素的作用和结构基本不变。只有在这种前提下，对原时间序列预测误差小的预测模型，才能对现象的未来具有较强的预测能力。因此，时间序列预测不仅要选择误差小的预测模型，还必须注意对主要影响因素发展动向的分析。

二、长期趋势的测定

长期趋势是时间序列变动的基本形式。研究长期趋势，有助于认识客观现象的变动规律，可以为预测事物未来的发展情况提供依据。长期趋势的测定方法很多，下面介绍一些主要的测定方法：

(一)时距扩大法

时距扩大法是将原有时距较小的时间序列，按照相等的时间间隔加工整理为时距较大的时间序

列，以显示其现象变动总趋势的方法。这种修匀方法，既可以采用时距扩大总数法，也可以采用时距扩大平均法。不过前者仅适用于时期数列，后者不仅适应于时期数列，也适用于时点数列。

【例 9.13】 我国 2021 年邮电业务总量的各月资料，如表 9.19 所示。

表 9.19　2021 年邮电业务总量的各月资料(单位:亿元)

月份	1	2	3	4	5	6	7	8	9	10	11	12
当期值	1192.8	694.6	1141.9	1069.2	1132.4	1194.0	1089.1	1111.1	1190.5	1212.5	1381.4	1289

表 9.19 是一个时期序列，由于某些月份增加值下降，使得我国邮电业务总量趋势不够明显，如果利用扩大总数法将按月的增加值资料，扩大为季节资料来编制新的时间序列，则我国邮电业务总量的增长趋势便清晰地反映出来。如表 9.20 所示。

表 9.20　我国邮电业务总量 2021 年各季增加值(单位:万元)

季　度	一	二	三	四
增加值	3029.3	3395.6	3390.7	3882.9

如果采用时距扩大平均法，也能准确地反映其发展变化趋势。采用时距扩大法来修匀序列，虽然要求按相等的间隔对原时间序列进行合并，但时距的大小，要根据现象发展的具体特点来决定，不能凭主观意志随意地加大或缩小。如果时距扩大不够，就不能消除偶然因素和短期因素的影响；反之，采用的时距过长，又会掩盖现象发展的具体趋势。

(二)移动平均法

移动平均法的基本原理，是通过移动平均消除时间序列中的不规则变动和其他变动，从而揭示出时间序列的长期趋势。所谓移动平均是从原有时间序列的第一项指标数值开始，按照一定的时间间隔，逐项移动求其序时平均数的修匀方法。这种方法考虑到了现象动态发展的连续性，它能把隐藏在原序列中的趋势变动规律较为明显地反映出来。移动平均法也适合对较为平稳的时间序列进行预测。

【例 9.14】 根据表 9.21 中的我国第一产业增加值季度数据(2015 年第四季度－2022 年第二季度)，分别取移动间隔 $k=3$，$k=5$ 和 $k=4$ 的移动平均值，并将原序列和预测后的序列绘制成图形进行比较。

解：采用 Excel 进行移动平均预测时，在【数据分析】选项中选择【移动平均】，并在对话框中输入数据区域和移动间隔即可，输出结果如表 9.21 所示。

表 9.21　我国第一产业增加值(当季值)的移动平均

年份	季节	第一产业增加值	三次移动平均	五次移动平均	四次移动平均
2015	第三季度	17173.1	—	—	—
	第四季度	21376.1	15620.63	—	—
2016	第一季度	8312.7	14081.57	15392.04	14900.61
	第二季度	12555.9	12803.67	16303.06	14990.79
	第三季度	17542.4	17275.5	13669.02	15021.45
	第四季度	21728.2	15825.5	14535.46	15019.23

续表

年份	季节	第一产业增加值	三次移动平均	五次移动平均	四次移动平均
2017	第一季度	8205.9	14193	15675.44	15119.53
	第二季度	12644.9	13035.53	16765.54	15366.79
	第三季度	18255.8	17964.53	14135.04	15571.1
	第四季度	22992.9	16608.13	15094.62	15662.19
2018	第一季度	8575.7	14857.47	16211.02	15703.44
	第二季度	13003.8	13268.8	17547.6	15943.05
	第三季度	18226.9	18723.13	14702.68	16210.35
	第四季度	24938.7	17311.3	15875.52	16413.94
2019	第一季度	8768.3	16048.97	17234.96	16790.21
	第二季度	14439.9	14336.4	19082.46	17302.69
	第三季度	19801	20568.43	16139.22	17800.18
	第四季度	27464.4	19162.63	17572.46	18168.78
2020	第一季度	10222.5	17873.8	19116.1	18650.24
	第二季度	15934.5	16105.03	21099.04	19226.29
	第三季度	22158.1	22602.77	17880.92	19651.61
	第四季度	29715.7	21082.53	19264.22	19946.09
2021	第一季度	11373.8	19409.5	20697.42	20214.45
	第二季度	17139	17204.43	22560.24	20551.81
	第三季度	23100.5	23903.9	18807.86	20718.88
	第四季度	31472.2	21842.17	20169.78	20796.93
2022	第一季度	10953.8	20203.13	—	—
	第二季度	18183.4	—	—	—

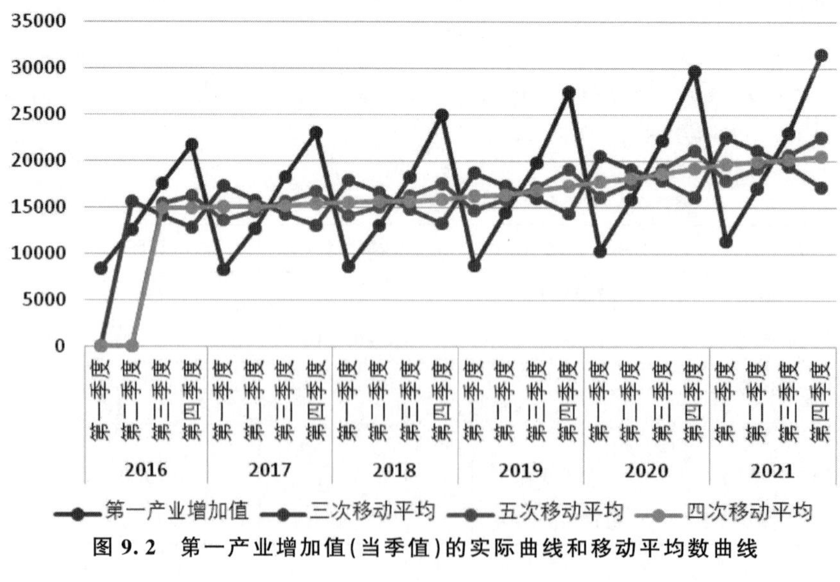

图 9.2　第一产业增加值(当季值)的实际曲线和移动平均数曲线

如果把原时间序列与移动平均所形成的修匀时间序列绘制成图 9.2。则从图中可以看出，利用移动平均法可以消除原有时间序列第一产业增加值的波动现象，从而更加明显地反映出我国第一产业增加值的趋势。

由例 9.14 可以看出，移动平均法具有如下特点：

(1)移动平均法对序列进行修匀时，可以看出，采用的移动项数与所取得的移动平均值，及对序列的修匀作用有直接关系。一般说来，采用的移动项数越多，对序列的修匀作用就越强，但得到的移动平均值个数越少；反之，移动项数越少，对序列的修匀作用也就越弱，而得到的移动平均值个数越多。

(2)移动平均期数 k 为奇数时，只需做一次移动平均，其移动平均值作为移动平均项数的中间一期的数值；而当移动平均期数 k 为偶数时，移动平均值代表的是偶数项的中间位置的水平，无法对正某一时期，则需再进行一次相邻两期的移动平均值，这样才能使平均值对正某一时期，成为移正平均，也称中心化移动平均值。

(3)当序列包含季节变动时，移动平均期数 k 应与季节变动长度一致(如 4 个季度或 12 个月)，才能消除其季节变动；若序列包含周期变动时，平均期数 k 应和周期长度一致，才能较好地消除周期波动。

(4)移动平均以后，其序列的项数较原序列减少，当 k 为奇数时，新序列首尾各减少 $(k-1)/2$ 项；k 为偶数时，首尾各减少 $k/2$ 项。移动平均会使原序列失去部分信息，而且平均项数越大，失去的信息越多，所以移动平均项数不宜过大。

(三)指数平滑预测

移动平均对消除季节变动等影响有独到的作用，但移动平均值也有其不足。主要是对于不含季节因素的趋势序列，每一期的移动平均值实际上都只包含了 k 个数据的信息，而没有将历史数据信息充分反映到趋势值或者预测值中。指数平滑法可以弥补移动平均法的不足，能够充分利用所有的数据信息，同时又体现近期数据对未来预测影响作用更大的特点。

指数平滑法(Exponential smoothing)是通过对过去的观察值加权平均的一种方法。它是利用本期实际观察值和本期趋势预测值，分别进行加权处理，求得一个指数平滑值作为下一期的趋势预测值。它的特点是离预测值越近的观察值给予较大的权数(又称为平滑系数)，对较远的观察值给予较小的权数，权数由近及远按指数规律递减，因此称为指数平滑法。常用的有简单指数平滑、Holt 两参数指数平滑、Holt-Winters 三参数指数平滑，这里介绍简单指数平滑。

简单指数平滑法只有一个平滑系数(用符号 α 表示)，将一段时期的指数平滑值和实际观察值进行加权作为下一个时期的指数平滑值，预测模型为：

$$E_{t+1}=\alpha y_t+(1-\alpha)E_t \tag{9.29}$$

式(9.29)中，E_{t+1} 为第 $t+1$ 期的指数平滑值，y_t 为 t 期的实际观察值；E_t 为 t 期的指数平滑值；α 为平滑系数，介于 0 到 1 之间。第 $t+1$ 期的预测值 E_{t+1} 是在第 t 期的预测值 E_t 与第 t 期的实际观测值 Y_t 加权平均值，指数平滑法是加权平均的一种特殊形式。

显然，指数平滑具有递推性质，各期平滑值是在上期平滑值的基础上递推而得到的。将(9.29)展开，可得

$$\begin{aligned}E_{t+1}&=\alpha y_t+(1-\alpha)\left[\alpha y_{t-1}+(1-\alpha)E_{t-1}\right]\\&=\alpha y_t+\alpha(1-\alpha)y_{t-1}+(1-\alpha)2\left[\alpha y_{t-2}+(1-\alpha)E_{t-2}\right]\\&=\alpha y_t+\alpha(1-\alpha)y_{t-1}+\alpha(1-\alpha)^2y_{t-2}+\alpha(1-\alpha)^3y_{t-3}+\cdots+\alpha(1-\alpha)^{t-1}y_1+(1-\alpha)^tE_0\\&=\alpha\sum_{i=1}^{t}(1-\alpha)^{t-i}y_i+(1-\alpha)^tE_0\end{aligned} \tag{9.30}$$

公式(9.30)中，E_0 成为初始值，通常将时间序列的最初水平作为初始值。数列项数较多时，初始

值对平滑值的影响不大。由于 α 是介于 0 和 1 之间的数，当 $t \to \infty$ 时，最后一列系数 $(1-\alpha)^t$ 趋于零，其余各项的系数构成一个无穷递减等比数列，该数列总和为 $\frac{\alpha}{1-(1-\alpha)}=1$。可见，指数平滑值实质上是以各期观测值的加权算数平均数，各期观测值的系数就是其比重权数。由于权数呈指数形式递减，因而称为指数平滑法。

使用指数平滑法，关键的问题是平滑系数 α 的确定。一般来说，当时间序列有较大波动时，宜选择较大的 α；当时间序列变动比较平稳时，宜选择较小的 α。此外，与移动平均法一样，一次指数平滑法也可以用于对时间序列进行修匀，以消除随机波动，找出序列的变化趋势。

【例 9.15】 根据表 9.21 中的第一产业增加值季度数据进行指数平滑，选择平滑系数 $\alpha=0.3$ 和 $\alpha=0.7$。并将原序列和预测后的序列绘制成图形进行比较。结果如表 9.22 所示。

解：用 Excel 进行指数平滑预测的步骤如下：

(1) 选择【工具】下拉菜单。

(2) 选择【数据分析】选项，并选择【指数平滑】，然后确定。

(3) 当对话框出现时，在【输入区域】中输入数据，在【阻尼系数】中输入 $1-\alpha$ 的值(注：阻尼系数 $=1-\alpha$)，在【输出区域】中选择预测结果的输出位置，单击【确定】。

表 9.22 第一产业增加值的指数平滑预测值

年份	季节	第一产业增加值	$\alpha=0.3$	误差绝对值	$\alpha=0.7$	误差绝对值
2015	第三季度	17173.1	—	—	—	—
	第四季度	21376.1	18434	2942.1	20115.2	1260.9
2016	第一季度	8312.7	15397.61	7084.91	11853.45	3540.75
	第二季度	12555.9	14545.1	1989.197	12345.17	210.735
	第三季度	17542.4	15444.29	2098.112	15983.23	1559.171
	第四季度	21728.2	17329.46	4398.738	20004.71	1723.491
2017	第一季度	8205.9	14592.39	6386.493	11745.54	3539.643
	第二季度	12644.9	14008.15	1363.245	12375.09	269.8072
	第三季度	18255.8	15282.44	2973.358	16491.59	1764.212
	第四季度	22992.9	17595.58	5397.321	21042.51	1950.394
2018	第一季度	8575.7	14889.62	6313.915	12315.74	3740.042
	第二季度	13003.8	14323.87	1320.071	12797.38	206.4174
	第三季度	18226.9	15494.78	2732.12	16598.04	1628.855
	第四季度	24938.7	18327.96	6610.744	22436.5	2502.197
2019	第一季度	8768.3	15460.06	6691.759	12868.76	4100.461
	第二季度	14439.9	15154.01	714.1113	13968.56	471.3417
	第三季度	19801	16548.11	3252.892	18051.27	1749.733
	第四季度	27464.4	19823	7641.404	24640.46	2823.94
2020	第一季度	10222.5	16942.85	6720.347	14547.89	4325.388
	第二季度	15934.5	16640.34	705.8428	15518.52	415.9836
	第三季度	22158.1	18295.67	3862.43	20166.22	1991.875
	第四季度	29715.7	21721.68	7994.021	26850.86	2864.843

续表

年份	季节	第一产业增加值	α＝0.3	误差绝对值	α＝0.7	误差绝对值
2021	第一季度	11373.8	18617.32	7243.515	16016.92	4643.117
	第二季度	17139	18173.82	1034.821	16802.38	336.6248
	第三季度	23100.5	19651.82	3448.676	21211.06	1889.437
	第四季度	31472.2	23197.94	8274.263	28393.86	3078.341
2022	第一季度	10953.8	19524.7	8570.896	16185.82	5232.018
	第二季度	18183.4	19122.31	938.9072	17584.13	599.2747
合计	—	—	—	118704.2	—	58418.99

从不同平滑系数的误差绝对值的总和来看，$\alpha=0.7$ 时，误差绝对值的和最小，平均绝对误差(MAE)也最小。从图 9.3 可以看出，$\alpha=0.7$ 时，指数平滑预测值最接近实际观测值。

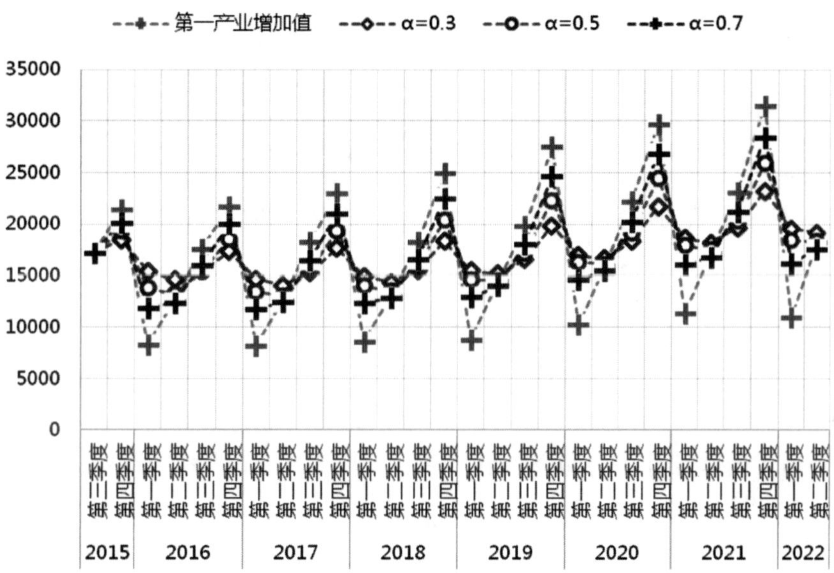

图 9.3　2015 第三季度—2022 年第二季度第一产业增加值的指数平滑值

从表 9.22 和图 9.3 的分析结果来看，第一产业增加值有一定的上升态势，宜选择较大的 α，从指数平滑预测值的预测误差结果来看，选择 $\alpha=0.7$ 时预测误差较小。

总之，无论是时距扩大法、指数平滑法还是移动平均法，虽然都能比较明显地反映被研究现象发展变化的总趋势，计算也较方便，但却不能外推预测未来的发展趋势。若要修匀序列，同时又要预测现象未来发展趋势的话，则要用第三种方法，即趋势拟合法。

(四)趋势方程拟合法和预测

即在对原有时间序列资料进行初步分析的基础上，根据其发展变化趋势的类型，用数学的方法配合适当的方程式，以预测现象未来发展变化趋势的一种方法。现象发展变化的趋势一般可分为直线趋势和曲线趋势，而曲线趋势又有不同的类型。但直线趋势的测定是最基本的方法，也是曲线趋势测定的基础。

1. 直线趋势的测定

在对时间序列进行分析时，如果发现社会经济现象发展的趋势，大体上是按逐期等量增加或减少时，则可以认为这种现象的基本发展趋势是属于直线型，因而，应配合相应的直线方程预测其未来发展变化趋势。其配合直线方程为：

$$\hat{y}_t = a + bt \tag{9.31}$$

式中，t 为时间序列中的时间顺序值，是自变量。$\hat{y}_t$ 为时间序列的预测趋势值，是 t 的函数。a 与 b 是两个待定系数。a 为起始值，即当 $t=0$ 时趋势直线在 y 轴上的截距。b 为斜率，代表 t 每变动一个单位时间 $\hat{y}_t$ 的平均增减量。

求解待定系数 a 与 b 常用的方法一般是最小平方法。最小平方法也叫最小二乘法，这是建立趋势方程，分析长期趋势较为常用的方法。用这种方法拟合出来的趋势直线将比平均法配合的趋势直线更为理想、合理。用最小平方法建立趋势方程必须满足以下两个条件：

(1)原时间序列中各期的指标数值（y_t）与按趋势方程求得的各期对应的趋势值($\hat{y}_t$）的离差平方和为最小值。即：$\sum(y_t - \hat{y}_t)^2 =$ 最小值。

(2)原时间序列中各期的指标数值（y_t）与求出的趋势值($\hat{y}_t$）离差之和等于零。即：$\sum(y_t - \hat{y}_t) = 0$。

下面以上述条件为前提来确定趋势直线 a 和 b 两个系数的值。

将趋势直线方程代入 $\sum(y_t - \hat{y}_t)^2$，并令 D 代表其数值最小，则：

$$D = \sum(y_t - \hat{y}_t)^2 = \sum[y_t - (a + bt)]^2 \tag{9.32}$$

将 D 看作为 a、b 两系数的函数，要使 D 为最小值，必须求偏导数$\dfrac{\partial D}{\partial a}$、$\dfrac{\partial D}{\partial b}$，并令其等于零，亦即 a 与 b 必须适应下列两个方程式：

$$\begin{cases} \dfrac{\partial D}{\partial a} = \sum 2(y - a - bt)(-1) = 0 \\ \dfrac{\partial D}{\partial b} = t\sum 2(y - a - bt)(-t) = 0 \end{cases} \tag{9.33}$$

将上述两式整理后得下列联立方程式，即

$$\begin{cases} \sum y = na + b\sum t \\ ty = a\sum t + b\sum t^2 \end{cases} \tag{9.34}$$

求解联立方程式，得：

$$\begin{cases} a = \dfrac{\sum y}{n} - b\dfrac{\sum t}{n} = \bar{y} - b\bar{t} \\ b = \dfrac{n\sum ty - \sum t\sum y}{n\sum t^2 - \left(\sum t\right)^2} \end{cases} \tag{9.35}$$

将已知时间序列中的时间 t 编出序号，以时间序号(1，2，3，…；或 0，1，2，，3…)代替时间。计算出 $\sum t$、$\sum y$、$\sum t^2$、$\sum ty$ 和 n(时间序列项数) 五个数值，一并代入 a、b 公式，求得 a、b 值，再代入直线趋势方程 $y_t = a + bt$ 中，即得所求时间序列的趋势方程，并根据该实际趋势方程进行预测。

【例 9.16】 已知我国 1978—2021 年我国粮食产量资料如表 9.23 和图 9.4 所示。试用最小平方法预测我国 2022 年和 2025 年粮食产量。

表 9.23　我国 1978—2021 年我国粮食产量(单位:万吨)

年份	1978	1979	1980	1981	1982	1983	1984	1985	1986
粮食产量	30476.5	33211.5	32055.5	32502.5	35450	38727.5	40730.5	37910.8	39151.2
年份	1987	1988	1989	1990	1991	1992	1993	1994	1995
粮食产量	40473.1	39408.1	40754.9	44624.3	43529.3	44265.8	45648.8	44510.1	46661.8
年份	1996	1997	1998	1999	2000	2001	2002	2003	2004
粮食产量	50453.5	49417.1	51229.5	50838.6	46217.5	45263.7	45705.8	43069.5	46947.0
年份	2005	2006	2007	2008	2009	2010	2011	2012	2013
粮食产量	48402.2	49804.2	50413.9	53434.3	53940.9	55911.3	58849.3	61222.6	63048.2
年份	2014	2015	2016	2017	2018	2019	2020	2021	
粮食产量	63964.8	66060.3	66043.5	66160.7	65789.2	66384.3	66949.2	68284.8	

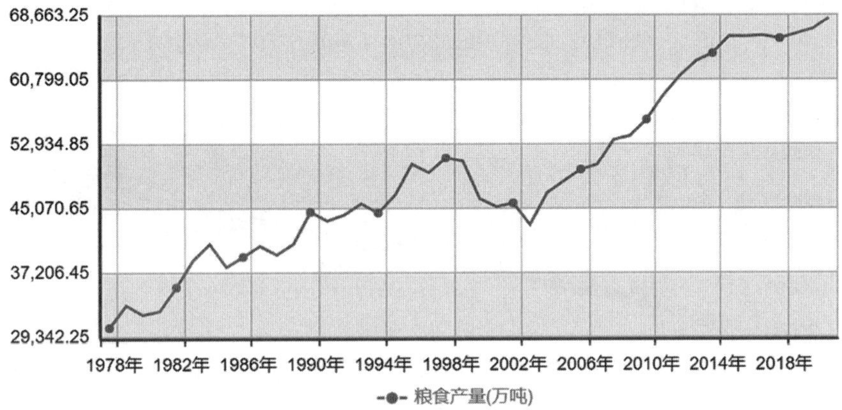

图 9.4　1978—2021 年粮食产量时间序列图

从图 9.4 可以看出,粮食产量近似呈线性递增态势。因此考虑采用线性方程进行拟合。将表 9.23 资料中有关数值代入系数计算公式(9.35)得到 a 和 b。

这里借助 Excel,点击【数据】→【数据分析】→【回归】,出现如下对话框,如图 9.5 所示。将粮食产量数据输入 Y,将时间 $t(1,2,\cdots,44)$ 输入 X,即可得到回归分析的结果

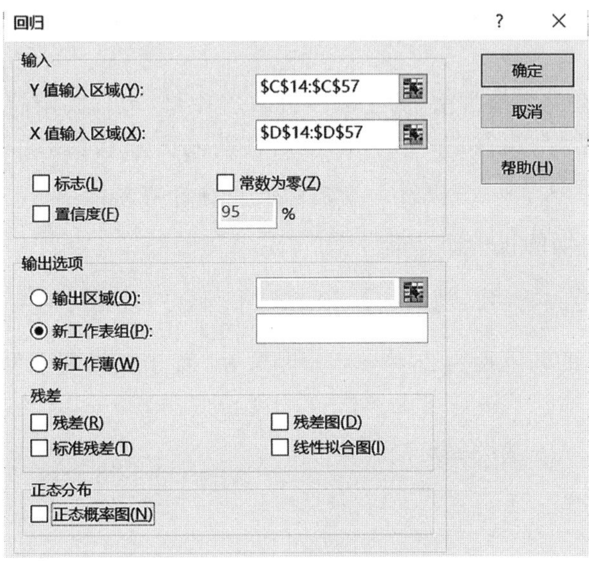

图 9.5　Excel 趋势方程操

表 9.24 趋势方程拟合结果

项	系数	标准误差	t Stat	P-value	Lower 95%	Upper 95%
截距项	30992.12	984.010	31.496	7.58196E−31	29006.311	32977.936
t	808.33	38.0867	21.223	4.52033E−24	731.466	885.190

由表 9.24 可知，$a=30992.12$，$b=808.33$。

将 a、b 值代入趋势方程得预测模型：

$$y_t=30992.12+808.33t$$

$b=808.33$，表示时间每增加一年，我国粮食产量平均增加 808.33 万吨。

2022 年的我国粮食产量($t=45$)为

$$Y_{2022}=30992.12+808.33\times45=67366.88\text{(万吨)}$$

2025 年的我国粮食产量($t=48$)为

$$Y_{2025}=30992.12+808.33\times48=69791.86\text{(万吨)}$$

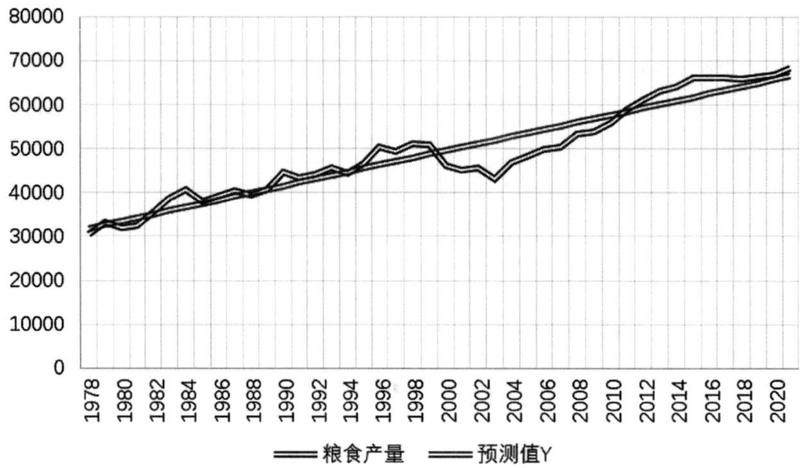

图 9.6 我国粮食产量的线性趋势拟合图

将各年的趋势拟合值与原序列绘制成图，如图 9.6 所示，可以看出我国粮食产量的变化趋势，呈现上升的态势。

上述方法是最小平方法的一般方法，为了减少计算工作量，可以采用简捷法。

一般方法以最初一期为原点，该期 t 值为 0，以后各期依次为 $1,2,3,\cdots,n$。简捷法则以正中一期为原点来计算，目的在于使 $\sum t=0$，假设 n 为实际调查统计资料的期数，当 n 为奇数时，则取 t 的间隔期为 1，将 $t=0$ 置于资料期的正中期。即

$$-\frac{n-1}{2},\cdots,-3,-2,-1,0,+1,+2,+3,\cdots,+\frac{n-1}{2}$$

当 n 为偶数时，则取 t 的间隔期为 2，将 $x=-1$ 与 $+1$ 置于资料期中央的上下两期。即

$$\cdots,-5,-3,-1,+1,+3,+5,\cdots$$

由于 $\sum t=0$，则计算 a、b 的公式可简化为

$$\begin{cases} a = \dfrac{\sum y}{n} = \bar{y} \\ b = \dfrac{\sum ty}{\sum t^2} \end{cases} \tag{9.36}$$

2. 曲线趋势的测定

由于影响社会经济变动的因素很多,使得曲线方程的类型很多,这里只着重介绍实际中应用较多的指数曲线和二次曲线。

(1)指数曲线

在一定时期内,有些现象的变动往往表现为,随着时间的变化按同一增长率不断增加或不断减少。指数曲线预测法则正是针对现象的这种变化趋势,利用其时间序列数据资料,拟合成指数曲线,建立模型并进行预测的一种方法。指数曲线预测法的预测模型为

$$\hat{y}_t = ab^t \tag{9.37}$$

指数曲线方程不能直接计算待定系数,一般应先转化为对数形式,而后再计算待定系数。将指数曲线方程两边取对数,即转化为直线形式

$$\lg \hat{y} = \lg a + t\lg b \tag{9.38}$$

这样,就可按直线配合法,建立标准方程为

$$\begin{cases} \sum \lg y = n\lg a + \lg b \sum t \\ \sum t\lg y = \lg a \sum t + \lg b \sum t^2 \end{cases} \tag{9.39}$$

解之得:

$$\begin{cases} \lg a = \dfrac{\sum \lg y}{n} - \lg b \dfrac{\sum t}{n} \\ \lg b = \dfrac{n\sum t\lg y - \sum t \sum \lg y}{n\sum t^2 - (\sum t)^2} \end{cases} \tag{9.40}$$

查反对数表,由 $\lg a$、$\lg b$ 得出 a、b 即得到指数曲线的实际预测模型。

如果用简捷法(时间序号以中间为 0 点,使$\sum t=0$),则

$$\begin{cases} \lg a = \dfrac{\sum \lg y}{n} \\ \lg b = \dfrac{n\sum t\lg y}{n\sum t^2} \end{cases} \tag{9.41}$$

(2)二次曲线

在历史数据形成的时间序列中,经济现象的逐期增长量大体上近似等量的递增,即其二次差大致相同,可以用二次曲线的预测模型 $\hat{y}_t = a + bt + ct^2$ 来预测。其中 t 代表时间序号,a、b、c 为待定参数,$\hat{y}_t$ 代表预测趋势值。

从理论上说,二次曲线的二次差为一个常数,但在实际预测中,只要对原始序列计算的二次差大致相同,就可配合二次曲线进行预测。

预测模型的方法还用最小平方法。同样可以采用移动原点的办法,使有关序号 t 的总和数值中的$\sum t=0$ 和$\sum t^3=0$,把上述方程组简化为

$$\begin{cases}\sum y = na + c\sum t^2 \\ \sum ty = b\sum t^2 \\ \sum t^2 y = a\sum t^2 + c\sum t^4\end{cases} \tag{9.42}$$

解之得

$$\begin{cases}a = \dfrac{\sum y}{n} - c\,\dfrac{\sum t^2}{n} \\ b = \dfrac{\sum ty}{\sum t^2} \\ c = \dfrac{n\sum t^2 y - \sum t^2 \sum y}{n\sum t^4 - (\sum t^2)^2}\end{cases} \tag{9.43}$$

根据已知时间序列的资料，分别求出：$\sum y$、$\sum t^2$、$\sum ty$、$\sum t^2 y$、$\sum t^4$ 和 n，一并代入 a、b、c 的计算公式，即可求得二次曲线的预测模型，然后根据给定的 t 来确定预测期的预测值。

【例 9.17】 已知我国 1992—2021 年社会消费品零售总额资料如表 9.25 所示。

试用指数曲线和二次曲线拟合趋势方程，并预测 2023—2025 年的社会消费品零售总额。

表 9.25 社会消费品零售总额资料(单位:亿元)

时间	社会消费品零售总额	二次曲线拟合值	时间	社会消费品零售总额	二次曲线拟合值
1992 年	10993.7	22803.20	2010 年	158008	165093.57
1993 年	14240.1	19507.30	2011 年	187205.8	185517.27
1994 年	18544.0	17529.15	2012 年	214432.7	207258.72
1995 年	23463.9	16868.76	2013 年	242842.8	230317.93
1996 年	28120.4	17526.13	2014 年	271896.1	254694.89
1997 年	31252.9	19501.25	2015 年	300930.8	280389.61
1998 年	33378.1	22794.13	2016 年	332316.3	307402.08
1999 年	35647.9	27404.76	2017 年	347326.7	335732.31
2000 年	39105.7	33333.15	2018 年	377783.1	365380.29
2001 年	43055.4	40579.29	2019 年	408017.2	396346.03
2002 年	48135.9	49143.19	2020 年	391980.6	428629.53
2003 年	52516.3	59024.85	2021 年	440823.2	462230.78
2004 年	59501	70224.26	2022 年	—	497149.78
2005 年	68352.6	82741.42	2023 年	—	533386.54
2006 年	79145.2	96576.34	2024 年	—	570941.06
2007 年	93571.6	111729.02	2025 年	—	609813.33
2008 年	114830.1	128199.45	2026 年	—	650003.35
2009 年	133048.2	145987.63			

接下来采用 SPSSAU 进行趋势分析，这里将采用二次曲线和指数曲线来进行拟合。将数据上传到 SPSSAU，然后选择【开始分析】，出现主对话框。找到【进阶方法→曲线回归】，将社会消费品零售

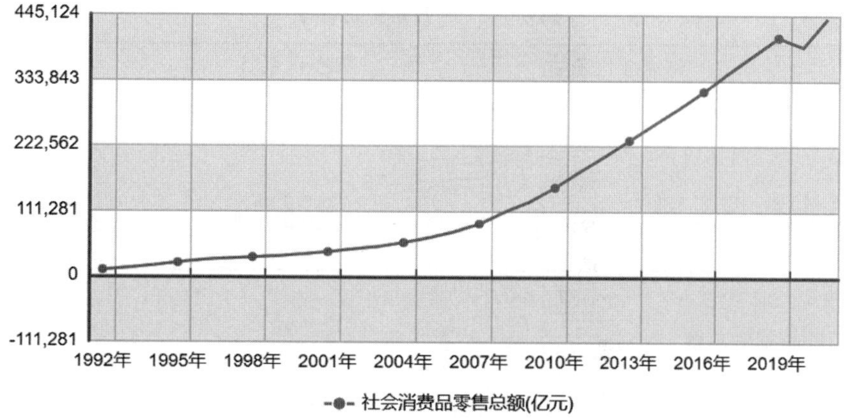

图 9.7　1992—2021 年社会消费品零售总额时间序列图

额变量拖入 Y 变量，将时间 t 拖入 X 变量，选择【二次曲线→开始分析】，结果如图 9.8 所示。

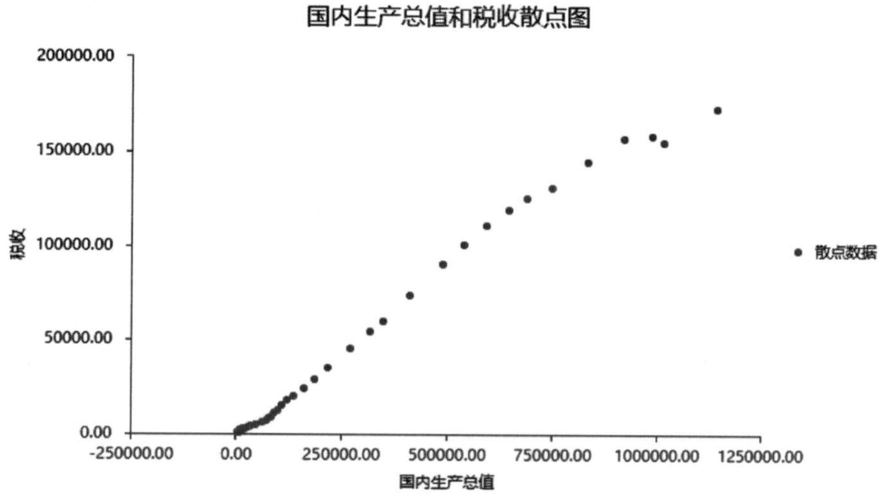

图 9.8　社会消费品零售总额随时间变化的二次曲线拟合

表 9.26　模型汇总结果

R^2	调整 R^2	标准误	AIC	BIC	有效样本
0.990	0.989	14722.674	663.804	668.008	30

从表 9.26 可以看出，$R^2=0.99$，模型拟合效果很好。

表 9.27　方差分析表

项	平方和	自由度	均方	F	p
回归	574314879084.584	2	287157439542.292	1324.789	0.000**
残差	5852442183.070	27	216757117.891		
总计	580167321267.654	29			

* $p<0.05$　** $p<0.01$

从表 9.27 方差分析表可以看出，趋势模型整体是显著的。

表 9.28 回归系数汇总表

项	非标准化系数		标准化系数	t	p
	B	标准误	$Beta$		
常数	27416.850	8633.092	—	3.176	0.004**
t	−5272.532	1283.762	−0.328	−4.107	0.000**
t ** 2	658.878	40.182	1.310	16.397	0.000**

* $p<0.05$ ** $p<0.01$

因变量:社会消费品零售总额

从表 9.28 回归系数分析结果可以看出,时间 t 的一次项和二次项的回归系数均显著。可以进行下一步的预测。预测 2022—2026 年的社会消费品零售总额,结果如表 9.25 第三列最后五项所示。

三、季节变动分析

在按月或按季编制的时间序列中,有时不仅存在着一定的发展趋势,而且还存在着周期性变动,即季度变动。因此,在对现象进行变动分析时,除了对长期趋势进行分析,还应分析季节变动的影响。为消除偶然因素的影响,时间序列数据至少包含三个周期以上。分析季节变动的主要目的在于认识和掌握季节变动规律,以便更好地组织生产、流通和安排人民生活。测定季节变动的意义一是通过分析与测定过去的季节变动规律,为当前的决策提供依据;二是为了对未来现象的季节变动作出预测,以便提前作出合理的安排;三是为了当需要不包含季节变动的数据时,能够消除季节变动对时间序列的影响,以便更好地分析其他因素。

测定季节变动的方法有很多,从是否考虑长期趋势的影响看可分为两种,一是不考虑长期趋势的影响,根据原始时间序列直接去测定季节变动;二是考虑长期趋势的影响,根据剔除长期趋势后的数据测定季节变动。

(一)按月(季)平均法

当时间序列的长期趋势近似于水平趋势时,测定时间序列的季节变动可以不考虑长期趋势的影响,直接用原始资料平均法,即按月(季)平均法。按月(季)平均法是以历年的各月(季)平均数同全时期月(季)平均数相比而求得季节指数的方法。基本步骤如下:

1. 计算各年同期(月或季)的平均数 $\bar{y}_i$ ($i=1,2,\cdots,12$ 月或 $i=1,2,3,4$ 季度),其目的是消除各年同一月份(季度)数据上的不规则变动。

2. 计算全部数据的总平均数 $\bar{y}$,找出整个序列的水平趋势。

3. 计算季节比率 S_i,即

$$S_i=\frac{\bar{y}_i}{\bar{y}}\ (i=1,2,\cdots,12\text{ 月或 }i=1,2,3,4\text{ 季度}) \tag{9.44}$$

可见,季节比率实际上是各年的同期平均数相对于整个序列平均水平变动的程度,也称为季节指数,可用相对比率或百分比表示。在乘法模型中,季节比率有一个特性,这就是其总和等于季节周期 L(月度数据 $L=12$,季度数据 $L=4$),或平均等于 1,即

$$\sum S_i=L\text{ 或者 }\bar{S}=\frac{\sum S_i}{L}=1 \tag{9.45}$$

【例 9.18】 2012 年第一季度—2019 年第四季度的乳制品销售量资料,如表 9.29 所示。计算各年同季度平均数和季节比率。

表 9.29　乳制品销售量(万吨)资料

乳制品销售量(万吨)						合计
年份	(1)	第一季度	第二季度	第三季度	第四季度	
2012	(2)	547	597.5	649.2	725	—
2013	(3)	621.6	680	669.5	700.9	—
2014	(4)	597.5	662.1	682.1	701.5	—
2015	(5)	615.2	689.3	709	725.4	—
2016	(6)	654.8	744.2	781.2	795.2	—
2017	(7)	679.1	765.9	846.2	613.9	—
2018	(8)	585.7	760.4	632.5	702.9	—
2019	(9)	628.9	666.1	726.3	689.3	—
季度平均	(10)	616.2	695.7	712.0	706.8	682.7
季节指数(%)	(11)	0.90	1.02	1.04	1.04	400%

(二)趋势循环剔除法和序列预测

1. 趋势循环剔除法的步骤

复合型时间序列是指含有趋势、季节、周期和随机成分的序列。对这类序列的预测方法通常是将时间序列的各个因素依次分离出来,然后进行预测。由于周期成分的分析需要有多年的数据,实际中很难获取多年数据,而且时间序列的因素之间很多是相互影响的,因此常用的时间序列分解模型是乘法模型:$Y_t = T_t \times S_t \times I_t$。这一模型中含有三个因素:长期趋势、季节成分和不规则部分。这里主要介绍时间序列分解法预测,预测步骤如下:

第一步,确定并分离出季节成分。计算季节指数,以确定时间序列中的季节成分。然后将季节成分从时间序列中分离出去,即用原时间序列观察值除以相应的季节指数,消除季节性。

第二步,建立预测模型并进行预测。对消除了季节成分的时间序列建立适当的长期趋势预测模型,并根据这一模型进行未来的趋势预测。

第三步,计算最后的预测值。根据长期趋势的预测值乘以相应的季节指数,得到最终的预测值。

2. 确定并分离季节成分

(1)计算季节指数

季节指数法计算方法有很多,这里只介绍移动平均趋势剔除法。在考虑长期趋势的季节指数测定时,一般是求得移动平均值后,再在移动平均值的基础上求出季节指数,最后进行调整。计算步骤如下:

第一,求出中心化移动平均值。

首先应用下面的公式求出移动平均值

$$M_t = \frac{Y_t + Y_{t-1} + Y_{t-2} + \cdots + Y_{t-n+1}}{n} \quad (n = 12 \text{ 或 } n = 4) \tag{9.46}$$

当其为月度数据时取 $n=12$,当其为季度数据时取 $n=4$。并对其进行中心化处理,也就是将移动平均的结果再进行一次二项移动平均,即得出中心化移动平均值。这种中心化移动平均方法又称为 12×2 或 4×2 复合移动平均,简写为 $M_{12\times2}$ 或 $M_{4\times2}$。

第二,计算各月或各季的季节指数。首先通过计算移动平均的比值,又称为季节比率,即将各序列的观察值除以相应的中心化移动平均值,然后计算出各比值的季度(或月度)平均值。

第三,季节指数的调整。由于各季节指数的平均数应等于 1 或 100%,若根据第二步计算的季节比率的平均值不等于 1,则需要进行调整。具体方法是:将第二步计算的每个季节比率的平均值除以它们的总平均值。

【例 9.14(续)】 根据表 9.21 中的我国第一产业增加值季度数据(2015 年第四季度—2022 年第二季度),取移动间隔 $k=4$ 的移动平均值和 $k=2$ 的中心化移动平均值,计算各季的季节指数。

预测步骤如下:

第一步:选择移动平均期数,求中心化移动平均值和各季度季节指数。从表 9.30 的资料可以看出,乳制品销售量的季节变动周期为 4 个季度,为了消除季节性变动的影响,以 4 个季度为循环周期,求移动平均期数为 4 个季度的移动平均值。

第二步:相邻的两个移动平均值,再加以平均,求得中心化的移动平均值。并将中心化的移动平均值放在两个移动平均值中间的位置上。

表 9.30 第一产业增加值的季节变动分析表

年份	季节	第一产业增加值	四期移动平均	中心化移动平均	季节指数(%)
2015	第三季度	17173.1	—	—	—
	第四季度	21376.1	14854.45	—	—
2016	第一季度	8312.7	14946.78	14900.61	55.79
	第二季度	12555.9	15034.80	14990.79	83.76
	第三季度	17542.4	15008.10	15021.45	116.78
	第四季度	21728.2	15030.35	15019.23	144.67
2017	第一季度	8205.9	15208.70	15119.53	54.27
	第二季度	12644.9	15524.88	15366.79	82.29
	第三季度	18255.8	15617.33	15571.10	117.24
	第四季度	22992.9	15707.05	15662.19	146.81
2018	第一季度	8575.7	15699.83	15703.44	54.61
	第二季度	13003.8	16186.28	15943.05	81.56
	第三季度	18226.9	16234.43	16210.35	112.44
	第四季度	24938.7	16593.45	16413.94	151.94
2019	第一季度	8768.3	16986.98	16790.21	52.22
	第二季度	14439.9	17618.40	17302.69	83.45
	第三季度	19801	17981.95	17800.18	111.24
	第四季度	27464.4	18355.60	18168.78	151.16
2020	第一季度	10222.5	18944.88	18650.24	54.81
	第二季度	15934.5	19507.70	19226.29	82.88
	第三季度	22158.1	19795.53	19651.61	112.75
	第四季度	29715.7	20096.65	19946.09	148.98
2021	第一季度	11373.8	20332.25	20214.45	56.27
	第二季度	17139	20771.38	20551.81	83.39
	第三季度	23100.5	20666.38	20718.88	111.49
	第四季度	31472.2	20927.48	20796.93	151.33
2022	第一季度	10953.8	—	—	—
	第二季度	18183.4	—	—	—

第三步:计算各季(或月)的季节指数。

$$季节指数=\frac{序列中的原始观察值}{对应的中心化移动平均值}$$

$$2016\text{ 年 1 季度的季节指数}=\frac{8312.7}{14900.61}\times 100\% =56\%$$

依次类推，填入表 9.31 中最后一栏。

表 9.31　季节变动分析续表(单位:%)

年份	(1)	1 季度	2 季度	3 季度	4 季度
2016	(2)	55.79	83.76	116.78	144.67
2017	(3)	54.27	82.29	117.24	146.81
2018	(4)	54.61	81.56	112.44	151.94
2019	(5)	52.22	83.45	111.24	151.16
2020	(6)	54.81	82.88	112.75	148.98
2021	(7)	56.27	83.39	111.49	151.33
季节指数平均值(%)	(9)	54.66	82.89	113.66	149.15

第四步：将历年同季(月)的各个季节指数加以平均，得出消除不规则变动因素的季节指数，并进行调整。列入表 9.29。

$$\text{第一季度的季节指数平均值}=\frac{55.79+54.27+\cdots+56.27}{6}=54.66$$

依次类推，填入表 9.29 的第(9)横栏中。

从图 9.9 可以看出，第一产业增加值随着季节依次递增。

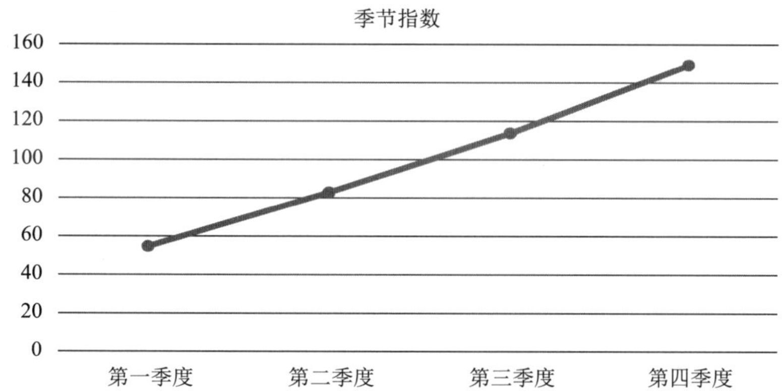

图 9.9　第一产业增加值的季节变动图

(2)分离季节成分

计算出季节指数后，就可将各实际观察值分别除以相应的季节指数，将季节成分从时间序列中分离出来。用公式表示为

$$\frac{Y}{S}=\frac{T\times S\times I}{S}=T\times I \tag{9.47}$$

分离后的序列是没有季节因素影响的情况下时间序列的变化形态。

3. 建立预测模型并进行预测

从提出季节成分后的第一产业增加值的时间序列图(图 9.10)可以看出，第一产业增加值具有一定的线性递增趋势。因此用一元线性模型来预测第一产业增加值。

【例 9.14(续)】　根据表 9.21 中的我国第一产业增加值季度数据(2015 年第四季度—2022 年第

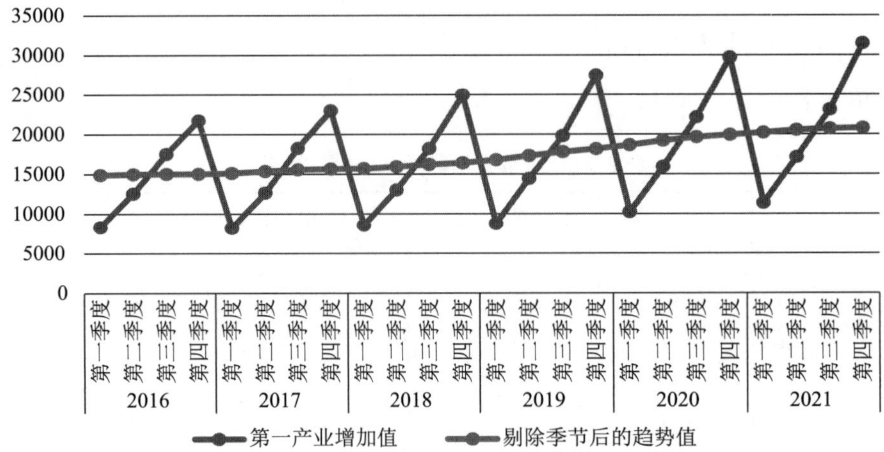

图 9.10 季节分离后的第一产业增加值趋势变化

二季度),预测 2023 年各季度的销售量。

表 9.32 第一产业增加值的预测值

年份	季节	第一产业增加值(亿元)	季节指数(%)	季节分离后的序列	趋势拟合值
2015	第三季度	17173.1	113.66	15109.19	13700.72
	第四季度	21376.1	149.15	14331.95	13974.76
2016	第一季度	8312.7	54.66	15208.01	14248.8
	第二季度	12555.9	82.89	15147.67	14522.84
	第三季度	17542.4	113.66	15434.1	14796.88
	第四季度	21728.2	149.15	14568.02	15070.92
2017	第一季度	8205.9	54.66	15012.62	15344.95
	第二季度	12644.9	82.89	15255.04	15618.99
	第三季度	18255.8	113.66	16061.76	15893.03
	第四季度	22992.9	149.15	15415.96	16167.07
2018	第一季度	8575.7	54.66	15689.17	16441.11
	第二季度	13003.8	82.89	15688.02	16715.15
	第三季度	18226.9	113.66	16036.34	16989.18
	第四季度	24938.7	149.15	16720.55	17263.22
2019	第一季度	8768.3	54.66	16041.53	17537.26
	第二季度	14439.9	82.89	17420.56	17811.3
	第三季度	19801	113.66	17421.26	18085.34
	第四季度	27464.4	149.15	18413.95	18359.38
2020	第一季度	10222.5	54.66	18701.98	18633.41
	第二季度	15934.5	82.89	19223.67	18907.45
	第三季度	22158.1	113.66	19495.07	19181.49
	第四季度	29715.7	149.15	19923.37	19455.53
2021	第一季度	11373.8	54.66	20808.27	19729.57
	第二季度	17139	82.89	20676.8	20003.61
	第三季度	23100.5	113.66	20324.21	20277.64
	第四季度	31472.2	149.15	21101.04	20551.68
2022	第一季度	10953.8	54.66	20039.88	20825.72
	第二季度	18183.4	82.89	21936.78	21099.76

将 2015 年第三季度到 2022 年第二季度作为时间变量 t 引入，取值从 1 到 28。以剔除季节后含有趋势的序列作为因变量 Y，构建线性回归方程。这里采用 SPSSAU 软件，左边选择【通用方法→线性回归】，右边将“趋势”拖入“Y(定量)”，将“时间”拖入“X(定量/定类)”，点击【开始分析】，结果如表 9.33 所示。

表 9.33 线性回归结果

回归系数（$N=28$）

项	非标准化系数		标准化系数	T ·	P ·	95% CI	VIF ·
	B ·	标准误 ·	$BETA$ ·				
常数	13426.685	287.320	—	46.731	0.000**	12863.548～13989.822	—
时间 T	274.038	17.310	0.952	15.831	0.000**	240.111～307.966	1.000

因变量：趋势

* $P<0.05$ ** $P<0.01$

首先，根据回归模型估计结果写出线性趋势方程

$$\hat{y}_t = 13426.69 + 274.04t$$

根据上述趋势方程求得各期趋势拟合值，如表 9.32 最后一列所示。

然后，将回归拟合值乘以相应的季节指数，就得到最后的预测值。

预测 2023 年第一季度的销售量，将 $t=31$ 代入趋势方程，得

$$\hat{y}_t = 13426.69 + 274.04 \times 31 = 21921.87\text{（亿元）}$$

这个预测值是不含季节因素的。如果要求出含有季节因素的销售量的最终值需要在上述预测值的基础上乘以第一季度的季节指数，即

$$21921.87 * 54.66\% = 11982.496\text{（亿元）}$$

依次类推，可以得到 2023 年剩余三个季度的第一产业增加值的预测值，如表 9.34 所示。

表 9.34 2023 年四个季度的第一产业增加值的预测值

年/季度	时间编号	季节指数（%）	趋势拟合值	最终预测值
2022—3	29	113.66	21373.80	24293.46
2022—4	30	149.15	21647.84	32287.75
2023—1	31	54.66	21921.87	11982.50
2023—2	32	82.89	22195.91	18398.19
2023—3	33	113.66	22469.95	25539.35
2023—4	34	149.15	22743.99	33922.66

按照季节指数和趋势方程进行预测，基本上反映了实际销售值的变动趋势，但分季(月)来看，有的季(月)份也存在一定的误差，在出现不规则变动时，预测值势必有所偏误，这些不规则变动在一定程度上影响着预测值的准确性。因此，该方法计算出来的预测值只能作为预测趋势变动的近似值。

图 9.11 给出了第一产业增加值的实际值和预测值，可知预测效果良好。

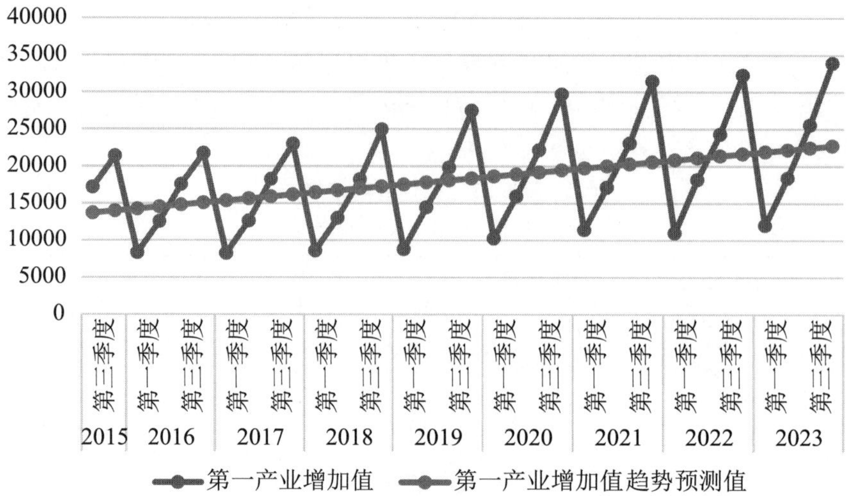

图 9.11　第一产业增加值的预测

四、循环变动分析

(一)循环变动及其测定目的

循环变动往往存在于一个较长的时期中，是一种周而复始的近乎规律性的变动。循环变动不同于季节变动，季节变动也是交替变动，但季节变动有固定的周期，而且周期变动一般是一年。循环变动的规律不那么固定，变动的周期通常在一年以上，周期的长短、变动形态、波动的大小也不太固定。例如人口的增长变动从长远来看也有一定的周期，再如产品的销量也可能会呈现一定的周期性，大到一个国家的宏观经济增长率可能也会呈现周期性波动。

测定和分析现象的循环变动的目的，一是从数量上揭示现象循环变动的规律性；二是为了深入研究不同事物周期性循环波动的内在联系，有助于分析引起循环变动的原因；三是通过对循环规律的认识，对事物今后发展作出科学的预测，为制定有效遏制循环变动不利影响的决策方案提供支持。

社会经济活动的循环变动，可能是其绝对水平表现为涨落相间的交替波动，也可能表现为其增长率的波动。由于社会经济活动经常存在一定的增长或下降的态势，这是其绝对水平的循环变动往往不太明显。当事物的绝对水平有趋势变动，没有明显的上下波动时，其增长率也可能呈现为周期性的循环波动。

(二)循环变动的测定方法

由于循环变动通常隐藏在一个较长的变动过程中，成因较为复杂，而且其波动幅度和周期长度等规律不是很固定，所以在时间序列的构成因素分析中，循环变动的测定较为困难。对许多社会经济现象循环变动的测定，不仅要依赖于统计分析，而且要考深入的经济分析。在实际工作中测定循环变动的方法有多种，而且不同方法得到的结论很可能有一定差异。各种测定循环变动方法的基本思想，都是首先设法消除序列中的趋势变动和季节变动，然后再用移动平均等方法消除不规则变动，从而揭示出循环变动的规律。测定循环变动的常用方法主要有直接法和剩余法。

1. 直接法

如果研究时间序列的目的只是在于大体测定序列的循环波动特征，在实际工作中有时可以用直接法去分析。用直接法测定循环变动是通过计算序列的年距发展速度或年距增长速度，以消除或减弱趋势变动和季节变动。具体有两种方式：

方式一：将每年各月(或季)数值与上一年同期数值对比，所求得的年距发展速度序列大体可消除长期趋势和季节变动，即

$$C \cdot I_{t,i}=\frac{y_{t,i}}{y_{t-1,i}}\ (i=1,2,\cdots,12\text{ 或 }i=1,2,3,4) \tag{9.48}$$

式中，下标 t 为年份，下标 i 为月份或季度。

方式二：将每年各月（或季）数值与上一年同期增长部分除以上一年同期数值，所求得的年距增长速度序列也可以大体消除长期趋势和季节变动，即

$$C \cdot I_{t,i}=\frac{y_{t,i}-y_{t-1,i}}{y_{t-1,i}}\ (i=1,2,\cdots,12\text{ 或 }i=1,2,3,4) \tag{9.49}$$

【例 9.19】 中国轿车销量季度数据及以 2000 年为基期计算年距发展速度和年距增长速度，用直接法求出循环变动。如表 9.35 所示。

表 9.35　中国轿车销量的年距发展速度和年距增长速度

时间	轿车销量（万辆）	年距发展速度（%）	年距增长速度（%）	时间	轿车销量（万辆）	年距发展速度（%）	年距增长速度（%）
2000－1	12	—	—	2010－1	239.6	170.90	70.90
2000－2	15.6	—	—	2010－2	220.8	114.64	14.64
2000－3	16.9	—	—	2010－3	222.1	108.77	8.77
2000－4	18	—	—	2010－4	295	141.28	41.28
2001－1	15.4	128.33	28.33	2011－1	275.5	114.98	14.98
2001－2	18.7	119.87	19.87	2011－2	243.7	110.37	10.37
2001－3	20.3	120.12	20.12	2011－3	255.4	114.99	14.99
2001－4	18.7	103.89	3.89	2011－4	269.6	91.39	－8.61
2002－1	18.8	122.08	22.08	2012－1	271.7	98.62	－1.38
2002－2	25	133.69	33.69	2012－2	269.8	110.71	10.71
2002－3	30.7	151.23	51.23	2012－3	268.6	105.17	5.17
2002－4	31.3	167.38	67.38	2012－4	309.2	114.69	14.69
2003－1	38.4	204.26	104.26	2013－1	306.4	112.77	12.77
2003－2	50.2	200.80	100.80	2013－2	332.9	123.39	23.39
2003－3	51.8	168.73	68.73	2013－3	310.4	115.56	15.56
2003－4	63.6	203.19	103.19	2013－4	373.7	120.86	20.86
2004－1	56.1	146.09	46.09	2014－1	331.5	108.19	8.19
2004－2	64.7	128.88	28.88	2014－2	330.9	99.40	－0.60
2004－3	50.6	97.68	－2.32	2014－3	312.1	100.55	0.55
2004－4	51	80.19	－19.81	2014－4	273.6	73.21	－26.79
2005－1	58.9	104.99	4.99	2015－1	339.3	102.35	2.35
2005－2	75.3	116.38	16.38	2015－2	301.2	91.02	－8.98
2005－3	72.9	144.07	44.07	2015－3	258.5	82.83	－17.17
2005－4	88.9	174.31	74.31	2015－4	277.7	101.50	1.50
2006－1	93.5	158.74	58.74	2016－1	283.4	83.52	－16.48
2006－2	102.2	135.72	35.72	2016－2	277.1	92.00	－8.00
2006－3	94.8	130.04	30.04	2016－3	291.7	112.84	12.84
2006－4	101.2	113.84	13.84	2016－4	365.1	131.47	31.47
2007－1	115.2	123.21	23.21	2017－1	284.1	100.25	0.25
2007－2	119.3	116.73	16.73	2017－2	157.5	56.84	－43.16
2007－3	119.9	126.48	26.48	2017－3	393.8	135.00	35.00
2007－4	137.4	135.77	35.77	2017－4	347.9	95.29	－4.71
2008－1	143	124.13	24.13	2018－1	318.2	112.00	12.00
2008－2	137.7	115.42	15.42	2018－2	266.6	169.27	69.27
2008－3	119.3	99.50	－0.50	2018－3	278.4	70.70	－29.30
2008－4	134.7	98.03	－1.97	2018－4	301.9	86.78	－13.22
2009－1	140.2	98.04	－1.96	2019－1	246.1	77.34	－22.66
2009－2	192.6	139.87	39.87	2019－2	236.9	88.86	－11.14
2009－3	204.2	171.17	71.17	2019－3	251.1	90.19	－9.81
2009－4	208.8	155.01	55.01	2019－4	284.4	94.20	－5.80

将年距发展速度与年距增长速度用图形绘制，如图 9.12 所示。由图 9.12 可以看出，2000－2019 年中国轿车销量季度数据有一定的循环波动。

直接用“年距发展速度”或“年距增长速度”去消除趋势变动和季节变动，方法较为简单易行，有利于大体上观察循环变动的态势。但是这种方法的理论依据并不充分，只是简单地通过年距平均，往往不能完全消除长期趋势和季节变动的影响，所得结果不一定能准确描述循环变动的真实状态。另外，用直接法去消除时间序列的长期趋势的同时，也相对地放大了年度发展水平的影响，当某一期发展水平偏低时，一方面会使得本期的 $C \cdot I$ 值偏低，另一方面又会使得下一年同期的 $C \cdot I$ 值偏高，从而可能使得循环波动的幅度被拉大。也就是说用直接法测定的循环变动，其波动的程度在方法上可能产生一定的水平位差。

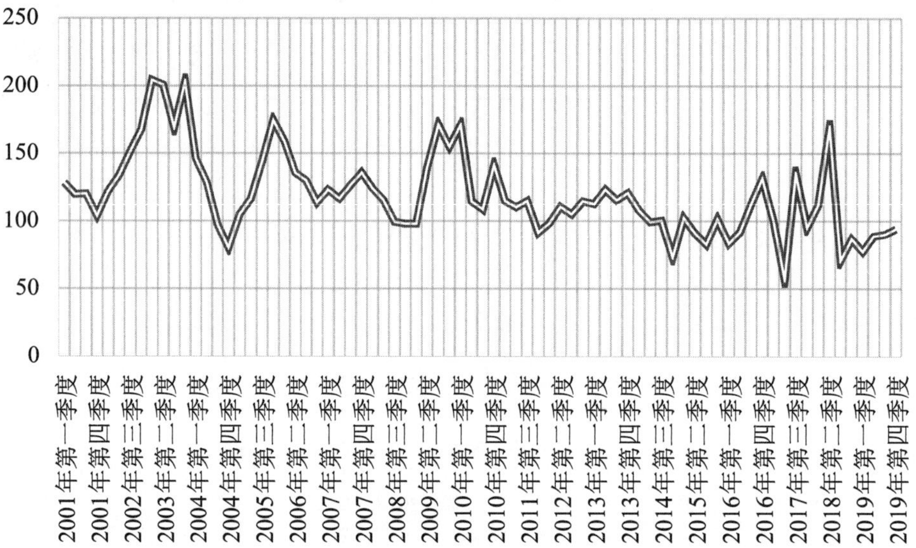

图 9.12　轿车销量的年距发展速度循环波动

2. 剩余法

剩余法又称为分解法，其基本思想是用前两节介绍的原理先从序列中分别分解出长期趋势和季节变动，然后再消除不规则变动成分，剩余的变动则揭示出序列的循环变动特征。如果原序列的因素组合为 $Y = T \cdot S \cdot C \cdot I$，可以先分别消除已经分解出的季节变动 S 和长期趋势 T，或者可以同时消除季节变动 S 和长期趋势 T，即

$$\frac{Y}{T \cdot S} = \frac{T \cdot S \cdot C \cdot I}{T \cdot S} = C \cdot I \tag{9.50}$$

最后将所得循环变动和不规则变动的结果 $C \cdot I$ 进行移动平均，消除不规则变动 I，即得循环变动 C。

【例 9.20】 对 2000－2019 年中国轿车销售量的季度数据，用剩余法计算循环变动 C。

首先，用原始资料平均法计算轿车销量的季节指数（计算过程从略），四个季度的季节指数分别为：98.92%，98.54%，98.54%和 102.97%。

用剩余法计算轿车销售量循环变动的计算过程如表 9.36 所示。

表 9.36　轿车销量的循环变动计算表

时间	轿车销量（万辆）	季节指数（%）	消除 S 的序列 TCI	趋势拟合值 T	循环和不规则变动 CI	移动平均后的循环变动 C
2000—1	12	98.92	12.13	3.34	3.63	
2000—2	15.6	98.54	15.83	7.89	2.01	2.34
2000—3	16.9	98.54	17.15	12.43	1.38	1.47
2000—4	18	102.97	17.48	16.98	1.03	1.04
2001—1	15.4	98.92	15.57	21.53	0.72	0.83
2001—2	18.7	98.54	18.98	26.07	0.73	0.71
2001—3	20.3	98.54	20.60	30.62	0.67	0.64
2001—4	18.7	102.97	18.16	35.16	0.52	0.56
2002—1	18.8	98.92	19.01	39.71	0.48	0.52
2002—2	25	98.54	25.37	44.25	0.57	0.56
2002—3	30.7	98.54	31.15	48.80	0.64	0.59
2002—4	31.3	102.97	30.40	53.34	0.57	0.63
2003—1	38.4	98.92	38.82	57.89	0.67	0.69
2003—2	50.2	98.54	50.95	62.44	0.82	0.76
2003—3	51.8	98.54	52.57	66.98	0.78	0.82
2003—4	63.6	102.97	61.77	71.53	0.86	0.80
2004—1	56.1	98.92	56.71	76.07	0.75	0.81
2004—2	64.7	98.54	65.66	80.62	0.81	0.72
2004—3	50.6	98.54	51.35	85.16	0.60	0.66
2004—4	51	102.97	49.53	89.71	0.55	0.60
2005—1	58.9	98.92	59.54	94.25	0.63	0.65
2005—2	75.3	98.54	76.42	98.80	0.77	0.71
2005—3	72.9	98.54	73.98	103.34	0.72	0.76
2005—4	88.9	102.97	86.34	107.89	0.80	0.79
2006—1	93.5	98.92	94.52	112.44	0.84	0.84
2006—2	102.2	98.54	103.72	116.98	0.89	0.84
2006—3	94.8	98.54	96.20	121.53	0.79	0.82
2006—4	101.2	102.97	98.28	126.07	0.78	0.82
2007—1	115.2	98.92	116.46	130.62	0.89	0.86
2007—2	119.3	98.54	121.07	135.16	0.90	0.89
2007—3	119.9	98.54	121.68	139.71	0.87	0.90
2007—4	137.4	102.97	133.44	144.25	0.93	0.92
2008—1	143	98.92	144.56	148.80	0.97	0.94
2008—2	137.7	98.54	139.75	153.35	0.91	0.88
2008—3	119.3	98.54	121.07	157.89	0.77	0.83
2008—4	134.7	102.97	130.82	162.44	0.81	0.81
2009—1	140.2	98.92	141.73	166.98	0.85	0.93
2009—2	192.6	98.54	195.46	171.53	1.14	1.06
2009—3	204.2	98.54	207.23	176.07	1.18	1.15
2009—4	208.8	102.97	202.78	180.62	1.12	1.20

续表

时间	轿车销量（万辆）	季节指数（%）	消除 S 的序列 TCI	趋势拟合值 T	循环和不规则变动 CI	移动平均后的循环变动 C
2010—1	239.6	98.92	242.22	185.16	1.31	1.20
2010—2	220.8	98.54	224.08	189.71	1.18	1.22
2010—3	222.1	98.54	225.39	194.25	1.16	1.26
2010—4	295	102.97	286.50	198.80	1.44	1.32
2011—1	275.5	98.92	278.51	203.35	1.37	1.33
2011—2	243.7	98.54	247.32	207.89	1.19	1.26
2011—3	255.4	98.54	259.18	212.44	1.22	1.21
2011—4	269.6	102.97	261.83	216.98	1.21	1.22
2012—1	271.7	98.92	274.67	221.53	1.24	1.22
2012—2	269.8	98.54	273.81	226.07	1.21	1.21
2012—3	268.6	98.54	272.58	230.62	1.18	1.22
2012—4	309.2	102.97	300.29	235.16	1.28	1.25
2013—1	306.4	98.92	309.75	239.71	1.29	1.32
2013—2	332.9	98.54	337.85	244.26	1.38	1.31
2013—3	310.4	98.54	315.00	248.80	1.27	1.36
2013—4	373.7	102.97	362.93	253.35	1.43	1.33
2014—1	331.5	98.92	335.12	257.89	1.30	1.34
2014—2	330.9	98.54	335.82	262.44	1.28	1.26
2014—3	312.1	98.54	316.72	266.98	1.19	1.15
2014—4	273.6	102.97	265.71	271.53	0.98	1.14
2015—1	339.3	98.92	343.01	276.07	1.24	1.10
2015—2	301.2	98.54	305.68	280.62	1.09	1.08
2015—3	258.5	98.54	262.33	285.16	0.92	0.98
2015—4	277.7	102.97	269.70	289.71	0.93	0.94
2016—1	283.4	98.92	286.50	294.26	0.97	0.95
2016—2	277.1	98.54	281.22	298.80	0.94	0.96
2016—3	291.7	98.54	296.02	303.35	0.98	1.02
2016—4	365.1	102.97	354.58	307.89	1.15	1.02
2017—1	284.1	98.92	287.20	312.44	0.92	0.86
2017—2	157.5	98.54	159.84	316.98	0.50	0.89
2017—3	393.8	98.54	399.63	321.53	1.24	0.93
2017—4	347.9	102.97	337.87	326.07	1.04	1.08
2018—1	318.2	98.92	321.68	330.62	0.97	0.94
2018—2	266.6	98.54	270.56	335.16	0.81	0.87
2018—3	278.4	98.54	282.52	339.71	0.83	0.83
2018—4	301.9	102.97	293.20	344.26	0.85	0.80
2019—1	246.1	98.92	248.79	348.80	0.71	0.75
2019—2	236.9	98.54	240.42	353.35	0.68	0.70
2019—3	251.1	98.54	254.82	357.89	0.71	0.72
2019—4	284.4	102.97	276.20	362.44	0.76	

用剩余法计算的循环变动 C 表现出我国轿车销量有一定的循环变动，根据计算的循环变动值绘制的循环变动曲线如图 9.13 所示，可以看出轿车销量的循环波动大体上 16 个季度出现一次波峰或波谷。

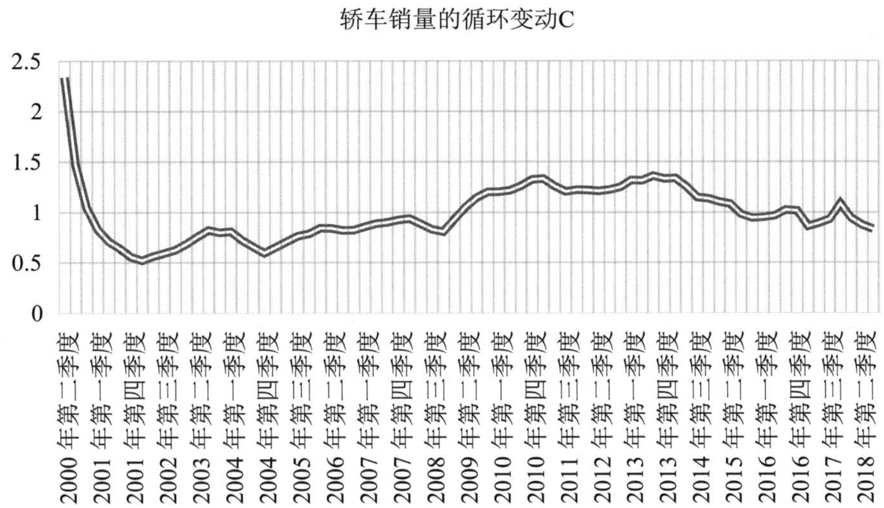

图 9.13　中国轿车销量的循环变动曲线

本节我们从各个角度出发，分别研究了影响时间序列变动的因素。若要对未来社会经济现象的发展变化前景有一个较为准确的预测，就要把这几种影响因素结合起来。

本章小结

1. 时间序列，又称动态数列或时间数列，它是将社会经济现象某种统计指标的数值，按照时间的先后顺序加以排列而形成的数列，它描述了随着时间的推演现象发展的数量特征及其变动趋势。时间序列分为总量指标、相对指标和平均指标时间序列。其中，总量指标时间序列是基本的时间序列，有时期序列和时点序列两种。相对指标和平均指标时间序列是总量指标时间序列的派生形式。

2. 水平指标分析。水平指标用以分析现象的水平，包括发展水平与增长水平、平均发展水平与平均增长水平。发展水平是时间序列中每一项具体的指标值，平均发展水平是发展水平的序时平均数。总量指标中时期指标和时点指标计算序时平均数的计算方法不同。相对指标和平均指标的序时平均数是分子、分母分别计算序时平均数对比得到的。增长水平是两个不同时期的发展水平之差，各逐期增长量之和等于累计增长量。平均增长水平是逐期增长量的序时平均数。

3. 速度指标分析。速度指标用来分析现象的速度，包括发展速度和增长速度、平均发展速度和平均增长速度。发展适度是两个不同时期发展水平相比，有定基发展速度和环比发展速度。定基发展速度的比较时期是某一个固定时期，环比发展速度的比较时期是前一个时期。环比发展速度的连乘积等于定基发展速度。平均发展速度是发展速度的序时平均数，有水平法和累计法两种计算方法。增长速度有增长量与基期水平比较得到，即发展速度减 1，有环比增长速度和定基增长速度两种。平均增长速度等于平均发展速度减 1。

4. 时间序列的构成要素通常可归为四种：长期趋势、季节变动、循环变动和不规则变动。形成时间序列变动的四类构成要素，如果是相互作用关系，则采用乘法模型 $Y=TSCI$；如果是相互独立关系，则采用加法模型 $Y=T+S+C+I$。

5. 长期趋势的测定。长期趋势的测定方法主要有时距扩大法、移动平均法、指数平滑法和趋势模型法。当各期的增长量大致为常数时,可配合直线方程来拟合。当各期增长速度大致相同时,可配合指数曲线方程来拟合。当各期的二级增长量大致相同时,可配合二次曲线方程来测定趋势。

6. 季节变动的测定。当序列的长期趋势近似水平时,测定季节变动的方法直接用原始资料平均法,即直接计算季节比率得到。当序列包含明显的趋势或者循环波动时,应当首先设法从序列中消除趋势因素,然后再用平均的方法消除不规则变动,从而较为准确地分离出季节变动。序列长期趋势可用移动平均法或趋势方程拟合法测定。如果序列含有季节变动,由于受季节变动影响而产生波动,经常需要从序列中消除季节变动的影响,这称为季节变动的调整。当已确定季节指数时,消除季节变动的直接方法就是将原序列除以季节指数。

7. 循环变动往往存在于一个较长的时期中,是一种周而复始的近乎规律性的变动。循环变动的周期通常在一年以上,测定循环变动的方法有直接法和剩余法。直接法测定循环变动就是通过计算年距发展速度或年距增长速度,以消除或减弱趋势和季节变动。剩余法又称分解法,是先从序列中分别分解出长期趋势和季节变动,然后再消除不规则变动成分,剩余的变动则揭示出序列的循环变动特征。

8. 复合型时间序列是指含有趋势、季节、周期和随机成分的序列。对这类序列的预测方法通常是将时间序列的各个因素依次分离出来,然后进行预测。预测步骤如下:①确定并分离出季节成分。②建立预测模型并进行预测。③计算最后的预测值。根据长期趋势的预测值乘以相应的季节指数,得到最终的预测值。

思考与练习

思考题

1. 何谓时间序列?构成时间数列的基本要素有哪些?

2. 比较时期数列与时点数列的不同。

3. 什么是相对数时间序列?用来反映什么?什么是平均数时间序列?用来反映什么?

4. 什么是平均发展速度?计算平均发展速度的水平法和累计法的实质分别是什么?

5. 最小平方法的数学要求是什么?写出以最小平方法拟合二次曲线的标准方程。

6. 长期趋势的测定方法有哪些?哪种方法可以进行趋势预测?

7. 如何对一个包含趋势、季节、循环、不规则变动的时间序列进行因素分解?

8. 如果你是公司的经营管理人员,对于公司历年的销售额时间序列资料,你认为可以进行哪些方面的分析能够对公司的生产经营决策提供参考?

练习题

1. 全国能源消费总量资料如下。

年份	2013	2014	2015	2016	2017	2018	2019	2020	2021
能源消费总量(亿吨标准煤)	41.69	42.83	43.41	44.15	45.58	47.19	48.75	49.83	52.4

试计算我国能源消费总量的逐期增长量和以 2013 年为基期的累计增长量,定基和环比发展速度,年平均增长量。

2. 某管理局所属两个企业,1 月份产值及每日在册工人数资料如下。

企业	总产值(万元)	每日在册人数(人)		
		1—15日	16—21日	22—31日
甲	31.5	230	212	245
乙	35.2	232	214	228

试求甲、乙两个企业1月份的月平均劳动生产率。

3. 某企业第一季度各月某种产品的单位成本及产品总成本资料如下。

项目	1月	2月	3月	4月
产品总成本(元)	22500	12000	25500	25600
单位产品成本(元/人)	12.50	10.00	12.75	13.00

试计算第一季度月平均单位产品成本。

4. 我国的茶叶产量(单位:万吨)资料如下。

年份	2002	2003	2004	2005	2006	2007	2008	2009	2010	2011
产量	74.5	76.8	83.5	93.5	102.8	117.1	125.5	135.1	146.3	160.8
年份	2012	2013	2014	2015	2016	2017	2018	2019	2020	2021
产量	176.2	188.7	204.9	227.7	231.3	246.0	261.0	277.7	293.2	316.4

试建立回归方程,并预测2022—2025年的茶叶产量。

5. 新能源汽车销售量(单位:万辆)季度数据(2016第一季度—2019年第四季度)。根据资料回答下列问题:(1)采用移动平均法计算新能源汽车销量的趋势值;(2)采用指数平滑法计算新能源汽车销量的趋势值并进行预测;(3)计算四个季度的季节指数;(4)预测2020—2022年的新能源汽车销售量。

时间	2016—1	2016—2	2016—3	2016—4	2017—1	2017—2	2017—3	2017—4
销量	8.8	19	15.3	5.1	6	12.3	19.6	42.5
时间	2018—1	2018—2	2018—3	2018—4	2019—1	2019—2	2019—3	2019—4
销量	16.5	30.3	28.2	56.7	23.8	37.8	23.1	32.5

6. 国家统计局从2008年开始进行农民工监测调查,反映全国农民工规模、流向、分布、就业、收支、生活和社会保障等情况。根据国家统计局公布的历年《农民工监测调查报告》的2012—2021年农民工规模(单位:万人)。

年份	2012	2013	2014	2015	2016	2017	2018	2019	2020	2021
规模	26261	26894	27395	27747	28171	28652	28836	29077	28560	29251
环比增速	—									
定基增速	—									

回答下列问题:

(1)计算2012—2021年农民工规模的平均发展水平;

(2)请补齐环比增长速度和定基增长速度;

(3)请尝试建立趋势方程,预测 2025 年的农民工规模。

案例讨论:中国铁路旅客周转量分析

随着疫情防控政策的放开,我国旅游业迎来了疫情以来的井喷式增长。随着高铁网络的全面铺开,经济的发展和人民生活水平的提高,中国居民外出旅行和旅游的人数逐年增多,表现为旅客周转量的增长,特别是节假日铁路客运非常繁忙。为了分析铁路客运的变化趋势和规律性,更好地安排客运运力,请从国家统计局网站上下载铁路旅客周转量当期值(亿人公里)的月度数据。(指标解释:旅客周转量是指反映一定时期内旅客运输工作总量的指标。是运送旅客人数与运送距离的乘积,以人公里(或人海里)为计算单位。)

讨论:

(1)请绘制时间序列图,分析我国铁路客运周转量的变化态势。

(2)用多种方法分析中国铁路客运周转量发展变化的基本态势,并对各种方法的分析结果加以对比。

(3)分析时间序列是否存在季节变动规律,比较各种方法分析的结果,并分析其原因。

(4)在消除季节变动的基础上进行趋势分析。

(5)运用时间序列分析对 2025 年中国铁路客运周转量作出预测。

现代时间序列方法

自回归模型(AR)基于的基础是可以用历史预测未来,也就是时刻 t 的数据能用之前时刻的函数来表示。自回归模型是很多人在拟合时间序列数据时最先尝试的模型,尤其是在对该数据没有额外的了解时。移动平均模型(MA)依赖的基础是每个时刻点的值是历史数据点误差项的函数,其中这些误差项是互相独立的。ARMA 模型就是 AR 和 MA 的简单结合,同时包含了历史数值项和误差项。由于 AR 模型对时间序列有平稳性要求,ARMA 模型也存在这个限制,因此我们将其拓展到 ARIMA 模型,引入的差分概念是一种获得平稳时间序列的方法。现实世界往往更为复杂,这时我们将把 AR 模型从单变量拓展到多变量,多变量模型的特点是存在几组并行的时间序列,并且这些时间之间互相影响,即向量自回归模型(VAR)。

基于统计学方法的优劣势分析。优势:模型简单透明,参数易于理解,能够用严谨的方式推导;能够适用于小数据集,相比于复杂的机器学习模型并没有明显区别;模型自动选择参数进行估计。劣势:在大型数据集上表现不够理想,在超大规模的数据集上,更为复杂的机器学习或深度学习方法更胜一筹;统计学方法更侧重于点估计;统计学模型不擅长处理非线性问题。

基于机器学习的时间序列方法中,我们不再事先做太多假定,而是试着去探索发现时间序列行为中的模式(pattern)。和传统机器学习方法类似,应用于时间序列分析上同样分为有监督学习(分类,预测)和非监督学习(聚类)两类。深度学习在时间序列的应用是一个相对新的尝试,深度学习使得构建超复杂的非线性模型变得可能。长短期记忆网络(LSTM,Long Short Term Memory)是 RNN(循环神经网络)的衍生,LSTM 的提出是为了解决 RNN 无法适用于长序列的不足,梯度消失或梯度爆炸的现象会导致 RNN 应用于长时间序列上无法收敛。

第十章　统计指数

科学工作千万不能固执己见,缺乏勇于认错的精神,是会吃大亏的。

——中国“导弹之父”钱学森

引例:《2022全球创新指数报告》(节选)

全球创新指数(GII:Global Innovation Index)是由康奈尔大学(Cornell University)、欧洲工商管理学院(INSEAD)和联合国专门机构世界知识产权组织(WIPO)共同发布的衡量一个经济体广泛的经济创新能力的指标。全球创新指数在2007年首次推出,每年发布一次。全球创新指数通过评估制度和政策、创新驱动、知识创造、企业创新、技术应用于知识产权等,提供企业领袖与政府决策者了解提升一国竞争力可能面临的缺失与改进方向,以及人力技能来衡量一个经济体广泛的经济创新能力。《报告》从创新投入和创新产出两个方面,设置了政策环境、人力资本与研究、基础设施、市场成熟度、商业成熟度、知识与技术产出、创意产出等7个大类81项细分指标,对全球132个经济体的创新生态系统表现进行综合评价排名。

世界知识产权组织于当地时间2022年9月29日发布《2022年全球创新指数报告》(下称《报告》)。结果显示,中国排名第11,较去年再上升1位,连续十年稳步提升,位居36个中高收入经济体之首。在世界5大科技集群中,中国独占两席,深圳—香港—广州地区、北京分列第二、第三。《报告》指出,中国的创新与发展呈现出良好的正向关系,创新投入转化为更多更高质量的创新产出。

2022年较2012年跃升23位。最近10年间,中国创新指数世界排名为何能跃升23位?创新指数是如何编制的呢?如何把多个指标的变化最终汇总成一个指数?我们经常遇到很多指数,如居民消费价格指数、空气质量指数、股票价格指数等,这些指数是由哪些指标构成的?多个指标构成的指标体系最终怎么编制成一个综合指数的呢?指数是神秘的,值得探究的话题。

第一节　统计指数的概述

一、统计指数的概念和特点

(一)统计指数的概念

指数的编制最早起源于物价指数。早在1650年,英国人沃汉(Rice Voughan)首创了物价指数,用于度量物价的变动状况,那时的物价指数只限于观察单个商品价格变动,也就是现在的个体价格指数。之后,随着指数的应用范围不断扩大,其含义和内容也发生了很大的变化,由单纯反映一种现象的相对变动,到反映多种现象的综合变动;由单纯的不同时间的对比分析,到不同空间的比较分析等等。

指数的概念有广义和狭义之分。广义的指数是用以测定某个变量在时间或空间上变动程度和方向的相对数。如前面讲过的结构相对数、比例相对数、计划完成程度相对数、动态相对数等,都可以叫指数。狭义的指数是一种特殊的相对数,它是说明由许多不能直接加总的要素所组成的复杂社会经济现象综合变动的相对数。社会经济现象中，在许多情况下，只能考察个别现象的变动，如在研究商品销售情况时，只能就个别商品计算其发展变化的程度。但要从整体上综合考察商品销售情况的变动，用发展速度指标是无法确定的。又如，工业产品的产量，我们可以就个别种类如电视机、汽车、钢材等用速度指标分别测定其变动程度，但要把品种繁多的工业产品作为一个总体考察，以反映全部产品产量的总变动，则是速度指标所不能直接测定的。之所以如此，是因为不同的商品或产品具有不同的使用价值，不同价格水平又分属于不同的实物产品，它们之间直接相加对比不具有任何经济意义。这在统计上就叫不能同度量。然而，实际工作上又需要从整体上反映这种不能同度量现象的综合变动。这就产生了解决这一问题的狭义指数。本章主要研究狭义指数的编制方法及运用。

(二)统计指数的特点

统计指数具有如下三个特点：

1. 相对性。广义的指数是用以测定某个变量在时间或空间上变动程度和方向的相对数。狭义的指数是一种特殊的相对数，它是说明由许多不能直接加总的要素所组成的复杂社会经济现象综合变动的相对数。因此，指数具有相对性特征。

2. 综合性。统计指数是反映复杂现象总体的数量变化关系，具有一定的综合性。例如，受到多种因素影响，各种商品价格变动的方向和幅度经常是不一致的，有些商品价格下跌，有些商品价格上涨，涨跌幅度不一。商品价格指数就可以综合反映各种商品价格综合变动。

3. 平均性。统计指数反映复杂现象总体中的个体变动的平均水平，具有平均的性质。例如，为了反映多种商品的价格变化，有的商品价格变化幅度大，有的商品价格变化幅度小，总的来说商品价格指数是所有商品价格变化的平均水平。

二、统计指数的分类

根据不同研究目的，需要按不同标志对指数加以分类。在统计实践中，基本上有以下几种分类方法：

(一)个体指数和总指数

按反映的对象范围不同，可分为个体指数和总指数。

1. 个体指数。它是反映个体经济现象变动的相对数，又称单项指数。如某种商品价格指数、某种产品物量指数、某种产品成本指数等。

2. 总指数。总指数则是反映经济现象综合变动的相对数，亦即狭义的指数，如零售物价总指数、商品销售量指数、工业总产量指数等。此外，在个体指数和总指数之间，还存在类指数，它是说明现象总体中各类现象总变动的指数。如在零售商品价格总变动中的食品类价格指数，衣着类价格指数等。总指数与类指数之间的划分是相对的，没有绝对界限。类指数对总指数而言具有个体指数的性质，对个体指数而言又具有总指数的性质。

(二)数量指标指数和质量指标指数

按指数化因素性质不同，可分为数量指标指数和质量指标指数。所谓指数化因素就是用来计算指数的指标。

1. 数量指标指数。它是根据数量指标计算的，反映社会经济现象总的规模和水平的变动。如产量指数，销售量指数，职工人数指数等。

2. 质量指标指数。它是根据质量指标计算的，反映现象内涵数量关系变化的指数。如价格指数，劳动生产率指数，单位成本指数等。应当指出，这种划分具有一定的相对性。有些指数，在某种情况下是数量指标指数，在另一种情况下可以成为质量指标指数。在某种情况下是质量指标指数，在另一种情况下也可以成为数量指标指数。

（三）总量指标指数和平均指标指数

按对比指标形式不同，可分为总量指标指数和平均指标指数。

1. 总量指标指数是利用总量指标的对比来反映现象总量变动的指数。如商品销售量指数，产品产量指数等。

2. 平均指标指数是利用平均指标的对比以反映一般水平变化的指数。如劳动生产率指数，平均工资指数等。

（四）定基指数和环比指数

按采用的基期不同可分为定基指数和环比指数。

1. 定基指数。定基指数是指在一个指数数列中，按照某一固定基期所编制的指数，它反映某种社会经济现象长期的变动程度。如我国以 2000 年为固定基期计算的国内生产总值指数、工业总产值指数和农业总产值指数等。

2. 环比指数。是指在一个指数数列中，各时期的指数以其前一时期为基期所编制的指数。它反映某种社会经济现象逐期的变动程度。如按月、季、年连续计算的环比产量指数、环比价格指数或环比成本指数等。

三、统计指数的作用

指数在社会经济统计工作中作用广泛，主要表现为以下几个方面：

1. 综合反映复杂现象的总体数量变动的方向、程度和绝对效果。这是指数最基本的作用。编制指数可以将由许多不能同度量的个别事物组成的现象总体过渡到可以加总对比的状态，从而综合说明现象总体变动的程度。同时，分子和分组的绝对数差额可以说明现象变动的绝对效果。

2. 对复杂经济现象总变动进行因素分析。许多现象的总变动都是其内部诸多因素综合影响的结果。如商品销售额受销售量和销售价格两因素的影响；工业总产值受职工人数，劳动生产率和产品价格三个因素影响；劳动生产率受各类人员劳动生产率水平和人员构成的影响等。通过编制指数，可以分析和测定复杂社会经济现象变动受各构成因素变动的影响。

3. 分析复杂经济现象总体在长时期内的发展变化趋势。借助连续编制的动态指数形成的指数数列，可以反映现象在较长时间内现象发展趋势，还可以把相互联系指标的指数数列加以比较分析，如工农业产品的综合比价指数数列，需要从农产品收购价格指数和工业品零售价格指数两个指数数列中进行分析。

四、指数编制的基本原则

编制统计指数需要解决的问题包括选择项目、确定权数、基期以及指数计算方法等，这四个因素直接影响指数功能的发挥。

一是代表规格品的选择。指数反映的是总体数量变动的相对数，实际中将总体全部项目都计算在内往往是不可能的，也不必要，需要选择“代表性规格品”，具有良好的价格变动趋势特征，能够反映所有商品价格的变化。

二是权数的确定。指数是对代表项目加权得到的，权数的确定是编制指数必须面临的问题，关系到指数的代表性和准确性。在后面提到的加权综合指数法中，权数和同度量因素是统一的，一方面起着权衡各项指数化因素变动的重要性，另一方面将不能直接相加的代表规格品的指数化因素过渡到可以相加的媒介作用。

三是基期的选择。指数反映的是研究对象某一属性变动的相对数，计算时需要选择比较基础时期（基期）问题。根据研究的需要，如果要测量现象变动的长期趋势，可以选择固定基期，计算定基指数。如果是为了适应某一特殊研究需要,可选择特定的时期作为基期作为对比的基础。

四是指数的计算方法。指数的计算方法有很多,研究对象不同,数据来源不同,计算方法也不一样。很多的经济学家和统计学家尝试从不同的角度和方式对指数进行改造和完善。学习指数的编制,重要的是体会方法背后蕴藏的统计思想,以便针对具体的研究对象,编制指数的目的,选择恰当的指数编制方法。

第二节 总指数的编制

总指数是对个体指数的综合,将个体指数综合有两个途径:一是对个体指数的简单汇总,不考虑权数,这类指数统称为简单指数;二是编制总指数时考虑权数的作用,这类指数称为加权指数。加权指数中,根据计算方法的不同又分为加权综合指数和加权平均指数。

一、简单指数

简单指数就是不加权的指数,主要有两种计算方法:简单综合指数和简单平均指数。

1. 简单综合指数。简单综合指数就是将报告期的指标总和与基期的指标总和相对比的指数。该方法的特点是先综合后对比,计算公式为:

简单质量指标指数:

$$k_p=\frac{\sum p_1}{\sum p_0} \tag{10.1}$$

简单数量指标指数:

$$k_q=\frac{\sum q_1}{\sum q_0} \tag{10.2}$$

式中,p 代表质量指标,q 代表数量指标,k_p 代表质量指标指数,k_q 代表数量指标指数,下表 1 表示报告期,下标 0 表示基期。

简单综合法是 1738 年由法国学者杜托(Dutot)在比较路易十四和路易十二时期的物价时创造并使用的。简单综合指数的优点在于操作简单,对数据要求少。以价格指数为例,其缺点是当参与计算的商品价格水平有较大差异时,价格低的商品的价格波动会被价格高的商品掩盖。

【例 10.1】 现有冰箱和鸡蛋两种商品,基期和报告期的价格如表 10.1 所示,采用简单汇总的方法计算价格指数。

表 10.1 冰箱和鸡蛋价格数据(单位:元)

商品	计量单位	p_0	p_1
冰箱	台	3000	4000
鸡蛋	公斤	4	8

解: $k_p=\dfrac{\sum p_1}{\sum p_0}=\dfrac{4008}{3004}\approx 133.42\%$

结果显示,报告期与基期相比价格上涨了 33.42%。由于冰箱和鸡蛋的价格相差太大,综合价格指数反映不出鸡蛋价格的变动。

由此可以看出,简单综合指数只能用于指标值相差不大的商品,当商品价格差异较大,且变动幅度较大时，这种方法不能反映实际变动水平。

2. 简单平均指数。简单平均指数是将个体指数进行简单平均得到的总指数。该方法的计算过程是先对比，后综合。计算公式为

$$k_p = \frac{\sum \frac{p_1}{p_0}}{n} \tag{10.3}$$

$$k_q = \frac{\sum \frac{q_1}{q_0}}{n} \tag{10.4}$$

同样，根据表 10.1 的数据，采用简单平均的方法计算价格指数。

解： $k_p = \frac{\sum \frac{p_1}{p_0}}{n} = \frac{\frac{4000}{3000} + \frac{8}{4}}{2} = 166.7\%$

计算结果表明，报告期价格比基期价格提高了 66.7%。显然这个计算结果比前面的结果更加合理。

在上例中，简单平均指数消除了不同商品计量单位和价格水平的影响，可以反映各种商品价格的变动情况。

简单平均法始于 1764 年由意大利经济学家卡利(G・R・Garli)在对比 1750 年与 1500 年的谷物、酒类和油三种价格综合变动时所使用的。该指数也存在缺陷，因为不同商品对市场价格总水平的影响是不同时的，而简单平均指数法将各种商品等权重看待。

总的来说，简单综合指数和简单平均指数都存在方法上的缺陷，没有考虑到权数的影响，计算结果难以反映实际情况。另外，将不同计量单位的商品价格或数量(指标)直接相加，既缺乏实际意义，又缺少理论依据。

二、综合指数

编制加权指数首先要确定合理的权数，然后根据实际需要确定适当的计算公式。接下来分别说明加权综合指数和加权平均指数的定义和编制方法。

综合指数是编制总指数的基本形式。它是由两个时期总量指标对比而形成的指数。一般来说，社会经济现象的总量变动可以分解为两个或两个以上因素的变动，将其中一个或一个以上的因素指标固定下来，只观察其中一个因素指标的变动程度，这样的总量指标对比形成的总指数就叫综合指数。

(一)同度量因素的确定

综合指数要反映不能同度量现象的总变动，必须将不能同度量现象转化为能同度量的现象，然后综合得出总量指标并且进行对比计算综合指数。因此，综合指数的编制，首先要将不能同度量的现象转化为能同度量的价值形态。

如何实现这种转化，这就要求寻找一个能使不同度量的现象过渡到能够同度量的现象的因素，即同度量因素。同度量因素是将所要研究的因素——指数化因素过渡到能够同度量的媒介和桥梁。即：指数化因素×同度量因素＝价值形态的总量指标。

例如，将不同使用价值的产品或商品的数量乘其价格过渡到价值形态。

产品产量×价格＝总产值，商品销售量×价格＝商品销售额

这样，具有不同使用价值的产品产量和商品销售量通过价格这个因素过渡到可以同度量的价值

量。在这里,价格(属质量指标)这个因素就是同度量因素。在不同情况下,同度量因素是不相同的。如要研究各种商品价格的变动,则可以销售量(属数量指标)为同度量因素。根据以上例子,可以推广出编制综合指数的一般原则:编制数量指标指数要以质量指标为同度量因素;编制质量指标指数要以数量指标为同度量因素。

同度量因素解决了指数化因素不能直接加总的问题,但是,通过转化综合而来的价值总量的变动仍然包含了指数化因素的变动,必须消除价值总量中同度量因素变动的影响。即在编制综合指数时,必须采用同一时期的指标作为同度量因素,这样,才能纯粹研究指数化因素的变动。

为了测定指数化因素的总变动,我们采用同一时期的同度量因素。这个同度量因素既可以是报告期,也可以是基期,但是,究竟应该选择在哪个时期,也是编制综合指数的重要问题。因为采用的时期不同,就会得到不同的计算结果,具有不同的经济内容。这个问题将在数量指标综合指数和质量指标综合指数的实际编制中进一步讨论。

(二)拉氏指数

拉氏指数(简记为 L),是德国经济统计学家拉斯佩雷斯(E. Laspeyres)在 1864 年提出来的,后人以他的名字命名该指数。拉氏指数公式的特点是将同度量因素固定在基期水平上,因此也称为基期综合指数,公式具体如下:

1. 拉氏数量指标指数:

$$L_q=\frac{\sum p_0q_1}{\sum p_0q_0} \tag{10.5}$$

其计算结果说明,在基期价格水平情况下,销售量的综合变动程度。

分子分母的绝对差额($\sum p_0q_1-\sum p_0q_0$)说明由于商品销售量变动对销售额影响的绝对经济效果。

2. 拉氏质量指标指数:

$$L_p=\frac{\sum p_1q_0}{\sum p_0q_0} \tag{10.6}$$

其计算结果说明,在基期销售量保持不变的情况下,价格水平的综合变动程度。

分子分母的绝对差额($\sum p_1q_0-\sum p_0q_0$)说明由于商品价格水平的变动对销售额影响的绝对经济效果。

式(10.5)和式(10.6)中,L_p 代表拉氏质量指标指数;L_q 代表拉氏数量指标指数;p_0 和 p_1 分别表示基期和报告期的质量指标值,q_0 和 q_1 分别表示基期和报告期的数量指标值。

【例 10.2】 以表 10.2 资料为例加以说明。

表 10.2 某商店销售量综合指数计算表

商品名称	计量单位	销售量		基期价格 p_0/元)	报告期价格 p_1/元	基期销售额 p_0q_0/元	报告期销售额 p_1q_1/元	基期价格计算的假定销售额 p_0q_1/元	报告期价格计算的假定销售额 p_1q_0/元
		基期 q_0	报告期 q_1						
甲	台	250	300	180	184	45 000	55 200	54 000	46 000
乙	米	1 740	1 860	45	42	78 300	78 120	83 700	73 080
丙	吨	120	110	720	720	84 600	80 300	79 200	87 600
合计	—	—	—	—	—	209 700	213 620	216 900	206 680

拉氏数量指标指数：$L_q=\dfrac{\sum p_0q_1}{\sum p_0q_0}=\dfrac{216900}{209700}=103.43\%$

计算结果表明，三种商品销售量报告期比基期平均上升了3.43%，由于销售量的增加而使商店销售额增加量为

$$\sum p_0q_1-\sum p_0q_0=216\ 900-209\ 700=7\ 200(\text{元})$$

拉氏质量指标指数：$L_p=\dfrac{\sum p_1q_0}{\sum p_0q_0}=\dfrac{206680}{209700}=98.56\%$

计算结果表明，三种商品的价格总的来说报告期比基期平均下降了1.44%，对商品销售额的绝对影响为

$$\sum p_1q_0-\sum p_0q_0=206\ 680-209\ 700=-3\ 020(\text{元})$$

也说明居民在基期购买量条件下，由于价格下降报告期少支付3020元。

(三)帕氏指数

帕氏指数是由德国的另一个统计学家帕氏(H. Paasche)在1874年提出的一种指数计算方法。指数公式的特点是将同度量因素固定在报告期水平上，因此也称为报告期综合指数，公式具体如下：

帕氏数量指标指数

$$P_q=\frac{\sum p_1q_1}{\sum p_1q_0}\tag{10.7}$$

其计算结果表明，在报告期价格水平条件下，销售量的综合变动程度。

帕氏质量指数

$$P_p=\frac{\sum p_1q_1}{\sum p_0q_1}\tag{10.8}$$

其计算结果表明，在报告期销售量条件下商品价格的综合变动程度。

式(10.7)和式(10.8)中，P_p 代表帕氏质量指标指数；P_q 代表帕氏数量指标指数；p_0 和 p_1 分别表示基期和报告期的质量指标值，q_0 和 q_1 分别表示基期和报告期的数量指标值。

【例10.3】 以表10.2资料为例继续加以说明。

帕氏数量指标指数：$P_q=\dfrac{\sum p_1q_1}{\sum p_1q_0}=\dfrac{213620}{206680}=103.36\%$

计算结果表明，商品销售量报告期比基期平均增加了3.36%。由于商品销售量变动对商品销售额的绝对影响额为

$$\sum p_1q_1-\sum p_1q_0=213\ 620-206\ 680=6\ 940(\text{元})$$

帕氏质量指标指数：$P_p=\dfrac{\sum p_1q_1}{\sum p_0q_1}=\dfrac{213620}{216900}=98.49\%$

计算结果表明，该商店三种商品价格报告期比基期平均下降了1.51%，由此而对商品销售额的绝对影响额为

$$\sum p_1q_1-\sum p_0q_1=213\ 620-216900=-3\ 280(\text{元})$$

它也说明居民在报告期购买量条件下，由于价格降低而减少开支3280元。

根据以上例子可以看出，编制数量指标指数时，选用不同时期的价格作为同度量因素，编制的销售量综合指数是不同的。那么，究竟采用哪种公式计算销售量综合指数呢？这就必须根据其编制目的来选定。

编制销售量指数目的在于测定各种商品销售量的总变动。这就要求在计算中必须尽量排除价格变动的影响。因此，只有采用将销售价格固定在基期作同度量因素的公式，才能反映销售量本身的变动程度及影响的绝对销售额，而以报告期价格作为同度量因素的公式，则包含了价格和销售量的共变影响，不能确切反映销售量本身变动及其影响的绝对销售额。上述对商品销售量综合指数的编制具有普遍意义。由此，我们可以概括出编制数量指标综合指数的一般原则：编制数量指标综合指数应将作为同度量因素的质量指标固定在基期。但也并不是绝对的。在实际运用中，要注意根据研究目的及资料条件等，针对具体情况灵活运用。

编制质量指标指数时，选用不同时期的销售量作为同度量因素，编制的物价综合指数也是不同的。用基期的销售量为同度量因素的公式，能够单纯反映商品价格的总变动，而计算表明的是居民在按过去的购买量条件下，购买这三种商品支出的金额，这是没有实际意义的。而用报告期的销售量作为同度量因素的公式，尽管在反映商品销售价格的同时，也包含有销售量的变动因素部分影响在内，但是，它可以说明在目前的商品销售量条件下，由于价格的变动使商品销售额的变动情况。同时，也可说明居民在目前购买量条件下，由于物价变动而使支出额变动的差额，这样更具有现实意义。以上我们介绍的商品价格综合指数的编制方法具有普遍意义，并据此推广得出编制质量指标综合指数的一般原则：编制质量指标指数应将作为同度量因素的数量指标固定在报告期。

综上所述，我们可以得出编制综合指数的基本原理：编制数量指标综合指数，要以质量指标为同度量因素，并将质量指标固定在基期；编制质量指标综合指数，要以数量指标为同度量因素，并将数量指标固定在报告期。

(四)其他指数

从上面的结算结果可以看出，拉氏指数和帕氏指数两者之间是有差异的，它们各自的分析意义也有所不同。除此之外还有几种常见的指数，马埃公式、理想指数、固定权数指数等。

1. 马埃公式。马埃公式(简记为 E)，它是由英国著名经济学家马歇尔(A. Marshall)和埃奇沃思(F. Y. Edgeworth)等人于 1887－1890 年间提出来的。该指数是对拉氏指数和帕氏指数的同度量因素进行简单平均。公式具体如下

$$E_p=\frac{\sum p_1(\frac{q_0+q_1}{2})}{\sum p_0(\frac{q_0+q_1}{2})}=\frac{\sum p_1(q_0+q_1)}{\sum p_0(q_0+q_1)}=\frac{\sum(p_1q_0+p_1q_1)}{\sum(p_0q_0+p_0q_0)} \tag{10.9}$$

$$E_q=\frac{\sum q_1(\frac{p_0+p_1}{2})}{\sum q_0(\frac{p_0+p_1}{2})}=\frac{\sum q_1(p_0+p_1)}{\sum q_0(p_0+p_1)}=\frac{\sum(p_1q_1+p_0q_1)}{\sum(p_0q_0+p_1q_0)} \tag{10.10}$$

2. 费暄指数(理想指数)。是美国经济学家沃尔什(G. M. Walsh)和庇古(P. C. Pigou)等人于 1901－1902 年先后提出的，后来美国经济学家费雪(Irving Fisher)比较验证了其优良性后，将它命名为理想公式。也有人称其为费雪指数。理想指数是拉氏指数和帕氏指数的几何平均。公式具体如下

$$F_p=\sqrt{\frac{\sum p_1q_1}{\sum p_0q_1}\times\frac{\sum p_1q_0}{\sum p_0q_0}} \tag{10.11}$$

$$F_q=\sqrt{\frac{\sum p_1q_1}{\sum p_1q_0}\times\frac{\sum p_0q_1}{\sum p_0q_0}} \tag{10.12}$$

3. 固定权数综合指数。是由英国经济学家杨格(A. Young)提出来的，因此也称为杨格指数。在固定加权综合指数中，同度量因素所属时期既不固定在基期也不固定在报告期，而是固定在一个特定的水平上。公示具体如下

$$I_p=\frac{\sum p_1q_n}{\sum p_0q_n} \tag{10.13}$$

$$I_q=\frac{\sum q_1p_n}{\sum q_0p_n} \tag{10.14}$$

式中，q_n 和 p_n 分别表示特定时期的物量和价格水平。

由于固定权数综合指数的同度量因素不因比较时期(报告期或基期)的改变而改变，因此采用固定权数综合指数，不但方便指数的编制，而且便于观察现象长期发展变化的趋势。

(五)不变价生产指数和股价指数

1. 不变价生产指数

不变价生产指数是以固定价格(又称为不变价格)为同度量因素的固定权数综合指数。生产指数反映一国或一地区各种产品产量的综合变动，它是衡量经济增长水平的指标。定基指数和环比指数的公式具体形式如下

$$I_{q_0}=\frac{\sum q_1p_n}{\sum q_0p_n} \tag{10.15}$$

$$I_{q_{t-1}}=\frac{\sum q_tp_n}{\sum q_{t-1}p_n} \tag{10.16}$$

式中，p_n 代表固定价格，t 代表时期 1,2,3,…。式(10.15)是与某个固定时期比较的生产指数，也称为定基指数；公式(10.16)是与前一期比较的生产指数，也称为环比指数。采用固定权数综合指数编制各期生产指数则形成指数数列，可以观察长期经济增长趋势。

产量定基指数数列

$$\frac{\sum q_1p_n}{\sum q_0p_n},\frac{\sum q_2p_n}{\sum q_0p_n},\frac{\sum q_3p_n}{\sum q_0p_n},\cdots,\frac{\sum q_tp_n}{\sum q_0p_n}$$

产量环比指数数列

$$\frac{\sum q_1p_n}{\sum q_0p_n},\frac{\sum q_2p_n}{\sum q_1p_n},\frac{\sum q_3p_n}{\sum q_2p_n},\cdots,\frac{\sum q_tp_n}{\sum q_{t-1}p_n}$$

很容易可以看出，产量定基指数数列和环比指数数列存在两个数量关系：①环比指数的连乘积等于相应的定基指数；(2)相邻时期的定基指数之商等于相应时期的环比指数。利用这两个数量关系，可以在定基指数和环比指数之间相互推算。

2. 不同基期的指数数列的衔接

一个指数数列往往因为某种原因需要变动基期，于是新旧指数的衔接是必须的。新旧指数衔接的一个前提条件是两个指数数列中有一个年份必须同时计算出新旧指数的两个数值，并以这两个数值求得一个换算系数进行换算。

换算系数具体公式如下

$$换算系数=\frac{交替年份新的指数值}{交替年份旧的指数值} \tag{10.17}$$

3. 股票价格指数

股票价格指数是反映某一股票市场上多种股票价格变动趋势和程度的动态相对数。股票价格指数一般选定某一时点为基期，以计算期股价与基期股价相比，然后以百分比表示。指数单位用“点”来表示，若股价上涨6%，即说明股价上涨6个点。点是衡量股票价格起落涨跌的一个相对尺度。

(1)股票价格指数的计算方法

计算股价指数的主要方法是加权股价指数。加权股价指数就是根据各期样本股票的相对重要性予以加权，其权数可以是成交股数、股票发行量等。按时间划分，权数可以是基期权数，也可以是报告期权数。

以基期成交股数(或发行量)为权数的指数为

$$加权股价指数=\frac{\sum p_1q_0}{\sum p_0q_0} \tag{10.18}$$

以报告期成交股数(或发行量)为权数的指数为

$$加权股价指数=\frac{\sum p_1q_1}{\sum p_0q_1} \tag{10.19}$$

式中：p_0 表示基期的股价，p_1 表示报告期的股价，q_0 表示基期的成交股数(或发行量)，q_1 表示报告期的成交股数(或发行量)。

目前世界上大多数股价指数都是派氏指数，也有少数证券交易所采用拉氏公式编制股票价格指数，如香港恒生指数、德国法兰克福证券交易所(Frankfurt Stock Exchange，缩写为FWB)的股价指数、美国的标准·普尔公司(Standard and Poor's Corporation)的混合指数等。

(2)我国上证和深证股票价格指数的计算方法

在我国主要有上证指数(Shanghai Composite Index)和深证指数(The Shenzhen Composite Index)。上证综合指数简称“上证指数”或“上证综指”，是我国最早发布的指数，是以上海证券交易所挂牌上市的全部股票(包括A股和B股)为计算范围，以发行量为权数的加权综合股价指数。这一指数自1991年7月15日起开始实时发布，基日定为1990年12月19日，基日指数定为100点。其计算公式为

$$\begin{aligned}本日股价指数&=\frac{\Sigma 各当日收盘价\times 各样本股票发行股数}{\Sigma 基日收盘价\times 各样本股票发行股数}\times 100\% \\ &=\frac{本日市价总值}{基期市价总值}\times 100\%\end{aligned} \tag{10.20}$$

深证综合指数是由深圳证券交易所编制的。该指数以1991年4月3日为基期(基日指数为100)，以所有在证券交易所上市的股票为样本(成份股)，以股票发行量为权数计算的。其计算公式为

$$本日股价指数=\frac{现时成份股总市值}{基日成份股总市值}\times 100\% \tag{10.21}$$

新股上市时，从上市的第二天纳入成份股。若某一成份股暂停交易时，则从指数中暂时剔除掉。

(3)简单平均法的道琼斯指数

除了综合指数法之外，股价指数还可以采用其他方式编制。这里以美国道·琼斯指数(Dow Jones Average)为例，道琼斯指数是世界上历史最为悠久的股票指数。道琼斯指数最早是在1884年

由道琼斯公司的创始人查尔斯·亨利·道(Charles Henry Dow,1851—1902 年)开始编制的,是一种算术平均股价指数。其基本编制方法是:对入编的各种股票分别计算不同时间的简单算术平均价格,对比后就得到相应日期的股价指数。计算公式为

$$DJA=\frac{\bar{p}^{t}}{\bar{p}^{0}}=\frac{\sum_{i=1}^{65}p_i^t/65}{\sum_{i=1}^{65}p_i^0/65}=\frac{\sum_{i=1}^{65}p_i^t}{\sum_{i=1}^{65}p_i^0} \tag{10.22}$$

道琼斯指数是以在纽约证券交易所挂牌上市的一部分有代表性的公司股票作为编制对象,由四种股价平均指数构成。

这四种股价平均指数分别是:①以 30 家著名的工业公司股票为编制对象的道琼斯工业股价平均指数;②以 20 家著名的交通运输业公司股票为编制对象的道琼斯运输业股价平均指数;③以 15 家著名的公用事业公司股票为编制对象的道琼斯公用事业股价平均指数;④以上述三种股价平均指数所涉及的 65 家公司股票为编制对象的道琼斯股价综合平均指数。

三、平均指数

(一)平均指数的概念和意义

编制综合指数,必须全面掌握报告期和基期的指数化因素和同度量因素资料。但是,在实际工作中,往往不能及时地全面掌握所需资料,这样就不能直接套用综合指数公式进行计算,但是可以对综合指数基本公式加以变形。

平均指数是综合指数的变形形式,它是通过对单项事物的质量指标或数量指标的个体指数进行加权平均计算的总指数。其实质是以个体指数作为变量,并根据个体在总体中的地位加权平均,即对个体指数的平均化,以测定现象的综合平均变动。它在国内外统计工作中,作为一种独立的形式,得到广泛的应用。

平均指数作为综合指数的变形来使用,只是改变了综合指数公式的计算形式。而不会改变综合指数的计算结果和经济意义。其指数形式和权数的选择必须按综合指数的编制原理和要求来确定。

(二)综合指数与平均指数的区别与联系

1. 综合指数和平均指数的区别:

(1)两种方法计算总指数的出发点不同。在解决复杂总体不能直接同度量的问题上,综合指数是通过引入同度量因素,先计算出总体的总量,然后进行对比,即先综合,后对比。而平均指数则是在个体指数基础上进行加权平均计算总指数,即先对比,后综合;

(2)两种方法使用权数不同。综合指数所使用的权数(同度量因素)是不同时期的数量指标(产量或销售量等)或者是质量指标(物价或单位成本等),平均指数所使用的权数是不同时期的金额资料(产值或销售额等);

(3)两种方法编制指数所依据的资料不同。综合指数需要有总体的全面资料,所选用的同度量因素要求也比较严格,一般应采用与指数指标有明确经济联系的指标。而平均指数既适用于全面的资料,也适用于非全面的资料。

2. 综合指数和平均指数的联系:

(1)两种方法都是总指数的编制方法,最后结果都是总指数;

(2)在一定的权数条件下,两类指数间具有变形关系,即只有使用 p_0q_0 或 p_1q_1 这个权数时,平均指数才可能变形为综合指数。

(三)平均指数的编制

根据掌握资料的不同,平均指数通常有两种基本形式:加权算术平均指数和加权调和平均指数。

1. 加权算术平均指数:是对个体指数运用加权算术平均的方法编制的指数。如果掌握的资料是个体指数和拉氏综合指数公式中的分母资料(p_0q_0),就可把拉氏综合指数变形为加权算术平均指数的形式。

这里仍以商品销售量指数为例来说明数量指标综合指数变形为加权算术平均指数的计算公式。设已知数量指标个体指数 $k_q=q_1/q_0$ 和基期实际销售额 p_0q_0,则得到加权算术平均物量指数的公式:

$$\bar{k}_q=\frac{\sum k_qp_0q_0}{\sum p_0q_0} \tag{10.23}$$

从上式可以看出,加权算术平均指数消除了报告期销售量 q_1 与基期价格 p_0 相乘得出假定销售额的资料所限和麻烦计算,从而使资料既易取得,又简化了计算过程。若将 $k_q=q_1/q_0$ 代入上式,仍可还原为数量指标综合指数的基本形式:

$$\bar{k}_q=\frac{\sum k_qp_0q_0}{\sum p_0q_0}=\frac{\sum \frac{q_1}{q_0}p_0q_0}{\sum p_0q_0}=\frac{\sum p_0q_1}{\sum p_0q_0} \tag{10.24}$$

【例 10.4】 现以表 10.3 为例说明加权算术平均指数的计算。

表 10.3　加权算术平均指数计算表

商品名称	计量单位	销售量		个体销售量指数(%)k_q	销售额(元)	
		基期 q_0	报告期 q_1		基期 p_0q_0	基期价格计算的 $k_qp_0q_0$
甲	台	250	300	120.0	45000	54000
乙	米	1740	1860	106.9	78300	83700
丙	吨	120	110	91.7	86400	79200
合计	—	—	—	—	209700	216900

解:加权算术平均销售量指数

$$\bar{k}_q=\frac{\sum k_qp_0q_0}{\sum p_0q_0}=\frac{216900}{209700}=103.43\%$$

计算结果表明,三种商品销售量平均增长了 3.43%,由此而使销售额增长量为

$$\sum k_qp_0q_0-\sum p_0q_0=216\ 900-209\ 700=7\ 200(\text{元})$$

这与前面销售量综合指数的计算结果是完全相同的。可见,加权算术平均物量指数和综合物量指数结果是相等的。只是使用的资料和计算形式上有所不同。

同理,加权算术平均价格指数

$$\bar{k}_p=\frac{\sum k_pp_0q_0}{\sum p_0q_0}=\frac{\sum \frac{p_1}{p_0}p_0q_0}{\sum p_0q_0}=\frac{\sum p_1q_0}{\sum p_0q_0} \tag{10.25}$$

2. 加权调和平均指数:就是对个体指数运用加权调和平均的方法编制的指数。如果掌握的资料是个体指数和派氏综合指数公式中的分子资料(p_1q_1),就可把综合指数变形为加权调和平均指数的形式。

这里,仍以商品销售价格指数为例,说明综合价格指数变形为加权调和平均指数的计算公式。已

知商品个体价格指数 $k_p = p_1/p_0$ 和报告期实际销售额 p_1q_1，则加权调和平均价格指数公式为

$$\bar{k}_p = \frac{\sum p_1q_1}{\sum \frac{1}{k_p}p_1q_1} \tag{10.26}$$

从上式可以看出，加权调和平均指数消除了综合指数中的假定销售额 p_0q_1，以报告期实际数值 p_1q_1 为权数，使资料较易取得，并简化了计算过程。若将 $k_p = p_1/p_0$ 代入上式，仍可还原为综合价格指数的基本公式，即

$$\bar{k}_p = \frac{\sum p_1q_1}{\sum \frac{1}{k_p}p_1q_1} = \frac{\sum p_1q_1}{\sum \frac{1}{\frac{p_1}{p_0}}p_1q_1} = \frac{\sum p_1q_1}{\sum p_0q_1} \tag{10.27}$$

【**例 10.5**】 现以表 10.3 资料为例说明加权调和平均指数的计算，如表 10.4 所示。

表 10.4 加权调和平均指数计算表

商品名称	计量单位	销售价格		个体价格指数(%) $k_p = p_1/p_0$	报告期销售额(元) p_1q_1	$\frac{1}{k_p}p_1q_q$
		基期 p_0	报告期 p_1			
甲	台	180	184	102.0	55200	54000
乙	米	45	42	93.3	78120	83700
丙	吨	720	730	101.4	80300	79200
合计	—	—	—	—	213120	216900

解:加权调和平均价格指数

$$\bar{k}_p = \frac{\sum p_1q_1}{\sum \frac{1}{k_p}p_1q_1} = \frac{213620}{216900} = 98.49\%$$

计算结果表明，三种商品价格报告期比基期平均下降了 1.51%，由此而减少的销售额为

$$\sum p_1q_1 - \sum \frac{1}{k_p}p_1q_1 = 213620 - 216900 = -3280\ (\text{元})$$

这同前面的销售价格综合指数计算结果也是完全一致的，可见，调和平均价格指数和综合价格指数实质上是一致的，只是所依据的统计资料和计算公式的形式不同而已。我国农副产品收购价格总指数，就是以报告期各类农副产品收购额为权数，以各种农副产品的收购价格指数为变量，用加权调和平均指数计算的。

同理，加权调和平均物量指数

$$\bar{k}_q = \frac{\sum p_1q_1}{\sum \frac{1}{k_q}p_1q_1} = \frac{\sum p_1q_1}{\sum \frac{1}{\frac{q_1}{q_0}}p_1q_1} = \frac{\sum p_1q_1}{\sum p_1q_0} \tag{10.28}$$

3. 固定权数的平均指数。用以上两种平均指数形式编制总指数比用综合指数基本形式更为简化，但是，由于权数资料不易及时掌握，以及基期的不断更换，在计算上依旧烦琐，因此，仍然不很理想。而实际统计实践中，可将平均指数使用的权数通过抽样调查资料，以权数 w 的形式固定下来，即采用固定权数，并在一定时期内保持不变。一经确定便沿用 5 年或 10 年不变。这样计算的平均指数

就是固定权数的平均指数，其计算公式为

$$\bar{k}_q=\frac{\sum k_q w}{\sum w}=\sum k_q\ \frac{w}{\sum w} \tag{10.29}$$

$$\bar{k}_p=\frac{\sum w}{\sum \frac{1}{k_p}w} \tag{10.30}$$

式中，固定权重的比重形式为 $pq/\sum pq$，w 代表某一时期的 pq，k 代表个体指数。

采用固定权数的加权平均指数，不仅可以避免每次编制指数权数资料来源的困难，而且也便于前后不同时期的比较。

(四)居民消费价格指数

1. 居民消费价格指数的内涵

居民消费价格指数(Consumer Price Index，简称 CPI)是反映一定时期内城乡居民购买的生活消费品价格和服务项目价格的变动趋势和程度的一种动态相对数。编制居民消费价格指数，对于了解居民生活消费品及服务项目价格的变动对城乡居民生活的影响；对于研究并制定居民消费价格政策、工资政策，以及测定通货膨胀(或通货紧缩)等具有重要的意义。

2. 居民消费价格指数的编制

居民消费价格指数是由居民用于日常生活消费的全部商品和服务项目所构成。编制该指数时，首先要对消费品和服务项目进行分类，并选择代表消费品和服务项目。编制居民消费价格指数所使用的权数，根据家庭生活费收支调查资料确定，一经确定，几年内不变，或者进行一些必要的修订。按照统计制度要求，我国 CPI 每五年进行一次基期轮换，2021 年 1 月开始使用 2020 年作为新一轮的对比基期，前四轮基期分别为 2000 年、2005 年、2010 年和 2015 年。CPI 基期轮换是一项国际惯例，目的是使 CPI 调查所涉及的商品和服务更具有代表性，更及时准确反映居民消费结构的新变化和物价的实际变动。

(1)消费品分类

我国现行统计制度将居民消费品分为八大类，包括食品烟酒类、衣着类、居住类、生活用品及服务类、交通和通信类、教育文化和娱乐类、医疗保健类、其他用品和服务类。在编制指数时，需要在商品集团中选取一种或数种代表规格品。代表规格品选择的原则是，消费量较大、价格变动趋势和变动程度有较强的代表性、选中的规格品之间性质差异大的合格产品。

(2)居民消费价格指数的计算方法

第一，基本分类平均指数的计算。根据所属代表规格品价格环比指数，采用几何平均法计算基本分类价格环比指数，计算公式为

$$K_t=\sqrt[n]{G_{t1}\times G_{t2}\times\cdots\times G_{tn}}\times 100\% \tag{10.31}$$

式中，G_{t1}，G_{t2}，…，G_{tn} 分别为第 1 个至第 n 个规格品报告期(t)价格与上期($t-1$)价格对比的相对数，即环比价格指数。

第二，类别及总指数的计算。类别及总指数逐级算术平均加权计算，计算公式为

$$I_{类}=\frac{\sum K_t\times\omega}{\sum\omega} \tag{10.32}$$

$$I_{总}=\frac{\sum I_{t类}\times\omega}{\sum\omega} \tag{10.33}$$

式中，ω 表示固定基期该类商品的消费支出，$\sum\omega$ 表示固定基期所有商品的消费支出。

3. 居民消费价格指数的主要数据

从国家统计局网站了解居民消费价格指数的月度变化信息。

2024 年 3 月份，全国居民消费价格同比上涨 0.1%。其中，城市持平，农村上涨 0.1%；食品价格下降 2.7%，非食品价格上涨 0.7%；消费品价格下降 0.4%，服务价格上涨 0.8%。1—3 月平均，全国居民消费价格与上年同期持平。如表 10.5 所示。

表 10.5 2024 年 3 月份居民消费价格主要数据

项目	环比涨跌幅（%）	同比涨跌幅（%）	1—3 月同比涨跌幅（%）	项目	环比涨跌幅（%）	同比涨跌幅（%）	1—3 月同比涨跌幅（%）
居民消费价格	−1.0	0.1	0.0	二、衣着	0.6	1.6	1.6
其中：城市	−1.0	0.0	0.0	服装	0.6	1.8	1.7
农村	−0.7	0.1	−0.1	鞋类	0.5	1.0	1.2
其中：食品	−3.2	−2.7	−3.2	三、居住	0.1	0.2	0.2
非食品	−0.5	0.7	0.7	租赁房房租	0.1	0.0	0.0
其中：消费品	−0.9	−0.4	−0.7	水电燃料	0.0	0.5	0.4
服务	−1.1	0.8	1.1	四、生活用品及服务	0.0	1.0	0.8
其中：不包括食品和能源	−0.6	0.6	0.7	家用器具	−0.3	−0.8	−0.4
按类别分				家庭服务	−0.2	1.8	1.9
一、食品烟酒	−2.2	−1.4	−1.7	五、交通通信	−1.4	−1.3	−1.4
粮 食	0.1	0.5	0.4	交通工具	−0.7	−4.6	−5.2
食用油	0.0	−5.3	−5.2	交通工具用燃料	1.1	2.2	0.9
鲜菜	−11.0	−1.3	−3.9	交通工具使用和维修	−2.4	0.4	0.7
畜肉类	−3.9	−4.3	−6.4	通信工具	−0.3	−2.4	−2.1
其中：猪 肉	−6.7	−2.4	−7.0	通信服务	0.0	−0.4	−0.3
牛 肉	−2.3	−8.4	−7.7	邮递服务	−0.2	−0.4	−0.2
羊 肉	−1.7	−6.0	−5.3	六、教育文化娱乐	−2.1	1.8	2.3
水产品	−3.5	1.2	0.6	教育服务	0.1	1.7	1.7
蛋 类	−3.8	−8.9	−6.8	旅 游	−14.2	6.0	10.1
奶 类	0.3	−1.0	−1.1	七、医疗保健	0.1	1.5	1.4
鲜 果	−4.2	−8.5	−7.3	中 药	0.1	5.5	5.8
卷 烟	0.1	1.2	1.3	西 药	−0.1	−0.5	−0.4
酒 类	0.5	−1.2	−0.9	医疗服务	0.2	1.7	1.5
				八、其他用品及服务	0.6	2.7	2.9

3 月份，全国居民消费价格环比下降 1.0%。其中，城市下降 1.0%，农村下降 0.7%；食品价格下降 3.2%，非食品价格下降 0.5%；消费品价格下降 0.9%，服务价格下降 1.1%。

分类别来看同比变动，3 月份，食品烟酒类价格同比下降 1.4%，影响 CPI（居民消费价格指数）下降约 0.40 个百分点。食品中，蛋类价格下降 8.9%，影响 CPI 下降约 0.06 个百分点；鲜果价格下降 8.5%，影响 CPI 下降约 0.20 个百分点；畜肉类价格下降 4.3%，影响 CPI 下降约 0.14 个百分点，其中猪肉价格下降 2.4%，影响 CPI 下降约 0.03 个百分点；鲜菜价格下降 1.3%，影响 CPI 下降约 0.03 个百分点；水产品价格上涨 1.2%，影响 CPI 上涨约 0.03 个百分点；粮食价格上涨 0.5%，影响 CPI 上涨约 0.01 个百分点。其他七大类价格环比四涨一平两降。其中，衣着、其他用品及服务价格均上涨 0.6%，居住、医疗保健价格均上涨 0.1%；生活用品及服务价格持平；教育文化娱乐、交通通信价格分别下降 2.1%和 1.4%。

分类别来看环比变动，3 月份，食品烟酒类价格环比下降 2.2%，影响 CPI 下降约 0.61 个百分点。食品中，鲜菜价格下降 11.0%，影响 CPI 下降约 0.27 个百分点；鲜果价格下降 4.2%，影响 CPI 下降约 0.09 个百分点；畜肉类价格下降 3.9%，影响 CPI 下降约 0.12 个百分点，其中猪肉价格下降 6.7%，影响 CPI 下降约 0.09 个百分点；蛋类价格下降 3.8%，影响 CPI 下降约 0.02 个百分点；水产品价格下降 3.5%，影响 CPI 下降约 0.07 个百分点。其他七大类价格同比六涨一降。其中，其他用品及服务、教育文化娱乐、衣着价格分别上涨 2.7%、1.8%和 1.6%，医疗保健、生活用品及服务、居住价格分别上涨 1.5%、1.0%和 0.2%；交通通信价格下降 1.3%。

4. 居民消费价格指数的应用

居民消费价格指数除了可以直接反映城乡居民购买生活消费品和服务项目价格的变动趋势和变动程度外，还是进行宏观经济分析和决策、价格总水平监测和调控以及国民经济核算的重要指标。

(1)测定通货膨胀。通货膨胀是货币发行过多，超过商品正常需要，引起物价上涨、货币贬值的现象。各国政府把抑制和克服通胀作为一种政策目标，对通胀的测定是计算通货膨胀率。最常用的计算公式为：

$$\text{通货膨胀率}=\frac{\text{报告期居民消费价格指数}}{\text{基期居民消费价格指数}}\times 100\%-1 \tag{10.34}$$

通货膨胀率代表着居民消费指数的升幅。CPI 升幅太高，表明通货膨胀已经成为经济不稳定因素，央行会有调整成为紧缩货币政策和财政政策的可能，从而造成经济前景的不明朗。因此，该指数过高的升幅往往不被市场欢迎，一般来说当 CPI 大于 3%的增幅时往往被认为发生通货膨胀了，而当 CPI 大于 5%的增幅时，就认为发生了严重的通货膨胀。

(2)不变价增加值。国家各级统计部门在计算不同时期不同部门总产值时，需对同一产品采用同一时期或同一时点的工业产品出厂价格作为不变价，这样才具有可比性。但是，不同时期的价格是在发生着变化，因此需要消除价格因素的影响，用于进行不同时期总量指标的对比，于是引入不变价增加值的概念，计算公式为：

$$\text{不变价增加值}=\frac{\text{现价增加值}}{\text{居民消费价格指数}} \tag{10.35}$$

不变价增加值经常被运用于农林牧副渔业、地质勘查水利管理业、社会服务业、科学研究和综合技术服务业等行业。

第三节　指数因素分析法

一、指数体系及其作用

(一)指数体系的概念

在经济分析中，一个指数通常只能说明某一个方面的问题，而实践中往往需要将多个指数结合起来运用，这就需要建立相应的指数体系。在社会经济现象间存在着各种各样的联系，有些现象之间具有数量上的必然联系。如：

商品销售额＝商品销售量(q)×商品销售价格(p)

产品总成本＝产品产量(q)×单位产品成本(z)

工业总产值＝职工人数(t)×全员劳动生产率(l)×出厂价格(p)

现象在静态上的这种关系，也同样存在于反映现象动态的各指数之间。即：

商品销售额指数＝商品销售量指数×商品销售价格指数

$$\frac{\sum p_1q_1}{\sum p_0q_0}=\frac{\sum p_0q_1}{\sum p_0q_0}\times\frac{\sum p_1q_1}{\sum p_0q_1} \tag{10.36}$$

产品总成本指数＝产品产量指数×单位产品成本指数

$$\frac{\sum z_1q_1}{\sum z_0q_1}=\frac{\sum z_0q_1}{\sum z_0q_0}\times\frac{\sum z_1q_1}{\sum z_0q_1} \tag{10.37}$$

工业总产值指数＝职工人数指数×全员劳动生产率指数×出厂价格指数

$$\frac{\sum t_1l_1p_1}{\sum t_0l_0p_0}=\frac{\sum t_1l_0p_0}{\sum t_0l_0p_0}\times\frac{\sum t_1l_1p_0}{\sum t_1l_0p_0}\times\frac{\sum t_1l_1p_1}{\sum t_1l_1p_0} \tag{10.38}$$

指数之间的数量关系，不仅在相对数上表现为总变动指数等于各因素指数的乘积，而且在变动影响的绝对量上也表现为总变动额等于各因素变动影响的差额之和。以商品销售额的绝对变动为例：

商品销售额绝对差额＝销售量变动影响的差额＋销售价格变动影响的差额

$$\sum p_1q_1-\sum p_0q_0=(\sum p_0q_1-\sum p_0q_0)+(\sum p_1q_1-\sum p_0q_1)$$

从以上例子可以看出，每一组指数都是由若干指数所组成。统计上，把这种三个或三个以上，由于经济上的联系和数量上的关系而结成的一套指数的整体称作指数体系。它反映着社会经济现象的客观联系。

(二)指数体系的作用

1. 指数体系是因素分析的基本依据。编制指数，不仅在于反映复杂社会经济现象的总变动，还要分析现象总变动中各构成因素的影响作用。利用指数体系，可以对现象总变动中影响因素进行定量分析，测定各因素变动对现象总变动在方向、程度和绝对量上的影响。这种分析方法，又叫指数因素分析法，它是统计分析中广泛运用的一种重要分析方法。

2. 指数体系可以进行统计推算。在统计研究或统计分析中，常常缺乏一些必要的统计资料。为此，就需要按照社会经济现象的客观联系，根据已有的统计资料推算出所需要的统计资料。指数体系的这种经济和数量关系，使我们可以根据现象之间相互联系进行相互推算。

二、总量指标指数因素分析法

社会经济现象数量的总变动是多因素综合作用的结果。指数在分析研究现象数量的总变动中各构成因素影响的方向、程度和绝对效果时，往往采用指数因素分析法。在指数因素分析法中，按照分析时所包含的因素多少不同分为：两因素分析和多因素分析。按照分析现象的指数形式不同分为：总量指标变动的因素分析和平均指标变动的因素分析。现在，我们将两种分类结合起来，分别主要研究总量指标变动的两因素分析和平均指标变动的两因素分析。

总量指标变动的两因素分析就是将分析现象的总量指标分解为两个因素，分别测定其中每一个因素变动对总量指标总变动的影响。在进行因素分析时，根据资料来源不同，可将总量指标指数体系区分为综合指数体系和平均数指标体系。

(一)综合指数体系两因素分析

【例 10.6】 综合指数体系因素分析实例。现以表 10.6 资料来分析某企业工业总产值的总变动及变动原因。

表 10.6 某企业三种产品产量及单价资料

产品名称	计量单位	产品产量		出厂价格(元)		总产值(元)		
		基期 q_0	报告期 q_1	基期 p_0	报告期 p_1	基期 p_0q_0	报告期 p_1q_1	假定 p_0q_1
甲	吨	350	380	540	554	189000	210520	205200
乙	台	78	70	420	405	32760	28350	29400
丙	件	2350	2480	32	42	75200	104160	79360
合计	—	—	—	—	—	296960	343030	313900

解:根据表 10.6 资料及计算,可得工业总产值总指数及绝对变动额。

(1)工业总产值总指数

$$\bar{k}_{pq}=\frac{\sum p_1q_1}{\sum p_0q_0}=\frac{343030}{296960}=115.5\%$$

$$\sum p_1q_1-\sum p_0q_0=343030-296960=46070\ (元)$$

这说明,该企业工业总产值报告期比基期增长了 15.5%,增加的绝对量为 46070 元。

由于工业总产值是产品产量和出厂价格两个因素综合影响的结果,因此,还应分别测算产品产量及出厂价格的变动及其对总产值变动的影响。

(2)产品产量指数

$$\bar{k}_q=\frac{\sum p_0q_1}{\sum p_0q_0}=\frac{313900}{296960}=105.7\%$$

$$\sum p_0q_1-\sum p_0q_0=313900-296960=16940\ (元)$$

计算结果表明:该企业产品产量报告期比基期增长了 5.7%,从而使工业总产值增加了 16940 元。

(3)产品出厂价格指数

$$\bar{k}_p=\frac{\sum p_1q_1}{\sum p_0q_1}=\frac{343030}{313900}=109.3\%$$

$$\sum p_1q_1-\sum p_0q_1=343030-313900=29130\ (元)$$

计算结果表明:该企业产品出厂价格报告期比基期提高了 9.3%,从而使工业总产值增加了 29130 元。

(4)工业总产值指数,产品产量指数和出厂价格指数三者形成以下指数体系

相对数体系:$\frac{\sum p_1q_1}{\sum p_0q_0}=\frac{\sum p_0q_1}{\sum p_0q_0}\times\frac{\sum p_1q_1}{\sum p_0q_1}$

即:115.5%=105.7%×109.3%

绝对数体系:$(\sum p_1q_1-\sum p_0q_0)=(\sum p_0q_1-\sum p_0q_0)+(\sum p_1q_1-\sum p_0q_1)$

即:46070 元=16940 元+29130 元

这说明,该企业工业总产值报告期比基期增长了 15.5%,增加的绝对量为 46070 元。这是由于工

业总产值是产品产量和出厂价格两个因素综合影响的结果。由于产品产量增加 5.7%使工业总产值增长 16940 元;由于产品出厂价格提高了 9.3%,使工业总产值增加 29130 元;两个因素共同作用的结果使工业总产值增加 46070 元。

(二)平均指数体系两因素分析

【例 10.7】 平均指数体系因素分析实例。现以表 10.7 资料分析销售额的总变动及变动原因。

表 10.7　某商店三种商品的销售资料

商品名称	销售额(万元)		个体销售量指数(%)
	上月(p_0q_0)	本月(p_1q_1)	($k_q=\frac{q_1}{q_0}$)
甲	10	12	105.0
乙	15	18	110.0
丙	30	35	112.0

解:根据表 10.7 资料可计算:

(1)三种商品的销售额总指数

$$\bar{k}_{pq}=\frac{\sum p_1q_1}{\sum p_0q_0}=\frac{12+18+35}{10+15+30}=118.18\%$$

$$\sum p_1q_1-\sum p_0q_0=65-55=10\text{(万元)}$$

(2)三种商品的销售量总指数

$$\bar{k}_q=\frac{\sum k_qp_0q_0}{\sum p_0q_0}=\frac{10\times105\%+15\times110\%+30\times112\%}{10+15+30}=\frac{60.6}{55}=110.18\%$$

$$\sum k_qp_0q_0-\sum p_0q_0=60.6-55=5.6\text{(万元)}$$

(3)三种商品的价格总指数

$$\bar{k}_p=\frac{\sum p_1q_1}{\sum p_0q_1}=\frac{65}{60.6}=107.26\%$$

$$\sum p_1q_1-\sum p_0q_1=65-60.6=4.4\text{(万元)}$$

(4)指数体系

$$\begin{cases}\text{相对数:}118.18\%=110.18\%\times107.26\%\\ \text{绝对数:}10\text{(万元)}=5.6\text{(万元)}+4.4\text{(万元)}\end{cases}$$

根据以上计算结果得出:由于商品销售量提高 10.18%使销售额增加 5.6 万元;由于商品价格提高 7.26%使销售额增加 4.4 万元;两个因素共同作用的结果使商品销售额实际提高 18.18%,绝对额增加 10 万元。

关于总量指标的两因素分析方法还可推广到三个或三个以上因素的分析。仍以工业总产值为例,根据研究目的需要,它还可以分解为工人人数(t)、劳动生产率(l)和产品价格(p)三个影响因素,这样就形成以下指数体系:

$$\frac{\sum t_1l_1p_1}{\sum t_0l_0p_0}=\frac{\sum t_1l_0p_0}{\sum t_0l_0p_0}\times\frac{\sum t_1l_1p_0}{\sum t_1l_0p_0}\times\frac{\sum t_1l_1p_1}{\sum t_1l_1p_0}$$

$$\sum t_1l_1p_1-\sum t_0l_0p_0=(\sum t_1l_0p_0-\sum t_0l_0p_0)$$

$$+(\sum t_1 l_1 p_0 - \sum t_1 l_0 p_0) + (\sum t_1 l_1 p_1 - \sum t_1 l_1 p_0)$$

根据该指数体系可以分析总变动中多因素变动对总变动的影响。但是在进行多因素分析时，要注意三个问题：①被固定因素所属时期的选择，要遵循编制综合指数的一般原则；②质量指标和数量指标的差别是相对的，而不能绝对化；③对各因素的排列顺序，具体分析现象总体的经济内容，依据现象因素的联系以具体确定。

三、平均指标变动的因素分析法

在分组资料条件下，平均指标数值的大小取决于各组标志值(x)和各组单位数(f)占总体单位数的比重($f/\sum f$)两个因素。用公式表示为

$$\bar{x} = \frac{\sum xf}{\sum f} = \sum x \frac{f}{\sum f} \tag{10.39}$$

在动态上，总平均指标的变动也必然是各组标志值和比重权数变动的综合影响。平均指标变动的因素分析就是要分别测定各组标志水平和比重权数变动对总平均指标的影响。同时，它也是以平均指数体系为基本依据的。

1. 平均指标指数是反映同一经济内容在不同时间上平均水平变动的相对数。若设 $\bar{x}_0$、$\bar{x}_1$ 分别代表基期和报告期平均指标，则平均指标指数的计算公式为

$$k_{\bar{x}} = \frac{\bar{x}_1}{\bar{x}_0} = \frac{\sum x_1 f_1}{\sum f_1} / \frac{\sum x_0 f_0}{\sum f_0} = \sum x_1 \frac{f_1}{\sum f_1} / \sum x_0 \frac{f_0}{\sum f_0} \tag{10.40}$$

平均指标的绝对变动量为：$\bar{x}_1 - \bar{x}_0$。

2. 为了测定标志水平的平均变动情况，就需要消除总体中各组比重结构变化的影响，计算固定构成指数。在这里，各组标志水平属质量指标，按照编制指数的一般原则，应将结构权数这个同度量因素固定在报告期，并将按基期标志水平和报告期结构权数构成计算的假定平均指标设为 $\bar{x}_n$，这样可得出固定构成指数的计算公式

$$k_x = \frac{\bar{x}_1}{\bar{x}_n} = \frac{\sum x_1 f_1}{\sum f_1} / \frac{\sum x_0 f_1}{\sum f_1} \tag{10.41}$$

对平均指标的绝对影响量为：$\bar{x}_1 - \bar{x}_n$。

3. 同时，为了测定各组结构的变动对总平均指标的影响，必须消除各组标志水平变动的影响作用，计算结构影响指数。这里的结构权数属数量指标，按编制指数的一般原则，应将各组标志水平这个同度量因素固定在基期。这样，结构影响指数的计算公式为

$$k_f = \frac{\bar{x}_n}{\bar{x}_0} = \frac{\sum x_0 f_1}{\sum f_1} / \frac{\sum x_0 f_0}{\sum f_0} \tag{10.42}$$

对平均指标绝对影响量为：$\bar{x}_n - \bar{x}_0$。

4. 三种指数的相互联系形成以下指数体系

平均指标指数（可变构成指数）＝固定构成指数 × 结构影响指数

$$k_{\bar{x}} = k_x \times k_f$$

平均指标的变动差额 ＝ 标志水平变动的影响差额 ＋ 结构变动的影响差额

$$\bar{x}_1-\bar{x}_0=(\bar{x}_1-\bar{x}_n)+(\bar{x}_n-\bar{x}_0)$$

【例 10.8】 现以表 10.8 资料为例加以说明平均指标指数的相对数和绝对数变动。

表 10.8　某企业工资水平及工人构成资料

工人组别	平均工资(元)		职工人数		工资总额		
	基期	报告期	基期	报告期	基期	报告期	假定
	x_0	x_1	f_0	f_1	x_0f_0	x_1f_1	x_0f_1
甲	1600	1640	300	200	480000	328000	320000
乙	1400	1500	500	400	700000	600000	560000
丙	1200	1240	200	550	240000	680000	660000
合计	—	—	1000	1150	1420000	1610000	1540000

(1)测定该企业工人总平均工资的变动情况。

总平均工资指数

$$k_{\bar{x}}=\frac{\bar{x}_1}{\bar{x}_0}=\frac{\sum x_1f_1}{\sum f_1}\Big/\frac{\sum x_0f_0}{\sum f_0}=\frac{1610000}{1150}\Big/\frac{1420000}{1000}=\frac{1400}{1420}=98.59\%$$

企业总平均工资变动的绝对额为

$$\frac{\sum x_1f_1}{\sum f_1}-\frac{\sum x_0f_0}{\sum f_0}=1400-1420=-20\ (\text{元})$$

从表中资料来看,三组工人平均工资都有所提高,但是为什么计算结果,总平均工资比基期却是下降呢? 这主要是因为:全部工人的平均工资除受各组工人工资水平变动影响外,还受到各级工人结构变动的影响。由表中资料可知,工资水平低的丙组,工人数在总人数中比重由基期的 20%,上升到报告期的 48%,工资水平高的甲组工人所占比重则由基期的 30%下降到报告期的 17%。

为了进一步分析全部工人的平均工资变动,就要分别分析各组平均工资和工人人数构成两因素变动对总平均工资变动的影响,计算固定构成指数和结构影响指数。

(2)测定各组工资水平变动对总平均工资的影响。

固定构成指数

$$k_x=\frac{\bar{x}_1}{\bar{x}_n}=\frac{\sum x_1f_1}{\sum f_1}\Big/\frac{\sum x_0f_1}{\sum f_1}=\frac{1610000}{1150}\Big/\frac{1540000}{1150}=\frac{1400}{1339.1}=104.55\%$$

$$\frac{\sum x_1f_1}{\sum f_1}-\frac{\sum x_0f_1}{\sum f_1}=1400-1339.1=60.9\ (\text{元})$$

(3)测定工人结构变动对总平均工资的影响。

结构影响指数

$$k_f=\frac{\bar{x}_n}{\bar{x}_0}=\frac{\sum x_0f_1}{\sum f_1}\Big/\frac{\sum x_0f_0}{\sum f_0}=\frac{1339.1}{1420}=94.3\%$$

$$\frac{\sum x_0f_1}{\sum f_1}-\frac{\sum x_0f_0}{\sum f_0}=1339.1-1420=-80.9\ (\text{元})$$

(4)总平均工资指数、固定构成指数、结构影响指数三者形成以下指数体系

总平均工资指数＝固定构成指数×结构影响指数

98.59％＝104.55％×94.3％

$$\frac{\text{总平均工资}}{}\ \text{变动差额} = \text{各组工资水平变动的影响差额} + \text{工人构成变动的影响差额}$$

－20 元＝60.9 元＋(－80.9 元)

根据平均指标指数体系综合说明：从相对数来看，该企业报告期工人总平均工资比基期降低了1.41％，是由于各组工人工资水平增长而使总平均工资增长 4.55％和工人结构变动使总平均工资降低 5.7％综合影响的结果。从绝对量上来看，报告期工人总平均工资比基期减少了 20 元，是由于各组工资水平增加而使总平均工资增加 60.9 元和工人结构变动而使总平均工资减少 80.9 元共同影响的结果。

四、总量指标和平均指标因素分析的结合运用

在分析社会经济现象变动情况时，有时仅仅使用总量指标因素分析或平均指标因素分析是不够的，还需要将两种因素分析法结合起来以深入地分析现象总量变动情况及其原因。

【例 10.9】 现仍以表 10.8 资料，分析该企业工资总额变动情况及变动原因。我们知道：

工资总额＝工人总数×总平均工资

$$\sum xf = \bar{x} \times \sum f$$

工资总额指数＝工人总数指数×总平均工资指数

＝工人总数指数×固定结构指数×结构影响指数

相对数关系

$$\frac{\sum x_1 f_1}{\sum x_0 f_0} = \frac{\bar{x}_0 \sum f_1}{\bar{x}_0 \sum f_0} \times \frac{\bar{x}_1 \sum f_1}{\bar{x}_0 \sum f_1} = \frac{\sum f_1}{\sum f_0} \times \frac{\bar{x}_1}{\bar{x}_0}$$

绝对数关系

$$\sum x_1 f_1 - \sum x_0 f_0 = \bar{x}_0 (\sum f_1 - \sum f_0) + (\bar{x}_1 - \bar{x}_0) \sum f_1$$

现对该企业工资总额的变动情况进行分析如下：

(1)工资总额指数

$$\frac{\sum x_1 f_1}{\sum x_0 f_0} = \frac{1610000}{1420000} = 113.38\%$$

工资总额的绝对增加额为

$$\sum x_1 f_1 - \sum x_0 f_0 = 1610000 - 1420000 = 190000 \text{（元）}$$

(2)工人人数指数

$$\frac{\sum f_1}{\sum f_0} = \frac{1150}{1000} = 115\%$$

由于工人总数增加而增加的工资额为

$$(\sum f_1 - \sum f_0)\bar{x}_0 = (1150 - 1000) \times 1420 = 213000 \text{（元）}$$

(3)关于总平均工资的变动，各组工资水平和工人构成变动影响程度，我们在平均指标因素分析中已讲过，这里只就工资总额的影响进行分析：

①由于总平均工资的降低而减少的工资额为

$$\left(\frac{\sum x_1 f_1}{\sum f_1}-\frac{\sum x_0 f_0}{\sum f_0}\right)\sum f_1=(1400-1420)\times 1150=-23000(\text{元})$$

②由于各组工资水平的提高而增加的工资额为

$$\left(\frac{\sum x_1 f_1}{\sum f_1}-\frac{\sum x_0 f_1}{\sum f_1}\right)\sum f_1=(1400-1339.1)\times 1150=70035(\text{元})$$

③由于工人构成的变动而减少的工资额为

$$\left(\frac{\sum x_0 f_1}{\sum f_1}-\frac{\sum x_0 f_0}{\sum f_0}\right)\sum f_1=(1339.1-1420)\times 1150=-93035(\text{元})$$

根据以上计算，我们可以借助表 10.9 说明它们之间的关系。

表 10.9　工资总额指数和总平均工资指数的共同变动

项　　目	指数(%)	绝对变动(或影响)额(元)
工资总额	113.38	190 000
(一)工人人数	115.00	213 000
(二)总平均工资	98.59	−23 000
1. 工资水平	104.55	70 035
2. 工人构成	94.30	−93 035

综合表明，该企业工资总额报告期比基期增长了 13.38%，这是由于工人总数增加 15%和总平均工资降低 1.41%综合影响的结果，而总平均工资降低了 1.41%又是由于企业各组工资水平的变化使总平均工资增长 4.55%和工人构成变动而使工资水平下降 5.7%的影响结果。

从绝对额上看，该企业工资总额报告期比基期增加 190 000 元，其中，由于工人总数增加而增加的工资总额为 213 000 元，由于总平均工资下降而使工资总额减少 23 000 元。在总平均工资的影响条件中，由于各组工资水平增加而增加的工资额为 70 035 元，由于工人构成变动而使工资总额减少 93 035 元。

第四节　综合评价指数(选学内容)

统计是研究总体现象数量特征及其变化规律的，作为描述其基本的数量特征和分析工具的统计指标，无论是实物指标，还是价值指标，也无论是总量指标还是平均指标、相对指标，又或者是有一组相互联系的指标构成的统计指标体系，都不能对研究对象的整体下一个结论性的结果。于是就促使人们想办法去探索综合评价的手段和方法，这种方法就是将一个反映事物多方面的特征的指标体系，通过某种方式进行综合，最终变成一个综合指标值，以此作为评价事物的依据。就统计活动而言，统计综合评价是统计调查、统计整理之后的一项重要分析工作，是充分发挥统计功能的重要环节。

综合评价指数是将评价结果数量化的一种技术处理，是将多指标进行综合，最后形成概括性的一个指数，通过指数比较，达到评价目的。所以说，综合评价指数是指数理论与方法在其他领域的进一步发展和应用。综合评价指数的基础是单项指标，由于不同的单项指标通常不能直接进行加减乘除的运算，需要将数据处理技术与指数分析方法结合起来。构建综合评价指数的具体方法也有很多，不同构建方法会带来不同结果，但构造指数的原理是相通的。

一、统计综合评价概述

(一)综合评价法的概念和作用

综合评价就是对评价对象建立一个统计统计指标体系,根据所给的条件,采用一定的评价方法和模型,对每个评价对象赋予一个评价值,再据此进行排序或择优,目的是希望对参与评价的若干对象,按一定的意义进行排序,从中挑选出合适的对象。对于每个参与评价的对象来说,可以通过综合评价的结果比较,找到自身的差距,及时采取措施改进。

综合评价法作为一种新的统计分析方法,对社会经济活动和现象进行综合分析方面作用越来越重要,应用范围也越来越广。评价是为决策服务的,而决策也需要评价。从某种意义上讲,没有评价就没有决策,评价过程也是一种认知和决策过程。综合评价是科学决策的前提,是科学决策中的一项基本工作。

综合评价法的主要作用表现在以下几个方面:

(1)认识上的升华。综合评价法本质上是多指标的综合,是从具体到抽象的过程。它是把具体的评价指标的实际值进行相应转化后变成评价值,然后对各个评价值进行加总平均,最后得到综合评价值,可以是认识上的一种升华。

(2)可以进行比较与排序。在获得综合评价的基础上,可以进行不同空间或时间的比较和排序。不管是认识上,还是管理和决策上都要求进行排序比较,例如某国际组织要根据我国不同地区社会经济发展状况的综合评价结果来确定投资重点、贷款形式等。

从统计学本身来看,综合评价法弥补了统计指标和指标体系描述功能的不足,是对传统统计学方法体系的重要补充,在统计方法论上意义重大。

(二)综合评价指数编制的基本步骤

尽管各种综合评价方法特点各异,但基本步骤大致相同,归纳起来综合评价过程一般包括以下几个方面:

1. 明确综合评价的主题。进行综合评价首先要明确评价目标,对于同一个评价对象来说,不同的评价主题会有不同的指标体系和方法,即搞清楚为什么要进行综合评价,界定评价对象的范围,了解评价对象的属性和结构,确定评价的精确度以及评价所要说明的问题等。综合评价主题不能泛泛而谈,要突出,这是综合评价的基础工作。

2. 建立评价指标体系。根据研究目的,选择合适的统计指标,建立一个能够从不同角度、不同侧面反映对象的评价指标体系。评价指标体系的设计可以是单一的,也可以是多层次的。这个主要根据研究的需要,如果评价对象是一个复杂现象,建议采用多层次综合评判法。

3. 评价指标的无量纲化处理。实际上就是将各评价指标的实际值转化为评价值的过程,也称为无量纲化过程。主要是因为参与评价的很多指标范围、计量单位都不一样,要将这些评价指标进行综合,就必须首先进行处理,主要包括三个方面:逆向指标正向化、定性指标定量化、定量指标的定值处理。后面会详细谈到。

4. 各评价指标权重的确定。在综合评价过程中,各评价指标的作用并不完全相同,有的指标对评价主题的影响大,有的指标对评价主题影响相对小。不同指标的重要性、影响力主要通过权数体现出来,权重越大,指标的影响越直接。

5. 计算综合评价结果。在对各个指标进行无量纲化处理和确定权重之后,要选择合适的评价方法,建立综合评价模型,将经过无量纲化的评价值代入评价模型,计算综合评价结果。

6. 根据评价结果进行统计分析。综合评价视为管理和决策服务的,因此各个评价对象的综合评价指数确定后,要注意进行静态和动态的比较,根据评价结果的大小对评价对象进行比较和排序,从整体上认识各评价对象在评价目标上的差距、发展变化情况，为科学合理制定目标提供决策依据。

(三)综合评价法的特点和局限性

1. 综合评价方法的特点

(1)综合性和整体性。它的评价包含了若干个指标，这多个评价指标分别说明评价对象的不同方面，同时克服了指标体系在不同对象的比较中不同指标间的相互矛盾，综合评价模型最终要对评价对象进行一个整体评判，用一个总指标来说明评价对象的一般水平。

(2)可比性。综合评价法需要采用数学模型对各个指标的评价结果进行综合，最后表现为一个综合评价结果的数值，可用于评价对象之间的排序比较。

(3)不稳定性。这里的不稳定性具体是指随着指标权数、综合评价方法乃至指标的无量纲化处理，选择的依据不同，最后的评价结果也会出现不同的排序结果。然而什么样的综合评价方法最优，如何对不同的评价方法进行比较等都有待进一步探讨。

2. 综合评价方法的局限性

需要注意的是，目前统计综合评价的理论与方法不是很成熟，存在一定的局限性，主要表现在以下几个方面：

(1)综合评价结果具有相对性。尽管综合评价采用了一定的数学模型，其结果也可以用数值表示，但它只有相对的意义。一般情况下，它仅适用于在具有可比性对象之间进行比较和排序。此外，采用不同的评价方法，可能得出不同的结论，评价结果并不是唯一的。

(2)主观性较强。在综合评价过程中，评价指标的选择、指标权重的分配以及评价模型的建立，常常需要依靠专家来确定，不同的专家给出的选择标准和权重会有所差异，评价结果带有一定的主观性。需认真比较各种评价方法的特点和适用范围，尽可能采用多种方法进行比较与分析，极大可能减少主观干扰，提高评价结果的客观性。

二、综合评价指标的选择与数据预处理

(一)选取评价指标的原则

进行综合评价首先要确定评价的指标体系，这是综合评价的基础。指标的多少的确定也很重要，指标太多事实上是重复的指标，会有干扰；指标太少，可能选取的指标缺乏代表性，产生片面性。只有科学合理的指标体系才可能作出科学的评判。一般来说，建立综合评价指标体系是一项系统性、复杂性的工作，需要遵循以下几个原则：

1. 整体性原则。要求所选指标能够作为一个有机整体，在其相互配合中比较科学、全面、准确地涵盖为达到评价目的所需的基本内容，宜少不宜多，宜简不宜繁。如果有遗漏，评价结果就会出现偏差，但要做到全面也不容易也没有必要，只要能从不同侧面具有代表性即可。

2. 敏感性原则。评价指标体系中各指标能够比较敏感地反映分析对象的变化。有些指标从理论上讲是重要的，但是它的变化过多地受到政策因素的制约，不能或不完全显示出总体的实际变化，这样的指标不宜进入指标体系。

3. 相互独立性原则。即尽量要求指标之间尽可能没有内在联系，这样既能减少指标体系的冗余，又能避免统计指标之间的信息重叠。当然，完全独立是难以实现，独立性的要求也会因综合评价方法不同而异。

4. 可行性原则。即要求尽可能采用相对指标，便于不同对象进行比较，但为了反映对象之间规模上的差异，也可以选取一些总量指标。另外，各个指标的剂量范围、口径必须一致，才能进行综合分析。

5. 可操作性原则。即评价指标体系的设计既要考虑科学性，也要考虑资料的采集可行性，否则再

好的指标缺乏数据的支持也是无用的。所需指标尽可能从现有的统计指标产生，少量需要重新计算和统计的指标也应该尽可能地在现有统计数据的基础上获取。

(二)评价指标的选择方法

确定评价指标体系在遵循上述基本原则的基础上，可以先定性的预选出一些指标。在实际的综合评价活动中，既想尽可能全面地确定指标体系，又希望指标不是太多。在预选指标时，可能存在着一些次要的指标，而且指标之间可能存在着交叉重复，这就需要进行筛选，剔除掉代表性不强以及交叉重复的指标，从而确定合理的评价指标体系。在评价指标的选择中，既可以采用定性分析，也可以采用定量分析来确定。

1. 定性方法。常用的定性分析法有综合法和分析法。综合法主要是评价者在调查表中列出一系列预选的评价指标，分别征询专家对所设计的评价指标的意见，然后进行统计处理，并反馈咨询结果。经过几轮咨询后，如果专家意见趋于集中，则由最后一次咨询确定的具体指标来构成指标体系。专家意见法所确定的指标体系是否具有代表性，很大程度上取决于专家的知识、经验和偏好，带有一定的主观性。分析法是将评价对象划分为若干个组成部分，明确各个部分要评价问题的内涵和外延，在此基础上，分别用一个或几个指标反映每个侧面的特征。

2. 定量分析法。采用某种数学方法，对指标之间的相似性或相关性进行判断，进而决定哪些指标保留哪些指标剔除。主要有两种方法：系统聚类法和极大不相关法。篇幅有限这里不再赘述，感兴趣的同学可查阅资料获悉。

(三)数据预处理的方法

由于不同指标的类型、计量单位不一致，在建立评价指标、采集数据之后，还需要对搜集来的数据进行预处理，把各个指标的实际值转化为具有可比性的指标评价值，才可进行综合汇总。数据预处理就是对指标规范化。首先将评价指标的类型统一，然后将评价指标进行无量纲化处理。

1. 评价指标类型一致化：逆指标和适度指标转化为正指标

评价指标一般有三种类型：正指标、逆指标和适度指标。正指标的取值越大越好，逆指标的取值越小越好，适度指标的取值越接近某一理想数值愈好。在对各指标进行综合时，必须确保各指标的类型相同，才能给最终的综合结果一个评判标准。也就是说，各评价对象的综合评价值是越大越好，还是越小越好。通常是将逆指标和适度指标转化为正指标，然后再进行无量纲化处理，最后进行综合汇总。

如果评价指标 x_j 为逆指标，各评价对象的指标值分别为 $x_{ij}(i=1,2,\cdots,n)$。则令

$$x'_{ij}=\frac{1}{x_{ij}}(x_{ij}>0)(i=1,2,\cdots,n) \tag{10.43}$$

或者

$$x'_{ij}=\max_{1<i<n}|x_{ij}|-x_{ij}(x_{ij}\text{ 可以是负值},i=1,2,\cdots,n) \tag{10.44}$$

又或者

$$x'_{ij}=\frac{1}{\max\limits_{1<i<n}|x_{ij}|+x_{ij}}(x_{ij}\text{ 可以是负值},i=1,2,\cdots,n) \tag{10.45}$$

以上各式中的 x'_{ij} 分别是对各评价对象的逆指标 x_j 进行转化后生成的正指标值。

若评价指标 x_j 为适度指标，各评价对象的指标值分别为 $x_{ij}(i=1,2,\cdots,n)$，设该适度指标的理想值为 a，则 x_{ij} 与 a 的距离越小越好，因此二者之间的距离 $|a-x_{ij}|$ 的取值越小越好，即相当于一个逆指标，可令

$$x'_{ij}=\frac{1}{|a-x_{ij}|}(i=1,2,\cdots,n) \tag{10.46}$$

x'_{ij} 的取值越大，表示 x_{ij} 越符合要求，则 x'_{ij} 是对各评价对象的适度指标 x_j 进行转化后生成的正指标值。

2. 评价指标无量纲化：消除指标之间计量单位和数量级的影响

评价指标之间的计量单位和数量级一般来说是不相同的，即指标间不存在可比性，这就使得各指标的综合汇总没有实际意义。例如，我们以顾客人数和营业额两项指标来衡量商场的效益，顾客人数和营业额很显然不能直接加总，计算单位完全不同，数量级也相差较大。因此，为了避免各项指标单位不同以及数值的数量级之间的差异所导致的不合理现象，在汇总之前首先要去除量纲的影响，即确定指标评价值和实际值之间的函数关系式，将指标的实际值转化为无量纲的评价值，这个过程就是评价指标的无量纲化。评价指标无量纲化的一个前提条件是：在无量纲化前后，各评价对象在此项指标上的排序应保持不变。

(1)相对化处理法。对评价指标进行相对化的无量纲化处理，需要事先确定一个对比基准，然后计算指标的实际值与基准值的比率，所得结果通常用百分数表示，并以此作为指标的评价值。

设 x_{ij} 为第 i 个评价对象第 j 个指标的实际值，x_j^* 为第 j 个指标的对比基准值，x_{ij}^* 为经过相对化处理后第 i 个评价对象第 j 个指标的评价值，则有：

$$x_{ij}^* = \frac{x_{ij}}{x_j^*} \quad (i=1,2,\cdots,n;j=1,2,\cdots,m) \tag{10.47}$$

式中，对比基准值 x_j^* 可以是衡量事物发展变化的一些代表性的指标值，如该指标在各评价对象中的平均值、最大值或指标的基期水平等。

如果第 j 个指标为逆指标，尚且没有转化为正指标，则相应的相对化处理公式应为：

$$x_{ij}^* = \frac{x_j^*}{x_{ij}} \quad (i=1,2,\cdots,n;j=1,2,\cdots,m) \tag{10.48}$$

相对化处理还有一种形式。是将指标的实际值转化为在指标值总和中占的比重，也称为比重法，即以指标值总和作为对比的基准计算指标的评价值，主要公式如下：

$$x_{ij}^* = \frac{x_{ij}}{\sum_{i=1}^{n} x_{ij}} (j=1,2,\cdots,m;x_{ij}>0) \tag{10.49}$$

或者

$$x_{ij}^* = \frac{x_{ij}}{\sqrt{\sum_{i=1}^{n} x_{ij}^2}} (j=1,2,\cdots,m;x_{ij}>0) \tag{10.50}$$

上述第一种情况适用于各指标实际值均为正数的情况，且评价值之和满足 $\sum_{i=1}^{n} x_{ij}^* =1$。第二种情况适用于指标实际值有负值的情况，各评价值之和满足 $\sum_{i=1}^{n} (x_{ij}^*)^2 =1$。逆指标的话要先取负数，再按第二种情况进行处理。

用相对化方法进行指标的无量纲化处理所得到的指标评价值含义明确，便于作出评价。以指标值总和作为对比基准适用于对总量指标进行无量纲化处理，所得的结果表明被评对象某项指标值所占的比重。相对指标和平均指标由于求和没有意义，因而适宜用平均数、计划数或理想值等作为对比基准。

(2)功效系数法。功效系数法是根据多目标规划的原理，对各项评价指标分别确定一对满意值和不允许值，以满意值为上限，以不允许值为下限，分别计算评价对象各项指标接近、达到或超过满意值的程度，即功效系数，并转化为相应的功效评分值，作为指标评价值。

一般用 d_{ij} 表示第 i 个评价对象第 j 个指标的功效系数，并以 $M_j=\max\limits_{i}\{x_{ij}\}$ 作为 j 个指标的满意值，$m_j=\min\limits_{i}\{x_{ij}\}$ 作为 j 个指标的不允许值，则

$$d_{ij}=\frac{x_{ij}-m_j}{M_j-m_j}(i=1,2,\cdots,n;j=1,2,\cdots,m) \tag{10.51}$$

上式是对正指标而言的功效系数公式，满足 $0\leqslant d_{ij}\leqslant 1$。当 x_{ij} 达到最佳值 M_j 时，$d_{ij}=1$；当 x_{ij} 达到最差值 m_j 时，$d_{ij}=0$。x_{ij} 离最佳值 M_j 越近，d_{ij} 越接近于 1；反之，越接近于 0。

对于逆指标而言，如果还未进行正指标化处理，则相应的功效系数计算公式应为

$$d_{ij}=\frac{M_j-x_{ij}}{M_j-m_j}(i=1,2,\cdots,n;j=1,2,\cdots,m) \tag{10.52}$$

上式同样满足 $0\leqslant d_{ij}\leqslant 1$。由于逆指标越小越好，当 x_{ij} 达到最小值 m_j 时，$d_{ij}=1$；当 x_{ij} 达到最大值 M_j 时，$d_{ij}=0$。x_{ij} 离最佳值 m_j 越近，d_{ij} 越接近于 1；反之，越接近于 0。

可见，我们可以从 d_{ij} 值的大小来比较第 i 个评价对象接近第 j 项指标满意值的程度，d_{ij} 值越大越理想。通过上面两个式子进行无量纲化，当指标值实际值达到最差状态时，功效系数指为 0，这可能给指标评价值的综合带来不便，为解决这个问题，可以采用改进的功效系数法，相应的计算公式为：

正指标

$$d_{ij}=\frac{x_{ij}-m_j}{M_j-m_j}\times 40+60(i=1,2,\cdots,n;j=1,2,\cdots,m) \tag{10.53}$$

逆指标

$$d_{ij}=\frac{M_j-x_{ij}}{M_j-m_j}\times 40+60(i=1,2,\cdots,n;j=1,2,\cdots,m) \tag{10.54}$$

根据改进的功效系数法进行无量纲化，则 d_{ij} 的取值在 60～100 之间，当 x_{ij} 为不允许值时，d_{ij} 等于 60；当 x_{ij} 取满意值时，d_{ij} 等于 100。一般情况下，大部分指标值都处在允许状态和满意状态之间，相应的指标评价值就介于 60～100 之间。这个我们平时以 60 位及格，100 为满分的评分习惯相符，简明直观，适用性强。

3. 标准化处理法：当评价指标的实际值呈现正态分布时，可利用指标的均值和标准差对数据进行标准化处理，使之转化为无量纲指标的服从均值为 0、标准差为 1 的标准正态分布的评价值。一般习惯用 z_{ij} 表示评价对象 i 第 j 个指标标准化后的评价值，标准化公式如下

$$z_{ij}=\frac{x_{ij}-\bar{x}_j}{\sigma_j}(i=1,2,\cdots,n;j=1,2,\cdots,m) \tag{10.55}$$

式中，$\bar{x}_j$、σ_j 分别表示第 j 个指标的均值和标准差。

采用标准化法进行指标的无量纲化处理，所得的指标评价值 z_{ij} 总是分布在 0 周围，当指标实际值大于均值时，所得指标评价值大于 0；反之则小于 0。并且，z_{ij} 偏离均值越远，所得评价值的绝对值越大。事实上，z_{ij} 的绝对值表明了指标实际值与均值的距离相对于标准差（平均离差）的倍数。根据正态分布的理论，指标实际值与均值的离差大于 3 倍标准差的概率仅为 0.27%，即大部分指标评价值 z_{ij} 都落在的[−3,3]区间内。

对正指标而言，z_{ij} 值越大越好；对逆指标来说，若事先未正指标化，则可以令

$$z_{ij}=\frac{\bar{x}_j-x_{ij}}{\sigma_j}(i=1,2,\cdots,n;j=1,2,\cdots,m) \tag{10.56}$$

以确保不同指标评价值的类型一致化，便于综合汇总。

标准化处理法与功效系数法、相对化处理法的不同点在于：一是它利用了原始数据的所有信息，二是它要求样本容量较大。

三、评价指标权数的确定

对评价指标体系中各指标的实际值 x_{ij} 进行类型一致化和无量纲化处理后，就得到了评价对象各指标的评价值 x'_{ij}（x'_{ij} 表示第 i 个评价对象第 j 个指标的评价值）。由于不同的评价指标相对于评价目的来说，其相对重要性不同，因此必须对各指标评价值赋予不同的权数再进行综合。用 ω_j 表示第 j 项指标的权数，权数一般用相对数表示，且满足 $0<\omega_j<1$，$\sum_{j=1}^{m}\omega_j=1$（m 为评价指标的个数）。指标权数的确定对于综合评价结果意义重大。相同的综合评价模型，各指标的权数取值不同，就可能得出完全不一致的评价结果，因此指标权数的选择需谨小慎微。

在实际操作中，指标权数的确定主要有两类方法：一是利用专家的知识和经验来确定，通常称之为主观赋权法；另一个是不依赖于主观的意见，通过对评价指标实际观测值的统计分析来确定，称之为客观赋权法。

1. 主观赋权法。主观赋权法主要有两种——专家意见法和层次分析法。第一种方法专家意见法。也称为德尔菲法，其特点在于集中专家的经验与意见，确定各指标权重，不断反馈和修改最终得到比较满意的结果。第二种方法层次分析法（The Analytical Hierarchy Process，简称 AHP）。运用层析分析法确定权数是一种在定性分析基础上结合定量分析的赋权方法。

2. 客观赋权法。客观赋权法就是根据对各评价指标的实际观测值进行统计分析，从中提取有用的信息来判别指标的效用价值从而确定指标权数的方法。比较常用的一类客观赋权法的基本思想是：某指标的权数应是该指标在各个被评价对象中取值的变异程度的度量。如果一个指标对所有被评价对象而言完全不同，而且差异很大，那么该指标能完全区分被评价对象，从而对评价结果的重要程度就会提高很多，反之该指标对评价结果的重要程度会下降很多。熵值法和变异系数法就是以这种思想为基础确定指标权数的。

四、评价结果的综合

评价结果的综合就是要通过一定的数学模型把评价对象多个指标的综合值合并成一个整体性的综合评价值，以便对评价对象做出综合评判。概括地说，就是要构建综合评价模型：

$$y_i=f(\omega,x_i)(i=1,2,\cdots,n) \tag{10.57}$$

式中，y_i 为第 i 个评价对象的综合评价值；$\omega=(\omega_1,\omega_2,\cdots,\omega_m)'$ 为 m 个指标的权数向量；$x_i=(x_{i1},x_{i2},\cdots,x_{im})'(i=1,2,\cdots,n)$ 为第 i 个评价对象 m 个指标的评价值向量（经过指标类型一致化和无量纲化处理）。

根据 y_i 值的大小，可以对被评价对象的整体状况进行评价，也可以对评价对象进行排序或分类。接下来介绍两种常用的综合评价方法。

1. 算术加权综合法：也称为加法模型，是指对各指标评价值进行加权算术平均求综合评价值，即

$$y_i=\sum_{j=1}^{m}\omega_j x_{ij}(i=1,2,\cdots,n) \tag{10.58}$$

如果指标评价值 x_{ij} 都正指标化了，则综合评价值 y_i 越大越好，可以通过各评价对象值 y_i 的大小进行评价。

算术加权综合法具有两个重要特征：一是该方法适用于各评价指标间相互独立的场合，若指标间不独立，加权求和必然使得评价信息的重复，难以客观反映实际；二是用该方法可能使得综合评价值各指标评价值之间得到线性补偿，即只要有一个指标值足够大，不管其他指标值的大小，都可以使得综合评价结果得到理想的数值，从而难以均衡反映评价对象。

2. 几何加权综合法：几何加权综合法也称为乘法模型，是指对各指标评价值进行加权几何求平均值，即

$$y_i = \sum \omega_j \sqrt{\prod_{j=1}^{m} x_{ij}^{\omega_j}} \ (i=1,2,\cdots,n) \tag{10.59}$$

如果指标评价值 x_{ij} 都正指标化了，则综合评价值愈大愈好。几何加权综合法适用于各指标间有较强相关关系的场合，这也是乘积运算的性质决定的。另外，它更突出评价指标中评价值小的指标的作用，只要有一个评价指标值接近于零，则被评价对象的综合评价值将迅速趋于零，从侧面说明几何加权综合法更能体现被评价对象的均衡发展特征。

五、新质生产力及其指标体系构建①

生产力是推动社会发展最革命的要素，是社会进步的动力。工业革命以来，科学技术领域的进步和创新成为生产力发展最受关注的方面。从亚当·斯密开始，索洛、熊彼特、马克思等西方学者将技术进步和创新看作是经济发展的重要因素。世界经济持续不断发展的动力源自创新。2023 年 9 月，习近平总书记在哈尔滨主持召开新时代推动东北全面振兴座谈会时强调，“积极培育新能源、新材料、先进制造、电子信息等战略性新兴产业，积极培育未来产业，加快形成新质生产力，增强发展新动能。”2023 年中央经济工作会议也明确指出，“要以科技创新推动产业创新，特别是以颠覆性技术和前沿技术催生新产业、新模式、新动能，发展新质生产力”。“新质生产力”概念一经提出，就受到理论界的极大关注。不仅是对马克思主义生产力理论的继承与发展，更是习近平经济思想的进一步发展，标志着我们党关于生产力的认识实现了又一次飞跃。在当前人工智能深度嵌入经济社会发展的变革时代，怎样加快形成新质生产力、如何测度新质生产力发展水平，成为中国等发展中国家面临的现实问题。

在新一轮科技革命和产业革命加速演进，与我国全面转变经济发展方式的历史交汇期，通过培育新质生产力而持续推动生产力跃迁、实现生产力平衡充分发展和全要素生产率提升，是实现中国式现代化和高质量发展的应有之义。而在充分理解和把握新质生产力指标体系的理论逻辑基础上，构建一个内涵信息生产力、绿色生产力、创新生产力等相关内容的指标体系，能够为培育新质生产力的理论与实践提供一定的启发。

把握新质生产力指标体系构建的内在逻辑，既需要基于科学的理论指导，也需要中华优秀传统文化的浸润，从时代与使命的“召唤”中透视发展的价值指向，把握时代特征和中国特色。新质生产力形成与发展的基本原则，也为构建新质生产力指标体系提出了根本要求，不仅彰显创新的核心地位，也突显人民至上的理念。

由低级到高级不断演化发展的社会生产力，推动着人类社会形态的持续更迭。经过手工生产时代、大机器生产时代到智能化生产时代，体现了生产力发展的知识化、智能化演化规律。在马克思看来，新的生产力是新社会的物质条件。新质生产力的发展是系统性、革命性的变革，主要涉及劳动力、劳动资料和劳动对象三大实体性要素，以及科技、管理和教育这三大渗透性要素。通过教育、科技、管理等培育形成的高素质劳动者、高质量劳动资料、新介质劳动对象组合优化，实现全新生产要素、全新制造技术、全新生产工具、全新产品和用途的颠覆性创新，就会推动新技术、新产业、新模式、新领域的创新发展，形成新质生产力，如信息技术产业、新能源产业、生态与环保产业等均是观念、理论、技术等方面颠覆性创新的结果。这也为重塑人类社会新的劳动方式、生产组织方式、社会组织运行架构和社会制度体系提供动能，从而形成新型生产关系。

新质生产力指标体系构建，以“十四五”规划以及相关科技发展的成果和数据为参考，选用源于

① 曹东勃等，新质生产力指标体系构建研究，教学与研究，工作论文，2024 年 4 月 3 日。

《中国统计年鉴》以及政府公布的数据指标，以表达要素层主要方面和特征，反映发展规律，贴近发展实际，突显关键性要素的作用，通过准则层的系统分析和指标层的测度，经过筛选最后构建了 3 个准则层、12 个要素层、31 个指标层，如表 10.10 所示。

表 10.10　新质生产力指标体系构建

<table>
<tr><th></th><th>准则层</th><th>要素层</th><th>指标层</th></tr>
<tr><td rowspan="31">新质生产力</td><td rowspan="9">信息生产力</td><td rowspan="3">投入水平</td><td>计算机、通信和其他电子设备制造业企业单位数与科学研究和技术服务业单位数(个)</td></tr>
<tr><td>计算机、通信和其他电子设备制造业能源消耗量(万吨)</td></tr>
<tr><td>人均信息传输、软件和信息技术服务业固定资产投资额(元)</td></tr>
<tr><td rowspan="2">发展能力</td><td>计算机、通信和其他电子设备制造业新产品开发项目(项)</td></tr>
<tr><td>信息传输、软件和信息技术服务业从业人员数占城镇单位总就业人员比重</td></tr>
<tr><td rowspan="2">经济产出水平</td><td>计算机、通信和其他电子设备制造业新产品销售收入(万元)</td></tr>
<tr><td>软件和信息技术服务业务收入(亿元)</td></tr>
<tr><td rowspan="2">社会效益</td><td>移动互联网接入流量(万 GB)</td></tr>
<tr><td>互联网普及率(%)</td></tr>
<tr><td rowspan="6">绿色生产力</td><td rowspan="2">可持续发展能力</td><td>无害化生活垃圾处理率(%)</td></tr>
<tr><td>能源加工转换效率(%)</td></tr>
<tr><td rowspan="2">资源消耗水平</td><td>废弃资源综合利用业能源消耗量(万吨)</td></tr>
<tr><td>万元国内生产总值能源消费量(吨标准煤/万元)</td></tr>
<tr><td rowspan="2">生态治理能力</td><td>环境保护、生态建设及污染防治市场成交合同金额(万元)</td></tr>
<tr><td>“双碳”战略完成度</td></tr>
<tr><td rowspan="16">创新生产力</td><td rowspan="4">创新投入</td><td>科学研究与开发机构数(个)</td></tr>
<tr><td>R&D 经费投入(亿元)</td></tr>
<tr><td>R&D 项目(课题)数(项)</td></tr>
<tr><td>高技术产业(制造业)R&D 机构数(个)</td></tr>
<tr><td rowspan="2">现代化教育水平</td><td>R&D 人员全时当量(人)</td></tr>
<tr><td>劳动力高等教育人口数量(人)</td></tr>
<tr><td rowspan="4">创新能力</td><td>专利授权数量(件)</td></tr>
<tr><td>发表科技论文数量(篇)</td></tr>
<tr><td>中国创新指数</td></tr>
<tr><td>自主产品创新率(%)</td></tr>
<tr><td rowspan="4">创新产出</td><td>高技术产业利润总额占比(%)</td></tr>
<tr><td>技术市场成交额(亿元)</td></tr>
<tr><td>规模以上工业企业新产品销售收入(亿元)</td></tr>
<tr><td>规模以上工业企业 R&D 经费支出与营业收入之比(%)</td></tr>
<tr><td rowspan="2">合作开放水平</td><td>国际科研合作指数(%)</td></tr>
<tr><td>国际科研合作平台数量(个)</td></tr>
</table>

我国当前正处于推动高质量发展的关键时期，要素的规模驱动力明显减弱，依靠创新取得的内涵式增长贡献日益凸显，唯有坚持新发展理念，加快形成新质生产力，加快构建新质生产力的评价指标体系，推动新技术、新产业、新模式、新领域的发展，才有望引导各级政府部门在正确政绩观的驱动下，产生科技创新重大突破并加以应用以重塑经济结构，使产业和经济竞争的赛场发生根本性转换。与

传统生产力相比较，以颠覆性创新为基础的新质生产力更加注重科学技术、经济组织和制度文化的发展，更加注重创新发展的客观环境，更加注重战略科技力量布局的体系化，更加注重科技、产业、社会的协调作用，更加平衡充分地实现"科技作为第一生产力"的发展。在全球化不断深入的背景下，把新质生产力作为一种内在要素融入于中国式现代化发展的全过程、融入自觉把握世界历史进程的宏大实践，从而把握历史主动，开辟发展的新赛道。新质生产力的形成与发展，必将在全面建设社会主义现代化强国的伟大征途和实现中华民族复兴的伟大实践中，推动新的产业革命、技术革命，以新的生产力跃迁奠定民族复兴伟业的坚实根基。

本章小结

本章主要介绍统计指数的编制及其应用，从综合指数、平均指数到指数体系的因素分析等，进行了详细的介绍。

1. 指数的概念有广义和狭义之分。广义的指数是用以测定某个变量在时间或空间上变动程度和方向的相对数。狭义的指数是一种特殊的相对数，它是由许多不能直接加总的要素所组成的复杂社会经济现象综合变动的相对数。

2. 总指数是对个体指数的综合，将个体指数综合有两个途径：一是对个体指数的简单汇总，不考虑权数，这类指数统称为简单指数；二是编制总指数时考虑权数的作用，这类指数称为加权指数。

3. 综合指数是编制总指数的基本形式。它是由两个时期总量指标对比而形成的指数。为了测定指数化因素的总变动，我们采用同一时期的同度量因素。这个同度量因素既可以是报告期，也可以是基期。同度量因素固定在基期称为拉氏指数，同度量因素固定在报告期称为帕氏指数。

4. 平均指数是综合指数的变形形式，它是通过对单项事物的质量指标或数量指标的个体指数进行加权平均计算的总指数。根据掌握资料的不同，平均指数通常有两种基本形式：加权算术平均指数和加权调和平均指数。

5. 统计上，把三个或三个以上指数由于经济上的联系和数量上的关系而结成的一套指数的整体称作指数体系。指数在分析研究现象数量的总变动中各构成因素影响的方向、程度和绝对效果时，往往采用指数因素分析法。在指数因素分析法中，按照分析时所包含的因素多少不同分为：两因素分析和多因素分析。

6. 综合评价指数是将多指标进行综合，最后形成概括性的一个指数，通过指数比较进行评价。采用的分析方法就是综合评价法。综合评价法就是对评价对象的建立一个统计统计指标体系，采用一定的评价方法和模型进行综合评价。

思考与练习

思考题

1. 指数的主要作用是什么？有哪几种分类？

2. 什么是同度量因素，它有何作用？

3. 有人认为，不同商品的销售量是不同度量的现象，因为它们的计量单位可能不同；而不同商品的价格则是同度量现象，因为它们的计量单位相同，都是货币单位。这种看法是否正确？为什么？

4. 综合指数与平均指数有何区别与联系？

5. 什么是平均指数？它受哪两个因素的影响？

6. 平均指数和平均指标指数有何区别？

7. 什么是指数体系？有什么作用？

8. 综合评价法主要有哪些步骤？

9. 数据无量纲的处理方法有几种？请举例说明。

10. 2022年9月22日，中国网红城市指数指标体系正式向社会各界公布。“中国网红城市指数”旨在利用数字化工具系统性衡量我国网红城市发展成效，通过多维度、多层次的数据整合与交叉分析，构建我国网红城市发展标准，以科学体系引领数字经济时代城市形象塑造和品牌传播。指数立足城市发展实际，着眼“网红”内涵和“长红”潜力两大方向，构建了基础理论框架。指数围绕城市吸引力、潮流消费力、传播影响力和品牌支撑力四个方面，细化出11项二级指标和25项三级指标，分别以城市和区县为样本进行量化评估。中国网红城市指数”的研发将为“推进以县城为重要载体的城镇化建设”背景下各城市，尤其是各区县的建设发展提供方向指引。根据资料信息，并查阅相关资料，你怎么看待网红经济？你认为构建的网红指标体系是否合理？

练习题

1. 今有三种产品单位成本及产量资料如下。

产品名称	单位	单位产品成本(元)		产量	
		基期	报告期	基期	报告期
甲	件	350	320	50	60
乙	台	180	176	50	50
丙	吨	20	20	150	200

计算三种产品的成本总指数和产量总指数。

2. 根据以下资料，试编制产品物量总指数。

产品名称	工业总产值(万元)		个体物量指数%
	基期	报告期	
甲	1800	2000	90.0
乙	1500	1800	95.0
丙	800	1000	100.0

3. 根据以下资料，试编制商品价格总指数。

产品名称	商品销售额(万元)		价格变动率%
	基期	报告期	
甲	500	650	2.0
乙	200	200	−5.0
丙	100	120	0.0

4. 某工厂三种产品产量及现行价格变动资料如下。

产品名称	单位	产量		价格(元)	
		基期	报告期	基期	报告期
甲	件	2000	2500	500	600
乙	台	5000	5500	1000	1100
丙	吨	1500	1800	200	210

计算:(1)三种产品的总价值指数(即工业总产值动态指标);

(2)三种产品报告期总产值增(减)的绝对额;

(3)从相对数和绝对数两方面分析产量的变动对总产值变动的影响和价格变动对总产值变动的影响。

5. 某企业资料如下。

产品名称	生产费用(万元)		产量增长率%
	基期	报告期	
甲	20	24	25
乙	45	48.5	40
丙	35	48	40
合计	100	120.5	—

计算:(1)产品产量总指数及由于产量增长而增加的生产费用;

(2)单位产品成本总指数及由于单位产品成本下降而节约的生产费用。

6. 某企业有如下资料:

工人类别	工人人数(人)		月工资总额(万元)	
	基期	报告期	基期	报告期
技工	300	400	210	300
普工	200	600	80	270

要求:(1)分析该企业工人总平均工资的变动及其原因;

(2)分析该企业工人工资总额变动及其原因。

7. 三个地区同一种商品的价格和销售量资料如下表。

地　区	商品价格(元)		销售量(万件)	
	基 期	报告期	基 期	报告期
代表符号	p_0	p_1	q_0	q_1
甲	9	9	20	40
乙	10	9	30	40
丙	12	12	30	20

答:(1)计算三个地区总的平均价格指数;

(2)用相对数和绝对数分析说明三个地区总的平均价格变动中,各地区价格变动和销售量结构变动的影响。

8. 某商店三种商品的销售资料如下。

商品名称	销售额(万元)		今年销售量比去年增长(%)
	去年	今年	
甲	150	180	8.0
乙	200	240	5.0
丙	400	450	15.0

要求:(1)计算销售量指数;

(2)计算销售额指数和价格指数;

(3)试从相对数和绝对数两方面简要分析销售额变动所受的影响。

9. 某企业三个车间的资料如下。

车间	总产值(万元)		工人数	
	一季度	二季度	一季度	二季度
甲	40	50	50	80
乙	60	100	150	200
丙	120	150	200	200

要求:从相对数和绝对数两个方面说明综合劳动生产率变动所受的因素影响。并分析由此变化而引起总产值增加的绝对数。

10. 有甲、乙两企业均生产某种产品,其成本资料如下。

企业	单位成本		产量比重(%)	
	基期	报告期	基期	报告期
甲	10	4.5	40.0	60.0
乙	5	9.5	60.0	40.0

试分析不同企业产量结构和单位成本水平的变动对两企业平均成本变动的影响情况。

第十一章　国民经济统计基础知识(选学内容)

"绿水青山就是金山银山。"

——习近平

引例:"免费"内容产品核算问题[①]

进入 21 世纪以来,随着互联网、物联网、大数据、人工智能等数字化技术的快速发展及其与国民经济运行中生产和消费等环节的深入融合,数字化转型发展模式应运而生并成为促进经济增长的"新引擎"。然而,世界上相当一部分国家的宏观经济统计指标却没有基于数字化转型而进行相应的改进和完善,因此近年来国际上关于数字化技术导致目前核算框架下 GDP 存在漏统现象的争论不绝于耳,数字化转型背景下的宏观经济测度问题已成为当前国内外经济统计学界面临的重要挑战。

国民经济核算体系是对整个国民经济运行或社会再生产过程进行计算、测定和描述的宏观经济信息系统。社会生产是国民经济最基本的活动,其目的是向社会提供尽可能多的最终使用的社会产品。供社会最终使用的社会产品的价值就是国内生产总值。从生产到使用有一个价值分配过程,国民经济生产、分配和使用就是围绕国内生产总值进行的。因此,国内生产总值是反映国民经济生产、分配和使用总量、进行经济分析、制定经济发展战略的中心指标。

在农业经济与工业经济时代,人们通常以购买实体产品的方式来获取信息、知识或娱乐。而在数字经济时代,数字化技术改变了知识与信息的载体,人们能够利用互联网搜索引擎获取知识与信息,运用手机或电脑软件收听音乐并观看视频,使用社交媒体进行语音通话,利用开源代码进行数据统计分析等。数字化内容产品可谓无处不在,并为人们的生产和生活带来了前所未有的便利。在数字化技术快速发展的背景下,网络搜索引擎、视频网站、社交媒体等借助数字化技术向住户提供大量免费或价格相当低廉的产品,再通过获取企业支付的广告费等方式来获得收入。"免费"内容产品在数字经济运行中扮演重要角色,然而,其内容生产以及住户对其的最终消费却被忽略或者被严重低估,给数字化背景下的生产统计、消费统计和收入统计等经济统计理论带来严峻挑战(许宪春等,2021)。近年来,多位国内外学者均指出,由于未将"免费"在线内容等数字化转型背景下衍生出的新产品与新服务价值考虑在内,GDP 核算数据出现一定程度的低估现象。

数字化转型已成为不可逆转的经济发展模式,数字经济统计测度亦是当下亟待解决的统计难题,"免费"内容产品核算是数字经济研究领域的重要组成部分,也是数字经济统计领域亟待解决的前沿问题。"免费"内容产品核算研究对完善数字经济统计测度体系、准确评判数字经济发展水平及其对宏观经济运行的贡献程度均具有重要的理论和实践意义。国际上,美国经济分析局(简称 BEA)、经济合作与发展组织(简称 OECD)以及一些学者已对"免费"内容产品核算开展了一些探索性研究。

国民经济核算体系包括哪些内容?国民经济核算体系的基本框架有哪些?

---

① 许宪春,张美慧,张钟文."免费"内容产品核算问题研究[J].统计研究,2021,第 38 卷(9):3－18

第一节　国民经济核算的概述

国民经济核算(National Accounting),简称国民核算,是指通过一系列的科学核算原则和方法,把描述国民经济运行过程中的部门、行业等收集整理的基本指标有机结合起来,反映整个国民经济运行状况的系统而详尽的数据。它是对一定范围和一定时间的人力、物力、财力资源与利用所进行的计量;对生产、分配、交换、消费所进行的计量;对经济运行中形成的总量、速度、比例、效益所进行的计量。国家、集体、个人三者之间如何进行分配?积累与消费的比例如何?投入与产出、部门与部门、环节之间的比例是否协调?都需要采用科学方法进行计量,即国民经济核算,它是适应国民经济与社会发展的需要而逐步形成并发展起来的。

一、国民经济核算概念和体系

(一)国民经济核算

国民经济核算是以整个国民经济或社会再生产为对象的宏观核算。它以一定的经济理论为指导,综合应用统计、会计和数学等方法,对一国(或一地区)在一定时期内的经济活动及其结果所进行的全面、系统的计算和测定,系统描述社会再生产全过程,以及国民经济各部门在国民经济运行中的地位、作用和相互联系。为了解经济运行和经济发展,发现问题、分析问题、找到规律,为经济决策服务的重要信息资源。同时国民经济核算作为一项应用性统计技术,它是由政府组织进行的一项重要统计工作,世界各国基本如此。我国的国民经济核算是由国家统计局负责领导、设计和具体实施并定期公布统计结果的。例如2022年初发布的《2021年国民经济和社会发展统计公报》。

(二)国民经济核算体系

国民经济核算体系有两种含义。

一种含义是指为进行国民经济核算而制定的标准和规范。它以一定的经济理论为基础,明确规定一系列核算概念和核算原则、制定一套反映国民经济循环的核算指标和科学的核算方法以及相应的表现形式,为国民经济核算提供标准和规范。国民经济核算的这些标准和规范不仅是保证国民经济核算的客观性和完整性所不可缺少的,而且是正确地理解和使用国民经济核算资料进行国际比较所必需的。

另一种含义是指国民经济核算资料。它是遵循一定的国民经济核算体系的标准和规范而对国民经济进行全面核算的结果。它通过具有内在联系的总量数据和分部门数据,系统地反映从生产、分配和交换、使用这一经济循环全貌,为国家宏观管理提供科学依据。它是整个经济信息系统的核心,是国家科学决策系统的基础。

通常所说,国民经济核算体系是对整个国民经济运行或社会再生产过程进行计算、测定和描述的宏观经济信息系统,就是对上述两种含义的概括表述。国民经济核算是高层次的宏观经济核算。它既源于统计、会计、业务三大核算,又高于三大核算。说它源于三大核算,是因为国民经济核算必须建立在三大核算的基础上,广泛利用各种核算资料,否则国民经济核算就成为无源之水、无本之木;说它高于三大核算,是因为它是三大核算的综合和升华,它把来自各方面的核算资料纳入统一的国民经济核算体系,经过多方面的、反复的加工和调整,使之形成一个完整、统一的综合体系,同时,在国民经济核算体系的统率下,按照标准化、通用化、系列化的要求来协调三大核算,使之互相衔接,逐步趋于统一。

二、国民经济核算的基本概念

我国国民经济核算涉及一系列基本概念,下面对一些重要概念作简单介绍。

(一)常住单位

常住单位是指在我国经济领土范围内具有经济利益中心的经济单位。

1. 经济领土

我国经济领土指我国政府控制的地理领土和管辖区,包括:我国领陆(含海岛)及其底土、领水及其底土、领空;我国行使主权权利和管辖权的领海毗连区、专属经济区和大陆架;我国在国外的"飞地",即位于其他国家,通过正式协议为我国政府所拥有或租借、用于外交等目的、具有明确边界的地域,如我国驻外使领馆用地。但不包括我国地理边界内的外国和国际组织的"飞地"。

2. 经济利益中心

一单位在我国的经济领土范围内具有一定的场所,如住房、厂房或其他建筑物,从事一定规模的经济活动并超过一定时期(一般以一年为操作准则)则视该经济单位在我国具有经济利益中心。

(二)生产

生产是在机构单位负责、控制和管理下,利用劳动和资本等要素,将某些货物和服务投入转化为另一些货物和服务产出的过程。

我国国民经济核算的生产范围包括以下部分:

第一,生产者提供或准备提供给其他单位的货物或服务的生产;

第二,生产者用于自身最终消费或固定资本形成的所有货物的自给性生产;

第三,生产者为了自身最终消费或固定资本形成而进行的知识载体产品的自给性生产,但不包括住户部门所从事的类似的活动;

第四,自有住房提供的住房服务,以及雇佣有酬家庭服务人员提供的家庭和个人服务的自给性生产。

知识载体产品指为使消费单位能够重复获取知识,而提供、存储、交流和发布的各种信息、咨询和娱乐产品。包括一般或专业信息、新闻、咨询报告、电脑程序、电影、音乐等产品。这些服务活动生产的产品可能具有货物的许多特征。

(三)消费

消费即最终消费是指常住单位在一定时期内为了满足个人和公共需要而使用货物和服务的行为。包括从本国经济领土和国外购买的货物和服务的支出,不包括非常住单位在本国经济领土内的消费支出。最终消费分为居民消费和政府消费。

居民消费是居民为了个人最终消费需求而购买的(或以其他方式获得的)物质产品和劳务的全部支出(消费)。政府消费指政府为社会提供公共服务的支出和政府免费或以较低价格向居民提供的消费货物和服务所承担的净支出。

(四)资产

资产是根据所有权原则界定的经济资产,即资产必须为某个或某些经济单位所拥有,其所有者因持有或使用它们而获得经济利益。

资产包括金融资产和非金融资产。金融资产包括通货、存款、贷款、股权和投资基金份额、债务性证券、保险准备金和社会保险基金权益、金融衍生品和雇员股票期权、国际储备、直接投资等。非金融资产包括由生产过程创造出来的固定资产(包括知识产权产品)、存货、贵重物品等生产资产和某些不是生产过程创造的、但符合经济资产条件的自然资源资产、商誉等非生产资产。其中,知识产权产品是研究、开发、调查或者创新等活动的成果,开发者通过销售或者在生产中使用这些成果而获得经济利益。知识产权产品主要包括研究与开发、矿藏勘探与评估、计算机软件与数据库、娱乐及文学和艺术品原件等。

资产范围中不包括无法有效确认所有权的大气等自然资源与环境，以及尚未发现或在现有条件下难以开发利用、短期内不能为其所有者带来任何经济利益的矿藏。

三、国民经济核算的基本分类

(一)机构单位和机构部门分类

经济总体由全部常住机构单位构成；机构部门分类是把全部常住机构单位归并在彼此不重叠的集合中。

1. 机构单位

机构单位是国民经济核算的基本经济单位，它是指能够以自己的名义拥有资产和承担负债，能够独立地从事经济活动并与其他实体进行交易的经济实体。机构单位具有以下特点：一是独立拥有货物和资产，能够与其他机构单位交换货物或资产的所有权；二是能够直接作出经济决定，从事经济活动，并能以自己的名义承担法律责任；三是能够以自己的名义签订合同，承担负债、其他义务或未来的承诺；四是能够编制包括资产负债表在内的在经济和法律上有意义的完整的会计报表。

在现实经济生活中，具备机构单位条件的单位主要有两类，一类是住户，一类是得到法律或社会承认的法律实体或社会实体。

2. 机构部门分类

把经济目的、功能和行为相似的机构单位归并在彼此不重叠的集合中，就形成了机构部门。我国国民经济核算中把所有常住机构单位划分为五个机构部门，即非金融企业部门、金融机构部门、广义政府部门、为住户服务的非营利机构部门和住户部门。

(1)非金融企业与非金融企业部门。非金融企业指主要从事市场性货物生产、提供非金融市场服务的常住企业，主要包括农业企业、工业企业、建筑业企业、批发零售业企业、交通运输业企业等各类非金融法人企业。所有非金融企业组成非金融企业部门。

(2)金融机构与金融机构部门。金融机构指主要从事金融媒介以及与金融媒介密切相关的辅助金融活动的常住机构单位，包括从事货币金融服务、资本市场服务、保险服务、其他金融服务等活动的法人单位。所有金融机构组成金融机构部门。

(3)广义政府机构与广义政府部门。广义政府机构指在设定区域内对其他机构单位拥有立法、司法或行政权的法律实体及其附属单位，主要包括各级党政机关、群众团体、事业单位、基层群众自治组织等。广义政府机构的主要职能是利用征税和其他方式获得的资金向社会和公众提供货物和服务；通过转移支付，对社会收入和财产进行再分配；从事非市场性生产。所有广义政府机构组成广义政府部门。

(4)为住户服务的非营利机构和为住户服务的非营利机构部门。为住户服务的非营利机构指从事非市场性生产、为住户提供服务、其资金主要来源于会员会费和社会捐赠且不受政府控制的非营利机构，例如宗教组织，各种社交、文化、娱乐和体育俱乐部，以及公众、企业、政府机构、非常住单位等以现金或实物提供资助的慈善、救济和援助组织等。所有为住户服务的非营利机构组成为住户服务的非营利机构部门。

(5)住户与住户部门。住户指共享同一生活设施，共同使用部分或全部收入和财产，共同消费住房、食品和其他消费品与服务的常住个人或个人群体。住户部门既是生产者，也是消费者和投资者。作为生产者，住户部门包括所有农户和个体经营户，以及住户自给性服务的提供者。所有住户组成住户部门。

上述五个机构部门构成我国的经济总体。与我国常住单位发生交易的所有非常住单位称为国外。对于国外来说，并不需要也不可能核算其发生的所有经济活动，只需核算它与我国常住单位间发生的交易活动以及累计形成的资产负债关系。国外不是一个机构部门，但为表述方便，本体系将其视同为机构部门处理。

(二)产业活动单位和产业部门分类

1. 产业活动单位

产业活动单位是指在一个地点从事一种或主要从事一种类型的生产活动，并具有收入和支出会计核算资料的生产单位。产业活动单位是为生产核算设立的，其目的在于比较准确地反映各种类型产业活动的生产规模、结构等。

产业活动单位应同时具备以下三个条件：一是从事相对独立的生产活动。一个产业活动单位或者只从事一种生产活动，或者虽然从事两种及两种以上的生产活动，但主要活动在单位的增加值中占有相当大的比重。二是有相对固定的生产场所。如果一个单位在不同的地点从事生产活动，即使是同一种类型生产活动，也要划分为不同的产业活动单位。三是能够独立提供收入和支出会计核算资料。

2. 产业部门分类

产业部门分类是按照主产品同质性原则对产业活动单位进行的部门分类。中国国民经济核算体系根据国民经济行业分类标准和统计基础情况确定具体的产业部门分类。

第二节　国民经济核算体系的发展历程

一、国民经济核算的世界发展概况[①]

(一)国民经济核算前史

现代国民经济核算是在国民收入统计的基础上产生起来的，而核算体系产生前的国民收入统计可以分成以民间统计为主和官方统计为主的两大阶段。

1. 民间国民收入统计阶段

民间国民收入统计阶段从 1665 年起到第一次世界大战结束(1918 年)，历史漫长，发展比较缓慢。这个时期以民间国民收入估算为主，以个别经济学家或统计学家的民间自发性为特征，没有系统的方法论研究，多是为了研究实际经济问题，没有专门的统计方法论研究，仅在估计方法上有所创新，估算结果可信度也比较低。涉及的国家有英国、法国、俄国、德国、美国、挪威、奥地利和澳大利亚 8 个国家。代表人物如表 11.1 所示：

表 11.1　民间国民收入的代表人物

代表人物	研究内容	贡献
威廉配第(英国)	1665 年创立了国民收入概念，估算中收入等于支出	《政治算术》，国民收入估算第一人
魁奈(法国)	1758 年把国民收入看作部门间的流量，并重视资本存量在扩大国民收入中的作用	《经济表》被认为是投入产出分析、部门间经济流量分析和部门账户的开端
拉瓦锡(法国)	1791 年估算法国国民收入	为了避免重复计算，首次区分了总产品中的中间产品和最终产品
柯格兰(澳大利亚)	1886—1890 年对澳大利亚的国民收入进行估算	第一次连续统计；第一次从生产、分配和使用三方面来表示国民收入；第一次提出采用生产净值指标的思想，即计算国民收入扣除折旧

① 邱东．国民经济核算史论[J]．统计研究，1997，(4)：65—72.

2. 官方国民收入统计阶段(1918－1939 年)

1820 年,英国经济学家马尔萨斯发表《政治经济学原理》,提出由于社会有效需求不足,资本主义存在产生经济危机的可能。1929 年爆发经济大危机之后,凯恩斯(John Maynard Keynes,1883－1946)在 1936 年发表《就业、利息、货币通论》,重提有效需求不足,并建立起比较完整的有效需求不足理论。凯恩斯由此创立的国民收入理论和对经济进行干预的理论,使国民收入统计得到迅速发展。二战以后,西方各国加强了经济管理职能,对经济生活进一步加强干预,逐步形成了国民收入核算体系。

(1)国民收入统计受到了政府的重视。由于政府在经济生活中作用越来越大,也由于世界各国在发展中遇到了许多重大的经济问题,政府和社会组织需要国民经济总量及其结构方面的信息,因而参与或支持了国民收入统计工作。1939 年已有苏联、澳大利亚、加拿大、德国、荷兰、新西兰、美国、土耳其、南斯拉夫、瑞典 10 个国家,由政府承担了国民收入的连续计算工作。

(2)建立了较为系统的概念结构。宏观经济理论的生产和发展既为经济总量统计的规范提供了基础,也向国民收入统计提出了客观要求。经济理论与经济统计互相促进。由于客观需要的强化和工作条件的改善,对国民收入进行连续估计。

(3)国际经济比较和国民经济核算开始受到国际组织和官方的注意。1928 年,国际联盟举办了一次有关经济统计的国际会议,旨在鼓励采用一致的方式编制统计资料,会议决议把国际可比性作为经济统计的一个目标。

1936 年,俄籍美国经济学家列昂惕夫以瓦尔拉的一般均衡理论为思想基础,对投入产出核算及其应用进行了开创性研究,编制出了世界上第一张投入产出表。1973 年,列昂惕夫为此获得了诺贝尔经济学奖。

(二)国民经济核算的产生和发展

1. SNA 的孕育期(1939－1952 年)

二战之后,国民经济核算的研究加速进行。二战结束时,在国际联盟统计专家委员会之下成立了有关国民收入的统计分会。1947 年,英国经济学家斯通所领导的专家小组为国际联盟起草的统计分会报告——《国民收入与的计量和社会账户的建立》,可以看作是 SNA 的萌芽。英国经济学家斯通(R·Stone)和美国经济学家西蒙·史密斯·库兹涅茨(Simon Smith Kuznets)[①]在国民经济核算发展史上做出了重要贡献。1941 年,库兹涅茨发表了重要著作《国民收入及其构成》,把以往对国民收入的研究系统化、理论化,详细阐述了国民收入及其构成的含义及运用现有资料估算国民收入的过程,为西方现代国民收入核算体系奠定了基础,被称为 GNP 之父。由于库兹涅茨在研究人口发展趋势及人

① 库兹涅茨,1901 年出生在沙皇俄国。1920－1923 年在美国哥伦比亚大学获得经济学和数学两个学士学位。1925 年继续在哥伦比亚大学读经济学研究生,发表了《美国零售和批发贸易的周期波动》的长篇博士论文。后来,他利用自己已经掌握的制度学派研究方法,结合自己的特点,形成了新的思想体系,创立了经验统计学。他认为,具体而真实的数据最能反映问题的实质,最富有说服力。1927 年,库兹涅茨到设在纽约的全国经济研究所(NBER)任助理研究员。从那时开始,他收集了主要资本主义国家 19—20 世纪的历史资料,对国民收入进行研究,分析比较各国经济增长速度。第二次世界大战期间,库兹涅茨被美国政府任命为华盛顿战时生产局计划统计处副处长。战后,他被派往中国担任国民党政府资源委员会的顾问。从 1946 年起,他游历了中国的大中城市和农村,走访了许多银行、企业、公司、钱庄及交易所,了解中国的政治、经济,考察发达国家对不发达国家进行经济渗透,给这些地区在经济增长及国民生产总值方面带来的影响。他于 1948 年底回到美国,1949 年被美国统计学会选举为会长。1950 年,他被派往印度,任印度国民收入机构总局的顾问。库兹涅茨两次共计 8 年的东方之行,使他目睹贫穷落后国家的经济状况,深知帝国主义国家对半殖民地经济侵略的后果,这为他研究经济增长史积累了丰富的材料。1954 年,库兹涅茨卸任回国,任约翰·霍普金斯大学政治经济学教授。同年,在美国经济学年会上发表了《高收入阶层在收入和储蓄中占有的份额》的论文,受到与会者的高度评价,被推举为会长。1960 年,库兹涅茨接受哈佛大学聘请,任经济统计学教授。这是他研究国民生产总值的经济的高潮时期。

口结构对经济增长和收入分配关系方面做出了巨大贡献，1971年他被授予诺贝尔经济学奖。斯通[①]主要领导了联合国国民经济核算的研究和统计制度制定工作，库兹涅茨以美国全国经济研究所(NBER)为基础创立和发展了美国国民经济核算理论方法和实际统计工作。

联合国1947年公布的《国民收入的计量和社会核算表的编制》。1950年，欧洲经济合作组织公布了《简明国民经济核算体系》，以供会员国估算之用，经过修订，1952年又公布了《国民经济核算标准化体系》，这都是国民经济核算体系正式形成过程中的中间成果。

2. SNA的初创期(1953—1967年)

1953年，以联合国统计委员会的名义公布了《国民核算表及补充表体系》(称旧SNA)，是以国民收入生产、分配和使用过程为基础来描述国民经济运行的国民经济核算体系成熟发展的重要标志。它标志着SNA的正式诞生，国际的国民经济核算工作开始脱离了无序状态。

旧SNA的重心在于国民收入与生产核算，对核算内容的体系化还只是初步，可以说国民收入与生产核算是传统国民收入统计到现代国民经济核算的中间过渡形态。在1960年和1964年，又进行了两次小的修订。可以看作是1968年核算内容扩充的前期尝试。

1952年出版的《美国货币流量的研究》中，美国经济学家考普兰首次提出将资金流量表与国民收入核算结合在一起，用来全面反映一国的货币收支情况，资金流量核算是对传统金融统计的重大变革。美国经济学家戈德史密斯在二战后对国民资产负债表和国民财富表的编制进行系统研究，在美国国情普查局研究的基础上，又取得了突破性进展。英国经济学家米德在1951年出版的《国际收支》一书中，首次把国民收入与国际收支联系起来，分析了二者变动的相互影响，这为后来把国际收支核算纳入国民经济核算提供了理论支持。

3. SNA的成长期(1968—1992年)

经过国民经济核算专家们的精心设计和开发，1968年SNA经重大修订后公布于众。SNA吸纳了开创之初还难以包容的部分：投入产出核算、资金流量核算、国际收支核算等，另外，对资产负债核算纳入体系也作了前期准备。

1968年SNA设计了一套容量为20个账户的体系，账户分为三大类：第一类是国家的合并账户，第二类是生产、消费支出和与资本形成有关的账户，第三类则是和收入与支出、资本筹集有关的账户。此外还有一套26张核算辅助表和补充表，以全面系统地反映国民经济运行状况。SNA采用矩阵式平衡表作为新的核算手段，从而形成了一个以账户式平衡表为基本形式、以矩阵式平衡表为综合形式、以单式平衡表为补充形式的核算形式体系。

联合国1968年公布的《国民经济核算体系》(The System of National Accounts，简称SNA)，并于1970年在世界各国推行实施，20世纪90年代发展到170多个国家采用。

4. SNA的成熟期(1993年以后)

1993年联合国第27届统计委员会会议又通过了关于SNA的修改方案，在总结各国SNA实践和应用基础上，进一步改进和完善了国民经济核算体系。这次修订标志着SNA的成熟。目前国际上基

---

① 斯通，英国经济学家。1913年出生于伦敦。1938年获剑桥大学硕士学位，1957年获剑桥大学博士学位。在第二次世界大战中曾先后在经济作战部和中央统计局任高级统计师。1945年，剑桥大学成立应用经济学系，任第一届系主任。以后还曾任剑桥大学君王学院研究员、会计审计协会名誉会长、美国科学院研究员。1955—1980年，任剑桥大学财务和会计学教授。1978年被封为爵士，并当选为英国皇家经济学会主席。1984年获诺贝尔经济学奖。斯通在经济学许多领域，包括计量经济学、消费经济学都有建树。他最重要的贡献是首创国民收入帐户体系。1940年，他把会计学的平衡原理和复式记账法引入国民收入与支出的统计工作当中。1941年，他与米德合著《国民收入与支出》，成为这方面的标准教科书。1945年他领导了一个国民帐户研究小组，研究各国通用的国民收入帐户原则。1950年，他建议把投入—产出表与国民帐户结合起来。1953年，他领导一批专家制订了《国民帐户体系及辅助表》，1968年他又主持为联合国制定了新的《国民帐户体系》。著有《国民收入与支出》《英国消费者支出和消费者行为的测量》《社会科学中的数学和其他论文》《经济中的数学模型和其他论文》《人口统计计算与模型的建立》等。

本实行 SNA 基础上的国民经济核算体系，国民经济核算体系实现了全球一体化。

由此可知，国民经济核算体系是 20 世纪以来经济学领域最伟大成就之一。它通过国民经济统计指标体系数据，系统地反映从生产、分配到交换、使用的经济循环全过程，以及各部门在社会再生产中的地位、作用和相互联系。它是国家治理体系和治理能力现代化的重要依据与工具。

在 SNA 之外，还曾经并存过一个国际核算体系，即物质平衡表体系。它是产生于苏联、东欧高度集中的计划经济国家的物质产品平衡表体系，简称东方体系 MPS(System of Material Product Balance)。1950 年，在经过多年的理论研究和核算实践基础上，苏联中央统计局统一制定了一系列国民经济平衡表。主要包括：国民经济综合平衡表；国民经济劳动资源平衡表；社会产品生产、消费和积累平衡表；财政平衡表；固定资产平衡表等等，从而形成了以国民经济综合平衡表为中心，包括人、财、物平衡表在内在物质平衡表体系。1971 年，正式制定了《国民经济平衡表的基本原理》，并以联合国统计委员会的名义公布。1990 年以后，随着苏联的阶梯、东欧国家的转型，也由于 MPS 自身的重大缺陷，多个国家放弃使用东方体系，逐步向 SNA 过渡。

二、新中国成立后国民经济核算体系的发展

新中国成立后，我国仿照苏联的国民经济核算工作，推行物质平衡表(MPS)，先后编制了国民收入的生产、分配、消费和积累的核算。改革开放后国民经济得到持续不断地快速发展，原有的 MPS 已经难以适应国家宏观经济管理发展的需要，逐渐转向国民经济核算 SNA 体系。从国民经济核算体系国际标准的持续变化，我国国民经济核算体系不断升级。中国国民经济核算的历史实际上是从前者向后者过渡的历史。具体说来，中国国民经济核算经历了四个阶段：MPS 体系的建立和发展阶段，MPS 体系与 SNA 体系并存阶段，SNA 体系下的发展阶段，SNA 体系下的成熟阶段。

(一)MPS 体系的建立和发展阶段

1952 年，刚刚成立的国家统计局在全国范围开展了工农业总产值调查，从此开始了我国工农业总产值核算。后来，又从工农业总产值核算扩大到农业、工业、建筑业、交通运输业和商业饮食业五大物质生产部门总产值，即社会总产值核算。从 1954 年开始，国家统计局在学习苏联国民收入统计理论和方法的基础上，开展了我国国民收入的生产、分配、消费和积累的核算。1956 年，国民统计局派团对苏联国民经济核算工作进行了全面考察，随后在我国全面推行 MPS 体系。先后编制了社会产品生产、积累和消费平衡表，社会产品和国民收入生产、分配、再分配平衡表，劳动力资源和分配平衡表等 MPS 体系中的一系列重要表式。但由于“大跃进”和“文化大革命”使国民经济核算遭受了两次大的挫折，国民核算陷入停顿状态。“文化大革命”之后，中国的国民经济核算工作陆续恢复和发展。首先恢复了 MPS 体系的国民收入核算，随后又编制出两张 MPS 体系的全国投入产出表，即 1981 年投入产出表和 1983 年投入产出表。这些核算在改革开放初期的国民经济计划和管理工作中发挥了重要作用。

随着经济体制改革的推进，MPS 的缺陷显现出来：一是侧重于反映物质生产状况，难以反映非物质生产发展的情况，与国家大力发展第三产业的要求不相适应，既不利于反映综合国力，也不利于全面掌握产业结构。二是侧重于反映实物流量，难以系统反映社会资金运动情况，与国家转变经济管理的职能不相适应，不利于国家运用财政和金融政策调控宏观经济。三是侧重于生产核算，分配、消费、积累等方面的核算比较薄弱，难以反映国民经济循环全貌及各环节之间的衔接情况，与国家掌握国民经济运行和进行总体平衡的要求不相适应。四是核算方法单一，缺乏联系性和严密性。

(二)MPS 体系与 SNA 体系并存阶段

随着改革开放的深入和国民经济的发展，继续沿着 MPS 的方向恢复和发展中国的国民经济核算，已经不能满足国家宏观经济管理工作的需要。在这种情况下，我国在继续开展 MPS 核算的同时，

逐步研究和开展SNA核算。1985年,开始SNA体系的国内生产总值核算;1987年,开始编制SNA体系的投入产出表;1992年,开始编制SNA体系的资金流量表。

与此同时,从1984年起,国务院成立了专门机构,组织领导新国民经济核算体系的研究设计工作。在这一机构的领导下,国家统计局会同有关部门在总结我国当时的国民经济核算实践经验和理论研究成果的基础上,制定了《中国国民经济核算体系(试行方案)》。该方案采纳了SNA的基本核算原则、内容和方法,保留了MPS体系的部分内容,是一个MPS与SNA的混合型体系。主要进行了四方面改革:一是扩大了核算的范围。从原来单纯的物质产品核算扩大为包括服务在内的全面核算;从原来财政、信贷资金运动扩大到全社会资金运动的核算。二是充实了核算内容。在总量核算的基础上,充实了反映部门间经济技术联系的投入产出表;从部分价格指数的计算扩大到国民经济综合价格指数统计;从流量核算扩大到对实物资产和金融资产的存量核算。三是改进了核算方法。根据我国国民经济核算的需要,借鉴国外经验,采取了账户、矩阵和平衡表相结合的核算方法,为进行国民经济的总量核算、结构核算和各种数量分析提供了条件。四是提高了国际比较能力。吸收了国际上不同核算方法的长处,并采用了板块的转换结构,可进行MPS和SNA两种核算体系的相互转换,既方便与外国比较,又适应当时国民经济管理和决策的需要。

1992年1月,国务院组织有关方面专家进行论证,通过了这一方案。同年8月,国务院办公厅发出《关于实施新国民经济核算体系方案的通知》,要求在全国范围内分步实施这一体系。

表11.2梳理了1978—1992年国民经济核算大事件。

表11.2 1978—1992年国民经济核算大事件

时间	事件
1981年	开始编制国际收支平衡表
1984年	启动对联合国国民账户体系(SNA)的研究工作
1985年	着手建立国民生产总值和第三产业产值统计
1986年	试编全国资金流量表
1987年	建立国民生产总值统计报表制度和全国投入产出调查制度,开始核算国民生产总值和国内生产总值
1989年	试行支出法国内生产总值核算
1989年3月	中国国家统计局与德国慕尼黑发展中国家高级应用统计培训中心在昆明联合举办国民经济核算体系研讨班
1992年	在全国范围内分步实施新国民经济核算体系方案,开展季度国内生产总值核算,探索资产负债核算

(三)SNA体系下的发展阶段

随着改革开放的深化和国际形势的变化,国民经济核算体系的MPS内容失去了存在的价值。一是MPS失去了理论支撑。党的十四大确立了建立社会主义市场经济体制的改革目标,实现了社会主义经济理论的重大突破,使MPS失去了生存的条件与发展的空间,为国民经济核算改革与发展清除了理论上的障碍。二是MPS不能满足宏观管理的需要。国民经济核算工作实践表明,MPS在反映国民经济发展变化方面的缺陷和不足越来越明显。它的生产范围的狭窄性、反映不同类型市场主体的经济地位及其相互联系和相互作用的无力性、核算原则的非市场性、反映开放经济的不合理性、核算方法的单一性等,已难以满足社会主义市场经济下宏观管理的需要。三是MPS的国际比较性与通用性消失。作为MPS的发源地,苏联和东欧国家于1990年代初纷纷废除MPS、转向实行SNA。1993年联合国统计委员会第27届会议通过决议,取消MPS,在全球范围内通用SNA。

从1993年起,以取消MPS的国民收入核算为标志,中国国民经济核算实际上已经从MPS体系和 SNA 体系并存阶段，进入了 SNA 体系的发展阶段。在这一阶段，我国开始编制 SNA 体系的资产负债表和国民经济账户，并且对整个国民经济核算制度方法进行了不断的改革。从 1999 年开始，在总结 1992 年以来国民经济核算制度方法改革成果和实践经验，深入研究最新国际标准——1993 年 SNA 的基础上，国家统计局对《中国国民经济核算体系（试行方案）》进行了系统的修订，取消了 MPS 的核算内容，清理了基本概念，修订了基本框架，充实了核算内容，调整了有关表式的指标设置，形成了《中国国民经济核算体系（2002）》。新方案广泛地征求了各方面的意见和建议，于 2003 年 3 月正式出版，用于规范和指导今后一定时期内我国的国民经济核算工作。

主要作了四方面改进：一是取消了物质生产部门和非物质生产部门的划分、国民收入统计、主要商品资源与使用平衡表、财政信贷资金平衡表等适应计划经济管理需要的内容，以便能够适应我国市场经济条件下经济管理的需要。二是删除了操作性不强的内容。经济循环矩阵是把国民经济核算体系的所有核算内容有机地联系在一起的一张矩阵表式，调整账户是用来反映由于非交易因素引起的资产和负债的变动。这两部分内容尽管它们都是国民经济核算国际标准的组成部分，但由于在我国其操作性不强，因此，新的国民经济核算体系取消了相应内容。三是增加和完善了反映我国市场经济和可持续发展方面的内容。增加了国际投资头寸表，用来反映对外经济交往中产生的资产和承担的负债情况；完善自然资源实物量核算表、人口资源与人力资本实物量核算表，用来反映主要自然资源、人口资源及人力资本的拥有量及其变动情况。这些核算表为分析对外经济活动和可持续发展提供了依据。四是规范了有关交易分类，提高了国际可比性。

（四）新 SNA 体系下的成熟阶段

随着社会主义市场经济的发展，我国经济生活中出现了许多新情况和新变化，宏观经济管理和社会公众对我国国民经济核算产生了许多新需求。国民经济核算国际标准也发生了变化。2009 年，联合国等五大国际组织联合颁布了新的国民经济核算国际标准——《国民账户体系 2008》（2008 年 SNA）。为更加准确地反映我国国民经济运行情况，更好地体现我国经济发展的新特点，满足经济新常态下宏观经济管理和社会公众的新需求，实现与国民经济核算新的国际标准相衔接，提高我国国民经济核算方法和核算数据的国际可比性，国家统计局会同国务院有关部门及高等院校和科研机构，对 2008 年 SNA 和我国经济社会发展变化情况进行了深入研究，根据我国实际情况，借鉴其他国家的有益经验和做法，对《中国国民经济核算体系（2002）》进行了全面系统的修订。国家统计局以习近平新时代中国特色社会主义思想为指导，按照党的十八届三中全会关于加快建立国家统一的经济核算制度的要求，遵循新发展理念，基本框架、基本概念和核算范围、基本分类、基本核算指标以及基本核算方法等方面进行了系统修订，形成了《中国国民经济核算体系（2016）》。2017 年，国务院批复国家统计局组织实施。同时，做出了三大核算改革的重大部署，国家统计局会同有关部门研究制定了《地区生产总值统一核算改革方案》《全国和地方资产负债表编制工作方案》和《编制自然资源资产负债表试点方案》，并经中央全面深化改革委员会会议审议通过。

主要有以下几个方面的变化：

第一，完善 GDP 核算方法，推进创新发展。随着创新发展的不断推进，研发（R&D）活动在国民经济和社会发展中的作用越来越大，其资本属性十分明显。我国参照国际标准，将 R&D 支出由原来作为中间消耗不计入 GDP 修改为作为固定资本形成计入 GDP，从而鼓励全社会加大 R&D 投入，推进科技创新，引导发展从要素驱动、投资驱动转向创新驱动。

第二，建立地区生产总值统一核算制度，增强协调发展。长期以来，我国 GDP 核算采取的是分级核算，即国家统计局统一核算国家 GDP，地方统计局核算地方生产总值，经国家统计局审核后发布。这种核算制度在一定程度上助推了地方发展中的“唯 GDP 论”，不仅会引导粗放式增长，加剧发展不平衡不充分问题。党的十八届三中全会提出要加快建立国家统一的经济核算制度，中央深改委第三十六次会议审议通过《地区生产总值统一核算改革方案》,2019年在全国实施。

第三,健全资源环境核算,支撑绿色发展。为了践行新发展理念,支撑绿色发展,我国借鉴联合国《环境经济核算体系》(SEEA)的框架与方法,将资源环境纳入国民经济核算体系,建立了资源环境核算,核算自然资源资产负债,弄清楚资源、环境和生态的状况,揭示资源—环境—经济社会之间的相互影响关系。核算的内容主要包括三点:一是核算环境成本、环境质量退化成本与环境改善效益,反映经济社会发展的环境代价;二是核算环境容量,揭示基于环境容量的环境承载能力;三是核算生态系统生产总值,评估生态绩效。

第四,完善国际收支核算,服务开放发展。国际收支核算考虑了全球化带来的经济形势的变化和金融及技术创新,进一步强调国际投资头寸和资产负债表方法的有关变化,加强国际收支账户和其他宏观经济账户之间的内在联系,调整国际收支平衡表和国际投资头寸表的内容,与《国际收支和国际投资头寸手册(第六版)》进行了衔接,从而全面服务开放发展。

第五,完善收入与消费核算,助推共享发展。一是确立经济所有权核算原则。通常,经济所有权和法定所有权同属一个所有者。当两者分离时,按照法定所有权核算有关交易,可能使相关交易核算结果脱离客观实际。二是完善收入分配核算。随着全面深化改革的不断推进,会有越来越多的企业把

表 11.3　1992年至今我国国民账户体系(SNA)建立的大事件

时间	事　件
1996年1月22日	试编经济循环账户和资产负债表。国家统计局印发《经济循环账户统计报表制度(试行)》和《国民资产统计报表制度(试行)》。国家统计局从1995年1月起开始编制经济循环账户的准备工作,1995年10月制定了《经济循环账户试编方案》,1996年10月完成试编。1996年12月,国家统计局初步完成1995年度全国资产负债表的编制,这是我国首次编制出国民资产负债表。
1997年	首次公布资金流量表
1999年	建立季度地区生产总值核算制度
2003年	《关于我国GDP核算和数据发布程序的改革》国统字〔2003〕70号和《国务院办公厅转发国家统计局关于改进地区GDP核算工作意见的通知》(国办发〔2004〕82号),对GDP核算和数据发布制度进行改革。年度、季度GDP核算按初步核算、初步核实和最终核实三个步骤进行
2004年	建立地区生产总值数据联审制度,根据日益丰富的统计资料,先后制定了经济普查年度和非普查年度的GDP核算方法
2006年	建立国内生产总值历史数据修订制度
2008年	研究探索供给使用核算框架
2010年12月	"中国供给使用核算"国际研讨会议在重庆召开
2012年3月	《季度地区生产总值核算方案》(国统字〔2012〕20号),改进了银行及其他金融活动核算方法、规范了其他营利性服务业营业税增长速度的计算
2015年9月	季度GDP核算由累计核算改革为分季核算
2016年6月	编制自然资源资产负债表试点工作正式启动
2016年7月	实施研发核算方法改革,将能够为经营者带来经济利益的研发支出纳入GDP
2017年1月	改革GDP核算和数据发布制度,精简数据发布步骤。由原来的初步核算、初步核实和最终核实三个步骤调整为初步核算和最终核实两个步骤
2019年11月	国家统计局召开地区生产总值统一核算改革动员部署会议
2021年6月	"2021年中国国民经济核算改革与发展研讨会"在成都西南财经大学召开,会议议题有"地区GDP统一核算改革""中国供给使用表编制方法""第四次经济普查年度资金流量表编制方法改革""中国资产负债表编制方法"等

雇员股票期权作为激励制度。因此，将雇员股票期权计入劳动者报酬，既能理顺收入分配关系，共享发展成果，又能提高员工的积极性，增强企业的竞争力。三是建立实际最终消费核算。例如，政府以实物转移形式对住户提供的教育和医疗卫生服务，这些服务的真正受益者是居民，属于居民实际最终消费。因此，实际最终消费指标，既能反映居民的真实消费水平，又能反映共享发展的成效。

第六，建立新经济核算，支撑新动能发展。新经济主要包括数字经济、共享经济、信息经济、生物经济、绿色经济、创意经济、智能制造经济等，它们能够极大推动高质量发展，建设现代化经济体系。我国正在积极建立新经济的基本概念、新经济统计分类标准、新经济专项统计制度、新经济核算的基本方法、新经济统计指标体系，改进经济发展新动能指数的核算方法，探索新经济核算的资料来源。

第七，改革居民自有住房服务核算方法，促进结构性改革。我国房地产市场日新月异，市场房价和房租上涨迅猛，但房屋建造成本并没有同步上涨，导致按照成本法计算的城镇居民自有住房服务价值存在低估现象。因此，采用国际通行的市场租金法核算城镇居民自有住房服务价值，可以准确反映居民消费支出和房地产业增加值，进而科学核算居民消费率和第三产业增加值比重，促进结构性改革与发展。

第八，编制国家资产负债表，防范经济金融风险。防范经济金融风险，保障国民经济安全，需要全面掌握国家财富和负债状况，弄清国家“家底”。国家资产负债表综合反映国家资产总量、资产结构、负债总量、负债结构以及资产与负债的关系，同时分别反映国内主要经济主体的资产与负债状况。通过资产负债表中负债项目，可以分析和判断国家经济总体和不同经济主体的债务风险情况，对防范债务风险具有极其重要参考价值。

表 11.3 梳理了 1992 年至今我国国民账户体系建立的大事件。

综上所述，国民经济核算体系之所以要不断修订、持续升级，是因为作为其核算对象的现实经济社会情况随着改革开放在不断变化，作为其理论基础的经济学及相关学科的理论与方法在不断发展，作为其方法基础的数据搜集方法以及相关的统计估算技术在不断更新，如近年来大数据方法的发展。随着人类社会的不断进步与发展，国民经济核算体系将会继续走内涵深化和外延扩展之路，逐步迈向更高层次——国民大核算体系。

第三节　国民经济核算体系的基本框架

一、中国国民经济核算体系的基本框架

《中国国民经济核算体系(2016)》主要由基本核算和扩展核算组成。基本核算是本体系的核心内容，旨在对国民经济运行过程进行系统描述；扩展核算是对核心内容的补充与扩展，重点对国民经济中的某些特殊领域的活动进行描述。基本核算包括国内生产总值核算、投入产出核算、资金流量核算、资产负债核算、国际收支核算；扩展核算包括资源环境核算、人口和劳动力核算、卫生核算、旅游核算、新兴经济核算。中国国民经济核算体系的基本框架见图 11.1 所示，基本核算之间及与扩展核算之间的关系如图 11.2 所示。

(一)基本核算表

基本核算系统地描述了我国国民经济运行全过程。其中的每一部分从某些环节或某些侧面描述经济运行过程。

国内生产总值核算描述生产活动最终成果的形成和使用过程，是国民经济核算体系的核心内容。

投入产出核算是国内生产总值核算的整合和扩展，描述国民经济各部门在一定时期内生产活动的投入来源和产出使用去向，揭示国民经济各部门间相互联系、相互依存的数量关系。

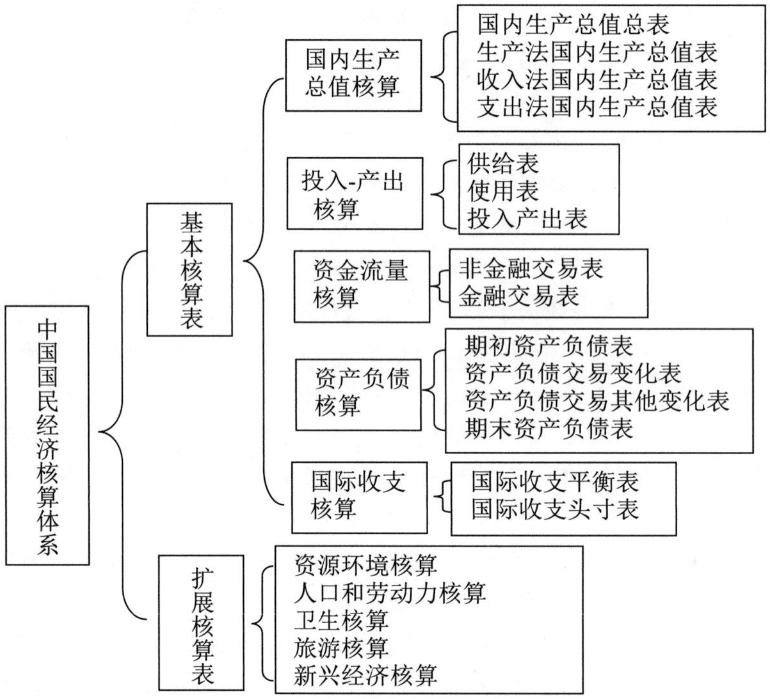

图 11.1　中国国民经济核算体系基本框架

资金流量核算是国内生产总值核算的延伸，以收入分配和资金运动为核算对象，描述一定时期各机构部门收入的分配和使用，资金的筹集和运用情况。

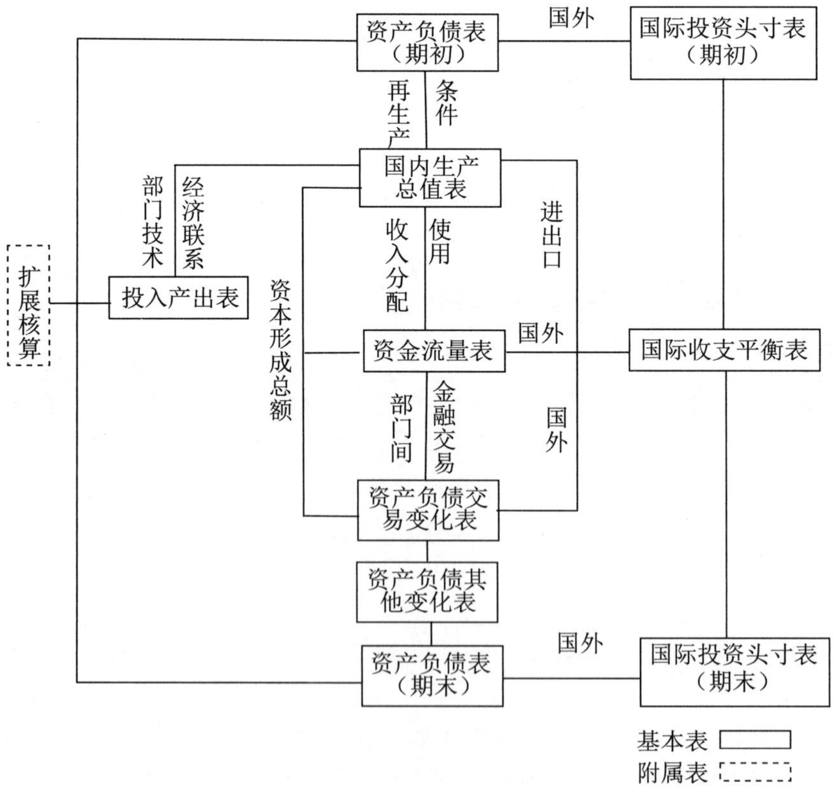

图 11.2　基本核算之间及与扩展核算之间的关系

资产负债核算描述特定时点的资产负债存量和结构情况，以及资产负债从期初到期末之间发生的变化。

国际收支核算全面描述我国常住单位与非常住单位之间的经济往来关系，一方面反映一定时期内发生的对外经济收支往来，另一方面反映对外资产负债存量及其变动状况。

(二)扩展核算

扩展核算是在国民经济核算基本概念和基本分类的基础上，通过对某些基本概念的扩展和某些基本分类的重新组合，以及改变处理方法等，对国民经济中某些领域的活动或与国民经济有密切关系的领域进行详细的描述，以满足特定类型分析和专门领域管理的需要。扩展核算体现了国民经济体系的开放性和灵活性。

二、中国国民经济核算体系的主要内容

(一)国内生产总值核算

国内生产总值是我国所有常住单位在一定时期内生产活动的最终成果。它一方面体现为所有常住单位在生产过程中创造的增加值的总和，另一方面体现为所有常住单位所使用的最终产品价值和净出口的总和。通过国内生产总值核算，可以综合描述经济活动从产品生产到收入形成、最终使用的整个过程。国内生产总值核算包括国内生产总值总表、生产法国内生产总值表、收入法国内生产总值表和支出法国内生产总值表。

1. 国内生产总值总表

国内生产总值总表(见表 11.4)按照总供给等于总需求的原理，把国内生产总值的生产法、收入法和支出法三种核算方法有机的连接在一起。通过这张表，可以从不同的角度反映国内生产总值及其构成，并可在实际核算过程中对三种方法的计算结果进行比较验证。

表 11.4　国内生产总值总表(单位:亿元)

生　　产	金额	使　　用	金额
1. 生产法国内生产总值		1. 支出法国内生产总值	
总产出		最终消费支出	
中间投入(一)		居民消费支出	
2. 收入法国内生产总值		为住户服务的非营利机构消费支出	
劳动者报酬		政府消费支出	
生产税净额		资本形成总额	
生产税		固定资本形成总额	
生产补贴(一)		存货变动	
固定资产折旧		贵重物品获得减处置	
营业盈余		货物和服务净出口	
		货物和服务出口	
		货物和服务进口(一)	
		2. 统计误差	

表的左端是生产方，反映生产活动的成果，即总供给，右端是使用方，反映生产成果的最终使用，即总需求。生产方是从价值创造和收入形成角度反映生产活动的最终成果。生产法国内生产总值构成项目为总产出和中间投入。收入法国内生产总值构成项目为劳动者报酬、生产税净额、固定资产折旧和营业盈余。使用方是从使用去向角度反映生产活动的最终成果。包括最终消费支出、资本形成

总额、货物和服务净出口。另外,考虑到实际核算中基础资料不充分等因素,在本方设置了统计误差,作为生产方和使用方的平衡项。

2. 生产法国内生产总值表

本表(见表 11.5)主栏为产业部门分类。目前采用两种分类方式:一是三次产业分类,二是国民经济行业分类。宾栏为增加值核算的各项指标。本表反映了国民经济各产业部门的生产成果及由此形成的产业结构状况。

表 11.5 生产法国内生产总值表(单位:亿元)

分　类	增加值	总产出	中间投入
合　计			
1. 第一产业			
2. 第二产业			
3. 第三产业			
1. 农林牧渔业			
2. 采矿业			
3. 制造业			
4. 电力、热力、燃气及水的生产和供应业			
5. 建筑业			
6. 批发和零售业			
7. 交通运输、仓储和邮政业			
8. 住宿和餐饮业			
9. 信息传输、软件和信息技术服务业			
10. 金融业			
11. 房地产业			
12. 租赁和商务服务业			
13. 科学研究和技术服务			
14. 水利、环境和公共设施管理业			
15. 居民服务、修理和其他服务业			
16. 教育			
17. 卫生和社会工作			
18. 文化、体育和娱乐业			
19. 公共管理、社会保障和社会组织			

注:采矿业,制造业,电力、热力、燃气及水的生产和供应业合称为工业。

计算公式为

$$产业部门增加值=总产出-中间投入$$

$$国内生产总值=\sum 各产业部门生产法增加值$$

3. 收入法国内生产总值表

表 11.6 主栏与生产法国内生产总值完全一致,宾栏按照增加值及其收入构成项目分列。

表 11.6　收入法国内生产总值表(单位:亿元)

分　　类	增加值	劳动者报酬	生产税净额	固定资产折旧	营业盈余
合　　计					
1. 第一产业					
2. 第二产业					
3. 第三产业					
1. 农林牧渔业					
2. 采矿业					
3. 制造业					
4. 电力、热力、燃气及水的生产和供应业					
5. 建筑业					
6. 批发和零售业					
7. 交通运输、仓储和邮政业					
8. 住宿和餐饮业					
9. 信息传输、软件和信息技术服务业					
10. 金融业					
11. 房地产业					
12. 租赁和商务服务业					
13. 科学研究和技术服务					
14. 水利、环境和公共设施管理业					
15. 居民服务、修理和其他服务业					
16. 教育					
17. 卫生和社会工作					
18. 文化、体育和娱乐业					
19. 公共管理、社会保障和社会组织					

注:采矿业,制造业,电力、热力、燃气及水的生产和供应业合称为工业。

计算公式为:

产业部门增加值=劳动者报酬+生产税净额+固定资产折旧+营业盈余

国内生产总值=$\sum$各产业部门收入法增加值

4. 支出法国内生产总值表

表 11.7 主栏是支出项目分类,包括最终消费支出(实际最终消费)、资本形成总额、货物和服务净出口三项支出。宾栏为支出金额。

计算公式为

支出法国内生产总值=最终消费支出+资本形成总额+货物和服务净出口

=实际最终消费+资本形成总额+货物和服务净出口

表 11.7　支出法国内生产总值表(单位:亿元)

项　　目	金　　额
国内生产总值	
1. 最终消费支出	
居民消费支出	
食品烟酒	
衣着	
居住	
生活用品及服务	
交通和通信	
教育、文化和娱乐	
医疗保健	
金融中介服务	
保险服务	
其他商品和服务	
为住户服务的非营利机构消费支出	
政府消费支出	
(实际最终消费)	
(居民实际最终消费)	
(为住户服务的非营利机构实际消费)	
(政府实际最终消费)	
2. 资本形成总额	
固定资本形成总额	
住宅	
其他建筑和构筑物	
机器和设备	
培育性生物资源	
知识产权产品	
非生产资产所有权转移费用	
其他	
存货变动	
贵重物品获得减处置	
3. 货物和服务净出口	
货物和服务出口	
货物出口	
服务出口	
货物和服务进口	
货物进口	
服务进口	

(二)投入产出核算

投入产出核算把生产法、收入法、支出法国内生产总值整合在一起,细化和扩展了国内生产总值核算的内容,用于描述国民经济各部门在一定时期内生产活动的投入来源和产出使用去向,解释国民经济各部门间相互依存、相互制约的数量关系。投入产出核算即编制供给表、使用表和投入产出表。

1. 供给表

供给表的表式如表 11.8 所示。

表 11.8　供给表(V 表)

产业部门	产业部门 1	…	产业部门 j	…	产业部门 m	产品部门总产出	进口（到岸价）	按生产者价格计算的总供给	不可抵扣的增值税	商业毛利和运输费用	按购买者价格计算的总供给
产品部门 1 ⋮ 产品部门 i ⋮ 产品部门 n											
产出合计											

供给表又称产出表，是 n 个产品部门×m 个产业部门表。行向看，反映某一产品部门货物和服务是由哪些产业部门生产的，合计为该产品部门的货物和服务的总产出；加上进口和进口税（不包括增值税），即得到按生产者价格计算的总供给；再加上各类产品中不可抵扣的增值税和商业运输费用，就是按购买者价格计算的总供给。列向看，反映某一产业部门生产的各产品部门货物和服务的价值量，合计为该产业部门总产出。在供给表中，全部产业部门总产出等于全部产品部门总产出。

2. 使用表

使用表的表式如表 11.9 所示。使用表包括三个象限。第一象限的主栏包括 n 个产品部门，宾栏包括 m 个产业部门。行向看，表明各产品部门生产并提供给各产业部门使用的货物和服务价值量；列向看，表明各产业部门从事生产活动所消耗各产品部门的货物和服务的价值量。第二象限是第一象限在水平方向上的延伸，其主栏与第一象限的主栏相同，也是 n 个产品部门，其宾栏由最终消费支出、资本形成

表 11.9　使用表(U 表)

<table>
<tr><th colspan="2" rowspan="3">产品部门</th><th colspan="4">中间使用</th><th colspan="10">最终使用</th><th rowspan="3">总使用（购买者价格）</th></tr>
<tr><th rowspan="2">产业部门 1</th><th rowspan="2">…</th><th rowspan="2">产业部门 m</th><th rowspan="2">中间使用合计</th><th colspan="4">最终消费</th><th colspan="4">资本形成总额</th><th rowspan="2">出口</th><th rowspan="2">最终使用合计</th></tr>
<tr><th>居民消费支出</th><th>为住户服务的非营利机构消费支出</th><th>政府消费支出</th><th>合计</th><th>固定资本形成总额</th><th>存货变动</th><th>贵重物品获得减处置</th><th>合计</th></tr>
<tr><td rowspan="2">中间投入</td><td>产品部门 1
⋮
产品部门 n</td><td colspan="4">第Ⅰ象限</td><td colspan="11">第Ⅱ象限</td></tr>
<tr><td>合计</td><td colspan="4"></td><td colspan="11"></td></tr>
<tr><td rowspan="2">增加值</td><td>劳动者报酬
生产税净额
固定资产折旧
营业盈余</td><td colspan="4">第Ⅲ象限</td><td colspan="11"></td></tr>
<tr><td>合计</td><td colspan="4"></td><td colspan="11"></td></tr>
<tr><td colspan="2">总投入（生产者价格）</td><td colspan="4"></td><td colspan="11"></td></tr>
</table>

总额、出口等最终使用项目组成，反映各产品部门生产并用于各种最终使用的货物和服务价值量。第三象限是第一象限在垂直方向上的延伸，其主栏由劳动者报酬、生产税净额、固定资产折旧、营业盈余等增加值项目组成，宾栏与第一象限的宾栏一致，也是 m 个产业部门，它反映各产业部门按生产者价格计算的增加值的构成情况。

3. 投入产出表

投入产出表，即产品部门×产品部门表，如表 11.10 所示。产品部门×产品部门表表现的是各产品部门生产活动的投入构成，包括货物和服务的投入构成及增加值构成。其生产活动按照产品部门分类，投入的货物和服务流量也是按照产品部门分类。产品部门×产品部门表，形式上与使用表相似，也是由三个象限组成。第一象限是由行列名称相同、次序相同的 $n \times n$ 个产品部门的方阵，主栏为中间投入，宾栏为中间使用，反映国民经济各产品部门之间的技术经济联系。

行向看，反映第 i 产品部门生产并提供给第 j 产品部门使用的货物和服务价值量，被称为中间使用；列向看，反映第 j 产品部门在生产过程中消耗第 i 产品部门生产的货物和服务的价值量，被称为中间投入。

表 11.10　产品部门×产品部门表

<table>
<tr><td colspan="2" rowspan="4">投　入</td><td colspan="15">产　出</td></tr>
<tr><td colspan="4">中间使用</td><td colspan="10">最终使用</td><td rowspan="3">总使用（购买者价格）</td></tr>
<tr><td rowspan="2">产业部门1</td><td rowspan="2">…</td><td rowspan="2">产业部门 m</td><td rowspan="2">中间使用合计</td><td colspan="4">最终消费</td><td colspan="4">资本形成总额</td><td rowspan="2">出口</td><td rowspan="2">最终使用合计</td></tr>
<tr><td>居民消费支出</td><td>为住户服务的非营利机构消费支出</td><td>政府消费支出</td><td>合计</td><td>固定资本形成总额</td><td>存货变动</td><td>贵重物品获得减处置</td><td>合计</td></tr>
<tr><td rowspan="2">中间投入</td><td>产品部门 1
⋮
产品部门 n</td><td colspan="4">第Ⅰ象限</td><td colspan="11">第Ⅱ象限</td></tr>
<tr><td>合计</td><td colspan="4"></td><td colspan="11"></td></tr>
<tr><td rowspan="2">增加值</td><td>劳动者报酬
生产税净额
固定资产折旧
营业盈余</td><td colspan="4">第Ⅲ象限</td><td colspan="11"></td></tr>
<tr><td>合计</td><td colspan="4"></td><td colspan="11"></td></tr>
<tr><td colspan="2">总投入
（生产者价格）</td><td colspan="15"></td></tr>
</table>

第二象限是第一象限在水平方向上的延伸，其主栏与第一象限的主栏相同，也是 n 个产品部门；其宾栏主要由最终消费支出、资本形成总额、出口等最终使用项组成，主要反映各产品部门生产并用于各种最终使用的货物和服务价值量及其构成。第三象限是第一象限在垂直方向上的延伸，其主栏由劳动者报酬、生产税净额、固定资产折旧和营业盈余等各种增加值项目组成；宾栏与第一象限的宾栏相同，也是 n 个产品部门，反映各产品部门增加值的构成情况。

供给表、使用表、投入产出表之间存在着密切的联系。在一定的假设下，可以通过供给表和使用表推导出投入产出表，也可以通过供给表和投入产出表推导出使用表。另外，供给表和使用表还存在如下平衡关系：

$$
\begin{gathered}
\text{供给表中按购买者价格计算的各产品部门总供给} \\
=\text{使用表中按购买者价格计算的各产品部门总使用}
\end{gathered}
$$

$$
\text{供给表中各产业部门总产出}=\text{使用表中各产业部门总投入}
$$

(三)资金流量核算

资金流量核算主要以收入分配和资金运动为核算对象。它反映一定时期各机构部门收入分配和使用、资金的筹集和运用等情况,其核算内容覆盖了整个国民经济运行过程以及相伴随的金融活动。

资金流量核算即编制资金流量表,包括非金融交易表和金融交易表。非金融交易表以增加值和净出口为起点,全面记录机构部门之间的收入分配、收入使用以及非金融投资过程。金融交易表全面记录各部门通过金融交易提供、获得的资金,显示资金在部门之间的流动状况。非金融交易表和金融交易表通过“净金融投资”相连接。

表 11.11 资金流量表(非金融交易)

项目	非金融企业部门		金融机构部门		广义政府部门		NPISH部门		住户部门		经济总体		国外		合计	
	运用	来源	运用	来源	运用	来源	运用	来源	运用	来源	运用	来源	运用	来源	运用	来源
1. 净出口																
2. 增加值																
3. 劳动者报酬																
工资及工资性收入																
单位社会保险付款																
4. 生产税净额																
生产税																
生产补贴(—)																
5. 财产收入																
利息																
红利																
地租																
其他																
6. 初次分配总收入																
7. 经常转移																
所得税、财产税等经常税																
社会保险缴费																
社会保险支出																
社会保障补助																
其他经常转移																
8. 可支配总收入																
9. 实物社会转移																
10. 调整后可支配总收入																
11. 实际最终消费																
12. 总储蓄/对外经常差额																
13. 资本转移																
资本税																
投资性补助																
其他																
14. 资本形成总额																
固定资本形成总额																
存货变动																
贵重物品获得减处置																
15. 非生产非金融资产获得减处置																
16. 净金融投资																

资金流量表在形式上采用交易项目×机构部门的矩阵结构。主栏按交易项目及平衡项目分列，宾栏按机构部门分列。每个机构部门分列两栏，“运用”栏记录各部门应付的资金（流出），即非金融交易下的支出、金融交易下的金融资产净获得；“来源”栏记录各部门应收的资金（流入），即非金融交易下的收入、金融交易下的负债净增加。

表11.11和表11.12是我国资金流量表实物交易和金融交易的基本表式。资金流量表按非金融交易表和金融交易表分别编制。基本编表方法：一是按照交易的项目和机构部门的类别，逐项、逐部门收集基础资料；二是按照国民经济核算的概念和原则对基础资料进行加工整理和评估，对遗漏或有缺口的数据进行必要的补充调查或参考有关指标推算，核算各交易项目指标；三是对初步编制的资金流量表按照非金融交易表和金融交易表之间的对应关系进行反复平衡衔接，得到非金融交易与金融交易平衡后的资金流量表。

在编制非金融交易表时，对于增加值、劳动者报酬、生产税净额、最终消费支出、资本形成总额等交易项目，根据国内生产总值核算资料、财政决算资料等，结合各机构部门特点，将经济总体数据分摊到各机构部门；对于财产收入、经常转移等交易项目，根据分机构部门较为详尽的资料，按不同的机构部门分别计算，并加总为经济总体数据。

编制金融交易表所使用的基础资料，既有流量数据，又有存量数据。对于存量数据，采用轧差法转化为流量数据，即期末存量数据减去期初存量数据求得金融资产与负债的流量数据。

表 11.12　资金流量表（金融交易）

项目	非金融企业部门		金融机构部门		广义政府部门		NPISH部门		住户部门		经济总体		国外部门		合计	
	运用	来源	运用	来源	运用	来源	运用	来源	运用	来源	运用	来源	运用	来源	运用	来源
1. 净金融投资																
2. 通货																
3. 存款																
4. 贷款																
5. 股权和投资基金份额																
股权																
投资基金份额																
其他																
6. 债务性证券																
债券																
未贴现银行承兑汇票																
其他债务性证券																
7. 保险准备金和社会保险基金权益																
保险准备金																
社会保险基金权益																
8. 金融衍生品和雇员股票期权																
期权																
其他金融衍生品																
雇员股票期权																
9. 国际储备																
货币黄金、特别提款权																
在国际货币基金组织储备头寸																
外汇																
其他																
10. 其他																
11. 资金运用合计																
12. 资金来源合计																

(四)资产负债核算

资产负债核算是对我国常住单位经济资产和负债存量及其变化的核算，反映某一时点各机构部门和经济总体所拥有的资产和负债的总量和结构，以及从期初到期末的变化情况。反映一个国家、一个地区在一定时点上的资产与负债的规模和结构，为研究国民财产状况和经济实力，调整产业结构，制定投资政策等提供基础数据。

经济存量是社会再生产的基本条件，又是社会再生产的结果。所以资产负债核算同以上各种经济流量的核算是紧密联系的，是整个核算体系中的重要组成部分。

我国资产负债表的基本表式如表 11.13 所示。资产负债核算即编制资产负债表。资产负债表包括期初资产负债表、资产负债交易变化表、资产负债其他变化表和期末资产负债表。其中，期初资产负债表与期末资产负债表有同样的结构和内容，只是记录时点不同；资产负债交易变化表与资产负债其他变化表有相同的结构，区别在于前者反映与当期经济交易有关的资产负债变化，后者反映其他原因引起的资产负债变化。

表 11.13　资产负债表

项　　目	非金融企业部门		金融机构部门		广义政府部门		NPISH部门		住户部门		经济总体		国外		合计	
	运用	来源	运用	来源	运用	来源	运用	来源	运用	来源	运用	来源	运用	来源	运用	来源
1. 资产																
非金融资产																
生产资产																
固定资产																
住宅																
其他建筑和建筑物																
机器和设备																
培育性生物资源																
知识产权产品																
存货																
贵重物品																
非生产资产																
金融资产与负债																
通货																
存款																
贷款																
股权和投资基金份额																
债务性证券																
保险准备金和社会保险基金权益																
金融衍生品和雇员股票期权																
国际储备																
其他																
2. 负债																
通货																
存款																
贷款																
股权和投资基金份额																
债务性证券																
保险准备金和社会保险基金权益																
金融衍生品和雇员股票期权																
国际储备																
其他																
3. 资产净值																

与前面各部分核算直接相关联的是资产负债交易变化表。

资产负债表采用国际上通用的表式，即采用交易项目×部门的矩阵结构。主栏为资产和负债项目分列，主要包括三个部分：一是资产，包括非金融资产与金融资产；二是负债，即金融负债；三是资产净值，为资产总额与负债总额相抵后的余额。宾栏按机构部门分列，在每一机构部门下设运用方和来源方，资产方列在运用方下，负债方及资产负债差额列在来源方下。资产负债表的宾栏分为六个机构部门，即非金融企业部门、金融机构部门、广义政府部门、NPISH 部门、住户部门和国外部门。

期初和期末资产负债表，记录机构部门及经济总体的资产负债存量；资产负债交易变化表和其他变化表，记录各机构部门及经济总体的资产负债变化量。四张表之间的关系是：

期末资产（负债）存量＝期初资产（负债）存量＋资产（负债）交易变化＋资产（负债）其他变化

（五）国际收支核算

国际收支核算系统记录一定时期内常住单位和非常住单位之间发生的所有经济收支往来，以及核算期末累积的对外资产负债存量状况，全面反映我国对外经济联系。

国际收支核算即编制国际收支平衡表和国际投资头寸表。国际收支平衡表是关于对外经济流量的核算表，通过经常账户、资本和金融账户系统记录一段时期内我国与国外之间发生的各种交易。

国际收支平衡表如表 11.14 所示。

国际投资头寸表是关于对外经济存量及其变化的核算表，分别在期初、期末两个时点记录我国对外金融资产和负债存量状况，以及在一定期间内由交易、价格变化、汇率变化和其他调整引起的存量变化。国际收支平衡表主栏设有三个项目：经常账户、资本和金融账户、净误差与遗漏；宾栏有两栏：行次和交易金额。

表 11.14　国际收支平衡表（概览表）

项　　目	行次	交易金额	项　　目	行次	交易金额
1. 经常账户			贷方		
贷方			借方		
借方			金融账户		
货物和服务			贷方		
贷方			借方		
借方			非储备性质的金融账户		
货物			直接投资		
贷方			资产		
借方			负债		
服务			证券投资		
贷方			资产		
借方			负债		
初次收入			金融衍生品和雇员股票期权		
贷方			资产		
借方			负债		
二次收入			其他投资		
贷方			资产		
借方			负债		
2. 资本和金融账户			国际储备		
资本账户			3. 净误差与遗漏		

注：对于金融账户，正数值表示对外资产减少，负债增加，负数值表示对外资产增加，负债减少。

国际收支平衡表的基本编表方法主要包括以下步骤：一是通过国际收支统计申报制度以及相关政府部门行政记录收集原始资料；二是按照国际收支统计的概念和原则对原始资料进行加工整理，如将海关统计的货物进口价格由到岸价调整为离岸价，补充货物所有权已经转移但未发生货物跨境移动的货物贸易；三是按照交易项目分别编制经常账户、资本和金融账户，并对其进行平衡，得到国际收支平衡表。

三、国民经济核算体系的扩展核算

国民经济扩展核算包括五个方面的内容：

1. 资源环境核算。包括自然资源和环境核算两部分，是将资源环境等因素纳入国民经济核算中，通过描述资源环境状况及其随着时间推移而发生变化，经济系统与资源环境系统之间的相互作用，为全面认识资源环境与经济之间的关系、制定可持续发展政策提供重要基础信息。

2. 人口和劳动力核算。反映核算期内我国人口和劳动力资源状况以及生产中劳动投入情况。通过对劳动投入的标准化测度，为计算劳动生产率和全要素生产率提供基础信息。

3. 卫生核算。是以卫生保健活动为核心的扩展核算，其目标是借助于国民经济核算原理对全社会卫生保健活动进行宏观核算，一方面显示与卫生保健有关的支出及其资金来源情况，另一方面显示卫生保健产业活动及产品供求情况。通过卫生核算，可以描述卫生保健自身的生产、分配、消费、投资过程，分析其对国民经济各个方面的贡献和影响。

4. 旅游核算。是以旅游经济活动为核心的扩展核算，国际上通常称为旅游卫星账户。联合国世界旅游组织制定的《2008 年旅游附属账户：建议的方法框架》(TSA)，是推荐各国使用的旅游核算的标准文本。TSA 对旅游的消费和供给、相关产业的生产和资本形成，以及与旅游有关的各种非货币信息，实行综合测量，反映旅游活动的供求关系及与其他部门的联系。我国旅游核算遵循 TSA 的基本原则和编制方法，结合我国的具体情况，精简了账户内容和指标设置。

5. 新兴经济核算。是以新兴经济活动为对象的核算。到目前为止，国际上尚未形成一个普遍认可的、具有严格意义的"新兴经济"概念，更没有形成一个国际通行的新兴经济核算的范围、分类和方法。为及时准确反映我国新兴经济发展情况，国家统计局在深入调查研究和充分借鉴国际上已有研究成果的基础上，初步提出我国新兴经济核算的基本概念、原则和方法。

本章小结

本章主要介绍了国民经济核算的基本问题、发展历程、国民经济核算的基本框架。国民经济核算的基本问题主要介绍了国民经济核算的发展历程、国民经济核算的基本概念和国民经济核算的基本分类。

国民经济核算体系有两种含义，一种含义是指为进行国民经济核算而制定的标准和规范；另一种含义是指国民经济核算资料。国民经济核算的基本概念主要介绍了常住单位、生产范围、消费范围、资产范围等概念。国民经济核算的基本分类，一种是按照机构单位和机构部门分类；另一种是按产业活动单位和产业部门分类。

《中国国民经济核算体系(2016)》主要由基本核算和扩展核算组成。基本核算包括国内生产总值核算、投入产出核算、资金流量核算、资产负债核算、国际收支核算；扩展核算包括资源环境核算、人口和劳动力核算、卫生核算、旅游核算、新兴经济核算。

思考与练习

思考题

1. 简述中国国民经济核算体系(2016)的框架。
2. 简述国民经济账户与基本核算表之间的关系。
3. MPS 与 SNA 两大核算体系有何区别?
4. 简述国民经济生产统计的范围。
5. 简述国民经济投入总量统计的内容。
6. 查阅文献资料写一篇数字经济核算的文献综述。

著名统计学家

马哈拉诺比斯(Prasanta Chandra Mahalanobis,1893—1972 年),印度科学家、统计学家。他对统计学做出了巨大的贡献,1930 年引入 D_2 统计量,后被称为"马哈拉诺比斯距离",即马氏距离。1931 年创立了印度统计学院,并任主席,培养了印度一大批统计学家,尤其是在大规模抽样调查设计方面成就卓越。1937 年,他在孟加拉开展抽样调查,对黄麻种植面积和产量进行估计。估计结果引起了普查法支持者的强烈反对。最后,他成功证明基于抽样调查的估计往往比基于普查的估计更精确,虽然抽样调查会有一定的估计误差,但比普查节约了大量成本。他在抽样调查理论方面做出了许多贡献,包括基于方差和成本函数的最佳抽样设计选择法、二次抽样估计技术、误差控制等。他曾被选为联合国统计调查分会主席,到许多国家进行访问交流,将抽样技术推广到全世界。建国初期的中国在科学技术上十分落后,在社会调查上基本使用全面调查方法和主观抽样调查方法,效率低下且精确性难以保证。同时期,印度在统计学和社会调查方面快速发展,并达到了世界领先水平。1956 年夏,印度代表团访问北京,进行了为期 40 天的交流访问,参观了鞍山钢铁厂,游览了天津、长春、沈阳、上海和广州,观察了中国省市计划工作和统计调查的组织情况。1957 年,马哈拉诺比斯在其夫人和著名统计学专家拉黑里(D. B. Lahiri)的陪同下访问中国,并指出中国使用主观抽样调查的风险,规劝中国政府使用更加科学的随机抽样调查方法。

华西里·列昂惕夫(Wassily Leontief,1906—1999 年)是投入产出分析方法的创始人。当苏维埃政权建立起来的时候,急需恢复和发展经济。里昂惕夫的父亲参加了编制 1923～1924 年苏联国民经济平衡表的工作,社会与家庭各方面的影响和时代的需要,使这位还在攻读硕士学位的年轻人,对经济学问题发生了浓厚的兴趣,开始这方面的探索。他一边担负繁重的教学工作,一边阅读有关经济学理论的书籍。1928 年,取得了柏林大学的博士学位。里昂惕夫在青年时期的研究工作就开始涉及投入产出分析法的内容。早在 1925 年,当他还在柏林大学读书时,曾在德国出版的《世界经济》杂志上发表了《俄国经济平衡——一个方法论的研究》的短文,第一次阐述了他的投入产出思想。1930 年,他移居美国后,正式从事投入产出方法的研究。1973 年,列昂惕夫因发展了投入产出分析方法及这种方法在经济领域产生和重大作用,而备受西方经济学界的推崇并因此获得诺贝尔经济学奖。在哈佛大学经济系任教期间,约瑟夫·熊彼特是他的同事并且对他的研究成果极为推崇,还有两位诺贝尔经济学奖得主保罗·萨缪尔森和罗伯特·默顿·索洛是他的学生。

附录　常用统计表

附表 1　标准正态分布表

$$\Phi(z)=\int_{-\infty}^{z}\frac{1}{\sqrt{2\pi}}e^{-\frac{u^2}{2}}du=P\{Z\leqslant z\}$$

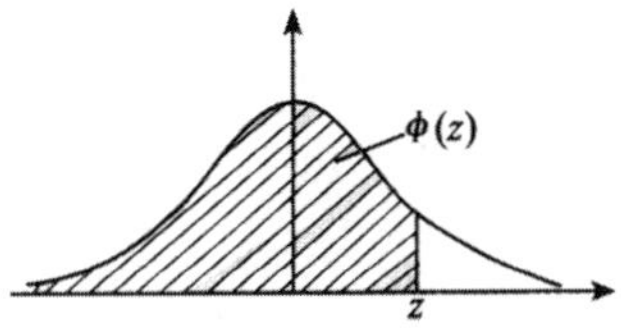

z	0	1	2	3	4	5	6	7	8	9
0.0	0.500 0	0.504 0	0.508 0	0.512 0	0.516 0	0.519 9	0.523 9	0.527 9	0.531 9	0.535 9
0.1	0.539 8	0.543 8	0.547 8	0.551 7	0.555 7	0.559 6	0.563 6	0.567 5	0.571 4	0.575 3
0.2	0.579 3	0.583 2	0.587 1	0.591 0	0.594 8	0.598 7	0.606 6	0.606 4	0.610 3	0.614 1
0.3	0.617 9	0.621 7	0.625 5	0.629 3	0.633 1	0.636 8	0.640 6	0.644 3	0.648 0	0.651 7
0.4	0.655 4	0.659 1	0.662 8	0.666 4	0.670 0	0.673 6	0.677 2	0.680 8	0.684 4	0.687 9
0.5	0.691 5	0.695 0	0.698 5	0.701 9	0.705 4	0.708 8	0.712 3	0.715 7	0.719 0	0.722 4
0.6	0.725 7	0.729 1	0.732 4	0.735 7	0.738 9	0.742 2	0.745 4	0.748 6	0.751 7	0.754 9
0.7	0.758 0	0.761 1	0.764 2	0.767 3	0.770 3	0.773 4	0.776 4	0.779 4	0.782 3	0.785 2
0.8	0.788 1	0.791 0	0.793 0	0.796 7	0.799 5	0.802 3	0.805 1	0.807 8	0.810 6	0.813 3
0.9	0.815 9	0.818 6	0.821 2	0.823 8	0.826 4	0.828 9	0.831 5	0.834 0	0.836 5	0.838 9
1.0	0.841 3	0.843 8	0.846 1	0.848 5	0.850 8	0.853 1	0.855 4	0.857 7	0.859 9	0.862 1
1.1	0.864 3	0.866 5	0.868 6	0.868 6	0.872 9	0.874 9	0.877 0	0.879 0	0.881 0	0.883 0
1.2	0.884 9	0.886 9	0.888 8	0.888 8	0.892 5	0.894 4	0.896 2	0.898 0	0.899 7	0.901 5
1.3	0.903 2	0.904 9	0.906 6	0.906 6	0.909 9	0.911 5	0.913 1	0.914 7	0.916 2	0.917 7
1.4	0.919 2	0.920 7	0.922 2	0.922 2	0.925 1	0.926 5	0.927 8	0.929 2	0.930 6	0.931 9
1.5	0.933 2	0.934 5	0.935 7	0.937 0	0.938 2	0.939 4	0.940 6	0.941 8	0.943 0	0.944 1
1.6	0.945 2	0.946 3	0.947 4	0.948 4	0.949 5	0.950 5	0.951 5	0.952 5	0.953 5	0.954 5
1.7	0.955 4	0.956 4	0.957 3	0.958 2	0.959 1	0.959 9	0.960 8	0.961 6	0.962 5	0.963 3
1.8	0.964 1	0.964 8	0.965 6	0.966 4	0.967 1	0.967 8	0.968 6	0.969 3	0.970 0	0.970 6
1.9	0.971 3	0.971 9	0.972 6	0.973 2	0.973 8	0.974 4	0.975 0	0.975 6	0.976 2	0.976 7
2.0	0.977 2	0.977 8	0.978 3	0.978 8	0.979 3	0.979 8	0.980 3	0.980 8	0.981 2	0.981 7
2.1	0.982 1	0.982 6	0.983 0	0.983 4	0.983 8	0.984 2	0.984 6	0.985 0	0.985 4	0.985 7
2.2	0.986 1	0.986 4	0.986 8	0.987 1	0.987 4	0.987 8	0.988 1	0.9988 4	0.988 7	0.989 0
2.3	0.989 3	0.989 6	0.989 8	0.990 1	0.990 4	0.990 6	0.990 9	0.991 1	0.991 3	0.991 6
2.4	0.991 8	0.992 0	0.992 2	0.992 5	0.992 7	0.992 9	0.993 1	0.993 2	0.993 4	0.993 6
2.5	0.993 8	0.994 0	0.994 1	0.994 3	0.994 5	0.994 6	0.994 8	0.994 9	0.995 1	0.995 2
2.6	0.995 3	0.955 5	0.995 6	0.995 7	0.995 9	0.996 0	0.996 2	0.996 2	0.996 3	0.996 4
2.7	0.996 5	0.996 6	0.996 7	0.996 8	0.996 8	0.997 0	0.997 2	0.997 2	0.997 3	0.997 4
2.8	0.997 4	0.997 5	0.997 6	0.997 7	0.997 7	0.997 8	0.997 9	0.997 9	0.998 0	0.997 1
2.9	0.998 1	0.988 2	0.998 2	0.998 3	0.998 3	0.998 4	0.998 5	0.998 5	0.998 6	0.998 6
3.0	0.998 7	0.999 0	0.999 3	0.999 5	0.999 5	0.999 8	0.999 8	0.999 9	0.999 9	1.000 0

附表 2　t 分布表

df \ 单侧	0.1	0.05	0.025	0.01	0.005	0.001	0.0005
df \ 双侧	0.2	0.1	0.05	0.02	0.01	0.002	0.001
1	3.078	6.314	12.706	31.821	63.657	318.309	636.619
2	1.886	2.920	4.303	6.965	9.925	22.327	31.599
3	1.638	2.353	3.182	4.541	5.841	10.215	12.924
4	1.533	2.132	2.776	3.747	4.604	7.173	8.610
5	1.476	2.015	2.571	3.365	4.032	5.893	6.869
6	1.440	1.943	2.447	3.143	3.707	5.208	5.959
7	1.415	1.895	2.365	2.998	3.499	4.785	5.408
8	1.397	1.860	2.306	2.896	3.355	4.501	5.041
9	1.383	1.833	2.262	2.821	3.250	4.297	4.781
10	1.372	1.812	2.228	2.764	3.169	4.144	4.587
11	1.363	1.796	2.201	2.718	3.106	4.025	4.437
12	1.356	1.782	2.179	2.681	3.055	3.930	4.318
13	1.350	1.771	2.160	2.650	3.012	3.852	4.221
14	1.345	1.761	2.145	2.624	2.977	3.787	4.140
15	1.341	1.753	2.131	2.602	2.947	3.733	4.073
16	1.337	1.746	2.120	2.583	2.921	3.686	4.015
17	1.333	1.740	2.110	2.567	2.898	3.646	3.965
18	1.330	1.734	2.101	2.552	2.878	3.610	3.922
19	1.328	1.729	2.093	2.539	2.861	3.579	3.883
20	1.325	1.725	2.086	2.528	2.845	3.552	3.850
21	1.323	1.721	2.080	2.518	2.831	3.527	3.819
22	1.321	1.717	2.074	2.508	2.819	3.505	3.792
23	1.319	1.714	2.069	2.500	2.807	3.485	3.768
24	1.318	1.711	2.064	2.492	2.797	3.467	3.745
25	1.316	1.708	2.060	2.485	2.787	3.450	3.725
26	1.315	1.706	2.056	2.479	2.779	3.435	3.707
27	1.314	1.703	2.052	2.473	2.771	3.421	3.690
28	1.313	1.701	2.048	2.467	2.763	3.408	3.674
29	1.311	1.699	2.045	2.462	2.756	3.396	3.659
30	1.310	1.697	2.042	2.457	2.750	3.385	3.646
31	1.309	1.696	2.040	2.453	2.744	3.375	3.633
32	1.309	1.694	2.037	2.449	2.738	3.365	3.622
33	1.308	1.692	2.035	2.445	2.733	3.356	3.611
34	1.307	1.691	2.032	2.441	2.728	3.348	3.601
35	1.306	1.690	2.030	2.438	2.724	3.340	3.591
36	1.306	1.688	2.028	2.434	2.719	3.333	3.582
37	1.305	1.687	2.026	2.431	2.715	3.326	3.574
38	1.304	1.686	2.024	2.429	2.712	3.319	3.566
39	1.304	1.685	2.023	2.426	2.708	3.313	3.558
40	1.303	1.684	2.021	2.423	2.704	3.307	3.551
41	1.303	1.683	2.020	2.421	2.701	3.301	3.544
42	1.302	1.682	2.018	2.418	2.698	3.296	3.538
43	1.302	1.681	2.017	2.416	2.695	3.291	3.532
44	1.301	1.680	2.015	2.414	2.692	3.286	3.526
45	1.301	1.679	2.014	2.412	2.690	3.281	3.520
46	1.300	1.679	2.013	2.410	2.687	3.277	3.515
47	1.300	1.678	2.012	2.408	2.685	3.273	3.510
48	1.299	1.677	2.011	2.407	2.682	3.269	3.505
49	1.299	1.677	2.010	2.405	2.680	3.265	3.500
50	1.299	1.676	2.009	2.403	2.678	3.261	3.496
51	1.298	1.675	2.008	2.402	2.676	3.258	3.492

续表

df \ 单侧	0.1	0.05	0.025	0.01	0.005	0.001	0.0005
双侧	0.2	0.1	0.05	0.02	0.01	0.002	0.001
52	1.298	1.675	2.007	2.400	2.674	3.255	3.488
53	1.298	1.674	2.006	2.399	2.672	3.251	3.484
54	1.297	1.674	2.005	2.397	2.670	3.248	3.480
55	1.297	1.673	2.004	2.396	2.668	3.245	3.476
56	1.297	1.673	2.003	2.395	2.667	3.242	3.473
57	1.297	1.672	2.002	2.394	2.665	3.239	3.470
58	1.296	1.672	2.002	2.392	2.663	3.237	3.466
59	1.296	1.671	2.001	2.391	2.662	3.234	3.463
60	1.296	1.671	2.000	2.390	2.660	3.232	3.460
61	1.296	1.670	2.000	2.389	2.659	3.229	3.457
62	1.295	1.670	1.999	2.388	2.657	3.227	3.454
63	1.295	1.669	1.998	2.387	2.656	3.225	3.452
64	1.295	1.669	1.998	2.386	2.655	3.223	3.449
65	1.295	1.669	1.997	2.385	2.654	3.220	3.447
66	1.295	1.668	1.997	2.384	2.652	3.218	3.444
67	1.294	1.668	1.996	2.383	2.651	3.216	3.442
68	1.294	1.668	1.995	2.382	2.650	3.214	3.439
69	1.294	1.667	1.995	2.382	2.649	3.213	3.437
70	1.294	1.667	1.994	2.381	2.648	3.211	3.435
71	1.294	1.667	1.994	2.380	2.647	3.209	3.433
72	1.293	1.666	1.993	2.379	2.646	3.207	3.431
73	1.293	1.666	1.993	2.379	2.645	3.206	3.429
74	1.293	1.666	1.993	2.378	2.644	3.204	3.427
75	1.293	1.665	1.992	2.377	2.643	3.202	3.425
76	1.293	1.665	1.992	2.376	2.642	3.201	3.423
77	1.293	1.665	1.991	2.376	2.641	3.199	3.421
78	1.292	1.665	1.991	2.375	2.640	3.198	3.420
79	1.292	1.664	1.990	2.374	2.640	3.197	3.418
80	1.292	1.664	1.990	2.374	2.639	3.195	3.416
81	1.292	1.664	1.990	2.373	2.638	3.194	3.415
82	1.292	1.664	1.989	2.373	2.637	3.193	3.413
83	1.292	1.663	1.989	2.372	2.636	3.191	3.412
84	1.292	1.663	1.989	2.372	2.636	3.190	3.410
85	1.292	1.663	1.988	2.371	2.635	3.189	3.409
86	1.291	1.663	1.988	2.370	2.634	3.188	3.407
87	1.291	1.663	1.988	2.370	2.634	3.187	3.406
88	1.291	1.662	1.987	2.369	2.633	3.185	3.405
89	1.291	1.662	1.987	2.369	2.632	3.184	3.403
90	1.291	1.662	1.987	2.368	2.632	3.183	3.402
91	1.291	1.662	1.986	2.368	2.631	3.182	3.401
92	1.291	1.662	1.986	2.368	2.630	3.181	3.399
93	1.291	1.661	1.986	2.367	2.630	3.180	3.398
94	1.291	1.661	1.986	2.367	2.629	3.179	3.397
95	1.291	1.661	1.985	2.366	2.629	3.178	3.396
96	1.290	1.661	1.985	2.366	2.628	3.177	3.395
97	1.290	1.661	1.985	2.365	2.627	3.176	3.394
98	1.290	1.661	1.984	2.365	2.627	3.175	3.393
99	1.290	1.660	1.984	2.365	2.626	3.175	3.392
100	1.290	1.660	1.984	2.364	2.626	3.174	3.390
120	1.289	1.658	1.980	2.358	2.617	3.160	3.373
∞	1.282	1.645	1.960	2.326	2.576	3.090	3.291

附表 3　卡方分布表

n	α 的值											
	0.995	0.990	0.975	0.950	0.900	0.750	0.250	0.100	0.050	0.025	0.010	0.005
1	0.000	0.000	0.001	0.004	0.016	0.102	1.323	2.706	3.841	5.024	6.635	7.879
2	0.010	0.020	0.051	0.103	0.211	0.575	2.773	4.605	5.991	7.378	9.210	10.597
3	0.072	0.115	0.216	0.352	0.584	1.213	4.108	6.251	7.815	9.348	11.345	12.838
4	0.207	0.297	0.484	0.711	1.064	1.923	5.385	7.779	9.488	11.143	13.277	14.860
5	0.412	0.554	0.831	1.145	1.610	2.675	6.626	9.236	11.070	12.833	15.086	16.750
6	0.676	0.872	1.237	1.635	2.204	3.455	7.841	10.645	12.592	14.449	16.812	18.548
7	0.989	1.239	1.690	2.167	2.833	4.255	9.037	12.017	14.067	16.013	18.475	20.278
8	1.344	1.646	2.180	2.733	3.490	5.071	10.219	13.362	15.507	17.535	20.090	21.955
9	1.735	2.088	2.700	3.325	4.168	5.899	11.389	14.684	16.919	19.023	21.666	23.589
10	2.156	2.558	3.247	3.940	4.865	6.737	12.549	15.987	18.307	20.483	23.209	25.188
11	2.603	3.053	3.816	4.575	5.578	7.584	13.701	17.275	19.675	21.920	24.725	26.757
12	3.074	3.571	4.404	5.226	6.304	8.438	14.845	18.549	21.026	23.337	26.217	28.300
13	3.565	4.107	5.009	5.892	7.042	9.299	15.984	19.812	22.362	24.736	27.688	29.819
14	4.075	4.660	5.629	6.571	7.790	10.165	17.117	21.064	23.685	26.119	29.141	31.319
15	4.601	5.229	6.262	7.261	8.547	11.037	18.245	22.307	24.996	27.488	30.578	32.801
16	5.142	5.812	6.908	7.962	9.312	11.912	19.369	23.542	26.296	28.845	32.000	34.267
17	5.697	6.408	7.564	8.672	10.085	12.792	20.489	24.769	27.587	30.191	33.409	35.718
18	6.265	7.015	8.231	9.390	10.865	13.675	21.605	25.989	28.869	31.526	34.805	37.156
19	6.844	7.633	8.907	10.117	11.651	14.562	22.718	27.204	30.144	32.852	36.191	38.582
20	7.434	8.260	9.591	10.851	12.443	15.452	23.828	28.412	31.410	34.170	37.566	39.997
21	8.034	8.897	10.283	11.591	13.240	16.344	24.935	29.615	32.671	35.479	38.932	41.401
22	8.643	9.542	10.982	12.338	14.041	17.240	26.039	30.813	33.924	36.781	40.289	42.796
23	9.260	10.196	11.689	13.091	14.848	18.137	27.141	32.007	35.172	38.076	41.638	44.181
24	9.886	10.856	12.401	13.848	15.659	19.037	28.241	33.196	36.415	39.364	42.980	45.559
25	10.520	11.524	13.120	14.611	16.473	19.939	29.339	34.382	37.652	40.646	44.314	46.928
26	11.160	12.198	13.844	15.379	17.292	20.843	30.435	35.563	38.885	41.923	45.642	48.290
27	11.808	12.879	14.573	16.151	18.114	21.749	31.528	36.741	40.113	43.195	46.963	49.645
28	12.461	13.565	15.308	16.928	18.939	22.657	32.620	37.916	41.337	44.461	48.278	50.993
29	13.121	14.256	16.047	17.708	19.768	23.567	33.711	39.087	42.557	45.722	49.588	52.336
30	13.787	14.953	16.791	18.493	20.599	24.478	34.800	40.256	43.773	46.979	50.892	53.672
31	14.458	15.655	17.539	19.281	21.434	25.390	35.887	41.422	44.985	48.232	52.191	55.003
32	15.134	16.362	18.291	20.072	22.271	26.304	36.973	42.585	46.194	49.480	53.486	56.328
33	15.815	17.074	19.047	20.867	23.110	27.219	38.058	43.745	47.400	50.725	54.776	57.648
34	16.501	17.789	19.806	21.664	23.952	28.136	39.141	44.903	48.602	51.966	56.061	58.964
35	17.192	18.509	20.569	22.465	24.797	29.054	40.223	46.059	49.802	53.203	57.342	60.275
36	17.887	19.233	21.336	23.269	25.643	29.973	41.304	47.212	50.998	54.437	58.619	61.581
37	18.586	19.960	22.106	24.075	26.492	30.893	42.383	48.363	52.192	55.668	59.893	62.883
38	19.289	20.691	22.878	24.884	27.343	31.815	43.462	49.513	53.384	56.896	61.162	64.181
39	19.996	21.426	23.654	25.695	28.196	32.737	44.539	50.660	54.572	58.120	62.428	65.476
40	20.707	22.164	24.433	26.509	29.051	33.660	45.616	51.805	55.758	59.342	63.691	66.766
41	21.421	22.906	25.215	27.326	29.907	34.585	46.692	52.949	56.942	60.561	64.950	68.053
42	22.138	23.650	25.999	28.144	30.765	35.510	47.766	54.090	58.124	61.777	66.206	69.336
43	22.859	24.398	26.785	28.965	31.625	36.436	48.840	55.230	59.304	62.990	67.459	70.616
44	23.584	25.148	27.575	29.787	32.487	37.363	49.913	56.369	60.481	64.201	68.710	71.893
45	24.311	25.901	28.366	30.612	33.350	38.291	50.985	57.505	61.656	65.410	69.957	73.166
46	25.041	26.657	29.160	31.439	34.215	39.220	52.056	58.641	62.830	66.617	71.201	74.437
47	25.775	27.416	29.956	32.268	35.081	40.149	53.127	59.774	64.001	67.821	72.443	75.704
48	26.511	28.177	30.755	33.098	35.949	41.079	54.196	60.907	65.171	69.023	73.683	76.969
49	27.249	28.941	31.555	33.930	36.818	42.010	55.265	62.038	66.339	70.222	74.919	78.231
50	27.991	29.707	32.357	34.764	37.689	42.942	56.334	63.167	67.505	71.420	76.154	79.490

续表

n	α 的值											
	0.995	0.990	0.975	0.950	0.900	0.750	0.250	0.100	0.050	0.025	0.010	0.005
51	28.735	30.475	33.162	35.600	38.560	43.874	57.401	64.295	68.669	72.616	77.386	80.747
52	29.481	31.246	33.968	36.437	39.433	44.808	58.468	65.422	69.832	73.810	78.616	82.001
53	30.230	32.018	34.776	37.276	40.308	45.741	59.534	66.548	70.993	75.002	79.843	83.253
54	30.981	32.793	35.586	38.116	41.183	46.676	60.600	67.673	72.153	76.192	81.069	84.502
55	31.735	33.570	36.398	38.958	42.060	47.610	61.665	68.796	73.311	77.380	82.292	85.749
56	32.490	34.350	37.212	39.801	42.937	48.546	62.729	69.919	74.468	78.567	83.513	86.994
57	33.248	35.131	38.027	40.646	43.816	49.482	63.793	71.040	75.624	79.752	84.733	88.236
58	34.008	35.913	38.844	41.492	44.696	50.419	64.857	72.160	76.778	80.936	85.950	89.477
59	34.770	36.698	39.662	42.339	45.577	51.356	65.919	73.279	77.931	82.117	87.166	90.715
60	35.534	37.485	40.482	43.188	46.459	52.294	66.981	74.397	79.082	83.298	88.379	91.952
61	36.301	38.273	41.303	44.038	47.342	53.232	68.043	75.514	80.232	84.476	89.591	93.186
62	37.068	39.063	42.126	44.889	48.226	54.171	69.104	76.630	81.381	85.654	90.802	94.419
63	37.838	39.855	42.950	45.741	49.111	55.110	70.165	77.745	82.529	86.830	92.010	95.649
64	38.610	40.649	43.776	46.595	49.996	56.050	71.225	78.860	83.675	88.004	93.217	96.878
65	39.383	41.444	44.603	47.450	50.883	56.990	72.285	79.973	84.821	89.177	94.422	98.105
66	40.158	42.240	45.431	48.305	51.770	57.931	73.344	81.085	85.965	90.349	95.626	99.330
67	40.935	43.038	46.261	49.162	52.659	58.872	74.403	82.197	87.108	91.519	96.828	100.554
68	41.713	43.838	47.092	50.020	53.548	59.814	75.461	83.308	88.250	92.689	98.028	101.776
69	42.494	44.639	47.924	50.879	54.438	60.756	76.519	84.418	89.391	93.856	99.228	102.996
70	43.275	45.442	48.758	51.739	55.329	61.698	77.577	85.527	90.531	95.023	100.425	104.215
71	44.058	46.246	49.592	52.600	56.221	62.641	78.634	86.635	91.670	96.189	101.621	105.432
72	44.843	47.051	50.428	53.462	57.113	63.585	79.690	87.743	92.808	97.353	102.816	106.648
73	45.629	47.858	51.265	54.325	58.006	64.528	80.747	88.850	93.945	98.516	104.010	107.862
74	46.417	48.666	52.103	55.189	58.900	65.472	81.803	89.956	95.081	99.678	105.202	109.074
75	47.206	49.475	52.942	56.054	59.795	66.417	82.858	91.061	96.217	100.839	106.393	110.286
76	47.997	50.286	53.782	56.920	60.690	67.362	83.913	92.166	97.351	101.999	107.583	111.495
77	48.788	51.097	54.623	57.786	61.586	68.307	84.968	93.270	98.484	103.158	108.771	112.704
78	49.582	51.910	55.466	58.654	62.483	69.252	86.022	94.374	99.617	104.316	109.958	113.911
79	50.376	52.725	56.309	59.522	63.380	70.198	87.077	95.476	100.749	105.473	111.144	115.117
80	51.172	53.540	57.153	60.391	64.278	71.145	88.130	96.578	101.879	106.629	112.329	116.321
81	51.969	54.357	57.998	61.261	65.176	72.091	89.184	97.680	103.010	107.783	113.512	117.524
82	52.767	55.174	58.845	62.132	66.076	73.038	90.237	98.780	104.139	108.937	114.695	118.726
83	53.567	55.993	59.692	63.004	66.976	73.985	91.289	99.880	105.267	110.090	115.876	119.927
84	54.368	56.813	60.540	63.876	67.876	74.933	92.342	100.980	106.395	111.242	117.057	121.126
85	55.170	57.634	61.389	64.749	68.777	75.881	93.394	102.079	107.522	112.393	118.236	122.325
86	55.973	58.456	62.239	65.623	69.679	76.829	94.446	103.177	108.648	113.544	119.414	123.522
87	56.777	59.279	63.089	66.498	70.581	77.777	95.497	104.275	109.773	114.693	120.591	124.718
88	57.582	60.103	63.941	67.373	71.484	78.726	96.548	105.372	110.898	115.841	121.767	125.913
89	58.389	60.928	64.793	68.249	72.387	79.675	97.599	106.469	112.022	116.989	122.942	127.106
90	59.196	61.754	65.647	69.126	73.291	80.625	98.650	107.565	113.145	118.136	124.116	128.299
91	60.005	62.581	66.501	70.003	74.196	81.574	99.700	108.661	114.268	119.282	125.289	129.491
92	60.815	63.409	67.356	70.882	75.100	82.524	100.750	109.756	115.390	120.427	126.462	130.681
93	61.625	64.238	68.211	71.760	76.006	83.474	101.800	110.850	116.511	121.571	127.633	131.871
94	62.437	65.068	69.068	72.640	76.912	84.425	102.850	111.944	117.632	122.715	128.803	133.059
95	63.250	65.898	69.925	73.520	77.818	85.376	103.899	113.038	118.752	123.858	129.973	134.247
96	64.063	66.730	70.783	74.401	78.725	86.327	104.948	114.131	119.871	125.000	131.141	135.433
97	64.878	67.562	71.642	75.282	79.633	87.278	105.997	115.223	120.990	126.141	132.309	136.619
98	65.694	68.396	72.501	76.164	80.541	88.229	107.045	116.315	122.108	127.282	133.476	137.803
99	66.510	69.230	73.361	77.046	81.449	89.181	108.093	117.407	123.225	128.422	134.642	138.987
100	67.328	70.065	74.222	77.929	82.358	90.133	109.141	118.498	124.342	129.561	135.807	140.169

附表 4 F 分布表($\alpha=0.10$)

df2 \ df1	1	2	3	4	5	6	7	8	9	10	12	15	20	24	30	40	60	120	∞
1	39.86	49.50	53.59	55.83	57.24	58.20	58.91	59.44	59.86	60.19	60.71	61.22	61.74	62.00	62.26	62.53	62.79	63.06	63.33
2	8.53	9.00	9.16	9.24	9.29	9.33	9.35	9.37	9.38	9.39	9.41	9.42	9.44	9.45	9.46	9.47	9.47	9.48	9.49
3	5.54	5.46	5.39	5.34	5.31	5.28	5.27	5.25	5.24	5.23	5.22	5.20	5.18	5.18	5.17	5.16	5.15	5.14	5.13
4	4.54	4.32	4.19	4.11	4.05	4.01	3.98	3.95	3.94	3.92	3.90	3.87	3.84	3.83	3.82	3.80	3.79	3.78	3.76
5	4.06	3.78	3.62	3.52	3.45	3.40	3.37	3.34	3.32	3.30	3.27	3.24	3.21	3.19	3.17	3.16	3.14	3.12	3.1
6	3.78	3.46	3.29	3.18	3.11	3.05	3.01	2.98	2.96	2.94	2.90	2.87	2.84	2.82	2.80	2.78	2.76	2.74	2.72
7	3.59	3.26	3.07	2.96	2.88	2.83	2.78	2.75	2.72	2.70	2.67	2.63	2.59	2.58	2.56	2.54	2.51	2.49	
8	3.46	3.11	2.92	2.81	2.73	2.67	2.62	2.59	2.56	2.54	2.50	2.46	2.42	2.40	2.38	2.36	2.34	2.32	
9	3.36	3.01	2.81	2.69	2.61	2.55	2.51	2.47	2.44	2.42	2.38	2.34	2.30	2.28	2.25	2.23	2.21	2.18	
10	3.29	2.92	2.73	2.61	2.52	2.46	2.41	2.38	2.35	2.32	2.28	2.24	2.20	2.18	2.16	2.13	2.11	2.08	
11	3.23	2.86	2.66	2.54	2.45	2.39	2.34	2.30	2.27	2.25	2.21	2.17	2.12	2.10	2.08	2.05	2.03	2.00	
12	3.18	2.81	2.61	2.48	2.39	2.33	2.28	2.24	2.21	2.19	2.15	2.10	2.06	2.04	2.01	1.99	1.96	1.93	
13	3.14	2.76	2.56	2.43	2.35	2.28	2.23	2.20	2.16	2.14	2.10	2.05	2.01	1.98	1.96	1.93	1.90	1.88	
14	3.10	2.73	2.52	2.39	2.31	2.24	2.19	2.15	2.12	2.10	2.05	2.01	1.96	1.94	1.91	1.89	1.86	1.83	
15	3.07	2.70	2.49	2.36	2.27	2.21	2.16	2.12	2.09	2.06	2.02	1.97	1.92	1.90	1.87	1.85	1.82	1.79	
16	3.05	2.67	2.46	2.33	2.24	2.18	2.13	2.09	2.06	2.03	1.99	1.94	1.89	1.87	1.84	1.81	1.78	1.75	
17	3.03	2.64	2.44	2.31	2.22	2.15	2.10	2.06	2.03	2.00	1.96	1.91	1.86	1.84	1.81	1.78	1.75	1.72	
18	3.01	2.62	2.42	2.29	2.20	2.13	2.08	2.04	2.00	1.98	1.93	1.89	1.84	1.81	1.78	1.75	1.72	1.69	
19	2.99	2.61	2.40	2.27	2.18	2.11	2.06	2.02	1.98	1.96	1.91	1.86	1.81	1.79	1.76	1.73	1.70	1.67	
20	2.97	2.59	2.38	2.25	2.16	2.09	2.04	2.00	1.96	1.94	1.89	1.84	1.79	1.77	1.74	1.71	1.68	1.64	
21	2.96	2.57	2.36	2.23	2.14	2.08	2.02	1.98	1.95	1.92	1.87	1.83	1.78	1.75	1.72	1.69	1.66	1.62	
22	2.95	2.56	2.35	2.22	2.13	2.06	2.01	1.97	1.93	1.90	1.86	1.81	1.76	1.73	1.70	1.67	1.64	1.60	
23	2.94	2.55	2.34	2.21	2.11	2.05	1.99	1.95	1.92	1.89	1.84	1.80	1.74	1.72	1.69	1.66	1.62	1.59	
24	2.93	2.54	2.33	2.19	2.10	2.04	1.98	1.94	1.91	1.88	1.83	1.78	1.73	1.70	1.67	1.64	1.61	1.57	
25	2.92	2.53	2.32	2.18	2.09	2.02	1.97	1.93	1.89	1.87	1.82	1.77	1.72	1.69	1.66	1.63	1.59	1.56	
26	2.91	2.52	2.31	2.17	2.08	2.01	1.96	1.92	1.88	1.86	1.81	1.76	1.71	1.68	1.65	1.61	1.58	1.54	
27	2.90	2.51	2.30	2.17	2.07	2.00	1.95	1.91	1.87	1.85	1.80	1.75	1.70	1.67	1.64	1.60	1.57	1.53	
28	2.89	2.50	2.29	2.16	2.06	2.00	1.94	1.90	1.87	1.84	1.79	1.74	1.69	1.66	1.63	1.59	1.56	1.52	
29	2.89	2.50	2.28	2.15	2.06	1.99	1.93	1.89	1.86	1.83	1.78	1.73	1.68	1.65	1.62	1.58	1.55	1.51	
30	2.88	2.49	2.28	2.14	2.05	1.98	1.93	1.88	1.85	1.82	1.77	1.72	1.67	1.64	1.61	1.57	1.54	1.50	
40	2.84	2.44	2.23	2.09	2.00	1.93	1.87	1.83	1.79	1.76	1.71	1.66	1.61	1.57	1.54	1.51	1.47	1.42	
60	2.79	2.39	2.18	2.04	1.95	1.87	1.82	1.77	1.74	1.71	1.66	1.60	1.54	1.51	1.48	1.44	1.40	1.35	
120	2.75	2.35	2.13	1.99	1.90	1.82	1.77	1.72	1.68	1.65	1.60	1.55	1.48	1.45	1.41	1.37	1.32	1.26	
∞	2.71	2.3	2.08																

附表 5　F 分布表($\alpha=0.05$)

df2 \ df1	1	2	3	4	5	6	7	8	9	10	12	15	20	24	30	40	60	120	∞
1	161.45	199.50	215.71	224.58	230.16	233.99	236.77	238.88	240.54	241.88	243.91	245.95	248.01	249.05	250.10	251.14	252.20	253.25	63.33
2	18.51	19.00	19.16	19.25	19.30	19.33	19.35	19.37	19.38	19.40	19.41	19.43	19.45	19.45	19.46	19.47	19.48	19.49	9.49
3	10.13	9.55	9.28	9.12	9.01	8.94	8.89	8.85	8.81	8.79	8.74	8.70	8.66	8.64	8.62	8.59	8.57	8.55	5.13
4	7.71	6.94	6.59	6.39	6.26	6.16	6.09	6.04	6.00	5.96	5.91	5.86	5.80	5.77	5.75	5.72	5.69	5.66	3.76
5	6.61	5.79	5.41	5.19	5.05	4.95	4.88	4.82	4.77	4.74	4.68	4.62	4.56	4.53	4.50	4.46	4.43	4.40	3.1
6	5.99	5.14	4.76	4.53	4.39	4.28	4.21	4.15	4.10	4.06	4.00	3.94	3.87	3.84	3.81	3.77	3.74	3.70	2.72
7	5.59	4.74	4.35	4.12	3.97	3.87	3.79	3.73	3.68	3.64	3.57	3.51	3.44	3.41	3.38	3.34	3.30	3.27	
8	5.32	4.46	4.07	3.84	3.69	3.58	3.50	3.44	3.39	3.35	3.28	3.22	3.15	3.12	3.08	3.04	3.01	2.97	
9	5.12	4.26	3.86	3.63	3.48	3.37	3.29	3.23	3.18	3.14	3.07	3.01	2.94	2.90	2.86	2.83	2.79	2.75	
10	4.96	4.10	3.71	3.48	3.33	3.22	3.14	3.07	3.02	2.98	2.91	2.85	2.77	2.74	2.70	2.66	2.62	2.58	
11	4.84	3.98	3.59	3.36	3.20	3.09	3.01	2.95	2.90	2.85	2.79	2.72	2.65	2.61	2.57	2.53	2.49	2.45	
12	4.75	3.89	3.49	3.26	3.11	3.00	2.91	2.85	2.80	2.75	2.69	2.62	2.54	2.51	2.47	2.43	2.38	2.34	
13	4.67	3.81	3.41	3.18	3.03	2.92	2.83	2.77	2.71	2.67	2.60	2.53	2.46	2.42	2.38	2.34	2.30	2.25	
14	4.60	3.74	3.34	3.11	2.96	2.85	2.76	2.70	2.65	2.60	2.53	2.46	2.39	2.35	2.31	2.27	2.22	2.18	
15	4.54	3.68	3.29	3.06	2.90	2.79	2.71	2.64	2.59	2.54	2.48	2.40	2.33	2.29	2.25	2.20	2.16	2.11	
16	4.49	3.63	3.24	3.01	2.85	2.74	2.66	2.59	2.54	2.49	2.42	2.35	2.28	2.24	2.19	2.15	2.11	2.06	
17	4.45	3.59	3.20	2.96	2.81	2.70	2.61	2.55	2.49	2.45	2.38	2.31	2.23	2.19	2.15	2.10	2.06	2.01	
18	4.41	3.55	3.16	2.93	2.77	2.66	2.58	2.51	2.46	2.41	2.34	2.27	2.19	2.15	2.11	2.06	2.02	1.97	
19	4.38	3.52	3.13	2.90	2.74	2.63	2.54	2.48	2.42	2.38	2.31	2.23	2.16	2.11	2.07	2.03	1.98	1.93	
20	4.35	3.49	3.10	2.87	2.71	2.60	2.51	2.45	2.39	2.35	2.28	2.20	2.12	2.08	2.04	1.99	1.95	1.90	
21	4.32	3.47	3.07	2.84	2.68	2.57	2.49	2.42	2.37	2.32	2.25	2.18	2.10	2.05	2.01	1.96	1.92	1.87	
22	4.30	3.44	3.05	2.82	2.66	2.55	2.46	2.40	2.34	2.30	2.23	2.15	2.07	2.03	1.98	1.94	1.89	1.84	
23	4.28	3.42	3.03	2.80	2.64	2.53	2.44	2.37	2.32	2.27	2.20	2.13	2.05	2.01	1.96	1.91	1.86	1.81	
24	4.26	3.40	3.01	2.78	2.62	2.51	2.42	2.36	2.30	2.25	2.18	2.11	2.03	1.98	1.94	1.89	1.84	1.79	
25	4.24	3.39	2.99	2.76	2.60	2.49	2.40	2.34	2.28	2.24	2.16	2.09	2.01	1.96	1.92	1.87	1.82	1.77	
26	4.23	3.37	2.98	2.74	2.59	2.47	2.39	2.32	2.27	2.22	2.15	2.07	1.99	1.95	1.90	1.85	1.80	1.75	
27	4.21	3.35	2.96	2.73	2.57	2.46	2.37	2.31	2.25	2.20	2.13	2.06	1.97	1.93	1.88	1.84	1.79	1.73	
28	4.20	3.34	2.95	2.71	2.56	2.45	2.36	2.29	2.24	2.19	2.12	2.04	1.96	1.91	1.87	1.82	1.77	1.71	
29	4.18	3.33	2.93	2.70	2.55	2.43	2.35	2.28	2.22	2.18	2.10	2.03	1.94	1.90	1.85	1.81	1.75	1.70	
30	4.17	3.32	2.92	2.69	2.53	2.42	2.33	2.27	2.21	2.16	2.09	2.01	1.93	1.89	1.84	1.79	1.74	1.68	
40	4.08	3.23	2.84	2.61	2.45	2.34	2.25	2.18	2.12	2.08	2.00	1.92	1.84	1.79	1.74	1.69	1.64	1.58	
60	4.00	3.15	2.76	2.53	2.37	2.25	2.17	2.10	2.04	1.99	1.92	1.84	1.75	1.70	1.65	1.59	1.53	1.47	
120	3.92	3.07	2.68	2.45	2.29	2.18	2.09	2.02	1.96	1.91	1.83	1.75	1.66	1.61	1.55	1.50	1.43	1.35	
∞	2.71	2.3	2.08																

参考文献

[1] 贾俊平.统计学(第七版)[M].北京:中国人民大学出版社,2018.
[2] 陈珍珍.统计学(第六版)[M].厦门:厦门大学出版社,2018.
[3] 袁卫等.统计学(第四版)[M] .北京:高等教育出版社,2014.
[4] 吴喜之.统计学:从数据到结论(第 4 版)[M].北京:中国统计出版社,2013.
[5] 向蓉美等,统计学(第 2 版)[M].北京:机械工业出版社,2017.
[6] 韩兆洲.统计学原理(第八版)[M].广州:暨南大学出版社,2018.
[7] 戴维·萨尔斯伯格(著).女士品茶:统计学如何变革了科学和生活[M]. 刘青山(译).江西:江西人民出版社,2016.
[8] 戴维·穆尔,威廉·诺茨.统计学的世界(第 8 版)[M].郑惟厚,译.北京:中信出版社,2017.
[9] 萨尔金德(著),爱上统计学(第二版)[M]. 史玲玲,译.重庆:重庆大学出版社,2011.
[10] (美)C. R. 劳著.统计与真理:怎样运用偶然性[M]. 李竹渝,译.北京:科学出版社,2019.
[11] 冯士雍,倪加勋,邹国华. 抽样调查理论与方法(第 2 版)[M].北京:中国统计出版社,2012.
[12] 赵学刚,王学斌,刘康兵.中国政府统计数据质量研究——一个文献综述[J].经济评论,2011(01):145—154.
[13] 许宪春.准确理解中国经济统计[J].经济研究,2010,45(05):21—31.
[14] 金勇进,陶然.中国统计数据质量理论研究与实践历程[J].统计研究,2010,27(01):62—67.
[15] 肖红叶.中国经济统计学科建设 30 年回顾与评论——基于三大事件框架的研究[J].统计研究,2010,27(01):15—25.
[16] 李金昌,徐璐.改革开放 30 年中国统计学发展的回顾与展望[J].统计研究,2010,27(01):42—49.
[17] 万东华,周晶.我国近现代统计学发展[J].统计研究,2020,第 37 卷(6):119—128.
[18] 朱建平,章贵军,刘晓葳.大数据时代下数据分析理念的辨析[J].统计研究,2014,31(02):10—19.
[19] 李金昌.大数据与统计新思维[J].统计研究,2014,31(01):10—17.
[20] 邱东.国民经济核算史论[J].统计研究,1997,(4):65—72.